★现代国际贸易丛书

国际贸易地理概论

（第 3 版）

主　编　何云魁　于志达

南开大学出版社

天　津

图书在版编目(CIP)数据

国际贸易地理概论 / 何云魁，于志达主编. —3 版. —天津：南开大学出版社，2010.1(2015.7 重印)
（现代国际贸易丛书）
ISBN 978-7-310-03112-2

Ⅰ.国…　Ⅱ.①何…②于…　Ⅲ.国际贸易－商业地理
Ⅳ.F742

中国版本图书馆 CIP 数据核字(2010)第 033555 号

南开大学出版社出版发行

出版人：孙克强

地址：天津市南开区卫津路 94 号　　邮政编码：300071

营销部电话：(022)23508339　23500755

营销部传真：(022)23508542　　邮购部电话：(022)23502200

*

天津市蓟县宏图印务有限公司印刷

全国各地新华书店经销

*

2010 年 1 月第 3 版　　2015 年 7 月第 13 次印刷

880×1230 毫米　32 开本　20.125 印张　572 千字

定价：30.00 元

如遇图书印装质量问题,请与本社营销部联系调换,电话：(022)23507125

　　15世纪末的地理大发现和由此而开始的世界市场革命拉开了近代国际贸易的序幕。18世纪末发端的产业革命使世界史进入了现代国际贸易的时代。"二战"后,国际贸易有了前所未有的飞速发展。特别是20世纪80年代以来,随着科学技术的突飞猛进、国际经济一体化的发展、多边贸易体制吸引力的逐步增强,国际贸易更以崭新的姿态展现在我们面前。尤其需要提及的是,1992年底欧洲统一大市场开始运行,欧洲经济和货币联盟有了发展,1994年北美自由贸易区正式诞生,1994年APEC《茂物宣言》确立了贸易投资自由化的原则和时间表,1995年世界贸易组织(WTO)取代关贸总协定正式运转,2002年欧元正式发行并代替欧元区成员国的货币等因素,都大大促进了国际贸易的发展。理论和实践证明了,国际贸易是世界经济增长的发动机,而世界经济的增长又促进了国际贸易的发展。据统计,从1950年到2000年,全世界商品的出口额从579亿美元增加到约6.8万亿美元,而同期的GDP也增加到34万亿美元。因此国际贸易与经济增长之间具有明显的相互促进作用,尽管在不同的国家所表现出的因果关系有所不同。

　　中国虽然在古代就有了丝绸之路和南洋海上贸易的辉煌历史,但是在近代却落伍了。自给自足的自然经济长期统治着中国,19世纪中叶,帝国主义用洋枪洋炮打了中国闭关锁国的大门,用物美价廉的制成品换取中国的初级产品,打击了中国的经济,特别是工业的生存和发展。中国人民的革命从根本上改变了历史的发展方向。但是,在计划经济和过分强调自力更生的年代,中国的对外贸易只在"互通有无"、"拾遗补缺"的政策口号下,停留在较小的范围内。改革开放使中国从计划经济转向市场经济,使中国打开了国门,引进了大量的外资,同时融入国际市场。改革开放以后,中国不仅实现了经济的高速增长,也实现了对外贸易的大发展。从1980年到2000年,中国的GDP从2 016亿美元增加到11 000多亿美元,同期,中国的进出口总额从380亿美元增加到4 700多亿美元,极大地提高了我们对对外贸易的依存度。对外贸易的迅速增长改变了中国在世界贸易中的地位,以至没有中国的加入,世界贸易组织很难名副其实。经过15年的艰苦谈判,我国终于在2001年12月11日成为世界贸易组织的成员。

　　国际贸易的理论来源于国际贸易的实践。国际贸易发展的各个时期产生出符合当时实际的国际贸易理论。改革开放以来的伟大变革使中国人开始亲身体会到国际贸易的含义。但是这一体验毕竟时间太短而且太晚了。长期以来中国人缺乏国际贸易的实践,因此根本谈不上创立什么国际贸易理论。解放初期我们从前苏联等社会主义国家搬来了他们的国际贸易理论,强调国际贸易理论是政治经济学的一个分支。改革开放以来,我们又从西方国家引进了国际贸易理论。当前,我们已经跨入21世纪。随着知识经济时代的到来,经济的全球化、区域经济的一体化以及各国对开放经济的认识都有了新的变化和进展,从而使国际贸易出现了新的发展条件、新的发展环境和新的发展特征。可以预见,新的国际贸易理论也会应运而生。我们渴望,在未来的国际贸易讲坛上,以中国学者命名的国际贸易理论也将占有一席之地。

　　当前,我们的迫切任务是在更大的范围内普及国际贸易的理论和知识,提高现有人员的理论和操作水平。中国加入WTO要求我们客观地、科学地预见国际经济交往中可能的利弊得失,特别是对于从事对外贸易工作的政府官员、企业家和经理人员来说,如何通过科学判断和理性操作,达到能够制定正确的对外贸易政策、回避风险、妥善经营、获取最佳经济利益的目的是极为重要的。

　　同时,适应开放形势的要求,我国每年都有大批的大学生进入国际经济与贸易专业学习,这一专业还通过多种形式的成人教育吸纳了数量庞大的各界青年。为了将这些学生培养成为国际经贸领域的专业人才,就需要有一种系统的专业教育,使他们对国际贸易理论、国际贸易政策、国际贸易实务和国际贸易法规等方面的知识有一个比较深入、系统的了解,从而使他们在国际贸易方面有较为扎实的理论基础、较为广博的知识和较为熟练的操作能力。出于上述考虑,我们组织有关教师用了将近两年的时间,设计和编写了这套"现代国际贸易丛书"。此后,从本书使用的情况和国际贸易发展的角度看,我们感到还有改进或修订的必要。经与南开大学出版社协商,我们现在系统地修订各部教材,以期增加新的内容,完善原有的体系,奉献给广大读者。本丛书由既有联系又各自独立的 11 本教材组成,即佟家栋、李坤望主编的《国际贸易理论与政策》,徐复、刘文华主编的《中国对外贸易概论》,刘重力主编的《国际贸易实务》,谢娟娟编著的《对外贸易单证实务》,饶友玲主编的《国际技术贸易》,白力威主编的《国际结算》,史学瀛主编的《国际商法》,王文先主编的《国际贸易法规与惯例》,谢娟娟、周哲主编的《国际电子商务》,汤秀莲主编的《国际商务谈判》,何云魁、于志达主编的《国际贸易地理概论》。

南开大学一直非常重视世界经济、国际贸易学科的发展,由于综合性大学的特点,教学与科研的成果多集中在理论方面。现代国际贸易的发展要求我们将理论与实际结合起来。国际贸易学科作为应用经济学科,应该有更大的发展。近几年,我们通过院系和学科调整,在继续强化理论研究的同时,加强了应用方面的研究和实践。1998 年南开大学的国际贸易学科成为全国综合性大学第一家以二级学科申报并获得批准的博士点学科。我们的这套修订后的教材应该是我们近年来教学经验和科学研究的成果,现在奉献给大家。

我们渴望各方面的建议,以求进一步提高和完善。如果本丛书的出版能够在当前的国际贸易教学中发挥一定的作用,便达到了我们的目的。

薛敬孝　佟家栋

2002 年 1 月 25 日

总序

　　15世纪末的地理大发现和由此而开始的世界市场革命拉开了近代国际贸易的序幕。18世纪末发端的产业革命使世界史进入了现代国际贸易的时代。"二战"后国际贸易有了前所未有的飞速发展。特别是20世纪80年代以来,随着科学技术的突飞猛进、世界经济一体化和区域经济集团化趋势的加快、多边贸易体制的进展,国际贸易更以崭新的姿态展现在我们面前。尤其需要提及的是,1992年欧洲统一大市场开始运行,1994年北美自由贸易区正式诞生,1994年APEC通过《茂物宣言》确立了投资和贸易自由化的原则及时间表,1995年世界贸易组织(WTO)取代关贸总协定正式运转,1999年1月1日欧洲统一货币欧元正式开始流通,这些都是国际贸易发展的促进因素。理论和实践都证明了,国际贸易是世界经济增长的发动机,世界经济增长又促进了国际贸易的发展。从1980年到1995年世界商品进出口总量从4.03万亿美元增加到10.39万亿美元,增加了1.6倍。同期,世界各国的GDP总量从10.76万亿美元增加到27.84万亿美元,又增加了1.6倍。这就是说,在这一阶段,两者相互促进,实现了同步快速增长。

　　中国虽然在古代有过丝绸之路和南洋海上贸易的辉煌历史,但在近代却落伍了。自给自足的自然经济长期统治着中国,19世纪中叶,帝国主义用洋炮和洋枪打开了中国闭关锁国的大门,用低成本的制成品按高价换取中国的初级产品,使中国处于非常不利的地位。中国人民的革命从根本上改变了历史的方向。但是,在计划经济和过分强调自力更生的年代,中国的对外贸易只在"互通有无"、"调剂余缺"的政策口号下,停留在较小的限度内。改革开放使中国从计划经济转向市场经济,使中国打开了国门,引进了大量外资,同时跻身国际市场。改革开放后,中国不仅实现了经济的高速增长,同时也使国际贸易有了突飞猛进的发展,从 1980 年到 1995 年,中国的 GDP 从 2 016 亿美元增加到 6 976 亿美元,增长了 2.46 倍;同期,中国的商品进出口总额从 380 亿美元增加到 2 778 亿美元,增长了 6.31 倍。对外贸易增长速度远远超过了经济增长速度。在 1980 年,中国的商品进出口总额占 GDP 的比重为 18.8%,而 1995 年这一比重则占到 39.8%,极大地提高了外贸的依存度。中国对外贸易奇迹般的增长迅速改变了中国在世界贸易中的地位。1980 年,中国进出口额各自都占世界进出口额的 0.9%;1995 年,中国在世界贸易中的份额,出口占到 2.89%,进口占到 2.46%,都有了明显的增加。

国际贸易理论来源于国际贸易实践。国际贸易发展的各个时期产生出各种不同的国际贸易理论。改革开放以来的伟大变革使中国人开始亲身体会国际贸易的含义。但这一体验毕竟是时间太短和太晚了。长期以来中国人缺乏国际贸易的实践,因此就谈不上创立什么国际贸易理论。解放初期我们从当时的苏联搬来了他们的国际贸易理论,强调国际贸易理论是政治经济学的一个分支。改革开放以来,我们又从西方国家引进了西方的国际贸易理论。当前,我们正在一步步迈向 21 世纪。随着知识经济时代的到来,世界经济的集团化、国际化和一体化的进展,国际贸易的新背景、新环境、新条件和新特点的出现,可以预见,新的国际贸易理论将会应运而生。我们渴望看到在未来国际贸易的讲坛上,以中国学者命名的国际贸易理论也会占有一席之地。

当前,我们的迫切任务是在更大的范围内普及国际贸易的理论和知识,提高专业人员现有的理论和操作水平。在对外开放条件下,客观现实要求我们很好地理解和预测国际经济交往中可能出现的利弊得失。特别是对于从事对外贸易的政府官员、企业家和经理人员来说,如何通过科学判断和理性操作,达到能够制定正确的对外经济贸易政策、回避风险、妥善经营、获取最佳经济利益的目标是极为重要的。

同时,适应开放形势的要求,我国每年都有大批的大学生进入国际经贸专业学习,这一专业还通过多种形式的成人教育吸纳了数量庞大的各界青年。为了把这些大专院校的各类学生培养成国际经贸领域的有为专家,就需要对他们进行系统的教育,使他们在国际贸易理论、国际贸易政策、国际贸易各种业务和国际贸易法规等方面,都有较为深刻的理解,从而使他们在国际贸易方面能够具备较为扎实的理论基础、较为广博的知识和较为熟练的操作能力。

出于以上考虑,我们组织有关教师用了将近两年的时间,设计和编写了这套"现代国际贸易丛书"系列教材,奉献给读者。本丛书由既有联系又各自独立的九本教材组成,即佟家栋主编的《国际贸易理论与政策》,徐复、刘文华主编的《中国对外贸易概论》,金淑云、刘重力主编的《国际贸易实务》,谢娟娟主编的《对外贸易单证实务》,饶友玲主编的《国际技术贸易》,徐璐、白力威主编的《国际结算》,史学瀛主编的《国际商法》,金淑云、辛玉兴主编的《国际贸易法规与惯例》,何云魁、于志达主编的《国际贸易地理概论》。

南开大学一直非常重视世界经济、国际贸易学科的发展。由于综合性大学的特点,教学与科研的成果多集中在理论方面。现代国际贸易的发展,要求我们理论和实践相结合。国际贸易学科作为应用学科,要有大的发展,就必须显示出应用经济学的特点,既要有理论水平的提高,又要强调为实践服务。最近几年,我们通过院系和学科调整,在继续加强理论研究的基础上,特别注意了国际贸易实务和政策的研究。现在我们奉献给读者的这套系列教材便体现了这一结合。

本丛书推出之后,我们渴望得到各方面的意见和建议,以求进一步提高。如果本丛书能在当前的国际贸易教学中发挥一定的作用,便达到了我们预期的目的。

薛敬孝　佟家栋

1998 年 11 月 29 日于南开园

三版前言

　　南开大学出版社决定对《国际贸易地理概论》进行第三版修订并发行。之所以出第三版,原因有二。其一,《概论》自 2002 年初版、2005 年再版以来,受到全国许多经贸院校师生的欢迎,纷纷作为教材或重要的参考书,历时七年而不衰。为了感谢广大读者的盛意,通过进一步修订使其内容更加完善。其二,近年来国际经济贸易形势发展迅速,出现了许多新问题、新情况和新做法,需要我们从理论上作出适当的解释和分析。正是基于对读者负责的精神,《概论》第三版也就应运而生了。

　　三版修订,就其内容来看主要体现在下述几方面:

　　1.针对近年来石油价格暴涨,人们担心石油供需失衡,再现"能源危机",分析了当前世界石油储藏、生产、消费状况,三次油价暴涨的原因和石油供需前景。

　　2.在许多发展中国家纷纷发展工业、实现工业现代化时,如何保持农业作为国民经济基础的地位。

　　3.国际旅游已成为国际服务贸易的支柱,但《概论》在初版、再版时均未涉及。第三版增加"国际旅游地理"一章予以完善。

　　4.国际运输地理在初版和再版时,主要阐述的是各种单一运输方式,而当前国际贸易运输实践多采用"国际多式联运"。本次再版增添了"国际多式联运"的有关内容。

5. 随着文化因素对人类经济贸易活动的影响日益彰显,修订第三版时,把"人文环境与国际贸易"作为独立一章,详加阐述,以增加读者关于这方面的知识。

此次修订,无论出版社和编者都力求完善,但面对迅速变化的形势和读者素质的不断提高,修订中恐难避免挂一漏万,还望广大读者批评指正。

编　者

2008 年 9 月

《国际贸易地理概论》是由南开大学国际经济贸易系组编、南开大学出版社出版的"现代国际贸易丛书"之一。自 2002 年出版发行之后,得到广大读者的首肯,并被天津市高自考委选定为高等教育自学考试"国际贸易专业"本科段的指定教材。从几年的使用和当前世界政治经济形势的发展来看,我们感到还有修改和改进的余地,经与南开大学出版社协商,决定重新修订这本教材,以期增加新的内容,完善现有体系。

这次修改我们主要在下述几个方面作了调整和补充:

第一,删除了与国际贸易专业其他学科相重叠的内容,如"经济性特区"一章,在《国际贸易》教材中多有论述,因此本书不再赘述。

第二,在上篇总论部分增加了"世界工业制成品贸易地理"和"世界农产品贸易地理"两章,以与国际贸易商品分类中制成品和初级产品贸易相适应。

第三,针对当前世界市场上石油价格暴涨,我国石油进口剧增的情况,我们在总论中增加了"能源贸易地理"一章,并对建立必要的战略石油储备制度,作了初步的论述。

第四,在下篇国别分论中,在保证对世界主要国家经贸地理充分论述的基础上,我们此次增加了各大洲经贸地理的论述和非洲一些国别地理的论述,以保证教材的系统性和完整性。

　　此次修订我们虽然力争求新、求精,但由于世界政治经济形势的迅速变化和我们自身水平的限制,恐难令广大读者十分满意,我们渴望大家的批评指正。

编　者

2005 年 5 月于南开园

前言

　　呈现在读者面前的这本《国际贸易地理概论》，是作者在 1993 年出版的原书基础上，重新加以修订编写的。所以要重新编写，主要基于下述原因。其一，自 1993 年出版至今已历时九年，世界政治经济形势发生了巨大变化：美国自 1991 年至 2000 年底，经济已保持了长达 118 个月的持续、稳定的增长，世界唯一超级大国的地位日益得到巩固；俄罗斯自苏联解体自身独立后，经历了多年国内政治局势的动荡和经济下滑，自普京总统上台后，国内政治局势已趋稳定，经济也开始出现恢复性增长，在世界政治经济中地位相应提高；东亚的日本和韩国等新兴工业化国家和地区，经历了 1997 年严重的金融危机后，经济都步入了艰难的结构性和政策性调整时期；而欧盟各国的一体化进程却逐步加快，欧元的正式发行和流通成为举世关注的大事；中国在西方国家近两年经济增长乏力时，却一枝独秀，经济始终以 7％以上的速度稳定增长，并于 2001 年成功地加入了世贸组织。上述一系列重大事件，无疑会对当前乃至今后整个世界经济贸易格局产生重大影响，因此反映世界贸易格局的新发展、新变化，无疑是本书修改的首要任务。其二，《国际贸易地理概论》自 1993 年公开出版发行以来，深受广大读者喜爱，先后被天津、广州、福州、济南等十余所高等经贸院校选定为经贸专业的教材，1995 年又被天津市高等教育自学考试委员会选定为自学考试指定教材，前后共发行数万册。因此许多院校和天津市自考委也迫切要求对原书重新加以修订和编写,以继续作为指定教材使用。其三,原书在 1993 年出版时由于时间紧迫、资料所限,加上印刷校对之疏漏,因此尚有许多不尽人意之处。通过这次重新编写,更新资料,弥补疏漏,也是作者对读者厚爱应当作出的回报。

　　基于上述目的,我们在重新编写时力求突出下列几个特点。首先,紧扣地理环境条件是影响人类经贸活动重要因素这条主线,全书的第二章和第三章就开宗明义地阐述了自然地理环境和社会人文因素对国际贸易的影响,以使地理学与国际贸易学真正有机结合为国际贸易地理学,为学生学会应用环境因素分析当前国际贸易的地理分布和地理格局打下坚实的理论基础。其次,本书所增加的新内容力求反映当前世界经贸发展中新问题、新热点,并恰当地提出理论上的分析和实践上的对策。例如针对当前人类面临的环境危机,本书第八章专门就国际贸易与环境问题作了分析。在分析了环境与经贸发展相互影响、相互制约的关系之后,就环境保护的国际协调与合作提出了相应的对策。又如面对我国西部大开发的宏伟任务,我们在第九章美国经贸地理部分,着重阐述了美国战后开发西部和南部落后地区的经验,以供我们借鉴。又次,为了改变传统经济地理学重描述轻分析的弊端,本书在论述世界主要国家经贸现状及其空间分布时,除了作出实事求是的阐述外,更注意作出理论上、政策上的分析,以使学生对有关问题得出理性的认识和结论。例如在我们分析了日本资源贫乏、领土狭小、人口众多,又是一个岛国这些特点之后,学生就比较容易理解日本经济对外依赖性强,必须是加工贸易国这一基本特征了。最后,学习地理,地图是必备的工具,以增强学生的空间概念。本书此次出版精绘了几幅国别地图,力求做到图文并茂,以弥补原书没有地图的缺憾。

　　本书在此次重新编写过程中,我们虽作出了重大努力,力求有新的提高和突破,但由于水平所限,再加上国际经贸形势的发展异常迅速,新书送到读者手中仍会发现许多过时或不当之处,望读者不吝赐教指正。

编者

2002 年 2 月于南开园

目　录

上篇　总论

下篇 分论——国家与地区经贸地理

上篇 总论

第一章

绪论

"二战"后,由于科学技术和生产力迅速发展,各国之间经济上的相互联系、相互依赖日益增加,生产日益走向国际化。作为各国经济联系纽带的国际贸易,也相应取得了快速增长。由此促进了一个新兴学科——国际贸易地理学的产生和发展。

第一节　国际贸易地理学的研究对象及学科属性

一、国际贸易地理学研究的对象

国际贸易地理学是研究世界各国(地区)商品生产的地域分工、商品交换的地域分布和地理格局的特征及其发展变化规律的科学,是经济地理学的一个分支学科。

人类为了满足自身需要而进行的物质生产是人类社会最基本的实践活动,而物质生产总是在一定的地域内进行的。因此,商品生产的地域分工、商品交换的地理分布和地理格局,是社会生产的空间表现形式,是一种经济现象。作为一种经济现象,其形成和发展必然要受到多种因素的影响和制约。其中各国的生产力发展水平是决定性因素,而其他因素如自然地理条件、社会人文因素也相应起着促进或制约作用。

正是由于在不同的社会历史阶段生产力发展水平不同,使商品生产和商品交换的地理分布出现了由分散走向集中,再由集中走向分散的特点。在地理大发现以前,由于当时的生产力水平低下,人们交换的商品也只有农畜产品、手工业品和珠宝一类的奢侈品。交换的地域范围也集中在地中海沿岸、亚洲的东部、东南部和南部等沿海狭小地区。第一次产业革命后,由于大机器生产取代了手工业生产,生产力水平大大提高了,而商品交换的内容也发生了根本的改变。钢铁、煤炭、机械、纺织品取代了农畜产品和奢侈品。商品交换的地域范围也由地中海沿岸转向了大西洋沿岸,英国成为世界最大的贸易中心。第二次产业革命后,随着美国、德国的崛起,世界贸易的中心也随之扩展到北大西洋的东西两岸。第二次世界大战后,随着亚太各国政治上获得了独立,在第三次产业革命推动下,经济上也迅速崛起,世界经济贸易的重心正向亚太地区转移。世界商品生产和交换的地域范围日益走向多极化。

在世界商品生产和商品交换日益走向多极化的同时,由于各国(地区)生产力发展水平不同、自然和社会文化背景的差异,它们在世界商品生产和交换中所处的地位和发挥的作用必然也不同。因此研究世界各国在世界商品生产和交换中的作用和地位,分析其形成、发展和变化的各种规律,正是国际贸易地理学最根本的研究对象。

二、国际贸易地理学的学科属性

国际贸易地理学属于社会科学,它是介于国际贸易学与经济地理学之间的边缘性学科。它与上述两门科学的联系主要表现为:国际贸易学的国际分工、国际市场理论等,经济地理学的区位论、生产布局理论等,同样是国际贸易地理学的理论基础。它与国际贸易学的区别在于:国际贸易学是研究商品生产和商品交换的规律与特征的科学,其研究的着眼点往往在于国家的方针、政策是如何促进和制约商品交换的,其落脚点在于寻找并发现促进商品生产和交换的规律;而国际贸易地理学则更侧重于研究商品生产和交换的空间分布的特征及规律。它与经济地理学的区别在于：经济地理学主要研究商品生产的空间分布，而国际贸易地理学更侧重于分析商品交换的空间分布。

国际贸易地理学由于是边缘性的科学，因此综合性、区域性和实践性是其突出特点。

所谓综合性，有两层含义：其一是指学习和研究国际贸易地理要应用多种学科的知识，除国际贸易学、世界经济地理学外，还应具备自然地理学、人口学、世界经济学、运输地理学、环境科学等相关知识；其二，商品生产和商品交换的地域分工、地理分布和地理格局的特征及其发展变化的规律，往往是自然、经济、政治、文化等各种因素综合作用的结果，因此要认识这些特征及规律，必须采用综合分析的方法，即分析哪些是主导因素，哪些是次要因素，主导因素与次要因素之间是如何相互依赖、相互作用的。

所谓区域性，也即空间性，这是一切地理学本身独具的特点。也就是说，无论是研究任何国家的商品生产和商品交换的特点及发展变化的规律，如果离开了这个国家所在的空间区域，不从这个区域客观存在的自然的、社会文化的各种因素去分析，那就不是国际贸易地理学。例如英国之所以种植业不发达，农产品要进口，其原因我们只能从英国的气候、地形等自然因素和历史上废除"谷物法"等社会因素去分析。

所谓实践性，一是指国际贸易地理学的形成和发展，本身就是人类长期生产实践活动的理论概括和总结，它现有的理论反映了人类过去的实践；二是国际贸易地理学要深化、要发展，要能继续指导人们的实践，仍然要继续总结今后的实践经验，并上升为理论。

第二节 国际贸易地理学的研究内容、任务和方法

一、国际贸易地理学的研究内容

一门科学研究的内容是由它的研究对象所决定的。国际贸易地理

学研究的内容主要有下述七个方面。

（一）影响商品生产和商品交换的自然地理和人文地理因素。自然地理因素主要包括地形、气候、河流湖泊、动物和植物等，它们是人类进行生产活动的物质基础。正像恩格斯指出的，自然界和人类的劳动合在一起才是一切财富的源泉。而人文地理因素主要包括国家、居民、宗教、风俗习惯等，它们是人类生产和交换的社会基础。人类的生产和交换时时处处都要受到这两种因素的影响和制约。例如，一个没有煤炭资源的国家，就不可能有大量的煤炭出口，而信奉基督教的国家，圣诞节则是商业销售的旺季。

（二）国际贸易中心区的形成和转移。通过生产力发展历程的分析，正确认识世界贸易中心区由地中海沿岸转移到大西洋两岸，进而转向亚太地区，正是科学技术的进步和生产力发展的必然结果。

（三）世界经济贸易区域集团化形成和发展的条件，集团化对世界经济贸易的有利和不利的影响，并分析欧盟、北美自由贸易区和亚太经合组织这三大集团形成的历程、一体化的特征及其影响。

（四）主要能源、工业制成品、农畜产品生产和贸易的现状及其空间分布，并分析这些主导产业生产和贸易的发展趋势。

（五）分析环境保护与经济贸易发展相互影响、相互制约的关系，并阐明如何实现可持续发展。

（六）分析各种交通运输方式在社会生产和交换中的作用，并了解有关运输通道、港口和重要的交通枢纽。

（七）国别分论。阐述各国（地区）如何因地制宜发展生产，当前经济的特征、产业的结构及其空间的分布。

上述七项学习和研究的内容，前六项主要是从总论的角度阐明人类发展生产和交换的普遍规律，体现了共性；而国别分论，则体现了因国家（地区）的不同而产生的差异性。只有懂得共性，才能区别差异性，而了解了差异性才能更深刻地理解共性。

二、研究国际贸易地理学的任务

学习国际贸易地理学的任务在于：指导我国对外贸易的实践，拓展理论研究空间,提高国民文化素质。

　　所谓指导我国对外贸易实践,是指通过学习和研究国际贸易地理,揭示人类进行商品生产和交换与地理因素的关系,找出规律,以便在我国对外贸易活动中自觉地按规律办事,做到扬长避短,以取得更大的经济效益和社会效益。例如中国是世界人口最多的国家,劳动力资源丰富,因此当前我们发展劳动密集型产品的生产和出口,仍然具有竞争优势,但是,随着科学技术的迅速发展,尤其是信息技术的发展,这种人力的优势必然要逐渐弱化。如果我们不能从现在起就加强科技的投入,不断提高人才素质,及时地调整产业结构,恐怕不久我们的对外贸易就会陷入困境。

　　拓展理论研究的空间,是指国际贸易地理学是一门新兴学科,无论是研究的内容还是方法都有待进一步完善。目前有关国际贸易地理学的著作,多数仍然沿袭着世界经济地理的内容和方法,而与我们经贸活动密切相关的内容仍然是空白。因此需要通过我们的研究进一步完善。例如环境保护和可持续发展,已经是关系到人类社会生存和发展的最重要的理论和实践的问题,但传统的经济地理学却很少涉及。为此,本书初步进行了涉猎,以作为研究的开端。

　　国际贸易地理学在提高国民文化素质上的作用,主要在于这门科学具有高度的综合性,它要涉及地理、历史、政治、经济、自然、风俗和文化等多方面的知识,而且要采用综合分析的方法。因此通过这门学科的学习,不但有助于扩展学生的知识领域,而且能培养学生辩证唯物主义和历史唯物主义综合分析的能力,改变目前搞外贸的只懂得经济、贸易,不懂得自然和人文;搞地理的只懂得地质、地形、气候和风俗,而不懂经济和贸易这种畸形知识和能力结构的状况。

三、学习和研究国际贸易地理学的方法

　　我国古训说:"工欲善其事,必先利其器。"这个"器"对于我们学习国际贸易地理学来说,就是方法,"利其器"就是要选择正确的学习方法。方法对,则找到了"登堂入室"的捷径;方法不对,则南辕北辙,事倍功半。要学好国际贸易地理学,正确的方法我们认为有下列几点。

（一）坚持和运用马克思主义的辩证唯物主义和历史唯物主义的方法论。由于世界商品生产和交换是一种复杂的社会现象，它的形成和发展是政治、经济、自然和人文多种因素综合作用的结果。因此马克思主义关于主要矛盾与次要矛盾对立和统一的观点，各种因素相互影响、相互制约的观点，时间与空间相互制约和统一的观点，就必然成为研究国际贸易地理学的方法论基础。

（二）采用对比分析的方法。常言道，没有比较就无法鉴别，没有鉴别就无法区分。比较的目的在于发现不同事物之间所具有的共性和差异性。共性往往是影响事物发展的普遍性规律，而差异性则是特殊规律。各国发展商品生产和交换既要遵循普遍规律，又要区分特殊规律。一旦混淆了两者的区别，以特殊性代替了普遍性，必然使经济和社会发展遭受挫折。例如德国在第二次世界大战后为了恢复被战争破坏的经济，曾采取了"休克疗法"，取得了巨大成功。这是建立在德国领土面积小、人口少、是一个传统的资本主义国家、市场机制相对完善、又得到美国支持和援助这些特殊性的基础上的。而前苏联解体后，俄罗斯不顾自身的条件与德国根本不同，也采取了"休克疗法"，结果导致了失败，几乎把俄罗斯经济推向崩溃的边缘。

（三）数理统计法。对比分析属于定性分析，这种方法只能对事物的基本特征及发展趋势作出一般性的分析和描述，无法说明事物从量变到质变的内在规律，因此需要采用数理统计法。数理统计法往往是认识事物本质和不同事物之间相互联系、相互作用的最科学的方法。例如一个国家GDP的增长往往与能源消耗存在着一定比例关系。如果一个国家能源消耗的增长长期大于GDP的增长，这无疑表明这个国家科技水平落后，能源利用率低，产业结构不合理。因此调整产业结构，发展那些低能高效的知识和技术密集型产业，无疑应是当务之急。

（四）地图法。地图，包括普通地图和各种专门地图，无疑是学习和研究经贸地理问题不能缺少的工具。地图的最大优势在于它表现事物所在区域的直观性。通过阅读地图，了解地理事物的空间分布和不同事物的空间差异，往往比语言的描述更生动、更具体。因此学习国际贸易地理学应具备必要的地图学知识，如比例尺、图例和注记、分层设色法、投影法等,并创造条件掌握必要的绘图、制图的技能和技巧,以便把研究成果用地图表现出来。

(五)计算机模拟法。随着计算机的普及应用,这种高智能工具已被广泛使用在各种学科的研究领域。利用计算机对过去发生的事件进行模拟重现,对未来发生的事件进行预测,这已是通常的研究手段。进行计算机模拟试验,一要提供必需的数据;二要弄清影响事物发展的各个因素之间的数量关系,并建立相应的模型。因此计算机模拟法,数据的积累和模型的建立是关键。

(六)实地考察法。实地考察是获取第一手资料最好的方法。当第二手资料缺乏或其可靠性难以确定时,就应进行实地考察。考察前除做好必要的物质准备、考察人员的体能锻练和环境适应训练外,更重要是对考察对象的历史和现状,政治、经济、自然和文化背景应有一定程度的了解,要明确考察目的,提出要求,制定考察提纲和行程计划。对考察中可能出现的困难和挫折,要事先制定应对策略。考察报告应真实、客观地反映事物的本来面貌,防止以偏概全,以局部代替整体等错误做法。

四、学习和研究国际贸易地理学应注意的问题

(一)防止"地理环境决定论"和"人定胜天"这两种唯心论倾向。由地形、气候、河流和湖泊、矿产资源和动植物这些要素组成的自然条件,无疑是人类进行商品生产和交换的物质基础,自然条件的优劣在一定程度上会对人类社会和经济的发展起加速或延缓作用。但"地理环境决定论"却把自然条件看成社会发展的决定性因素,片面夸大自然因素的作用,抹煞了人类改造自然、利用自然的主观能动性,把自己沦为自然界的奴隶。而"人定胜天"论者,却又片面夸大了人的主观能动性,公然违背自然规律去"改造"自然、"利用"自然,其结果必然要受到自然规律的惩罚。

(二)要正确处理时间和空间的关系。任何事物的形成和发展都是时间和空间的统一。国际贸易地理学虽然是研究商品生产和交换的空间分布的科学,但这种空间分布格局的形成和发展不能脱离时间,也就

是要放在历史长河中加以分析和认识。例如新加坡位于马六甲海峡东端,这种地理位置从古至今并无变化,即其空间性是确定的。但为什么新加坡第二次世界大战前经济落后,而"二战"后迅速成为一个新兴工业化国家呢？要认识这个问题,只能从战后东亚各国经济迅速发展,石油成为重要能源这一特定的历史条件下来分析,否则无法作出正确的解释。

(三)要善于借鉴。所谓借鉴就是要吸收他人成功的经验,汲取别人的教训。例如西方发达国家的工业现代化的实现是建立在对自然资源掠夺式开采和使用的基础上,走了一条"先污染,后治理",对环境产生巨大破坏的道路。我国在实现现代化的过程中,就应汲取这方面的教训,应当走可持续发展的道路。

(四)正确处理自然因素和人文因素的关系。由于自然因素是人类社会发展的物质基础,因此自然条件的优劣无疑会对经济发展起加速或延缓作用。但随着科学技术的发展,自然因素对经济发展的制约作用会变得越来越小,而各种人文因素如宗教、文化和风俗的影响会越来越显著。因此我们学习国际贸易地理学既要注意了解各国(地区)的"硬环境",即物质环境,更应注意各国(地区)的"软环境",即人文环境。那种只见物质,不见精神,只讲客观条件,不讲人的主观能动作用的想法和做法,无疑是错误的。

本章思考题

1.说明国际贸易地理学研究的对象及学科性质。

2.说明国际贸易地理学研究的主要内容。

3.说明国际贸易地理学研究的主要方法。

第二章 自然环境与国际贸易

　　人类的生产和生活离不开由地形、气候、河流和湖泊、动物和植物、土壤等自然要素组成的自然环境，它是人类赖以生存和发展的物质基础。尽管随着科学技术和生产力的发展，人类对自然条件的依赖越来越小，但是目前一些无法预见、无法预防、无法避免的自然灾害，仍会给人类带来巨大的生命和财产损失。例如 2008 年 4 月缅甸发生的"纳尔吉斯"强热带风暴，同年 5 月在中国四川汶川发生的大地震，均造成了几十万人的伤亡和巨大的财产损失，至今仍是人们无法忘记的伤痛。因此了解各种自然因素与人类的关系，以便遵循自然规律来发展生产是十分必要的。

第一节　地形

　　地形是地球表面形态的总称，它包括陆地地形和海底地形两部分。

一、陆地地形

　　陆地表面根据绝对高度（海拔）和相对高度的差异，可分为五种形态，即平原、高原、山脉、丘陵和盆地。也可根据地表形态形成的原因不同分为冰川地形、火山地形、风蚀地形、岩溶地形、黄土地形等。

平原是指海拔在 200 米以下,地表平坦的地区。世界上主要的平原有南美洲的亚马孙平原、奥里诺科平原;北美洲的密西西比平原,加拿大中部大草原;亚洲的恒河和印度河平原,长江中下游平原,东北平原,华北平原、西西伯利亚平原,美索不达米亚平原等;欧洲的东欧平原、西欧平原、波河平原,多瑙河中下游平原等。

高原是海拔 500 米以上,相对高度小,地面平坦的地区。世界高原主要分布在亚洲、南、北美洲、非洲和澳大利亚。主要高原有巴西高原、圭亚那高原、科罗拉多高原、哥伦比亚高原、青藏高原、云贵高原、黄土高原、内蒙古高原、德干高原、中西伯利亚高原、阿拉伯高原、伊朗高原、埃塞俄比亚高原,东非高原等。

陆地上高大山脉集中分布在两大高山带,即以落基山、安第斯山、大分水岭、台湾山脉、日本南弯山脉和北弯山脉为主体的环太平洋高山带和以阿尔卑斯山、喀尔巴阡山、兴都库什山,厄尔布尔士山和喜马拉雅山为主体的阿尔卑斯—喜马拉雅高山带。

盆地是中间低,四周高的地形区。世界大型盆地有非洲的刚果盆地,亚洲的塔里木盆地、准噶尔盆地、柴达木盆地和四川盆地等。

丘陵是指海拔在 1 000 米以下,但相对高度较大的低山和浅丘。如我国的江南丘陵、俄罗斯的瓦尔代丘陵等。

陆地上地形的差异,往往会影响气候、河流、动物和植物,从而会影响到工农业生产和交通运输,进而影响到对外贸易。主要影响有:

1. 一个国家如果地形多种多样,则有利于发展多种生产。平原和高原由于地势平坦、土壤肥沃,宜于发展种植业、畜牧业。山地和丘陵则可发展林业、畜牧业。平原,高原由于地势平坦,对铁路,公路建设有利,投资少、工期短;而山区则对交通线的建设不利。但一些高原地区如果海拔太高则气候高寒,则不利于人类的生产和生活,如我国青藏高原。而阿拉伯高原、埃塞俄比亚高原、北非高原则由于气候干旱,降水少,也是人口稀少,经济相对落后地区。

2. 岩溶、丹霞、火山等独特的地形,往往山奇水秀,温泉、湖泊众多,为旅游业提供了丰富的资源,从而有利于旅游业的发展。如我国云南的石林,广西桂林的山水,就是由于独特的岩溶地形而形成了世界著名的旅游区。

3.一些盆地,洼地等地势低洼的地区,由于周围有高山的阻挡,使空气流通不畅,盆地中烟尘无法向外排放,从而造成了粉尘污染和酸雨等环境问题,影响了电子、精密仪器等要求空气清洁度高的工业生产和布局;消除污染则会加大成本,不消除污染会影响产品质量,均可能降低产品的竞争能力。因此在小型盆地地形区不能发展钢铁、化工等高污染工业,也不能布局电子、精密仪器等工业。

4.世界两大高山带正处于大洋板块与大陆板块相碰撞地带,因此地震、火山活动频繁,对工农业生产和人民生活造成一定不利影响。但这里多地热、多温泉,则有利于发展地热发电和旅游业。

5.海拔升高,气温降低,海拔升高100米,气温下降0.6℃。因此一些高大山区则气候呈垂直变化,有利于发展高山旅游业和垂直农业。如非洲的乞力马扎罗山,正位于赤道附近,山顶海拔高度5 000多米,因此山顶是终年积雪,而山下则是椰林婆娑,每年吸引大量游客。"一山有四季,十里不同天"正是这种高山气候的真实写照。

(二)海底地形

海底地形根据水深、坡度和距离陆地的远近,可分为大陆架、大陆棚、大陆坡、海沟和洋底五种地形。洋底区域由于面积广大,形态差异明显,又可分为海底平原、海盆、海底山脉等多种地形。海洋的面积虽然占地球表面面积的71%,但由于科学技术水平的限制,目前人类的经济活动,除海上航行外,还只限于大陆架部分。

所谓大陆架是大陆向海底的自然延伸,水深不超过200米,海底地形平坦的区域。由于大陆架水浅,水温较高,水中阳光充足,又靠近陆地,水中饵料充足,渔业资源丰富,因此适宜发展近海捕捞业和海水养殖业。并且大陆架区域石油、天然气资源丰富,世界已开发的海上油田,均在大陆架上。

大西洋中的北海、太平洋西岸的黄海和渤海全部属于大陆架;东海的绝大部分、南海的一小部分,波斯湾和墨西哥湾、加勒比海的一部分也是大陆架;北冰洋大陆架面积约占其全部面积的1/2。

分析地形对人类的影响,要用辩证观点,既看到有利因素也应看到不利因素,并且有利与不利会随着时间的变化而变化。例如过去被视为"穷山恶水"的地方,由于交通和其他基础设施的改善,现在可能已变成了旅游胜地,从而促进了当地经济的发展。再如岩溶地形发育的地区,地表多奇峰异石,地下多石笋、溶洞,风景优美,十分有利于旅游业发展。但这些地区往往地表水缺乏,而地下河和地下溶洞众多。地表水缺乏对工农业生产不利,而地下溶洞的存在则对大型建筑不利。

第二节 天气和气候

一、天气

短期的大气状况,如大气的温度、湿度、流动的速度等,称为天气。由于大气状况是瞬息万变的,因此天气对人的影响也是短暂的、局部的。但是一些灾害性天气,如台风、飓风、龙卷风、强热带风暴、大雪、冰冻、沙尘暴等,却会给人带来巨大的生命和财产损失。2004 年在美国发生的"卡特里娜"飓风,曾导致 4 000 多人死亡,使美国墨西哥湾沿岸的石油生产全部瘫痪,新奥尔良几乎变成一座空城。而 2008 年 1 月在我国南方发生的雨雪冰冻灾害,波及湖南、贵州、云南、江西等多个省区,使输变电线路瘫痪,铁路、公路运输中断,受灾人口达数百万,直接经济损失达 1 100 亿元,参与抢险救灾的职工和解放军官兵达数万人。

台风,又称亚洲热带气旋,每年夏季和秋季发生在菲律宾群岛以东的热带太平洋海域,生成之后其中心风力可达十级以上,并伴随有大暴雨。其行径路线有三:其一自源地向西,在我国台湾岛以东洋面转向东北,影响日本九州和本州岛的东南部地区;其二自源地向西在我国台湾岛登陆后,越过台湾海峡,在我国福建、浙江沿海再次登陆,并逐渐转变为热带低压;其三自源地向西,经菲律宾和巴士海峡进入南海,然后转向西北在我国海南、广东和广西南部沿海登陆,并逐渐消失。因此每年受台风影响的区域主要包括菲律宾、我国台湾、福建、浙江、广东、广西、海南、香港等省区,日本的九州岛和本州岛的东南部,越南东部沿海地区。

飓风,又称西印度群岛和墨西哥湾热带气旋。发源地是西印度群岛以东热带洋面。一路向西影响古巴、海地、牙买加、墨西哥东部沿海和美国墨西哥湾沿岸。其危害仍然是狂风暴雨。

发生在印度洋孟加拉湾的热带气旋,也称为飓风或强热带风暴,主要影响缅甸、孟加拉国和印度东北部。

龙卷风是一种范围较小的猛烈旋风,直径不过 400 米左右,最常见于美国落基山脉以东的中央平原地区,因为这里是来自墨西哥湾的湿热空气与北方干冷空气相遇的地方。龙卷风的风速每小时达 300 公里,大风伴随暴雨和雷电。由于风速大,可拔树倒屋,但其行进 30 多公里后就会消失。常见于春季和初夏的下午。其他国家与地区也可发生龙卷风,但其发生的频率远较美国少得多。

短期灾害性天气,目前人们仍无法避免和彻底防范,只能采取适当的防灾减灾措施,使其损害减少到最低限度。

二、气候

气候是指一个地区长期的天气状况。世界气候表现为类型的多样性,空间分布的地域性,时间变化的季节性。

类型的多样性是指随纬度位置不同,热带有热带雨林气候、热带草原气候、热带沙漠气候、热带季风气候;亚热带有亚热带地中海式气候、亚热带季风气候;温带有温带海洋性气候、温带季风气候和温带大陆性气候;亚寒带有亚寒带针叶林气候等。

热带气候有热带雨林气候、热带草原气候、热带沙漠气候和热带季风气候,其共同特点是全年高温,年平均气温 25℃以上;其区别在于降水量的多少和季节分配不同。热带雨林气候降水量大,年均降水量 2 000 毫米以上,而且季节分配均匀。热带草原气候年降水量为 1 000 毫米以上,但一年分为干湿两季:冬季为干季,降水少;夏季为湿季,降水多。热带季风气候,一年分为旱雨两季,冬季刮偏北风是旱季,夏季刮偏南风为雨季,年均降水量也在 1 000 毫米以上。热带沙漠气候,则全年少雨,年均降水量不足 100 毫米。热带雨林气候主要分布在赤道附近,如亚马孙平原、马来群岛、刚果盆地等。热带草原气候分布在热带雨林气候的南北两侧,主要分布在非洲、南美洲、澳大利亚等。热带沙漠气候主要分布在南、北回归线附近大陆内部和西岸,如非洲撒哈拉大沙漠、阿拉伯半岛、澳大利亚中部和西部等。热带季风气候主要在印度半岛和中南半岛。

亚热带气候有亚热带地中海式气候、亚热带季风气候。前者的特点是冬季温和多雨,夏季炎热少雨,年均降水量 1 000 毫米左右。后者的特点是冬季温和少雨,夏季炎热多雨,降水量 800 毫米至 1 600 毫米,风向随季节而改变,冬天刮偏北风,夏天刮偏南风。地中海式气候分布在南北纬 30 度至 40 度大陆西岸,以地中海沿岸各国、美国的加州、南非的好望角等地为典型。亚热带季风气候分布在南北纬 30 度至 40 度大陆东岸,以中国的秦岭、淮河以南以及朝鲜半岛南部、日本南部、美国的墨西哥湾沿岸为典型。

温带气候有温带海洋性气候、温带季风气候和温带大陆性气候。温带海洋性气候的特点是冬季温和,夏季凉爽,降水量 1 000 毫米以上,而且季节分配均匀。主要分布在南、北纬 40 度至 60 度大陆西岸,以西欧的英国、荷兰、比利时、丹麦为典型,其次如美国的西雅图、加拿大的温哥华、新西兰和智利等。温带季风气候的特点是冬季寒冷干燥,夏季炎热多雨,降水集中在夏季,尤其集中在 7 月和 8 月。冬季刮偏北风,夏季刮偏南风。这种气候主要分布在我国东北、华北、朝鲜半岛的北部和日本的北部。温带大陆性气候的特点是冬季寒冷干燥,夏季炎热少雨,年降水量 500 毫米以下,集中在夏季,气温的年较差、日较差大,大陆性强。这种气候分布在北纬 40 度至 60 度亚欧大陆内部和北美大陆内部。

亚寒带针叶林气候的特点是冬季严寒而漫长,夏季凉爽而短促,降水量 200 毫米至 300 毫米,以雪为主。这种气候主要分布在北纬 50 度至 70 度的亚欧大陆和北美大陆北部,以西伯利亚、加拿大北部为典型。

气候的地域性,主要表现为纬度地带性、经度地带性和垂直地带性。所谓纬度地带性,是指各种气候类型呈东西向延伸,自赤道南北向更替的现象。这是由于地球上的热量自赤道向南北两极逐渐减少所造成的。

经度地带性,主要分布在亚洲大陆的中部,表现为气候呈南北延伸,东西更替,由沿海向内陆气候大陆性逐渐增强。这是由于距离海洋远近不同,使降水量产生差异造成的。

垂直地带性是指气候随海拔高低不同呈垂直变化,主要是喜马拉雅山、阿尔卑斯山、安第斯山等高山地区。

气候的季节性是指气温、降水和风向随一年中时间的不同而有规律地变化。从气温上看可分为春、夏、秋、冬四季;从降水上看可分为雨季或干(旱)季;从风向上看冬季常刮偏北风,夏季刮偏南风。

气候与人的生产和生活密切相关。人类自身的生活需要适宜的气温和降水,而农作物的生长更需要充足的阳光、温度和雨露,甚至一些工业品的生产、加工制造和使用也受气候的影响。具体的影响可概括为下列几点:

1. 世界气候类型的多样性、空间分布的地域性和时间变化的季节性,使世界农作物的生长也具有多样性、地域性和季节性的特点,从而影响了国际贸易中大宗农产品的构成和流向。例如咖啡、可可、油棕、橡胶等热带经济作物主要适宜种植在热带雨林和热带草原气候区,因此巴西、哥伦比亚、印度尼西亚、马来西亚、加纳等国就成为这些农产品的主要生产国;而小麦、玉米、棉花适宜种植在温带大陆性气候、温带季风和亚热带季风气候区,所以美国、加拿大、中国、乌克兰、法国等位于温带中纬度的国家是重要的粮食生产国和出口国;而俄罗斯、加拿大由于有大面积的亚寒带针叶林气候,森林茂密,则是世界上重要的木材及木制品的生产国和出口国。

2. 气候的差异影响了农产品的品质,从而影响国际贸易中农产品的价格。例如,在温带大陆性气候区种植的农作物,由于温差大、光照充足,因此农作物的籽实饱满,瓜果含糖分大、品质好,在国际市场上售价高。

3. 气候的差异影响了居民的消费习惯,因此影响了消费品的种类与数量。例如,生活在寒冷气候条件下的居民,多需要富含脂肪和热量的食品和羽绒、裘皮等服装;而生活在热带气候条件下的居民,则需要清淡食品、防暑药品和空调等设备。

4.灾害性的天气,如水、旱、风灾,常常使工农业减产,交通中断,从而影响了国际贸易中工农业产品供应数量、价格和履约的时间。

5.气候影响对外贸易中商品的包装、储存和运输。例如,商品输往冬季气候寒冷的国家或地区,储存、包装、运输过程中要注意防冻;而易腐烂、霉变的商品在输往气温高、降水多的国家时,则要注意防腐、防霉和防雨。

6.适宜的气候也可以成为一种重要的旅游资源,可以大力发展旅游业。例如葡萄牙、西班牙等国属地中海式气候,春夏气温高,阳光明媚,因而瑞典、挪威等国的居民在经过漫长阴冷冬季之后,多去地中海沿岸各国旅游,以充分享受温暖的阳光。

第三节　河流和湖泊

河流与湖泊与人类关系密切,既给我们提供水源,又能航行、灌溉和发电,但一旦河水泛滥又会给人类带来巨大的灾难。

河流功能的发挥与河流的水文、水系特征密切相关。

水系特征,主要是指河流长度的大小、流域面的宽窄、上中下游的划分、支流的多少等特征。水文特征则包括流量、流速、含沙量、有无结冰期及冰期的长短、汛期及汛期长短等。而河流水文、水系特征的形成主要受地形、气候、地表植被等多种因素的影响。一般流经平原、气候湿润、植被茂密地区的河流,具有支流多、流程长、水量大、水位变化小、含沙量少的特征,既有利于航行又有利于灌溉。而位于山地、丘陵地区的河流,一般流程短、支流少、落差大、水流急,不利于航行和灌溉,但水力资源丰富,有利于发电。流经气候干旱、植被稀少地区的河流,水量少、水位季节变化大、含沙量多,流程短,多为季节性河流和无尾河,不利于航行,但在汛期时其水源对沿岸干旱地区农田灌溉十分重要。我国塔里木河、美国的科罗拉多河就属于这种河流。

一、河流的航行功能

利用天然河流进行航行,是人类最古老的交通方式,我国古代许多名诗佳句如"孤帆远影碧空尽,惟见长江天际流"等,都对乘船出游作过绘声绘色的描写。当天然河道不能满足人们生产、生活需要时,人类又开凿人工运河使其与天然河道、湖泊或海洋相沟通。产业革命后,随着火车、汽车、飞机的发明和使用,运输方式日益多样化,但以河流、海洋为通道的水上运输仍是重要的运输方式。

世界上适于航行的河流,主要是水量大、流程长、流域面积广、支流多,水流平稳,冬季不结冰或结冰期很短的河流。如我国的长江,美国的密西西比河,巴西的亚马孙河,俄罗斯的伏尔加河,欧洲的莱茵河、多瑙河等。其中具有国际航运价值的河流主要有莱茵河、多瑙河、尼罗河、亚马孙河、圣劳伦斯等。

莱茵河,发源于瑞士,向北流经法国、德国、荷兰,注入北海,全长1 360公里,瑞士巴塞尔以下河段均可通航。7 000吨的海轮从入海口可上溯至德国的科隆,5 000吨海轮可达曼海姆,2 000吨轮船可达法国斯特拉斯堡。莱茵河通过许多人工运河与多瑙河、鲁尔河等相沟通,形成了四通八达的水运网。莱茵河两岸分布着德国一系列工业城市,是德国人口最稠密、经济最发达地区,因此莱茵河有"黄金水道"之称。

长江,是亚洲最长的河流,世界第三大河,全长6 300多公里。湖北宜昌以下至江西湖口为中游,湖口至入海口为下游。中下游由于全部流经平原,水量大、支流多、水流平缓,极利于航行。从入海口上溯至南京,可通航万吨轮船;从南京至武汉可通航3 000吨轮船;1 000吨轮船可达重庆,500吨轮船可达宜宾。干支流通航里程可达8万公里,是沿河各省区通往海洋的重要运输通道,被称为中国的"黄金水道"。

密西西比河,是北美洲第一大河,世界第四大河,全长6 262公里。密西西比河中下游流经平原,水流平稳、水量大,又通过其支流和人工运河与五大湖和大西洋直接沟通,因此航运发达。干支流中水深大于1.8米以上的河道达2万公里,干流从河口可上溯至明尼阿波利斯。

亚马孙河,位于南美洲亚马孙平原上,以其长度长(6 480公里)、支流多、水量大、流域面积广而著称于世。其河面宽度在中游玛瑙斯仍有 5 公里,而在下游入海口处可达 20 公里。由于河宽水深、河床比降小,无结冰期,十分利于航行。7 000 吨轮船从河口直达玛瑙斯,3 000 吨轮船可上溯至秘鲁的伊基托斯,干支流通航里程可达 25 000 公里。由于沿河两岸均为热带丛林,人口稀少,经济相对落后,其航运价值尚处于开发中。

多瑙河,是世界上流经国家最多的河流,全长 2 800 多公里。从德国乌尔姆以下均可航行,并通过美茵—多瑙运河与莱茵河相沟通。沿途流经的国家有德国、奥地利、斯洛伐克,匈牙利、克罗的亚、塞尔维亚,罗马尼亚、保加利亚等国。

伏尔加河,发源于东欧平原上的瓦尔代丘陵,注入里海,全长 3 500 多公里,是俄罗斯第一大河。它属于平原型河流,河床比降小,水流平稳,上中游由于受到奥卡河和卡马河等支流的水源补给,所以水量大,利于航行。它通过一些人工运河,实现了"五海通航"(里海、黑海、波罗的海、亚述海和白海)。它流经的中央工业区、乌拉尔工业区和伏尔加沿岸工业区均是俄罗斯人口稠密、经济发达地区。

二、河流的灌溉功能

自古以来人类就有引河水进行灌溉以发展农业的传统,古埃及文明和古巴比伦文明都与农业灌溉有关。距今 2 200 多年前我国战国时期的秦国蜀郡守李冰父子在岷江上修建的都江堰著名水利工程,至今仍浇灌着成都平原,成为水利发展史上的佳话。新疆吐鲁番盆地地区各族人民修建的"坎儿井"工程,不但使干旱的戈壁变成了瓜果飘香的"绿洲",而且使"坎儿井"成为今日旅游观光的一道风景线。

第二次世界大战后,随着筑坝引水技术的进步和大型建筑机械的使用,使修建拦河大坝和开挖引水渠道不再是耗费大量人力和时间的艰巨工程,因此许多国家,尤其是处于干旱、半干旱气候条件下的国家,纷纷修建大型水利水电工程,以发挥河流航行、灌溉、发电、养殖等多种功能。著名的有埃及在尼罗河上修建的阿斯旺水坝,巴基斯坦在印度河上修建的曼格拉水利工程,乌孜别克斯坦开挖的土库曼大运河等。但是在世界众多的水利水电工程中,工程量最大、综合效益最明显的,应属我国的长江三峡水利水电枢纽工程。我国正在建设中的"南水北调"跨流域引水工程,其涉及地域之广、人口之众、工程之复杂艰巨,更令世界瞩目,建成后必将发挥巨大的经济和社会促进作用。

三、河流的发电功能

电是 19 世纪末第二次产业革命时由美国人发明的,但人类在河流上筑坝蓄水,利用水流的落差来发电却是 20 世纪初才开始的。在 20 世纪前半期,修建的水电站规模都不大。1936 年美国在科罗拉多河上修建了胡佛水电站,坝高 211 米,装机容量 135 万千瓦,标志着当时水电建设的最高成就。同期美国在田纳西河上修建了一系列水利水电设施,实现了在一条河流了进行梯级开发的先例。自 20 世纪 50 年代以后,欧洲国家开始了经济恢复重建时期,亚非拉广大发展中国家在摆脱了殖民主义者的统治后,也开始了经济建设,从而使水利水电工程建设进入了高潮。到 20 世纪 70 年代末,全世界已建成 200 万千瓦以上的水电站有 16 座,其中最大的是美国在哥伦比亚河上修建的大古利水电站,其装机容量达到 648 万千瓦。苏联时期在叶尼塞河上修建的克拉斯诺雅尔斯克水电站,装机容量也达到了 610 万千瓦。到 20 世纪 80 年代初全世界水力发电量已达 1.7 万亿度。比 20 世纪 50 年代增长了 4 倍。

河流水利水电功能的开发,往往与河流流经地区的地形、地势密切相关。一般在河流的上中游河段,由于多穿行在高山峡谷之间,河流落差大,水流急,河道狭窄易于筑坝蓄水。我国的长江、非洲的刚果河和赞比西河、南美的巴拉那河、美国的科罗拉多河和哥伦比亚河、俄罗斯的叶尼塞河和勒拿河都具有上述特点,因此也是世界上水力资源最丰富的河流。

但水力资源在世界上是分布不均的,其中中国、俄罗斯、美国、巴西和刚果(金)五个国家水能蕴藏量就占世界 1/2,而已开发利用的程度各国就更是相差悬殊。西欧发达国家已开发其水能的 70%～98%,美国为 44%,俄罗斯为 20%,中国为 5%,而刚果(金)仅为 1%。目前世界上已建成的装机容量最大的水电站,是巴西的伊泰普水电站,总装机容量为 1200 万千瓦。我国三峡水电站到 2009 年全部完工后,总装机容量将达 1 820 万千瓦,成为世界上最大的水电站。目前世界各国中以水电为主的国家主要有加拿大、挪威、瑞典等国。

第四节　地理位置和疆域

一、地理位置

地理位置是指某一事物在地球表面所处的空间区域。其表示的方法有两种:绝对位置和相对位置。所谓绝对位置,又称经纬位置、数理位置、天文位置。它是用地球仪表面的经线和纬线相互交织的座标点表示的。随着科学技术的发展,人们可以利用 GPS(全球定位系统)功能随时测定地球上某一事物所在的经纬位置。

经纬位置无论从实际生活和工作上,还是地理上均具有重要意义。从实际工作、生活中看,当某一事物(如船舶航行在茫茫的大海中)无法测定自己的相关位置时,只有确定自己的经纬位置,才知道自己在大洋中的哪个区域,才能避让周围的暗礁和险滩。在现代战争中一些先进的制导武器更是靠精确的 GPS 技术来锁定打击目标的。

从地理意义上看,纬度位置的高低,往往影响热量和水分,进而影响气候,使不同国家(地区)农业生产产生差异。经度位置的不同,使各地见太阳早晚不一样,从而产生时差,国际交往中要注意时差的换算和穿越日界线时日期的变更。

所谓相对位置是用与其相邻(或相关)的其他地理事物表示某一事物所处的空间区域,由于采用相邻(或相关)的地理事物的性质不同,又可分为自然地理位置、经济地理位置和政治地理位置。所谓自然地理位置是用相邻的自然事物,如山川、河流、湖泊、海湾等表示的某一事物所在区域。例如日本是位于亚洲大陆东部太平洋西岸的一个岛国。这里表示日本的地理位置就是用"大陆"、"海洋"这些相关的自然事物表示的,因此是自然地理位置。地理事物的自然地理位置是十分确定的、不变的或变化缓慢的,除非地球有巨大的构造运动,一般不会改变。了解地理事物的自然地理位置,目的在于分析相关的自然界会对其生产、生活发生什么影响。例如日本由于位于亚洲大陆东边,距大陆非常近,自古以来就与中国交往密切,深受中国文化的影响;而四面环海的岛国又有利于日本发展捕鱼、造船、海运等事业。

经济地理位置是指某一地理事物与相邻的具有经济意义的地理事物之间的空间关系。例如中国河南省省会郑州,位于京广铁路与陇海铁路交点上,这里说明的是郑州的经济地理位置。一个国家或地区经济地理位置的优劣,往往会对其经济发展起着加速或延缓作用,最明显的事例是新加坡。新加坡是位于马六甲海峡东端的一个岛国,由于马六甲海峡是沟通太平洋和印度洋海上交通的咽喉要道,因此具有十分重要的经济意义。但马六甲海峡的经济作用的发挥并不是一成不变的,往往与亚太各国经济发展密切相关。"二战"前马六甲海峡以东的亚太各国除日本是一个经济发达国家外,其他均为殖民地或半殖民地国家,经济十分落后,对外贸易不发达,加上海湾地区的石油尚未开发,石油还不是主要能源,因此马六甲海峡过往的商船、油船很少,位于这里的新加坡经济十分落后,只是英国在远东地区的一个转口贸易基地。"二战"后由于石油取代了煤炭成为最重要的能源,促进了海湾地区石油开发,马六甲海峡成为日本、韩国、中国等国家进口石油必经之地,加上继日本经济腾飞之后,韩国、我国的香港和台湾也成为新兴工业化国家和地区,随后中国大陆的崛起,更极大地促进了亚洲与欧洲、非洲的贸易往来,因此马六甲海峡成为油船、商船频繁往来的咽喉。独立后的新加坡看到了自己位于"十字路口"的地理优势,及时发展了海运、造船、金融、旅游、炼油等工业,从而一跃成为一个新兴工业化国家,目前人均GDP已超过3万美元。

政治地理位置是指某一个国家(地区)与其相邻的国家(地区)之间的空间关系。因为邻国国力的强弱、邻国与本国经济与政治关系、邻国的政治经济制度和外交政策均会对本国的政治稳定、经济和文化的发展有影响。政治地理位置优越的是美国。斯大林曾经对美国的地理位置优势作过精辟的分析。他曾指出:美国东邻大西洋,西邻太平洋,东西有两大洋保护,使美国远离了两次世界大战的主战场——欧亚大陆,在两次世界大战中美国本土不但没有受到战争的破坏,反而为盟国生产军火发了战争财,使其成为战后唯一的经济强国。美国北部邻国是加拿大,南面邻国是墨西哥,两个邻国从综合国力分析均比美国弱小,无论从哪方面都不会构成对美国的威胁,这些邻国反而成为美国掠夺原料、输出产品和资金、获取廉价劳动力的场所,从而有利于美国经济的发展。目前美国与加拿大贸易额约占其对外贸易额的 1/5,在加拿大 100 家大公司中,有 37 家由美资控制,而美国对墨西哥的投资约占墨西哥外资来源的 70%。正是这种地缘关系是北美自由贸易区形成的一个重要因素。

我们在分析地理位置,尤其是经济地理位置和政治地理位置与经济贸易发展关系时,应坚持下列辩证观点。

第一,经济地理位置与政治地理位置属于社会历史范畴,它随着科学技术的进步而发展,又随着世界政治形势的变化而变化,因此评价一个国家(地区)经济和政治地理位置的优劣,不能用静止的、片面的观点,要放在世界政治经济的动态中去认识。

第二,地理位置与交通、信息和资源等生产要素是一个相互影响、相互制约的统一体,地理位置的优劣,交通与信息的状况是重要体现,而交通、信息条件的改善,必然使地理位置优化。例如中国的连云港是陇海铁路东端的起点,但在第二条欧亚大陆桥开通前,其地理优势并不明显,但随着新欧亚大陆桥的开通,其地理位置的优势变得十分明显,已成为中国新兴的对外开放的港口城市。

第三,每一个地理事物只有一个位置,因此每一个地理事物的地理位置都具有特殊性。对地理位置的评价,只能具体事物具体分析,不能一概而论。既要考虑空间因素,又要考虑时间变化。形象地说,今日的 A 国(地),不是昨日的 A 国(地),更不是明日的 A 国(地)。

第四,地理位置的优劣,对一个国家(地区)的兴衰只能起加速或延缓作用,不能起决定作用,起决定作用的仍然是社会生产力的发展和社会生产方式的改变。那种"地理环境决定论"的观点是不正确的。

二、疆域

疆域是指一个国家(地区)领土面积的大小和相邻的海陆状况。在世界 200 多个国家和地区中,既有领土面积在 200 万平方公里以上的大国,如俄罗斯、加拿大、中国、美国、巴西、澳大利亚、印度等,也有面积在 2 平方公里以下的摩纳哥、梵蒂冈两个小国。大国由于领土面积广大,自然条件多样,资源丰富,对其经济和社会的发展十分有利,在国际交往中往往发挥重要的作用。而小国尽管领土面积狭小,但从主权分析,它们依然是一个独立的政治实体,在国际上与大国处于平等地位。而在经济、社会发展中,小国往往又独具特色,不能小觑。例如梵蒂冈面积虽仅仅 0.44 平方公里,人口约 1 000,但其宗教的影响力却十分巨大。列支敦士登,面积仅 160 平方公里,人口 28 000 人,但发达的旅游业和邮票销售却别具特色,人均收入早已达到发达国家水平。

就海陆状况看,许多国家为海陆兼备的国家,一些国家为岛国,也有许多内陆国。中国、美国、俄罗斯、加拿大、巴西、印度、法国、德国等均属海陆兼备的国家。这些国家辽阔的陆地面积和绵长的海岸线,为其经济发展提供了广阔地域空间和方便的海上交通往来,但与陆上邻国的领土争端和海上防卫环节的薄弱,也会构成国家安全的威胁。

日本、英国、印度尼西亚、菲律宾、塞浦路斯、马耳他、冰岛、古巴、新西兰等为岛屿国家。岛国一般领土面积狭小,而且分散在许多岛屿上,这对产业的空间分布和人员的往来造成一定的不便,但绵长的海岸线,曲折的海湾,却使它拥有众多的良港,为发展捕鱼、造船、海上运输提供了有利条件。岛国为了在狭小空间求得生存和发展,借助濒临海洋的优势大力发展外向型经济,走加工贸易国道路,一旦成功,经济发展会十分迅速。

蒙古、赞比亚、哈萨克斯坦、乌兹别克斯坦、中非共和国、乍得等为内陆国。由于它们深居内陆,距海远,不但降水少,气候干燥,而且缺乏出海通道,在一定程度上制约了它们经济的发展。这些内陆国如何处理好其与濒海邻国的关系,往往是政治经济生活中重要的决策。一旦与濒海邻国关系不睦,就会影响经济发展。例如非洲的赞比亚独立前与南非一样均为英国的殖民地,因此"二战"前其铜矿可以通过南非港口出口,畅通无阻。20世纪60年代赞比亚摆脱了英国的殖民统治,政治上获得了独立,而南非仍为英国白人统治,英国为了把刚刚独立的赞比亚扼杀在摇篮中,就禁止赞比亚使用南非的铁路和港口,一度使赞比亚陷入经济困境。后来在中国的帮助下修建了坦赞铁路,重新打开了出海口,英国的图谋才未能得逞。

本章思考题

1. 什么叫大陆架?试说明大陆架有何经济意义。

2. 什么叫气候的纬度地带性规律,试说明气候对国际贸易有何影响。

3. 说明"二战"后新加坡如何利用地理位置优势发展经济的。

4. 说明人类利用河流进行灌溉和发电的状况。

第三章　人文地理环境与国际贸易

　　所谓人文地理环境,是指人类自身在长期的社会生产和生活实践中,所创造的全部物质文化、精神文化和制度文化的总和,包括国家、居民、语言、法律、宗教、饮食、服饰、风俗等许多要素。人文地理环境虽然不像自然地理环境那样是人类生存和发展的物质基础,但却是指导自身行为和处理人与人、人与自然关系的行为准则。当代随着科学技术的进步,人类的生产和生活受自然条件的限制越来越小,而人文环境的影响却越来越大。因此在从事对外经济贸易活动中,注意研究和分析不同国家的人文背景,是十分必要的。

第一节　国家

一、国家的定义及类型划分

　　国家是在一个能够保持内部稳定,不受外来干涉和控制,能独立行使主权权力的政府领导下,占有一定地域空间,生活着一定数量人口的有组织的政治地理单元。

　　作为一个国家必须具备四个条件:

　　(1)拥有确定的领土;

（2）具有一定数量的定居人口；

（3）拥有被其国民需要和承认、能行使各种权力的政府；

（4）拥有主权。

国家的类型由于划分的标准不同，呈现多样性。

以领土面积大小来划分，可分为大国、中等国家和小国。面积大于35万平方公里的为大国；15万至35万平方公里的为中等国家；15万平方公里以下的为小国。

从海陆疆域状况划分，分为海陆兼备的国家、内陆国和岛国。

从政治体制划分，可分为君主制国家、君主立宪制国家、共和制国家、军人独裁统治国家等。

从生产资料所有制划分，分为以公有制为主体的社会主义国家和以私有制为主体的资本主义国家。

从经济运行机制划分，可分为计划经济国家、市场经济国家和混合经济国家。

以综合国力划分，分为超级大国、发达国家和发展中国家。发展中国家由于数量众多，各国之间的综合国力又存在很大差异，又可分为新兴工业化国家（地区）、经济正在转型国家、原料出口国和极端贫穷国家。

在上述各种划分标准中，国际上多采用以"综合国力"这一标准。所谓综合国力是指一个国家在政治、经济、军事和科技实力等方面的综合体现，它反映了一个国家在世界上所处的地位及所发挥的作用。一个国家的综合国力的大小，往往与领土面积、人口数量、资源贫富、教育程度、科学研发能力等因素有密切关系。

二、世界主要国家的地理分布

据世界银行统计，目前全世界共有208个国家和地区。其中非洲国家（地区）最多，54个；其次是亚洲，48个；欧洲，44个；北美洲，37个；大洋洲，24个；南美洲，13个。

亚洲又分为东亚、东南亚、南亚、西亚和中亚几个区域。主要国家有中国、日本、韩国、越南、印度尼西亚、泰国、新加坡、印度、巴基斯坦、伊朗、伊拉克、沙特阿拉伯、科威特、哈萨克斯坦、乌兹别克斯坦、蒙古等。

非洲,分为北非、东非、西非、南非和中非几个区域。主要国家有埃及、利比亚,阿尔及利亚、苏丹、肯尼亚、尼日利亚、马里、刚果(金)、安哥拉、赞比亚、南非、坦桑尼亚、毛里求斯等国家。

欧洲也分为东、西、南、北、中五个区域。主要国家有俄罗斯、乌克兰、波兰、斯洛伐克、捷克、匈牙利、德国、荷兰、比利时、英国、法国、西班牙、葡萄牙、意大利、瑞士、希腊、罗马尼亚等。

北美洲分为北美大陆、中美地峡和西印度群岛三个区域。主要国家有美国、加拿大、墨西哥、危地马拉、洪都拉斯、哥斯达黎加、巴拿马、古巴、海地、牙买加等。

南美洲的主要国家为巴西、委内瑞拉、阿根廷、哥伦比亚、厄瓜多尔、玻利维亚、秘鲁、智利等。

大洋洲的国家是澳大利亚、新西兰、巴布亚新几内亚、斐济、瑙鲁、汤加、西萨摩亚等。

三、发达国家和发展中国家在世界经济中的地位和作用

第二次世界大战后由于社会主义国家的建立和广大亚非拉国家摆脱了殖民地和半殖民的统治,战前的那种建立在宗主国与殖民地之间的压迫、剥削和掠夺基础上的政治经济体系彻底瓦解,代之为政治上、军事上美苏两大阵营的对抗。经济上形成了以苏联为代表的计划经济和以美国为代表的市场经济的两个平行市场,形成了长达40多年的"冷战"格局。1991年随着苏联的解体,日本和欧盟的崛起和亚太新兴工业化国家和地区经济的迅速增长,世界经济政治开始出现多极化。划分为超级大国、发达国家和发展中国家的三个世界的理论,基本反映了这种态势。三种类型的国家由于经济发展水平不同,军事实力和政治地位的差异,当然在世界上发挥的作用和所处的地位不同。

(一)超级大国和发达国家

作为超级大国的美国和作为发达国家代表的欧盟和日本,尽管由于每个国家为维护本国的核心利益,存在着各种分歧和在世界经济政治发展中会起着不同作用,但由于它们具有相似的政治制度和相同的

价值观念,因此它们有许共同的利益和追求。

1.它们经过了几个世纪的发展,已成为拥有世界上最强大的社会生产力、最雄厚的资本、最先进的科学技术、最严密的垄断组织和最丰富的经营管理经验、众多的高科技人才的世界上最富有的国家。据世界银行 2003 年统计,当年全世界 GDP 超过 1 万亿美元的国家共有 7 个,除中国外其余均是发达国家。美国为 10.19 万亿美元,几乎占了当年全世界国内生产总值 36 万亿美元的 1/3,其次是日本 4.3 万亿美元,德国 2.4 万亿美元,英国 1.8 万亿美元,法国 1.7 万亿美元,意大利 1.5 万亿美元。由美国、加拿大、日本、德国、英国、法国、意大利组成的"七国集团"人口只占全世界的 11%,而 GDP 却占全世界的 65%,而其余 100 多个国家人口占 89%,而 GDP 只占 35%。在亚太地区(除去日本、澳大利亚、新西兰)人口占世界的 52%,而 GDP 只占世界的 8%。在撒哈拉以南的发展中国家(除去南非),各国 GDP 之和只有 4 000 亿美元。日本、美国等发达国家人均拥有的财富已达 4～5 万美元,几乎是世界最贫穷国家人均收入 370 美元至 520 美元的 100 多倍。

2.利用联合国这一国际政治组织,制定和推行对发达国家有利的条约和协议,宣扬自己的价值观、人权观,对任何与其意见相左的主张和行为,轻者进行政治、经济上的制裁,重者进行军事上的干涉,企图改变别国的政治经济制度。力图把联合国变为它们所推行的霸权主义的合法工具。例如美国多次推动联合国就"核问题"对伊朗进行制裁,而当联合国大会多次通过决议呼吁美国解除对古巴的封锁和禁运时,美国却不理睬。

3.利用世界银行(WB)、国际货币基金组织(IMF)和世界贸易组织(WTO)等国际金融、贸易机构对给予发展中国家的贷款、援助和贸易往来实施种种限制,附加种种政治经济条件、妄图干涉别国的内政,控制它们的发展。在世贸组织内,它们力主贸易自由化,力图打开发展中国家的市场,扩大本国产品的出口,而在其国内却颁布种种国内法令,大搞"灰色区域",以限制发展中国家产品的进口。美国利用美元作为国际储存货币的优势地位,坐观美元持续贬值,以扩大出口,向发展中国家转嫁美国的经济危机,从而推动了国际油价大幅度上涨,人为地造成

"能源危机"，从而制约了世界经济的增长。

4.美国等发达国家科学技术发达，无论在计算机、通信器材、宇航、飞机、汽车、医药、核能、生物技术和新材料的研制和开发方面都处于世界领先地位。这种技术优势，不但促进了它们本国产业结构的升级和国民经济高速的发展，而且，在保持技术垄断条件下，也加快了科学技术向发展中国家的转移和传递，促进了发展中国家产业结构的调整和经济的发展。正是由于科技的进步，无论发达国家还是发展中国家人们的生产方式乃至生活方式正在发生日新月异的变化。

5.美国、英国等发达国家组建以它们为中心的区域经济贸易集团，对内实行经济的一体化和贸易的自由化，让人员、资金、技术和商品自由流动，以优化资源配置，提高经济效益，加快各国经济的发展；对外则实行贸易保护，削弱发展中国家产品的竞争力，力图保持自己的优势地位和旧的国际经济秩序。

6.美国等发达国家凭借着它们在政治、经济、军事和科学技术上的优势，力图主导世界上的"话语权"，在事关它们利益的重大国际问题上，率先提出它们的主张，并利用各种途径加以推行，在世界上形成对它们有利的舆论攻势和思维定势以主导国际事物的发展。事物的发展一旦对它们不利，即使是它们提倡的也加以否定。例如美国在不具有反导能力时和苏联签署了"反导条约"，而一旦它具有了反导能力，就单方面退出反导条约。

美国、欧盟、日本等国都属于发达国家，它们具有上述的共同特点和作用，但出于维护自身国家利益考虑，在一些重要问题上欧盟与美国也存在着分歧。美国出于超级大国的心态大搞"单边主义"，凡是对其有利的就积极支持，大力倡导推行，甚至违反国际公约和准则，迫使他人就范；凡是对美国不利的，既使它们已经签署的协议也可公然反对。例如布什政府不顾欧盟、日本等盟国的反对公然退出《京都议定书》就是"单边主义"最好证明。而欧盟和日本为了争做与美国平等的伙伴，主张世界多极化，反对美国单边主义，对重大国际事务主张通过联合国。在世界贸易领域，乌拉圭回合谈判所以拖了七年之久，正是由于欧盟与美国在开放农产品市场上的对立，才使谈判难以达成协议。发达国家这种基于自身利益的矛盾,恰恰是发展中国家可以利用,藉以维护自身权益的机会。

(二)发展中国家

发展中国家广泛分布在亚洲、非洲、拉丁美洲和太平洋中的岛屿上,面积占世界陆地面积的 59.6％,人口占世界的 73％。许多发展中国家尽管人口众多、资源丰富、甚至具有重要的战略位置,但由于过去长期处于殖民地、半殖民地的地位,又无法适应经济全球化的浪潮,因此许多国家仍很贫穷落后。它们具有许多共同的特点,面临着共同的机遇和挑战。其共同特点有:

1.国家类型的多样性。从领土面积上看既有中国、印度、巴西等大国,也有不丹、斐济、瑙鲁、塞舌尔等小国。从疆域上看既有海陆兼备的国家,也有岛国和内陆国。从经济发展水平看既有新加坡、韩国、巴西等已经实现了工业化的新兴工业化国家,也有中国、印度等正在实现工业现代化的国家和沙特阿拉伯、卡塔尔等原料出口国,更有众多贫穷国家。从政治体制看既有共和制国家,也有君主制、君主立宪制、军人独裁统治的国家。从国家居民构成看,既有单一种族或民族的国家,也有多种族多民族的国家。众多的国家类型既使世界丰富多彩,提供彼此互补、借鉴、交流的机会,也增加了彼此协调的困难和复杂性。

2.政治上的不稳定性。许多发展中国家由于长期遭受殖民统治,独立后虽然取得了国家政权,但缺乏治理国家的经验,面对国内外政治、经济种种压力和困难时,缺乏有效的对策,导致不同政治势力彼此攻讦,使政权频繁更迭。一些发展中国家在获得独立时,原宗主国为了达到继续控制、维护既得利益的目的,就有意地利用领土划分、民族和宗教的差异,埋下争端的隐患,以便从中操控,导致这些国家政治的不稳定。印度与巴基斯坦关于克什米尔争端就是一个突出的例证。近年来以美国为首的西方国家为了构筑自己的战略空间或控制发展中国家的石油等资源,频繁发动所谓"颜色革命",导致一些国家政治动荡。

3.经济的落后性。发展中国家除去新加坡、韩国、巴西等新兴工业化国家和地区,以及沙特阿拉伯、科威特、文莱等石油输出国外,许多国家经济落后,人民贫困。据世界银行公布,1998 年占世界人口 57％的贫穷国家共有 63 个,它们的国民生产总值之和只占全球国民生产总值的 6%,人均日收入只有 2 美元。而生活在贫困线以下人口高达 12 亿,人均日收入在 1 美元以下,这些国家主要分布在南部非洲、南亚和加勒比海地区。造成发展中国家贫穷落后的原因是多方面的:(1)长期处于殖民地、半殖民地的地位,产业结构单一,以农矿业为主的"单一经济"一时难以改变。战后由于初级产品的需求减少,价格下跌,这些依靠单一农矿产品出口的国家经济更加困难。(2)人口增长过快,经济增长相对缓慢,由于经济增长赶不上人口增长,居民生活并无多大改善,甚至更加贫困。(3)由于旧的国际经济秩序尚未完全破除,发达国家利用自身的垄断优势和技术优势不断扩大工业制成品与初级产品的"剪刀差",低进高出,继续盘剥和掠夺发展中国家的资源和财富。(4)科学技术落后,产品生产效率低、品种少、质量差,在国际交换中缺乏竞争力。为了降低成本,只能拼人力,进而又促进了人口过快增长,走上了一条恶性循环的道路。(5)资源日益枯竭,生态环境不断恶化。一些发展中国家由于产业结构单一,只能靠少数农矿产品出口来维持经济的运行,因此导致一些重要的矿产、森林、动植物资源的枯竭,而森林、草地的减少和水污染的加剧,使生态环境日益恶化,进一步限制了经济发展。

　　4.面临着共同的机遇和挑战。发展中国家面临的共同机遇有:(1)和平与发展是当今时代发展的主旋律。尽管当前世界上仍然存在着战争、动乱和种种原因造成的不安定,但这些终究是局部的、短暂的,而谋求经济的发展却是无论哪种类型的国家共同的诉求和发展趋势。由于发展中国家具有人力和资源优势,与发达国家之间经济上有很强的互补性,因此在谋求发展中有利于相互合作。(2)经济全球化给发展中国家带来机遇。所谓经济全球化是指生产要素的全球配置与重组,是生产、投资、金融、贸易在全球范围内的大流动,是世界各国经济融为一体、相互联系、相互依赖的加深和扩大。在经济全球化的条件下,发展中国家既可以从发达国家得到资金、技术和市场,也能更多出口自己的资源和劳动密集型产品,从中获得利益。(3)战后由于科学技术的飞速发展,发达国家纷纷进行产业结构的升级,淘汰劳动密集与资源密集型的产业和产品,大力发展知识和技术密集型产业和产品。淘汰的产能就要向劳动力丰富、市场广阔的发展中国家转移,从而为发展中国家提供资金、技术、人才、管理经验,有利于加快工业化的进程。(4)基于新加坡、韩国、巴西、墨西哥等新兴工业化国家和地区迅速实现工业化的经验,政治上民主化、自由化,经济上市场化,以市场换资金、换技术,大力发展外向型经济已成为许多国家的共识。中国、印度、越南自 20 世纪 80 年代进行的经济改革,已为那些以公有制为主体,实行计划经济的国家提供了可供借鉴的经验和教训。从而使发展中国家能从比较借鉴中找到一条适合本国国情的、迅速实现现代化的道路。(5)随着发展中国家政治经济实力的增强,世界多极化趋势的出现,以美国为首的发达国家妄图以强制手段谋取自身单方面利益已很难实现,因此加强国际的协调与合作已成为必然趋势,这为发展中国家争取自身合法权益提供了机会。例如 1968 年在联合国贸易与发展会议上通过的"普惠制决议"和联合国制定的《海洋法公约》都照顾了发展中国家的利益。近年来每年举行的"八国集团"首脑会议,邀请中国、印度、巴西参加;定期举办的亚欧国家首脑会议等,均是加强协调和合作的体现。(6)发展中国家与发展中国家的合作,即"南南合作"的趋势不断加强。以"东南亚国家联盟"、"南美共同市场"、"海湾合作委员会"等为代表的区域经济一体化组织,对内平等相待,发挥彼此互补优势,对外以"一个声音"与发达国家对话,正在为改变旧的国际经济秩序起着越来越大的作用。

发展中国家也面临着共同挑战:(1)发展中国家经济体制正处在转型期,市场机制尚不完善,金融、贸易体系不健全,随着对外开放程度的扩大,面对动荡的国际市场,往往成为发达国家转嫁经济、环境危机的场所,从而引起本国经济乃至政治局势的强烈动荡。例如 1997 年首先在泰国发生的金融危机,就是国际投机资本趁其金融体制不健全,蓄意制造的。2008 年 5 月刚刚上台不久的韩国李明博政府,由于答应进口美国牛肉,从而引起国民抗议,终行造成了"内阁总辞"的政治危机。(2)经济全球化虽能给发展中国家带来一定机遇,但更多的是挑战,使发展中国家被边缘化。这是由于发展中国家产业结构落后、科技不发达,高素质人才缺乏,管理经验不足,在经济全球化过程中必然要加强对发达国家的依赖,成为发达国家"热钱"的吸纳者,落后产能的接受者,环境污染的输入者,资源的供应者和产品的购买者。经济全球化的好处多数为发达国家攫取,而发展中国家则被边缘化,成为发达国家的附庸。(3)发展中国家自身由于现代化进程的加快,地区之间经济发展不平衡,居民之间收入不公的现象也会日益显现,如不能及时妥善地处理,必然引起社会的动荡,从而延缓乃至破坏其现代化进程。(4)许多发展中国家政治体制尚不完善,发达国家往往以"人权"、"民主"、"自由"、"宗教"、"民族自决"为借口干涉其内政,扶植反政府势力,颠覆合法政府。因此不断完善政治体制,加强政府政策的透明度,提高政府的廉洁度,是当务之急。

第二节　居民

人在社会再生产过程中担当两个角色——生产者和消费者。作为生产者,人是劳动力;作为消费者,人是顾客。因此人口数量及其增长,人口分布及其移动,人口结构及其变化,无疑既会影响生产,又会影响消费,更会影响处于生产和消费中间环节的贸易活动。

一、世界人口的数量及其增长

据统计,目前全世界人口约为 65 亿。人口数量的多少虽受多种因素的影响,如地形、气候等自然因素;婚姻、家庭、宗教等社会因素;但起决定作用的还是生产力发展水平。产业革命前,人类长期处于渔猎、采集和以农牧业为主的社会,人类生产、生活很大程度上受自然条件的制约,生产方式落后,生产力水平低下。人类的生存时常受到食品短缺的威胁和疾病的困扰,再加上奴隶战争和封建割据形成的连年战乱,因此人口增长缓慢,人口数量少。1650 年全世界人口仅 5.45 亿。世界第一人口大国中国,公元初年(两汉)人口仅 6 000 万,12 世纪初(北宋)人口超过 1 亿,18 世纪至 19 世纪初(清朝)才增至 4 亿,1949 年中国人口达到了 5.4 亿。在长达二千年的历史中,中国人口年均增长仅 1.1‰。

产业革命后,由于大机器生产代替了手工生产,以煤炭作为燃料的蒸汽机代替了人力、畜力和水力,从而促进了生产效率的提高、生产规模的扩大、生产布局的改变。据统计,英国 1770 年至 1840 年的 70 年中,每个工人的生产效率提高了 20 倍;棉纱产量 1850 年至 1870 年的 20 年间由 5.3 万磅增长到 10.7 万磅;一磅棉纱 1788 年价值为 35 先令,而 1833 年只值 3 先令。生产效率的提高既减轻了人类劳动的强度,又使产品数量增加、价格降低,从而刺激人们的消费,提高人们生活水平。生产力的发展,也相应促进了人类自身卫生保健事业的改善。1721 年英国开始天花疫苗的接种,有效地杜绝了传染病的传播。生活水平的提高,卫生保健的改善,必然促进人口增长。据统计,世界人口在 15 世纪、16 世纪、17 世纪和 18 世纪分别增长了 28.2%、11.9%、47.5% 和 80.6%。可以看出,从 18 世纪后半期的工业革命开始,世界人口增长的幅度明显增大。

1800 年世界人口为 10 亿,第一个 10 亿用了近 100 万年。1930 年世界人口为 20 亿,第二个 10 亿人口增长用了 130 年。1960 年世界人口达到 30 亿,增长的 10 亿人口只用了 30 年。而 1999 年世界人口达到了 60 亿,只用 39 年,人口就比 1960 年增长了 1 倍。联合国为了警示世界人口过快的增长,把每年 7 月 11 日,即 1987 年 7 月 11 日人口达到 50 亿的日子定为"世界人口日"。

世界人口增长不但在时间上不均,而且在空间上也不平衡。从各大洲分析,非洲、亚洲和拉丁美洲人口增长快,而欧洲、北美、大洋洲中的澳大利亚及新西兰增长缓慢。从国家类型看,发达国家人口增长缓慢,而发展中国家人口增长过快。1980 年至 1985 年,世界人口平均增长率为 1.67%,而发达国家为 0.64%,发展中国家为 2.01%,发展中国家人口增长率等于发达国家的 3 倍多。从地区来看,人口增长快的地区亚洲主要是南亚、东南亚;非洲主要是东非、中非、南非和西非那些经济十分贫困的国家,如布隆迪、乌干达、索马里、埃塞俄比亚、乍得、津巴布韦等;拉美主要是加勒比海和中美地峡的一些国家,如海地、波多黎各等国。

人口增长快慢受制于多种因素,如自然条件,人口性别和年龄结构,政府推行的人口政策等,但起决定作用的是各个国家的经济发展水平。欧美发达国家所以人口增长缓慢,是由于它们经济和科学技术发达,生产高度机械化、自动化,不但使每个生产环节的人员减少,而且人也不是劳动力的唯一选择。而过多的人口,不但降低了人均社会财富,而且造成了失业和社会的不稳定。同时欧美发达国家重视教育和人的素质的提高,而教育费用昂贵,如果家庭子女过多,则不利于子女的成才,为此许多家庭宁愿优生优育,而不愿多生少育。另外发达国家的妇女多是追求自身独立的职业妇女。而工作又面临着激烈的社会竞争,如果多生多育必然影响工作,甚至失业,因此许多妇女宁愿少生乃至不生,也不愿失掉工作,依附于别人。

发展中国家人口增长过快,除人口基数过大、落后的婚姻家庭观念、"一夫多妻"、"大家庭"等短期难以改变的因素外,根本原因仍然是经济因素,即生产力水平低下造成的。发展中国家由于科技不发达,人是生产中唯一重要的劳动力,要想扩大生产规模、增加产量、降低成本,只能走增加劳动力的道路,因此促进了人口迅速地增长。

人口的数量与人口增长的幅度,既要与经济发展水平相适应,又要考虑环境的承载力。如果人口的增长超过经济增长,社会增长的财富被过大、过快的人口增长所均分,必然造成人民的贫困。过多的人口还会使人均耕地日益减少,消耗的淡水、能源、森林越来越多,生态环境日益恶化。例如非洲马里等国由于在巨大人口压力下人均耕地日益减少,粮食短缺,为了扩大耕地就大量地垦殖草原,致使撒哈拉大沙漠的面积不断扩大,农业生产条件更加恶化。相反一些发达国家如德国、俄罗斯、日本等近年来人口出现负增长。人口负增长必然使适龄劳动力短缺,制约经济的增长。例如日本政府在 2008 年 4 月通过的《2008 年版少子化社会白皮书》中指出,如果没有行之有效的应对手段,到 2050 年,日本 15岁以上可就业劳动人口将减少 4 228 万人,会对经济增长产生极大的负面影响。为此执政的自民党所属的"外国人才交流推进议员联盟"2008 年 6 月 7 日建议日本政府未来 50 年内,应接纳 1 000 万海外移民,加上目前已定居在日本的 215 万,使外来移民占日本总人口的10％。吸纳外来移民当然是解决劳动力短缺的一项可行之策,但从战后德国、法国的经验来看,并非是十全十美的政策选择。战后法国、德国曾吸纳了许多来自北非、西亚等地的移民,以解决劳动力短缺,但一旦国内经济陷入危机,必然导致大量的工人失业,而企业主管首先解雇的是领取较高工资的本国人,这样必然造成本国人与外国移民的矛盾,从而造成社会的动荡。

鉴于人口增长过快和人口增长缓慢产生的弊端,各国保持理想适度的人口数量是适宜的。所谓理想适度人口是指按适度消费水平和可持续发展原则,本国国土资源可以承载的相对稳定人口。适度人口并非一个固定值,而是资源供给与资源消费的相关函数。确定理想适度人口无论对发达国家还是发展中国家都是十分重要的,促使政府和全社会采取正确的政策措施,以使人口数量和人口增长与经济发展相协调。目前发展中国家为控制人口过快增长采取的一项政策就是计划生育。1960 年时,世界上仅有巴基斯坦和印度两个国家政府支持计划生育政策,而到 1980 年已获 90%的不发达国家政府的支持。计划生育搞得好的国家有新加坡、中国等。中国在 1970 年时人口出生率和自然增长率分别为 33.43‰和 25.83‰,而到 1997 年已分别下降到 16.57‰和 10.06‰。人口增长的趋势已向低出生率、低死亡率、低增长率的良性循环转变。

人口增长缓慢甚至负增长的国家,已开始采取积极措施刺激人口增长。如在法国,为方便婴儿的抚育,政府向婴儿父母提供服务及物质援助。在俄罗斯,对多子女家庭,母亲可以不上班,照样领取工资。在加拿大,婴儿从诞生之日起直至 18 岁,每月都从政府领取数百加元的补贴。

二、人口的分布

人口分布是指在一定时间里人口在一定地域范围内的数量状况,它通常用人口密度来表示。人口密度一般用平均每平方公里的人口数量来说明。

世界人口分布不均。从南北半球看,世界人口主要集中在北半球,北半球约占全世界人口的 88.5%。南北半球人口的差异主要是因为北半球陆地多、海洋少;而南半球大部分为海洋而造成的。

从大洲来看,除南极洲无定居人口外,其余六大洲中以亚洲人口最多,大洋洲人口最少(见表3-1)。

表3-1　六大洲人口分布

人口数量 ＼ 洲	亚洲	非洲	欧洲	北美洲	南美洲	大洋洲
人口数量(亿)	36	7.6	7.3	5	3.3	0.29
占世界(%)	60.5	12.8	12.3	8.4	5.5	0.5

资料来源:根据《世界地图册》(2000年版)各国面积、人口表整理。

亚洲所以人口多,除开发历史较早这一社会原因外,还因亚洲陆地面积大,适宜人类居住的中低纬度所占面积广。大洋洲人口少,主要原因是开发历史短,而且众多的岛屿分散在太平洋中,澳大利亚大陆除离东南亚岛群近外,离其他大陆较远,来往不便。

从地区来看,各洲中不同地区人口也分布不均。亚洲人口稠密的地区主要是东亚、东南亚和南亚,而中亚、西亚和北亚人口相对稀少。非洲人口稠密地区主要在非洲的南北南端。欧洲人口稠密地区主要在西欧和中欧,而东欧、北欧人口相对稀少。北美人口主要集中在太平洋和大西洋以及五大湖和墨西哥湾沿岸,而西部山区人口稀少。南美人口主要分布在大西洋沿岸和太平洋沿岸。

从纬度看,人口主要集中在中低纬度区域,见表3-2。这是由于地球中低纬度气温和雨量充足,作物的生长期长,能够给人类提供充足的食物。

表3-2　世界人口纬度分布

纬度	>60°N	40°～60°N	20°～40°N	0°～20°N	0°～20°S	20°～40°S	>40°S
占世界人口(%)	0.4	30.0	49.4	10.4	6.1	3.5	0.2

资料来源:刘铮主编:《人口学辞典》,北京:人民出版社,1986。

从海陆位置看,各大洲中均有45%以上的人口居住在距海岸200公里范围内,见表3-3。

表 3-3　各大洲距海 200km 人口分布状况

洲	亚洲	欧洲	非洲	北美洲	南美洲	大洋洲
面积占全洲%	26.9	48.7	19.4	38.5	26.8	44.2
人口占全洲%	47.3	54.9	45.1	51.3	62.8	94.3

资料来源:刘铮主编:《人口学辞典》,北京:人民出版社,1986。

从国家(地区)看,既有人口超过 1 亿的人口大国,也有人口不足万人的小国。目前人口超过 1 亿的人口大国有 11 个,见表 3-4。而人口最少的国家是"教皇之国"梵蒂冈,人口约 1 000 人。

表 3-4

国家	中国	印度	美国	印尼	巴西	巴基斯坦	俄罗斯	孟加拉国	尼日利亚	日本	墨西哥
人口(亿)	13	10.65	3	2.4	1.77	1.48	1.43	1.38	1.36	1.27	1.03

资料来源:根据《世界地图册》(2000 年版)及相关资料整理。

人口所以分布不均,是由多种因素综合作用的结果。

1. 自然因素。自然因素是由地形、气候、河流、动植物和矿产资源等组成的自然地理环境,它是人类赖以生存的物质基础。例如在地形为平原的中低纬度地区由于地势平坦,水分和热量充足,农作物生长季节长,能够给人类提供丰富的食物,因此人口较为密集。相反在一些高山区,由于地表坡度大、崎岖不平、空气稀薄,则不适宜人类的居住和生活,人口稀少,如我国青藏高原。原来人口相对稀少地区,随着某些重要矿产资源的发现和开发,则可能使人口日益增多,例如我国大庆地区原来是黑土草原,人口很少,但随着石油的开发,则变成了人口相对稠密的城市。自然因素对人口分布的影响是各种因素综合发挥作用,但其中某些因素是起主导作用的。例如亚马孙平原是世界上最大的平原,但由于气候过度湿热,林木茂密,害虫猖獗,反而人口很少,这里气候是制约人口分布的主要因素。

2. 交通因素。人类的生产和生活需要不断地与外界进行交换,以自身富余的资源换取短缺的资源。在科学技术不发达,交通工具落后的农耕社会,河流既能给人们提供水源又能给人们提供最便捷的交通通道,所以历史上河流两岸多是人口稠密区。产业革命后,随着火车、汽车、飞机等现代化交通工具的发明和使用,在铁路、高速公路沿线和飞机场附近,人口就越来越稠密了。但是近年来随着汽车在发达国家的普及,一些人口稠密的大城市,为了解决市中心区污染严重、房屋价格居高不下的矛盾,人口又向郊区转移,从而使中心区人口变得稀疏起来。

3.政治和历史因素。战争、民族之间的仇杀或清洗,巩固国防,开发边远落后地区等政治原因,会使人口分布发生迅速的变化。例如第二次世界大战时,当希特勒兵临莫斯科城下时,苏联政府为了战争需要不得不把大批居民迁往乌拉尔和西西伯利亚地区,以建设新的战略后方基地。过去人口稀少、经济落后的乌拉尔地区随之变为人口稠密、以钢铁等重工业和化工工业为主的新工业区,兴起了像叶卡捷琳堡、马哥尼托哥尔斯克、乌法、奥伦堡等一批工业城市。因民族、种族冲突引起人口迁移和人口分布的改变,近年来最突出的应属东非乌干达、卢旺达的民族大清洗,迫使大批图西族人逃往刚果(金),使刚果(金)东部陡增大量人口,而卢、乌两国的许多城镇变为空城。为巩固国防和开发边远落后地区使人口大规模、有计划的移动的成功事例是在中国。新中国建立后,为了保卫边疆、开发边疆,人民解放军数万大军开赴新疆,并转制为"生产建设兵团",经过数十年的建设,已使过去人口稀少、民族单一、经济落后的新疆,出现了像石河子、奎屯、独山子等主要由支边建设者构成的新城市,新疆人口密度不断增加。更多的人口变动是由于历史的兴衰造成的,例如沿古"丝绸之路"的城市如武威、张掖、酒泉、敦煌曾经是商贾云集、经济繁荣、人口众多的城市,但随着"丝绸之路"的衰落,它们目前只是散落在浩瀚戈壁中的点点"绿洲",人口不多的小城镇。

4.经济因素。社会生产力的发展和社会生产方式的变更,是决定人口分布的根本因素。产业革命前人类处于农耕社会,社会生产力水平低下,农业生产受自然条件制约,因此在一些河湖众多、利于灌溉,而气温和降水又适宜的平原地区则人口稠密,如我国的黄河流域和长江流域、印度的恒河平原、西亚的两河流域和非洲尼罗河两岸。产业革命后,由于工业的迅猛发展,人口开始向城市和矿区集中,城市人口变得日益稠密,如日本"三湾一海"地带、美国的五大湖沿岸和德国的鲁尔区成为世界经济最发达,人口最集中地区。

三、世界人口结构

人口结构是根据生理、社会、经济和地域等特征而划分的各种人口占总人口的百分比。如根据生理标准可划分为性别结构、年龄结构;根据社会标准可划分为民族结构、宗教结构、文化教育结构等;根据经济标准可划分职业结构、收入结构等;根据地域可划分为山区人口与平原人口,农村人口和城市人口等。

分析人口的构成有着重大的社会经济意义。不但有助于国家对调节人口的增长和人口的迁移、分布作出科学的决策,而且对开拓市场也有重要意义。

(一)性别结构

性别结构是指总人口中男性人口与女性人口的比例关系,通常用性比例来说明。所谓性比例是指 100 位女性人口所对应的男性人口数量。如性比例为 106,则说明男性人口超过女性人口;性比例小于 100则说明女性占比重大。研究人口性别结构的意义在于:(1)有助于人类自身的再生产。一旦男女比例失调,男婚女嫁不能正常地进行,必然使人类自身的繁殖受到制约,从而影响社会稳定和经济发展。(2)社会再生产过程中两个重要环节——生产和消费,对女性和男性的要求不同,因此性比例的差异既会影响生产,又会影响消费。例如钢铁、造船、采矿等重工业的发展就需要大量的男性劳动力;而纺织、玩具、服装、刺绣等轻工业则需要大量女性劳动力。从消费环节看,女性多的地区则对服装、化妆品、装饰品需求量大,而男性多的地方则需求多的是酒类、运动器械等。(3)性比例的差异在一定程度上反映地区经济发展水平的差异。在经济比较发达的富庶地区一般性比例高。这是因为当代社会男性在创造社会财富中仍然占有重要地位,他们都到富庶地区"闯世界";而女性则留在原地"相夫教子",因此女性比例高的地区,经济相对落后。

(二)年龄结构

年龄结构是指各种年龄人口占总人口的比例。分析年龄结构的重要意义在于:它关系着人类自身的再生产——人的出生、婚姻、生育、死亡等都与年龄有密切的关系;关系着一个国家或者地区适龄劳动力的数量和抚养人口的比例关系。年龄不同,人所适应环境能力不同,消费需求不同,必然影响社会生产部门的结构、产品结构,乃至住宅、教育、卫生保健、休闲、交通等设施的建设。

人口的年龄结构主要取决于出生率的变动,当出生率上升时,年龄结构年轻化,反之则老龄化;此外与人口的死亡率和平均寿命也有一定关系。"二战"后世界人口年龄结构的总趋势是亚、非、拉那些极端贫穷的国家人口年轻化,这是由于高出生率、高死亡率造成的;而在发达国家、新兴工业化国家和经济正在腾飞的发展中国家则日益受到人口老龄化的困扰。

世界上一般将 65 岁以上人口占总人口的比例超过 7% 作为社会人口老龄化的标准。意大利是世界上老龄人口占比重最大的国家,高达 25%,其次是德国、希腊、日本,高达 24%,瑞典也达到 23%。中国 2005 年老龄人口首次超过 1 亿,占 13 亿人口的 7.69%,预测到 2040 年中国老龄人口将占到 20%。人口老龄化对经济和社会生活的影响是多方面的,在不同的国家影响也不同。对发达国家来说,最大的影响是适龄劳动力的短缺,使劳动力成本上升,削弱产品的竞争力;如果大量引进外来劳动力,又可能加剧本国劳动力与外来务工者的矛盾,引发社会的动荡。其次是导致房地产和时尚消费需求不足,限制了经济增长。再次是有利于"银发经济"的发展,如家政服务业、养老休闲业、卫生保健业等,并且使社会生活服务设施由分散走向集中,以便利老年人的购物、休闲和医疗。

人口老龄化对发展中国家的冲击更为明显,首先是发展中国家经济落后,经济体制乃至政治体制大多处于转型期,养老和卫生医疗体制不健全,服务业发展滞后,突然而至的人口老龄化高潮,往往使政府难以应对,急剧增加的社会养老和医疗费用支出,使政府财政负担加重,从而对经济发展不利。其次,人口老龄化往往与一些发展中国家控制人口的政策发生矛盾。例如中国当今人口政策是"一对夫妇只生一个娃",其结果是一对年轻夫妇将来要赡养四位老人,加重了赡养负担,并可能影响他们的生活和工作,使控制人口增长政策的推行遇到一定的困难。最后,在发达国家由于人口老龄化造成消费需求不足的现象,在发展中国家同样存在,使得发展中国家企图通过刺激内需以加快经济增长的目标难以实现。

(三)人口的地区结构

人口的地区结构是指不同地区人口占总人口的百分比。如分为农村人口、城市人口;山区人口和平原人口;沿海地区人口和内陆地区人口等。人口地区结构的不平衡是多种因素综合作用的结果,但经济发展水平的高低仍然是主导因素。当前世界人口地区结构的一个突出特点是"城市化",即城市人口大大超过农村人口。据联合国经济与社会发展部 2008 年 2 月 26 日公布的《2007 年全球城市化展望报告》提供的数字,2007 年全球城市人口为 33 亿,农村人口为 34 亿。其中亚洲占世界城市人口的一半,欧洲占 16%,而增长最快的在非洲。预计 2008 年底世界城市人口将首次超过农村人口,而到 2050 年城市人口将达到 64 亿,而农村人口将降至 28 亿。届时亚洲城市人口将占全球的 54%,而非洲将上升到 19%。目前发达国家城市化平均水平已达 74%,而亚洲和非洲的发展中国家城市化水平仅为 40%。预计到 2050 年,中国城市化的比例由目前的 42%增长到 70%,城市人口将超过 10 亿,而印度将由 29%增至 55%,城市人口将达 9 亿。而非洲仍是世界城市化水平最低的地区。

目前全球人口超过 1 000 万的特大型城市有 19 个,亚洲 11 个、拉美 4 个、北美 2 个,欧洲和非洲各 1 个。其中最大的都会是东京都,人口超过 3 600 万,其次是纽约、孟买和圣保罗的城市人口超过 1 900 万。目前世界城市人口的统计由于没有一定的标准,上述城市人口的数量包括当地从事农牧业生产的人口和中心城市的"卫星城"的人口。中国城市人口的统计主要是指非农业人口。1995 年人口超过 200 万的特大城市有 10 个,主要是上海、北京、天津、重庆、哈尔滨、沈阳、西安、武汉、南京和广州,其中上海人口 850 万,北京 630 万,天津 490 万。人口 100 万至 200 万的大城市 22 个;人口 50 万至 100 万的城市 43 个,人口 20 万至 50 万的城市 192 个。

人口城市化是任何国家在实现现代化过程中必然出现的一种社会现象,是社会进步的一种表现。但城市化进程的快慢主要受制于经济发展水平。在经济发达、政治局势稳定的国家(地区)城市化率高,因为投资、工业和服务业的增长客观上要求人口向城市集中。据统计,全球 80% 的 GNP 来自城市,城市带来了技术的创新、生产的增长和人民生活水平的提高。但也应看到,随着城市化进程的加快,一些大城市和特大型城市也造成了房地产价格上涨、交通拥挤、就业困难和污染严重等社会问题。因此控制大城市的规模和数量,重点发展人口在 20 万至 50 万的中小城市应是值得倡导的一种方向。欧洲的德国和法国就是以中小城市为主的国家,体现了经济发展与环境的和谐。

四、人口移动和迁移

人们短期、近距离地离开原生活地,通常称为人口移动;如果长期、远距离地移动,并在新生活地定居,则称为迁移。人口移动或迁移,根据其政治地域范围来划分,分为国内和国际移动或迁移两种。

无论国内迁移还是国际迁移,其原因是多种多样的,但最主要的原因仍然是经济因素,即追求物质财富和生活的改善。15～16 世纪欧洲人大量移居"新大陆"就是因为从"新大陆"可以得到更多的土地、丰富的资源和更多的就业机会。从清朝到新中国建立前我国大批山东人"闯关东",山西人"走西口",正是由于东北、西北地广人稀,得到土地容易,无地的农户很容易变成自耕农,可以不再遭受地主的压迫和剥削。

除了经济因素引起人口的移动和迁移外,还有政治因素如战争、动乱;社会文化因素如民族和宗教矛盾;生态环境的恶化等。1947 年大批伊斯兰教徒从印度迁往巴基斯坦,就是由于印巴分治后,印度人多信奉印度教,而巴基斯坦信奉伊斯兰教。19 世纪 40 年代末大批爱尔兰人迁往美国,正是由于爱尔兰连年阴雨,使土豆减产乃至绝收,全国出现饥荒,爱尔兰人只能远走他乡。

人口的国际迁移大致可分为"地理大发现"至第二次世界大战前和

"二战"后两个阶段。前一阶段主要是自 15～16 世纪以后由于"新大陆"的发现,欧洲人大量迁往美洲、大洋洲和非洲;非洲人被以"奴隶"的形式贩卖到美洲;中国人迁往东南亚和北美;印度人迁往东非和东南亚。这次人口的迁移,移入者多成为当地的永久性居民,英国人、法国人、爱尔兰人成为以后的美国人、加拿大人;西班牙人、葡萄牙人变成了墨西哥人、巴西人、阿根廷人。这次人口迁移产生了巨大政治经济影响,主要表现在:(1)为"新大陆"输送了大量的劳动力,促进了经济发展,为美国、加拿大等国家的建立和以后的崛起奠定了基础。(2)促进了新旧大陆文化的交流和融合。例如英国把其政治制度、语言、文字、宗教信仰等传到了美洲,使英语成为当今使用国家最多的语种。(3)促进了其他生产要素的相互交流。如产于巴西的橡胶传入到亚洲,使亚洲成为世界最大的橡胶产地;使产于非洲的咖啡传入拉丁美洲,而巴西成为最大的咖啡生产国。(4)大量的英、法海外移民成为英、法在海外开拓市场和稳定原材料供应的可靠保障。

　　后一阶段人口的国际移动与前一阶段有显著不同,长期定居形成移入国永久居民少,而多数是短期劳务输出;移动方向也与前一阶段不同,前一阶段主要是由欧洲已进入资本主义萌芽社会、经济较发达地区的人口,移向尚待开发的美洲和大洋洲,而后一阶段则是由经济落后的非洲、南亚、东南亚移向北美、欧洲和大洋洲等发达地区,欧洲由过去的迁出区变为迁入区。据统计,20 世纪 60 年代西欧所在国家均成为迁入国,总迁入人口达 490 多万。战后人口移动的意义在于:(1)为战后欧洲各国恢复战争创伤和加快经济的发展,提供了充足的劳动力。(2)缓解了亚非拉许多国家取得独立后因经济增长缓慢,国内失业严重的危机。(3)外出劳务赚取的外汇寄回本国后,支持了国家经济建设的发展。(4)务工人员学习了发达国家先进的生产技术和管理经验,会成为高素质人才,回国后在国内政治、经济、文化等各方面发挥骨干作用。(5)发展中国家人口国际移动最大的弊端在于优秀人才的留失,即一些具有高学历、高技能人才,由于国内生活贫困而移居国外。据统计,1969 年至 1979 年美国就从国外吸纳了 50 万专业人才,其中 75％来自发展中国家,而亚洲就占了 50％。

人口的国内移动,由于各国政治、经济、社会、历史状况不同,其具体原因和方向也不一样。但对许多发展中国家来说,经济原因仍然是主导因素,因此其移动的方向一般是从乡村移向城市,从山区移向平原,从内陆移向沿海。而对发达国家来说,主要是开发欠发达地区,寻求更多更好就业机会,寻找更舒适的生活环境。美国战后人口由北方移向南方的"阳光地带"和城市人口移向郊区,就体现了这两个方面。

无论在发展中国家还是发达国家,人口国内移动对经济和社会发展来说,总是利大于弊。对发展中国家的好处是:为经济快速增长的地区提供了充足的劳动力,降低了劳动成本,提高了出口产品的竞争能力;使产业结构非农化趋势加快,促进了工业和服务业的增长;增加了经济欠发达地区人民的收入,提高了人口素质;加快了人口城市化的步伐。对发达国家来说,其作用在于缓解了工业中心或特大城市就业困难、污染严重、交通拥挤等经济社会问题,有助于欠发达地区经济的发展,改变区域经济发展严重失衡的状况。但是人口短期的、季节性的大规模流动,无疑对交通运输和生产、生活造成巨大压力,处理不妥就会造成社会的不安定。

第三节 宗教、语言和风俗

宗教属于意识形态,即相信并崇拜某种"超自然"的"神灵",是自然力量和社会力量在人们意识上的扭曲、虚幻的反映。原始宗教的产生是在科学不发达、生产力水平低下时,人们无法认识自然,控制自然,更无法躲避雷电、风雨、山崩、地震给人类带来的巨大灾难,希冀通过祈祷、祭祀求得"神灵"的保护,求得到自身家庭的幸福和安宁。最原始的宗教为"图腾"崇拜,即把某些动物、植物、自然现象视为自己的祖先或"神灵"的化身,通过适当的仪式加以崇拜。如中国崇拜"龙",认为华夏儿女是"龙"的传人;古罗马城的居民崇拜"狼",以狼作为祖先。

当国家出现之后,国家统治者更利用人们对"神灵"的崇拜,变成对自己权力的崇拜,使统治者变为保护百性的"主神",具有至高无上、法力无边的地位。同时配合国家的职事,树立了各司其职的"雷神"、"雨神"、"战神"等。此时的宗教已脱离了单纯的意识形态,而变成了国家统治的一项工具。

随着生产力的发展和国际交流地域范围的扩大,各种宗教也得以在异地传播并相互融合,使一些宗教演变为世界性宗教,如佛教、伊斯兰教和基督教。属于民族宗教的有印度教、道教、神道教、犹太教、锡克教等。

一、世界三大宗教

世界宗教种类很多,但传播地域广、教徒人数众,对社会政治、经济、文化影响显著的当属基督教、伊斯兰教和佛教。

1. 基督教

基督教是以信奉耶稣基督为救世主的各种教派的统称,包括天主教、东正教和新教等教派。基督教公元 1 世纪时起源于巴勒斯坦,信仰上帝创造并主宰世界,认为人类的祖先亚当和夏娃由于偷吃禁果负有原罪,并为负罪而受苦,只有信仰上帝及其儿子耶稣基督才能获救。公元 4 世纪时被罗马帝国封为国教。4 世纪末,东、西罗马帝国正式分立,西罗马帝国的首都罗马和东罗马帝国(即拜占庭帝国)的首都君士坦丁堡(今伊斯坦布尔)形成两个宗教中心。西罗马帝国日益拉丁化,拜占庭帝国日趋希腊化,民族、语言、风俗都有了明显差异,从而引起了基督教的冲突,到 1054 年东西教会正式分裂,东部自称正教(即东正教),西部自称公教(即天主教)。16 世纪西部天主教又发生了反对教皇封建统治的改革运动,并分裂出一个新的教派,称为"新教"。新教与天主教的区别在于:(1)不承认罗马教皇的权威,各教派独立,无统一的组织和领导。废除天主教中实行的教皇、主教、神父的教阶制,信徒与教士一律平等。牧师可以结婚。(2)简化圣礼与节日。(3)不承认天主教的圣传。

基督教是目前传播最广、信众最多的宗教。其中又以天主教信众最多,在欧洲的法国、瑞士、爱尔兰、奥地列、意大利、西班牙等国,大部分信徒为天主教徒。天主教在拉美也占统治地位。新教徒主要分布在英

国、爱尔兰中部、荷兰北部、德国、瑞典、芬兰等北欧国家。东正教徒主要
分布在塞尔维亚、波兰、俄罗斯、罗马尼亚等东南欧国家。

天主教有着严密的组织,梵蒂冈的教皇是西方国家天主教的最高
的领导者,由教皇划分教区,下派红衣主教、总主教和大主教等,最底层
的神职人员是神父,也称"司铎"。下级神职人员要服从上级神职人员的
管理。东正教依附于每一个国家,世界上无统一管理中心,全世界共划
分为 15 个教区,每个教区最高神职人员称为"牧首",也实行三级教阶
制,即牧首、主教和神父。新教则组织松散。

基督教以《圣经》(《旧约全书》与《新约全书》)为经典,教士应研习
《圣经》并向教徒宣讲。教徒要践行祈祷、礼拜、洗礼等宗教活动和仪式。
由于任何一种宗教都是一种社会文化现象,因此基督教对社会生活影
响最大的是"圣诞节"和每周六天工作日的工作制度。

2. 伊斯兰教

伊斯兰教是公元 7 世纪时由沙特阿拉伯的商人穆罕默德创立的,
他以"一神教"反对"多神教",主张除"安拉"外别无神灵,穆罕默德是
"安拉"的使者,世上一切均由"安拉"决定,因此教徒要服从"安拉"。在
阿拉伯语中,"伊斯兰"的含义就是"服从"。伊斯兰教盛行祈祷、礼拜、斋
戒等宗教活动。伊斯兰教的教义体现在《古兰经》中。《古兰经》是伊斯
兰教国家居民道德规范、思想学说乃至立法的基础。伊斯兰教初创时,
其影响范围主要限于阿拉伯半岛。随着统一阿拉伯帝国的建立,和对外
的征战及商业贸易的往来,到 15 世纪时伊斯兰教已传遍西亚、北非、南
亚、东南亚、中亚、东非、西非的许多国家和地区。

伊斯兰教目前分为两大教派——什叶派和逊尼派。两派的主要区
别在于:逊尼派注重实用性和世俗知识,什叶派强调理想主义和超自然
力量;逊尼派信奉家庭和社会群体的力量,什叶派则坚信永无谬误的伊
玛目。西亚阿拉伯国家如沙特阿拉伯、科威特等多属逊尼派,而伊朗属
什叶派。

目前全世界伊斯兰教信徒约有 7 亿。信奉伊斯兰教的国家主要有:
阿富汗、伊朗、伊拉克、科威特、也门、阿曼、阿联酋、卡塔尔、约旦、土耳
其、叙利亚等西亚国家;南亚主要是巴基斯坦、孟加拉国;东南亚是马来

西亚、印度尼西亚、文莱;中亚是哈萨克斯坦,塔吉克斯坦、吉尔吉斯斯坦,乌兹别克斯坦等;非洲主要是埃及、利比亚、阿尔及利亚、埃塞俄比亚、索马里、苏丹、摩洛哥等;欧洲主要是波黑、阿尔巴尼亚;我国主要在宁夏、甘肃、新疆等省区。

3. 佛教

佛教是公元前 6 世纪至前 5 世纪时,由古印度迦毗罗卫国王子悉达多·乔答摩创立的,目的是反对封建的种性制度。佛教的基本教义把人生定为"无常"、"无我"和"苦"。"苦"的原因不在外部世界,而是由个人的"惑"或"业"所致。"惑"指人的"贪"、"瞋"、"痴"等烦恼;"业"指"身"、"口"、"意"等行为。"惑"、"业"以善恶行为为因,造成生死不息的轮回报应之果。摆脱痛苦之路只有依"经"、"律"、"论"三藏,修持"戒"、"定"、"慧"三学,彻底放弃自己的世俗欲望和认识,走出生死轮回范围,达到修行最高境界——涅槃。所谓涅槃,即修成佛陀(佛祖)。

佛教自公元前 3 世纪以后,经古印度的孔雀王朝和贵霜王朝不断向境外传播,向北传入中国、日本、朝鲜的为大乘佛教;向南、向东传入斯里兰卡、缅甸、泰国的为小乘佛教。大约是在汉朝时,佛教传入我国。隋唐后,由于国家的统一,佛教开始兴盛。公元 7 世纪,佛教传入我国西藏,15 世纪西藏格鲁派僧人着黄衣、戴黄帽,所以藏传佛教也称黄教或喇嘛教。

佛教组织松散,各个寺院各自为政。大寺院中一般设有方丈、班首、执事、小执事等神职人员。佛教的传播也无统一组织,只是僧人的各自行为。

二、宗教对社会及经济生活的影响

宗教属于意识形态,是一种文化现象。任何文化的产生和发展,都是人类对自身周围环境和社会变化的适应,反之文化也会影响人类自身的生活。宗教对社会生活的影响主要有下列几点。

1. 许多宗教活动或宗教仪式已经演变为重要的节日和工作制度。例如基督教在《旧约·创世记》中说,主在六天内创造了天地万物,第七天他要安息了,这一天主的信徒也要放弃手中的工作而赞美上帝的造

物之功,这样就形成了一周六天工作制。基督教徒庆祝耶稣诞生的圣诞
节已经成为欧美国家普通大众最重大的节日。在圣诞节期间不但要放
长假,而且要购物送礼或外出度假,因此圣诞节期间是西方国家销售的
旺季。圣诞节一过,许多节前没能售出的商品都要大降价"打包处理"
(美、加等国称为 boxing day),商业活动进入淡季。而伊斯兰教徒根据
伊斯兰历法每年九月进行的斋戒活动,要持续一个月。在"斋月"期间,
信徒从日出到日落要不吃不喝,不许娱乐,定时向"真主"祈祷赎罪,而
晚上饮食一律从简,因此"斋月"期间是伊斯兰教国家非商业活动季节。
一旦"斋月"结束,大批伊斯兰教教徒要到麦加朝觐,则是销售旺季。

2.一些宗教对某些动物或崇拜、或禁忌,直接影响了他们的生活。
例如伊斯兰教徒禁忌某些形状怪异的动物,因此禁食某些动物。伊斯兰
教禁止饮酒,在沙特阿拉伯、伊朗等国就不会有酿酒业,也禁止酒的销
售。印度教视牛为神,因此在印度教徒聚居区禁止杀牛,及与牛有关物
品的买卖。而犹太教饮食禁忌更多——水中无鳞无翅的不食;地上爬行
的不吃;动物中只吃偶蹄和"反刍"的。

3.一些宗教对信徒的行为有严格的约束,如根据伊斯兰教的《古兰
经》,信徒必须服从真主,否则就要受到惩罚。

4.许多宗教的建筑如基督教的教堂、佛教的寺庙,不但殿堂辉煌、
装饰典雅,而且结构独特,内存的塑像、壁画、灯饰等更是历代珍品,因
此成为人们旅游必去之地。像巴黎圣母院、莫斯科红场上的华西里·伯
拉仁内教堂以其哥特式、拜占庭式建筑风格享誉世界。缅甸仰光的大金
塔,柬埔寨的吴哥窟更是佛教寺院的典范。

5.一些宗教的生育观,对世界人口的再生产有一定影响。如天主教
不允许堕胎,而犹太教主张"多产"。如今世界处于人口爆炸时代,这些
观念很难抑制人口过快增长。

6.不同宗教如果能彼此融洽相处,必将丰富人们的信仰、有利于多
元文化的融合与渗透,例如在我国佛教、道教和儒教互不排斥,三种神
灵常在一个庙宇中被供奉(山西浑源县的悬空寺就供奉了儒、道、佛三
家教主)。而一旦不同宗教相互排斥,相互争夺,必将造成社会的动荡。
例如信奉伊斯兰教的阿拉伯人和信奉犹太教的以色列人均把耶路萨冷

作为自己的"圣城",互不相让,乃至兵戎相见。而印度教徒与锡克教徒的相互排斥,甚至导致英·甘地与拉·甘地的被杀。

三、语言和风俗

(一)语言和文字

语言是人类进行交流的工具,而文字则是语言的有形载体。世界上语言众多,据统计有 5 000 多种。根据语言起源的亲疏关系,可以划分为语系、语族、语支和语种四个等级。例如英语和法语,它们虽同属印欧语系,但属于不同语族:英语为日尔曼语族,而法语则属拉丁语族。语言因国家、民族的差异呈现出多样性,即使同一国家、同一民族也会因居住的地域不同语言也不同。例如中国汉族的语言就分为北京话、客家话和粤语等。语言会随着社会、经济、文化的发展而演化,无论在使用人数、传播范围、语汇内容上都会产生变异,有的壮大,有的消失。其中人口众多、经济文化发达的国家或民族对语言的发展往往起着重大作用。例如正是由于英国自产业革命成为经济、政治、军事上最强大的国家,随着其海外殖民的扩张,才使英语成为使用地域范围最广的语言。也正是由于英美等国拥有很强的经济、科技实力,许多新的词汇如"机器人"、"激光"、"克隆"、"卡拉 OK"等也成为世界普遍使用的词汇。发达国家常常成为新的语汇的创造者,而发展中国家成为接受者。

基于语言的多样性、复杂性和变化性,在国际交往中,我们在语言的使用上应注意下列几点:

1. 在世界上的 5 000 多种语言中,使用人数超过 5 000 万的只有 11 种,即汉语、英语、法语、俄语、西班牙语、葡萄牙语、阿拉伯语、印地语、日语、德语等。其中汉语、英语、法语、俄语、西班牙语、阿拉伯语被指定为"联合国官方语言"。

2. 英语由于使用地域范围广,而且许多商业、法律语汇来自英语(如 FOB 价格、CIF 价格等),因此从事国际交往的人员要精通英语。

3. 在一些多民族的国家,往往有两种或两种以上的官方用语,在语言的使用上,要考虑因地域、民族等因素的不同而产生的语言差异及存在的民族矛盾。例如英语和法语均是加拿大官方用语,但在魁北克省最好使用法语。

4. 随着科学技术和社会文化的不断丰富和发展，新的语汇不断涌现，我们要不断地学习和借鉴，淘汰落后的词汇，采用新的词汇，以便利与外界的交流。

5. 在语言文字的使用上，即使是同一种语言和文字也会因地区和时间的不同，其含义与形状会产生差异，要善于识别和采用。如"花园"这个词汇，美式英语使用"PARK"，而英式英语采用"GARDEN"。汉字在中国大陆采用简体字，而在港、澳、台地区及海外仍使用繁体字。

（二）风俗

风俗是一个民族在长期生活实践和社会交往中为适应环境，求得生活的安定、舒适、幸福和人际关系的融洽而形成的风气和习惯。所以我国古代把由于自然环境不同而形成的风尚称为"风"，而把由于社会环境不同而形成的习惯叫"俗"。风俗内容十分广阔，包括节假日、婚丧嫁娶的礼仪形式、饮食习惯、服饰佩戴、建筑型式、交往礼仪、颜色和图案等的好恶、运动与娱乐等。风俗不但因民族、居住环境和宗教信仰的不同而不同，而且随着社会生产力、科学技术的发展和人际交往范围的扩大而发生变化。但许多风俗具有相对的稳定性。

由于许多风俗成为某个民族或国家的爱好和禁忌，因此我们在国际交往中应力争做到"入国问禁"、"入乡随俗"。

1. 西方的"圣诞节"、中国的"春节"，伊斯兰教的"古尔邦"节均是一年中最盛大的节日，不但是商业销售的旺季，而且由于放假时间长，往往是旅游的好时机。因此要做好物资供应、商业促销和交通疏导，在满足民众节日欢乐的同时，促进社会的安定和经济的发展。

2. 不同的民族和宗教，其交往中的礼仪形式不同。例如与欧美人交往，拜访做客时要预先约定，要准时，要送主人一些礼物，如鲜花、酒、巧克力、本民族的饰品等；与伊斯兰教徒交往接送礼品要用双手或右手，而不能单独用左手，进入伊斯兰教的清真寺要脱鞋；不允许抚摸泰国人的头顶。

3. 不同的民族往往对颜色、图案和数字有不同的禁忌。如基督教徒忌讳"13"和"星期五"，日本人讨厌"4"和"9"。传统的天主教徒讨厌黄色,而泰国、缅甸、柬埔寨等佛教国家喜欢黄色。中国人丧礼多采用白色,而西方人则用黑色。日本人讨厌荷花作为图案,而中国人喜欢荷花,认为它出淤泥而不染,喻意着品格的高洁。

4.欧美人追求实际利益,不考虑面子,而东方人则多受"面子"的拖累。饮食上西方人讲求营养、省时,所以快餐、冷饮盛行。中国人饮食上讲"丰盛",追求"色、味、香",往往费时,对营养也不一定有利。

5.日本人等级观念、群体观念强,下级要服从上级。而美国人追求独立,敢于提出与上级不同的意见,并能独立作出决断。

本章思考题

1.说明发展中国家面临哪些共同的机遇和挑战。

2.说明世界人口分布不均的原因。

3.什么叫人口老龄化?人口老龄化对发展中国家有哪些影响?

4.说明三大宗教的分布及伊斯兰教有何禁忌。

第四章 世界贸易中心区的形成与转移

世界贸易中心区的形成与转移，是国际贸易的空间运动形式，是世界生产力发展的结果。在资本主义生产方式产生之前，由于生产力水平低下，交通运输工具和运输方式落后，因此国际贸易不具有世界性，只存在着局部的、区域性的贸易中心。产业革命后，随着生产力的发展，国际贸易量和贸易范围的不断扩大，世界贸易中心已在北大西洋东西两岸形成，并出现了 21 世纪向亚太地区转移的趋势。

第一节 产业革命前的区域贸易中心

产业革命前，人类社会经历了原始社会、奴隶社会和封建社会几个发展阶段。对外贸易产生于原始社会末期，是第三次社会大分工即商业产生的结果。但那时的"对外贸易"只是部落与部落、氏族与氏族之间少量剩余产品的交换，属于互通有无的性质，并不具有真正国际贸易的性质。进入奴隶社会，人类开始使用铜器和铁器，生产力得到了初步发展。但那时对自然条件的依赖性仍然很大。河流是灌溉和航行的必备条件，因此在西亚的两河流域、非洲的尼罗河流域、亚洲的印度河流域和黄河流域，就形成了经济文化较为发达的古巴比伦、古印度、古埃及、中国四大文明古国。此时在欧洲的爱琴海、地中海沿岸的一些奴隶制国家，经济也得到了发展。它们在大力发展农业的同时，也积极发展纺织、制陶、五金工具等手工业品，并与邻近国家（地区）相互交换。当时地中海东部无论海上贸易还是陆上贸易均十分活跃。古罗马时代，帝国与其附属国之间开始形成初步的生产地域分工和商品交换。如叙利亚供应古罗马纺织品、玻璃和谷物，北非供应小麦、金和象牙，西班牙供应金、铜、锡等矿物和葡萄酒、亚麻等农产品，不列颠和日尔曼地区则是罗马帝国奴隶的重要来源。在亚洲的黄河流域，各诸候属国则以"纳贡"的形式，向位于华夏中部的中央帝国供应各种物品。奴隶社会虽然有了国与国之间的商品交换，但真正进入流通领域的商品很少。从商品看主要是奴隶和奢侈品，从范围看主要是宗主国与附属国之间的商品交换。

亚洲于公元前 5 世纪、欧洲于公元 5 世纪先后进入了封建社会。封建社会的生产力较奴隶社会有了长足发展，生产中已普遍使用铁器和役畜，农耕技术和水利工程也达到了较高水平。随着生产力的发展，用于交换的商品数量和范围不断扩大，从而促进了国际贸易的发展。公元前 2 世纪时我国汉朝遣张骞出使西域，开辟了著名的"丝绸之路"，明朝时郑和又多次下西洋，开辟了"海上丝绸之路"，使中国产的茶叶、丝绸、瓷器等源源输往欧洲、亚洲和非洲。

公元 11 世纪至 15 世纪是欧洲封建社会的鼎盛时期。随着比利时西部和意大利北部手工纺织业的发展和中欧冶铁业的进步，欧洲手工业开始蓬勃发展。手工业者为了从远处取得原料和输出产品，推动了集市贸易的发展。在欧洲开始形成了以佛兰德尔、汉萨同盟和意大利北部的威尼斯、佛罗伦萨为中心的区域贸易中心。

佛兰德尔，是指以现在比利时西部的布鲁日、根特和法国西北部阿拉斯等城市为中心的地区。从 11 世纪至 12 世纪开始，这里的毛纺织手工业十分发达。通过海运从英国进口羊毛，经加工后把呢绒经内河运往香槟集市，其呢绒的数量与质量在 13 世纪的香槟集市是无可匹敌的。14 世纪香槟集市衰落后，布鲁日成为西欧一个重要的商业中心，同英国、法国、德国、意大利、北欧地区的许多城市有着广泛的、经常的商业联系：14世纪位于德国北部的汉萨同盟成立后，布鲁日又成为汉萨同盟南北商路的集散地。繁荣的对外商业联系更加促进了佛兰德尔地区毛织业的发展，所产呢绒不但行销全欧，而且远销近东地区。

意大利北部的威尼斯、佛罗伦萨、热那亚、米兰等城市都是在11世纪后因直接或间接得益于欧洲与近东地区的贸易而发展起来的。从12世纪至14世纪，威尼斯一直是西欧最大的商业中心和海上强国。威尼斯当时除垄断了近东贸易外，还有发达的手工业，特别是造船和丝织业，而热那亚和佛罗伦萨是威尼斯近东贸易的强劲竞争对手。此时，在意大利北部各城市中手工业最发达的是佛罗伦萨，它利用近东贸易发展的有利形势，建立了自己的毛织业和丝织业，也是西欧发达的毛织业中心之一。它从英国、西班牙购进羊毛织造呢绒，或从英国购进本色呢绒，经过染色加工后，再出口到近东地区。

汉萨同盟地区，是指现在德国北部以吕贝克、汉堡、不来梅为中心的地区。汉萨同盟是中世纪时德国北部各城市进出口贸易商的政治经济联盟。在13世纪时加入的城市有90多个，14世纪时多达160个，盟主城市是德国的吕贝克。14世纪至15世纪汉萨同盟几乎掌握了整个欧洲大陆的贸易，并控制了北海到波罗的海的商路。这些城市的商人把北欧产的粮食、毛皮、林业产品等贩运到德意志的南部、佛兰德尔地区和香槟集市，又把购自佛兰德尔的呢绒、手工业品和从意大利北部买自远东地区的珠宝、香料等奢侈品运到北欧地区。它在佛兰德尔的布鲁日、英国的伦敦和俄罗斯的诺夫哥罗德等地都广泛设有自己的商业会馆。

上述地区的贸易虽然十分繁荣，但由于是在封建社会生产力水平尚不发达的情况下产生的，因此并不具有真正国际贸易的性质，很大程度上仍然属于自然经济条件下的互通有无，调剂余缺。但它却是资本主义生产方式的萌芽，促进了欧洲封建社会的解体及资本主义生产方式的形成和发展。

第二节　资本主义生产方式的形成和世界贸易中心的产生

马克思曾经指出："对外贸易的扩大,虽然在资本主义生产方式幼年时期是这种生产方式的的基础,但在资本主义生产方式的发展中,由于这种生产方式内在的必然性,由于这种生产方式要求不断扩大市场,它成为这种生产方式的产物。"① 马克思这一论断,揭示了对外贸易与资本主义生产方式的本质的、内在的联系。

15世纪到19世纪,在欧洲和美洲先后发生的地理大发现、第一次产业革命和第二次产业革命,对资本主义生产方式的产生和世界贸易中心区的形成起了至关重要的作用。

一、地理大发现

所谓地理大发现主要是指以下事件:一是1487年至1488年葡萄牙人巴托罗缪·迪亚士沿非洲西海岸南下,到达非洲南端的好望角,寻找新航路的第一次重要突破。二是葡萄牙贵族瓦哥斯·达·伽马奉葡萄牙国王之命于1497年7月8日从里斯本出发,绕过非洲南端的好望角,再沿非洲东海岸北上,穿越印度洋,于1498年5月20日到达印度。这两次航行在历史上被人们称为"发现新航路"。三是意大利人克里斯多佛·哥伦布于1492年8月3日奉西班牙国王之命率船队西行,横渡大西洋,最终到达中美洲的圣萨尔瓦多岛、海地岛、古巴岛。此后,哥伦布又三次西航,陆续抵达西印度群岛和中、南美洲大陆的其他一些地方,在历史上被称为"发现新大陆"。四是葡萄牙航海家斐南多·麦哲伦奉西班牙国王之命于1519年至1522年横渡大西洋,沿巴西东海岸南下,绕过南美洲大陆与火地岛之间的海峡(现称麦哲伦海峡),进入太平洋,抵达菲律宾群岛。在此麦哲伦被当地土著人杀害,其同伴继续绕过马鲁古群岛进入印度洋,绕过好望角沿非洲西海岸北上,最终返回西班牙,完成了人类第一次环球航行。

---

① 《马克思恩格斯全集》第25卷,北京:人民出版社,1974年版,第264页。

地理大发现不是历史上的偶然事件,而是西欧社会生产力的发展和由此加深的西欧社会经济的矛盾所促成的。

首先,15世纪末西欧与远东地区的贸易危机是促成地理大发现的一个重要因素。1453年土耳其人的奥斯曼土耳其帝国占领了欧洲与东方贸易往来的重要通道——君士坦丁堡(现伊斯坦布尔),开始烧杀抢掠过往商人,从而切断了欧洲与东方的贸易往来。西欧商人为了继续与东方的贸易不得不由地中海向西航行,寻找通往东方的新航路。

其次,当时的欧洲封建领主为了满足奢侈生活的需要,商人为了日益增多的商品交换,都需要大量的黄金和白银。因此向外寻找新的黄金、白银来源地,以满足他们生活和商品贸易活动中对金银的需要,是他们冒险西行寻找新航路和新大陆的另一个重要原因。

最后,这一时期科学技术的发展,尤其是航海和造船技术的进步为地理大发现准备了必备的物质条件。

地理大发现对欧洲封建社会的瓦解,资本主义生产方式的形成和未来世界贸易中心地位的确立,作了必要的准备,其影响是十分深远的。

首先,地理大发现促进了资本主义的原始积累,使欧洲获取了发展资本主义生产所必需的大量货币资本和工业原料。如葡萄牙从1492年至1604年仅从非洲就掠夺了黄金2.76万公斤;西班牙从16世纪到19世纪末从中、南美洲共掠夺黄金250万公斤,白银1亿公斤。英国以“海盗”方式参与掠夺活动,仅在女王伊丽莎白一世主政的年代,掠回的赃物就达1 200万英镑。大量的财富流入了欧洲,为未来的资本主义生产力的发展提供了雄厚的资金。

其次,地理大发现后结束了新旧大陆之间相互隔绝彼此孤立发展的局面,扩大了世界各国之间的经济联系,有助于资本主义统一市场的形成。

再次,地理大发现促进了新旧大陆之间生产要素的流动。新大陆被发现之后,西班牙、葡萄牙等国的殖民主义者不但从非洲向美洲贩卖了大量黑人奴隶,而且英、法、西、葡等国的大量清教徒也开始移居美洲。劳动力的增加不但加快了美洲的开发进程,而且也为欧洲提供了大量的粮食、棉花、木材、橡胶等工业原料。新旧大陆的相互交流还促进了农作物品种的相互移植。原产于美洲的玉米、番茄、向日葵、马铃薯、烟草、天然橡胶、木薯、火鸡等开始进入欧洲、亚洲和非洲;而产于旧大陆的咖啡、花生、大豆等,也进入了新大陆。人员和物资的相互交流,大大促进了生产力的发展。

最后,地理大发现使地中海沿岸的贸易地位日益下降,而原来经济还十分落后的西班牙、葡萄牙、比利时、荷兰、法国和英国,由于正处在欧洲去非洲和美洲的海上交通要道上,资本主义生产方式得到了迅速发展,世界经济贸易中心开始由地中海沿岸各国向大西洋沿岸转移。

二、第一次产业革命

第一次产业革命又称为第一次科技革命,18 世纪 60 年代首先发端于英国。这次科技革命是从机械和动力的革新开始的。14 世纪以前,英国还是经济十分落后的国家,从 15 世纪末到 18 世纪 60 年代,英国经济发生了深刻的变化。在国内,通过"圈地运动"实现了对农民的彻底剥夺,从而基本上消灭了封建制度和小农经济,为资本主义工业的发展提供了充分的劳动力和国内市场;大力发展以毛纺织业为主的工场手工业,为过渡到机器大生产准备了必要的物质技术条件;完成了资产阶级革命,建立了资产阶级政权,为资本主义经济的发展提供了政治上的保障。在国外,英国先后战胜了西班牙、葡萄牙、荷兰、比利时和法国,取得了海上的霸权;通过掠夺广大的海外殖民地,不但为工业革命积累了货币资本,保障了原材料的供应,而且开拓了国外市场。这一切都为英国产业革命的发生准备了必要的前提。但产业革命的直接原因在于,以手工工艺为主的工场手工业,无论从生产效率、工资成本和国内外需求的增长,都已经无法满足资产阶级追求更高利润的欲望,他们迫切需要利用机器生产来代替手工生产,以提高产品的产量。产业革命首先是从纺织业开始的。1733 年兰开夏的钟表匠约翰·开伊首先发明了飞梭,提高了织布的效率。织布效率的提高,又进一步促进了对纱线的需求,1764 年织工兼木匠的哈格利夫斯又发明了珍妮纺纱机,带动的纱锭越来越多,以人力作为动力越来越困难。1769 年理发师阿克莱特又发明水力纺纱机。水力的应用不但提高了效率,而且降低了成本。1785年牧师卡德来特又发明了用水力推动的织布机,织布效率相当于40个手工工人的织造能力。织布机以水力带动,因而工厂必须建筑在远离城市和交通要道的河边,为此地主大大提高了河边土地的租金,从而影响了工业的发展和厂主利润的增长。这样,寻找一种新的动力就成为一个急迫的现实的问题。1776年格拉斯哥大学的教具制造员瓦特终于发明了"万能"蒸汽机。1785年蒸汽机开始应用于工厂。随着蒸汽机的广泛应用,人口逐渐集中于城市,工厂制度从而确定下来。正如恩格斯指出的:"分工、水力、特别是蒸汽动力的利用,机器的利用,这是从18世纪中叶起工业用来摇撼旧世界基础三个伟大的杠杆。"①

冶铁业曾是英国古老的工业部门。18世纪中叶以前,冶铁用的燃料主要是木炭。以后由于森林被砍伐殆尽,造成燃料的缺乏和价格的昂贵,冶铁业的发展受到了严重的阻碍。1735年亚伯罕·德尔比父子终于找到了利用焦碳混合生石灰熔炼铁矿石的新办法。以后随着搅拌、碾压技术的改进,终于解决了冶金技术发展的障碍,促进了生铁产量和煤炭产量的提高。随着冶铁和煤炭产量的增加,为机器制造业的形成和发展创造了前提。19世纪初,英国陆续发明了各种锻压设备和金属加工车床。1825年以后车床不但能满足本国需要,而且开始出口。

工业革命引起的生产的增长以及国内外市场的扩大,又对交通运输业提出了新的要求。从18世纪中叶起,英国大规模开凿运河,以充分利用水运,降低成本。1807年美国人富尔顿制造了世界第一艘蒸汽机轮船之后,1811年英国仿造成功,并在内河和沿海运输中大规模使用。1814年工人的儿子斯蒂芬逊发明了蒸汽机车,使陆上运输进入了铁路时代。1825年英国建成了世界第一条从斯托克顿到达林顿的铁路。

从18世纪60年代开始到19世纪40年代初,英国的工业革命基本完成。工业革命的完成不但标志着英国已从一个手工业工场占优势的国家变成一个机器大工业占优势的国家,资本主义制度已经确立,而且对世界生产力的发展和世界经济贸易中心区的转移也起了巨大的促

---

① 《马克思恩格斯全集》第2卷,北京:人民出版社,1957年版,第300页。

进作用。

首先,工业革命大大提高了生产力。由于蒸汽机作为新型动力代替了人力、畜力、风力或水力,大机器生产代替了手工操作,从而大大提高了生产效率,降低了生产成本,增加了产品数量。据统计,1770 年至 1840 年的 70 年中,英国工人每一工作日的生产效率平均提高了 20 倍;一磅棉纱 1788 年价值 35 先令,而 1833 年只值 3 先令。1850 年至 1870 年的 20 年间,英国纺织厂的数量由 1 932 家增长到 2 483 家,棉纱产量由 52 900 磅增长到 100 700 万磅;煤产量由 5 000 万吨增长到 1.12 亿吨;生铁产量由 229 万吨增至 597 万吨;铁路线的长度 1848 年全国铁路线总长为 4 646 英里,1870 年已达 13 562 英里,几乎比 1848 年增长了 2 倍。

其次,生产部门的地域结构发生了明显的变化。产业革命前,以手工技艺为基础的工场手工业,分布联系不密切,工场分布十分分散,多靠近以薪炭、水力、风力资源丰富的地区或者集市贸易发达的地区,以取得能源或便于产品销售。产业革命后,煤炭和蒸汽机取代了薪炭、水力作为新的能源和动力,大机器生产代替了手工操作,生产分工越来越细,部门间、行业间的联系日益紧密,致使各个部门之间,原料地、生产地和消费地之间形成密不可分的内在联系,使工厂的分布在地域上表现出不断集中的趋势,主要集中在煤炭产区。在英国,以伦敦为中心的工业区进一步得到扩大和加强;同时,以曼彻斯特为代表的兰开夏地区成为英国最大的棉纺织工业中心。曼彻斯特城市人口由 1770 年的 1 万人达到 1841 年的 35.3 万人。在苏格兰地区出现了以格拉斯哥为中心的新的工业集中区。

最后,国际经济贸易联系扩大,地域分工开始形成。产业革命前,欧洲一些国家对外掠夺主要以黄金、白银、珠宝、香料、象牙为主并从事奴隶贸易,目的是为本国工业化积累资本。英国等欧洲国家与其海外的殖民地并不存在明显的地域分工,双方是掠夺和被掠夺的关系。产业革命后,英国与欧洲其他国家先后实现了工业化,成为主要工业品的生产者和输出者;而广大的亚非拉殖民地、半殖民地的国家或地区,则成为它们的原料供应者和产品的销售市场,不平等的垂直型国际分工已经形成,各国间经济的联系大大增强。

三、第二次产业革命

19 世纪 70 年代以前,除英国外,各主要资本主义国家仍以农业和轻工业为主,重工业所占比重很小。1873 年发生的世界性经济危机破除了资本主义经济可以无止境直线上升的神话。在危机面前,各国都在寻找进一步提高劳动生产率,增强产品在市场上竞争能力的办法和途径,从而孕育了第二次科技革命。

第二次科技革命最先发生于美国和德国,是从冶金技术开始的。这次科技革命的主要标志是电和内燃机的发明、利用和新炼钢技术的产生。其中电和发电机的应用,导致了新的能源的使用;内燃机的发明和应用,大大促进了交通运输业的发展和新型工业部门的产生。

第二次科技革命对世界经济贸易的影响,主要表现为:

第一,大大促进了生产力的发展。电气化的到来和钢铁制造技术的进步,使产业部门的分化进一步加快,出现了许多新的工业部门,如电力、电器、化工、石油、汽车、飞机、造船等。世界工业产品的产量在 1870 年至 1890 年的 20 年中增长 2 倍以上。到 19 世纪末,重工业在世界工业中所占的比重已上升到主导地位。继英国之后,美、法、德等国都成为以重工业为主导的国家。

第二,资本主义经济与政治的不平衡加剧。这种不平衡主要表现为产业部门的不平衡和国家之间发展的不平衡:在产业部门之间表现为农业落后于工业,轻工业落后于重工业,旧产业落后于新兴产业;在国家间表现为老牌的资本主义国家逐步落后于后起的资本主义国家。1876 年时英国工业的产值仍占世界首位,到 19 世纪 90 年代美国超过了英国,跃居世界第一位;20 世纪初德国也超过了英国,而英国退居到第三位。

第三,自由竞争的资本主义开始向垄断资本主义转变。由于电力等新能源、新技术在工业生产中的广泛应用,工业生产发生了巨大的变化,形成了大机器、大原料、大产品的生产局面。企业已经不单纯是生产组织,而是控制从原料采购、加工制造到产品销售各个环节,因此随着企业规模不断扩大,不可避免地要实行资本的积聚和集中,当资本和生产集中到一定程度时必然产生垄断。随着商品和生产的跨国界流动,资本的流动已日益国际化,商品的输出日益被资本输出和跨国经营取代,垄断资本主义已初见端倪。

在由自由竞争向垄断转变的过程中,美国和德国由于第二次产业革命的推动,工业发展速度快,率先进入了垄断阶段,而老牌的资本主义国家则垄断形成较晚,但到 20 世纪初,主要的资本主义国家均形成了垄断的资本主义。正是由于资本主义这种不平衡的发展,为重新瓜分殖民地,导致了第一次世界大战的发生。

第四,资本主义的生产地域体系开始形成。这种资本主义生产地域分工体系主要表现为两个方面:其一是广大的亚洲、非洲、拉丁美洲和太平洋中的一些岛屿,沦为西方发达国家的原料供应者和工业品的销售市场,形成了剥削与被剥削的垂直分工,增加了彼此的依赖性,如印度、埃及的棉花,东南亚的橡胶和锡,西非的咖啡和可可,南部非洲的黄金、铜和钻石,中美洲的热带水果,古巴的糖,智利的铜和硝石等大量输出到欧洲和北美洲,而英国所产的棉纺织品的 80% 输出到国外;其二,各主要资本主义国家自身由于分工的加强和生产的集中,开始形成专门化的工业集中区和农业区。如在英格兰中部形成了以伯明翰、谢菲尔德、曼彻斯特为中心的采煤、冶金、造船、纺织为主的工业区。德国则以鲁尔煤田为中心,形成了以采煤、电力、化学、机械制造为主的重化工业区。俄国则形成了以顿巴斯煤矿、克里沃罗格铁矿、尼科波尔锰矿为中心的南部重工业区。美国则在五大湖周围和圣劳伦斯河沿岸形成了以采煤、钢铁为主的工业区。美国南部、英格兰的东南部则形成了以种植棉花、粮食为主及以畜牧业为主的农业专门化地区。世界生产地域分工的形成,基本奠定了国际商品流动的格局。

四、世界经济贸易中心区向北大西洋沿岸转移

在地理大发现和产业革命的推动下,世界经济贸易中心地区开始由地中海沿岸各国,向北大西洋东西两岸转移,欧洲西部和美国东北部成为世界经济贸易最发达的地区。据统计,1801 年至 1850 年间,英国

的出口额增长 36 倍。1820 年英国在世界贸易总额中所占的比重为 18％,1850 年上升到 21％。英国成为世界主要工业品的供应者。如英国所产的棉织品 80％输往国外,而所需棉花几乎全部由美国、印度、埃及、巴西等国供给。英国所产的钢铁、煤炭、铁轨、机车以及各种机器出口迅速增长,1850 年至 1870 年英国钢铁出口额从 540 万英镑增加到 2 350万英镑,煤炭出口额由 130 万英镑增长到 560 万英镑,各种机器出口额由 130 万英镑增加到 530 万英镑。到 1870 年,英国的采煤量已占全世界的51.5％,生铁产量占世界的 50％,棉花的消费量占世界的 49.2％,其对外贸易额已上升到占世界贸易总额的 25％,相当于法、美、德的三国贸易的总和。英国拥有的商船吨位,超过法、荷、美、德、俄等国商船吨位的总和,几乎完全控制了世界海运业。在经济贸易迅速增长的同时,伦敦也成为世界金融中心,大量向欧美及其海外殖民地输出资本,1850 年英国海外投资只有 2 亿英镑,而 1870 年就增长到 14 亿英镑。正是这些因素使英国在 19 世纪末成为世界经济的中心。

继英国之后,18 世纪至 19 世纪末,在法国、德国等国发生的资产阶级革命和 18 世纪 70 年代美国的独立运动,都促使这些国家由过去落后的农业国转变为发达的工业国。到 20 世纪初,北大西洋两岸已成为世界经济贸易最发达的地区,终于奠定了它作为世界贸易中心区不可动摇的地位。

第三节　亚太地区——正在兴起的世界贸易中心区

在世界近代史上,大西洋沿岸曾长期是世界经济贸易中心地区。但第二次世界大战后,由于亚非拉广大的殖民地、半殖民地国家纷纷获得独立和解放,世界政治、经济向多极化发展。亚太地区自 20 世纪 60 年代至 90 年代,由于日本、韩国、新加坡、我国的台湾及香港地区、东盟各国和中国大陆经济的快速、持续增长,经济实力大大增强,在世界经济贸易中所占的地位不断提高,引起了全世界的关注。许多经济学家早就预言,21世纪世界经贸中心将向亚太地区转移。

关于亚太地区的地域范围如何界定,目前世界上尚无一致的看法,有广义和狭义两种说法。广义的亚太地区,是指太平洋东西两岸的国家和地区,即包括加拿大、美国、墨西哥、秘鲁、智利等南北美洲的国家和太平洋西岸的俄罗斯远东地区、日本、韩国、中国(包括台湾地区和香港特别行政区)、东盟各国和大洋州的澳大利亚、新西兰等国家和地区。狭义的亚太地区则指日本、韩国、中国(包括台湾地区和香港特别行政区)、东南亚各国和大洋州各国,意指位于太平洋西岸的各个国家和地区。美国的前国防部长温伯格和日本的一些学者持第一种看法,我国大多数学者多持有狭义的观点。如果按狭义的观点统计,亚太地区陆地面积约2 886万平方公里,占地球表面陆地面积的20%,人口约18亿,占世界总人口的30%。这一地区的国家在经济发展的层次上多种多样,政治体制上、社会发展水平上也有明显差异。从经济上看,有发达国家如日本、澳大利亚、新西兰;有新兴工业化的国家和地区,如韩国、新加坡、我国台湾省和香港特别行政区;有经济正在转型实现现代化的国家,如东盟各国、中国大陆、越南等;还有经济落后的发展中国家,如巴布亚新几内亚、斐济、瑙鲁等国。

一、亚太地区成为世界经济贸易中心的地理优势

1.地域范围广大,自然条件多样

亚太地区仅陆地面积就有2 800万平方公里,约占全球面积的1/5,有20多个国家和地区分布在这块地跨南、北半球从寒带到热带的广大地域范围内。从气候上看,既有热带雨林、热带草原、热带沙漠、热带季风等气候分布,又有亚热带季风、温带大陆、温带季风、亚寒带针叶林、极地苔原、极地冰原等气候的更替,而像喜马拉雅等高山区由于山势高大,气候垂直变化更为显著。从植被上看,既有热带雨林、热带草原、热带荒漠,又有亚热带常绿阔叶林、温带落叶阔叶林、温带草原、温带荒漠、亚寒带针叶林和极地苔原等多种多样的自然景观。从海陆状况看,既有海陆兼备、面积广大的国家,如中国、澳大利亚,也有岛国和内陆国。如此多样的地理环境为亚太各国经济和社会发展提供了丰富的

物质基础和可供选择的途径。例如新加坡和日本均为岛国,领土狭小、资源贫乏,对经济发展不利,但它们却能利用岛国的优势,大力发展外向型经济,从而取得了经济的腾飞,为发展中国家树立了典范。而澳大利亚却利用自己地广人稀、资源丰富的优势,走了一条农矿生产和出口大国的道路,战后同样跻身发达国家行列。多种多样的自然条件,也使亚太各国在经济和社会等方面具有很强的关联性和互补性,为各国间进行协调和合作创造了有利条件。

2.丰富的海洋和陆地资源

亚太地区无论陆地还是海洋中,各种生物和矿产资源均十分丰富,其中海洋生物资源,主要包括各种鱼、虾、蟹和各种海藻。太平洋中的生物量占世界海洋生物量的50%以上,其中藻类有4 000多种,动物的种类是其他大洋的3～4倍,仅在印度尼西亚各群岛海域已发现的鱼类就有2 000多种,热带太平洋中软体动物门类超过6 000种。主要鱼区分布在白令海、日本海、渤海、黄海、东海、台湾海峡等区域。据统计,日本海鱼类有600多种,我国近海鱼类达1 500种。主要鱼类有明太鱼、鲑鱼、鳟鱼、鲱鱼、鳕鱼、大小黄鱼、金枪鱼等。由于亚太地区鱼类资源丰富,所以日本北海道附近形成世界最大的渔场,日本海上捕鱼量多年来始终居世界首位。

太平洋中的矿产资源主要有石油、天然气、锰结核、磷钙石、重晶石、金红石、铁矿石等。石油、天然气主要分布在渤海、黄海、东海、南海和北部湾等海区的浅海大陆架区域。锰结核又称锰矿瘤,是分布在太平洋深海盆中外形像马铃薯的一种多金属沉积矿。主要矿物成分除锰、铁外,还含有镍、钴、铜、铌等20多种元素。其储量可达10^{12}吨,是陆地上这些金属储量的几百倍。锰结核在亚太地区主要分布在日本、印度尼西亚、新西兰等国的海域。磷钙石是制造磷肥的原料,在新西兰、澳大利亚两国附近的海底有大量储藏。金红石可提取制造火箭、卫星的金属钛,锆石是核反应堆的重要原料,这些矿产均分布在澳大利亚东部海底。澳大利亚出产了全世界95%的金红石,70%的锆石,25%的钛铁矿石。

亚太地区陆地上的矿产、生物资源也十分丰富。矿产资源主要有石油、天然气、煤、铁、锡、钨、锑、金等。石油储量约90.4亿吨,其中中国

1995 年底已探明储量 30.3 亿吨,亚太地区其他国家和地区探明储量为 60.1 亿吨。煤炭的储量也居世界首位,主要分布在俄罗斯的西伯利亚地区,中国的东北、华北和西北地区,朝鲜的北部,越南和澳大利亚等。其中中国是世界上最大的煤炭生产国,澳大利亚是最大的煤炭出口国。亚太地区有世界最大的锡矿带,北起我国云南,向南经缅甸、泰国、马来西亚到印度尼西亚的邦加岛和勿里洞岛,其储量占世界的一半以上。马来西亚是世界最大的产锡国。我国钨、锑资源丰富,是世界上最大的钨、锑生产国和出口国。

亚太地区陆地的生物资源丰富,主要包括各种森林、草原和珍稀动植物。森林资源集中分布在俄罗斯西伯利亚地区和远东地区,盛产松树、杉树、桦树等用材林。在印度尼西亚、马来西亚、菲律宾等国主要是热带雨林,盛产柚木、橡胶、油棕等热带经济林木。草原主要分布在蒙古和我国西北、华北北部,属温带草原,是牛、羊、马、骆驼等畜种的放牧区。澳大利亚和新西兰草原宽广,是羊、牛等牲畜的放养区。

3.重要的交通地理位置

亚洲是世界最大的洲,在世界七大洲中,除与南极洲距离较远外,与欧洲陆地相连,与非洲仅隔窄窄的苏伊士运河,与北美洲相隔的白令海峡宽度也仅 35 公里,从印度尼西亚巴厘岛至澳大利亚达尔文港的空中航程仅需 1 小时,因此亚太地区与世界各地往来方便。从陆上交通看,东起俄罗斯纳霍德卡或我国连云港的西伯利亚大陆桥和新欧亚大陆桥可直达荷兰的鹿特丹,甚至通过英吉利海峡的海底隧道可直达伦敦。当 2020 年"泛东南亚"铁路(自我国境内连结越南、柬埔寨、泰国、马来西亚直至新加坡的铁路)修通之后,自新加坡可以直通欧洲各地。

从海上交通看,位于亚太地区的马六甲海峡、望加锡海峡、龙目海峡、白令海峡等,都是重要的海上通道,具有十分重要的经济战略意义。尤其位于苏门答腊岛与马来半岛之间的马六甲海峡,更是来往太平洋至印度洋,亚洲到欧洲和非洲船只必经之地,一直受到美、俄、中、印和日本等国的重视,将其视为海上"生命线"。白令海峡是连结太平洋与北冰洋的宽仅 35 公里的狭窄水道,由于纬度高,封冻时间长,加上北冰洋大部分水域终年结冰或冰期很长,因此白令海峡目前并不具有重要的交通意义。但是,近年来随着"温室效应"的加剧,北冰洋解冻范围不断扩大,解冻期延长,因此自亚太地区经白令海峡,沿美国、加拿大北冰洋沿岸的所谓"西北航道"日益受到有关国家的重视,一旦变为现实,不但大大缩短亚太地区到北美洲海上航行的距离和时间,而且对促进北冰洋沿岸丰富的石油、天然气的开发提供有利的条件。

亚太地区岛国和临海的国家多,海岸线长,因此拥有众多优良的港口,再加上许多港口处于海上交通要道上,泊位众多,设施先进,因此货物吞吐量和集装箱装卸量大,集装箱装卸量居世界前几位的大港口均在亚太地区,如新加坡港、香港维多利亚港、上海港、深圳港、高雄港、青岛港、天津港等。

分布在太平洋中的众多岛屿,其港口设施更成为海上运输的中转地和补给地,如斐济的苏瓦、法属社会群岛的帕皮提等,均是亚太地区到南、北美洲必经之地。

二、亚太地区成为世界经济贸易中心的经济基础

(一)经济迅速增长

第二次世界大战后,随着东亚、东南亚各国及太平洋中一些岛国相继获得政治上的独立或解放,它们在经济上也获得了快速增长。据1994年世界银行发表的《东亚奇迹》调查报告中指出:中国香港、中国台湾、印度尼西亚、马来西亚、新加坡、韩国和泰国等8个地区和国家自1965年以来GDP的年约增长率均在5.5%以上,比拉美地区快2倍。20世纪90年代,由于受日本泡沫经济和1997年东南亚金融危机的影响,亚太各国经济增长率有所下降,但从全球经济状况分析,亚太地区仍是世界经济增长最快地区。进入21世纪,亚太各国中除日本经济增长率较低外,韩国、泰国、中国香港和马来西亚等国(地区)都相继摆脱了亚洲金融危机的阴影,经济重新呈现了高速增长。据统计,2004年东盟各国中除印度尼西亚经济增长为4.4%外,其他东盟国家(除缅甸、老挝、柬埔寨)GDP的增长率增在6%以上,新加坡为8.1%,而越南则高达12%。新兴工业化国家韩国也为5.1%。中国自1979年改革开放后,多年GDP的年均增长率均在9%以上,而位于大洋洲的澳大利亚,

GDP 在 2004 年增长率为 6.6%,新西兰为 5.1%。由于亚太各国经济持续高速增长,使亚太地区成为世界经济最具活力的地区。

(二)经济总量和人均收入不断增加

据 1986 年统计,日本、亚洲"四小龙"、东盟各国、中国和大洋洲各国,即狭义的亚太地区国内生产总值为 2.8 万亿美元,约占世界 GDP 总量的 17%。而到 2004 年亚太地区的中国、日本、亚洲"四小龙"、东盟中的马来西亚、泰国、印度尼西亚、菲律宾、泰国和越南,大洋洲中的澳大利亚和新西兰等 14 个国家和地区,国内生产总值之和已达 9.25 万亿美元,比 1986 年增长了 2.5 倍,并超过欧盟 4 个主要国家英、法、德、意 GDP 之和(8.6 万亿美元),仅少于美国 11.7 万亿美元。其中日本 GDP 总量为 4.67 万亿美元,仅少于美国,居世界第二位。而中国 2007 年 GDP 总量已超过 2 万亿美元,居世界第四位。

随着各国经济总量的持续增长,亚太各国的人均收入水平也不断增长。1971 年至 1986 年,日本人均 GDP 增长了 6.4 倍,韩国增长了 7 倍,中国台湾地区增长了 7.5 倍,新加坡增长了 5.6 倍。到 2005 年,亚太地区人均 GDP 超过 1 万美元的国家(地区)有 7 个,即日本、韩国、中国香港、中国台湾、新加坡、澳大利亚和新西兰。其中日本高达 35 636 美元,澳大利亚为 33 331 美元,而新加坡为 27 329 美元。人均 GDP 超过 5 000美元,不足 10 000 美元的有马来西亚和俄罗斯。人均收入的持续增长,不但推动了消费的增长和市场的扩大,而且促进了投资的增长,使各国经济的增长走向良性循环的道路。

(三)对外贸易增长迅速,贸易地位持续上升

亚太各国经济的快速增长,得益于外向型经济的发展,因此对外贸易增长是推动经济增长的动力。据统计,1970 年至 1988 年期间,亚太地区出口贸易增长了 10.1 倍,进口增长了 10.6 倍,而同期世界出口贸易的增长仅为 8.5 倍,这表明亚太地区出口贸易的增长快于世界贸易的平均增长。1950 年日本的出口额仅 8.2 亿美元,而到 2005 年日本出口额为 6 520 亿美元,是 1950 年的 800 倍。韩国 1962 年出口额仅 0.56 亿美元,而到 2005 年为 3 340 亿美元,增长近 6 000 倍。中国 1950 年出口额仅 5.5 亿美元,而到 2006 年出口额已达 9 690 亿美元,增长了

1 740倍。随着亚太各国对外贸易额的增长,进出口额在世界上所占比重也不断增加。1965年亚太地区出口额占世界比重为12.5%,少于美国的15.8%,欧共体的38.4%;而到1987年亚太各国(地区)出口额已占世界的22.2%,超过美国所占的10.4%,而欧共体则由1965年的38.4%,增至39.9%,仅增长了1.5%。进口额1965年亚太各国(地区)占世界的11.8%,低于同期美国的12.7%,欧共体40.7%;而到1987年亚太各国(地区)进口额占世界比重增至17.8%,同期美国增至17.3%,而欧共体则降至39.1%。

随着亚太各国(地区)对外贸易额的快速增长,各国(地区)在世界上所处的地位也不断上升。到2006年,从出口额来看,中国已是仅次于美国和德国的第三大贸易国,日本则居第四位。进出口额居世界前15位的国家中除日本、中国外,亚太各国(地区)中还有韩国、中国香港、中国台湾、新加坡、澳大利亚。中国在改革开放前的1978年,出口额居世界第32位,而到2006年已升至世界第三位。

(四)积极扩大国内投资和利用外资

亚太各国经济的快速增长来源于投资不断的增加。1960年至1970年,日本的投资率高达36%,1970年至1981年虽略有下降,但仍高达33.3%。亚洲"四小龙"1960年至1970年投资率为21%~23%,而1970年至1981年则高达30%。东盟各国60年代投资率比较低,如泰国为20.1%,印度尼西亚为11.1%;而到70年代则提高到20%~28%之间。中国1965年投资率为25%,而1987年则提高到38%。

在不断扩大国内投资的同时,亚太各国(地区)积极利用外资。据1980年统计,全世界引进外资存量为4 451.7亿美元,同期亚太各国(地区)多年引进外资存量为575.2亿美元,约占当年世界外资存量的12.9%。而到2000年,全世界利用外资存量为62 582.6亿美元,比1980年增长了14倍,而亚太地区利用外资存量增至11 894.8亿美元,比1980年增长了20倍,占世界利用外资的存量已由1980年的12.9%上升至19%。中国已经成为世界上利用外资的第二大国,仅次于美国。尤其近几年来,中国每年利用外资均在500亿至600亿美元。

（五）产业结构的调整加快，产业构成不断优化。

亚太各国（地区）在实现现代化的过程中，多以发展劳动密集型工业起步，逐步转型为资本和资源密集型乃至知识和技术密集型的产业。日本早已完成了工业的转型，目前第一产业仅占国内生产总值的2.1％，第二产业也降至 35.5％，而第三产业则为 62.4％。亚洲"四小龙"则已开始了淘汰劳动密集和资源密集工业的进程，积极向知识、技术密集型转变。中国在保持劳动密集型工业优势的同时，开始淘汰产能过剩、资源消耗多、污染严重的传统工业，大力发展知识、技术密集型工业。随着亚太各国（地区）产业结构的升级，其出口商品结构也不断优化。例如韩国在 20 世纪 60 年代时，出口产品还以农矿产品如墨鱼、生丝、紫菜、钨矿砂为主，而目前出口商品则主要以汽车、电子产品、船舶、钢材、石化产品为主。中国 1953 年出口产品中 80％是初级产品，制成品只占 20％；而 2003 年初级产品只占 8％，而制成品则占到 92％，而制成品中机电产品又占 60％。随着亚太各国（地区）服务业在国民经济中所占比重不断上升，服务贸易也不断增长。1990 年日本服务贸易总额为 1 256.6 亿美元，韩国为198.8亿美元，中国为 102 亿美元，新加坡为 214.5 亿美元，而到 2000 年时日本增至 1 861 亿美元，中国增至 664亿美元，韩国为 639 亿美元，新加坡为 484 亿美元。2002 年中国已成为世界第七大运输业出口国，旅游业第六出口国，日本则在运输业和其他服务业居第三和第四位。我国香港在服务领域更为发达。

（六）金融实力大增强

随着亚太各国（地区）经济的快速发展，资金流量的增多，从而促进了银行、保险、证券等金融服务业的发展。据美国《银行家》杂志 1996/1997 年度统计，按核心资本计算排名的世界 1 000 家最大银行中，日本占 119 家，亚洲其他国家和地区占 179 家，几乎占全世界的 1/3，如果再加上美国的 148 家，则太平洋两岸则占 448 家，已近世界大银行的1/2。其中日本的三菱和住友两大银行，其资产规模高居世界第二位和第九位，资产总额分别为 6 477.8 亿美元和 4 603 亿美元。而美国的大通曼哈顿银行、花旗银行、美洲银行，分居第四、五、七位。我国的中国银行已由 1995 年的第 26 位上升到第 15 位，工商银行由第 28 位上升到第 25 位。日本东京、我国香港和新加坡已成为世界著名的金融中心。它们的证券、期货交易的行情,直接影响世界资本和商品市场价格的涨跌,是世界经济贸易走势的晴雨表。

亚太各国(地区)对外贸易持续增长,许多国家(地区)由逆差转为顺差,从而外汇储备日益增多,国际支付能力日益增强。据统计,到 2007 年,中国的外汇储备已高达 1.5 万亿美元,居世界第一位;日本外汇储备约 1 万亿美元,居世界第二位,我国台湾外汇储备约 6 千亿美元,居世界第三位。其次像韩国、新加坡、中国香港特区、澳大利亚、新西兰,文莱等都是有大量外汇盈余的国家和地区。

三、亚太地区成为世界经济贸易中心的政策环境

首先,亚太各个国家(地区)都采取了对外开放,鼓励出口的外向型经济政策。"二战"后,随着世界经济全球化、一体化的发展,亚太各国(地区)充分认识到无论国家大小、资源贫富,如果不把本国(地区)经济纳入世界经济体系之中,充分利用国外的资金、技术和资源,是不可能使经济迅速增长的。因此亚洲"四小龙"和东盟各国先后实行由进口替代的战略转变为出口导向的战略,中国也由传统的封闭的计划经济转向开放的社会主义市场经济,大力鼓励出口,以促进经济的迅速发展。外向型经济所以能促进经济迅速增长,主要因为:一是国际市场容量大,使企业的生产能力能够充分利用,形成规模效益,并使资源得到有效配置,提高生产效率;二是由于国际市场竞争激烈,迫使企业在外界压力下形成你追我赶的局面,从而不断地革新设备,采用新技术,以提高产品的档次和质量;三是形成了连锁效应,促进了原材料、零部件、半成品、金融、交通、保险、通信等产品和产业的发展,从而带动了整个国民经济的迅速发展。

其次,开放市场,大力改善投资环境,吸引外资。资金的缺乏是亚太国家和地区经济发展中普遍的制约因素,而人口多、市场广阔、劳动力充足、资源相对丰富又是这些国家和地区的普遍优势。因此以市场来换资金和技术,就是各国和地区必然的选择。为此,亚太各国和地区普遍采取了鼓励外商投资的经济和贸易政策,如降低或免除关税,取消许可

证和配额,取消或减少股权限制,廉价提供土地、厂房等基础设施,放松或取消外汇管制,实施产业或地区倾斜政策,加快交通、通信、能源等基础设施建设,等等。正是由于这些开放市场的措施,促进了外资的大量涌入。

第三,积极推进区域或次区域、紧密性或非紧密性的合作,充分发挥亚太各国和地区经济互补性强这一优势。亚太各国和地区中日本、澳大利亚、新西兰等发达国家和韩国、新加坡、中国香港特区等新兴工业化国家或地区,具有资金或技术优势,而其他的发展中国家具有人力、资源和市场的优势,因此经济发展具有极强的互补性。通过开展区域性或次区域性经济合作,必将加快产业结构的调整和转移,从而带动资金、技术的转移,促进彼此经济的发展。目前亚太经合组织(APEC)尽管是一个松散的、渐进式和论坛式的区域组织,其成员间的合作无法与欧盟和北美自由贸易区相比,但它在促进整个环太平洋国家和地区之间贸易投资自由化方面,仍然起到了应有的作用。据统计,1996 年APEC 成员国和地区的商品贸易额已占全世界的 48%,1995 年国民生产总值已占全世界的 57.9%,区外各国对 APEC 成员国和地区的投资占世界的 47.2%,而 APEC 各国和地区对外投资占世界的 49%。到2010 年和 2020 年,当 APEC 成员体完全实现贸易和投资自由化之后,无疑上述指标所占的比重将会有更大的增长,到那时,亚太地区就会成为真正的世界贸易中心地区。

第四,重视教育,大力培养本国人才和引进外来人才。日本在 20 世纪 50 年代初就普及了高中义务教育,高等教学的升学率占适龄青年的30%以上。韩国教育经费投入占 GNP 的 4.1%,80 年代初所有劳动力的文化水平都已达到高中毕业水平。中国改革开放后,不但实行了九年制义务教育,而且高等学校招生人数逐年提高,并采取多种鼓励措施吸引海外留学人员回国发展。正是由于人才素质的提高,才保持了经济持续、稳定的发展。

最后,美国把其经济贸易发展的重点从大西洋沿岸转向太平洋沿岸。自克林顿上台后,美国就把拓展经济贸易作为带动经济发展的重点,而亚太地区是当今世界经济最具活力的地区。这里不但具有丰富的资源,廉价的劳动力,而且有容量巨大的市场,因此美国把发展与亚太各国和地区的经贸往来作为自己的战略重点。随着美国战略重点的转移,必然促使美国企业把投资、贸易的重点转向亚太各国和地区,从而带动亚太各国和地区经济的发展。目前日本、中国等均是美国在亚洲的重要贸易伙伴。

四、亚太地区成为世界经济贸易中心面临的挑战

21世纪亚太地区成为世界经济贸易中心,还面临许多困难。这些困难,既有亚太各国和地区自身存在的问题,也有国际经济发展中不确定的因素。主要的因素有:

第一,亚太地区中多数国家和地区正处在经济的转型期,市场机制尚待完善,所以面对迅速发展的经济全球化趋势,一时还难以完全适应,对世界经济贸易中所发生的风险缺乏抵御能力,从而导致经济上的大幅度波动。例如1997年东亚地区发生的金融危机,就曾导致日本、韩国、东盟各国经济大幅度下降。

第二,科技力量不足,产业发展相对滞后。亚太各国和地区中除日本外,多数国家和地区的产业结构仍然以第一产业和劳动密集或资本密集的第二产业为主,出口商品中附加价值低,竞争力不强,并且造成了大量资源的浪费。当世界经济进入知识经济时代时,现有的产业结构无法适应,调整产业结构又缺乏必要的经济和技术实力。

第三,面临社会发展和环境保护的巨大压力。社会的压力主要表现为人口的增长过快和法制不健全。亚太地区人口数量多,虽然降低了劳动成本,但经济的增长往往被人口过快的增长所抵消,一些人民的生活仍然处在相对贫困之中。而随着产业结构的调整,大量富余的劳动力需要转移,在经济增长尚无法满足劳动力转移时,必然使失业人员增多,造成社会的动荡,从而抑制了经济的发展。而适应市场经济的各种法律不完善,必然使经济运行中人治大于法制,行政干预大于市场机制,使经济发展无法真正按市场需求运作,从而制约经济的快速发展。亚太各国和地区在经济起步阶段为了尽快摆脱落后和贫困,往往采取了追求速度和数量的传统经济发展模式,因此不可避免地造成了对资源和环

境的破坏,多数国家和地区面临着资源日益枯竭、环境状况日益恶化的不利局面,对今后经济可持续的发展造成很大的困难。

第四,当前世界经济的全球化、一体化虽然为亚太地区许多发展中国家带来不少机遇,但由于旧的国际经济秩序尚未完全破除,因此经济一体化的绝大多数成果往往为发达国家所侵占,使发达国家与发展中国家经济差距反而日益扩大。例如当世贸组织根据乌拉圭回合谈判要求发达国家取消关税和各种非关税壁垒,对发展中国家开放它们的市场时,发达国家却又节外生枝地提出"环境问题"、"劳工标准"等新议题,继续阻挠发展中国家享受贸易自由化的成果。在亚太经合组织(APEC)中,各成员体虽然制定了贸易投资自由化的时间表,但发达国家真正关心的是贸易自由化,力图尽快打开发展中国家的市场,而对其投资和技术转让却很少提出任何切实可行的建议,更少采取什么有意义的实际行动。因此,旧的国际经济秩序如不能尽快破除,亚太地区成为世界经济贸易中心将是一个缓慢的过程。但约翰·托夫勒在《第四次浪潮》中所预言的"地中海是过去的海洋,大西洋是现在的海洋,太平洋是未来的海洋"的论断依然有重要的预示意义:依靠亚太各国和地区自身持续不断的努力,亚太地区的崛起是一定可以实现的。

本章思考题

1. 汉萨同盟是哪些地方商人组成的、什么性质的联盟?

2. 说明什么叫地理大发现,它对世界经济有何影响。

3. 说明第二次产业革命的标志是什么,其后形成了哪些专业化工业区。

4. 分析亚太地区形成世界贸易中心区的政策环境是什么。

第一节　区域经济集团化概述

一、区域经济集团化的定义及其类型

　　所谓区域经济集团化,是指地理位置相邻或相接近的两个或两个以上的国家或地区,由于经济发展水平具有一致性或互补性,政治文化背景具有相似性,通过政府间签订相关的条约或协议,建立一个经成员体政府授权的共同管理机构,并按照议定的规则和程序来管理协调彼此对内对外经济贸易往来,对内实行生产要素的自由流动,以优化资源配置和提高经济效益,对外对来自非成员体的生产要素实行适当的限制,以保护本国市场,削弱对手的竞争,最终达到提高成员体经济和社会发展水平的目标。这种形式或进程,就称为区域经济集团化,或区域

经济一体化。它是世界经济一体化的一个过程,一个中间环节。

区域经济集团化,根据划分的标准不同,可分为多种类型。如按成员体一体化部门范围的不同,可分为全盘一体化和部分一体化;根据成员体经济发展水平的差异,分为水平一体化和垂直一体化。根据允许商品和生产要素自由流动的程度,可分为:

1. 优惠的贸易安排:指成员体之间相互或单方面给予优惠的关税和非关税待遇,如欧盟对《洛美协定》成员体的商品予以特殊优惠关税待遇;中国对来自香港和澳门特区的一些商品给予免税待遇。

2. 自由贸易区:成员体之间逐步取消一切关税和非关税壁垒,而对非成员体各自保留自己的关税和非关税措施,不要求统一。

3. 关税同盟:对来自成员体的商品一律免除关税和非关税壁垒,对来自非成员体的商品,成员体要统一关税和非关税壁垒。

4. 共同市场:指成员体在关税同盟的基础上实现一切生产要素的自由流动。

5. 经济同盟:成员体之间不但允许一切生产要素自由流动,而且制定和执行统一对外的某些经济与社会政策,逐步废除成员体在经济贸易政策上的差异,使一体化的范围从生产、交换扩大到分配领域。

6. 完全经济一体化:这是区域经济一体化最高阶段,成员体在金融、财政、贸易、经济政策上完全一致。

二、区域经济集团化形成的背景

第二次世界大战后,区域经济集团的形成和发展,是有复杂的政治、经济、文化和社会背景的,是各种因素综合作用的结果。

(一)避免战争,维护自身安全。欧盟的前身"欧洲煤钢联营"就是基于这个原因建立的。纵观欧洲的历史,从一定意义上说就是欧洲各国争权夺利的战争史。为此欧洲各国一直在寻找避免战争的"药方"。欧洲人普遍认为,正是分裂才带来了战争,只有走向欧洲的联合才是避免战争的最佳途径。第二次世界大战的惨痛经历和战后欧洲处于东西方冷战前沿的严峻形势,更促使欧洲人产生通过联合以维护自身安全的紧迫性。"二战"后法国和欧洲的其他国家十分害怕在美国扶植下德国军国主义的复活,于是于 1950 年 2 月由当时的法国外长舒曼提出了著名的"舒曼计划"。其目的是"不仅使战争是不可想象的,而且在物质上是不可能的"。于是 1951 年 4 月,德国、法国、意大利、卢森堡、比利时、荷兰就在巴黎签订了"欧洲煤钢共同体条约",由这个组织共同监督管理可用于战争原材料的钢铁和煤炭的生产,使这些军工原料的生产、交易透明化,以防止重整军备的苗头。

(二)恢复战争创伤,重建经济的需要。第二次世界大战后,欧洲许多国家由于战争的破坏,经济几乎处于崩溃状态,资金短缺、劳动力不足、消费品匮乏。各国经济的恢复和发展,单靠本国的力量是无法办到的。如果再维持战前的贸易保护政策,不能让生产要素自由流动,必然对各国经济的恢复不利。因此建立区域经济一体化的组织,实现成员国之间生产要素的自由流动,就成为必然的选择。

(三)科学技术的进步成为推动区域经济集团化的动力。"二战"后,第三次科技革命的蓬勃发展在大大促进生产力迅速增长的同时,也促进了生产的专业化、社会化和国际化。由于高新术产品研发周期长,智力要求高,需要资金巨大,往往凭一个企业或一个国家难以办到,因此促进了各国之间走联合开发和生产的道路,从而促进了经济集团化的发展。

(四)区域经济集团化是战后各国经济发展不平衡的产物。"二战"后,美国凭借战争中增长的工业生产实力,成为世界唯一的霸主,而欧洲各国由于战争的破坏,经济地位衰落了。因此欧洲和美国在经济政治交往中就处于不平等地位。欧洲各国为了取得和美国平等的地位,打破美国的垄断,单靠任何一个国家都无法办到,只能走联合的道路,以壮大自身的实力。当欧洲日益壮大,美国地位下降后,美国为了重新夺取霸主地位,也开始构建自己的势力范围,建立了北美自由贸易区。

(五)区域经济集团化是自由贸易与保护贸易相融合的产物。"二战"后,在美国的推动下出现了以"关贸总协定"为代表的自由贸易趋势。20 世纪 70 年代以后,在欧盟和日本重新崛起,能源和经济危机频繁发生的情况下,各国开始实行保护贸易。区域经济集团正适合于这种趋势。

　　（六）区域经济集团化是各国原有地缘经贸关系的向外扩展。所谓地缘经贸关系，是指国家与国家的经济贸易往来，首先是建立在地理位置相邻或相接近，政治文化背景相似的基础上的。这有利于降低成本，减少摩擦和障碍。区域经济集团正是这种地缘经贸关系的向外扩展。

　　（七）发展中国家尤其是一些原料出口国，为了反对发达国家的剥削与掠夺，不得不联合起来，以保护本国资源，加快经济发展。例如"石油输出国组织"（OPEC）的建立就是基于此目的。

　　（八）欧共体和 OPEC 成立后取得的成就，对推动一体化的进程起了表率作用。

三、区域经济集团化的特点

　　（一）组建方式是在地缘化的基础上由小到大。"由小到大"是指区域经济集团开始组建阶段都是成员国少，然后逐渐增加成员国。例如欧盟已由欧共体最初的 6 个成员国，扩大到现今的 27 个成员国，而且还将继续扩大。北美自由贸易区也要扩大为美洲自由贸易区。

　　（二）区域经济集团是一个开放与封闭相统一的，以开放为主的体系。所谓开放是指成员国之间实现自由贸易，而封闭是指对非成员国实行保护贸易。但最终的目标是贸易自由化和经济的一体化，从地域范围到产业部门逐步扩大开放。

　　（三）区域经济集团以市场一体化为开端，以实现经济一体化乃至政治、安全、军事一体化为目标。所谓市场一体化，是指集团组建初期，通过减免关税和非关税壁垒，开放市场，实现商品的自由流动。随着集团的发展，必然逐步走向财政、金融、税收、认证标准、行政手续等方面的全面协调，最终实现经济一体化，乃至政治一体化。

　　（四）在区域经济集团内部，往往综合国力强大的国家发挥主导作用。例如在欧盟 25 个成员国中，德国、法国、意大利、英国等国发挥主导作用，影响集团的决策和发展。

　　（五）区域经济集团对内、对外既有竞争又有合作。对内以合作为主，成员国之间仍有竞争；对外以竞争为主，仍然需要合作。竞争与合作是矛盾对立的统一，促进集团的前进和发展。

四、区域经济集团对世界经济贸易的影响

区域经济贸易集团化是世界经济一体化过程中的一个阶段,其存在和发展必然对世界经济贸易产生有利和不利的影响。

(一)有利的影响

1. 有利于集团内部经济贸易的迅速增长。在集团内部由于取消了关税和非关税壁垒,必然使资源得到更有效的配置,产业分工进一步深化,产业结构调整加快,商品和资金往来频繁,生产与经营规模扩大,成本降低,从而促进整个经济和贸易的迅速增长。据统计,欧共体在1958年至1969年建立关税同盟过渡期内,对外贸易总额平均增长了11.5%,成员国内部贸易额年均增长了16.5%,20世纪50年代到70年代,共同体内部贸易额占对外贸易总额的比重已从30%提高到50%,1988年更上升到62%,1985年至1989年期间,工业增长了20%。

2. 区域经济贸易集团化使整个世界贸易出现快速增长。区域经济集团成立之后,各个成员国都有强烈的合作欲望,必然采取各种措施来促进彼此的经贸往来,从而使集团内部的贸易在不断扩大。随着集团化的进一步发展,各个集团及其成员之间从以竞争为主,转向寻求彼此的妥协和合作,以求更好地利用区外的资源和市场,从而使集团与集团外的国家和地区的经贸往来增长。两者之和必然使世界贸易这块"大蛋糕"越做越大。

3. 有利于集团内部的技术合作,加速产业结构的优化。在集团成立之前,一些重大的科技项目往往由于单个国家财力物力的限制,常常无法开展。集团成立之后,可以将每个成员国之间的优势集中起来,协同攻关,从而促进了彼此的技术合作和技术进步。例如欧共体成立后,1985年就通过了关于"朝着欧洲技术共同目标奋斗"的备忘录,同时制定了"用新技术改造传统工业计划"等一系列科教计划。英法两国密切合作开发了具有优越性能的"协和式"空中客车飞机。在集团内部资源得到更有效配置的同时,各国必然充分发展自己的优势产业,淘汰落后的、效益低下的产业,从而加快了产业结构的调整和产业结构的优化。

4. 增强和提高了集团及其成员在世界经济贸易中的地位和谈判的力量。以欧共体为例,成立时 6 个成员国工业产值不及美国的一半,外汇储备只相当于美国的 55%。而现在的欧盟国民生产总值已与美国相当,对外贸易额远远超过美国。由于实力的增加,在关贸总协定(GATT)乌拉圭回合谈判中,大大增加了与美国谈判的筹码,达到了维护自己贸易利益的目的。

5. 区域经济贸易集团化有利于国际政治经济形势的稳定,避免了少数政治经济大国动辄以"制裁"相威胁,企图把自己的意见强加于弱小国家的图谋。形成集团后,弱小国家可以通过联合的力量与发达国家相抗衡。从而迫使某些大国只能通过谈判达成必要的妥协,从而避免了政治经济局势的动荡。

(二)不利的影响

1. 对国际产业分工的正常发展有一定不利的影响。由于区域经济集团对外具有一定的排他性,当世界产业结构调整的发展总趋势与集团或集团内部某些主要成员的产业发展产生矛盾时,区域经济集团或某些成员常常出于保护本集团利益的目的,阻碍产业合理化的发展。例如欧共体某些农产品的生产成本远远高于国际市场上农产品的生产成本,以 1986 年小麦价格而论,就比国际市场高 52%。作为需要进口农产品的德国理应从国际市场进口小麦或牛肉,但因受欧共体内农业政策的影响,却需从法国和意大利进口。这种措施显然是为了保护法、意两国农民的利益,但显然是保护了落后,降低了世界农业生产效率,对国际分工的合理发展不利。

2. 区域集团对外贸易的排他性,限制了与集团外贸易往来的发展,对国际贸易的正常发展不利。例如欧共体自 1958 年至 1980 年期间,成员国之间的贸易增长了 48.5 倍,而与美国或其他国家的贸易所占的比重却相对下降。1958 年美国对欧共体各成员国出口额占欧共体进口额的 11.4%,而 1986 年下降到 8.8%,发展中国家则由 30.3% 下降到 20.4%

3. 对发展中国家商品出口和引进外资不利。发展中国家由于资金技术的限制,出口商品档次低、质量差,本来就缺乏竞争力,现在由于受到种种关税和非关税壁垒的限制,产品更难打入集团内部市场。而发达国家为了绕过集团所设置的种种壁垒,常常采取在集团成员国内部投资设厂,就地生产,就地销售的办法,打开集团的市场。发达国家向区域集团投资的增加,必然导致向发展中国家投资的减少,因此不利于发展中国家吸引外资。

4.不利于国际经济贸易的协调和合作。随着区域集团化的发展,今后国际经济贸易的协调,将会由国家与国家的协调,变成国家与集团或集团与集团之间的协调。协调主体的改变,从积极方面看,谈判一旦成功,所涵盖的地域范围将会扩大,多方受益。从消极方面看,可以使协调变得更困难,往往因集团内部某一两个国家的反对,使谈判失败。例如在"乌拉圭回合"美国与欧共体关于农产品贸易谈判时,美国虽然与欧共体理事会达成原则协议,但终因法国的坚决反对,使协议成为一纸空文。这是因为集团内各个成员由于经济发展水平和产业结构的差异,利益并不是完全一致的,当协调活动对整体有益而对某一个成员国造成损害时,该成员国就会根据"协商一致原则"予以抵制,从而使协调难以进行。另外区域集团成立以后,增强了集团内部的互补性,从而提高了依靠集团整体实力抵御外界压力的能力,从而增强了讨价还价的能力,增加了谈判的艰巨性。

第二节　世界主要区域经济集团

世界区域经济集团不但类型多样,而且数量不少,如欧盟、北美自由贸易区、亚太经合组织、东南亚国家联盟、海湾合作委员会、阿拉伯马格里布联盟、南部非洲经济发展共同体、南美共同市场和澳新自由贸易区等。各种专业化的农矿产品出口国组织如石油输出国组织、铜矿出口国组织、咖啡出口国组织等更是层出不穷。但在众多区域集中对世界经济贸易影响大的当属欧盟、北美自由贸易区、亚太经合组织和石油输出国组织。本节重点介绍前面三个集团,而OPEC将在第七章进行阐述。

一、欧洲联盟

欧洲联盟(EU)简称"欧盟"。它是一个拥有 4.8 亿人口,领土面积达 433 万平方公里,共有 27 个成员国,经济一体化程度最高的区域经济集团。其成员国多为西欧和北欧经济发达的国家和东欧经济已转型的原社会主义国家。欧盟 2005 年国内生产总值高达 13.926 万亿美元,超过美国的 12.438 万亿美元和日本的 4.799 万亿美元,居世界第一位。2006 年欧盟商品贸易总额为 9.27 万亿美元,占当年世界商品贸易总额(23.8 万亿美元)的 38%,远远超过美国的 2.95 万亿美元。

(一)欧盟一体化的历程

欧盟一体化的历程经历了成员国不断扩大,由关税同盟向共同市场再向经济同盟转变,由经济一体化向政治、安全一体化发展的过程。

欧盟的前身是欧共体(欧洲经济共同体)。欧共体是在德国、法国、意大利、卢森堡、比利时和荷兰 6 个国家于 1951 年建立的"欧洲煤钢联营"以及 1957 年根据《罗马条约》建立的"欧洲原子能共同体"和"欧洲经济共同体"的基础上,于 1965 年根据《布鲁塞尔条约》决定将三者合并,改称"欧洲经济共同体"而成立的,最初只有 6 个创始成员国。欧共体成立后通过相互取消关税等措施,迅速促进了成员国经济的发展,因此引起英国、爱尔兰和丹麦的关注,1973 年英、爱、丹三国加入了欧共体。1980 年希腊加入,1986 年西班牙和葡萄牙加入。经三次扩大,欧共体发展成 12 个成员国。1995 年原属于"欧洲自由贸易联盟"的奥地利、芬兰和瑞典加入欧盟。2004 年 5 月欧盟第四次东扩共有爱沙尼亚、拉脱维亚、立陶宛、波兰、捷克、斯洛伐克、匈牙利、斯洛文尼亚、马耳他、塞浦路斯等 10 个国家加入。2007 年 1 月罗马尼亚、保加利亚加入,最终形成目前共有 27 个成员国,世界上成员国最多的区域经济集团。

欧共体在自身不断扩大的同时还在 1991 年与"欧洲自由贸易联盟"(挪威、芬兰、瑞典、瑞士、奥地利、冰岛、列支敦士登)签署了建立"欧洲经济区"的协定,把欧共体 60% 的法规(除农业、税收、外贸政策之外)推广到上述七个国家,1994 年"欧洲经济区"正式启动,一个保证货物、服务、资本和人员自由流动的"大欧洲"已见雏形。欧共体在向欧盟转化中,其主要经济一体化措施为:

1.由关税同盟向共同市场和经济同盟转变

建立关税同盟是欧共体经济一体化的基础。根据《罗马条约》规定，各成员国应在 10 年期间内分阶段削减直至全部取消工业品关税和配额，以实现共同市场内的商品自由流动；对外建立统一的关税及配额，以限制非成员国的竞争。欧共体的老的成员国早在 1992 年建立统一大市场前就已经完全实现了关税同盟，从而促进了内部贸易的快速增长。据统计，到 1990 年，欧盟的内部贸易量已经是建立关税同盟之初的 6 倍以上。但关税同盟的建立，并没有使欧共体形成一个统一的大市场，因为尽管关税和配额等被取消了，但限制商品自由流动的规章制度仍然存在，如标准、检疫措施、政府采购规定、国内税、外汇管制等。为此，欧共体委员会于 1985 年发表了《完成内部市场》的白皮书，决定在 1992 年前建成一个没有内部边界的商品、人员、资本和劳务自由流动的统一大市场。自 1987 年《白皮书》正式实施后，欧共体制定了许多新的规章、制度，以消除上述生产要素流动的障碍，仅与产品技术标准、安全、卫生、包装与标签、认证制度等有关的就有 200 多项。至 1993 年，欧共体终于建成了欧洲统一大市场。

在欧共体真正形成了"共同市场"后，1991 年 12 月欧共体 12 国的首脑在荷兰小镇马斯特里赫特召开第 46 届首脑会议，并签署了《马斯特里赫特条约》。《马约》中对欧共体的发展作出了两方面的规定：其一是建立"经济与货币同盟"，即建立统一的欧洲中央银行，并发行统一的货币"欧元"；其二是建立"政治同盟"，即将原来的"政治合作"升级为共同的外交和安全政策，并建立起在内政和司法方面的合作机制，从而使欧共体由单纯的经济同盟向经济—政治同盟转变。1993 年 11 月《马约》经欧共体所有成员国议会批准后生效，此后欧共体就改称为欧盟。

2.欧盟的共同农业政策

欧共体的共同农业政策始于 20 世纪 60 年代，当时欧洲农业相对落后，农民收入低，粮食供给无法保证。为了稳定农业生产，增加农民收入和稳定粮食供应，欧共体制定了以三大原则为核心的共同农业政策。这三大原则是单一市场、共同体优先和共同财政责任。所谓单一市场，是指欧共体成员国的农产品在协调产量的基础上，统一价格并在成员国之间自由流动;所谓共同体优先,是指任何成员国购买农产品,应优先在欧共体内部购买,为了限制外来农产品进口,对从非成员国进口的农产品在征收基本关税并规定配额的基础上再加征差价税,以削弱外来农产品的竞争;所谓共同财政责任,是指各国通过征收农产品关税和差价税的收入一律上缴欧盟委员会,欧盟利用这些税收形成农业发展基金。农业基金除了用于支付成员国农业发展中用于农田水利建设、消灭病虫害、农作物新品种的研究和开发等补助资金外,主要是用于农产品出口补贴,使欧盟农产品在国际市场上具有竞争力。正是由于欧盟的共同农业政策促进了欧盟农业的发展,不但满足了各国对农产品的需求,而且到 20 世纪 90 年代还出现了农产品过剩。为了解决自身农产品价格过高,而产量又过剩的矛盾,欧盟开始对农产品出口进行直接价格补贴。农产品价格补贴和对外来农产品征收差价税的制度,虽促进了欧盟农业稳定发展,以及农产品内部贸易量和出口量的增长(2003 年欧盟 15 个成员国间农产品出口达 2 841.4 亿欧元,占世界农产品出口总额的 42.2%,但却引发了美欧农产品长期贸易争端。在内外压力下,欧盟自 1992 年起开始对其农业政策进行改革,改革的主要措施是:降低价格支持水平和控制生产;对冻结 15% 耕种面积的农户,以不同地区的平均单位面积的产量为基础,根据面积予以补贴;对休耕的耕地每公顷给予 253 欧洲货币单位(ECU)的补助;加强对环境的保护等。

　　3. 建立货币同盟

　　欧共体成立后为了防止货币汇率的波动对经济产生的不利影响,从 1971 年起就决定建立货币同盟。该同盟的最终目标是成员国使用统一的可供流通的货币。但货币同盟的最终目标,并非一朝一夕能实现的,为此欧共体采取分步过渡的措施:(1)1979 年创立"欧洲汇率机制"(ERM——exchange rate mechanism),为成员国货币设定固定的中心汇率,允许成员国货币在设定的中心汇率上下一定的幅度内波动;对成员国之外的货币汇率采取联合浮动机制,以避免汇率风险,保持成员国货币的稳定。(2)创建"欧洲货币单位"(ECU)用作成员国在没有统一货币的条件下,进行账面结算、计价的货币单位。(3)建立"欧洲货币合作基金",总金额为 250 亿欧洲货币单位(ECU),用于干涉外汇市场。

(4)1993 年根据《马约》决定实现"经济货币联盟",建立统一的中央银行,发行统一的货币"欧元",并为欧盟成员国真正成为 EA(欧元区)设立了五项"趋同标准":

一是必须达到物价稳定标准。即候选国在加入 EA 前一年通货膨胀率应维持在 EU 通胀率最低的 3 个国家平均指数上下 1.5%的波动范围内。

二是必须达到利率稳定标准。即公债的名义长期利率(10 年期)平均值均维持在 EU 通胀率最低的 3 个国家长期利率平均值上下波动2%的范围内。

三是必须达到汇率稳定标准。即成员国必须参加 ERM—Ⅱ(欧洲汇率机制—Ⅱ)2 年以上,并在 2 年内成员国货币兑换"欧元"的中心汇率不得贬值,而且市场汇率维持在中心汇率±15%的范围内。

四是公共财政赤字不得超过 GDP 的 3%。

五是公共债务不得超过 GDP 的 60%。

1999 年"欧元"在欧盟老成员国中的 12 个国家正式启动(除去英国、瑞典、丹麦),至 2002 年参加 EA 的 12 个成员国的本国货币正式停止流动,欧元成为 12 个国家唯一可流通的货币。2007 年 1 月欧盟新成员国斯洛文尼亚也正式参加了 EA,成为欧元区第 13 个成员国。欧元自从 1999 年正式发行以来,其在国际结算中所占比重已占 1/3,在国际货币储存中已占 1/4,保持了一种强势地位,对美元造成了冲击。

欧盟成员国参加"欧元区"(EA),从经济角度分析,可带来许多好处:其一,能够最有效地规避汇率风险,降低交易成本,避免企业因汇率变动而造成的损失。其二,能够利用 EA 单一市场中的资金、人才、技术的自由流动,突破本国狭小经济空间的限制,以增强经济的可持续发展。其三,能够使价格体系更透明,对反倾销、寻求价格保护、产品流动方向提供科学的分析数据。其四,能够自动享受低通胀的大环境,有利于降低融资成本,扩大融资规模。其五,有利于各国金融市场的融合,降低金融投资者利差风险。

(二)欧盟东扩面临的挑战

2004 年 5 月,中东欧 10 个新成员国加入到欧盟,使欧盟成为世界上成员国最多的区域经济集团。欧盟成员国的扩大,为资源的利用、市场的扩大提供了机遇,有利于提高欧盟在世界上的竞争地位。但欧盟东扩后,也面临种种挑战。

第一,新老成员国之间存在着巨大的经济差距,因此面临着一个艰难的磨合期。以 2002 年人均 GDP 来衡量,新成员国中的最发达的塞浦路斯,只相当原欧盟 15 国平均值的 76%,而最落后的拉脱维亚只相当于 26%。成员国之间人均 GDP 的差距也由原来的 2.75 倍,扩大到现在的 7.17 倍。巨大的经济差距,必然导致不同的目标、不同的利益追求,从而产生矛盾和摩擦。因此需经过艰苦的磨合。

第二,欧盟财政预算中的收入和支出分配,难以令全体成员国满意。老成员国中原来能从欧盟预算支出分配得利者,由于落后新成员国的加入,反而成为预算收入的纯贡献者;新成员国由于经济落后,对财政收入贡献少,而从预算支出中得利反而多,从而必然引起某些老成员国的不满。

第三,新老成员国利益差距的拉开,使欧盟一体化的基础可能发生动摇。因为一体化顺利进行的基础,在于成员国的趋同性。而欧盟东扩之后,必然使这种趋同性减少,一体化的步履将更加艰难。这将迫使欧盟采取像允许英国、瑞典、丹麦暂不加入货币联盟一样,采取更多的"灵活性"原则。

第四,新老成员国在决策机构表决权的分配上存在矛盾。新成员国主张一国一票,而一些骨干老成员则希望有更大的主导决策权。

二、北美自由贸易区(NAFTA)

北美自由贸易区是由美国、加拿大和墨西哥三国组成的区域经济集团。1987 年 10 月,美国和加拿大签署了《美加自由贸易协定》,并于 1989 年正式运转。后来墨西哥也要求加入,经过三国间多次谈判,1992 年 8 月三方达成建立北美自由贸易区协定。1994 年,北美自由贸易区正式运转。北美自由贸易区是一个拥有 4.3 亿人口,面积为 2 130 万平方公里,2006 年 GDP 为 15.28 万亿美元,出口贸易额 1.6 万亿美元,约占世界出口总额的 13.9%,由发达国家与发展中国家组建的区域经济集团。

(一)组建北美自由贸易区的动因

北美自由贸易区组建于 20 世纪 80 年代末至 90 年代初,其组建的动因,既有内部引力,也有外部压力。内部引力是三国巩固和扩展彼此经贸关系的需要,外部压力是由于欧盟和日本崛起,美国在世界经济贸易中所处地位相对下降,面对日益严重的贸易保护主义,三国需要联合起来以对抗欧日。具体动因有下列几点。

1. 欧盟、日本崛起,美国在世界经济贸易中的地位相对下降

"二战"后,由于德、日、意法西斯的战败,英、法等国受到了巨大的战争创伤,因此老牌的资本主义国家都衰落了,处于经济相对困难的状态。而美国却凭着战争中发展起来的强大工业,成为世界上唯一的霸主。据 1947 年统计,美国工业生产占当年资本主义世界的 1/2,出口贸易占 1/3,黄金储备占世界的 3/4,并且垄断了许多先进的科学技术。但是好景不长,经过 20 世纪 50 年代和 60 年代朝鲜战争和越南战争的失败和 70 年代至 80 年代两次能源危机,美国经济开始衰落了。从 1971年起,除个别年份外,美国对外贸易均是逆差,1986 年逆差高达1 414.6 亿美元,占当年美国出口额的 65.1%。随着逆差的扩大,美国对外贸易在世界上所处地位也不断下降,其出口额已由 1949 年占世界的 20.8% 下降到 1986 年的 9.2%。过去美国占据绝对优势的许多产品如汽车、飞机、电讯器材、大规模集成电路、中小型电子计算机,也面临着欧共体和日本的挑战。美国为了摆脱困境,只能仿效欧共体走上联合的道路。

2. 加拿大、美国和墨西哥领土相连,经贸关系紧密

据 1991 年统计,加拿大当年进出口总额为 2 530 亿美元,其中对美国进出口额就占其对外贸易总额的 75%。同样加拿大也是美国第一大出口市场和最大的海外投资场所。美国和加拿大也是墨西哥的第一和第二大出口市场。

3. 各有所需,经济互补性强

美、加、墨三国面积大小、人口多少不同,地理位置处于寒、温、热三个自然带,经济发展水平既有超级大国,又有发达国家和发展中国家,

因此经济互补性很强。如美国有雄厚的资金、先进的技术和广阔的市场，但缺乏热带资源和廉价劳动力。加拿大地处高纬度地区，有广袤的森林，种类多、储量大的矿藏，但资金、技术和市场需依赖美国。墨西哥是一个发展中国家，它丰富的石油资源、热带作物和廉价劳动力均是美、加所需要的，但其在资金、技术和市场上需依附于美、加。三国如能加强合作，增强彼此的贸易往来，必能优化资源配置，促进各自经济的发展。

（二）北美自由贸易协定的主要原则

1. 贸易与投资自由化原则

北美自由贸易协定的首要目标是：逐步取消关税，分为立即、5 年之内、10 年之内和 15 年之内四种类型，并相应削减各种非关税壁垒；在很多贸易领域享受国民待遇；实行投资自由化；墨西哥允许美国和加拿大在其境内设置银行、保险和证券等金融机构。

2. 成员国优先，坚持原产地规则

三国同意在处理经贸关系上，坚持成员国优先的原则，但要坚持原产地规则，即在成员国之间进行贸易往来时，商品只有在成员国生产、加工、增值达到一定标准时，才能享受减免关税待遇，例如汽车贸易要享受免税待遇，其 62.5% 的零部件必须是在三国生产或加工的。

3. 协商解决贸易冲突原则

三国间发生的任何贸易摩擦或冲突，首先由三国贸易部长组成的"贸易委员会"协商解决，或由"独立的法律人士"组成的特别小组进行裁决，以保证裁决的公正性。一般不把矛盾上交 WTO 的裁决机构。

4. 动态发展原则

这一原则的主要精神主要体现在两个方面：其一，协定的条款可以根据情况的变化由三方协商加以调整或重新解释；其二，其成员组成是动态的，老成员可以退出，新成员经申请合格可以加入，保持自由贸易区相对的开放性。

5. 人员有限制流动原则

北美自由贸易协定的这部分内容主要涉及三国敏感的移民问题，原则上规定"高层次"管理人员可在三国间自由移动，而对"普通劳动

力"流动则有一定限制,其实质是限制墨西哥向美、加自由移民。

6.各国国内现行法律基本不变的原则

这一原则主要是为了照顾三国国内各自敏感的问题,以免遭到议会的否决而采取的折中策略,即为了尽快实施北美自由贸易协定,不必修改与该协定精神不一致的国内原有法律。如允许墨西哥仍可在石油等产业部门对外资实行必要的限制;加拿大对文化产业和社会保障体系仍可加以特别的保护等。

(三)北美自由贸易区建立后对三国的影响

1.有利影响

(1)有力地促进了三国经济和贸易的增长。自1994年北美自由贸易区正式运转到2006年的12年间,由于取消了关税和非关税壁垒,三个国家都实现了经济增长。1993年至2003年,美国经济增长了38%,加拿大增长了23%,墨西哥增长了55%。三国间货物贸易增长尤为显著。货物贸易额已从1993年的3 060亿美元,增长到2005年的8 252.5亿美元。其中墨西哥出口占美国全部进口的比重已从1993年的9%上升到2002年的13.5%,进口从6.8%上升11.6%。2005年墨西哥出口总额为2 142.3亿美元,仅对美国和加拿大出口就高达1 877.1亿美元,占出口总额的比重高达87.7%。同年美国对加拿大出口占出口总额的23.4%,居第一位;对墨西哥出口占13.3%,占美国出口的第二位。

(2)北美自由贸易区成立后,美国向墨西哥出口农产品相对缓解了美国农产品过剩的危机,而墨西哥从美、加引进先进的技术和设备,也加快了产业的调整和升级。2000年时墨西哥的人均GDP为5 803美元,而2005年人均GDP已增至7 180美元。

(3)贸易环境的改善,不但使三国的货物贸易量快速增长,而且促使相互投资增加,同时区外的非成员国为了绕过自由贸易区所设置的关税和非关税壁垒,也开始由出口转向向三国投资,从而加快了三国吸引外资的步伐。据统计,1993年时三国的相互投资为1 369亿美元,而到2000年已增至2 992亿美元。在投资增加的基础上,三国的就业状况、劳工福利等也得到了相应的改善。

(4)北美自由贸易区成立后,三国经济贸易的增长起了示范作用,从而加快了中南美洲一些国家加入自由贸易区谈判的步伐。2005 年 1 月 1 日前,有关国家终于完成了美洲自由贸易区(FTAA)谈判。形成了一个北起加拿大、南至智利,人口超过 8.5 亿,GDP 约为 15 万亿美元,世界最大的自由贸易区。

2.不利影响

(1)由于墨西哥大量劳动密集型产品涌入美国和加拿大,会使美、加本已处于衰落地位的劳动密集型工业雪上加霜,处境越加艰难。同样,廉价的美国农产品进入墨西哥,也使墨西哥农业受到冲击。

(2)投资自由化,使美国和加拿大大量游资进入墨西哥,在墨西哥掀起收购、兼并高潮,使墨西哥民族工业处境艰难。

(3)北美自由贸易区实行"区内优先"和"原产地规则",必然使其他国家进入三国市场更加困难,削弱了其他国家的竞争力。如 2000 年以前美国是日本产品的第二大出口市场,而到 2000 年墨西哥则取代了日本成为向美国出口的第二大来源国。

三、亚太经合组织(APEC)

亚太经合组织(APEC)的全称是"亚洲太平洋经济合作组织"。它是 1989 年经当时的澳大利亚总理霍克提议而成立的。至今已有 21 个成员体,即美国、加拿大、墨西哥、秘鲁、智利、俄罗斯、日本、韩国、中国、中国台湾、中国香港、越南、泰国、马来西亚、新加坡、印度尼西亚、菲律宾、文莱、澳大利亚、新西兰和巴布亚·新几内亚。是当今分布地域最广、人口最多、经济总量和贸易总量最大、成员体类型最多样的一个区域经济集团。

(一)APEC 成立的背景

1.亚太各国加强合作有利于维护和增强自身利益。

维护和增强自身利益是任何国际合作的根本动因。APEC 成员体尽管国家或地区大小不同,经济发展水平差异明显,甚至社会制度有别,但各国或地区参加 APEC 的合作,都是出于自身政治、经济、社会发展的需要,意在谋求利益的最大化。

日本经过 20 世纪 60 年代至 70 年代的经济高速增长后,到 1984 年成为仅次于美国的世界第二大经济强国,但面对国内狭小的市场和短缺的资源,只能加强与亚太各国的经济贸易合作,以便输出国内的过剩的产品和资金,转移过时的技术和设备。日本与亚太各国合作具有极大的地缘优势。

美国战后虽为世界上经济最强大的国家,但随着欧盟和日本的崛起,其在世界所处的经济地位却不断下降。例如 1960 年美国 GDP 占世界的 33.4%,而到 1990 年却下降至 28%,同期日本 GDP 由占世界的 2.4% 上升到 14.4%,西欧各国由占 21.4% 上升至 27%。美国只有加强与亚太各国(地区)的合作才能保持自己在亚太地区的利益。据统计,1989 年美国从亚洲和大洋洲的进口额为 2 040.2 亿美元,出口额为 1 114.5 亿美元,分别占美国当年进出口总额的 14.3% 和 30.6%,而同期美国对欧共体进出口额却只占 18% 和 23.8%。美国在亚太地区投资额巨大,其海外利润的 1/3 来自亚太,因此雄踞美洲,虎视亚太,在亚太争取最大的利益是 20 世纪 90 年代以后美国最重要的战略。

澳大利亚、新西兰虽为英联邦成员国,但战后随着大英帝国殖民体系的瓦解和 20 世纪 80 年代以前英国经济持续的低迷,澳大利亚和新西兰开始把其经济贸易的重点由西欧转向亚太,加强与日本、中国和美国的贸易往来,而中国和日本正是澳大利亚、新西兰亚农矿原料的需求国。1989 年澳大利亚对亚太地区贸易(包括美国、加拿大)占其进口总额的 67.9%,出口总额的 70.3%。

亚洲"四小龙",战前均为西方的殖民地,经济十分落后,而战后之所以能够实现经济的迅速起飞,并且一跃为"新兴工业化国家和地区",正是缘于它们与亚太各国密切的经济合作。在经济起飞前,它们是美国和日本资金、技术和产品的吸纳者;经济起飞后,它们一方面把物美价廉的产品打入美、日等国家市场,另一方面又把过剩的资金、相对落后的技术传递给亚太其他发展中国家。在亚太地区的合作中,"四小龙"这个中间环节是不可或缺的。

中国自 1978 年改革开放后,发展外向型经济,加强与世界各国的经济合作,尤其是加强与亚太各国(地区)的合作,是基本国策。中国众多的劳动力、巨大的市场、稳定的政治环境正是西方投资者所需求的，而西方的资金、技术、资源和市场也是中国实现工业化不可缺少的条件，因此中国与亚太各国（地区）经贸关系紧密。据统计，1989 年中国从亚太地区进口占当年进口总额的 66.8%，出口占出口总额的 76.9%。我国香港、台湾地区及日本、美国等国都是中国大陆利用外资最大来源地。积极参加亚太合作正是中国利益所在。

东盟各国是亚太地区经济相对落后的地区，是尚待大力发掘的"处女地"，不但能给亚太其他国家和地区提供劳动力，而且具有丰富的石油、天然气、锡等矿产资源。尤其是东盟所处的交通地理位置，具有十分重要的经济和战略意义，更是参与合作的重要基础。因此东盟积极利用自己的优势，从亚太引进资金、技术，以求尽快实现工业现代化。

2. 亚太各国（地区）已成为世界经济最活跃地区，"亚太地区"作为一个整体的区域概念已为各国（地区）所认同。

20 世纪 70 年代以后，亚太地区，特别是东亚、东南亚的各国、各地区经济得到迅速发展，大大改变了世界经济贸易格局，使世界经济发展的中心正向亚太地区转移。据统计，1960 年，美国和西欧各国，即大西洋两岸 GDP 总量仍占世界的 55%，而到 1986 年，美国、加拿大、日本、亚洲"四小龙"、中国、澳大利亚和新西兰、东盟各国 GDP 总和已占世界的 44.3%，远远超过欧共体的 21.7%。从对外贸易来看，1970 年至 1988 年亚太地区出口增长了 10.1 倍，进口增长了 10.6 倍，而同期世界出口总额仅增长了 8.5 倍。亚太地区对外贸易的快速增长，使它在世界贸易中的地位发生了变化。1970 年亚太地区出口在世界出口中所占比重为 34.1%，而到 1988 年已提高到 38.1%；进口在世界进口所占比重同期也由 30.6% 提高到 38.6%。随着出口贸易的增长，亚太各国（地区）自 20 世纪 80 年代中期起先后由外贸逆差转变为顺差，外汇储备不断增加，对外支付能力增强。到 2005 年，外汇储备超过 1 000 亿美元的有日本、中国、中国台湾、韩国和新加坡。中国已经成为世界外汇储备最多的国家。正是由于亚太地区经济贸易的迅速发展，通过继续加强亚太各国（地区）的合作，保持和增强亚太这种世界经济中心的地位，无疑对亚太各国（地区）有利。

3.20 世纪 80 年代以后,各种类型的区域一体化组织日渐增多,参加这些组织的国家(地区)已达 150 多个。这些区域经济一体化组织在通过彼此合作,促进成员体自身经济快速增长的同时,也引起了贸易保护主义的加剧,给非成员国的经济发展带来不利影响。例如欧共体自成立后其内部贸易不断增长,而与美国及其他发展中国家的贸易则不断下降。面对这种不利的局势,必然促使亚太各国(地区)也走向联合的道路。

4.1991 年前苏联解体后,冷战格局彻底瓦解,世界政治局势趋向缓和,和平与发展已成为当代世界主流的发展趋势。亚太各国(地区),尤其亚太地区中的发展中国家,只有顺应经济全球化的大好时机,通过彼此合作,发展自己,壮大自己,才能避免被边缘化。

5.亚太地区次区域经济集团的推动。如东盟、澳新自由贸易区和北美自由贸易区在取得一定成绩之后,它们都希望扩大一体化的地域范围,以取得规模效益,因此它们是亚太经合组织的有力推动者。

二、亚太经合组织的运行机制

亚太经合组织是一个松散的、渐进式和论坛式的区域经济集团,它与欧盟和北美自由贸易区有很大区别。具体区别就表现在其运行机制上。

1.开放性。亚太经合组织不是一个封闭的区域经济集团,而是开放的合作组织。这种开放性主要表现为两个方面:其一,成员组成面向亚太地区所有国家(地区)开放,加入 APEC 的国家(地区)并无严格必备的条件,成员体可进可出;其二,APEC 在贸易自由化和便利化以及经济技术合作方面所采取的一切措施,如减免关税和非关税壁垒等,无论是对成员体还是非成员体一律平等相待。

2.渐进性和灵活性。由于 APEC 的 21 个成员体在经济发展水平、政治经济体制和社会文化背景上都差异明显,因此在实现经济一体化进程中所采取的各项措施不搞"一刀切"。贸易自由化和便利化的进程以成员体"单独承诺"为依据,每个成员体可根据自身的具体情况以渐进、灵活的方式作出安排。

3. 非强制性。APEC 不像欧盟和北美自由贸易区有《马斯特里赫特条约》和《北美自由贸易协定》这种严格的法律条文的约束,因此其成员体并无严格的法律义务,即使成员体一致达成的协议,每个成员体也可视自身的情况酌情履行,对不能履行的承诺,并不负违约责任。

4. 制度性与非制度性相结合。制度性是指 APEC 已设有 4 个委员会、13 个工作组和一个秘书处,并且每年召开一次成员体领导人非正式会议和部长级会议、高官会议来磋商有关问题。非制度性是指 APEC 的决定,无严格的约束力,只具有"论坛"性质。

三、亚太经合组织的目标和经济一体化的成果

APEC 自成立之时起,就树立了两项目标:其一,实现成员体之间贸易、投资的自由化和便利化;其二,加强成员体之间的经济技术合作。经过将近 20 年的努力,APEC 在实现上述两项目标的进展上是不平衡的。由于贸易、投资的自由化与便利化是发达成员体优先关注的目标,因此取得了一定成效,而加强经济技术合作是发展中成员体优先关注的目标,至今除了在人员培训方面有所行动外,其他方面进展不大。

贸易、投资自由化与便利化的进展,主要体现在:

1. 1994 年在印度尼西亚茂物召开的第二届成员体领导人非正式会议上,发表了著名的《茂物宣言》。《茂物宣言》为实现成员体贸易与投资自由化设立了时间表,即发达成员体应于 2010 年优先实现贸易、投资的自由化和便利化,而发展中成员体实现该目标应不晚于 2020 年。

2. 1995 年在日本大阪召开的第三届领导人非正式会议上发表了《大阪行动议程》,各成员体在重申了《茂物宣言》所提出的时间表的基础上,制定了贸易自由化的行动准则,各成员体提出了各自实施自由化的"首次投入"方案。中国在大阪会议上主动宣布将大幅度降低关税。

3. 1997 年在加拿大温哥华召开的第五次领导人非正式会议上,提出了在玩具、林产品、水产品、环保、能源、医疗设备等九个部门实施自愿提前自由化的建议,有关成员体就上述部门作出了单边承诺。

4. 以后历次领导人非正式会议都对落实《茂物宣言》采取了一些行之有效的行动。正由于这些努力,APEC 在实现贸易自由化方面的进展

是显著的:(1)关税水平大大降低。1996 年 APEC 的平均关税水平为
10.7%,而 2005 年已下降到 7.7%。中国同期关税水平也由 23% 下降
到 9.9%。(2)非关税壁垒大大减少。在进口数量限制和禁止、出口数量
限制和禁止、进口附加税、出口税、非自动性进口许可证、自动性进口许
可证,非自动性出口许可证、出口补贴、出口限制等八项非关税壁垒中,
新西兰已全部取消,我国台湾只保留进口数量限制和禁止一项。美国保
留了进口数量限制和禁止、出口数量限制和禁止、出口税、非自动性出
口许可证等五项。日本只保留了出口数量限制、进口数量限制和自动性
出口许可证三项。(3)贸易的便利化也取得了相应进展。在海关程序、
标准与一致化、商业活动等方面采取的便利化措施已达 809 项,占贸易
便利化全部项目的 58%。

四、亚太经合组织面临的挑战

亚太经合组织发展所面临的主要障碍是:

第一,由于成员体经济、政治、文化背景存在差异,因此各成员体当
前所追求的目标不一样。发达成员体主要想通过亚太地区的合作,打开
发展中成员体的市场,扩大本国(地区)产品的出口,因此它们优先选择
的目标是贸易自由化;而发展中成员体想通过合作利用发达成员体的
资金和技术,发展本国(地区)的经济,因此它们参与合作的首要目标是
投资和技术转让的自由化,而不是贸易的自由化。

第二,在亚太经合组织内尚存在许多次区域的贸易集团,如北美自
由贸易区、东南亚国家联盟、澳大利亚—新西兰自由贸易协定等。如何
协调和调整亚太经合组织与其他次区域集团之间的关系,是一个必须
解决的问题。如果上述各个次区域经济集团的自由化进程与措施不能
与整个亚太经合组织相一致,就可能促使亚太经合组织名存实亡,无所
作为。

第三,亚太经合组织的各个成员体早已同美国、日本、欧盟等主要
发达国家或地区建立了双边的经济贸易关系,如何协调成员体之间的
多边关系和成员体与区外的双边关系,也是需要克服的一个障碍。

第四,亚太经合组织的发展与欧盟、北美自由贸易区相比,缺乏领

导"核心",因此难以形成向心力。美国虽然开始把其经济贸易发展的战略重点转向亚太,但目前其经济贸易活动主体仍然在欧洲。日本虽然与我国、东盟各国有紧密的关系,但其妄图借助经济大国实力谋取政治大国地位的野心,仍然引起东亚其他国家高度的警惕,而且美国也不希望日本取代它的主导地位。我国虽然与亚太发展中国家有着良好的关系,在亚太合作中能代表发展中国家的利益,但目前仍缺乏必要的经济、政治实力,也无法取代美国和日本。正是因为亚太经合组织缺乏"核心",且互有戒备,因此不利于一体化的发展。

第五,APEC 自由化的进程以单边行动为主,缺乏严格制度化约束,因此已作出的承诺也往往不能实现。2000 年的"上海会议"虽达成了"同行审议机制",但也只能起到某种监督作用,无法形成制度化的约束力。因此如何从"软约束"走向"硬约束"仍是需要解决的问题。

第六,APEC 成员体之间的政治关系缺乏稳定性,往往因资源、人权、领土、宗教的争端而影响一体化进程的实现。

本章思考题

1. 分析战后区域经济集团化形成的原因。

2. 说明欧盟发展历程,其"共同农业政策"主要内容是什么?

3. 北美自由贸易区形成的原因和条件是什么?

4. 亚太经合组织有何特点?《茂物宣言》主要内容是什么?

第六章

国际贸易与环境保护

　　"二战"后,随着科学技术和生产力的迅速发展,人类对自然界的利用与改造,无论从深度还是从广度上看都在不断地加深和扩大。这一方面促进了各国经济的发展和人民生活水平的提高;另一方面也因人类经济活动破坏了各种自然要素之间的生态平衡,而导致了危害人类自身生存和发展的各种环境危机。而且这种环境危机正随着各国的对外经济贸易活动,从一个国家或局部地区,向全世界许多国家和地区蔓延。

　　环境危机的跨国蔓延,不但加大了出口商品的成本,削弱了产品竞争能力,而且对现有的国际经济贸易活动的规则和秩序也构成重大冲击,当前国际贸易中的"绿色壁垒"盛行就是一个重要方面。为此,在关贸总协定(GATT)乌拉圭回合谈判中,以美国为首的发达国家首先提出把"环境问题"列入谈判议程。由于发达国家所谓的"环境问题"是针对发展中国家的,在于谋取发达国家单方面的利益,因此遭到了发展中国家普遍的反对,未能得逞。但是毋庸讳言,由于环境危机对各种经济贸易活动的影响日益明显,因此在世贸组织(WTO)下一回合谈判中,环境问题将是一个讨论的重点。为此,从理论和实践上充分认识对外经济贸易活动与环境保护的关系,以便采取既能促进经济贸易发展,又有利于环境保护的方针、政策和措施是十分必要的。

第一节　环境与环境问题

一、环境及环境与人类的关系

广义的环境是指相对于任何主体而言的周围事物的状况。而我们这里所说的环境,则是指人类赖以生存和发展的自然界,即自然环境。它是由气候、水、土地、矿产、动植物等自然要素组成的一个有机综合体。

自然环境与人类是相互依存、相互影响、相互制约的关系。其表现为:

1.环境是人类赖以生存和发展的物质基础。人类为了自身的生存和发展,需要不断地从自然界获取阳光、空气和水分;开垦土地,种植谷物,饲养牲畜,以获取粮食、肉类及水果、蔬菜等产品;开采矿产以获取能源和原料;占有一定地域空间以有起居之所。就是说,环境提供人类生存和发展所需要的一切物质和能量。人类在从自然界获取上述物质以维持生存和发展的同时,也要把自身生活、生产中所产生的废物如废水、废气、废渣等向环境中排放,环境又成了承担人类排放废物的场所。人类生存的吐故纳新过程,正是与自然界交换物质与能量的过程。离开环境,人类是无法生存和发展的。

2.人类与环境相互交流的媒介,是人类的活动。既体现在人类的生活中,更体现在人类的生产活动中,即人类为谋取自身生存和发展而进行的经济活动中。在人类社会发展的初期,由于生产力落后,以自然经济为特征,无论是采集还是狩猎,种植谷物或饲养牲畜,人类的劳动都对自然界有极大的依赖性,即所谓"靠山吃山,靠水吃水"。自然界对人类的劳动有极大的限制性,因此人类对自然界的利用和破坏都是有限的。随着科学技术和生产力的发展,人类劳动的方式和手段越来越先进,机器代替了人力和畜力,煤炭、石油和电代替了传统的风力和水力,人类活动的范围从陆地延伸到海洋,从地球表面伸展到太空,环境对人类活动的限制越来越少了。这一方面提高了人类自身生存和发展的能力,同时也对自然界的生态平衡造成了破坏,从而产生了种种危害人类自身生存的环境问题。因此,人类的劳动既是改造自然、利用自然、维持自身生存发展的必要条件,同时也是破坏环境,危及自身生存发展的根源。所以,探索经济发展与环境保护如何协调发展,就应是我们面临的一项重要任务。

3. 环境虽然是人类生存和发展的物质基础,但人类与环境的关系与动物不同,不是简单地适应环境,而是能动地改造和利用环境。因此在人类与环境的关系中,人始终处于矛盾的主导方面。但是人类这种主导地位,并不意味着人类可以对环境为所欲为。如果人类的劳动,主要是人类的经济活动违背了自然规律,同样也会遭到自然界的"惩罚",即产生许多不利于人类自身生存和发展的所谓环境问题。如 16 世纪欧洲移民刚到美洲时,那里大部分土地为森林所覆盖,移民为了开垦土地,就大规模地砍伐或烧毁森林,据统计,到 20 世纪四五十年代,美国的原始森林面积几乎减少了 1/2。由于原始森林遭到破坏,造成大部分土地的水土流失,20 世纪 30 年代发生的骇人听闻的"尘暴",从局部干旱地区刮起,横扫上万公里,高达一万英尺,刮走地面表土约 3 亿吨,人畜遭灾,当年小麦减产达 100 多亿斤。近年来由于人类过度地向大气中排放二氧化碳等有害气体,使地球气温不断升高,对沿海低洼地区人类的生存更是造成了巨大威胁。这一切都说明,当人类的活动破坏了自然界的生态平衡时,自然界就会反作用于人类,最终危害人类自身的生存和发展。

二、当前人类面临的主要环境问题
(一)自然资源的破坏与耗竭

1. 森林资源遭到严重破坏,导致水土流失加剧,大量动植物濒临灭绝。历史上地球表面森林面积曾达到 76 亿公顷,约占陆地表面积的一半,目前只剩下 26 亿公顷,森林覆盖率由最初的 1/2,已降到现在的 1/5。而且目前全世界森林面积仍以每年 200 万公顷的速度在消失。发展中国家尤为严重,拉美地区每年毁林面积达 5 万平方公里;撒哈拉以南的非洲国家森林面积已比过去减少了 30%;亚洲的菲律宾过去有森林面积 6 000 万公顷,现在已剩下 500 万公顷。近 10 年来全球森林面积减少了 2.2%。

森林面积大幅度的减少,使生态平衡遭到破坏,其直接造成的环境恶果有:水土流失加剧、土壤沙漠化严重、风沙侵蚀加剧、动植物品种锐减、土壤蓄水能力下降、水旱灾害频繁发生。据联合国环境计划署统计,自 20 世纪 90 年代中期至 2000 年,每年有 3 436 平方公里土地变成沙漠。相比之下,20 世纪 80 年代每年荒漠化的土地为 2 100 平方公里,70 年代为 1 500 平方公里。到 2050 年,非洲有 2/3、亚洲有 1/3、南美洲有 1/5 的耕地将消失。大约有 1.35 亿人(相当于法国和德国人口的总和)有可能背井离乡。中国自 20 世纪 50 年代以来已有 92 000 平方公里(相当于葡萄牙的国土面积)土地变成沙漠。土地沙漠化已危及 100 多个国家约 10 亿人口的生存。

随着森林、草地面积的大量减少,动植物的生存环境遭到破坏,导致动植物品种锐减。据有关生物专家估计,世界上的动物、植物和微生物的品种,约有 200 万种。由于人类破坏林地、草地和过度的采摘、捕杀,自 16 世纪以来世界上已灭绝的鸟类有 150 种,兽类 95 种,两栖爬行动物 80 种,如再加上鱼类、昆虫等无脊椎动物,濒临灭绝的动物将达 6 000 种。大量动植物品种的灭绝破坏了"食物链",一些尚存的动植物也面临灭绝的威胁,从而直接威胁人类自身生存的安全。

森林、草地的减少,导致土壤蓄水能力下降,从而使地球上的水旱灾害不断发生。统计资料表明,1991 年至 1995 年,世界因水灾造成的直接损失高达 2 030 亿美元,约占自然灾害造成的损失的一半。1998 年我国长江、松花江、嫩江发生的大面积洪水,更引起了人们对环境问题的关注。据统计,1998 年我国受洪水灾害的耕地面积达 3.18 亿亩,受灾人口达 2.23 亿,死亡人口达 3 004 人,各地损失估计总和达 1 666 亿人民币,参加抗洪抢险的人数达 800 多万人,调动解放军为 66 个师、旅,共 27.4 万人。发生这么大的灾害,其原因与世界环境的破坏导致气候异常和我国长江中上游水土流失加剧有着密切的关系。

2. 水资源日益匮乏。在人类居住的地球表面的陆地上,约有 2 800 万立方公里的淡水,约占地球表面总水量的 2.7%。而陆地上的这些淡水,南极冰川占了绝大部分,约 2 400 万立方公里,占世界淡水资源的85%,目前人们还无法利用。其次为地下水,约占全部淡水资源的14%,地下水的利用需要人力和资金的投入,否则也无法充分利用。而人们容易利用的河流、湖泊的淡水,不足全球淡水资源的 1%,而且河流、湖泊的淡水在空间上又分布不均,像我国西北、华北等地淡水资源更为短缺。

随着世界人口的增长和生产的发展,人类对淡水的需求量猛增。进入 20 世纪以来,工业用水增长了 20 倍,农业用水增长了 7 倍,居民生活用水翻了两番,从而导致了人均拥有的淡水水量不断下降。资料表明,1950 年欧洲平均每人每年享有的水量为 5 900 立方米,而到 2000年每人每年只有 4 100 立方米;亚洲由 9 600 立方米下降到 3 300 立方米,非洲则由 9 600 立方米下降到 5 100 立方米。

目前全世界有 80 个国家(地区)约 15 亿人口面临淡水不足,其中29 个国家的 4.5 亿人生活在缺水状态中。我国在正常需要下,如不超采地下水,每年缺水量就达了 300 亿至 400 亿立方米,全国 669 个城市中有 110 个严重缺水,为了缓解水资源的不足,不得不投巨资修建“南水北调”工程。专家估计,到 2050 年全世界 90 亿人口中,有 2/3 面临缺水的危险。

由于缺水,经常引发国家与国家、地区与地区之间的冲突。在过去的 50 年中,世界因争水引起的冲突达 507 起,其中 21 起导致军事冲突。各方为了协调用水而签订的用水条约达 200 个。1998 年世界“水难民”达 2 500 万人,第一次超过战争难民的人数。水资源的匮乏,一方面是人们过度使用,另一方面是由于河水、湖水遭受污染,从而使可食用的淡水减少。

3.矿产资源的储量急剧下降,有些矿产已接近枯竭状态。随着科学技术和生产力的发展,矿产资源消耗的速度越来越快。据统计,1961 年至 1980 年的 20 年间,铁矿石的开采量增长了 80%,铝土矿增长了 1.9倍,煤增长了 40%。由于对矿产资源过度的消耗,某些矿产的储量可以利用的年限急剧下降。专家估计,就目前储量和年开采量计算,世界上石油尚可开采 31 年,铁矿 240 年,锡 17 年,金 11 年等。今后随着世界生产力的发展,尤其是发展中国家工业化进程的加快,这些矿产的使用量将进一步增加,如不能开发新的资源或替代物,矿产资源必将急剧减少。当前世界性的能源短缺,除资源的生产和消费在空间分布上不平衡这一因素外,对各种能源的过度消费也是一个重要的原因。

(二)环境污染日趋严重

1.大气污染。现代工业的发展,使能源的消耗与日俱增,日积月累地向空中排放大量的二氧化碳、二氧化硫等有害气体和尘埃,因此造成了大气污染。据统计,目前全世界每年向空中排放的二氧化碳的数量约50亿吨,从1958年至1985年,大气中二氧化碳的浓度平均增高了5%左右。如果按这样的速度增长下去,到21世纪前半叶,大气中的二氧化碳的含量就会增长一倍。其他有害气体,如二氧化硫、氟氯烃等也不断增加。大气污染造成的环境恶果主要有:

(1)温室效应。所谓温室效应,是指地球表面吸收了太阳短波辐射之后,又以长波辐射的方式向外发送热量,由于大气中二氧化碳、二氧化硫增多,有利于吸收来自地面的长波辐射,使热量不能向外空扩散而被大气吸收,导致气温增高的现象。据世界气象组织(WMO)研究表明,1998年的气温比1961年至1990年的平均气温高出0.58℃。气温急剧上升的后果是加快了两极冰川的融化,如果气温持续升高,必然导致一些沿海地势低洼的地区的土地被淹没,使许多人丧失赖以生存的土地。

(2)出现酸雨。排放到大气中的二氧化碳、二氧化硫等有害气体,与空气中的水汽、雨水相融合,可形成含有碳酸、硫酸的雨水。酸雨不但危害农作物和树木的生长,使农业减产,树木死亡,而且对建筑物和露天放置的设备也会造成极大的腐蚀作用。目前酸雨已在西欧、北欧、北美、日本和我国等地普遍存在。据德国1984年调查,740万公顷的森林约有一半受到酸雨的危害。1982年我国重庆地区发生的酸雨,曾使2万亩水稻枯萎。

(3)臭氧层出现空洞。臭氧层位于距离地球表面15公里至50公里的大气同温层中。臭氧能吸收99%的太阳紫外线,使地球表面生物免遭太阳紫外线的危害。但近年来由于人类大量使用含氟的制冷剂、推进剂，氟氯烃等有害气体的排放量每年达130万吨，它对臭氧有分解作用，因此使大气中臭氧的含量减少了50％，使南极上空出现了大面积的臭氧层空洞。臭氧层空洞的出现，使太阳紫外线直接照射到地球表面，破坏了人体的免疫力，从而导致了皮肤癌等疾病的发病率上升。

2. 水源和海洋的污染。主要是由于工业的发展，人们毫无节制地向河流、湖泊和海洋中排放废水、废液，倾倒垃圾等废物，海上采油和石油运输中的泄漏所造成的。据统计，全世界每年约有4 200亿立方米的污水排入到江河湖泊中，从而造成5万亿吨水体被污染，使全世界60多亿人口中的20％无法获得洁净水，每年有220万人死于与污染或恶劣卫生条件相关的疾病。因水源污染而造成的损失可达800亿美元。例如1991年海湾战争期间，约有150万吨原油泄入大海，使长达48公里、宽12公里的海洋被污染，导致附近海洋中的大量生物死亡。

3. 放射性污染。战后，随着核军备竞赛的加剧和核能被普遍利用，核废料的跨国界转移和向公海中倾倒，是造成放射性核污染的主要原因。大型核电站发生的核泄漏事故，如前苏联的切尔诺贝利核电站泄漏事故，更造成了巨大环境灾害。因此，如何控制和减少核放射性污染，也是我们急需解决的环境问题。

（三）人口过快的增长进一步加剧了环境的恶化

人口的数量急剧增长对环境更有直接影响。人口数量过多，增长过快，必然对物质资源的需求增多，当需求超过自然环境的供给能力时，不可再生资源就会枯竭，可再生资源也会失掉再生能力，从而破坏了生态平衡。据统计，1800年全世界的人口只有10亿，1960年增长到30亿，1991年为54亿，而目前全世界人口已超过65亿。

人口过快的增长，必然导致人均耕地面积减少、粮食短缺。据有关部门统计，世界人均耕地面积以每年1.9％的速度在减少。耕地的减少必然使粮食的产量下降，20世纪80年代初全世界有51个国家人均粮食的产量是不断下降的。目前全世界因缺乏食物而导致营养不良的人数已达5亿人。许多发展中国家粮食不能自给。1969年至1971年，发展中国家只进口了 2 000 万吨粮食,而 1983 年至 1985 年增长到 6 900 万吨。

三、人类防止环境危机的战略思考

(一)"可持续发展战略"的提出

20 世纪 60 年代以后,随着全球环境的日益恶化,人类开始寻找一条既能保证经济和社会持续发展,又使生态系统良性循环的发展道路。20 世纪 50 年代末,美国生物学家瑞切尔·卡森在研究了美国大量使用杀虫剂所造成的危害后,于 1962 年发表了《寂静的春天》一书。作者在书中指出,长期以来我们行驶的道路,始终被认为是一条高速前进的道路,然而这条道路的终点却潜伏着危及人类自身生存的巨大灾难,而另一条道路则是我们保护地球的惟一机会。卡森在书中虽未能指明另一条道路究竟是什么,但她对人类经济活动对地球环境产生的破坏性灾难后果的分析,开始引起人们对自身行为的反思。

1972 年美国麻省理工学院教授梅多斯发表了《增长的极限》的研究报告。作者认为,人口增长、粮食生产、工业发展、资源消耗和环境污染这五个要素的运行是指数增长,而非线性增长。全世界经济的增长将会因粮食短缺和环境的破坏,于 21 世纪达到"极限",经济将会发生不可控制的衰退。为此他提出了"合理的、持久的均衡发展"的主张。专家们虽然不同意他的"增长极限"的理论,但经济快速增长对环境的破坏,是大家公认的事实。

1972 年联合国人类环境会议在瑞典首都斯德哥尔摩召开。大会通过了《人类环境宣言》,它向全球呼吁,我们在决定世界各地的行动时,必须更加谨慎地研究它对环境产生的后果。如果不关心或无知,就可能给人类生存所依赖的地球造成巨大的无可挽回的损失。因此保护地球环境是关系到世界人民生活幸福和经济发展的首要问题。这应是各国政府的责任,也是人类的共同奋斗目标。

1983 年联合国成立了"世界环境与发展委员会"(WCED)。并于 1987 年向联合国大会提交了研究报告《我们共同的未来》,首次提出了"可持续发展道路"这一战略口号。

　　1992 年 6 月,联合国在巴西里约热内卢召开了"世界环境与发展大会"。会议通过了包括《地球宪章》和《21 世纪议程》两个文件的《里约环境与发展宣言》。《宪章》制订了实现可持续发展的 27 条基本原则。《议程》是对全球范围内实现可持续发展的行动规划。两者为保障人类共同的未来,提供了一个全球性战略措施的框架。

　　2002 年 8 月 26 日,在联合国主持下在南非约翰内斯堡召开了可持续发展各国首脑会议,发表了《约翰内斯堡政治宣言》和《执行计划》两个文件,其着眼点更加强调了为实现可持续发展应"采取行动",落实"时间表"和建立基于保护环境基础上的"伙伴关系"。

(二)"可持续发展战略"的内涵及其目标

　　"可持续发展"的基本内涵为:经济的发展应是不但满足当代人的需要,而且要不对后代人满足其自身需要的能力构成威胁的发展。

　　"可持续发展"应从以下四个方面体现。

　　第一,从自然环境来看,人们对自然资源的开发利用,不但要满足当代人的需要,而且不能危害后代子孙的需要,要保持生态平衡和生存环境的可持续。

　　第二,从社会领域来看,可持续发展是在不超过生态系统承载能力情况下来不断提高人类社会生活质量,创造一个美好的、平等的、自由的发展环境。

　　第三,从经济领域来看,可持续发展的核心是发展。但这样发展不应以牺牲资源和环境为代价,而是在保护环境条件下使经济发展的利益增加到最大限度。其结果是使当代人福利增长的同时,也不应使后代人的福利减少。

　　第四,从科技领域来看,人类的生产应当转向更清洁、更有效的技术,减少污染的排放和资源的消耗,走可"循环"开发利用的道路。

　　"可持续发展"的目标有三个:首先,是要鼓励经济的增长,通过经济的增长提高人民福利,增强国力,增加社会财富。其次,是保持资源的永续利用和良好的生态环境。再次,是以经济发展为基础,以自然生态保护为条件,以社会的进步为目的,使三者协调一致,以取得人类社会全面的进步。

第二节　国际经贸活动与环境相互制约的关系

一、贸易影响环境

（一）有利影响

1. 发展中国家在实现现代化的过程中,既要使经济得到增长,又要保护环境,却普遍面临着资金短缺的困境,因此常常顾此失彼。通过利用外资,就能抽出更多的资金用于环境保护,从而缓解经济发展与环境保护争夺资金的矛盾。据统计,1998 年我国用于污染治理的投资约721.8 亿人民币,环保投入占国内生产总值的比重首次接近了 1%。目前的投入水平远远不能控制环境的恶化,如果提高到 1.5%～2%左右,环境污染就能进一步得到控制。面对我国资金尚不富裕的现状,在环保方面积极利用外资是一条重要途径。目前国家环保总局直接管理和实施的项目,获得国外赠款已达 6 590 万美元,引进外资1.72亿美元,对我国环保水平的提高,发挥了一定的促进作用。

2. 发展外向型经济,积极利用国外的某些资源,可以缓解我国一些重要资源短缺的矛盾,使我国的资源得到适当的保护和更新,有利于生态平衡。例如我国森林相对短缺,经过这么多年的保护天然林和植树造林,目前我国森林覆盖率也仅为 18.21%,远远低于世界平均水平。解放后,随着我国经济的发展,木材的需求量日益增加,如果单纯砍伐我国森林,必然导致土壤流失加剧,生态环境进一步恶化。党和政府为了缓解砍伐与更新的矛盾,保护我国有限的森林资源,在对外贸易中就积极进口国外的木材、纸浆及其他木制品。结果既满足了国内的需求,又保护了我国森林资源,最终对环境保护有利。

3. 据有关部门统计,2001 年我国每生产 100 万美元的国内生产总值,能源消耗是日本的 9 倍,美国的 3 倍,我国单位能源利用率仅为世界平均水平的 46%。这么大的能源消耗主要是我国技术设备和生产工艺落后所致。在发展外向型经济过程中,我们通过引进国外先进的技术设备和工艺,就能大大提高生产率和能源利用率,把生产过程中投入的物质尽可能多地转化为产品。这样既能提高原材料和能源的利用率,又能减少向环境中排放废物的数量,从而减轻污染。

4. 在环境管理系统、监测系统和污染控制系统方面,直接引进先进的技术、设备和方法,更能直接提高我国的环保水平。例如天津市某污水处理厂,直接从国外引进一台先进的微孔曝气设备,不但使能源消耗降低了 1/3,而且大大提高了污水净化的数量和质量,每日可为煤建部门提供 300 吨净化水,大大节约了饮用水。

5. 在农业生产中,国外先进的遗传工程、基因工程、细胞工程和发酵工程等先进技术的引进,有助于培养耐寒、抗旱、耐盐碱、抵御病虫害的新的动植物品种,提高农作物或牲畜的产量,并可以把更多的"废料"转化为肥料、燃料、饲料,有助于资源的再利用和生态平衡。例如我国江苏省吴县是传统的草席出口基地,后由于本地草种退化,草席质量下降,曾一度被迫退出国际市场。后从日本引进了优良草种——蔺草,使草的产量提高了三至四成,长度增加了 40 厘米至 50 厘米,草席等级提高了一至二级,重新又打开了国际市场。

(二)不利影响

1. 面临着发达国家通过对外贸易和经济合作等途径,向发展中国家转嫁环境危机的危险。随着产业结构的调整和发达国家保护环境的立法日益完善,发达国家的一些跨国公司为了减少环保费用的支出、降低成本、提高产品的竞争能力,都力图把污染严重的产业由国内向国外转移,以转嫁危机。例如日本化学工业公司,1981 年因环境公害受到本国舆论谴责后,便将污染严重的重铬酸盐的工厂转移到韩国的蔚山。更加骇人听闻的是 1984 年在印度博帕尔发生的毒气泄漏事件。该事件是美国的联合炭化物公司,把在国内受到限制的化工厂迁到印度博帕尔进行生产,产品全部返销美国,结果因事故造成毒气泄漏,导致数千人死亡,20 万人遭到不同程度的毒害。更令人不安的是,随着发达国家工业、生活垃圾的增多和处理费用的昂贵,发达国家就以微利为诱饵,企图向发展中国家倾倒垃圾。例如 1989 年 2 月,美国一家公司曾向上海某公司提议,愿意"无偿赠送"垃圾 72 万吨,由上海进行处理,而且每吨付 15 美元的处理费。由于遭到上海市民的强烈反对,此种图谋未能得逞。

2. 发展中国家自身由于工业化进程的加快和外向型经济的发展,也面临着污染扩散的危险。发展中国家沿海地区和中心城市,由于交通方便、基础设施完善、劳动力文化和技术水平较高,外向型经济发展尤为迅速,从而使产业结构调整加快,环境立法日益完善。其结果必然使消耗原材料多、污染重的劳动密集和资源密集型的产业,如小造纸、小化肥、小冶金等向内地或农村转移,造成了污染的扩散。

3. 发展中国家为了扩大出口解决资金短缺的困难,就过度开采矿产资源,砍伐森林,捕捞水产品,采摘珍稀植物和捕猎珍贵动物,从而导致本国资源的急剧枯竭和生态环境的恶化。例如巴西在工业化初期,为了扩大出口创汇,就曾大规模地砍伐热带森林,使热带森林的面积由原来占全国的 80%,降低到目前的 40%。大面积森林的消失,造成水土流失加剧,气候异常,水旱灾害严重。

4. 发展中国家在引进某些工程项目和技术设备时,往往只看重价格便宜或能解决经济发展中的某些燃眉之急,而对该工程可能造成的长期环境危害,常常论证不够,因此工程一旦建成或投产,其造成的环境危害绝不是眼前的盈利所能弥补的。最典型的案例是 20 世纪 60 年代埃及在尼罗河上建成的阿斯旺水坝。该水坝是 60 年代由前苏联提供资金、设备建成的,具有航运、发电等综合效益,尤其可以解决埃及独立后电力缺乏的困难。但由于阿斯旺水坝建成后改变了尼罗河定期泛滥的规律,不但造成了水库沿岸地区大范围的土壤盐碱化,而且对尼罗河三角洲地区农业生产造成了不利影响,使农业生产下降。

5. 国际贸易运输中频繁发生的海上交通事故,常常造成石油等污染物质的泄漏,大面积地污染海域及沿海地区,造成了大量海洋生物的死亡。例如 1989 年美国埃克森·瓦尔德兹号油轮在阿拉斯加州威廉太子湾触礁,泄漏出 5 000 万加仑原油,污染了 1 600 平方公里的海域,致使该海域数千只海獭、海豹等海洋生物死亡。埃克森石油公司为清理污染就花费了 2 亿美元。

6. 发展中国家往往对出入境的动植物及其产品,出入境人员,缺乏严格、科学的动植物和卫生检疫,致使某些危害动植物生长和人体健康的病虫害和疾病得以扩散和蔓延。其结果不但会造成农业的减产、牲畜的死亡,甚至会危及人的生命。1996 年英国发生的"疯牛病",不但给英国造成了巨大的损失,甚至传入到比利时、法国,乃至日本。这类疫病一旦蔓延,其损害是无法估量的。

二、环境影响贸易

1. 随着环境污染的加剧和生态平衡遭到破坏,各国政府和居民的环保意识不断增强,保护环境的立法也日益严格。许多国家往往对进口商品实施严格的 ISO 14000 环保认证制度,对不符合要求的商品禁止进口。发展中国家由于技术水平落后,出口商品往往达不到上述要求,从而被拒之门外。

2. 大气、水源、土壤、海洋污染的加剧,一方面增加了企业经营中的环境成本,另一方面使出口产品质量下降,削弱了产品的竞争力。

3. 近年来频繁发生的"厄尔尼诺"现象,使世界水旱灾害频生,导致工农业减产,商品价格随之发生剧烈的波动,影响了对外贸易。

4. 大气、粉尘、噪音、水源污染的加剧,使旅游景点的环境日益恶化,加之人口过度增长,交通拥挤,居住困难,游客乘兴而来,败兴而归,不利于国际旅游业的发展。

5. SARS、疯牛病和禽流感等疫病的流行不但对人类健康和工农业生产造成了巨大的破坏,也使国际旅游、牛肉和禽产品的出口受到限制,使这些疫病的发生国经济和居民生活受到极大损失和不便。

6. 当前"绿色环境壁垒"的盛行,一方面不利于国际贸易的发展,另一方面也促使企业加快开发"无毒、无害、无污染"的"绿色产品",为"绿色产品"开拓了广阔的市场空间。绿色市场主要包括绿色食品、净化水、农业生产技术和新能源。

第三节　WTO 与环境保护

一、GATT 和 WTO 关于贸易与环保的规定

作为世界最大的贸易组织，"世贸组织"（WTO）及其前身"关贸总协定"（GATT）对贸易与环境关系的认识是经历了一个漫长的过程的。1948 年 GATT 刚成立时，环境问题并未成为关注的焦点，因此 GATT 并没有作出任何与环境有关的规定。1972 年人类"环发"大会后，GATT 起草了关于《工业污染与国际贸易》的研究报告，首次对贸易与环境的关系进行了探讨，并于同年成立了"环境措施与国际贸易工作组"。在 1994 年马拉喀什部长会议上，GATT 成员国通过了《关于贸易与环境决议》，并成立了 WTO 下属的"贸易与环境委员会"。

为了防止贸易破坏环境和利用"环境壁垒"实施贸易保护主义两种错误倾向。WTO 有关协议从下列几个方面对贸易与环境的关系作出了相应的规范。

（一）环境关税制。"环境关税"是指对污染环境、影响生态的进口商品课征进口环境附加税，其实质是借助价格机制将环境污染的外在影响内部化。GATT 1994 年文本，其中有关关税征收的第二条可看作是保护环境的"环境关税制度"。该条第 2 款（a）项规定"一国可以征收与相同产品或这一输入产品赖以全部或部分制造或生产的物品按本协定第二款征收的国内税相同的费用"。这一条虽然并没有明确指明可以征收"环境关税"，但在欧盟、加拿大和墨西哥向 GATT 投诉"美国对汽油及某种特定物质征税"一案中得到了关贸总协定的肯定。关贸总协定认为，美国对进口汽油征收的附加税在于"抵消美国根据环境保护计划及公共健康计划清除污染物及其场所的花费"，所征的进口附加税与国内所征的税率相同，并不对他国构成歧视，因此并不违反 GATT 的义务。

（二）《关贸总协定》1994 序言中明确规定："……同时允许根据可持续发展的目标，寻求既保护和保存环境，又达到上述目标的手段。" GATT 在这里开宗明义地阐明了为了可持续发展和保护环境采取适

当措施的合法性。

（三）《关贸总协定》1994 第 26 条（b）、（g）项明确规定了对环境保护的一般例外条款。（b）项明确指出一国有权为保护环境或人类、动植物生命安全而要求进口产品符合本国的 PPM 标准（Processing & Product Method）。所谓 PPM 标准是指产品加工过程和加工方法必须符合特定的环境标准。对此乌拉圭回合达成的《技术贸易壁垒协定》（TBT）和《卫生与检疫措施协议》（SPS）均又作了具体的规定：

1. 在 TBT 协议中，进口国有权限制不符合本国 PPM 标准的产品进口，但限制条件是这种不符影响了产品的性能。例如 A 国生产的药品与 B 国 PPM 不符，而这种不符使药品性能下降，则 B 国可以限制其进口，否则不行。

2. 在 SPS 协议中，进口国家实施 PPM 标准限制，也只能以保护其境内的动植物和人体健康为限。

3. 上述限制只能建立在科学评估的基础上，而不能对情况相同的缔约方造成武断或不公正的待遇，也构成对国际贸易不必要的障碍。

基于环境标准的要求，现在世界已有近 50 个国家开始实施"环境标志"制度。所谓"环境标志"是一种印刷和张贴在产品包装上的图形，用以标明该产品不但质量合格，而且在生产、消费处置过程中，也符合环境保护要求。最早采用"环境标志"的国家是德国的"蓝色天使"制度。我国也于 1993 年开始实施环境标志制度。

（四）《补贴和反补贴协议》第二条（c）款规定，在某些条件下所有成员方为促使现有的生产设备适应新的能对公司加重制约和经济负担的环境法规，可以给予不超过适应性改造工程成本的 20% 的补贴。

（五）《服务贸易总协定》（GATS）第 14 条第一款为一般例外条款，明确规定"本协定的规定不应解释为阻止任何成员采用或实施以下措施：……（b）为保护人类、动物或植物的生命或健康的需要"。

（六）《与贸易有关的知识产权协议》（TRIPS）第 27 条第 2 款规定：成员方可以拒绝授予某种发明的专利权，但这种在本国内商业利用的阻止，应用于为保护秩序和公共道德的目的，包括保护人、动物或植物的生命或健康，以免对环境造成严重污染。

（七）《政府采购协议》中的例外条款中规定,政府采购协议不妨碍任何一方缔纺国实行或实施下述措施:即为保护社会公德、秩序,保护人类、动植物生命和健康……但他们不得作为对条件相同的国家进行任意或不合理歧视的一种手段,或作为对国际贸易的隐蔽限制。

（八）GATT 1994 第 11 条"数量限制一般取消"中第二款(b)项中规定,数量限制一般取消不适用于"为实施国际贸易中商品分类、分级和销售的标准及条例,而必需实施的禁止进出口或限制进出口"。这一规定的范围相当广泛,自然包括任何一个缔约方根据环境标准对商品进行分类、分级和销售所制定的 PPM 标准。

上述协议或协定中的有关规定为国际贸易往来中如何保护环境提供了相应的法律依据,但这种出于环保的例外或豁免不应成为构成歧视待遇和设置贸易壁垒的理由,否则就违反了最惠国待遇的贸易准则。例如奥地利政府曾规定来自热带国家的材木必须贴上"热带木材"的标志,以区分"坚持以持续发展方法管理森林的国家或地区所生产的、并取得质量认可标志的木材"。这一做法经马来西亚、泰国向 GATT 投诉后,GATT 认为以产地而不是以木材的特性来作为 PPM 标准,违反了最惠国待遇,构成了贸易的歧视,奥地利败诉。

二、如何克服绿色贸易壁垒

绿色贸易壁垒是指一个国家以生态环境保护为借口,以限制进口保护本国市场为目的,对外国商品进口设置的带有歧视性的与环保无关的贸易障碍。主要有下列形式:

1.绿色技术标准(PPM 标准);

2.绿色卫生检疫制度;

3.绿色环境标志;

4.绿色关税及市场准入规则;

5.绿色包装制度;

6.绿色补贴。

绿色贸易壁垒的盛行,无疑会破坏正常的国际贸易秩序,阻碍贸易的正常发展,尤其对技术落后的发展中国家不利。因此以积极的态度研究和应对绿色贸易壁垒,是各国尤其是发展中国家的当务之急。应对绿色贸易壁垒主要应从政府和企业两个层面上采取措施。

(一)从政府层面上

1. 加强环保宣传教育,全面提高国民的环保意识,建立和健全环保法规,加大执法力度。通过教育和法规的建设,从思想上和制度上为实施可持续发展战略提供坚实的基础。

2. 制定并推行严格的技术标准和规则,力争早日与国际标准接轨。目前国际上应对绿色壁垒最有效的标准就是 ISO 14000 认证。因此政府应积极推动企业在生产、加工、销售和处置中履行这一标准。

3. 加强多边与双边协定下与环保有关的法规研究,建立必要的预警机制。对歧视性的、不公平的待遇,应善于利用 WTO 的争端解决机制,通过双边磋商或专家小组的裁决来解决。

4. 财政金融部门要向绿色产业或产品倾斜,加大资金的投入,在使我国环境问题得到有效控制或改善的条件下,提高本国出口产品的竞争能力。

5. 充分利用 GATT 和 WTO 有关协议赋予的对发展中国家的特殊优惠待遇的规定,如不要求发展中成员与发达成员采取完全一致的环境措施和标准,或给发展中成员为达到某一环境标准留有较长的过渡期等,争取更大的迂回空间。

(二)从企业层面上

1. 积极用高新技术改造传统产品,开发绿色产品,以适应当前绿色贸易的潮流。如在农业生产中采用低毒高效的农药,以减少农产品有害物质的残留。在产品包装上采取能循环使用或易降解的包装材料等。

2. 实行绿色管理和营销。企业在生产经营中应尽快地纳入 ISO 14000 标准体系,取得环境认证,使产品顺畅地进入他国市场。

3. 积极利用国外提供的优惠环保资金,改造老企业或老设备,提高企业技术档次,扩大生产规模。根据有关国际环保条约,发达国家允诺要向发展中国家的企业提供 500 亿美元的环保基金,用于改造老企业、老产品,对此企业应创造条件,申请必要的资助,缓解技术改造中资金短缺的困难。

4.加强信息的搜集和整理,尽早发现问题,以便采取相应的对策。国外与环境有关的法规和政策经常处在变动中,企业如果信息闭塞,必然处于被动应付的地位。如能早发现,早准备,甚至主动出击,就可以避免产品因环保问题而被迫退出市场。

5.一旦面临他国采取不合法的绿色壁垒,企业要敢于据理力争或者利用世贸组织的争端解决机制予以抵制。

第四节　环境保护的国际合作

一、环境问题是一个发展问题

当前人类面临的种种环境问题是世界性的,其实质是一个发展问题,是由于发达国家发展不当和发展中国家发展落后所致。

所谓发展不当,是指西方发达国家实现现代化的过程,从环境效益分析,实质上是本国乃至全球生态环境遭到破坏的过程。由于它们采取了"高生产、高消费,先污染、后治理"的经济发展战略,就大量砍伐森林,滥垦土地,过度放牧,毫无节制地开采地下矿产资源和超量向环境中排放废水和废气,从而破坏了环境的承载力和自净力,导致了生态平衡的破坏和环境的恶化。历史上发生的伦敦毒雾、日本水俣病、美国尘暴等著名的环境公害,都是首先在发达国家产生的。即使到现在,发达国家有害气体的排放量仍占世界排放总量的65%以上,资源的消费量占80%以上,氟氯烃等有害气体排放量占85%以上。

发展中国家的环境问题是由于发展落后造成的,第二次世界大战前,广大的亚非拉国家多是西方发达国家的殖民地或半殖民地。在长期的殖民统治下,经济落后,文化教育水平低。不但资源遭到宗主国的掠夺,而且形成了以满足宗主国需要为目标的单一经济,在这种情况下生态环境必然遭到极大的破坏。"二战"后,亚非拉国家虽然摆脱了殖民和半殖民统治,政治上获得了独立,但长期形成的贫穷落后的状况还难以很快改变,再加上人口增长过快,只能把生存和发展放在优先地位,当然无力也无法保护环境，甚至仍然重蹈发达国家"先污染，后治理"的覆辙，以换取经济尽快的发展。

　　正是由于上述发展战略的不当，才使人类面临着全球性的环境危机。因此要想彻底解决环境问题，就必须彻底改变"先污染，后治理"的经济发展模式，走可持续发展的道路。为了实现可持续发展，从全球角度分析，首先要解决两个问题：第一，经济发展与环境可持续之间辩证统一的关系；第二，改变旧的国际经济秩序。

　　经济的发展与环境的可持续本身就是一个相互影响、相互制约的矛盾统一体，对此在当今的世界上发达国家与发展中国有两种不同的认识：一种认识是发达国家建立在资源绝对稀缺或相对稀缺以及伦理原则（包括代际平等原则、生物中心观和人与自然和谐观）基础上的"持续优先观"，即他们把防止"温室效应"、"保护生物的多样性"、"防止资源退化"和"治理污染"作为优先选择，主张利用市场机制如征税等，使污染的成本内部化，以提高资源利用的效益，达到可持续的目的。而另一种则是发展中国家主张的"发展优先"观，即他们认为发展中国家由于经济落后，人民生活贫困，眼前的生存都受到威胁，因此现在就要求他们做到代际平等是不现实的，目前关键是做到代内平等，即当代人之间的平等，发展中国家与发达国家的平等，而要达到代内平等，发展中国家首先要解决的是发展问题，发达国家则是如何帮助发展国家解决贫困的问题，否则可持续只能是空想。

　　上述两种观点无疑均有其正确性和片面性。其片面性表现为：

　　第一，世界自然环境是一个统一的整体，因此无论是发达国家污染的加剧还是发展中国家资源的枯竭都会通过自然的、社会的、经济的、人员的传递去影响别的国家。在经济全球化进程日益加快的形势下，任何一个国家独善其身的想法都是不现实的。只有经济发展和环境保护保持协调发展，才是解决环境问题、促进经济持续稳定增长的唯一途径。

　　第二，发达国家建立在市场机制基础上提高资源利用效益的"持续优先"观，也有很大的局限性，即当市场机制一旦失效必然导致对公共资源的过分利用和环境成本向发展中国家转移。而某些发展中国家不顾环境破坏的"发展优先"观,其结果往往导致更大的贫困。例如非洲撒哈拉地区的国家为了解决粮食短缺问题,就大规模地垦殖草原,其结果使撒哈拉沙漠日益南侵,这些国家居民的生活更加困难。

打破旧的国际政治经济秩序是实现全球可持续发展的一个关键。而旧的国际政治经济秩序是指发达国家凭借自己雄厚的资金、技术实力,以直接投资的方式控制发展中国家的自然资源和经济命脉,以政治、经济、技术手段来阻止发展中国家的技术进步,以不公平的贸易规则和贸易壁垒来控制国际市场,以不等价的交换来掠夺发展中国家的资源。而发展中国家也在自身贫困和人口过快增长的压力下,在旧国际经济秩序的胁迫下,不得不对自然资源进行超负荷的开发,这一切必然导致发展中国家日益贫困和环境的恶化。

打破旧的国际政治经济秩序,发达国家应主动承担责任,采取措施,如主动缩小制成品与初级产品的剪刀差;免除或减少发展中国家过重的债务;取消对发展中国家的贸易限制;以优惠条件向发展中国家提供经济和技术援助;帮助发展国家发展文化教育,提高人才素质等。发展中国家也应转变观念,自觉地控制人口过快增长,实施可持续的经济发展战略。

二、积极开展环境保护的国际合作

解决世界环境问题,离开各国政府和人民之间的密切合作是无法办到的。这是因为,人类赖以生存的地球生态环境,在全世界是一个有机的统一体,任何一个国家或地区环境状况的恶化,如温室效应、臭氧层空洞、酸雨、森林面积急剧减少、水质污染等,都不可能局限在其国境范围内,必然伴随着空气或水的流动、生物的迁移和人类自身的经济活动向外扩散和蔓延,从而导致邻国乃至世界环境的恶化。例如,由于美国超量排放二氧化硫等有害气体造成的酸雨,已给加拿大带来每年约30亿美元的经济损失。因此,树立全球环境意识,加强环境保护中的国际协调和合作,乃是各国政府和人民不容推卸的责任。

环境保护的国际合作,应从下述几个方面着手。

1.明确环境责任,本着"污染者付费"的原则,南北双方要合理分摊环保基金,加强环保投入。

据联合国有关部门估算,要实现"里约宣言"所要求的防止全球环境恶化的目标,全世界每年需投入 6 000 亿美元。既然发达国家是环境恶化的主要责任者,根据"污染者付费"的原则,无疑发达国家应在环保投入上占有较大份额。遗憾的是,至今发达国家还没有作出有效的承诺,或作出了承诺至今又拒绝履行。如美国虽签署了"京都议定书",承诺减少有害气体的排放量,但小布什政府上台后予以推翻。为了解决南北双方在环保投入上的分歧,当前第一要鼓励那些重视环保的发达国家,如北欧各国、德国、加拿大等增加环保基金;第二,发展中国家要通过与发达国家签订双边协定的方式,以免除债务、提供无偿援助等方式,争取发达国家的援助;第三,利用征收环境关税的方式,增加环保基金的积累,防止或减少污染的传播。

2.各国应在"环境能力建设"上进行充分的合作,以实现可持续发展的目标。

所谓"环境能力建设",是指人们利用、改善和保护自然环境和自然资源的能力。对资源利用水平的提高,必然使同等数量资源的消费有更大的产出,实际上是增加了环境资源的可持续利用能力。而这种能力集中表现为经济实力的增强和技术的进步。能力建设的途径既要发挥市场的作用,又要强调政府的功能。市场机制,可以使自然资源得到优化配置,从而获得资源利用的最大效益。效益既可以转化为进一步发展的资本,又可转化为保护环境的资金。对市场不能充分发挥作用的领域和地区,如教育、环保和过度贫穷的地区,就应充分发挥政府的职能作用,做好资金的分配和使用,以促进这些部门或地区资源的合理利用和开发,防止因资金和技术能力的不足而导致资源的浪费和环境的破坏。

能力的建设,更需要加强南北合作。发达国家应鼓励本国的资金、技术、人才向发展中国家转移,以加快发展中国家的经济发展。要防止借结构调整和资金转移之机,转嫁环境危机。

3.各国应密切合作,防止任何可能造成环境恶化或危害人体健康的物质、疾病的越境迁移。

当前发达国家通过贸易或非贸易途径向发展中国家转移工业废料

和垃圾,以及通过贸易和人员交流途径传播有害于动植物生长和人体健康的病虫害和疾病,是造成环境污染和病虫害蔓延的一个主要方面。为了改变这种状况,1989 年世界上有 116 个国家和 36 个国际组织的代表在瑞士的巴塞尔召开了"关于控制危险废料越境公约"大会,并签署了《巴塞尔公约》,而关贸总协定各缔约方在乌拉圭回合谈判中,就国际贸易中动植物及其产品中可能携带危险性病虫害又达成了《卫生与植物卫生措施协议》。这两个条约和协议的签署和实施,为扭转有害物质和病虫害的越境传播,创造了有章可循的法律环境,必将对控制污染的蔓延起一定的促进作用。

4. 各国政府有责任将对他国环境产生有害影响的自然灾害或其他紧急情况通知有关国家,并有义务帮助受灾国。"厄尔尼诺"现象造成的水旱灾害和危险性病虫害以及爱滋病、埃博拉病毒的传播,已对世界各国生存环境产生了普遍威胁。因此,世界各国有必要加强对这些环境问题的研究和合作,互相交流情报和资料,防止重大灾害的发生和蔓延;对受灾国,应本着国际主义和人道主义精神进行必要的援助,以减轻受灾国人民的苦难,把自然灾害控制和消灭在尽量小的范围内。

5. 各国应将本国可能对邻国环境造成不利影响的活动,预先向邻国通报,并提供有关资料;在早期阶段应平等地与有关国家协商,争取达成一致的协议。一旦发生跨国环境争端,应依据《联合国宪章》的基本原则,和平地解决有关争端。

6. 发达国家要支持发展中国家控制人口的计划,减轻发展中国家人口的负担。

发展中国家人口增长过快的根本原因是经济的落后,把人口增长和劳动力的投入作为经济发展的动力,走了一条"饮鸩止渴"的道路。因此要控制人口增长,发达国家有必要在资金、技术、教育、管理等方面给予发展中国家更多的支持和援助,尽快使它们摆脱贫困。把人口增长过快、环境恶化的责任完全归咎于发展中国家是片面的,也无法从根本上解决环境问题。

本章思考题

1. 什么叫环境？试说明环境与人类的关系。

2. 温室效应是如何形成的？其危害有哪些？

3. 简述发展外向型经济对环境保护的有利或不利影响。

4. 什么叫可持续发展战略？其目标是什么？

5. 什么叫绿色贸易壁垒？其表现形式有哪些？企业如何应对？

第一节　世界能源结构及石油生产和贸易状况

一、世界能源结构

人类社会经济的发展离不开三大要素：资金、技术和资源。在资源中能源是最重要的资源之一。随着科学技术和生产力的发展，人类对能源的开发利用有三个特点：第一，能源的生产和消费量持续增长；第二，能源消费结构由低热量可再生的薪炭，向不可再生的煤炭、石油、天然气转换；第三，近年来在能源危机冲击下，人们正在开发可持续利用的水能、风能、太阳能和核能等新能源。据统计，从 1850 年至 1950 年，全球能源消费量从 1 亿吨增长到 25 亿吨（标油），人均能源消费量从 115 公斤增长到 1 000 公斤。到 2002 年全球一次能源消费总量已达 94 亿吨(标油)。世界能源消费的增长,一方面是由于经济的发展和人口数量的增加,另一方面也与"二战"后发达国家的产业结构向重化工业,尤其是向资源密集工业转换有关。

能源结构的变化与生产力发展水平密切相关。产业革命前,由于生产力发展水平落后,人们主要以薪炭、风能、水能、畜力作为主要的能源,此时被称"薪炭时代"。第一次产业革命之后,人们开始烧煤来带动蒸汽机,第二次产业革命后人们又通过烧煤来发电,到20世纪初煤炭已占能源总消费量的95%,此时称为"煤炭时代"。20世纪初随着内燃机的发明和使用,汽车、飞机制造业随之迅速发展,石油开始成为一种新的能源,但截至20世纪60年代,煤炭消费仍占能源消费量的一半。进入60年代以后,石油和天然气的消费量急剧增长,至今已占能源消费总量的60%以上,成为最重要的能源。

石油、天然气消费量的上升,是由下述条件促成的。

1.石油产量迅速增长。第二次世界大战后,陆上一些新的大型油田不断被发现。随着科学技术的进步,海底大陆架的石油的开发成为现实。

2.石油可燃性高,热效率大,是煤炭的2倍;开采成本低,比煤炭低2/3,而且用途广泛,既可作燃料,又可作化工原料。

3.大型油轮的建造和石油管道的铺设,不但提高了运输的速度,而且降低了运费,使长途输送变为现实。

4.西亚等发展中国家的石油开采,多为发达国家的垄断公司所控制,如英荷壳牌、莫比尔、海湾、埃克森、加里福尼亚标准、德士古、英国皇家石油公司等。它们肆意压低原油采购价格,以掠夺产油国的资源。致使20世纪70年代以前,每桶石油价格只有1至2美元,大大低于煤炭的价格,于是人们纷纷弃煤用油。

20世纪70年代以后,在两次能源危机的冲击下,人们又纷纷减少石油消费,并重新使用煤炭,并大力开发水能、风能、太阳能、核能等新能源。但截至2002年,石油和天然气的消费量仍占能源总消费的63%(见表7-1)。

表 7-1 世界能源消费结构的变化

单位:%

年份 能源	1973	1980	1985	1990	1994	1995	2002
煤	28.2	29	30.7	28.5	27.3	27.2	24.3
石油	47.3	43.3	37.9	40.0	39.9	39.7	37.4
天然气	18	19	20.1	22.5	23	23.2	25.5
水力	5.6	6.2	6.7	2.4	2.6	2.7	6.4
核能	0.8	2.5	4.6	6.6	7.2	7.3	6.2

资料来源:[英]《英国石油公司世界能源统计概论》,1984、1986、1995、1996 年版。

世界能源消费不但结构上不平衡,在空间分布上也存在着差异。能源消费量大的地区是北美、欧洲以及经济正在崛起的亚太地区。而自身资源十分丰富的中东、拉美和非洲,能源消费量却不及欧洲的 1/2。从国家上分析也不平衡。能源消费量大的是发达国家和新兴工业化国家,以及经济正在转型的人口大国。世界上能源消费量居前 10 位的国家依次为美国、中国、俄罗斯、日本、德国、印度、加拿大、法国、英国和韩国。其中美国一个国家能源消费量就占全世界总消费量的 28.9%。中国由于人口众多,加上近年来经济持续增长,能源消费量也在不断增加,截至 2002 年已占全世界的 11.3%(见表 7-2、表 7-3)。

表 7-2 世界能源消费的地区分布(2002 年)

项目 地区	世界	北美洲	欧洲	亚太	中南美洲	中东	非洲
消费量(百万吨标油)	9 405	2 715.4	28 29.5	2 717.8	448.2	403.1	291
占%	100.0	28.8	30.0	28.9	4.7	4.3	3.1

资料来源:《世界经济年鉴(2003~2004)》。

表 7-3 居世界前 10 位的能源消费国(2002 年)

消费量 国家	美国	中国	俄罗斯	日本	德国	印度	加拿大	法国	英国	韩国
百万吨标油	2 715.4	997.8	640.2	509.4	329.4	325.1	288.7	258	220.3	205.8

二、世界石油的储藏、生产和消费

石油取代了煤炭成为最重要的能源是在"二战"以后,而人们知道石油的可燃性却早在 2 000 年以前。早在公元 1 世纪,班固《汉书》中的"高奴县有洧水可燃"是最早关于石油的记载。11 世纪,北宋学者沈括《梦溪笔谈》中首次提到"石油",并预言石油必将"大行于世"。国外对石油的使用也早有记载。7 世纪时日本将石油称为"可燃水";8 世纪时巴格达街道上铺有天然沥青;9 世纪时阿塞拜疆巴库地区已有开采石油的记录。但真正开始石油商业化开采的是 1858 年在加拿大安大略打出的第一口商业油井。一年后美国的塞内卡石油公司开始在宾夕法尼亚州开采石油,但产量极少,每天仅 25 桶,主要供人们点灯之用(煤油)。从 19 世纪 50 年代进行石油商业化开采至今,已历经 150 年了。在这短短的 150 年中,由于石油的使用,不但极大地促进了生产力的发展,而且改变了人类的生产和生活方式,甚至为争夺石油导致战争、动乱,数十万人付出生命的代价。正如基辛格曾经指出的:"如果你控制了石油,你就控制了所有国家。"

(一)世界石油的储藏

石油生成与储藏与地质条件密切相关。地质理论认为,石油是古地质年代生活在浅海大陆架和内陆湖泊中的微生物遗体,经地质变化而形成的,因此石油一般分布、储藏在海相沉积岩和陆相沉积岩的向斜盆地中。正是基于上述生成和储藏的条件,石油在世界上的分布是不均匀的,主要是北半球多于南半球,东半球多于西半球。北、南半球石油储藏的比例为 96%：4%,特别是北纬 24°～北纬 42°之间约占全世界已探明储量的 56%。"二战"后新发现的油田 80%集中在东半球。

战后,随着勘探技术的进步,已探明石油储量不断增长。1950 年世界已探明储量为 104 亿吨,主要集中美国、苏联和委内瑞拉。20 世纪五六十年代是世界"石油大发现"时期,探明储量从 104 亿猛增至 720 亿吨,20 年间几乎增长了 6 倍,主要是西亚波斯湾地区大片油田的发现和开发。70 年代以后,随着许多海上油田的开发,到 2002 年,世界已探明石油储量已达 10 477 亿桶,而到了 2006 年,世界已探明储量为 12 082 亿桶,较 2002 年 10 477 亿桶略有增加。

世界石油的储藏主要集中在下述六大区域(见表7-4)。

表 7-4　世界主要地区的石油产量和储量

地区	2002 年储量（亿桶）	占世界%	储产比（年）	2001 产量（亿吨）
中东	6 856	65.4	92	10.85
中南美洲	986	9.4	42	3.43
欧洲	975	9.3	17	7.46
非洲	774	7.4	27.3	3.73
北美洲	499	4.8	10.3	6.53
亚太	387	3.7	13.7	3.79
世界	10 477	100	40.6	3.58
OPEC	8 190	78.2	82	1.46

资料来源:《世界经济年鉴(2003～2004)》。

1.中东储油区

中东石油储量约占世界的 65.4%,是世界最大储油区。其中西亚6国中沙特阿拉伯储量最大,约占世界储量的 25%,有世界"石油王国"之称。其次为伊拉克(10.7%),阿联酋(9.3%)、科威特(9.2%)、伊朗(8.6%)、卡塔尔(1.5%)。

中东石油的储藏和生产具有下列几个特点。

(1)油田规模大,单井产量高。西亚共有 140 多个油田,平均每个油田的储量都在 3.5 亿吨以上。全世界储量在 6.5 亿吨以上的巨型油田有 21 个,而西亚地区就占了 14 个。如沙特阿拉伯的加瓦尔油田、科威特的布尔干油田都是世界著名的巨型油田。单井产量高,1999 年沙特阿拉伯一口油井平均日产量是美国一口油井日产量的 621 倍。

(2)地质条件好,埋藏浅,多数油井可自喷。西亚油田一般钻井到 1 500 米至 1 800 米即可出油,而美国需要钻井到 3 000 米以上。

(3)分布集中,离海近,运输方便。西亚油田除伊拉克的基尔库克油田外,多数都分布在波斯湾及沿岸的 100 公里范围内,这为海运出口提供了方便条件。

(4)开采条件好,成本低。西亚地区终年气温高,降水少,无风,为海上采油提供了良好的气候条件,因此其开采成本远远低于英国北海油田和俄罗斯秋明油田。

(5)质量好,含蜡少,多为中轻质原油。沙特的加瓦尔油田被认为是世界上最大的油田,其探明可采储量为114.8亿吨,油井为自喷井,多为轻质原油,凝固点低于－20℃。有输油管道通往沙特阿拉伯的腊斯塔努腊港,海运出口十分方便。科威特的布尔干油田是世界第二大油田,其探明储量为73.5亿吨,也为轻质原油,油井可自喷,主要通过米纳艾哈迈迪港海运出口。西亚最大的海上油田是沙特的萨法尼亚油田,位于沙特东北部沿海,探明可采储量50.54亿吨。所产原油通过输油管道输往黎巴嫩的的黎波里、西顿和叙利亚的巴尼亚斯等港口,经地中海出口。除此之外,还有伊拉克的基尔库克油田、鲁迈拉油田,伊朗的阿瓦士、马龙、加奇萨兰等油田。

2.中南美洲储油区

这一储油区主要包括墨西哥、委内瑞拉,哥伦比亚、厄瓜多尔、巴西、玻利维亚、特立尼达和多巴哥等国家。2006年探明储量为1 035亿桶,约占世界储量的8.5%。其中以委内瑞拉石油储量最多,其次是墨西哥。委内瑞拉油田主要分布在马拉开波湖沿岸。墨西哥油田主要分布在坎佩切湾沿岸近海大陆架上,其中夸察夸尔科斯与佩梅克斯城之间被称作"石油黄金带"。近年来巴西由于连续发现大油田,已被视为未来25年潜在石油大国。2007年11月巴西在近海发现了"图皮"油田,储量为80亿桶,是近30年来发现的仅次于哈萨克斯坦卡沙干油田(150亿桶)的第二大油田。2008年4月巴西又宣布发现了储量可达330亿桶的"里约人"油田,它可能是历史上世界上发现的第三大油田。许多专家认为,巴西这两大油田的发现,未来可能动摇沙特阿拉伯"石油王国"的地位,改变世界石油版图。

3.欧洲及独联体储油区

这一储油区主要包括西欧北海沿岸的英国、挪威和东欧的俄罗斯以及位于里海沿岸的阿塞拜疆、哈萨克斯坦等储油国。2006年已探明储量为1 444亿桶,约占当年世界已探明储量的12%,是仅次于中东的第二大储油区。北海由于海底全部为大陆架,石油资源丰富,分属于北海沿岸的挪威、英国等国,其中英国占有北海海底大陆架51%的面积,主要油田有布伦特、派坡、福蒂斯等。俄罗斯石油主要分布在乌拉尔山脉至伏尔加河之间的第二巴库和位于西西伯利亚的秋明油田。秋明油田是俄罗斯当前最大的油田。油田主要集中在苏尔古特地区,其中萨莫特洛尔油田被称为世界第三大油田,已探明储量为54.3亿吨。近年来随着中东石油产量的增长,储量不断下降,而有"第二波斯湾"之称的里海引起了人们极大关注。许多国家积极投资哈萨克斯坦、土库曼斯坦及阿塞拜疆的油气资源开采或修建油气管道。中亚成为大国争夺油气资源的重点。

4.非洲储油区

非洲石油主要分布在北非的撒哈拉大沙漠地区、几内亚湾沿岸和南部非洲。主要国家有阿尔及利亚、利比亚、埃及、苏丹、尼日利亚、加蓬、喀麦隆、安哥拉等国。2006年已探明储量为1 172亿桶,约占世界总储量的9.7%。各国中以利比亚储油量最多,其次是尼日利亚。近年来南部的安哥拉和北部苏丹石油产量不断增长,日益引起世界关注。阿尔及利亚东北部的哈希迈萨鸟德油田是大型油田。

5.北美储油区

主要国家是美国和加拿大。2006年已探明石油储量为599亿桶,占世界总储量的5%。主要油田分布在美国墨西哥湾沿岸的德克萨斯州、俄克拉荷马州,太平洋沿岸的加里福尼亚州以及北冰洋沿岸的阿拉斯加州。加拿大境内的油田主要分布在中部草原的艾伯塔省、曼尼托巴省。

6.亚太储油区

亚太储油区是目前已探明石油储量最少的地区。2006年已探明石油储量仅405亿桶,约占世界总储量的3.3%。主要分布在中国、马来西亚、印度尼西亚和文莱等国家。其中中国储量最大,约60亿吨,主要油田除分布在中国大陆的东北、华北、西北地区,海上油田主要在渤海、黄海、东海和北部湾。马来西亚和印度尼西亚的油田主要在加里曼丹岛。

(二)石油的生产

人类对石油进行商业性开采,始于19世纪50年代,但直至第二次大战前,石油开采主要集中在美国、苏联和委内瑞拉三个国家,其产量约占世界石油开采量的90%。由于战前石油尚未成为最主要能源,1940年世界石油产量仅2.6亿吨。"二战"后,由于石油成为主要能源,需求量不断上升,加上西亚海湾地区的石油得到大规模开发,石油产量急剧上升,1950年增至5.2亿吨。从1857年至1984年的128年中累计开采石油767亿吨,其中20世纪60年代至80年代产量就达561亿吨,约占128年总产量的78%。1979年世界石油产量达31亿吨,约为"二战"前的12倍。20世纪80年代以后,由于两次"能源危机"的影响,石油价格暴涨,导致石油需求量下降,石油产量也随之增长缓慢,到2002年世界石油产量也仅为35.8亿吨。其后每年增长的幅度也仅为1%~2%上下。

"二战"前美国一个国家石油产量就占世界的70%,战后随着波斯湾地区的石油大量开采,到1965年西亚海湾地区石油生产总产量就达到了4亿吨,超过了美国,成为世界生产量最多的地区。1973年第一次能源危机之后,由于石油价格暴涨,原来不采油的国家,如英国、挪威等也纷纷加入采油国的行列,世界石油生产日益走向多极化。此后亚洲的中国、印度尼西亚、马来西亚,非洲的利比亚、阿尔及利亚、尼日利亚、喀麦隆等,欧洲的英国、挪威均成为世界重要的石油生产国。1990年苏联解体前,曾经是生产石油最多的国家,年产量高达5亿吨。1991年苏联解体、俄罗斯独立后,由于它采取"休克疗法"的激进式改革,导致宏观经济失控,经济急剧恶化,石油产量也随之下降,沙特阿拉伯随之超过俄罗斯,成为世界最大石油生产国。据1995年统计,沙特阿拉伯当年产量为4亿吨,美国为3.8亿吨,俄罗斯产量仅有2亿吨。超过1亿吨的产油大国还有中国、伊朗、墨西哥、英国和委内瑞拉等国。俄罗斯自普京担任总统后,国内经济局势日趋稳定,并把支持石油、天然气生产和出口作为重振国力的重要战略,因此石油产量也不断增长。到2008年,石油日产量高达950万桶,年产量约为4.9亿吨,重新成为世界第一大石油生产国。

由于石油是不可再生的资源,按现在已探明的储量和年开采量计算,石油的储产比(开采年限)仅有40余年。即石油生产早已过了"壮年"期,已进入了"晚年"期。基于种种原因的限制,石油大规模增产的可能性不大。例如有"石油宝库"之称的波斯湾地区,其石油开采迄今已历经了两大高峰期:第一个高峰期是 1973 年至 1979 年,平均年产量为 11 亿吨左右;第二个高峰期是 1979 年至今,年产量超过 10 亿吨。这两个高峰期已经消耗了中东地区很多石油,不可能再出现第三个高峰期。今后中东作为世界"石油宝库"的地位可能下降。俄罗斯尽管石油资源丰富,但老油田的开采也过了高峰期,新油田的勘探和开发又面临资金短缺等困难,因此大幅度增长的可能性不大。目前产量尚可维持 10 年。美国石油资源丰富,但出于保护自身资源和环境保护的需要,也采取封井和禁止开采近海油田等措施,因此增长的可能性也不大。总之,石油生产与石油需求的不断增长从长期看基本处于平衡状态,但从短时间来看供需矛盾仍较突出,从而使石油价格不断上涨。

20 世纪 60 年代以前,世界石油开采主要由西方发达国家号称"七姐妹"的石油公司,即埃克森、美孚、英荷壳牌、海湾石油公司、英国皇家石油公司、德士古、加里福尼亚标准等大垄断公司所控制。1949 年时七大石油公司控制了除美国和苏联以外世界其他地区石油储备的 4/5,控制了 90% 的产量,75% 的冶炼能力和几乎全部输油管道。20 世纪 60 年代以后,随着亚非拉产油国的独立和解放,尤其是 1960 年"石油输出国组织"成立之后,由西方大石油公司垄断发展中国家石油开采的局面被打破了,发展中的产油国纷纷实行石油生产国有化,以维护自身利益。经过几十年的发展,来自沙特阿拉伯、俄罗斯、中国、伊朗、委内瑞拉、巴西和马来西亚的七家石油公司,即沙特阿拉伯石油公司、俄罗斯天然气工业股份公司、中国石油天然气集团公司、伊朗国家石油公司、委内瑞拉石油公司、巴西石油公司和马来西亚国家石油公司的实力大大增强,有"新七姐妹"之称。这些石油公司均为国有石油公司,也就是 72% 的石油储量都由国家所控制,因此就使得发展中国家利用这种稀缺的资源,谋求国家发展,提高人民福利水平,实现某种政治、经济目的的重要武器。例如俄罗斯利用欧盟成员国对俄油气资源的依赖,时常以提价、限量来制约乌克兰等国。委内瑞拉总统查韦斯公然和美国对抗,主要在于美国对拉美石油的依赖。

随着原油产量的不断增长,石油冶炼能力也不断扩大。20 世纪 50 年代炼油能力超过 1 亿吨的仅有美国,而到 20 世纪 80 年代已有美、苏、日、德、法、英、意等 8 个国家,发展中国家中炼油能力大的有中国、墨西哥、新加坡、委内瑞拉等。美国的休斯敦、俄罗斯的乌法、委内瑞拉的阿木、荷兰的鹿特丹、日本的鹿儿岛均是世界著名的炼油中心。

(三)石油的消费和贸易

世界石油生产不平衡,而石油消费也不平衡。石油生产主要集中在发展中国家和地区,而石油消费却是发达国家占据了绝大部分。据 2002 年统计,西方七国集团就占全世界石油消费的 45%。其中美国石油产量占世界总产量的 9.9%,而其石油消费量却占世界 25.4%。日本、韩国、我国台湾省、新加坡几乎不产石油,而它们的消费量却占世界 11%。中国自 1978 年改革开放后,随着工业化进程的加快,石油消费量也快速增长,自 1993 年起中国已成为石油净进口国,年进口量约占全年消费量的 47%。2006 年我国石油产量约为 1.8 亿吨,而消费量却为 3.2 亿吨,约 1.5 亿吨依赖进口。中国石油产量占世界 4.8%,而消费量却占 7.4%。中东地区石油储量占世界的 65.4%,产量占 28.5%,而消费量却只占 5.6%。俄罗斯石油产量占世界的 10.7%,而消费量却只占 3.5%。拉美各国产量占世界的 9.5%而消费量占世界的 6%。非洲产量占 11%,而消费量却只占 3%。

表 7-5 2004 年位居世界前十位的石油消费国

国家	美国	中国	日本	德国	俄罗斯	韩国	印度	意大利	法国	加拿大
消费量（亿吨）	8.94	2.45	2.42	1.27	1.22	1.05	0.97	0.92	0.92	0.89

基于上述的生产和消费的不平衡,石油的贸易中俄罗斯、海湾各国、非洲产油国及拉美产油国是石油出口国,而美国、日本、韩国、西欧中的德、意、法等为主要进口国,其中最大的石油进口国是美国。美国 2004 年日原油消费量约 2 000 万桶,在世界十大石油消费国中等于除中国之外的其余 8 国之和,是中国消费量的 3 倍多。美国石油的对外依存度已由 1983 年的 35%上升到 2004 年的 64.7%。美国石油进口主要来源有三大地区:一是美洲,占进口量的 51%,其中加拿大占 16.3%,

墨西哥占 15%，委内瑞拉占 11.4%；二是中东占 22%，其中沙特阿拉伯占 13.6%，伊拉克是 5.2%；三是非洲占 22%，其中尼日利亚占 10.4%，安哥拉占 4.6%，阿尔及利亚占 2.7%。其他进口来源还有厄瓜多尔、英国等。中国对外石油依存度从 1993 年的 6.7% 到 2004 年已增至 47%，而到 2010 年和 2020 年，中国石油进口量将达 2.4～3.6 亿吨左右，对外依存度可达 60%～70%。中国石油进口主要的来源地是沙特阿拉伯、伊朗、俄罗斯、苏丹、安哥拉，尼日利亚等国。日本油气资源贫乏，国内唯一的新潟油田，年产量仅 60 万吨，因此 99% 的石油依靠进口，石油主要来自沙特阿拉伯、科威特、阿联酋、印度尼西亚和俄罗斯等国。为了取得俄罗斯西伯利亚地区的石油资源，日本拟投资 90 亿美元，参与从俄罗斯安加尔斯克至纳霍德卡输油管道的建设。

（四）石油危机的形成

"二战"后，石油成为最重要的能源。当石油价格暴涨，引发了世界许多国家、尤其是发达国家经济衰退时，人们称之为"石油危机"或"能源危机"。

第一次能源危机发生在 1973 年至 1974 年。原因是 1973 年 10 月 5 日爆发了以色列和阿拉伯国家之间的第四次中东战争，由于在战争中美国等西方国家支持以色列，以阿拉伯国家为主体的"石油输出国组织"在收回原油标价权的基础上，决定对美欧等西方国家实行石油禁运，并把原油日产量减少 500 万桶。由于石油产量的下降，石油价格上涨，由原来每桶 3 美元到 1974 年 3 月上涨到每桶 10.6 美元，几乎上涨了两倍。直到 1978 年油价始终维持在 10～14 美元/桶之间。油价的暴涨结束了西方国家廉价使用石油的时代，使它们工业生产成本上升，经济陷入衰退。

第二次能源危机发生在 1979 年至 1980 年，造成的原因是伊朗发生了推翻巴列维王朝的伊斯兰革命。因为局势动荡，使其石油从日产 580 万桶减少到 100 万桶以下。随后发生的两伊战争，使伊拉克原油日产减少 270 万桶，伊朗减产 60 万桶。原油产量的急剧下降，导致原油价格由 1978 年的 14 美元涨到 1981 年的 35 美元，如果再考虑通货膨胀、美元贬值等因素，实际油价高达 60 美元。如此高的价格使美国从 20 世纪 80 年代、日本从 90 年代均陷入经济衰退。

　　进入 20 世纪 90 年代,由于沙特阿拉伯石油增产,从日产 200 万桶增加到 500 万桶,又由于 1997 年亚洲发生了严重的金融危机,亚洲许多国家经济陷入停顿,对石油需求下降,因此石油价格一路走低,基本维持在 10~30 美元之间。从 2004 年以后油价又持续上涨,尤其是 2007 年以后油价更是突破了每桶 100 美元,到 2008 年 7 月更高达 140 多美元。如此高的油价,引起了世界所有国家的关注,纷纷寻找原因和对策。增产、节约、发展替代能源等,又重新成为世界各国议论的焦点。究竟是什么原因,导致石油价格上涨呢?

　　1.供需平衡被破坏及供需平衡不确定性是推动油价上涨的基本原因

　　从第一次石油危机和第二次石油危机发生的背景不难看出,由于主要产油国石油减产或实行禁运,打破石油供需平衡是推动油价上涨的根本原因。而进入 21 世纪后,近期油价上涨则是石油供需不确定性造成的。进入 21 世纪,世界各国经济普遍增长强劲,世界经济快速增长必然导致对石油需求的增加,但伊拉克战争和战后混乱的局势,使伊拉克石油生产无法恢复,而美国和欧盟又因所谓伊朗“核问题”对伊朗进行制裁,使伊朗石油生产面临不确定局势,增长乏力。加之欧佩克各产油国每日生产配额基本已达最大限度,增产空间有限(见表 7-6),因此使石油供给面临很大不确定性。人们担心一旦发生突发事件,导致石油供应中断,无法满足自身需要,从而推动石油价格上涨。

表 7-6　石油输出国原油日产量

单位:百万桶/日

项目 ＼ 国家	阿尔及利亚	印尼	伊朗	伊拉克	科威特	利比亚	尼日利亚	卡塔尔	沙特	阿联酋	委内瑞拉	总数
2004 年 6 月日产量	1.20	0.97	3.99	1.73	2.35	1.54	2.38	0.79	9.15	2.36	2.17	28.62
可持续生产能力	1.25	1.00	4.00	2.80	2.35	1.55	2.55	0.80	9.50	2.55	2.35	30.70
剩余生产能力	0.05	0.03	0.01	0.62	0.00	0.01	0.17	0.01	0.35	0.19	0.18	1.07

2. 美元贬值推动了油价上涨

20 世纪 70 年代初,西方工业国经济处于动荡时期,在经历了一轮经济增长周期后,美国和英国相继爆发经济危机,进入较长的萧条阶段,经济回升乏力,无力抵御油价上涨。其间虽然美国也采取了膨胀性财政政策和货币政策,并对经济发展有一定促进作用,但也聚集了巨额财政赤字。为了弥补财政赤字和国际收支,美国大量增发货币。巨额美元的流出转嫁了美国经济危机,无疑使各国分担了美国的通货膨胀,同时也出现了"美元过剩",并引发了 20 世纪 70 年代初的三次美元危机,1971 年至 1972 年美国两次宣布美元贬值。而多数石油出口国的石油收入靠美元结算。随着美元贬值,以美元标价的石油收入大幅度下降。在这种情况下,为减少美元下跌的损失,石油出口国组织不得不大幅度提高油价。

2007 年以来,石油再次大幅度涨价,其原因也是因为美国经济增长乏力、陷入"次贷危机"的困境,使美元肆意贬值造成的。

3. 市场对石油的投机炒作

主要产油国政治局势的动荡,导致石油供需的不稳定,必然导致油价上涨。油价上涨导致上市公司成本上升、利润下降,从而导致原来屯积于股市的游资(热钱)抽离股市转入其他市场。由于石油是大宗商品,便于大量资金进入,因此从股市抽离的资金就大量进入石油期货市场进行炒作,从而进一步推动油价上涨。如此反复,就形成了恶性循环:油价涨——股市跌——油价再涨——股市再跌,最后导致整体国民经济的滞胀。

(五)能源安全及战略石油储备

石油在今后一段很长的时间里仍是一种相对稀缺的资源。作为一种战略性商品,其消费具有很强的刚性,但其产、供、销的状况既受市场规律和政治形势的制约,又受资源分布不均的影响。因此供给量和价格经常发生大幅度的波动,从而给各国经济发展带来不利影响。据美国能源情报署资料显示,自 1951 年 3 月伊朗实行石油国有化起,至 1990 年 8 月伊拉克入侵科威特止,中东和北非产油国中断向国际市场供油已达 13 次。1973 年发生的第一次石油危机,使每桶石油的价格由 3.01

美元猛增到 10.65 美元,由此引发了"二战"后最严重的经济危机,使当年美国和日本的工业生产分别下降了 14％和 20％以上。而 1978 年由于世界第二大石油出口国伊朗政局突变,其石油日产量由 580 万桶下降到 100 万桶以下,打破了国际市场供需平衡,使油价由每桶 13 美元,暴涨到 34 美元,从而又引发了第二次能源危机,导致西方国家经济的全面衰退。

上述事实表明,对那些严重依赖进口石油的国家,做好石油储备,维护能源安全,是保证经济能够稳定发展的一个重要问题。为此,1974 年 11 月,经合组织(OECD)16 个成员国签署了《国际能源机构协议》(简称 IEP,目前其成员已达 25 个),决定共同承担相当于 90 天净进口量的石油储备义务。此后,各石油净进口国都纷纷建立了本国的战略石油储备制度。

美国战略石油储备是 1977 年开始建立的。其储备制度采用"政府主导型":

1. 所有战略石油储备都由政府承担和管理。由美国能源部下属的战略石油储备管理办公室及设在新奥尔良的项目管理办公室具体负责经营和管理。

2. 石油储备的一切开支,包括购油开支和储油设施的建设均由联邦财政开支。

3. 战略石油储备的动用,必须由美国总统批准。

4. 石油储备的销售采取公开招标方式。

美国目前已在得克萨斯州和路易斯安那州地下巨大的盐层洞穴中,建有多处战略石油储备库。这些洞穴一般位于地下 610 米至 1 200 米,以防战争的破坏。洞穴本身的直径有 200 英尺,深 2 000 英尺,如把美国 100 多层的西尔斯大楼装进去,还绰绰有余。储油量为 1 000 万桶左右。全部洞穴的储油能力可达 7 亿桶。到 2002 年美国实际储油量已达 6 亿桶,约 8 400 万吨。以现有储量和最大提取量计算,可维持 155 天,对维护美国的石油安全发挥了巨大作用。

欧盟中的法国、荷兰和德国的战略石油采用"政策主导型"。所谓政策主导型是指国家颁布有关石油储备的政策和法令,并设专门的机构予以管理和监督,而具体石油储备的操作由商业机构,如炼油厂、石油进出口商、石油销售商等进行。石油储备过程中的费用,由银行给予贷款,而政府给予补贴。一旦发生石油供应短缺,由政府颁布命令,让储备商按当时市场价格出售。目前德国已具备 96 天需求量的储备。

日本也在 20 世纪 70 年代初颁布了《石油储备法》。该法规定,石油储备采取"混合制",即政府必须储备够 90 天消费的石油,而民间企业储备供 70 天消费的石油。民间经营石油的企业必须定期向政府报告有关企业石油储备的状况,而由经产省予以监督,违规者予以警告,乃至处罚。1989 年,日本通产省提出建立国家石油储备 5 000 万千公升的目标。到 1996 年为止,日本已建成 10 座国家石油储备基地,储备容量为 4 000 万千公升,实际储备量已达 3 480 万千公升。日本石油储备基地的建设有几个明显特点:第一,油罐基地均设在沿海地区以便于石油的运入和运出;第二,布局呈大分散小集中的均衡态势,以就近满足各地的需求;第三,储油基地的具体形式采取因地制宜的方针,形式多样,不搞一刀切。

中国自 1993 年成为石油净进口国后,对国外石油的依赖越来越大。2005 年进口原油和成品油约 1.5 亿吨,但至今我们还没有建成战略性石油储备系统,石油企业生产性周转库存量也很少,石油系统内部库存量仅供消费 20 多天。在近年来石油价格时涨时跌的形势下,低价时我们无法买进,高价时也无法减少采购,因此造成了约百亿美元的损失。现已引起我国政府对此的重视。目前中央已委托中石油、中石化和中海油三大石油企业在大连、青岛的黄岛、镇江和舟山的镇海建设战略石油储备基地,力争到 2015 年达到战略石油储备可用 90 天消费的目标。2007 年舟山镇海石油储备基地的建设已基本完工,开始储油。

(六)石油输出国组织(OPEC)

1960 年 9 月,伊朗、伊拉克、沙特阿拉伯、科威特和委内瑞拉五个石油生产国和出口国政府代表在巴格达集会,决定成立"石油输出国组织"(OPEC)。目的在于协调各产油国的石油政策,商定原油产量和价格,采取共同行动反对西方国家对产油国的剥削和掠夺,保护本国资源,维护自身利益。成员国最多时有 13 个,其总部设在维也纳。目前主要成员国除创始五国外,还有印度尼西亚、阿联酋、卡塔尔、利比亚,阿尔及利亚,尼日利亚,厄瓜多尔等国。OPEC 定期召开成员国部长级会议,协调产量和价格。据 2002 年统计,OPEC 石油储量约占世界的 78.2%,产量占 40%。

OPEC 成立后,为了保护自身的石油资源,稳定石油价格,促进世界经济增长,尤其是发展中国家经济的增长,先后采取了下列措施:

1.夺回了油价标定权,提高了石油出口税率,以增加产油国的收入。

2.实行石油生产国有化或增加在西方石油公司中的股权,以控制石油生产和销售。目前伊朗、伊拉克、科威特、委内瑞拉、卡塔尔等国,已经全部实现了石油生产国有化。利比亚、阿尔及利亚、尼日利亚等国也控制了本国石油生产的绝大部分。印度尼西亚把石油产量分成的比例提高到 85% 以上。

3.通过 1973 年和 1979 年两次石油减产提价,增加了产油国的收入,打击了西方国家以低价对各产油国资源的掠夺,同时也对西方发达国家经济的发展造成了重大的冲击。

4.各成员国共同筹措了数十亿美元,作为共同基金,支持发展中国家经济的发展。

正是由于 OPEC 采取了上述一系列措施,不但促进了各产油国经济的发展,提高了它们在世界经济贸易中的地位,同时也对各国调整产业结构,开发替代型新能源,勘探开采新的油田,起了极大的促进作用。

第二节　天然气与煤炭的生产与贸易

一、天然气

天然气是热量高、成本低、污染小,又能作化工原料的能源。世界上对天然气实现商业化规模开采始于 1948 年至 1949 年,大大晚于煤炭和石油。但由于上述优点,使天然气在能源构成中所占比重不断上升,已从 1960 年占能源总消费的 15.1%,上升到 2002 年的 25.5%,超过了煤炭,仅次于石油。

天然气的储藏分布具有地域广泛,又相对集中的特点。从地区看,包括独联体在内的欧洲的储量最大,约占世界总储量的39.2%;其次是中东地区,占世界的36%,亚太地区占8.1%,非洲占7.6%,南北美洲合计占9.1%(见表7-7)。

表7-7　世界天然气的储量

项　目 地　区	2002 年末探明 储量(万亿立方米)	占世界%	储采比(年)	产量(百万吨 油当量)
世界	155.78	100.00	67.7	2 274.7
北美洲	7.15	4.6	9.4	689.4
中南美洲	7.08	4.5	68.8	92.7
欧洲	61.04	39.2	58.9	889
中东	56.06	36	超过 100 年	212
非洲	11.84	7.6	88.9	119.9
亚太	12.61	8.1	41.8	271.4

资料来源:《世界经济年鉴(2003～2004)》。

从国家(地区)的分布来看,天然气储量最丰富的国家是俄罗斯。据2006 年统计,世界探明天然气总储量为 181.46 万亿立方米,其中俄罗斯为 47.65 万亿立方米,占世界的 26.2%;第二位是伊朗,储量为28.13万亿立方米,约占全世界 15%;第三位是卡塔尔,储量为 25.36万亿立方米,约占世界 13.9%;第四位至第 10 位依次为沙特阿拉伯、阿联酋、美国、尼日利亚、阿尔及利亚、委内瑞拉和伊拉克(见表7-8)。

表 7-8　2006 年世界主要天然气储藏国

国家 储量	俄罗斯	伊朗	卡塔尔	沙特	阿联酋	美国	尼日利亚	阿尔及利亚	委内瑞拉	伊拉克	世界合计
储量 (万亿立方米)	47.65	28.63	25.36	7.07	6.06	5.93	5.21	4.5	4.32	3.17	181.46

由于油气具有共生的特点,世界天然气田与油田的分布大体一致,也分布在波斯湾、几内亚湾、墨西哥湾和加勒比海沿岸,以及亚洲的东部、东南部沿海、西伯利亚、里海和北海地区。世界大型的天然气田主要

有俄罗斯的乌连戈依、奥伦堡气田,伊朗的北帕尔斯、南帕尔斯、塔布纳克和霍马气田等。

随着石油价格的不断上涨,天然气的身价提高,促使天然气的产量不断增加,1994 年比 1950 年产量净增 9.6 倍。据世界能源组织统计,2004 年世界天然气总产量已达 26 916 亿立方米,其中欧洲产量最多,产量为 10 515 亿立方米,占世界总产量的 39.1%(见表 7-9)。

表 7-9　2004 年世界主要地区天然气产量

产量　　地区	世界	欧洲	北美洲	亚太	中东	非洲	中南美
亿立方米	26 916	10 515	7 628	3 232	2 799	1 451	1 291
占世界(%)	100	39.1	28.3	12	10.4	5.4	4.8

天然气产量从国家(地区)来看,主要是俄罗斯、美国、加拿大、伊朗、挪威、阿尔及利亚、英国、印度尼西亚、沙特阿拉伯和土库曼斯坦等(见表 7-10)。

表 7-10　2006 年主要天然气生产国

产量　　国家	俄罗斯	美国	加拿大	伊朗	挪威	阿尔及利亚	英国	印尼	沙特	土库曼	世界合计
亿立方米	6 121	5 241	1 870	1050	876	845	800	740	737	622	28 653

2006 年全世界天然气消费量为 28 508 亿立方米。消费量排在世界前十位的国家有美国、俄罗斯、伊朗等(见表 7-11)。

表 7-11　2006 年主要天然气消费国

消费量　　国家	美国	俄罗斯	伊朗	加拿大	英国	德国	日本	意大利	沙特	乌克兰	世界合计
亿立方米	6 197	4 321	1 051	966	908	872	846	771	737	664	28 508

天然气的贸易主要通过管道运输出口。沙特阿拉伯、印度尼西亚主要制成液化天然气通过天然气船出口。俄罗斯是乌克兰及欧盟一些天然气输入国的主要供应者。其天然气输送管道主要有两条:一条起自乌连戈依(俄)——泼马雷(俄)——乌日戈罗德(乌)的管道,该管道全长

4 451公里,建成于1983年,在乌克兰境内长约1 160公里,年输气量320亿立方米,占俄输欧天然气的1/3;第二条输气管道东起奥伦堡(俄)——乌拉尔斯克(哈)——加伊(俄)——克列缅丘克(乌)——乌日戈罗德(乌),全长2 750公里,年输气量430亿立方米,是俄罗斯乌拉尔地区所产天然气出口东欧的重要管道。

目前欧盟每年所需天然气的1/4需从俄罗斯进口,其中80%过境乌克兰。乌克兰每年从天然气过境运输中收取约21亿美元的费用。其境内输气干线管道总长约3.71万公里,并设有13座地下天然气储存库,可储存320亿立方米。乌克兰每年从俄输入天然气2 900亿立方米,其中1 750亿立方米是过境输往欧盟成员国。

二、煤炭

从18世纪到20世纪60年代,煤炭一直是能源消费中最重要的能源,有"黑金"之称。全球含煤地层约占陆地面积的15%。世界煤炭资源地域分布不均,北半球多于南半球,东半球多于西半球。北半球的煤炭主要集中在北纬30°～北纬70°之间,东起我国东北、华北、西北地区,向西经哈萨克斯坦、俄罗斯、乌克兰、波兰、德国到达英国。北美洲主要分布在阿巴契亚山脉北部和西侧、密西西比河中游和落基山区。上述地区约占世界煤炭储量的70%。南半球煤炭资源较少,主要分布在澳大利亚、南非和博茨瓦纳。目前发现全世界有80多个国家(地区)有煤的储藏,但储量最丰富的国家是美国,其储量为2 446亿吨;其次是俄罗斯,1 570亿吨;第三位是中国,1 145亿吨;第四位是印度,储量924亿吨;接下来是澳大利亚、南非、乌克兰、哈萨克斯坦、波兰和巴西。2002年全世界煤炭探明储量为9 844.53亿吨。

表7-12　全球煤炭储量的地区分布(2002年)

项目 \ 地区	全世界	北美洲	欧洲	亚太	非洲及中东	拉美
储量(亿吨)	9 844.53	2 577.83	3 553.7	2 924.71	570.77	217.52
占世界%	100.00	26.1	36.00	29.9	5.8	2.2

世界煤炭生产大致经历四个阶段。

1.1860至1913年是世界煤炭生产大发展的阶段。1913年世界煤炭总产量已达11亿吨,比1860年增长了7倍。这是第一次产业革命和第二次产业革命后,现代工业大发展的结果。当时煤炭生产主要集中在英格兰的兰开夏地区和约克夏地区以及西密德兰地区,德国的鲁尔区,美国阿巴拉契亚山脉和沙俄的乌克兰地区。

2.1914年至1950年煤炭的产量稳定增长,达18亿吨。

3.1951年至1974年煤炭的开采走向萧条,许多老煤田停产或关闭,结束了煤炭作为第一能源的历史,被石油所取代。

4.1974年以后煤炭生产又出现了缓慢的增长,1989年最高产量达到48.8亿吨。2002年产量为48.3亿吨。

煤炭产量最多的国家为中国,2002年产量为13.9亿吨,占世界总产量的29%。其次为美国9.9亿吨,印度3.6亿吨,澳大利亚3.4亿吨。超过1亿吨的国家还有俄罗斯、南非、德国、波兰、印度尼西亚等(见表7-13)。

表 7-13　主要产煤国的产量(2002年)

国家	中国	美国	印度	澳大利亚	俄罗斯	南非	德国	波兰	印度尼西亚	乌克兰	世界
产量(亿吨)	13.9	9.9	3.6	3.4	2.5	2.2	2.1	1.6	1.00	0.83	48.3

煤炭由于发热量低、运输困难,加上污染严重等缺点,20世纪50年代以后在能源消费构成中呈下降趋势。但近些年来随着石油价格暴涨,以及煤的气化、液化技术的成熟和坑口电站技术的进步,世界煤炭的需求量又不断上涨。2006年全球煤炭消费增长了4.5%,高于过去10年平均增长率。目前全球发电量中,燃煤发电约占44%,美国和德国煤电占50%,印度占60%,中国则超过75%。世界产煤大国也是煤炭消费大国。其中中国、美国和印度三国煤炭消费量就占全世界的58%,其次是俄罗斯、德国和法国等。

表 7-14　世界主要煤炭消费国（2002 年）

国家	世界	中国	美国	印度	俄罗斯	德国	南非	波兰
消费量（亿吨油当量）	22.17	6.63	5.53	1.8	0.98	0.84	0.81	0.56
占世界%	100	27.7	23.1	7.5	4.1	3.5	3.4	2.4

　　煤炭由于不便于运输，因此国际贸易量较小。主要出口国为澳大利亚、印度、俄罗斯、南非、中国、哥伦比亚、美国、越南、加拿大和波兰。2006 年合计出口量约 8 亿吨，占当年全世界煤炭出口量的 96.3%。日本、韩国和我国台湾省是世界主要煤炭进口国（地区），约占世界煤炭进口的 40%。

本章思考题

　　1. 说明人类对能源利用的过程和当前能源消费构成。

　　2. 西亚石油在世界占有何种地位？其油田有何特点？

　　3. 说明石油生产和消费不平衡的状况。

　　4. 说明天然气和煤炭的储藏和生产有何特点？主要储藏国和生产国是哪些？

第八章

世界农产品贸易地理

第一节　世界农业生产概况

一、农业是国民经济的基础

农业是人类通过自身的劳动培植植物和饲养动物以获取产品的生产活动。狭义的农业是指种植业，而广义的农业则包括种植业、畜牧业、渔业、林业等。

农业生产是人类最基本的物质生产。它不仅提供人类生存所必需的食物，而且提供工业生产所必需的原料。因此不论是人类社会发展的哪个历史阶段，哪种类型的社会，农业始终是人类最基本的生产部门，是国民经济的基础。重视还是不重视农业的这种基础地位，往往关系着一个国家经济发展的顺利还是受到挫折。例如在"十月革命"之后，前苏联由于采取了片面优先发展重工业的方针,忽视了农业生产,因此到20世纪50年代初其主要农产品的产量比沙皇时期并无显著的增长,从而造成了农产品的匮乏,压抑了人民生产的积极性。从我国经济发展的历程来看,什么时候重视农业的发展,经济的增长就迅速,反之则不但农业增长缓慢,整个国民经济的增长也受到牵制。例如近年来我国采取了保护耕地,增加对种粮的补贴,鼓励农民采用良种,稳定农产品收购价格,减免农业税等一系列鼓励农业生产的措施,尽管自然灾害频繁,我国农业生产仍然保持着持续稳定的增长。在欧美等发达国家,虽然农业在国民经济产业结构中所占比重很小,但稳定农业生产仍然是它们优先考虑的问题。例如"关贸总协定"乌拉圭回合谈判之所以拖了7年之久,症结就在美欧农产品贸易争端,而实质是美欧为了稳定本国的农业生产都不愿减少或取消农产品补贴。

保持和加强农业的基础地位,除增加对农业的投入,制定和完善调动农民生产积极性的政策措施外,当前许多国家面临的一个普遍的问题是由于气候干旱、水土流失加剧而导致的土地沙漠化和工业、交通、城市的发展而引发的农业用地剧减。因此坚持经济可持续发展战略,正确处理工业化、城市化过程中与农业争土地、争劳动力、争资源的矛盾是关键。

农业基础地位的加强,对许多发展中国家来说是要使农业生产从传统的粗放式经营走向集约型经营,要充分利用先进的科学技术如发酵工程、细胞工程、遗传工程和基因工程等,提高农产品的产量和质量。要正确处理农业生产中种植业、畜牧业、林业和渔业的比例关系,在充分重视"无粮不稳"的同时,更要认识"无牧不富",力争做到以耕促牧,以牧养耕。

农业基础地位的不稳固,除发展中国家自身的原因外,还与近年来国际市场上农产品等初级产品的价格持续走低有关,巨大的工业制成品与农产品的剪刀差,使许多以农业为生的人,不但无利可图甚至陷于濒临破产的境地,只能弃农务工。因此通过WTO等国际组织来改变不合理的世界经济秩序,稳定农产品价格,也是稳定农业生产的关键。

二、战后世界农业生产的特点

(一)农业生产稳定增长,但各国间发展不平衡

第二次世界大战之后,西方国家为了恢复和重建遭受战争破坏的经济,保证居民食品的稳定供应,发展中国家在获得政治上的独立和解放之后,为了保证经济上的真正独立,都把发展农业放在十分优先的地位,加之第三次科技革命的推动,从 20 世纪 60 年代到 90 年代初农业生产呈快速增长。例如巴西从 1950 年至 1980 年农业生产年平均增长为 4%左右,均高于同期的前苏联(3.1%)、法国(2.4%)、印度(2.8%)、加拿大(2%)和美国(1.9%)的增长,主要粮食作物的总产量增长了 3.75 倍。进入 20 世纪 90 年代,世界农业在稳定增长的同时,发达国家与发展中国家却呈现了两种不同的趋势。发达国家增长缓慢,而发展中国家增长仍然较快。从农业净生产指数分析,以 1989 年至 1990 年为 100,世界农业生产从 1991 年的 101.2 增长到 2000 年的 124.7,发达国家从 1991 年的 98.4 增长到 2000 年的 100.6,而发展中国家则从 1991 年的 103.5 增长到 2000 年的 144.6。其中中国、埃及、巴基斯坦、巴西、菲律宾、韩国、利比亚、印度、泰国的增长尤为迅速。发达国家中以美国、澳大利亚、加拿大等农业强国增长快,而英国、德国、日本、俄罗斯等则呈下降趋势(见表 8-1)。

表 8-1　农业净生产指数(1989～1900＝100)

年份\地区	世界	发达国家	发展中国家	中国	巴西	印度	巴基斯坦	韩国	菲律宾	美国	加拿大	澳大利亚
1991	101.2	98.4	103.5	105.1	101.1	100.9	106.9	98	100.3	100.6	103.5	101.4
2000	124.7	100.6	144.6	173.5	143.5	130.6	145.6	131.2	128.8	123.4	132.8	128.8

资料来源:《世界经济年鉴(2003～2004)》。

造成发展中国家与发达国家农业发展不平衡的原因,主要在于大多数发展中国家国民经济中的产业结构仍然以农业为主,粮食等食品短缺仍是较为普遍的现象,因此促进农业增长仍是它们面临的紧迫任务。而发达国家则粮食过剩,在国际农产品市场价格持续下降的情况下,它们为了缓解由于农产品过剩而导致的农业危机,纷纷缩减耕作面积,减少农业补贴,以控制农业生产。例如 1985 年美国颁布了"农场法

令",以不再给农场补贴的办法,迫使农场主实行休耕。在加拿大,政府更是人为地限制每亩农田的农作物产量。

(二)农业在国民经济的产业构成中所占比重下降

"二战"后世界各国农业生产虽然取得了稳定增长,但其增长的速度远不及工业和服务业,因此无论发达国家还是发展中国家农业在国民经济构成中所占的比重均在下降。美国、日本、英国、德国、法国、意大利等国农业所占的比重目前均在2％~3％之间。许多发展中国家由于工业现代化的加快,农业所占比重也持续下降。例如中国1990年农业产值占GDP的27％,而1998年下降到18％,同期的印度由31％下降到29％,巴西由10％下降到8％(见表8-2)。

表 8-2　农业占 GDP 的比重

年份 \ 国家	中国	印度	巴西	印度尼西亚	韩国	墨西哥	德国	法国	意大利	澳大利亚
1990	27	31	10	22	9	9	2	4	4	4
1998	18	29	8	20	5	5	1	2	3	3

资料来源:《世界经济年鉴(1990~2000)》。

(三)农业的产业结构调整加快,畜牧业所占比重上升

保持种植业和畜牧业均衡发展,是改善农业生产的重要内容。自20世纪60年代到90年代,在世界农业生产中畜牧业所占比重不断上升,而种植业比重却相对下降。畜牧业产值超过农业产值50％以上的国家中除少数以牧业为国民经济骨干的发展中国家如蒙古、博茨瓦纳等国外,多数为发达国家。法国、美国畜牧业产值已占农业产值的50％以上,荷兰、英国、奥地利达到70％,芬兰则高达75％以上。这些发达国家畜牧业比重如此之高,是它们在粮食过剩的条件下,主动把粮食变为饲料人工饲养牲畜,或把耕地变为草地以放养牲畜,这样既能改善居民的食品结构,增加农产品的附加价值,又有利于生态平衡,减少水土流失和土壤肥力的下降。而传统的农业大国中,中国、印度、巴西、阿根廷目前仍以种植业为主。

(四)农业现代化水平不断提高

"二战"后工业的迅速发展,为农业大量使用农业机械、汽车、化肥、

农药、除草剂等现代化的农业技术和生产手段提供了有利条件。近三四十年来,西方发达国家中拖拉机的拥有量增长了三四倍,谷物联合收割机增长了3倍,载重汽车增长了4倍。到1997年,全世界拥有拖拉机的数量为2 633.4万台,联合收割机423.2万台。其中以美国最多,拖拉机为480万台,收割机66万台。其次是日本,拖拉机205万台,收割机120万台。发展中国家以印度拥有拖拉机最多,为145万台。由于农业机械使用量的增加,20世纪80年代以来,美国的小麦、玉米、棉花和俄罗斯的甜菜、向日葵的种植与收获几乎全部由机械操作。欧洲及澳大利亚、新西兰等国的畜牧业中挤奶、剪毛、屠宰等生产环节也实现了机械化。随着化肥生产量的增加,化肥的使用量也快速增长。1998年全世界化肥产量为1.5亿吨,而消费量为1.37亿吨。其中,中国使用量最多,达3 590多万吨,其次是美国,为2 020万吨,印度1 619万吨。化肥的种类也由传统的单一的氮肥、磷肥和钾肥向复合肥、液体化肥发展。

农田灌溉面积也不断扩大,1995年全世界农田灌溉面积为2.62亿公顷,到2001年已达2.73亿公顷。其中,中国由4 859万公顷扩大到5 483万公顷;其次是印度,由5 300万公顷扩大到5 480万公顷。埃及的阿斯旺水坝、巴基斯坦的曼格拉水坝、土库曼斯坦的大运河等都是"二战"后修建的著名水利灌溉工程。

发酵工程、细胞工程、遗传工程和转基因工程等先进的生物技术,已在农业生产的某些领域中得到广泛利用,对培养高产、优质、抗病虫害的农作物新品种已经发挥出越来越重要的作用。基因改性的生物产品已得到美国政府批准,并在市场上开始销售。我国袁隆平院士培植的杂交水稻,已使水稻的亩产达到800公斤,并在菲律宾、缅甸、孟加拉等国得到广泛推广。

(五)发展"绿色农业"已成为一种重要趋势

"绿色农业"又称有机农业,是指在生产中完全不使用化学合成肥料、农药、生长调节剂、饲料添加剂等物质,也不使用基因工程生物及其产品的生产体系。在这一生产体系中,作物秸秆、动物粪便、豆科作物、绿肥和有机废弃物是土壤肥力的主要来源,作物轮作及物理、生物和生态措施是控制杂草和各种病虫害的主要手段。"绿色农业"的提出和发展与战后污染的加剧和可持续发展战略的确立密切相关。据国际贸易中心(ITC)2003年2月的调查,目前全世界按有机农业管理的用地已达1 700万公顷。各大洲中以大洋洲为最多,约占45%,其次是欧洲,占24.8%,再次是拉美,占21.7%。按国家来看,面积最大的是澳大利亚(770万公顷),其次是阿根廷(280万公顷)、意大利(100万公顷)、美国(80万公顷)。澳大利亚有机农场的数目已达2万家,占农场总数的10%。随着"绿色农业"的发展,在对外贸易过程中取得"绿色产品标志"已成为一种重要的促销手段。

(六)主要农产品产量不断增长,农业生产效率提高

世界谷物的产量已由1992年的19.73亿吨增长到2002年的20.29亿吨。其中小麦由1991年的5.4亿吨增长到2002年的5.7亿吨,玉米由1992年的5.3亿吨增长到2002年的6.02亿吨,籽棉由1992年的5 243万吨,增长到2002年的5 373万吨,畜产品中的肉类由1992年的1.87亿吨增长到2002年的2.05亿吨,同期奶的产量由5.26亿吨增长到5.98亿吨。农产品产量的增长是在许多国家农业用地和农业人口不断减少的情况下出现的,这清楚地表明在科学技术推动下农业生产效率的提高。例如世界谷物的播种面积1992年为7.09亿公顷,而2002年已下降到6.58亿公顷。同期中国谷物的播种面积由9 259万公顷减少到8 099万公顷。

三、世界农业生产的地域类型

世界农业生产的地域类型是各国农业生产水平、农林牧渔业的结构生产专业化和产品商品化的程度及经营管理方式的空间表现形式。它的形成既与各国生产力发展水平有关,又受气候、地形、土壤等自然条件的制约。基本可分为下列类型:

1.温带高度商品化、集约化农业。北半球温带地区是地球陆地面积最宽广的地区,地形以平原为主,气候属于冬寒夏热、降水集中于夏季的温带季风和温带大陆性气候,雨热同季的气候十分适宜小麦、玉米、棉花、大豆等农作物的生长。位于这里的美国、加拿大、法国、日本、乌克兰等国,均依靠自身先进的技术,进行商品化、集约化的农业生产,产品

大量出口,成为世界重要的农产品供应国。而位于这里的英国、荷兰、爱尔兰、比利时由于属于冬暖夏凉降水丰沛的温带海洋性气候,适宜畜牧业和园艺业的发展,所以这些国家是高度商品化、集约化的畜牧业生产国,所生产的牛奶、奶酪、花卉等一直在世界上享有盛誉。

2. 亚热带和热带季风型农业。主要包括我国东南部、韩国和日本的南部、越南、泰国、柬埔寨、缅甸、孟加拉国和印度。由于气候冬暖夏热,降水充沛,农作物一年可生长两季到三季,因此是水稻的重要产区,经济作物主要是茶叶、黄麻、油菜籽。但由于上述各国经济尚处于转型期,生产力水平相对落后,所以农业商品化、集约化程度不高,多数仍属传统农业。但这里是世界大米、茶叶、黄麻等农产品的重要产区和出口区。

3. 亚热带地中海型农业。主要分布在欧洲的南部、非洲的北部和亚洲西南部的地中海沿岸地区。这里属于冬温夏热、冬雨夏干的地中海式气候,十分适宜葡萄、柑橘、油橄榄、椰枣、无花果的生长。地中海沿岸的意大利、西班牙、葡萄牙、法国、以色列等国农业生产的商品化和集约化程度高,属现代型农业,而非洲各国则仍属传统农业。

4. 热带种植园农业。位于赤道附近的热带地区由于全年高温多雨,十分适宜橡胶、油棕、椰子、咖啡、可可等热带经济作物的生长,因此这里的农业生产属于专为出口服务的种植园农业。种植园生产集约化和商品化程度高。但多为西方发达国家的垄断资本所控制。主要的国家有马来西亚、印度尼西亚、菲律宾、巴西、哥伦比亚等。

5. 温带、亚热带和热带干旱和半干旱地区的畜牧业和灌溉农业。这种类型主要分布在我国的西北、内蒙古自治区,蒙古、中亚各国,西亚、非洲北部和南部的内陆地区以及澳大利亚的中西部。这里由于气候干旱,降水少,地面多为草原和沙漠。由于水源短缺,因此种植业相对落后,主要以畜牧业为主,而且是传统的放牧,集约化和商品化程度低。在干旱的沙漠地区如果有高山融雪水和地下水灌溉,则种植业相对发达,形成了"绿洲农业"。

6. 单一的捕鱼、养鹿、狩猎农业。一些岛国如冰岛、马尔代夫等由于领土面积小或者所处纬度高,根本无法从事种植业和畜牧业,农业生产主要以捕鱼为主。而俄罗斯和加拿大北冰洋沿岸地区,由于气候属于极地苔原气候,冬季严寒,夏季冷湿,农业生产只能从事养鹿、狩猎和捕鱼,仍然属于原始农业。

7. 城郊型农业。随着城市化进程的加快,城市数量和人口的增加,在各大城市郊区迅速兴起了高度商品化、集约化,以各种蔬菜、花卉、水果为主和以人工饲养畜禽为主的城郊型农业。

第二节　世界农产品贸易

一、世界农产品贸易发展的历程及特点

(一)发展历程

"二战"后,世界农产品贸易大致经历了以下四个发展阶段。

1. 从 20 世纪 40 年代末到 1970 年为恢复和发展时期。世界农产品的出口值从 380 亿美元增长到 675 亿美元,年均增长率为 3.8%。农产品出口的增长与世界经济的增长大体上相吻合。其中北美、拉美为净出口区,而欧洲、非洲和亚洲为净进口区。

2. 从 1971 年到 1980 年为大发展时期。这一时期以亚洲"四小龙"和巴西为代表的发展中国家和地区经济取得了高速增长。经济高速增长使得对农产品的有效需求也大大增加。主要农产品出口国(地区)看到市场前景较好,纷纷采取了鼓励农业生产的政策和措施,随之农业生产的技术装备、农产品加工、储存、运输、金融信贷和信息条件也大大改善,从而促进了世界农产品产量的增长和农产品贸易量的扩大。1980年世界农产品的出口值为 3 054 亿美元,比 1970 年的 724 亿美元增长了 321.6%,年均增长率达 15%。

3. 从 1981 年至 1985 年为衰退时期。这一时期农产品贸易下降主要是两方面原因造成的:一方面是 1973 年开始的两次能源危机,对发达国家建立在高能源消费基础上的经济增长是一个沉重的打击,各国纷纷调整产业结构和产品结构,以节约能源降低成本,使各国经济增长缓慢甚至下降,从而对农产品的需求减少;另一方面是因为农产品贸易

中的贸易保护主义日渐严重,发达国家加强对农产品贸易的支持和补助,降低农产品价格,挤占更大的市场份额。而发展中国家在发达国家转嫁经济危机的条件下,经济增长也十分缓慢,农产品的出口量不断下降。这一时期农产品的出口值由 1980 年的 3 054 亿美元,下降到 1985 年的 2 761 亿美元。

4.1986 年以后农产品贸易进入了恢复增长时期。1986 年以后,以美国为代表的发达国家开始摆脱能源危机的影响,经济开始缓慢增长。在农业生产上美国和欧共体采取了压缩播种面积、减少产量和大量处理库存积压的政策,国际农产品市场价格看好。随着前苏联、东欧政治经济形势的动荡,农业的减产,而中国经济出现了快速增长,对农产品需求旺盛,从而促进了农产品贸易的恢复。1986 年世界农产品贸易额已由 1985 年的 2 761 亿美元,迅速回升到 3 101 亿美元,1992 年更增长到 4985 亿美元。进入 20 世纪 90 年代以后世界农产品贸易基本保持稳定的缓慢增长状态。1999 年世界农产品贸易额达到 5 479.6 亿美元。2001 年比 1999 年略有下降,为 5 474 亿美元。

（二）世界农产品贸易的主要特点

1.农产品贸易总量不断增长,但在国际贸易中所占的比重却不断下降。农产品贸易额由 20 世纪 40 年代末的 380 亿美元,到 2001 年已增长到 5 474 亿美元,增长了 14.4 倍。农产品贸易大国美国,其农产品的进出口值分别从 1980 年的 286.4 亿美元和 510 亿美元,增长到 1990 年的 476.1 亿美元和 608.2 亿美元;2001 年出口为 700 亿美元,进口为 684 亿美元。但农产品贸易在国际贸易中所占比重却呈下降趋势。据联合国粮农组织(FAO)统计,1970 年至 1981 年世界农产品贸易额所占的比重由 21％下降到 15％,至 2001 年更下降到 9.3％。造成农产品贸易比重下降的原因,一方面是农产品价格不断下降,而工业制成品价格持续上升;另一方面是发达国家调整产业结构,以农产品为原料的加工工业减少,资金外移。

2.农产品贸易在国家或地区之间发展不平衡。这种不平衡主要表现在两方面:

第一,发达国家在世界农产品贸易中所占的比重上升,而发展中国

家则在不断下降。1981 年至 1991 年世界农产品出口总值年均增长为
4.1％,而发达国家年均增长为 4.5％。1991 年发达国家农产品出口总
值为 3 424 亿美元,约占世界农产品贸易的 74.1％,而发展中国家则由
1989 年的 27.1％下降到 1991 年的 25.9％。到 2001 年全世界农产品
贸易额为 5 474 亿美元,而美国、日本、欧盟、加拿大的农产品贸易额合
计达 3 221.6 亿美元,约占世界的 60％。造成这种状况的原因是:(1)发
展中国家人口增长快,对粮食的需求量大,国内尚且不足,很难出口;
(2)发展中国家资金不足、市场信息闭塞、运输落后;(3)发展中国家政
府缺乏应有的鼓励出口政策;(4)发展中国家劳动生产率低,农产品缺
乏竞争优势。

第二,在发展中国家内部也不平衡。中国、巴西、墨西哥、阿根廷、印
度和东盟各国是农产品贸易大国。中国、墨西哥、印度虽然有进有出,但
总体看是进口大于出口。2001 年中国农产品进口额为 201 亿美元,而
出口额为 166 亿美元。墨西哥农产品进口 128 亿美元,而出口为 90 亿
美元。这是由于这些国家人口众多,农产品需求量大,而农业生产效率
低下造成的。巴西、阿根廷等拉美国家,则出口大于进口。从地区看,亚
洲(包括中东地区)的发展中国家是农产品贸易量大的地区,2001 年农
产品贸易额达 1 474 亿美元,仅次于西欧(2 408 亿美元)。其次是拉美
为 310 亿美元。而非洲尽管国家众多,但农产品贸易仅有 195 亿美元。
中东和非洲为农产品的进口区。

3.农产品贸易的商品构成日益多样化。农产品贸易从"二战"前以谷
物、纺织原料为主,转向了肉、蛋、奶制品、油脂、蔬菜、水果、花卉、饮料、
渔产品等。这是因为战后随着居民收入的增加,人们的饮食结构发生了
变化,由过去以淀粉为主向肉、蛋、奶、水果转变。例如 1975 年世界水果
的出口总值仅 47 亿美元,而 1989 年已增长到 109 亿美元。随着水果需
要的增长,意大利、巴西、西班牙、厄瓜多尔等国利用自己优越的自然条
件,大力发展水果的生产。例如巴西目前已成为世界最大的柑橘生产国,
其产量约占世界的 1/4。其他农产品如烟草、油脂、饮料、海产品、花卉等
均因附加值高、利润大,而不断扩大生产规模和出口数量。农产品贸易结
构的第二个变化是从初级产品向加工制成品转化,目的是增加产品的附

加值,获得更大利润。例如 1979 年国际市场上每吨大豆的价格为 271.1 美元,而豆油的价格为 907.2 美元。小麦的价格每吨 184.1 美元,而面粉的价格为 283.2 美元。农产品由初级产品向制成品转变除增加价值外,还能起到节约资源、开展综合利用和扩大就业等作用。

4.粮食的贸易格局发生了变化。20 世纪 30 年代时拉丁美洲曾经是世界粮食的主要供应者,每年大约出口谷物 900 万吨,北美和苏东地区每年各出口 500 万吨,甚至亚洲和非洲也时有少数余粮出口。当时惟一缺粮的地区是西欧。到了 50 年代,世界粮食出口格局发生了变化,拉丁美洲出口能力下降,净出口仅为 100 万吨,亚洲则变为净进口区。80 年代亚洲、非洲、拉丁美洲变为进口区,年净进口量达 9 000 万吨,而北美则成为世界最大的粮食出口区。1986 年全球谷物产量为 18.67 亿吨,其中发达国家为 9.2 亿吨,占全球产量的 49.2%,其中北美产量为 3.76% 亿吨,占全球产量的 20.1%。美国和加拿大谷物出口量 1950 年为 2 300 万吨,而 1982 年为 1.38 亿吨,约占当年世界粮食出口量的 70%。欧共体自实行共同农业政策之后,使其在世界粮食市场上的份额不断扩大,其粮食出口量从 1981 年的 1 790 万吨,净增到 1991 年的 2 790万吨,在世界谷物市场上的份额由 9.6% 上升到 23%。据美国农业部统计,到 1999 年,世界谷物总产量为 18.45 亿吨,而出口量 2.3 亿吨。其中小麦出口 1.1 亿吨,主要出口国是美国(2 858 万吨)、欧盟、澳大利亚、加拿大、阿根廷;主要进口地区为北非(1 530 万吨)、中国(150 万吨)、东欧、独联体 12 国。玉米的主要出口国为美国(4 636 万吨)、阿根廷、南非,主要进口国是欧盟(1 066 万吨)、日本、独联体、中国。

5.农产品贸易中的保护主义愈演愈烈。与国际贸易中的其他产品不同(除与军事有关的高科技产品外),农产品尤其是粮食贸易具有极大的政治经济敏感性。因为粮食及其他食品的丰缺,直接影响着国家的社会稳定和其他产业的发展,因此任何一个国家都不会把粮食安全置于他人之手。因此无论是发达国家还是发展中国家都把促进本国农业生产,保护农产品市场作为基本国策。一方面加大农业生产的投入,开展"绿色革命"、"蓝色革命"和"白色革命",提高农业的产量;另一方面采取各种措施保护本国农产品市场。主要的保护措施有:

（1）对农业生产和农产品出口进行补贴，以稳定农业生产和提高本国农产品的出口竞争能力。据经合组织估计，欧盟每年对农业的补贴高达 800 亿美元，美国也近 400 亿美元。

（2）设置关税壁垒。例如日本为限制牛肉、大米的进口，曾经把进口关税提高到 100%～200%。

（3）设置配额、许可证、质量标准、检疫等非关税壁垒。据估计，目前各种名目的非关税壁垒已达数百种，正是由于这种贸易保护主义的加强，使美欧等发达国家在国际农产品市场占有较大份额的同时，也引起了旷日持久的贸易争端。

6. 国际市场上农产品的价格虽因年份不同、供需状况不同时有波动，但与工业制成品相比，却呈下降趋势。据联合国粮农组织统计，1991年发达国家农、林、牧、渔业产品出口的实际价格为 1971 年至 1981 年的 81%，而发展中国家为 64%。发展中国家农产品价格下降如此之快，主要是由于它们经济困难，无力与受到补贴的发达国家的农产品进行竞争，只能削价销售。进入 21 世纪，由于近年来农业生产频遭自然灾害，许多农作物减产，一些农产品的价格又开始回升。据统计，2001 年至 2002 年度小麦较上一年减产了 0.3%，因此价格上涨了 23%。玉米则上升了 15.6%。

7. 跨国公司在农产品贸易中的作用日益显著。据统计，目前全世界85% 的粮食贸易控制在卡吉尔、大陆等 6 家跨国公司手中，75% 的茶叶贸易控制在 5 家跨国公司手中。7 家跨国公司控制了世界 90% 的烟草贸易。

8. 与农产品贸易密切相关的动植物检疫的国际公约日益完善，对保护农业生产和人的身体健康，促进农产品贸易发展正发挥越来越重要的作用。动植物检疫的任务本来是保护农业生产、促进对外贸易发展的，但近年来却被某些发达国家作为非关税壁垒而滥用。为了扭转这种不正常的局面，"关贸总协定"乌拉圭回合谈判中有关缔约方达成并签署了"动检物检疫与卫生措施协议"（SPS 协议），对农产品贸易中的动植物检疫工作，从缔约方的基本权利与义务、检疫措施的国际化与标准化、非歧视性原则、危险性评估与检疫的保护程度、非疫区与低度流行区、透明度等方面进行了全面的规范。认真履行 SPS 协议,必将有效地防止农业病虫害的传播,并为农产品贸易创造一个公平的市场环境,例如 1996 年当英国发生"疯牛病"、2003 年东南亚、中国内地、我国台湾发生"禽流感"等疫情后,各国都相应地采取了禁止相关产品出口和进口的措施,这对控制病虫害的蔓延起了积极作用。

二、主要农产品贸易

(一)小麦

小麦是世界上种植面积最大、分布最广的农作物,主要种植在北纬 25 度至 55 度和南纬 25 度至 40 度的温带地区。集中分布在五个地带:一是西起西欧平原,向东经中欧平原、东欧平原到西伯利亚平原南部;二是北起中国的东北平原,向南经华北平原、黄土高原到长江中下游平原;三是西起地中海沿岸,向东经土耳其、伊朗到印度河和恒河平原;四是北美大草原,即美国和加拿大的中南部;五是西起南非,向东经澳大利亚西南部、东南部到南美阿根廷的潘帕斯草原。其中亚欧大陆的产量约占世界的 3/4。近年来全世界小麦的年产量基本上在 5.8 亿吨至 6.1 亿之间。产量最多的国家是中国,1998 年产量是 1.12 亿吨,其次是美国(6 960 万吨)、印度(6 600 万吨)。1998 年世界小麦的出口量 1.22 亿吨,主要出口国为欧盟(3 603 万吨),其次美国(2 832 万吨),第三加拿大(2 013 万吨),第四澳大利亚,第五阿根廷。主要进口国为独联体(460 万吨)、东欧国家和中国。

(二)大米(稻谷)

稻谷是喜温暖的农作物,主要种植在热带、亚热带和温带季风区。其中以亚洲种植面积最广,约占世界稻谷产量的 90%。其中中国、印度是稻谷种植面积最广的国家。其他的国家有泰国、越南、孟加拉国、巴基斯坦、韩国、日本、印度尼西亚等。其他生产国主要是美国、巴西、意大利、埃及等。1998 年至 1999 年度世界大米产量为 5.68 亿吨,其中中国产量最多,约 1.98 亿吨,其次印度 1.24 亿吨,印度尼西亚 4 925 万吨。亚洲大米产量虽多,但多作为居民口粮消费,商品率低,出口量很少。欧美等国虽然产量少,但国内消费少,反而是大米的出口国。据美国农业部统计,1998年至1999年,世界出口大米2 367万吨,其中出口量最多的国家是泰国,为550万吨,其次是越南350万吨,美国278万吨。稻谷的最大进口国为印度尼西亚、日本和中国,其中印度尼西亚是纯进口国,进口量达250万吨。

(三)玉米

玉米是"二战"后发展最快的农作物。发展快的原因主要是因为:(1)畜牧业的发展对精饲料的需求急剧增加;(2)杂交玉米良种的培育成功和推广,大大提高了单位面积产量;(3)玉米种植适应性强,种植面积不断扩大;(4)玉米适于机械化的播种和收割,随着各国农业机械化程度的提高,有利于扩大玉米生产。玉米主要种植在欧洲、亚洲和北美洲。其中北美产量最多,约占世界的一半。其次是亚洲。1998年全球玉米产量为6亿吨,其中美国产量最多,为2.47亿吨,其次是中国1.2亿吨,第三位是墨西哥,为1 600万吨。当年世界玉米出口量为7 143万吨,其中美国的出口量占一半以上,达4 636万吨,其次是阿根廷、南非。主要进口国是日本,为1 600万吨,其次是欧盟、中国、独联体。

(四)大豆

大豆原产于中国。20世纪初,美国由中国引种后,美国的产量就超过了中国。60年代以后大豆又传播到巴西、阿根廷等拉美国家。

1998年至1999年度世界大豆的产量为1.57亿吨,其中美国的产量最多,约7 503万吨,几乎占世界产量的一半。其次是巴西,产量为3 100万吨,阿根廷居第三位1 850万吨。当年世界大豆的出口量为3 864万吨,美国出口最多,约2 096万吨,其次是巴西、阿根廷。主要进口国是欧盟1 564万吨,其次是日本、中国。

(五)棉花

棉花宜于在夏季气温高,灌溉条件好的地区种植,目前主要种植在南、北纬20至40度之间的地区,以亚洲、北美洲种植面积最广,其次是拉丁美洲、澳大利亚和非洲。世界有四大产棉区,最大的产棉区在亚洲南部,包括中国的华北、西北,中亚各国,巴基斯坦、印度、伊朗、叙利亚、土耳其等国,产量约占世界的一半。第二大产棉区在美国南部,主要是美国的新墨西哥州、亚利桑那州、加里福尼亚州、科罗拉多州等地,产量约占世界的 1/5。第三大产棉区是拉丁美洲的墨西哥、巴西、阿根廷和巴拉圭等国。第四大产棉区是非洲的埃及、苏丹、科特迪瓦、贝宁、尼日利亚和大洋洲的澳大利亚。1998 年世界棉花总产量 1 847 万吨,其中中国产量为 400 万吨,美国产量为289.3万吨,印度产量为 272 万吨,巴基斯坦产量为 156.2 万吨。产量超过 50 万吨的还有乌孜别克斯坦、澳大利亚和阿根廷。当年世界棉花出口量为516.8 万吨,主要出口国为美国(89.27万吨),其次是澳大利亚、阿根廷。主要进口地区为欧洲(128万吨)、巴西和中国,三者均为纯进口国。

(六)饮料作物

咖啡、茶叶、可可是世界三大饮料作物。茶叶主要种植在亚热带低山丘陵地区,其中以亚洲种植面积最广,产量最多,约占世界总产量的 4/5。亚洲的主要茶叶生产国是印度、中国、斯里兰卡、印度尼西亚和日本等国。中国的产茶区主要位于秦岭—淮河以南的安徽、浙江、福建、江西、湖南、云南、台湾等省区。印度茶叶主要种植在恒河和布拉马普特拉河下游的西孟加拉邦、奥里萨邦、阿萨姆邦和比哈尔邦。非洲的茶叶产地主要是东非的肯尼亚。1998 年印度茶叶产量为 87 万吨,居世界第一位;中国产量 69 万吨,居第二位;肯尼亚产量 29.4 万吨,居世界第三位。印度茶叶多制成红茶,出口到欧美。中国以绿茶为主,出口量并不大。

咖啡,原产于非洲的埃塞俄比亚。但现在最大的生产国是巴西,其次为哥伦比亚。非洲的生产国是埃塞俄比亚、科特迪瓦、乌干达等国。巴西 1998 年咖啡的产量达 345 万吨,产量占世界 1/3 以上,主要种植在东南部的圣保罗州、巴拉那州和米纳斯吉拉斯州。

可可是制造饮料和巧克力的主要原料,最大生产国是非洲的科特迪瓦,1998 年产量为 112 万吨;其次是加纳,产量约 39 万吨;第三位的是印度尼西亚,产量约 37 万吨。拉丁美洲可可的种植主要在巴西和厄瓜多尔,产量约占世界 1/3。80%的咖啡、70%的可可都出口到欧美等发达国家,发展中国家消费量很少。

(七)糖料作物

甘蔗和甜菜是世界上最重要的糖料作物。甘蔗主要种植在热带和亚热带地区,而甜菜种植在寒温带。其中甘蔗占制糖原料的 80%以上。

甘蔗的主要生产国是巴西、印度、中国、古巴、澳大利亚、泰国、菲律宾等国。1998 年巴西甘蔗的产量为 3.38 亿吨,居世界第一位;印度产量为 2.65 亿吨,居世界第二位;中国居第三位,产量 8 754 万吨。巴西甘蔗的种植主要在圣保罗州、里约热内卢州和巴拉那州。印度主要种植在东北部各邦。中国的广东、广西、福建、云南、台湾和海南等省区是主要的甘蔗产区。

甜菜最大的产区在欧洲,主要生产国是法国、德国、波兰、乌克兰等国。亚洲主要是中国、土耳其和伊朗。北美洲主要是美国。1998 年法国甜菜的产量为 3 115 万吨,居世界第一位;美国为 2 958 万吨,居世界第二位;德国居世界第三位。

2002 年至 2003 年度世界糖的产量为 1.43 亿吨,出口量 2 566 万吨,基本上都是从欠发达国家出口的,其中来自拉美国家的出口占 61.5%,亚洲和太平洋沿岸国家出口占 27.5%。世界食糖出口国依次为古巴、欧共体、泰国、澳大利亚和巴西。其中古巴出口额约占世界一半以上。主要进口国为独联体国家、加拿大、中国、中东和非洲。

(八)畜产品

畜产品主要包括肉类、奶制品、禽蛋等。据联合国粮农组织统计,2002 年世界肉类产量为 2.45 亿吨,牛肉产量最多的国家是美国,达到 1 242 万吨,其次是欧盟(746 万吨)、巴西(724 万吨)。猪肉产量最多的国家是中国,2002 年达 8 547.9 万吨,其次是美国 892.9 万吨。主要的牛肉出口国为澳大利亚(136.1 万吨)、巴西和加拿大。主要进口国为美国(146 万吨)、俄罗斯、日本和欧盟。主要的猪肉出口国为欧盟(124.5 万吨)、加拿大和美国。主要进口国为日本(116.2 万)和俄罗斯。中国是世界上最大的猪肉消费国,消费量占世界一半以上,但进口量很少,还有少量出口。

牛奶 1998 年世界的产量为 4.6 亿吨,其中美国产量最多,为 7 190 万吨,其次是俄罗斯、印度、德国、法国。牛奶由于不易保鲜和运输,出口量极少。

(九)渔产品

鱼、虾、蟹等水产品是人类蛋白质供应的主要来源。

世界水产资源主要来自海洋和陆地上的河流和湖泊,其中以海洋渔业资源为主。但海洋渔业资源分布不均,其中以太平洋水域最为丰富,约占世界海洋渔业资源的 61.04%,其次是大西洋,约占世界海洋资源的32.56%。其中最为集中的有五大渔场,即日本北海道渔场、欧洲北海渔场、南美洲秘鲁渔场、太平洋中西部渔场和格陵兰渔场等。20 世纪 50 年代,世界捕鱼量仅 2 000 万吨,而 1993 年增长到 1.01 亿吨,几乎增加三四倍。主要产鱼国为中国内地、日本、美国、俄罗斯、印度、韩国、挪威等。其中中国捕鱼量最多,约占世界的 10%,其次为日本、美国、俄罗斯等。淡水养鱼中国最多,约占世界的 2/5。主要出口国为中国内地、美国、我国台湾。主要进口国为日本,约占世界进口量的 30%,其次是欧盟、美国等。主要鱼产品为对虾、金枪鱼、大马哈鱼、鳕鱼、鲑鱼等。

(十)水果

“二战”后随着人们生活水平的提高,水果的消费量随之增长,促进了水果贸易的发展,特别是美国、日本、加拿大等发达国家,水果进口率已达 30%。地中海沿岸各国、巴西、厄瓜多尔、科特迪瓦、法国、智利、泰国、中国等纷纷利用自己有利的自然条件大力发展柑橘、葡萄、香蕉、苹果、菠萝、芒果等水果的生产。2002 年世界水果(不含瓜类)的总产量为4.75 亿吨,中国产量位居世界首位,约 7 039 万吨,印度居第二位 4 664万吨,美国第三 3 040 万吨;超过 1 000 万吨的还有意大利、墨西哥、西班牙、法国、伊朗等。柑橘最大生产国是巴西,而最大出口国是西班牙,其出口量约占世界的 30%;最大进口国是法国,其次是加拿大和中东地区。葡萄生产主要集中在法国、意大利、西班牙、格鲁吉亚、智利、土耳其、希腊等国,而最大出口国是智利,其次是土耳其和希腊,进口国主要是美国、英国、加拿大等国。世界香蕉的产量约 1 900 万吨。世界有 41个香蕉生产国,其中印度、巴西、厄瓜多尔、印度尼西亚、中国等产量均在 100 万吨以上。印度年产约 600 多万吨,居世界首位。香蕉的出口国主要在拉美地区,约占世界出口量的 70%,其中厄瓜多尔一国出口量就达 200 多万吨,居世界第一位。主要进口国是美国、欧盟、日本和加拿大。苹果以欧洲产量最多,占世界总产量的 33%,其次是亚洲,占 30%,北美占 19%。出口量以欧洲最多,占世界出口量的 52%,法国是最大出口国,其次是意大利和匈牙利。进口国为英国和德国。菠萝主要产在泰国、菲律宾和我国台湾省,其中泰国产量居世界首位,95%供出口。主要进口国为美国。

三、世界农产品贸易大国——荷兰

荷兰是位于欧洲西部大西洋沿岸,面积仅有 4.16 万平方公里的小国。狭小的面积、低洼的地势和冬温夏凉、降水丰沛的气候,为发展畜牧业和园艺业提供了有利的条件。荷兰的园艺业主要培植花卉、蔬菜、蘑菇、水果和名目繁多的观赏植物。直接或间接从事花卉业的人口达 8.6 万人,2001 年的产值达 82 亿欧元,每年鲜切花和观赏植物的出口额约 30 亿欧元,其中花卉出口占世界份额的 58%,盆栽植物占 53%。主要花卉品种为菊花、百合、非洲菊、兰花等。球茎花卉是郁金香、水仙等。每年出口球茎约 70 亿个,价值 7.5 亿美元。蔬菜主要是黄瓜、蕃茄、甜椒等。

荷兰的畜牧业分为放牧型及集约型两种。放牧型畜牧业主要是饲养奶牛和肉牛,牧场用地的面积远远大于种植业耕地的面积。养牛业中奶牛比重大于肉牛。牛奶最高年产量为 1983 年的 1 323 万吨,人均 923 公斤。从 1984 年起由于受欧共体共同农业政策中生产限额的控制,牛奶的产量下降为目前的 1 049 亿吨,人均 700 公斤。荷兰的牛奶的产值从 1975 年的 31 亿荷兰盾增长到 1995 年的 77.6 亿荷兰盾,增长了 1.5 倍,而同期牛肉产值仅增长了 1.2 倍。荷兰的集约型畜牧业主要是在室内环境实行人工喂养的养猪业。2001 年猪的存栏数为 1 307.3 万头,约占世界的 1.5%,但猪肉的出口曾经占居过世界第一位。

荷兰农业从整体规模来看虽然远远不如美国,但农产品贸易远远大于美国,是真正的农产品贸易冠军。据联合国粮农组织统计,在 1961 年至 1971 年,1971 年至 1981 年,1981 年至 1991 年这三个 10 年中,荷兰农业净出口额以年平均 14.5%、15.7% 和 9.7% 的速度持续增长。从 1989 年起在世界农产品净出口额的排行榜上,荷兰一直被公认为仅次于美国,居世界第二位的农业大国。但这种统计并没有包括花卉等园艺产品和渔业产品,如果包括上述两项产品,则荷兰农产品的净出口值远远大于美国,居世界第一位。以 1996 年至 1999 年这 4 年的平均数为例,荷兰的净出口值(包括花卉和渔产品)为 180 亿美元,而美国只有 126 亿美元。荷兰出口的主要农产品有乳制品、肉类及肉制品、园艺业产品(见表 8-3)。

表 8-3　荷兰、美国农产品净出口额比较(1996～2000 年)

单位:亿美元

项目 \ 国家 \ 年份	荷兰		美国	
	1996～1999 年均	2000	1996～1999 年均	2000
FAO 口径 A	142.19	116.66	186.93	115.31
渔产品	3.05	1.83	−54.64	−73.98
FAO 口径 B	145.24	118.49	132.29	41.33
花卉和蘑菇	33.68	27.68	−6.26	−9.72
净出口总计	178.92	146.17	126.18	31.61

资料来源:粮农组织(FAO)各年《贸易年鉴》和《渔业年鉴》。

注:①FAO 口径 A 指狭义农产品,即不包括花卉和渔产品。

②FAO 口径 B 则是指 FAO 口径 A 加上渔产品,但仍不包括花卉。

③"—"表示净进口。

荷兰农产品出口具有下列几个特点:(1)人均创汇率高。按荷兰农业就业人数计算,荷兰年人均出口创汇值为 14 万美元。(2)出口增速最快。1961 年至 1999 年荷兰农产品净出口额增加了 45 倍。(3)单位面积土地创汇率高。每平方米农业用地的创汇额为 1.86 美元。(4)除花卉出口世界第一外,种用马铃薯、鸡蛋、番茄、干洋葱、奶酪等的净出口额均为世界第一。

荷兰农产品贸易中除出口外,还需要大量进口。由于荷兰土地资源少,谷物等饲料、热带水果、咖啡、茶叶、酿制啤酒的大麦、麦芽、啤酒花等,均需依赖进口。从 1980 年至 1998 年这 19 年中,荷兰用于支持畜牧业发展的饲料进口额总共达到了 68.39 亿美元。每年进口大麦约 100 万吨,麦芽 20 万吨。这些进口原料经加工成啤酒后再出口。1997 年至 1999 年荷兰啤酒业年均出口额达 8.98 亿美元,居世界第一。荷兰自身牛奶产量虽多,但奶制品加工能力大,因此鲜奶仍需进口。1998 年至 1999 年度荷兰进口牛奶 2 亿美元,而出口的乳制品则超过 16 亿美元。

本章思考题

1.什么是农业？为什么农业是国民经济基础，如何巩固其基础地位？

2.说明"二战"后，世界农业生产有何特点。

3.世界农业生产有哪些地域类型？各种类型主要分布在哪些地区和代表农作物是什么？

4.说明小麦、玉米、棉花、稻米、大豆、茶叶和甘蔗的种植区域及主要生产国。

第一节　工业制成品生产与贸易概况

一、制成品的概念及种类

国际贸易中商品种类众多,从商品的外在形式划分,可分为有形的货物贸易和无形的服务贸易。货物贸易中列入我国海关税则管理的货物分类就达 8 871 种。对于如此众多的货物种类,为了统计方便,1950年联合国出版的《联合国国际贸易标准分类》中,把货物分为 10 大类,其中 0 类至 4 类商品称为初级产品,如农产品、矿产品等;5 类至 8 类为制成品,如机械和运输设备、化工产品、纺织服装等。

所谓初级产品,泛指人类能够直接从自然界如土地、岩层、河湖海等水域获得,或通过人工的培植和养殖,乃至自身的繁殖,不经加工或只经简单加工的产品,如农产品、矿产品等。初级产品往往贸易量大,附加价值低。

所谓制成品,也称工业制成品,是指以农产品或矿产品为原料,运用现代的加工设备和技术,采用严格的生产工艺程序和标准进行加工制造,与原材料相比无论是外观形态、性质和效用都发生了实质改变的产品。

制成品的种类由于分类标准不同,可分为如下几种类别:

第一,从生产过程中投入的劳动力、资金和资源的多少、技术的先进程度来划分,可分为劳动密集型产品,如服装、鞋类、玩具等;资金或资源密集型产品如钢铁、船舶、普通机械产品等;技术密集型产品如飞机、汽车、电子通信设备等。

第二,从使用的领域可划分为生产资料制成品和消费资料制成品。

第三,从最终的加工程度划分,可分为整机、成套设备和零部件。

第四,从生产加工的行业划分,可分为钢铁及冶金产品、化工产品、机械产品、运输设备产品、电子产品、纺织品及轻工业产品等。

第五,按《联合国国际贸易标准分类》把制成品分为:未列名化学品及有关产品、主要按原料分类的制成品、机械及运输设备、杂项制品和没有分类的其他商品等5大类。

二、工业制成品生产和贸易发展的趋势及特点

现代工业制成品的生产和贸易,是随着大机器的采用、科学技术和生产力的发展以及国际分工的深化而形成发展起来的。纵观自产业革命后至今200多年的历史,工业制成品的生产和贸易呈现下述几个特点。

(一)工业制成品的种类越来越多。在我国海关税则列入的8 871种商品中,除活动物、烟草及饮料,除燃料以外的粗原料,燃油、润滑油及有关原料、动植物油脂和油脂以外,均为制成品。而每类制成品中由于科学技术的进步和分工的深化,其产品种类也不断增加。例如船舶已从传统的客轮和散货船,细分化为油轮、冷藏船、木材船、滚装滚卸船和子母船等多种类型。通信设备从普通的有线电话、电报设备,发展到目前的无线通信设备、卫星定位、卫星导航等通信设备。服装从传统的棉、

毛、丝、麻为原料,发展为化纤、混纺等多种面料。

　　(二)工业制成品的生产和贸易的空间分布由集中走向分散。这是由于世界生产力的空间分布由集中走向分散的必然结果。第一次产业革命后,由于欧洲是产业革命的发源地,首先采用大机器进行工业生产,因此从18世纪60年代至19世纪70年代前,制成品生产和贸易主要集中在以英国为中心的西欧地区。从1850年至1870年英国的煤产量从4980万吨增长到1.1亿吨,生铁产量从230万吨增长到600万吨,钢的产量达到22万吨,英国煤、铁、棉花的消费量占世界的一半。当时的英国是世界工业制成品最大的生产者和出口者。19世纪70年代以后,随着第二次产业革命在美国、德国的兴起,工业制成品的生产与贸易已由欧洲分散到北美地区。到19世纪末和20世纪初,美国已取代了英国成为世界最大的工业制成品生产国。到1900年美国钢铁产量达到1035万吨,居世界首位。到第二次世界大战结束时,美国无论钢铁、汽车、飞机,还是通信及电子产品的产量均居世界首位。第二次世界大战后,随着中国、韩国、新加坡、马来西亚、印度等国的解放和独立,以及日本经济的恢复和发展,世界工业制成品的生产和贸易已向亚太地区扩展。到1998年中国已是世界第一大钢铁、棉纱、水泥、服装、鞋类、玩具的生产国;家电、棉布的产量居世界第二位;船舶、合成橡胶、轮船的产量居世界第三位。而日本的小汽车、船舶、家电的产量居世界第一位。韩国的船舶、家电、汽车产量也居世界前列。

　　(三)制成品在国际商品贸易中所占的比重,已大大超过初级产品。1953年,工业制成品在国际贸易中所占的比重首次超过初级产品,并呈逐步上升的趋势(见表9-1)。

表 9-1　制成品和初级产品所占比重

单位:%

年份 项目	1937 年	1953 年	1970 年	1987 年	1995 年	1997 年	2001 年
初级产品	63.3	49.7	44.6	31.4	29.7	22	25
制成品	36.7	50.3	55.4	68.6	70.1	78	75
合计	100	100	100	100	100	100	100

造成工业制成品出口不断上升的原因主要有：

1."二战"后随着亚非拉许多国家获得了独立和解放,各国都在积极发展民族工业,力争尽快实现工业的现代化,摆脱对发达国家的依赖。因此世界工业生产出现了分散化、多极化的趋势。随着发展中国家民族工业的进步,过去以出口初级产品为主的国家开始出口工业制成品。其中尤以亚洲"四小龙"、中国、巴西、墨西哥等国家和地区取得的成绩最为显著。例如"二战"前新加坡几乎没有任何工业,而现在却是世界上重要的电脑驱动器的生产国和出口国。中国现在不但是世界最大的服装、鞋类、玩具的出口国,而且家电、汽车、发电设备、船舶等技术密集和资本密集型的产品也开始出口。

2.20 世纪 70 年代以后,由于石油价格的上涨,发达国家纷纷调整产业结构,淘汰劳动密集和资源密集型产业,发展技术和知识密集产业。如美国开始减少粗钢、服装、鞋类的生产,随之对铁矿砂、煤炭、棉花、羊毛、皮革等初级产品的需求量下降。发达国家在本国淘汰这些产业的同时,开始把这些产业向发展中国家转移,以便利用当地廉价的劳动力和丰富的资源,降低成本。而成品或返销其国内或出口到其他国家,从而增加了制成品的贸易量。

3.随着初级产品需求量的下降,国际市场上初级产品的价格不断下降,而制成品尤其是知识和技术密集型的制成品的价格不断上涨,也促使各国减少初级产品的出口,增加制成品的出口。

4.随着科学技术的进步和人民生活水平的提高,各种产品的生命周期日益缩短,企业为了取得有利的市场竞争地位,只有不断开发新的产品,以满足市场需求。因此制成品贸易的种类和数量也就不断增长。

(四)跨国公司在工业制成品的生产和贸易中占有举足轻重的地位。跨国公司的产生是 20 世纪初,当资本主义由自由竞争走向垄断之后出现的。第二次世界大战后,随着科学技术的进步和发展中国家的独立,发达国家的经济日益受到资源和市场的约束,为了更好地获取资源和开拓市场,进一步促进了跨国公司的发展。跨国公司对外投资主要集中在制造业,尤其是资本和技术密集型产业,这就直接影响了国际贸易中的商品结构,使制成品所占比重上升。据统计,到 20 世纪 80 年代,世界 22 家大的跨国汽车公司的汽车产量就占世界总产量的 97%。美国 IMB、惠普、英格尔等电脑公司就占据了世界计算机市场 75% 的份额。世界机器人的生产和销售,日本一国就占世界的 50%。跨国公司由于站在全球角度进行生产布局,以内部贸易为主,力求经济效益的最大化,因此必然增加了中间产品的贸易量。

(五)"二战"后,随着生产的国际化和专业化的发展,工业制成品的生产已从产业部门之间分工走向走向产业内部之间的分工,从而促进了工业制成品贸易的迅速增长。这种内部分工主要表现为不同规格、型号产品的分工、零配件和部件的分工以及工艺过程的分工。例如美国生产的飞机往往采用英国罗尔斯·罗伊斯公司生产的飞机发动机,美国生产的电脑,采用印度生产的软件,美国生产的电子产品采用日本生产的半导体原器件。现在在许多发达国家和新兴工业化国家中,几乎很难找到某一种产品完全是本国生产的。

(六)世界工业制成品生产和贸易在地区分布上不平衡。这种不平衡主要表现在三个方面:

一是发达国家与发展中国家不平衡。发达国家是许多工业制成品,尤其是资本和技术密集型制成品的生产者和出口者,而发展中国家除了某些劳动密集型产品外,均处于劣势地位。如美国、日本和欧盟在汽车、飞机、电子产品、化工产品、精密机床、运输设备、通信器材等产品的生产和贸易上占有绝对优势,而发展中国家只在纺织、服装、玩具等方面占有优势。

二是地区分布上不平衡。工业制成品的生产和贸易主要集中在西欧、亚太和北美,而面积广大、国家众多的非洲和中东地区所占比重却很低(见表 9-2)。

表 9-2 2001 年世界工业制成品贸易额的地区分布

单位:亿美元

世界	北美	西欧	亚太	拉美	中东欧及独联体	中东	非洲
44 768.8	7 632.7	20 096	1 427.9	2 078	1 610	515	357

资料来源:根据《世界经济年鉴(2003~2004)》整理。

三是在发展中国家之间也不平衡。发展中国家工业制成品生产和贸易发达的国家和地区主要是新兴工业化国家(地区),如巴西、墨西哥、阿根廷、韩国、新加坡、我国台湾和香港地区;其次是经济正在转型的发展中大国,如印度和中国。例如,中国 2003 年出口贸易总额为 4 383.7 亿美元,而工业制成品的出口就高达 4 035.6 亿美元,约占出口总额的 92%。而亚非拉的许多发展中国家由于经济增长缓慢,产业结构仍以农业、采矿业为主,生产和出口的产品仍以初级产品为主。例如 1997 年中东各国(除去以色列),燃料、金属矿产物、农产品的贸易额所占比重高达 79%,而制成品只占 21%。

三、世界工业产品的生产地带

世界工业制成品的生产在以西欧为中心逐渐向外扩散,即由集中走向分散的同时,却仍然表现为相对集中,即集中分布在北纬 30 度至 50 度地区,呈东西延伸的、不连续的带状分布。主要分为美加工业带、西欧工业带、中东欧工业带和亚太工业带。

(一)美加工业带。形成于 19 世纪末至 20 世纪初。20 世纪 50 年代以前这里是世界工业生产最为集中、最发达的地区,有众多的钢铁、机械、采煤、化工、木材加工等生产企业集中分布在美加相邻的五大湖和圣劳伦斯河沿岸,以及美国大西洋沿岸东北部地区。"二战"前工业生产均占美加工业生产总值的 80% 以上,并形成了巨大的城市群。"二战"后由于这里的传统工业缺乏竞争力,加上石油的开发利用,美加工业带开始由五大湖沿岸向美国南部的墨西哥湾沿岸和西部太平洋沿岸扩展和转移。南部和西部由于以石油、电子、飞机制造、生物工程等新兴产业为主,其发展势头已超过五大湖工业带。

(二)西欧工业带。主要包括英格兰中部和东南部,法国北部的巴黎盆地和东北部的阿尔萨斯、洛林地区,卢森堡、比利时、荷兰和德国的鲁尔区,意大利西北部的米兰、都灵、热那亚三角地带,以及芬兰、瑞典、挪威、丹麦等南部沿海地带。这里是世界上形成最早的工业地带,传统产业以钢铁、采煤、化工、电力、船舶为主。"二战"后这些传统产业日趋衰落,随着新兴产业的兴起,工业生产也开始向苏格兰、法国南部和西南部、德国南部巴伐利亚高原和意大利的东北部和南部扩展。新兴产业主要包括电子、飞机制造、生物工程和通信器材等。像英国的格拉斯哥、法国的图卢兹及格勒诺布尔、德国的慕尼黑、意大利的塔兰托及那不勒斯等都已成为电子、石油化工、钢铁工业的中心。

（三）中东欧工业带。主要包括捷克、波兰、俄罗斯的中央工业区及乌拉尔工业区、乌克兰东北部的顿涅茨克等工业地带。这个工业带仍然以采煤、钢铁、化工、轻纺织工业为主。"二战"后石油的开发，促使以石油、天然气为主的燃料工业取得了长足进展。在重化工业的基础上，俄罗斯和乌克兰与军事有关的生产也占有相对的优势。

（四）亚太工业带。这个工业带北起日本的"三湾一海"地带，向南向西经韩国的南部，中国渤海湾沿岸、长江三角洲、珠江三角洲、台湾省和香港特区，越南的东南部、泰国南部到马来西亚西部、新加坡，最南至印度尼西亚的爪哇岛。这里是第二次世界大战后新兴起的工业带，其发展势头大有后来居上之势。日本、韩国、我国台湾的工业生产主要以知识技术密集和资本密集的汽车、电子、钢铁、造船、化工为主，而我国内地、越南、泰国、马来西亚、印度尼西亚等仍以劳动密集型产业为主，并且正处于向资本和知识密集型转换的进程当中。亚太工业带工业制成品的生产和贸易，仅次于西欧工业带。

第二节　世界钢铁生产与贸易

一、世界钢铁生产发展的历程

钢铁生产是工业现代化的基础，它为各种工业提供了不可缺少的原材料。现代钢铁工业生产自 19 世纪初起步，至今已有 200 余年历史。纵观这 200 年的历程，钢铁生产表现为下列特点。

（一）战前产量有限，生产相对集中；战后产量迅速增长，生产走向多元化。钢铁生产从 19 世纪初起步，到 1900 年世界钢铁年总产量仅 3 000 多万吨。进入 20 世纪，由于美国、德国、日本相继实现了工业现代

化,钢铁产量随之增长,到"二战"前的 1937 年,世界钢铁产量也只有
1.1 亿吨。其中美国、英国、德国、法国、前苏联就占世界总产量的
87.5%。

"二战"后,特别是 20 世纪 50 年代以后,在世界钢铁总产量的持续
增长的同时,钢铁年均增长率自 60 年代以后,却持续下降(见表 9-3 和
表 9-4)。

表 9-3 世界钢铁产量增长情况

单位:亿吨

年份	1950	1968	1972	1974	1979	80 年代	1997	2002	2004
产量	1.89	5	6	7	7.5	7~7.5	7.8	9.02	10.35

表 9-4 世界钢铁产量年均增长率

单位:%

年代	50~60	60~70	70~80	80~90	1990~1997
年均增长率	6.2	5.5	1.9	0.7	0.4

资料来源:《世界经济年鉴(2003~2004)》。

造成战后世界钢铁生产总量持续增长的原因,首先是战后初期英
国、法国、前西德、日本等资本主义国家为了恢复经济,并使本国的产业
结构向重化工业发展,美国为了巩固自己在"二战"后取得的垄断地位,
都在大力发展钢铁生产。而"二战"后刚刚获得独立、解放的发展中国家
和社会主义国家,为了实现工业化,也把钢铁工业作为工业化的主导产
业,从而推动了钢铁产量的增长。其次,20 世纪 70 年代以前,世界上原
油、煤炭、铁矿砂等原材料价格低廉,供应充足,为钢铁生产奠定了坚实
的物质基础。第三,"二战"后随着汽车、造船、建筑业的迅速发展,对钢
材的需求量急剧地增长。第四,由于顶吹转炉、电炉、连铸等新的炼钢技
术的发明和采用,不但大大的提高了生产效率,而且大大降低了原材料
的消耗量,从而进一步推动了钢铁生产的迅速增长。

自 20 世纪 70 年代以后钢铁生产的年均增长率急剧下降的原因,
首先是自 70 年代初到 80 年代初接连发生的两次能源危机,导致了以
美国为首的西方发达国家经济陷入了危机,通货膨胀加剧,失业严重,

企业破产。发达国家为了摆脱危机纷纷调整产业结构,淘汰像钢铁等资源密集而且对环境造成巨大污染的产业,转而发展高科技产业,从而使钢铁产量下降。其次,90年代初由于前苏联解体,俄罗斯经济改革出现了重大失误,导致国内严重的经济危机,所有工业全面下降,俄罗斯由解体前的世界第一大产钢铁国,下跌到世界第四位。第三,随着新技术革命的深入,汽车机械等大量消耗钢材的产业,开始采用新材料(如铝合金、硬质陶瓷等),从而使钢材的使用量减少。

"二战"后在世界钢铁产量增长的同时,钢铁生产的分布也由相对集中走向多元化。到1979年世界钢铁产量超过1 000万吨的国家已有17个。到2000年世界钢铁产量在2 000万吨以上的国家共有10个,广泛分布在欧洲、亚洲、北美和南美四大洲(见表9-5)。

表9-5 2002年居世界前10位的产钢国

单位:亿吨

国家	中国	日本	美国	俄罗斯	韩国	德国	乌克兰	巴西	印度	意大利
产量	1.8	1.07	0.92	0.6	0.45	0.45	0.33	0.3	0.29	0.26

在上述10个国家中,中国自1996年钢产量跃居世界第一位后,到2004年已连续九年居世界首位。2004年的产量更高达2.7亿吨,占世界总产量的1/4。其次像韩国、乌克兰、印度、巴西等发展中国家的产量均已超过英国、法国、意大利等老牌的资本主义国家。

从不同类型国家来看,到1998年,发展中国家,加上东欧经济正在转型的国家,钢铁产量占世界总产量的份额已达51%,超过了发达国家。造成这种状况的原因,一方面是发展中国家随着经济的增长,对钢铁的需求急剧增长;另一方面是发达国家为了减少污染,把粗钢的产量保持在一个合理水平,并转而生产高附加值的精炼钢和合金钢。

(二)钢铁生产的重心由欧美向亚洲转移。"二战"后,1955年日本在完成了经济的恢复之后,就在美国的支持下大力发展钢铁等重化工业,以构造经济迅速腾飞的基础。日本钢铁生产由于采用沿海布局,利用方便的海运条件进口原料,又能迅速地把产品打入经济快速增长的东亚、南亚、东南亚、西亚等地市场,并不断采用新的炼钢技术,因此钢铁生产增长十分迅速,到 20 世纪 50 年代末期其产量已超过了英国、法国、前西德,1980 年又超过美国,跃居仅次于前苏联的世界第二位。1979 年日本钢铁产量已达 1 亿吨。从 70 年代开始,亚洲的中国、韩国、印度、拉美的巴西、阿根廷等国,随着工业化进程的加快,钢铁工业也迅速崛起。特别是中国,1982 年超过前西德,接着超过美国、日本,前苏联解体后又超过俄罗斯,至 1996 年产量跃居世界首位。到 2002 年亚洲各国钢铁总产量已达 3.82 亿吨,占世界总产量的 42.4%,大大超过西欧和北美地区。

(三)钢铁工业的区位从传统的靠近煤、铁等原料产区,开始向沿海港口和大的消费区转移。传统的钢铁生产中心,如英国的伯明翰、德国的鲁尔区、乌克兰的顿涅茨克和美国的五大湖沿岸都是集中在煤炭、铁矿石资源基础上的,目的是降低运输成本。而"二战"后钢铁生产开始向大的消费中心和沿海港口发展,如法国在马赛附近的福斯、西北部港口敦刻尔克,意大利在南部港口塔兰托,中国在上海的宝山,韩国在东部港口浦项,美国在休斯敦等地均建有大型的钢铁基地。而日本的钢铁生产几乎全部集中在太平洋沿岸的"三湾一海"和北海道的室兰等沿海地区。形成这种空间结构变化的原因,首先在于传统的钢铁生产中心,由于经过长达百年以上的生产,煤铁资源已近枯竭状态,加上设备老化,污染严重,导致生产效率低下。其次,德国、日本、韩国、法国等国都是铁矿资源短缺的国家,钢铁生产的原材料要依赖进口。而"二战"后,巴西、澳大利亚、委内瑞拉、秘鲁、利比里亚、加拿大等国已成为世界主要的铁矿石生产国和出口国,沿海布局的钢铁工业可以大大便于原料的输入,降低成本。第三,"二战"后随着造船工业的发展,船舶日益大型化、专业化和高速化,从而使海运成本大大降低。第四,随着顶吹转炉炼钢和高炉喷吹燃料技术等新的冶金技术的广泛应用,使钢铁生产中所需的原材料日益减少。例如韩国浦项钢铁厂炼铁的焦比已达到 270 公斤/吨铁的高水平。原材料消耗的下降,使钢铁生产布局在大的消费区成为可能。

(四)冶金技术的进步是推动钢铁产量剧增,品种优化,成本降低的关键。"二战"后,在第三次科技革命推动下,钢铁生产纷纷采用新技术、新设备。传统的平炉炼钢在发达国家、新兴工业化国家,乃至中国这样的转型经济国家已经全部被淘汰,各国纷纷采用先进的顶吹转炉和电炉炼钢法,这不但大大减轻了工人的劳动强度,净化了劳动环境,而且提高了产品质量。目前全世界有60%的粗钢是用顶吹转炉炼钢法炼制的。在炼铁方面,各国纷纷向高炉大型化发展。日本大分厂的2号高炉内容积已达5 245立方米。水岛厂采用的超短期高炉维修法,已使高炉停产维修的时间由120天减少到70天。在炼铁过程中为了降低焦比,以喷煤为代表的高炉喷吹燃料技术得到广泛的发展和应用,使韩国浦项钢铁厂焦比达到270公斤/吨铁的世界先进水平。炼钢和轧钢连铸技术的发展,更是使钢水通过热轧机直接成型为板状或带状钢材,大大提高了钢材的生产效率。

二、世界钢铁的贸易

20世纪90年代以来,钢铁工业保护程度逐渐减弱,虽然以关税和自愿出口限额等形式的限制仍然存在,但钢材的国际贸易量仍逐渐扩大。在20世纪70年代末,世界钢材出口量为1.2亿至1.4亿吨,到90年代中期为2.3亿至2.4亿吨,几乎翻了一番。世界钢材出口量占世界钢材总产量的比例在20年里上升了10个百分点。目前世界钢材产量中约有1/3已用于出口(见表9-6)。

表9-6　世界钢铁贸易量占产量的比例

项目 \ 年份	1975	1980	1985	1990	1995	1996	1997
世界钢材产量(亿吨)	5.10	5.89	6.17	6.78	6.65	6.64	7.03
世界钢材贸易量(亿吨)	1.15	1.4	1.7	1.7	2.35	2.24	2.54
出口量占产量的%	22.47	23.88	27.72	25.13	35.38	33.67	36.14

资料来源:《世界经济年鉴(1999~2000)》。

世界钢铁贸易从国家和地区来分析,贸易量最大的是欧盟。据

2001 年统计,欧盟钢铁贸易无论进口和出口均在 1 亿吨以上。但是欧盟的钢铁贸易以成员国之间为主,其当年的净出口量(向欧盟以外国家出口)仅 360 万吨。实际对外出口量最多的是俄罗斯和日本。俄罗斯当年净出口 4 260 万吨,日本净出口 2 550 万吨。而进口量最大的是亚洲和北美地区,其中美国和中国是重要的钢材进口国。据我国海关统计,2002 年中国内地进口钢材 2 449 万吨,出口钢材 545 万吨,净进口 1 904万吨。中国进口的主要是国内不能生产或质量无保证的高附加值钢材,如不锈钢板、涂镀层板、电工钢板等。这些钢材中国今后仍会进口。而北美地区 2001 年当年净进口量为 2 340 万吨。

钢铁国际贸易量增长的同时也带来了各国在国际市场上竞争的加剧。一些国家,尤其是发达国家,一方面大搞贸易保护主义,保持国内逐步萎缩的钢铁生产;另一方面进行钢铁企业的兼并和组合,大搞跨国投资。前者以美国为最明显,后者涉及日本、法国、美国等多家钢铁企业。

1998 年,在面临钢材进口量激增、钢材库存积压、价格大幅下跌的情况下,美国一些钢铁企业和钢铁工会连续对日本、韩国、英国、巴西和俄罗斯等国进口的不锈钢薄钢板和热轧薄板提出反倾销诉讼,并于1999 年裁决倾销成立,开始加征反倾销税。2002 年 6 月美国总统布什公开宣布自 2002 年起对美国进口的热轧板、冷轧板、镀锌板和冷轧棒材等多种产品征收 30% 的关税,为期 3 年,以后逐年关税税率下降 6 个百分点,到 2004 年关税下降到 18%。这一措施虽引起了欧盟、中国等的激烈反对,并投诉到世贸组织。经世贸组织裁决,美国违反了世贸原则,到 2004 年美国才被迫取消。但这终究为美国钢铁生产提供了一个喘息机会,有利于其提高钢铁生产的竞争能力。为了反击美国的贸易保护主义,中国也于 2002 年宣布对进口钢铁产品实行保护措施,实行配额关税,超过配额部分要加征 7% 至 26% 的特别关税。

20 世纪 80 年代末,日本在日元升值、出口受阻的情况下,钢铁企业开始仿效汽车企业,大举实行跨国经营和国内企业的兼并重组。日本投资的重点是美国。川崎公司首先投资 16 亿美元在美国建立了一条镀锌生产线,接着 NKK 公司又与美国国家钢铁公司一起建立了一座钢铁联合企业,日方投资 22 亿美元。除了在美国投资外,日本又先后在泰国、巴西建立合资企业。日本这些举措目的就是利用自己先进的技术,在当地生产,就地销售,以绕过种种贸易壁垒。除日本外,法国的于齐诺尔公司、英国的伊斯帕特钢铁公司纷纷在阿根廷、巴西、泰国建立合资企业。

发达国家在积极进行海外投资的同时,在本国国内各大钢铁企业也积极进行重组。例如 2002 年 9 月日本第二大钢铁企业 NKK 公司与第三大钢铁企业川崎公司正式成立了由双方控股的 JFE 公司。两公司合并后年粗钢生产能力达到 3 300 万吨,超过日本最大的钢铁企业新日铁,其生产能力已居世界第二位。同样的兼并重组活动在美国也在进行着。这些重组活动,一方面扩大了生产能力,另一方面也能发挥原来各个企业的优势,同时也有利于淘汰原来各企业相互重叠的生产线。

第三节　汽车生产与贸易

一、世界汽车生产发展的历程

1886 年德国人本茨和戴姆勒先后用汽油发动机装在 3 轮和 4 轮马车上作动力,发明了汽车。一百多年来,汽车技术的进步和汽车工业的发展,对人类文明的进步,经济的发展产生了无与伦比的促进作用。人们把 20 世纪称为汽车世纪。纵观这一百多年的历程,汽车生产大致经历了下述几个阶段。

(一)汽车技术的初步完善时期

这一阶段大致是 19 世纪末至 20 世纪初。1893 年美国杜里埃兄弟造出了第一辆汽车。采用了水冷式单缸二冲程汽油机,首次用上电火花点火器和喷雾式化油器。1898 年法国的路易斯·雷诺造出了使用轴传动,带变速器和万向节的汽车。1895 年在意大利出现了内燃机汽车。正是随着汽车技术的进步,先后在美国、法国、意大利和英国建立了福特、卡迪拉克、别克、雷诺、菲亚特和罗尔斯·罗伊斯等汽车公司。但这一阶段汽车生产都是依据发明家和贵族的要求单件制作,价格昂贵,只是富豪们用以炫耀的工具,不具有生产规模。

(二)汽车工业形成时期

这一时期是 20 世纪初,以美国福特汽车公司开始进行工业化生产为标志的。1908 年美国福特汽车公司开始生产结构紧凑、坚固可靠、驾驶简易、价格低廉、摒弃奢侈豪华附件的 T 型车。T 型车一上市就受到美国普通百姓的青睐,1909 年产量就达到 1 万辆,1914 年增长到 30 万辆。第一次世界大战结束时,世界上的一半汽车是 T 型车,几乎控制了北美乃至全世界的市场。1913 年福特公司首创世界第一条汽车生产装配流水线。随着汽车产量的扩大,成本也不断下降。每辆汽车价格由刚推出时的 825 美元,下降到 1916 年的 345 美元,真正成为美国普通民众能够享用的交通工具。随着汽车的普及,既改变了美国人民的生活方式,也打破了美国内陆封闭的格局,从而促进了美国经济的迅速增长。

(三)提高汽车适用性,拓宽汽车应用领域时期

20 世纪初,在汽车形成工业化生产之后,汽车功能和结构随着使用领域的拓宽也不断迅速发展。由只能为少数人乘坐的"轿车"向公共汽车、货车、通讯车、消防车、装甲车扩展。第二次世界大战中美国威廉斯公司开发出适于野战用的吉普车。汽车也由单轴传动向二轴、三轴传动发展。第二次世界大战后,随着经济的发展,各种专用车辆如罐车、挂车、厢车、建筑业用车等更是层出不穷。

(四)提高生产集中度,形成战略性产业时期

这一时期是"二战"后到 20 世纪 70 年代初。汽车工业生产的特点是美、欧、日齐头并进,实行大规模、集中化、专业化生产,汽车产量迅速增长,生产经营由大的垄断公司所控制。美国在 1949 年汽车产量就达到 500 万辆,恢复到"二战"前的最高水平,1965 年更突破 1 000 万辆,达到 1 105 万辆。汽车生产企业通过兼并,形成了福特、克莱斯勒、通用三大汽车公司三分天下的局面,控制了全国 95% 的产量。欧洲的德国、法国、英国、意大利等国也在 1969 年突破 1 000 万辆,成为世界第二大汽车生产地。而汽车生产主要由德国大众、奔驰,法国雷诺、雪铁龙、标

致和意大利菲亚特等大公司控制。日本在1955年结束了经济恢复期后,也公布了大众汽车开拓纲领,在引进美、欧技术和管理,国内推行分期付款销售方案的基础上,利用两次石油危机的有利时机,生产节能的经济型轿车,大力推动汽车生产。汽车产量由1950年的3.2万辆,到1980年猛增到1 104万辆,首次超过美国。日本汽车生产主要由丰田、日产、三菱、五十铃等几家大公司控制,其产量占全国90%以上,其中丰田、日产就占全国的2/3。

(五)汽车技术高速发展,生产经营趋向全球化时期

这一个时期是从20世纪70年代以后开始的,至今仍在继续。汽车技术的进步主要表现为:(1)汽车电子技术得到迅速发展,电子控制、电子制动、电子导航等得到了广泛应用;(2)汽车动力多样化,已采用的新燃料有液化石油气、天然气、乙醇等,动力向节能、环保型发展;(3)广泛使用铝、镁等合金材料制造汽车各种部件,使汽车向轻型化发展;(4)电子计算机广泛用于汽车设计、汽车制造、汽车工程管理等各个方面,大大缩短了新车开发周期,节约了原材料,降低了成本;(5)汽车生产由单一产品的流水线大批量生产,向能生产不同产品的柔性化生产发展。

汽车生产的全球化是随着世界经济一体化的进程而加快的。20世纪70年代以后,美、日、欧等发达国家的汽车生产企业在国内经济不景气的条件下纷纷向海外投资,在发展中国家建立零部件和装配厂,以降低成本并绕过种种关税和非关税壁垒。而许多发展中国家,尤其是新兴工业化国家也在淘汰劳动密集型产业,发展技术密集型产业的趋势下,纷纷建立和发展汽车生产,从而使汽车生产日益走向全球化。目前除美、欧、日外,亚洲的中国、韩国、马来西亚、印度,拉丁美洲的巴西、墨西哥等国都已成为世界重要的汽车生产国。据统计,2002年世界汽车总产量为5 878万辆。产量居世界前十位的是美国、日本、德国、法国、中国、韩国、西班牙、加拿大、墨西哥的英国。基本形成了北美、欧洲和东亚三大生产区域(见表9-7)。

表 9-7　2002 年世界汽车产量居前 10 位的国家

单位:万辆

国家	美国	日本	德国	法国	中国	韩国	西班牙	加拿大	墨西哥	英国
产量	1 227	1 025	547	369	325	314	285	262	182	182

二、汽车产业成为经济发展和社会进步的推动器

汽车生产的迅猛发展,使人类的生活方式、生产方式发生了巨大而深刻的变化,影响了社会发展和人类文明的进程。因而汽车被称为"改变世界的机器"。

(一)汽车工业成为国际性支柱产业,是世界经济增长的巨大动力

汽车工业是综合性产业,与冶金、橡胶、化工、机械、电子、纺织等制造业密切相关,同时也影响了交通、能源、保险、商业等的发展。美国、日本等国汽车生产消耗了本国 20% 的钢材,50% 的橡胶,需要大量的化工原料和纺织品,车用电子产品已占汽车总价值的 15%～20%。汽车的广泛使用,促进了公路设施的建设和"门到门"运输方式的形成。世界石油的产量也因汽车使用量的增加而不断增长。汽车生产为美国、日本等发达国家提供了广大的就业机会和出口创汇能力。据统计,在日本与汽车生产相关的行业的就业人数,已占全国总就业人数的 15%。全世界每年汽车贸易额已达三四千亿美元。德国、日本、法国、韩国等国每年汽车出口量已占其产量的一半。

(二)汽车推动了人类文明的进步

到 20 世纪末,全世界汽车的保有量约为 7 亿辆,地球上平均每 9 个人就拥有一辆汽车。汽车已成为人们工作、旅游、购物必不可少的代步工具。因此大大地扩展了人们活动的地域范围,缩短了时空距离,提高了工作效率,加快了生活节奏,从而推动了人类社会文明的进步。汽车的广泛使用也大大缩小了城乡差距,改变了城市格局、使城市功能划分为工业区、商业区和居民区,并在城郊出现了所谓"卫星城",城市功能和城市化程度得以进一步发挥。

但是汽车生产量和使用量的增加,也给社会发展造成十分不利的影响。其主要表现为:汽车尾气是大气污染的重要来源,汽车是世界石油的主要消耗者,使世界能源日趋紧张,能源供应的紧张加剧了国际经济、政治形势的动荡。

三、世界汽车生产的地域分布

世界汽车生产主要集中在亚太、北美和西欧三大区域,其中以亚太地区产量最大,约占世界总产量的1/3以上,其次是西欧和北美。亚太地区以日本产量最多,近年来均在1 000万辆以上,而且80%以上为轿车。日本汽车生产主要集中在"三湾一海"地带,尤以京滨工业区、名古屋工业区最为集中,约占全国产量的2/3以上。其中名古屋、丰田、刈谷为著名"汽车三角区"。韩国产量居世界第六位,也以轿车为主,约占全国汽车产量的2/3。韩国汽车生产主要集中在釜山、蔚山、光州、仁川等地。中国汽车工业起步早,但改革开放前发展十分缓慢。20世纪80年代以后国家把汽车列入支柱产业,给予资金、政策等多方面扶植,在大量引进美国、欧洲、日本资金、技术的情况下增长十分迅速,2002年产量已达325万辆,居世界第五位,2004年产量更超过500万辆,成为仅次于美国、日本、德国的第四大汽车生产国。中国汽车生产分布广泛,而又相对集中。主要生产基地有上海、长春、湖北十堰、北京、天津、广州、厦门、重庆等。北美的汽车生产基地主要是美国、加拿大和墨西哥,其中美国汽车产量1 000多万辆,加拿大257万辆(1998年)、墨西哥为133万辆(1998年)。汽车生产地以五大湖地区最为集中,如以布法罗、辛辛那提、珍妮斯维尔为顶点的"汽车生产三角形",加拿大的温莎,美国南部的亚特兰大、休斯敦,太平洋沿岸的洛杉矶等。欧洲主要汽车生产国为法国、德国、英国、意大利、瑞典等,其中以德国产量最多,1998年为502万辆。西欧的汽车工业主要分布在德国的沃尔夫斯堡、斯图加特、曼海姆,以及法国的巴黎、英国的伦敦和考文垂、意大利的都灵等地。

四、世界汽车贸易

随着世界汽车生产的全球化,汽车贸易已呈现出开放的格局。据统计,2002年世界汽车出口量已达2 210万辆,占汽车总产量的37%。其中美国既是世界最大的生产国,又是最大的汽车进口国,每年进口量约 300 万辆。而德国、法国和日本则是世界上主要的汽车净出口国。1997 年日本出口汽车 455 万辆,进口仅 37.6 万辆;德国出口 303.6 万辆,而 进口为 180 万辆;法国出口 272.7 万辆,进口 119.7 万辆。出口汽车率 (出口汽车占产量的百分比)大于 50% 的国家还有加拿大、西班牙、英 国、瑞典和墨西哥等。表 9-8 为世界居前十位的汽车出口国。

表 9-8　1999 年汽车出口量居世界前 10 位的国家

单位:万辆

国家	日本	德国	法国	西班牙	韩国	美国和加拿大	英国	墨西哥	比利时	意大利
出口量	440.8	367.5	325.5	231.4	150.9	125.4	121.3	100.7	98.3	79.7

第四节　电子信息产品的生产和贸易

　　"二战"后,电子计算机技术和通信技术的并行发展已通过 Internet 交汇在一起,形成了人所共知的电子信息技术。而电子信息产品在 工农业生产、交通运输、商业销售和人民生活中的广泛应用,标志着人 类已进入"信息社会"。正在改变着人类传统的生产和生活方式。

一、世界电子信息产业发展的新特点

(一)增长迅速,在国民生产总值中所占比重日益提高

　　电子工业虽然起步于 20 世纪初,但迅速发展却是 20 世纪 70 年代 以后。这是由于"二战"后半导体技术和集成电路技术的发明和应用,促 进了电子工业和微电子工业发展,促进了电子计算机的大量生产和广 泛应用,从而促进了电子信息产业的迅速发展。据统计,进入 90 年代以 来电子信息产业的产值以年平均 9.2% 的速度增长。1998 年全世界电 子信息工业的产值已达 9 661 亿美元,2000 年更增至 12 000 亿美元。 自 2001 年起,由于电子信息产品的价格普遍下降,产值也有所下降,但

至 2002 年全世界电子信息工业的产值仍有 9 239 亿美元。90 年代初世界经济遭遇了连续多年的衰退,尽管在这种不利的条件下,无论是经济低速增长,还是高速增长的国家,电子信息工业的增长始终超过国内生产总值的增长。例如 1995 年美国国内生产总值增长率为 2.7%,而电子信息工业产值增长为 15.3%,同期日本 GDP 的增长为 1.5%,而电子信息产业产值的增长为 5.9%(见表 9-9)。

表 9-9　世界前 10 位国家(地区)电子信息产值增长与 GDP 增长比较

单位:%

年份	国家 增长率	美国	日本	德国	韩国	新加坡	英国	法国	中国台湾	马来西亚	意大利
1995	电子	15.3	5.9	16.6	36.1	26.1	20.0	27.4	26.3	30.1	8.2
	GDP	2.7	1.5	1.7	8.9	8.4	2.8	1.9	6.4	9.8	2.9
1997	电子	5.0	6.7	2.9	2.8	1.6	4.3	3.3	5.3	5.6	2.1
	GDP	4.4	1.6	1.5	5.0	8.4	3.5	1.9	6.7	7.5	1.8

资料来源:《世界经济年鉴(2000 年)》。

随着电子信息工业的迅速增长,其在国民生产总值中所占的比重不断提高。1990 年到 1998 年美国电子信息产业占国民生产总值的比重已由 4.93% 上升到 5.34%,英国由 3% 提高到 3.44%(见表 9-10)。

表 9-10　世界前 10 位国家(地区)电子信息产业产值占 GNP 的比重

单位:%

年份	国家	美国	日本	德国	韩国	新加坡	英国	法国	中国台湾	马来西亚	意大利
1990		4.93	5.41	3.20	9.14	39.76	3.0	2.59	9.17	17.98	2.03
1998		5.34	5.15	2.33	12.58	42.9	3.44	2.53	12.57	39.98	1.67

资料来源:《世界经济年鉴(2000 年)》。

(二)电子信息产业成为经济增长的火车头

进入 20 世纪 90 年代,世界经济尤其是发达国家经济增长虽然缓慢,但是信息产业却一枝独秀,增长仍然强劲,成为推动各国经济增长的火车头。正如美联储前主席格林斯潘曾经指出的,美国 90 年代经济的增长显然与计算机、通信和信息技术的进步密切相关。据统计,1994年以前信息技术对经济的贡献与其在经济中所占份额成正比,而1994年以后,其贡献就几乎是其在经济中所占份额的两倍。1995年至1999年信息产业对经济的贡献,占经济增长的1/3。

信息产业的发展不但推动了投资的增长,而且大大缩短了电子信息产品大规模进入市场的周期。据统计,1995年至1999年美国工业IT设备和软件的投入几乎翻了一番,由2 430亿美元增长到5 100亿美元。微软、英特尔、康柏、戴尔等五大信息公司,1987年的总资本不到120亿美元,而1998年资本总额已超过5 800亿美元。收音机用了38年才渗透到5 000万用户,而个人计算机从发明到拥有5 000万用户只用了4年的时间。1999年使用因特网的用户为1.71亿人(机),而2000年3月已增长到3.04亿人(机)。

(三)信息产业的发展在地区分布上不平衡

在全球电子信息市场上,美国、日本是世界上两个最大的产品生产和销售市场,亚太各国信息产品生产所处的地位在不断上升,西欧消费大于生产。世界电子信息产业产值居前十位的国家2002年产值为9 181亿美元,美国一个国家就占32%,日本占18%,西欧(英国、法国、德国)占12%,亚太地区(中国内地、韩国、中国台湾、马来西亚、新加坡)占37%。2002年受全球经济的影响,信息产业仍然不太景气,但亚太地区信息产品的产值却增长了3.4%,销售增长了1.7%(见表9-11)。

表 9-11　2002年世界10大电子信息产品生产国(地区)

单位:亿美元

国家(地区)	美国	日本	中国内地	韩国	德国	中国台湾	英国	新加坡	马来西亚	法国
产值	2 911	1 728	1 653	599	447	443	427	361	349	282

(四)信息产品的生产和销售集中在少数大的跨国公司手中,企业并购频繁,市场竞争激烈

据美国《电子商务》统计,1997年美国前200家电子信息公司的产品销售额就高达 6 999 亿元,相当于当年全世界电子产品销售额的67%。而在这 200 家公司中的前 20 家的销售额为 3 795 亿美元,占 200家总额的 54%。半导体销售主要集中在英特尔、三星、东芝、德州仪器、NEC 半导体,飞利浦、日立等 10 大公司手中。个人电脑主要由惠普、戴尔、IMB、NEC、东芝控制。手机为诺基亚、摩托罗拉、三星、西门子、爱立信控制。大公司之间并购之风更是此伏彼起,如 Apple 收购 NEST,AST 并入三星,NEC 收购 Packard Bell 等。

(五)为了争夺电子信息这一高科技产业领域,各国政府干预度与参与度不断增强

政府的干预与参与主要表现为:(1)制定法律法规,促使电子技术产业按政府意愿发展;(2)增加投资,支持电子信息产业发展;(3)制定和实施战略发展计划,谋划竞争优势;(4)制定和实施优惠政策;(5)鼓励和支持中小企业参与研究开发。

二、世界主要国家电子信息产品的生产和贸易状况

(一)美国

美国是全球最大的电子信息产品的生产国和消费国,其产销值分别占全世界产销额的 31.5% 和 19.2%。2001 年其产销额分别为 2 911亿美元和 3 621 亿美元。

美国生产的主要电子信息产品是通信产品、计算机和电子元器件。2002 年电信产品的产值占全部电子信息产品产值的 33.6%,计算机占23.3%,电子元器件占 19.7%。电子元器件的生产虽然少于日本,但销售却占全球之首位。家电产品是美国的一个弱项,产值仅为 56 亿美元,但销售额却为 305 亿美元,有巨大的市场空间。

美国还是世界第一大电子信息产品的贸易国。2001 年进出口贸易额为 3 014 亿美元,占全球贸易额的 29.3%,进口大于出口。进口的主要产品是电子元器件,其次是计算机和消费类电子产品。

美国电子工业分布广泛,主要分布在旧金山“硅谷”,波士顿 128 号公路,“硅三角”,西部的丹佛、菲尼克斯,南部的休斯敦、达拉斯和东部的纽约。

(二)日本

日本是仅次于美国的世界第二大电子信息产品的生产国和出口国。2002 年产值为 1 728 亿美元。主要产品是电子元器件、家电、计算机和通信产品。其电子元器件产量居世界第一位,占全球元器件产值的 27.2%,占日本电子信息产品产值的 41.1%。消费类电子产品产值占全世界的 25.5%,计算机占 16.7%,通信产品占 14%。

日本电子信息产品出口大于进口,呈现巨额顺差。2002 年顺差达 53 399 亿日元。出口最多的是以集成电路为主的电子元器件,占全部电子产品出口值的 66%,其次为家电和计算机。

日本电子信息产品的生产主要集中在"三湾一海"的太平洋工业带和九州岛南部。如大阪、神户、东京、横滨、名古屋、筑波等地。

(三)西欧

西欧电子信息工业,2002 年产值为 1 990 亿美元,主要生产国是德国、英国和法国,其产值占西欧各国产值的 58.1%,主要产品是电子计算机和通信产品。其中计算机占电子信息产品产值的 23%,通信产品占29.4%。

西欧电子产品的贸易是进口大于出口。进口较大的国家依次为德国、英国、荷兰、法国、意大利。这五个国家进口约占整个西欧的71.2%。主要进口产品为计算机,其次为电子元器件。出口产品也是计算机和电子元器件,主要出口国为德国。

西欧电子信息生产主要分布在英国的"英格兰硅谷"、"苏格兰硅谷"。法国的格勒诺布尔、图卢兹、索菲亚、安蒂波利斯,以及德国的慕尼黑等地。

(四)亚太各国(地区)

亚太地区,电子信息产业近年来在世界所占地位不断上升。位居前10 位的电子信息生产国中,在亚太地区的就有五个(不算日本),它们是中国内地、韩国、中国台湾省、新加坡和马来西亚。主要生产电子元器件、计算机、家电、通信产品等。其中中国、日本、韩国都是世界居前三位的家电生产国。电子元器件的生产主要是日本、中国台湾省、马来西亚和新加坡。

电子产品的贸易是出口大于进口,主要出口产品是计算机、电子元器件和消费类电子产品。

电子信息产品的生产主要分布在韩国的釜山、马山、里里,中国内地的北京、天津、上海、苏州、深圳、青岛、重庆和广东的佛山、惠州、中山,中国台湾省的新竹,新加坡的肯特岗印度的班加罗尔、圣克鲁斯、海得拉巴等地。

本章思考题

1.说明世界制成品生产和贸易的特点及其发展趋势。

2.说明当前世界钢铁生产有何特点。

3.说明当前汽车生产和贸易状况。

4.说明电子信息产业发展特点。

第十章 国际旅游地理

第一节 国际旅游概述

一、国际旅游的定义、性质及种类

(一)定义及性质

国际旅游是指一个国家的居民为了特定的目的,如休闲度假、游览观光、探亲访友、商务考察、宗教朝拜和学术交流等,离开本国国境,到另外一个国家(地区)作短暂的停留的活动;其出行的目的不是从访问地直接获得经济收益,而是为了陶冶情操、娱乐身心、增长知识和增进了解和友情。国际旅游从旅游者角度分析是一种社会文化交流活动,而站在旅游产品提供者立场分析则是为获取经济收益为主要目的的经济活动,因此国际旅游是兼具两者的综合性社会文化和经济活动。

国际旅游的基本性质有下列几点：

1. 跨国性。由于旅游者的出行活动是在两个国家进行的，即离开本国国境并进入另外一国国境，因此其活动具有跨国性。旅游者出境、入境和境外活动要受到有关国家法律、法规和政策的规范，以维护有关国家自身利益和保护旅游者安全和权益。基于国际旅游这种跨国性，任何一国政府在允许本国居民赴另一国家旅行前，应与对方国家签定有关旅游的条约或协议，双方同意向对方国家开放旅游市场，并就游客资格、出入境手续如何办理、旅游的地域范围、旅游事故如何处理等方面作出原则的、有约束力的规定，以保证正常的旅游秩序。例如中国和美国虽然自 20 世纪 70 年代已经实现外交、贸易关系的正常化，但美国旅游市场直至 2008 年 6 月才正式对中国开放，中国公民才能以"旅游者"的身份赴美国旅游。

2. 目的的明确性和时间的短暂性。目的的明确性是指旅游者的出行目的十分明确，或为度假，或为观光，或为探亲访友等，总之是为了娱乐身心、增长知识、重叙友情或亲情，而不是为了经济利益。时间的短暂性是指旅游者在一个或数个旅游地点停留最长的时间也不会超过一年，短则几天，长则数月。这种短暂性，就把国际旅游与出国留学、贸易长驻等活动相区别开来。

3. 手续的复杂性。国际旅游与国内旅游的最大区别在于国际旅游手续复杂，出游者首先要办理护照、签证等手续，取得本国的准出和入境国准入的资格；选择最适宜的交通工具和方式；兑换入境国的货币以及支付和结算；入境时接受入境国卫生、检疫、移民当局的检验或询问等。任何一个环节出现纰漏都会影响顺利出游。

4. 服务的综合性。国际旅游是一种以服务为主的综合性活动，旅游企业为了满足游客需求，就需要提供食、住、行、购、游、娱等多方面、多层次的服务。这些服务有的是有形的，有的是无形的；有的是物质的，有的是精神的。如用餐、住宿、交通都是以物质、有形的服务为主，以无形服务为辅，也就是首先应具备设施完备的硬件条件，辅之以良好的服务态度和作风；而游览、购物和娱乐，则侧重于无形服务，以满足游客的精神或心理的需求。因此国际旅游要求各个方面、各个环节通力合作、密切协调,提供综合性服务,否则"一损皆损"。

5. 障碍因素多。国际旅游中的出游者由于是到异国他乡去旅游,面临着与本国完全不同的语言、法律、经济、文化和风俗环境,如果不具备相应的知识和能力,往往会遇到许多困难,如不能有效地克服这些困难,必然妨碍国际旅游的开展。为此旅游企业应认真研究旅游者可能面临的困难,采取有效的措施给予帮助;而出游者也应在出游前做好必要的学习和准备,做到"入国问禁、入乡随俗"。

6. 费用支出大。由于国际旅游距离远、时间较长,需要办理护照、签证等手续,因此所需费用远较国内旅游大。鉴于近年来某些人借出国旅游之机,私自"脱团",滞留国外不归的现象,许多旅行社采取收取"保证金"的办法予以防止,更加大了出国旅游费用的支出。在货币兑换中,也会遇到由于汇率的变动,而增加了费用的支出。因此国际旅游对出游者来说要"量入为出",不可盲目攀比;对旅游企业来说应当根据旅游者的经济实力开发适合他们的旅游产品,避免"宰客"现象发生,以争取更多回头客。

7. 关连性。国际旅游是一种综合性社会文化和经济活动,其形成和发展与多种因素有关,既有政治的,也有经济的、自然的、文化的和宗教的。其中政治上的安定和经济上的繁荣是促进国际旅游迅速发展的决定因素;而战争、社会动乱和经济上的不景气则限制了国际旅游的发展。例如美国遭受"9·11"恐怖袭击后,去美国旅游人数大减;泰国在1997 年遭受到严重的金融危机,旅游进出口额由 1996 年的 133.6 亿美元,降至 1997 年的 110.3 亿美元,1998 年更降至 81.3 亿美元。国际旅游与自然因素也密切相关,2005 年初由于印度尼西亚遭受了强烈的海啸袭击,当年去印度尼西亚、马来西亚、泰国旅游的人数大量减少。社会、文化、风俗、宗教的影响就更加显著,例如欧美各国每年的圣诞节是其最长的假期,因此趁长假出国旅游是这些国家居民的时尚;而在一些信奉伊斯兰教的国家,其居民常把每年"斋月"过后去麦加朝觐作为一生的大事,此时的沙特阿拉伯可以说"人满为患",虽增加了收入,同时也带来不少的烦恼。

8. 财富的转移性。国际旅游,根据《国际服务贸易总协定》的定义,属于"境外消费"。对入境国来说等于出售了服务,赚取了外汇,是财富的注入;而对出境国来说是本国人到外国去消费,是财富的流出。因此目前许多国家都把国际旅游作为支柱产业,不断开发旅游产品,提高服务质量,来吸引外国游客,以增加国家外汇收入;同时利用限制外汇兑换和出境人数来减少财富外流。

(二)国际旅游的类型

对国际旅游进行分类,主要有两个目的:其一,旅游类型不同,顾客需求不同,旅游企业营销也就不一样,这样有助于旅游企业有针对性地开发旅游产品,采取适宜的营销策略,以满足顾客不同需求;其二,类型不同,旅游活动对出入境国在经济、社会乃至环境方面的影响不同,有关国家必须妥善应对,否则会造成不应有的损失或不利的影响。例如穆斯林每年去参加的朝觐活动,就由于日期短暂而又人员过于集中,不但造成了交通、食宿等巨大压力,而且经常发生人员踩踏等不幸事件,给出游者及其家庭造成巨大的损失和伤痛。当然对国际旅游进行分类也有助于有关方面进行统计、分析和研究。

国际旅游类型由于分类标准不同,其种类是多种多样的。具体有下列类型:

1. 按旅游者移动方向划分,可分为出境游和入境游。出境游是指本国居民到外国旅游,是本国外汇的流出。出境游多的国家一般属于经济发达、政策开放的国家,如美国、欧盟和日本等。但"二战"后一些新兴工业化国家和地区,如韩国、新加坡、我国香港等地居民随着收入水平的提高,出境游人数也不断增多。入境游是指外国居民到本国来旅游,接受入境游的国家是外汇的注入。不断增加入境游的人数和收入,是各国旅游业者共同追求的目标。不断开发具有吸引力的旅游产品,是扩展入境游的重要途径。据 2002 年统计,按金额计算,美国无论旅游入境和出境收入(支出)都是最多的国家。

2. 根据旅游者的行为模式,可分为有组织的大众游、个人或小规模大众游、独立游和探险游、漂泊游。

有组织的大众游,是指旅游者一般都会选择自己熟悉的目的地,熟悉的来源可能是自己以往的经历,或其他朋友的介绍,乃至媒体的大量宣传;寻求熟悉的服务,包括餐饮、住宿和娱乐。这些旅游的旅游者对旅游服务行业的基础设施依赖性强,一般选择价格有竞争力的包价游。初次出国旅游的人大都属于这种类型。

个人或小规模大众游,是指旅游者会部分地依赖旅游基础设施,如交通和住宿,但旅游的其余部分则由自己独自安排,游览内容仍以较熟悉的目的地为主,但会加入一些过去未曾体验过的新奇内容。

独立游和探险游,是指旅游者以追求新奇体验为主要目的,去一般大众游不去的地方,因此通常独立地自己安排旅游行程,深层次地与当地社会接触。旅游时对部分旅游行业的设施和服务有依赖。他们可能是商务考察游、宗教传播游和康体保健游。

漂泊游,是指旅游者旅游的真实目的在于寻找一种全新的生活方式和另一种自我实现的形式,因此旅游者并不把出游视为游览和娱乐,而视为自己的"工作"或"事业"。他们独立地安排行程,一般旅游企业对这种旅游无法进行干预或管理。但这些漂泊者所到达的某些地点,可能成为旅游业今后开发的潜在资源。

显然,不同的旅游活动形式会对接待地及旅游产业结构造成不同的影响。例如有组织的大众游对接待地的交通、住宿、餐饮、娱乐等基础设施无论在数量上、质量上要求就高,从而会对接待地的社会环境、自然环境乃至生活方式发生影响,而独立个人游影响就小。

3. 按旅游者组织方式划分,可分为团体游和散客游。所谓团体游是指旅行社针对某一项旅游产品,通过宣传和促销活动,吸引和组织多人来参加的集体旅游活动。团体游一般采取包价方式,由旅行社统一安排食、住、行、游、购、娱等活动。从而避免了个人游时语言不通、风俗不便等困难。所以团体游对初游者来说既省心又便宜。其缺点是在一定程度上限制了旅游者自己独立的活动。散客游是指个人或与家属、朋友结伴出游,一切手续自己办理,全部行程自己安排,一切风险自己承担,一切费用自己支付。这种旅游优点是充分地满足了自己的需要,但费用高,耗费精力大,风险也大。

4. 根据旅游的空间距离划分,可分为边境游、区域游和全球游。边境游一般是指陆地相邻国家之间在开放边境的一定地域范围内供邻国的旅游者来参观游览,时间短暂,一般为一天或两天。开展边境游的条件一般是两个国家在经济发展水平、风俗习惯或自然景观上差异明显,由于这种差异足以吸引邻国居民来此购物、游览和娱乐。这种旅游的最大特点是距离近、时间短、费用低,属于浅层次的游览、购物、娱乐。区域游是指在同一个地理区域中两个或两个以上的国家进行旅行游览活动。如新、马、泰游,西欧五国游,美、加游等。区域游往往是位于同一区域的各国之间在自然景观和人文景观上既具有共同性,又有差异性。共同性可使旅游者多次体验某种共同的感受,以强化对某种事物的认知和理解;而差异性又会使旅游者产生区分和对比,体验不同的感受,从而产生吸引力。例如新、马、泰游,其共性在于都是热带自然景观;其差异性在于泰国是"黄袍佛国",马来西亚是"伊斯兰"文化,而新加坡则是多元文化、高度现代化的"袖珍岛国"。所以区域游既能满足普遍要求,又能满足个别需求。区域游是目前国际旅游发展的主流。全球游是指跨洲、跨洋、远距离的旅游,是各种旅游的高级形式。参与全球游的旅游者一般具有较高的收入水平和文化素质。

5. 根据旅游者出游的主要目的,可划分为消遣性旅游和差务性旅游。前者又可分为休闲度假游、游览观光游、康体游等不同类型,其共同特点是旅游的目的是娱乐身心、增长知识、康健体魄和维系亲情或友情。消遣性旅游不要求旅游内容过深过细,只求赏心悦目,时间安排要从容,不要紧凑,距离要短,避免长时间、长距离的车马劳顿。

差务旅游是指为了特定的商务、公务、学术而进行的考察、旅行和游览活动,其旅游的需求是在商务、公务、学术目标的基础上派生出来的,因此旅游不是其唯一的目的。差务旅游的内容应尽量有助于其商务、公务目标的实现,旅游时间、行程的安排应利用商务和公务活动的间隙,以使旅游和差务相得益彰。

6. 根据旅游开发程度划分,可分为传统旅游、新兴旅游和潜在旅游。所谓传统旅游是这种旅游产品开发历史悠久,参与人数众多,旅游活动已经规范化、标准化。如休闲游、度假游、探亲游等就属于传统旅游。所谓新兴旅游主要是形成历史短,旅游产品内容尚处在不断充实、丰富中,旅游营销方式和管理处在不断完善中,因此旅游者相对较少。

如生态游、奖励游、体育健身游等。潜在旅游是指某种旅游资源或旅游方式已为极少数人所认知，一旦得到开发对广大群众也有吸引力，目前由于经济或科学技术实力尚难以大规模开放或推广，今后随着生产力的发展和社会的进步，这种旅游资源和旅游方式一定会受到众人青睐，如极地游或热带丛林探险游，海底探险游、太空游等。

二、国际旅游的形成与发展

到别的国家去旅行自古有之，无论中外。如中国的张骞通西域，明朝郑和七次下西洋，意大利的马可·波罗游历中国和印度，哥伦布发现美洲，麦哲伦绕地球航行一周等历史人物和历史事件，无不表明尽管在生产力水平低下，交通工具落后的封建社会乃至奴隶社会，人类已经开始国际旅行了。但这种旅行并非现代意义的国际旅游。其原因首先在于这些跨国旅行在当时只是极少数人的个别行为，不具有普遍性；其影响在当时并不彰显，只是历经十年、数百年后人们才认识它们所具有的历史意义。其次这些旅行往往出行时间长久，在国外停留的时间短则几年，长则十几年。如张骞通西域从公元前 138 年出使，至公元前 126 年回国，历经 12 年；麦哲伦绕地球航行一周是公元 1519 年至 1522 年，历时 3 年，因此这些旅行与现代国际旅游只是"短暂停留"的性质不相符合。再次是这些出国旅行往往具有明显的政治、经济、军事和文化传播的目的，如拓展疆土、掠夺异国财富、构筑军事同盟、彰显本国国力、宗教传播和科学考察等，因此与现代国际旅游主要追求增长知识、娱乐身心、维系亲情的目的相距甚远。

历史上的这些跨国旅行活动，虽不具有现代国际旅游的特征，但它们却为现代国际旅游的孕育、形成和发展积累了知识、奠定了基础。如马可·波罗所写的游记，曾吸引更多的欧洲人来中国和印度寻找黄金、珠宝和香料；张骞通西域后，一条"丝绸之路"成为历经数百年连结亚洲和欧洲的交通要道。

现代意义的国际旅游的形成和发展是公元 16 世纪以后，大致经过孕育、形成和迅速发展三个时期。

（一）国际旅游的孕育期

国际旅游的孕育期的标志是 16 世纪末开始，盛行于 17 世纪到 18 世纪初欧洲各国兴起的所谓"大旅行"。所谓"大旅行"是指 14 世纪末到 15 世纪初在欧洲发生的"文艺复兴"运动，使当时的意大利的威尼斯、佛罗伦萨、热那亚、法国的巴黎和奥地利的维也纳成为新文学艺术和先进的自然科学的发源地、学术的神圣殿堂、时尚的流行场。因此，到 17 世纪和 18 世纪时，欧洲各国的王公、贵族和资产阶级新贵，都把自己年轻的子弟送到巴黎、维也纳和威尼斯等地去参观、游览和学习，通过游览使这些子弟接受新文化的熏陶和教育，以便跟上社会潮流，更好地融入当时的上层社会。这些"大旅行"虽然持续时间不长，众多出游者主要集中在 1760 年至 1790 年的 30 年期间，但由于出游人数较多，时间和地点相对集中，相应地带动了旅馆、度假区、博物馆和道路、车辆等旅游设施的建设和完善。

"大旅行"由于出游者是到外国去旅行，旅行的目的以游览参观为主，而不是其他的政治、经济、军事、宗教目的，停留的时间又相对短暂，无疑已具备了国际旅游的基本特征，但仍不属于现代意义上的国际旅游，它只是现代国际旅游的孕育和萌芽。

（二）国际旅游的形成期

18 世纪中期到 20 世纪 50 年代以前是大众化、专门化和商业化国际旅游的形成和缓慢增长期。其形成的主要标志有：

1.产业革命是国际旅游强大的推动力。产业革命后，由于蒸汽机和内燃机的发明和使用，使新研制的火车、轮船、汽车等交通工具具有强大的牵引力，能承载更多的旅客和行驶（航行）更远的距离，运输费用也不断降低。最早实现工业化的英国开始开辟定期轮船和火车来运送旅客，使旅客的出行变得十分的方便和安全。如 1822 年英国的罗伯特·斯马尔特首先宣布自己是轮船代理商，开始组织和承揽从英国的布里斯托尔港至爱尔兰首都都柏林的海上客运业务。1850 年美国运通公司开始办理旅行代理业务，并在伦敦、巴黎等地广设办事处，招揽欧洲居民赴美国旅游。

2.以获利为目的，招揽游客出国旅游的旅行社纷纷开始建立。最早的旅行社是由英国人托马斯·库克建立的。他于1841年成功地组织了570名旅客乘火车去异地参加一个宗教集会。从那以后,库克专门设立了办事处,不断为旅客策划旅游项目、安排运输工具、安排出游和提供导游等综合性服务。继英国之后,德国、法国和瑞士等国也纷纷建立专门的旅行社,组织本国居民进行出游和接待外国游客。旅行社的建立使国际旅游进入大众化、专业化和商品化时代。

3. 以接待游客为主的大型宾馆、饭店不断建成并投入使用。从1794年在纽约建成"都市饭店"开始,欧美各国先后进入大饭店建设时期,如1850年至1855年在法国建成了巴黎大饭店和罗浮宫大饭店,1874年至1876年在德国建成恺撒大饭店和法兰克福大饭店。这些大饭店为国际、国内旅游提供了良好的餐饮和住宿条件。

4. 相关的旅游服务措施不断完善。如以英镑为中心的国际金本位制度的建立,为不同国家的货币相互兑换成为可能,从而有利于异国旅游费用的支付和结算;许多国家都放宽了出入境的条件;旅行社为游客提供导游和翻译等,这些措施为出游者提供了极大的便利,有利地促进了旅游业的发展。

如果上述几点可作为国际旅游形成的标志,而促进国际旅游形成的真正动力则是18世纪和19世纪相继发生的两次产业革命。两次产业革命后由于蒸汽机和内燃机取代了风力、水力、人力和畜力,大机器生产代替了手工劳动,从而大大提高了生产效率,产品产量增加了,成本降低了,企业的利润增长了,相应地职工的可支配收入也大幅度增加了,因此作为工薪阶层中的部分群众也有经济能力出国旅游了。与此同时,欧洲许多国家开始实行一周六天工作日和带薪休假制度(如1938年英国就正式颁布了《带薪休假法》),从而为人们的休闲和娱乐提供了更充裕的时间。进入20世纪以后,由于小汽车的大规模生产和使用,陆上的交通工具更为充足和便捷,驾车自助游这种形式,在欧洲邻国之间几乎是轻而易举的事。正是这些因素推动了国际旅游的形成。

但从18~19世纪兴起的近代国际旅游,直到20世纪50年代以前无论从游客的人数和旅游收入上都增长极为缓慢。其原因一是能参与国际旅游的仅是欧美少数发达国家的居民,而广大的亚非拉国家仍处于殖民地、半殖民地地位,经济十分贫穷落后,温饱尚难保证,谈何旅游?二是在 20 世纪上半叶发生的两次世界大战和 30 年代资本主义世界普遍发生的经济危机,使欧美发达国家也无法和无能力推进大规模的国际旅游。所以直到 1950 年,全世界参与国际旅游的人数仅有 2 528.2 万人次,国际旅游的收入仅 21 亿美元,旅游的地域范围仍集中在欧洲和美洲。

(二)国际旅游快速发展时期

"冷战"结束后,国际局势进入了一个相对稳定时期,"和平与发展"已成为当代社会的主流发展趋势,无论是发达国家还是发展中国家都把发展经济和提高人民生活水平作为主要任务。集中精力搞建设,千方百计促发展,成为各国的主旋律。而战后发生的第三次科技革命,更是大大地促进了生产力的发展,使各国经济和人民生活水平不断提高。一周五天工作日,带薪休假已经不是发达国家的"专利",许多发展中国家,尤其是新兴工业化国家也普遍实施这种劳动制度,以维护普通劳动者的合法权益。和平的环境、不断增长的收入、充裕的闲暇时间为国际旅游业的迅速发展创造了必要的条件。这种迅速发展主要表现在:

1.国际旅游的人数不断增长,旅游收入持续增加。

据统计,截止到 2000 年全世界参加国际旅游的人数已达到 6.98 亿人次,比 1950 年 2 528 万人次增长了 26.6 倍。旅游收入达到了 4 760 亿美元,比 1950 年 21 亿美元增长了 225.7 倍。人数的年均增长率为 6.9%,收入的年均增长率为 11.5%。旅游业的增长率超过了同期世界经济的增长。到 2007 年,全球国际旅游人数已增至 8.98 亿人次,比 2006 年增长了 6.2%,约增加 5 200 万人次。其中欧洲增加了 1 900 万人次、亚太地区增加 1 700 万人次,美国增加 600 万人次,中东增长 500 万,非洲增加 300 万人次。以中东地区增长率最高达 13%,其次是亚太。2006 年接待游客数量多的国家有法国、西班牙、美国、意大利、英国和中国等。其中法国居第一位,接待游客数量为 7 590 万人次,其次是西班牙,5 800 万,中国为 4 960 万。

2.国际旅游从数量型向效益型转变。

战后初期,即 20 世纪 50 年代至 60 年代,国际旅游虽然迅速增长,但基本属于数量型。所谓数量型是指旅游人数虽然增长很快，但旅游收入的增长却不快，收入的增长或略高于人数的增长，或持平，甚至低于人数的增长。例如 20 世纪 60 年代国际接待游客人数年平均增长率为 9.11%，而旅游收入的年平均增长率仅为 10.5%，而 1963 年前者为 10.68%，后者为 10.69%，基本持平，而 1970 年前者为 15.52%，而后者仅为 6.55%，收入远低于人数的增长。收入增长与人数增长差距小，说明国际旅游的增长是粗放型的，旅游产品种类少、层次低，是靠人数的增加来推动的。

进入 20 世纪 80 年代国际旅游进入"低速高效"的效益型发展时期。从 1980 年至 2000 年国际旅游人数增长了 1.45 倍，平均增长率为 4.6%，而国际旅游收入则增长了 3.52 倍，年平均增长率为 7.8%，收入的增长几乎高出人数增长的一倍。人均消费由 70 年代 369 美元，增至 711 美元。见表 10-1。

表 10-1　1950 年～2000 年国际旅游状况

年份	接待国际旅游人数			国际旅游收入			旅游人均消费（美元）	增长方式
	人数（万人次）	年增长率（%）	年平均增长率（%）	金额（百万美元）	年增长率（%）	年均增长率（%）		
1950	2 528.2	—	10.61	2 100	—	12.58	99.06	高速低效
1960	6 932.0	9.53		6 867	10.31			
1961	7 532.3	8.66	9.11	7 284	6.07	10.05	107.97	中速低效
1965	11 286.3	7.9		11 604	15.2			
1970	16 578.7	15.32		17 900	6.55			
1971	17 885.3	7.88	5.58	20 850	16.48		369.18	中速高效
1975	22 229.0	8.08		40 702	20.34			
1980	28 532.8	0.79		105 320	26.37			
1981	28 636.3	0.36	4.84	107 452	2.02	9.8	711.3	低速高效
1985	32 669.7	3.43		117 847	4.56			
1990	45 764.7	7.44		268 258	21.54			
1991	46 328.6	1.23	4.32	276 740	3.16	5.90		
1995	53 638.6	2.53		401 134	13.78			
2000	69 830.0	7.40		476 000	4.50			

导致国际旅游由粗放的数量型向集约的效益型增长转变的原因和条件是:(1)粗放型的增长加剧了资源的浪费和环境的污染,如不转变无法保持国际旅游稳定、可持续的发展;(2)随着各国居民可支配收入的不断增长,人们的消费需求层次也不断提高,许多游客对缺乏文化内涵和科技含量的旅游产品已不感兴趣,如不转型会失掉许多顾客;(3)旅游企业通过投资开发文化内涵丰富、科技含量高、消费层次高的新的旅游产品,其收入是投资的数倍,可观的利润促使企业走高投入高产出的集约化的道路;(4)随着国际旅游的发展新的旅游企业不断建立,旅游业的竞争不断加剧,面对客源增长的有限性和竞争的无限性,旅游企业的发展只能走集约化效益型道路,才能取得竞争的主动权。

3.国际旅游无论在发达国家、新兴工业化国家(地区)、经济正处于转型起飞阶段的发展中国家都已经成为消费时尚,越来越多的人参与其中。过去一些发展中国家由于经济落后,政治上又采取闭关锁国政策,当地居民把出国旅游看成一种奢望,可望而不可及。现在收入增多了,又可带薪休假、国门也打开了,于是纷纷走出国外,到异国去游览观光、增长知识、娱乐身心,以便跟上时代的步伐。各国(地区)政府也把发展旅游作为推动经济增长,摆脱经济困境的重要手段,为此推出一系列鼓励入境游的措施,如简化入境手续,稳定国内治安秩序,保持货币汇率和物价的相对稳定,推动与外国政府签定双边或多边旅游协定等,为企业创造一个良好的营销环境,以吸引更多的跨国旅游者。

4.经济全球化和地缘政治关系的稳定,推动了国际旅游的迅速发展。

战后由于科学技术和生产力的迅速发展,推动各国产业结构的调整和转移,产业结构的转移又推动了国际经济贸易的发展;随着对外经济贸易的发展,各国之间相互依赖、相互联系日益加深,经济日趋全球化。在经济全球化的背景下,随着商品、资金、技术的跨国流动,必然也带动人员的跨国流动。企业要派人考察市场,要进行宣传促销,要洽谈生意,拜访客户。这些出国公务人员在公务余暇之时,必然要参加一些旅游活动,以了解民情,增长知识。

政治的稳定也是促进国际旅游迅速增长的一个重要因素。以欧洲为例,自 1945 年"二战"结束后到 1991 年苏联解体前,欧洲始终被美苏两霸的"冷战"所笼罩,高筑的柏林墙截断了两德人民的亲情往来,欧洲各国人民(主要是东欧各国和西欧各国)之间跨国旅行无从谈起。1991年苏联解体了,欧洲从"冷战"中摆脱出来,东西欧各国之间的隔阂逐渐消除,尤其欧盟东扩为 27 个国家之后,加入《申根协定》的国家也日益增多,这一切都促进了国际旅游的发展。

5. 老的旅游区得到进一步巩固,新旅游区不断兴起和扩展,旅游活动全球化,无疑会扩大旅游空间,增加旅游份额。

20 世纪 70 年代以前,国际旅游主要集中在欧洲和美洲,1960 年欧洲占全球接待游客数量的 72.5%,美洲占 24.1%,二者合计占全球的比重高达 96.6%,而广大的亚非拉合计为 3.4%。但 20 世纪 70 年代以后,随着发展中国家经济发展,许多国家也把发展旅游业作为经济战略的重点,使旅游设施不断完善,服务质量不断提高,从而吸引了更多的旅游者,不断加大了在全球旅游中的比重。欧美各国比重虽有所降低,但总量仍持续增长,从而使国际旅游这个"蛋糕"越做越大。到 2000 年亚非拉发展中地区在国际旅游中所占比重已上升到 24%,其中亚太地区增长尤为迅速,已由 1970 年的 3% 上升到 2000 年的 16%。

6. 国际旅游产品不断丰富和创新,旅游交通日益方便,更大程度上满足了游客的需求,促进了旅游的发展。

战后,旅游企业为了吸引游客,满足游客的需求,不断开发新的旅游产品,如农村游、工厂游、大学游、亲情游、寄住家庭游、"圆梦"游等,均具有很大吸引力,摆脱了传统旅游呆板、单调、循规导矩的痼疾。例如"圆梦"游就是吸引那些梦想当演员的游客造访好莱坞,客串某一个小角色,尽管收费很高,但报名参加者甚众。

使国际旅游成为现实的基础因素就是便利的交通和通信。战后大型宽体客机的研发和制造,不但加大了载客量,也节省了飞行时间和降低了费用,搭乘飞机出游再也不是富人阶层的象征。飞机为国际旅游架起了一座便捷的"桥梁",地球各地再也没有出游的畏途,而高速公路、高速铁路的建设,更使短途出游,变得朝发夕至,成为极为平常的事。国际旅游的时空距离再也不是障碍了,因此旅游的迅速发展也就是意料中的事。

三、国际旅游对经济和社会发展的影响

开展国际旅游对入境国的经济和社会发展的影响是多方面的,既有有利影响也有负面影响,分述如下。

（一）有利影响

1.国际旅游的关连性,必然会带动其他产业的发展,推动国民经济的增长。

国际旅游是游客在境外的一种高消费行为,游客有吃、住、行、购、游、娱等多种需求,而且随着游客数量的增加和层次的提高,其需求的数量和质量也在不断的增加和提高。入境国要想吸引游客就必须能够不断地提供各种物质产品和非物质的服务来满足这些需求。如便捷的交通、舒适的宾馆、可口的餐饮、方便的购物、健康而又丰富的娱乐活动等。这无疑会带动入境国交通、商业、金融、邮政和通信、房地产、食品加工、轻纺工业等相关产业的发展,使入境国的经济增长走上由消费增长拉动供应增长,供应增长推动投资增长,投资增长推动产出增长的良性循环。例如亚洲的泰国自20世纪80年代以后由于大力发展国际旅游业,已使入境游客由1969年的47万人,增至1994年的617万人,25年间增长了13倍。其1993年国际旅游的创汇仅56亿美元,而发生亚洲金融危机前的1996年旅游创汇已达91亿美元,三年期间增长了62％。其旅游外汇收入占其多年服务贸易总收入167亿美元的54％,旅游已成为其国民经济中的支柱产业。另外从对比美、日、英、法、德等国旅游业与其他产业年增加值中发现,旅游业增加值是农业增加值的3.1倍,是汽车工业的3.6倍,是纺织工业的5.4倍。这充分反映了国际旅游业已成为推动各国经济迅速增长,投资少、见效快的新兴产业。

2.国际旅游业的发展能直接或间接创造大量就业机会,有利于缓解入境国失业的压力。

直接就业是指直接在为游客提供各种服务部门就业的人员,如旅行社工作人员、导游、翻译、宾馆或饭店服务人员、巴士司机、娱乐中心服务员等。间接就业是指为游客间接服务的人员,如银行、通信、电力和

水源的供应、食品和工艺品的生产和加工等企业的人员。由于旅游业是一个以服务为主劳动力密集型产业,所需劳动力众多,但对劳动力的素质要求不高,除旅行社、宾馆的领导人员外,其他人员只要经过短期培训就能上岗工作,因此旅游业对失业人员、外来移民或流动人口就有较强的吸纳作用。旅游旺季时能呼之即来,立即上岗;淡季时又可以立即解除雇佣合同。这种来去自由的灵活的就业方式,无疑有利于增加就业、缓解失业。

3. 开展国际旅游有利于吸引外资,缓解经济发展过程中资金短缺的困难。

由于旅游业是一个投资较少,回收快、利润高的新兴产业,近年来随着经济全球化步伐加快和服务贸易在对外贸易中所占比重不断上升,许多发达国家的跨国公司开始把投资的目标转向旅游业或与旅游业相关的产业。它们通过横向联合或纵向兼并的方式,迅速进入旅游宾馆、航空公司、巴士公司和度假村等旅游产业。当它们从旅游业获取利润后,就会通过再投资把自己的产业链向前或向后延伸,再次进入当地的金融、通信、房地产和工业加工等产业。外资的进入必然有利于入境国经济的发展,缓解了资金短缺的困难。

4. 发展旅游业可以促进产业结构的调整,使产业结构多元化。

一些国家(地区)在开展旅游之前往往产业结构单一,或以农业为主,或为单一的工矿业。一旦主导产业因自然条件的恶化、资源的枯竭、技术的落后、市场需求的变化而陷入困境后,当地就会面临着经济增长缓慢、失业不断增多、社会秩序动荡等重重压力。而发展旅游业则有助于扭转产业结构单一的弊端,实现产业结构的多元化。其原因就在于旅游业是一种高度综合性的以服务为主的产业,它的发展需要其他产业的发展相配合,否则旅游业也不会得到顺利发展。例如我国的海南省在设省和开辟为经济特区前,只是广东省一个以农业为主的落后地区,当时其产业结构的构成比例为农业占 53.03%,工业占 18.35%,服务业占 31.62%。农业上主要种植橡胶、椰子、蔬菜、水稻和热带水果等农作物,农作物产量低,粮食不能自给。1988 年海南设省并辟为中国最大经济特区后,海南省政府在认真分析了自己资源优势和世界经济发展趋势后,就明确地制定了"一省两地"的经济发展战略,即"新兴工业省、热带高效农业基地和度假休闲旅游胜地",把发展国际国内旅游业作为经济发展的支柱产业。为此先后建成了三亚海滨度假带,西岛潜水冲浪旅游娱乐区、博鳌商务会议旅游区、琼海"红色娘子军"革命圣地旅游区、五指山黎族风俗和山地风光旅游区和海口热带城市风光旅游区等多个旅游景点,每年吸引了大量国内外游客,支持了海南经济的发展。在旅游业的带动下,海南的交通运输、热带水果和热带作物的加工工业及金融、通信、房地产开发等第三产业也得到了迅速发展,初步改变了以农业为主、产业结构单一的状况。到 1992 年海南省的第三产业已由 1988 年占 31.62% 上升到 49.11%,成为第一大产业;而农业则由 1988 年的 50.03% 下降到 29.79%,工业同期也由 18.35% 上升到 21.1%。

5.增加国家财政收入、积累建设资金。

国际旅游是一种高投入、高产出、高创汇的产业,其投入产出比为1∶4.6;旅游创汇比为 1∶2.03,因此发展国际旅游必然有利于资金的积累和外汇收入的增加,从中国旅游业的发展来看,"七五"期间旅游业的总投入为 250 亿人民币,而同期国内、国际旅游的总收入为1 135亿人民币。产出是投入的 4.5 倍。随着旅游收入的增长,旅游企业向国家缴纳的税金也在不断的增长,从而使国家财政的收入越来越多,国家也就有能力提供更多的资金进行建设。据统计,1998 年世界各国政府用于旅游的支出为 2 550 亿美元,占当年世界财政支出的 6.8%,而旅游业为政府缴纳的税金为 8 020 亿美元,是财政支出的 3.17 倍,约占当年财政收入的 10.6%。可见旅游业为国家财政作出多么大的贡献。

6.国际旅游是入境国展示本国经济和社会成就,促进国家间相互理解和交流的重要渠道。

面对当前经济全球化、政治多极化的世界潮流,一个国家经济的发展和国际地位的崛起,需要取得国际社会的理解和支持。而这种理解和支持是建立在不断地向世界展示自己,密切与各国的沟通和交流的基础上的。如展示本国人民奋发图强的精神风貌,工农业生产的巨大成就,和谐稳定的社会环境,科学技术的巨大进步,祈求和平和友谊的诚意等。展示和交流的途径虽然很多,如外交的、商贸的、文化的、军事的、科技的等,但这些途径却无法与国际旅游相比。作为"全民外交"的国际旅游较上述展示和交流方式具有无法比拟的优点,即面广、次繁、层次深和真实可信。所谓面广是指接触面广,即旅游者通过自己游览、参观、娱乐活动,可以接触到入境国各类人员,从官员到百姓;各类地区从城市到乡村;各个方面,从经济、文化、政治、到科技。所谓次繁,是指国外游客可多次入境,通过前后对比了解入境国各方面的今昔变化。所谓层次深,是指旅游者无论从空间和时间上、物质和精神上都能触及到入境国的方方面面,如悠久的历史、辽阔的疆域,奇异的风俗和丰富的自然和人文资源等。所谓真实可信是指旅游者所看到的一切,无论是真善美还是假恶丑,都是真实的,不是刻意安排的。

通过这种真实的展示和交流,无疑会增加各国人民之间的理解,消除误解,增进彼此的友谊和合作。例如在 2008 年北京奥运的圣火在法国巴黎传递过程中曾遇到"藏独"分子和支持"藏独"活动的个别法国人的阻拦和破坏,当问到这些法国人时,他们竟振振有词地说:"中国为什么要占领西藏这个独立国家?"可见这些人对中国历史的无知到了什么程度。而国外首先谴责这些破坏活动的,都是到过中国,亲身体验过中国的外国友人。

7. 开展国际旅游有利于环境保护,保持经济和社会的可持续发展。

国际旅游是以旅游资源的开发利用为对象,以旅游环境的改善为条件的社会文化经济活动。从环境条件分析,旅游开发过程中只有不断地为旅客提供清洁的水源、新鲜的空气、安谧的环境、秀丽的山水、郁郁葱葱的林木花卉,满足人们视觉的美感和生理上的舒适感,达到游客所希望的娱乐身心、康健体魄、增长知识的目的,才能吸引更多的游客。否则游客会乘兴而来,败兴而归,一去不复返。因此入境地政府和有关企业及当地居民,只有把保护环境列为头等大事,常抓不懈才能使当地的旅游事业长盛不衰,保持经济和社会的可持续发展。作为旅游部门,其保护环境的职责除了采用绿色能源、减少大气和水源污染、妥善处理垃圾、保护林木和珍贵动物等外,关键是要做到吸纳游客的数量要与旅游地的环境容量保持一定比例关系,不能超过环境的承载力和净化力,保持生态平衡。一定要防止为追求眼前的利益走上"竭泽而渔"的道路。

8.国际旅游有助于改变人们的观念和生活方式。

国际旅游实质上是不同国家、不同民族的跨文化的交流,在旅游过程中各种文化的交流、借鉴和融和是必然发生的。在人类普遍追求真善美,摒弃假恶丑的天性使然下,别国好的思想观念和生活方式必然使入境者得到教育和启发,而自身错误的观念和不良的生活方式也会不断扬弃,从而使人们的观念和生活方式发生改变。例如西方人重视时间和效率,视时间为生命、金钱;而东方人则不重视时间,因此亚太各国旅游行业如不改变办事拖拉、不讲效率的坏习惯,则很难适应欧美游客的要求,必然要失掉巨大的市场。正是在西方这种时间观念冲击下,西方国家的快餐食品如汉堡包、肯德基、比萨饼也迅速为亚太各国居民所接受。再如西方人重合同、讲信用,一切交易以合同为准;而东方人讲人情、讲关系、讲面子,而不重视合同,在商品经济的条件下东方人必然败在西方人的手下,从而促使东方人也要走上重合同、讲诚信的道路。但是这种观念和生活方式的改变是双向的,而不是单向的。例如东方人重视亲情、友情和家庭的观念,就受到西方人的称道,在处理问题时开始仿效。

(二)不利影响

发展国际旅游虽然有许多有利的影响,但也会产生一些负面作用:

1.旅游业是一种不稳定的产业,如果一个国家高度依赖旅游业会使经济发生大的波动。国际旅游业的不稳定,来源于多种因素:

(1)气候的季节性因素,位于中纬度的国家和地区夏秋为旅游旺季而冬季则为淡季。

(2)经济因素,如客源国经济的衰退,导致游客收入下降,出游减少。石油价格的上涨,导致交通成本的上升。入境国通货膨胀加剧,货币贬值,物价上升。汇率的变动,导致入境国价格上升。

(3)自然因素,如台风、海啸、地震等自然灾害,威胁到游客的人身和财产安全。

(4)政治因素,如战争、动乱、恐怖活动等。

(5)其他社会因素,如犯罪、传染病的流行、原有的民族宗教矛盾等。

正是在这些因素影响下,一些高度依赖国际旅游业的国家,常常因旅游业的不稳定,而使经济发生巨大波动。

2.国际旅游在促进经济发展、均衡财富分配上具有不平衡性,会造成入境国不同地区、不同行业居民收入差距的扩大,造成摩擦和冲突。

国际旅游业的发展会使景区附近就业人口增加,地区财政收入增加,并带动相关产业的发展,但同时也会造成土地价格、劳动力价格和商品价格的普遍上涨,而处在远离景区的边远落后地区的居民,发展旅游业的好处没有享受到,而承受物价上涨的压力却要由自己承担,因此国际旅游业的发展会进一步强化不同地区、不同行业居民的这种不平衡,进而激化矛盾。

3.许多发展中国家的国际旅游业为发达国家的跨国公司所控制,因此旅游收入的绝大部分流入发达国家的钱袋中,而发展中最终得到的是资源的枯竭、环境的恶化和不良生活方式的侵入。例如在瓦努阿图,当地 90% 的旅游收入流入外资企业手中。

4.随着大量外国游客的到来和外国文化的进入,可能使本民族优秀的文化发生蜕变,甚至消退,某种腐朽的生活方式可能也随之进入,对本民族、本地区原本健康的生活方式造成冲击。另一方面,为了适应外国游客的需求,会使本民族许多优秀的风俗和传统,变成纯商业性的娱乐,失去其蕴含的深厚的文化内涵,久而久之也就失去吸引力。

第二节　旅游资源的开发和利用

一、旅游资源的定义、性质和分类
(一)定义和性质

旅游资源是指自然界和人类社会中一切能够吸引旅游者进行旅游活动,并能为世界各国旅游业者所利用,从而能产生经济、社会、生态环境效益的各种事物、现象和活动。

任何旅游资源,不管是物质的事物,还是非物质的现象和活动,都必须具备两项基本要素。第一,要有吸引力。所谓吸引力就是能激发旅游者的旅游动机,满足他们娱乐身心、增长知识、陶冶情操、康健体魄等的需求。当然这种吸引力绝非是为了获取单纯的经济利益。第二,它能直接被旅游企业开发利用,并形成某种旅游产品出售给旅游者,从而产生一定的经济效益、社会效益和生态环境效益。如果某种自然景观或人文社会活动或现象虽具有吸引力,但不能为旅游企业开发成产品,则不能称为旅游资源。例如太空景象对人类有吸引力,但目前还很难形成旅游产品,因此只能是一项潜在的旅游资源。

基于旅游资源上述两个基本特性,我们不难看出,旅游资源是动态的,即随着人们认识水平的提高和经济、科技水平的发展而不断发展变化。一些今天不被视为旅游资源的事物、现象和活动,明天可能变为旅游资源。例如海洋目前是最重要的旅游资源,海滨度假游已是最普遍的大众旅游方式,但是几百年前人们一提到大海首先想到的是海盗、海难、沉船和海水冲来的尸骸,开展旅游又从何谈起。而另一些传统的旅游资源可能因人们生活方式的改变,不再具有吸引力而被摒弃。了解旅游资源具有动态性这一特点,就要求旅游业从业者不断提高认识,不断发现和开发新的旅游资源。

旅游资源除了具有动态性外,还具有下述特性。

1.普遍性和丰富多样性。所谓普遍性是指无论哪个国家,哪个地区、无论山区还是平原,无论沿海或内陆,无论高纬地区和低纬地区,都有旅游资源,均有发展旅游业的客观条件。只不过不同地区旅游资源的种类、品质和区位条件不一样。所谓丰富多样性,是指旅游资源既有自然的,又有人文的;既有具体事物,又有某种活动、行为或技艺。

2.差异性。所谓差异性,首先是指同一个国家(地区)的不同区域,旅游资源不一样,如我国海南岛有热带旅游资源,而黑龙江则有冰雪旅游资源;其次是指同一种旅游资源,在不同地区不一样,例如同为岩溶地形旅游资源,在我国昆明则表现为峰林壁立、怪石嶙峋的石林景观,而在斯洛文尼亚则多为深邃的溶洞和姿态怪异的石笋和石钟乳,再如,同为茶道,日本的茶道和中国的茶道技艺完全不同。

3.地域性和不可迁移性。某种旅游资源是在长期自然和社会历史进程中形成的,是特定区域内各种要素综合作用的结果,因此具有很强的地域性和不可迁移性。例如同为基督教的教堂,法国的巴黎圣母院是哥特式建筑,莫斯科的华西里·柏拉任内大教堂为拜占庭式建筑,而意大利的圣彼得教堂则为罗马式。同为草原牧业旅游景观,中国内蒙大草原与澳大利亚草原并不一样。正是基于旅游资源的地域性,因此旅游资源是不可移动的。现在一些旅游企业出于急功近利的目的,大量"克隆"异地、异国的旅游景观,借以吸引游客,多数不具备吸引力,时间一久,终会被游客厌弃。

4.组合性。一些优秀的旅游资源往往是多种资源巧夺天工的组合,以某一种资源为载体呈现在游客面前的。例如我国黄山的美并不在山,因为作为山其"险"不如华山,其"突兀"不如泰山,其"嶙峋"不如张家界的武陵山,而黄山的美在于集中国名山之大成,它将泰山之雄伟、华山之险峻、衡山之烟云、匡庐之飞瀑、峨嵋之清凉、雁荡之巧石等名山胜景揽于一身,所以才有"五岳归来不看山,黄山归来不看岳"的千古美誉。但山是载体,而黄山的妩媚,更在于山与奇松、怪石、云海、温泉的巧妙组合和搭配。如果黄山失去了迎客松、飞天石、蒸腾的云雾,飞奔的泉水,也就失去了黄山的秀色。

5.可创造性。许多自然旅游资源并非天然玉成,而是在人类历史长河中不断对其加工改造乃至创造的结果;而许多人文旅游资源,完全是人类自身创造的。如中国的故宫、巴黎的埃菲尔铁塔、洛杉矶的迪斯尼乐园、深圳的"锦秀中华园"等。但这种创造必须具备下列条件:第一,与当地自然、文化整体环境相协调,不能破坏了主体环境因素;第二,较高的文化品位,切忌庸俗低级;第三,其内容随着时代的发展,可以得到补充和更新;第四,确实存在客观需求,而原有资源中是不具备的;第五,技术能力和经济的投入是可行的、有效益的。

(二)旅游资源的分类

对旅游资源进行分类,目的在于了解旅游资源的性质、数量、形成发展变化的原因和条件,以便合理的利用和保护。由于分类标准不同,旅游资源有下述种类:

1.依据旅游资源的形成是自然界客观存在的还是人类自身创造的,可分为自然旅游资源和人文旅游资源。

自然旅游资源是指自然界天然存在,并给人以美感、供人享乐的事物或现象。它可包括地质地貌资源、湖滨、海域水文资源、气象天文资源、动物植物资源等。这些资源的性质、形成和发展的规律,往往遵循的是自然规律,多数是一旦破坏,难以再生的自然事象。其空间分布具有明显的地域性。

(1)地质地貌资源。如活火山的喷发、死火山的遗址、岩溶地形、风蚀地形、古人类或古动物化石遗址、典型的地质剖面、海蚀遗迹和断层崖壁、冰斗、U 形谷等冰川遗迹等。

(2)气象天文资源。如极光、雾凇、海市蜃楼、日月全蚀、流星雨、哈雷彗星等。

(3)水域资源。如瀑布、潮汐、峡谷和急流、自流泉、间歇泉和蒸汽泉、大堡礁和环礁、海底珊瑚礁、凌汛和浮冰、冰山等。

(4)植物和动物旅游资源。如热带雨林和季雨林、热带草原、温带草原和高山草甸、海滨红树林、肯尼亚野生动物保护区、中国四川大熊猫自然保护区、阿根廷南极企鹅栖居区、墨西哥的仙人掌沙生植物区,南非野象自然保护区、澳大利亚袋鼠、袋熊和鸭嘴兽,青海湖的鸟岛和大连的蛇岛。

人文旅游资源是指人类自身在长期生产和生活实践中所创造的可以观赏游览、娱乐身心的事物或活动。它具有多样性,既有历史古迹,也有雄伟建筑,还包括各种技艺、娱乐和风俗。人文旅游资源由于是后天的,因此它是不断变化的,是可以加以改造和创造的。

(1)古文化遗迹。如中国半坡人遗址、意大利庞培古城遗址、古战场遗址、古丝绸之路遗址、古航海遗迹、西安兵马俑等。

(2)古建筑。如中国的长城、故宫,埃及的金字塔,印度的泰姬陵,柬埔寨的吴哥窟,巴黎的凡尔赛宫,罗马的圣彼得大教堂,雅典卫城,罗马的斗兽场和古歌剧院等。

(3)宗教胜地。如沙特阿拉伯的麦加,西亚的耶路撒冷,梵蒂冈,中国山西的五台山、河南的少林寺,中国的云岗石窟、洛阳石窟和麦积山石窟,湖北的武当山等。

(4)园林艺术。如北京颐和园、苏州拙政国、杭州西湖公园、昆明园艺博览园、伦敦英国皇家植物园、东京上野公园、波恩的草坪公园等。

(5)城市都会。如"花都"巴黎、"雾都"伦敦、"水城"威尼斯、"音乐城"维也纳、"汽车城"底特律、"啤酒城"慕尼黑、"钻石加工城"安特卫普、"琴城"克雷莫纳、"椰城"宿务、"港城"鹿特丹、"电影城"洛杉矶等。

(6)民俗风情,包括婚丧礼仪、节日风俗、民居建筑、接送仪式、娱乐方式等。如巴西狂欢节、西班牙奔牛节、中国春节、北京四合院、福建土楼、傣族竹楼、日本歌舞伎和茶道、泰国泼水节、印度恒河"圣浴"、伊斯兰的"开斋节"等。

2.按照旅游者所追求的主要目的划分为:观赏性旅游资源、运动型旅游资源、疗养健身型旅游资源、娱乐型旅游资源、考察探险型旅游资源。

观赏型旅游资源主要供游客观光游览、开拓视野、增长知识、陶冶情操。主要包括秀丽的山川、知名古建筑、古文化遗迹、园林艺术、大都会风貌等。

运动型旅游资源:供登山活动的高大山峰,供潜水、冲浪的海域,供滑雪的雪山,供赛马的草原,供竞技搏斗的场馆等。

疗养健身型旅游资源:温泉、死海泥水浴、沙滩日光浴、垂钓、狩猎、攀岩、滑冰等。

娱乐型旅游资源:旅游者参与其中享受快乐。如参加各种狂欢节和民俗节日的欢庆活动,观看奥运会各项比赛和世界杯足球赛、大型文艺演唱会、龙舟竞赛、赛马和叼羊、杂技和马戏、相扑、摔跤、美国的橄榄球赛等。

考察、探险型旅游资源:热带丛林、沙漠戈壁、极地冰雪、高山峡谷、原始部落、野生动植物栖居地,未开发处女地等。

3.就旅游资源的数量及与游客接近程度,可分为消费者导向型、资源导向型和中间型三种旅游资源。

消费者导向型旅游资源,是指这种旅游资源数量多,与消费者接近,主要供旅游者消闲、娱乐,其中许多设施是人造的。如公园、动植物园、运动场、迪斯尼乐园、垂钓园、剧场等。

资源导向型旅游资源：数量少、甚至是世界唯一的，因此与旅游者有一定距离，一般是自然存在的或者古代人建造的。主要供人们游览观光、增长知识、开拓眼界。如中国的长城、兵马俑，埃及的金字塔，意大利的比萨斜塔，法国的卢浮宫，尼亚加拉大瀑布，科罗拉多大峡谷，肯尼亚野生动物园等。由于这种资源的稀缺性，所以需要妥善保护，适度开发。

中间型旅游资源，是指介于上述两种资源之间的一种资源，既可供休闲娱乐，又可观光游览。

4.按旅游资源的价值及吸引力大小，可分为世界级、国家级和地方级旅游资源。

世界级旅游资源多是世界唯一的，具有极高的价值（经济、社会、生态）和极大吸引力。如长城、故宫、维多利亚大瀑布、兵马俑等。

国家级旅游资源，是指在本国具有重要的价值和吸引力。如我国海南岛热带海洋旅游资源，在我国是独一无二的，但在世界上并不是独一无二的，像美国的夏威夷、加勒比地区的巴哈马等都具有热带或亚热带海洋风光。

地方级旅游资源，指只在较小区域内具有价值和吸引力。如蓟县盘山、河南云台山、北戴河海滨度假区等。

二、旅游资源的开发

所谓旅游资源的开发，是指发现、评价旅游资源，并相应进行基础建设，使其具有的吸引力变成满足旅游者需求能力的过程。

旅游资源开发的程序是：一发现，二评价，三开发。

发现，是指通过调查寻找那些对游客具有吸引力的自然的或社会文化的事物、现象或活动，并确定旅游企业在将来能否加以利用。调查的方法有直接调查法和间接调查法。直接调查法是指由调查人员亲自到当地观察、测量或访问，以确定旅游资源的外在特征、内在品质和数量多寡。旅游资源就其形成及性质来说，主要是自然旅游资源和人文旅游资源，因此发现旅游资源，从调查自然条件和人文社会条件入手是关键。例如只有在沙漠戈壁地区才会有雅丹地形，只有在热带才会有野生大象、犀牛、河马和猩猩,只有在已经实现现代化和初步实现现代化的发达国家和新兴工业化国家才会有迪斯尼乐园,而清真寺只在信奉伊斯教的国家和地区才有。发现旅游资源还必须坚持综合的、发展的观点。所谓综合观点是指就某项单一要素的性质可能不是旅游资源,不具备吸引力,但与其他要素恰当地组合则具有吸引力。如山可能不够奇,但水秀、林密、云淡、古寺钟鸣,把它们组合起来,就成了一幅美丽的图画。发展的观点则是指一些资源在当时可能极其普遍,并不具吸引力,但随着社会的发展却成为稀缺的、极具吸引力的资源。如北京的四合院,在过去就是普通的民居,并不具有吸引力,但随着北京城市的现代化,房屋的高楼化,"四合院"这种极具北京地方特色的建筑就变得有吸引力,极具开发价值了。

评价,是指对旅游资源的性质、种类、数量和质量作出客观的、科学的、系统的、定量与定性相结合的判断。评价的目的在于分析能否开发,如何开发。评价的内容:第一,对旅游资源自身的分析和评价。评价其特色是否具有独特性、奇异性和稀缺性,包括雄、奇、清、秀、险、壮等特征。评价其价值与功能,包括美学价值、历史价值、科学价值、艺术价值及适合哪些旅游功能。评价其规模及组合的可能性。第二,对旅游资源区位评价。包括旅游资源距离客源国的远近,交通是否方便,与相邻其他旅游景区的互补性或竞争性。第三,对旅游资源周边环境的评价。包括自然条件如气候、水源、空气等;人文条件评价如人口、民族、宗教、政治等;经济技术条件评价,如经济发展水平、基础设施建设、投资水平和渠道、技术水平等。

开发,是指在对旅游资源评价肯定其价值和开发可能性的基础上,把旅游资源变为旅游产品而选择开发方式,完善基础设施和旅游设施建设,组建管理人员队伍和建立规章制度的过程。开发应坚持下列原则。

(1)保持和发展旅游资源的特色。

自然旅游资源具有景观特色,人文旅游资源具有民族、文化特色。有特色才有吸引力,因此无论对何种旅游资源的开发,都要保持其特色。所谓"天下名山,青徐得其平,秦蜀得其奇,吴越得其秀",这里说的就是特色。凡文物古迹、古建筑应保持原历史风貌，不能大拆大改，即使整修也应坚持"修旧如旧"的原则。人造旅游资源，应具有其本质功能和特色，并与周围环境相一致，不能搞"四不像"。

（2）保护自然环境和生态平衡，坚持可持续发展。

防止环境污染、保持生态平衡、坚持可持续发展是当前社会发展和经济建设应坚持的普遍性原则。而旅游资源的开发目的在于给人类"美"的享受，"舒适、健康"的体验，如果因开发过程中破坏了自然景观的和谐性、人文景观的民族性和时代特征，不但不能给人以美感，还会造成视觉污染。保持可持续发展，一是要注意游客的数量和旅游资源容量应保持适当的比例，防止对资源的过度耗损；二是旅游设施的建设要与整体环境相协调，防止在天然景观中建设过多的人造景观；三是坚持开发与保护同步进行，即在开发时就预见到旅游资源会受到哪些污染、破坏，预先采取防范和保护措施。

（3）坚持成本与效益相统一的原则。

旅游资源的开发要力争投入小、收益大，即注意投入与产出的关系。这就需要考虑：第一，旅游资源的价值。有吸引力的价值大，无吸引力则价值小或无价值，因此对旅游资源的开发应首先开发价值大的。但价值大往往投入也大。由于一般旅游业的投入与产出是1:4的关系，因此尽管投入大，但因为它有吸引力，就会引来大量游客，创造更大的利润。第二，考虑旅游资源所在地的基础设施状况，如供水、供电、交通和通信设施是否完备，力争首先开发基础设施条件好的地区的旅游资源，其起步阶段社会投入少。第三，由于旅游业属于劳动密集型产业，需要大量劳动力，因此旅游资源开发首先要选择人口稠密、劳动力资源丰富地区，以降低劳动力成本。第四，旅游资源开发从景点建设到交通、餐饮、住宿、娱乐设施的完备，都需要大量资金投入，因此旅游资源开发应选择融资方便、融资成本低、当地政府有优惠政策的地区。

（4）坚持市场原则。

所谓市场原则就是满足顾客需求的原则，即旅游资源的开发应根据旅游者需要什么我就开发什么，应随游客需求变化而变化。从英国旅游业发展历史看，旅游业起步时主要利用各地的温泉进行疗养保健，后来布莱顿的拉塞尔医生说海水浴比温泉浴有更大疗效,于是海滨度假游开始兴起。"二战"后随着各国教育的发展,人们文化素质提高,各种以欣赏古迹、古建筑及欣赏雕塑、油画、音乐等艺术的观赏游就兴起来了。自美国建成迪斯尼乐园之后,这种高级娱乐方式,又成为各国追求的旅游方式。总之无论在哪个地区,旅游资源的开发越针对顾客需求,就会越有吸引力,能随着市场的变化而变化,就会长盛不衰。

旅游资源的开发方式主要有:

(1)度假区。建立度假区是旅游资源开发的主要形式。度假区是以一种旅游资源为主,其他资源相配合的多功能、多部门、地域范围较大的开发方式。如海滨度假区,山地度假区,温泉度假区等。如海滨度假区就是以海水资源的开发为主,如潜水、冲浪、游泳、垂钓等,兼备保健、休闲、娱乐、游览等开发项目。

(2)旅游景点。建立旅游景点是指利用某种旅游资源的独特景色或功能,供游客参观或享用。其功能单一,主要以游览观光为主,一般不设大型住宿、餐饮等旅游设施。游客来了就看,看后就走。

(3)主题公园。所谓主题公园是以文化娱乐、休闲消遣、流览观光为主的"人造"旅游景区。其突出的代表是洛杉矶迪斯尼乐园、深圳的"锦锈中华园"等。

(4)国家公园。国家公园是以自然景观为主体,并具旅游观赏和保护两种功能的自然景区。设立最早的是美国的黄石公园。

(5)传统节日和新设节日。传统节日如巴西的狂欢节、慕尼黑的啤酒节、中国的端午节等,利用这些节日组织旅游者参观或参与。新设节日如"采摘节"、"服装节"、"樱花节"等,吸引游客来采摘、观赏,采购等。

(6)举办各种体育竞技活动。如足球世界杯、拳击赛、奥运会、洲际运动会、明星巡回赛等。

(7)建立专门的工厂、农场、大学和科研院所的参观点。如我国陕西扬凌农业科研试验地、西昌卫星发射场、清华大学等。

(8)建立远离大陆的海岛型旅游区。所谓旅游区是指在地域上、经济上和社会上处于相对封闭和外界缺少联系,完全针对某一细分市场的旅游度假区。在这度假区内的生活方式可能与周围地区有极大的差异,可以满足个别游客的特殊需求,如希腊在某一海岛建有不分男女的裸游区。

(9)组织以商务、科研、探险为目的旅游考察活动。

三、世界旅游资源的分布

(一)欧洲旅游区

欧洲位于北半球亚欧大陆的西部,面积1 016万平方公里,是世界第六大洲,约有40多个国家和地区,人口7.5亿,少于亚洲和非洲。欧洲自然条件多样,从纬度看跨亚热带、温带、寒温带和寒带等多个自然带;从地形看既有坦荡的平原,又有冰封雪覆的高大的阿尔卑斯山脉;从海陆看,欧洲恰似亚欧大陆向西突出的大半岛,三面环海,海岸线长,岛屿众多。湖泊、河流众多,水资源丰富。从社会发展历程看,欧洲既是人类古文明的发源地之一,如古希腊、古罗马,又是现代文明、产业革命的发源地和两次世界大战的主战场。这一切均为欧洲提供了丰富的自然和人文旅游资源。

1.自然旅游资源。主要包括挪威的峡湾型海岸、克罗的亚的达尔马提亚海岸的风光;西班牙的巴利阿里群岛、法国科西嘉岛、希腊的克里特岛的海岛风光;瑞士、意大利的阿尔卑斯山高山滑雪场;意大利的埃特纳火山,冰岛的温泉,克罗的亚"16湖"岩溶地貌国家公园,苏格兰的高原草地;多瑙河三角洲的泽国水乡;芬兰的极昼极夜等。

2.人文旅游资源。主要包括古建筑、古文化遗址,如凡尔赛宫、巴黎圣母院、埃菲尔铁塔、罗马斗兽场、希腊奥林匹亚山、法德边境的马其诺防线、波兰的奥斯维辛集中营、罗马的圣彼得大教堂、圣彼得堡的冬宫、莫斯科的红场和克林姆林宫等;独特的民族风情,如西班牙斗牛和奔牛节、奥地利萨尔斯堡音乐节、维也纳新年音乐会、巴黎和米兰的时装博览会等。

(二)亚洲旅游资源

亚洲在亚欧大陆的东部,面积4 400万平方公里,是世界最大的洲。亚洲从气候上看跨寒、温、热三带,从地形上看有广阔的平原、高大的山脉和平坦的高原。世界陆地最高点珠穆朗玛峰、最低点死海均在亚洲。有广袤的温带的大草原,郁郁葱葱的亚寒带什叶林和浩瀚的塔克拉玛干大沙漠。有海陆兼备的大国如中国和印度,也有岛国日本、内陆国哈萨克斯坦。亚洲是佛教、印度教、伊斯兰教、犹太教等众多宗教的诞生地。黄河流域、印度河和恒河流域、幼发拉底河和底格里斯河流域,是人类文明的发源地。亚洲既有东方最早实现现代化的日本,也有被称为新兴工业化国家和地区的"四小龙",更有令全世界惊叹,连续保持20多年经济高速增长的中国。波斯湾的石油像"乳汁"一样滋润着全世界,但为争夺石油的战争也使一些国家陷入浩劫。这一切都使亚洲无论在自然旅游资源和人文旅游资源上具有丰富性、多样性,从而使亚太地区在世界旅游市场上的地位不断上升。

1. 自然旅游资源有:山地资源,如中国的黄山、庐山、泰山、峨嵋山、五台山,阿里山,日本的富士山,朝鲜的金刚山,韩国的雪岳山、汉拿山,印度尼西亚的坦博拉火山等;海岛和海滨风光,如我国的台湾岛、海南岛,印度尼西亚的巴厘岛,泰国的帕提亚,菲律宾的宿务岛,新加坡岛;河湖秀色,如贝加尔湖、太湖、青海湖、日本的琵琶湖、长江三峡、黄河壶口瀑布、天山天池,西藏纳木错、洞庭湖、鄱阳湖等;繁茂的植物、奇异的动物,如西双版纳季雨林,加里曼丹的热带雨林,蒙古大草原,西伯利亚的白桦林,中国大熊猫、金丝猴自然保护区,老挝、泰国野象栖居区,泰国的鳄鱼湖,青海湖的鸟岛,大连的蛇岛等。

2. 人文旅游资源有:古建筑、古文化遗迹,如中国的长城、故宫、兵马俑、拉萨的布达拉宫、北京猿人遗迹、西安半坡村遗址等,缅甸的大金塔,柬埔寨的吴哥窟,印度的泰姬陵,日本奈良的东大寺,麦加大清真寺,耶路撒冷的阿克萨清真寺和哭墙;民风和风俗,如泰国的泼水节,伊斯兰教的开斋节,印度瓦纳西城的恒河"圣洛",蒙古的"纳达木"大会;中国、韩国和朝鲜的春节、端午、中秋节。

(三)北美洲旅游资源

北美洲是指位于巴拿马运河以北的美洲地区,它包括以美国和加拿大为主体的北美大陆和墨西哥以南至巴拿马运河的中美地峡以及广布在大西洋与加勒比海之间的西印度群岛三大部分,共有30多个国家和地区。北美洲面积 2 400 万平方公里,是仅次于亚洲和非洲的世界第三大洲,其陆地轮廓的特点是北宽南窄,是一个倒三角形,这样就使得美、加两国拥有广大的面积、多样的自然条件,而墨西哥以南各国则领土相对狭小,地形、气候都较单一。美、加两国西部是以落基山为主体,由一系列山脉、高原组成的科迪勒拉山系,中部则是南北贯通的大平原,东部则是低缓的拉布拉多高原和阿巴拉契亚山脉和沿海平原。北美洲跨寒、温、热三带,但中美洲和加勒比海各国由于均在热带和亚热带,气候单一,而加拿大则大部分地区气候寒冷,美国则处于北温带气候多样。众多的河流和湖泊,既提供了水源、发电,又富舟楫之利。北美洲西部正处于环太平洋火山地震带,所以火山地带频繁,有许多火山、地震遗迹。加拿大北部和格陵兰岛的冰雪世界,更为因纽特人提供了特殊的生存环境。北美洲社会文化最突出的特点是由移民形成的多元文化和残存的印第安人文化,以及高度现代化的工业文明。

1. 自然旅游资源:美国和加拿大的自然旅游资源多分布在西部的山区,而且多以"国家公园"、"自然保护区"形式出现,如美国的黄石公园、科罗拉多大峡谷国家公园、猛犸洞国家公园,加拿大的班夫国家公园等,其他自然景观如尼亚加拉大瀑布、密苏里州的曼利曼克地下岩洞,墨西哥的仙人掌、特立尼达和多巴哥的沥青湖等。

2. 人文旅游资源:北美洲的国家由于多数是 15 世纪至 16 世纪以后形成的移民国家,原始的印第安的文化古迹已经保留不多,主要是分布在墨西哥尤卡坦半岛上的玛雅文化遗迹,如太阳金字塔、月亮金字塔等。北美人文旅游资源的最大优势,在于繁华的都市、发达的文化教育设施、便捷的交通设施(地铁、高速公路等)和以迪斯尼为代表的各种主题公园。

(四)非洲旅游资源

非洲全称阿非利加洲,位于亚欧大陆以南,赤道横穿中部,全部在热带和亚热带,人称"热带大陆";地形以高原为主,人称"高原大陆"。非洲现有 50 多个国家和地区,在"二战"前长期遭受殖民地、半殖民地统治,经济十分贫困,被称为"黑暗大陆"。"二战"后各国纷纷独立,并开始发展经济,但目前许多国家仍很贫困,因此又称为"觉醒大陆"、"欠发达大陆"。非洲无论矿产、水力、动植物资源均十分丰富,可称为"富饶大陆"。非洲各国经济和社会的发展,与原宗主国关系密切,因此表现为"多元性"。现代化的城市文明与原始部落的乡村并存。原宗主国蓄意分裂和控制造成的国家、民族矛盾十分突出,政治、社会环境极不稳定。主要国家有埃及、利比亚、阿尔及利亚、摩洛哥、尼日利亚、坦桑尼亚、肯尼亚、刚果(金)、赞比亚、南非、安哥拉、苏丹、马里、几内亚等。

1. 自然旅游资源有:乞力马扎罗山、莫西奥图尼亚大瀑布、撒哈拉大沙漠、尼罗河和刚果河、坦噶尼喀湖、东非大裂谷、肯尼亚野生动物园、好望角等。

2. 人文旅游资源有:苏伊士运河、阿斯旺水坝、金字塔、狮身人面像、古城卢克索、利比亚塞布拉塔腓尼基考古遗迹、摩洛哥的非斯古城、突尼斯的迦太基城遗址、加纳的海岸角奴隶堡、大津巴布韦遗址。

(五)南美洲旅游资源

南美洲是指巴拿马运河以南的美洲地区,面积 1 800 万平方公里,是世界第四大洲,共有 13 个国家和地区,主要大国有巴西,阿根廷、委内瑞拉,哥伦比亚、秘鲁、智利等。南美洲大部分在热带、亚热带,温带面积很小。西部为安第斯山脉,中部为亚马孙平原和拉普拉塔平原,东部为巴西高原。亚马孙河、拉普拉塔河和奥里诺科河流经中部平原。热带雨林、热带草原面积广大。有许多珍贵的动植物如巴西木、橡胶树、蜂鸟、犰狳等。南美洲具有多元文化的特点,土著的印地安文化,欧洲西班牙、葡萄牙文化和非洲黑人文化。既有大国巴西、阿根廷等,也有小国巴拉圭、乌拉圭、圭亚那等。

1. 自然旅游资源有:亚马孙河河口巨大的潮差;以玛瑙斯为中心的热带丛林,委内瑞拉的安赫尔瀑布,巴拉圭的伊瓜苏瀑布,巴西高原东部的"巴西大陡崖",阿根廷潘帕斯大草原,海拔最高的尤耶亚科活火山,智利的胡安·费尔南德斯群岛等。

2. 人文旅游资源有:巴西里约热内卢的狂欢节、桑巴舞、足球赛,哥伦比亚黄金博物馆,秘鲁库斯科的"印加帝国"遗迹,厄瓜多尔的赤道纪

念碑，"世界建筑博览城"巴西利亚，"美洲的巴黎"布宜诺斯艾利斯，"南
美的罗马"圣地亚哥，"无雨城"利马等。

（六）大洋洲旅游资源

大洋洲是指包括澳大利亚大陆、新西兰南北二岛及广布在太平洋
中赤道两侧的三组群岛，即美拉尼西亚群岛、密克罗尼西亚和波利尼西
亚群岛。面积约 897 万平方公里，是世界面积最小，但陆地分布地域范
围最广的洲。主要包括澳大利亚、新西兰、巴布亚新几内亚、斐济、瑙鲁、
西萨摩亚等 20 多个国家和地区。全洲人口约 2 700 万，是一个地广人
稀的地区。其中澳大利亚和新西兰两国是大洋洲的主体。澳大利亚大
陆面积为 768 万平方公里，几乎占全洲面积的 85％，西部是遍布沙漠
的高原；中部为平原，平原中部的艾尔湖低于海平面，且地下水丰富，有
世界著名的大自流盆地；东部则是一条南北延伸海拔在 1 000 米以下
的低山，人们称其为大分水岭。新西兰南北二岛地形则以山地为主，多
温泉，地热丰富。澳大利亚由于在地理位置上远离其他大陆，这种"孤立
性"使它保留了许多原始而古老的动物，如鸭嘴兽、袋鼠等。三组群岛多
为大陆岛（如巴布亚新几内亚岛）、珊瑚岛和火山岛。北部夏威夷群岛火
山活动频繁。珊瑚礁所形成的大堡礁、环礁，布遍赤道南北。气候以热
带雨林、热带草原、热带沙漠气候为主，而新西兰南北二岛为典型的温
带海洋性气候，森林茂密，有"绿岛"之称。新西兰独特的温泉、森林和草
地构成了一幅美丽的风景画。西方移民的白人文化和毛利人、斐济人的
褐色人种的文化，在大洋洲共存共生，构成了一种多元文化社会。

1. 自然旅游资源有：美丽的海岛、海滩风光，如环礁湖、大堡礁、新
西兰的峡湾；古老奇特的动物如袋鼠、袋熊、鸸鹋、几维鸟等；新西兰怀
蒙谷的间歇泉，夏威夷的基拉维厄活火山，布里斯班的黄金海岸等。

2. 人文旅游资源有：新西兰毛利人的歌舞及碰鼻礼仪，澳大利亚土
著人的生活，斐济大平洋港的古文化中心，悉尼帆船歌剧院，悉尼塔朗
哥动物园，昆士兰州图文巴市的"种牛"比赛，西澳州皮尔巴拉露天铁矿
开采场，毛利人的木雕技艺，墨尔本华人采金纪念馆，新西兰垂钓鳟
鱼等。

第三节　国际旅游大国简介

一、美国

美国位于北美洲中部,是一个面积达 936 万平方公里,人口 3 亿,经济和科学技术高度发达,具有优越自然条件和多元化文化传统的国家。这一切为美国国际旅游业的发展提供了十分有利的条件。美国是当今国际旅游最发达的国家,既是世界入境收入最多的国家,也是世界最大的客源国。据统计,2002 年美国旅游的入境收入为 853 亿美元,占当年世界旅游入境总收入的 17.7%,居世界首位,但入境人数少于西班牙、法国。

美国国际旅游业的发展与美国政府的大力支持有关。"二战"后初期,随着美国经济的迅速发展,居民可支配收入的不断增加,出国旅游人数剧增,到 1960 年出国旅游人数已超过 1 000 万,支出 22.5 亿美元,而同期接待外国游客仅 500 多万,收入仅 10.2 亿美元,发生了严重的贸易逆差。1961 年肯尼迪总统上台后,为了弥补因旅游而形成的逆差,就专门成立了联邦旅游局来领导旅游工作。1968 年约翰逊当上总统后,更要求几家大旅行社、航空公司和饭店联合成立"发现美国组织"与联邦旅游局一起,每年举办一次旅游促销会,藉以招揽游客。联邦政府从 1972~1977 年共拨款 1.17 亿美元,用于修建公园、休息场所和其他旅游设施。正是在政府支持下,入境美国游客不断增长,平均每年增100 万,到 1979 年入境游客已达 2 010 万,比 1968 年的 1 020 万几乎增长了 1 倍。国际旅游收入也由 1968 年的 20.35 亿美元,增至 1979 年的101 亿美元。几乎增长了 4 倍。到 1990 年旅游收入已达 430 亿美元,而2002 年则增至 853 亿美元。

美国入境游客中以加拿大、墨西哥人为主,约占全部入境人数的60%~70%。其次是日本、英国、德国、法国、巴西、韩国等。外国游客在美国消费支出,吃、住约占 30%,购物占 27%,娱乐占 18%,交通占

16%,其他占 9%。

在美国,由于旅游业的发展,促进了当地经济的增长。例如位于内华达州与加里福尼亚州交界处的塔霍明市,1945 年以前还是一个人口仅有 2 万,经济落后的小镇,随着政府投资支持旅游业的发展,1979 年接待国外旅客就有 200 万至 300 万,当年上缴政府的税收就达 300 万美元。

美国的旅游点主要有三种类型:

第一种是国家公园。利用自然风景除供游览、观光外,还可搞宿营、爬山、滑雪、骑马、划船等多种活动。美国的国家公园主要分布在西部的山区,如黄石公园、科罗拉多大峡谷公园、红杉树国家公园等。

第二种是以人工游乐场为主的主题公园。其中最著名的是美国洛杉矶的迪斯尼乐园。其多种多样的娱乐形式,不但为儿童所喜爱,而且也是成年人的娱乐场所。每年吸纳国内外游客数十万人。

第三种是文化、科研单位和古今名胜。如好莱坞电影制片中心、休斯敦宇航员训练操作中心、太空博物馆、国会大厦、白宫、林肯纪念堂、纽约自由女神像、哈佛大学、旧金山的唐人街等。

美国旅游业的发展,除前述的政府支持外,还与下列条件有关:

1.美国领土面积大,占纬度广,地形、气候条件复杂多样,因此从南到北,从东至西,提供了多种多样的自然景观。例如当东北部新英格地区已是冰封雪盖时,而南部的佛罗里达半岛仍是枝繁叶茂的亚热带风光。

2.美国是一个移民国家,在欧洲人到达美洲前这里是印第安人的居住地,自 15 世纪至 16 世纪后,先后沦为英国、法国和西班牙的殖民地。因此形成了多元文化。各种文化为旅游业提供了丰富的人文资源。

3.美国经济发达、科技水平高。这为旅游业的发展提供了大量经济和技术上的支持。例如,1979 年美国联邦旅游局仅广告宣传费就花了6 000 万美元。希尔顿饭店当年营业额 8 亿美元,而宣传费用 7 000 万美元。迪斯尼乐园所以吸引人,在于许多游乐设施都采用了高科技的电动、自动化装置。

4.美国是当今世界政治、经济、文化的中心,联合国等许多国际机构均设在美国,每年因政治、金融、贸易、环境保护等问题召开的国际会议多在美国召开,因此会务旅游,商务旅游发达。

5.注重调查研究和预测预报,为旅游企业提供可靠的信息咨询。美国有关旅游的企业都专门成立行业性的咨询调研机构,配有专门的人员进行信息的收集、整理和分析,然后把预测意见向企业报告,以便企业作出正确的营销决策。

美国主要旅游景点有黄石公园、迪斯尼乐园等。

黄石公园,是美国最悠久、规模最大的国家公园。位于美国西北部爱达荷、蒙大拿、怀俄明三州交界处的落基山上。已有100多年历史,总面积220多万英亩。黄石公园因园内多黄色的树木化石、黄色的岩石和黄色的水潭而得名。黄石公园以巨石嶙峋、地下沸水喷泉、高大的树木和多种野生动物,而成为游客休憩、观赏的好地方。园内的"女巨人喷泉"、"老可靠喷泉"等,十分壮观。

洛杉矶的迪斯尼乐园创办于1955年,占地80平方公里,建筑面积76万平方米,几乎相当一个小城市。迪斯尼乐园是卡通角色米老鼠的作者迪斯尼建造的。人们一进园门,便有一群"米老鼠"跑来迎接与游客握手。园内设有小火车,可以围绕园区巡游一周。园区南北向中央大道东西两侧,布置有50多个电气化、自动化的游乐场,如"小小世界"、"鬼屋"、"加勒比海盗船"、"百鸟鸣唱屋"、"未来世界"、"热带雨林"、"雪山"等。迪斯尼乐园通过这些精巧的设计,把许多深奥的科学知识和自然现象普及化,这种"寓教于乐"的方式,十分受人们欢迎。每年来此游览的国内外游客超过1 000万人,为乐园和当地政府带来巨大收入。因此日本、法国、香港也纷纷仿效。

二、西班牙

西班牙位于欧洲南部的伊比利亚半岛上,北邻比斯开湾、法国和安道尔,西邻葡萄牙,南面和东面临地中海,面积50.6万平方公里,人口4 411万,是由卡斯蒂利亚、加泰罗尼斯、巴斯克等多个民族组成的国家。首都是马德里,重要港口和旅游城市有巴塞罗那、巴伦西亚等。

从地形上看西班牙境内多山,全国1/3以上面积海拔在1 000米以上,主要山脉有坎塔布连山、比利牛斯山等。平原面积不足全国的11%。气候类型多样,西北部和北部为温带海洋性气候,中部为温带大陆性气候,而地中海沿岸为典型地中海式气候。

虽然早在19世纪中叶起,一些富人就开始到西班牙南部的马拉加等地的海滨进行度假旅游,但真正的大众游是随着航空运输和包价游的发展而迅速发展的。1937年西班牙接待国外游客只有30万,而1940年增长到300万,而1980年外国游客数量已达3 800万,超过当时西班牙全国人口。(当时西班牙人口为3 600万),1998年入境游客增至4 340万,而2006年为5 840万,仅少于法国居世界第二位。1998年入境外汇收入达295.8亿美元,少于美国,意大利和法国。而2005年旅游外汇收入已达460亿欧元。西班牙入境人数每年都大大高于美国而收入却远远低于美国,如1998年美国旅游外汇收入为742亿美元,几乎为西班牙的2.5倍。主要原因是西班牙在宾馆、餐饮、运输、娱乐设施等方面落后于美国。

西班牙全国可分为五大旅游区:一是南部以马拉加为中心的世界著名的"太阳海岸"旅游度假区。这里是典型的亚热带地中海式气候,冬季温和,夏季炎热,阳光充足,一年有300多天是阳光明媚的日子,海水温而不冷,游泳期达半年以上,以明媚的阳光、金色的沙滩吸引了大量游客,是西班牙开辟最早、游客数量最多的旅游区。二是位于西班牙东北部的"布拉瓦海岸",这里岩石、沙滩交替分布,海水清彻,是游泳和海上运动的好地方。三是被称为"地中海浴池"的巴利阿里群岛。四是位于摩洛哥以西的加那利群岛。五是以首都马德里为中心的地区,这里主要是古文化遗迹和现代都市风光。

西班牙旅游业发展中有两个特征值得特别注意。第一是市场细分相对集中,旅游热点集中在少数地区。近半数旅游者来自法国、德国和英国这三个国家,人们为其廉价的阳光、沙滩和海水所吸引。旅游热点除马德里外,主要集中在南部的"太阳海岸"、东北部的"布拉瓦海岸"、巴利阿里群岛、加那利群岛和东南部沿海。这些地区旅游设施只占全国20%,而接待游客量占70%。第二个特征是由于旅游业高速发展和空间的加速集中,加剧了旅游业的无序竞争,反而降低了目的地吸引力,造成市场消费能力下滑。例如托雷莫利诺斯 1960 年前还是一个小渔村,后进入旅行社包价游的目的地,得到了迅速开发,但开发过程中无序和毫无特色的建筑反而造成了视觉污染,而海滨浴场又过度拥挤,停车场不足,从而使其吸引力迅速消失。这种现象已在西班牙很多地方出现。

西班牙旅游业发达的条件有下列几方面:

1. 风景秀丽,气候宜人。西班牙是一个海陆兼备的国家,海岸线总长约 7 800 公里,北部为山脉,中部为高原。因此旅游者既可享受到山地滑雪的乐趣,又可体验到沙滩日光浴的温馨。全国除少数高山区外,一月平均气温均在 0℃以上,夏季八月气温也在 30℃以下,而且阳光明媚,日照充足,南部地中海沿岸,日照天数年均在 300 天以上。这种濒海、临山、阳光、海水的自然条件,无疑对西欧、北欧那些经过漫漫长夜如挪威、芬兰、瑞典、英国等地的居民有吸引力。

2. 西班牙地理位置适中,交通方便。它正处于亚、欧、非、美四大洲中心,距离世界主要国家都不远,而且濒临大西洋和地中海,海上交通十分方便。

3. 西班牙是欧洲文明古国之一,具有古老的传统和灿烂的文化。南部安达卢西亚地区,风景优美,古迹甚多,带有阿拉伯文化的特征。这里的古城哥多巴有许多教堂和庙宇,富丽辉煌,独具风采。曼卡地区是唐·吉诃德的故乡。马德里的东方宫、塞戈维亚行宫等均是著名古迹。驰名世界的斗牛和奔牛节,更是扣人心弦。

4. 政府的支持。西班牙政府把发展旅游看作"无烟的出口工业",设有专门的机构来领导旅游业的发展。对私人投资旅游业,政府给予担保贷款。并在国外设有多个办事处,宣传西班牙的风光,招揽游客。

5. 不断提高服务质量,开发旅游新产品,吸引回头客。据统计,1998年西班牙接待外国游客中 83% 是回头客,其中 52% 的游客已访问西班牙 4 次以上,15%～20% 到过三次,15% 到过 2 次,而第一次来西班牙的人数只占 17.4%。其原因在于西班牙在不断提高服务质量,开发新产品的同时,保持低价位。其中生态游、农业观光游吸引了大量学生到农庄同吃、同住、同劳作,深受学生喜爱。

　　西班牙旅游最具民族特色的旅游项目是一年一度的奔牛节。奔牛节正式名称为"圣·费尔明节"。圣·费尔明是西班牙东北部富裕的纳瓦拉省省会潘普洛纳市的保护神。据说当初潘普洛纳人要将6头高大的公牛从城郊赶进城内的斗牛场是十分困难的。17世纪时,某些旁观者突发奇想,大胆走到公牛面前,将牛激怒,让牛追赶自己,以便将牛诱入斗牛场,后来就演变成奔牛节。1923年美国著名作家海明威首次来到潘普洛纳观看奔牛,并写成了小说《太阳照样升起》,其中详细地描写了奔牛节。1954年海明威获诺贝尔文学奖后,奔牛节名声大振,成为西班牙招揽游客的重要项目。为此潘普洛纳市居民在斗牛场门口建有海明威塑像,以示纪念和感谢。

　　位于潘普洛纳市旧城区的"奔牛之路"是一条狭窄的石板小街,全长848米。奔牛时,成千上万名游客挤满小街,重约500公斤的公牛从牛棚冲出后,在4分钟内以24公里/小时的速度在小街上狂奔,游客在挑逗公牛躲闪不及时,常被撞伤或撞死。尽管如此危险,每年7月6日至14日仍从世界引来大量游客,在人与牛的挑逗、冲撞中享受乐趣,而忘了一切危险。

本章思考题

1.说明国际旅游有何特点。

2.说明发展国际旅游对经济发展有什么有利影响。

3.什么叫旅游资源?有什么特性?

4.如何开发旅游资源?

第十一章 国际贸易运输地理

第一节　交通运输与国际贸易运输

一、交通运输——一项特殊的物质生产活动

交通运输是指利用各种运输工具和运输方式,使人或物品发生空间位置的移动,从而增加被运送物品的价值并实现其使用价值的生产活动。它是一项特殊的物质生产活动,其特殊性主要表现在它与工业或农业生产有很大区别。这种区别主要有:

1.工农业生产通过物理、化学或生物的生产过程可以生产出人类吃、穿、用的具体产品,生产中可以增加产品的数量、提高其质量。而交通运输其生产过程既不能增加数量,提高质量,更不能创造出一种新产品。它只能使被运送物品增加价值(价值的增加来源于运输中人类投入的物质和人的劳动)和实现其使用价值。

2.工农业可以生产出各种各样的产品,各种产品之间往往不能彼此替代,因为它们有各自的效用。而交通运输虽然也有不同的运输工具和运输方式,但它们的效用本质上是相同的,即都是使被运送物品发生位移,因此它的产品也就是一样的,即"吨公里"或"人公里"。因此各种运输方式可以彼此替代,并可组成多式联运。

3.交通运输生产和消费是统一的,即生产过程也是消费过程,因此其产品(吨公里)随着生产过程的终结,也就消费掉了,而不能像工农业生产那样先生产、后消费;不消费可以储存。

4.交通运输要求技术标准和操作规范无论在哪个国家(地区)都应做到统一,如机车车辆限界,铁路轨距等,以便保证运输的安全和提高运输效率。

二、影响交通运输发展的因素

1.工农业生产发展水平和空间分布是制约交通运输发展的决定因素。

当人类社会处于自给自足经济社会时,由于生产力水平低下,人类的生产和消费活动一般都在狭小的地域范围内进行,因此交通运输落后,运输工具和方式主要靠人力和畜力。产业革命后,由于蒸汽机代替了人力和畜力,大机器生产代替了手工生产,从而提高了生产效率和产品产量。人类的生产和消费必须突破狭小的地域范围,从远处取得原料,向远处输出产品,从而促进了交通运输的发展,先后出现了火车、汽车、轮船、飞机等现代化运输工具和铁路、公路、海运和航空运输等运输方式。

2.科学技术的进步是推动交通运输发展的动力。

科学技术的进步推动了交通运输工具的创新和改进,使运输工具向大型化、高速化、专业化和现代化方向发展;使运输动力由人力畜力向蒸汽、内燃,电力和核能方向发展。

科学技术的进步推动了运输方式的革新和改进,由单一运输方式,向组合、集装箱和多式联运发展。

3. 人口的数量和分布影响交通运输。

人口数量多、人口密度大的地方，一般经济发达，必然客货运量大，运输网络的密度和运输工具的配备就要增加，反之则运输业不发达。因政治、军事、宗教、风俗等原因造成的人口季节性、短期的流动，也必然会使交通运输量发生变化，需要及时地调节运力予以妥善解决。如我国每年春节，交通客运量常达数亿人次，无疑给交通造成巨大压力。

4. 地形、气候和矿产资源的开发，影响交通运输投资规模、线路走向、密度高低和经营管理。

平原地区有利于铁路、公路的建设，投资少、工程量少、工期短，运营安全系数大，而山区则不利于铁路、公路建设。我国解放前四川没有一寸铁路，人称"蜀道难，难于上青天"，就是因为四川地形以山地、丘陵为主，山河相间为道路的修建设置了障碍。

纬度高和海拔高的地区，冬季气候寒冷，多为冰雪覆盖，或地下有常年冰土层，对铁路、公路的建设和营运不利。而在台风盛行地区，一旦台风来袭，交通就要被迫停航或停运。

哪里的矿产一旦得到开发，铁路、公路必然要向矿区延伸，昔日交通闭塞的地方，旦夕就会变得车水马龙。如我国塔里木盆地过去许多地方是无人区，根本没有道路，但随着塔里木油气田的开发，纵贯南北的公路已经修通；铁路也从库尔勒向喀什延伸。

三、交通运输在经济和社会发展中的作用

交通运输是工农业生产的大动脉，是国家之间、地区之间和民族之间交流的纽带，因此在经济和社会发展中起着巨大作用。

（一）对经济发展作用

对经济发展的作用，主要表现在促进生产、交换和消费三个方面。

对生产而言，迅速方便的交通运输：(1)使生产商能从远处购买廉价的原材料，雇用廉价的劳动力，从而降低生产成本。(2)有利于地区分工的形成和发展。随着交通运输的方便，人们的生产和生活不再囿于自给自足的生产方式，而是根据各自的绝对或相对优势，生产具有优势的产品，然后去交换自己不具有优势的产品，从而促进了地区（国际）分工

的发展。(3)有利于扩大生产规模,取得规模效益。交通发达之后,生产无论从原料、资金、劳动力、技术等不再受到本地区限制,这样企业就可增加生产规模,取得规模效益。

对交换的作用:(1)交通运输发达使交换的时间缩短,资金回收的快、交换的地域范围扩大。(2)使价格稳定,减少交换中价格变动的风险。物价的波动,主要是由于供需不平衡,而供需不平衡除生产和消费不平衡这一基本原因外,时常也因运输不便造成的。如果交通运输发达就能及时做到以丰补欠,以多济少,保持价格的稳定。(3)运输发达,可以降低交换成本。

对消费而言:(1)扩大消费范围,增加消费数量和品种。(2)降低商品价格,减轻消费者负担,提高消费水平。

(二)对社会发展的作用

(1)正是由于交通运输业在社会生产、交换和消费中起着巨大作用,因此交通运输业是一个关连性很强的产业,随着交通运输业的发展,在促进其他事业发展的同时,必然会增加社会就业,减缓社会面临的失业的压力,有利于社会的稳定。

(2)有利于不同国家之间、不同地区之间、不同民族之间的交流和沟通,从而消除国家之间的隔阂、地区发展的差异和实现民族之间的融合。

(3)促进各国之间、各民族之间的文化交流,使传统的价值观和生活方式发生变化,以适应经济全球化、文化多元化的社会发展趋势。

(4)有利于政府保持社会的稳定和维护国防安全。如 2008 年 5 月 12 日中国四川汶川发生 8 级大地震后,正是由于便捷的交通把大批解放军官兵输送到成都,不但抢救了大批遇难者,而且保持了社会稳定。

交通运输对经济和社会发展起何种作用,作用的大小,取决于其自身的两个两方面:一是运费成本,二是便捷程度。

运输成本即运费,主要由线路运行费和场站费两大部分组成。线路运行费与运输距离有关,即运输距离越长,费用越高。而场站费则与运输距离无关,仅与装卸、站场设施和管理维护有关。要想降低运费,一是要降低线路运行费;二是要降低场站费。线路运行费从出发地到目的地的空间距离很难改变,可变的是改变交通运输方式,如汽车贵,乘火车;火车贵、乘轮船。所以就线路运行成本而言,公路高于铁路,铁路高于水运。而场站成本则恰恰相反,水路大于铁路,铁路大于公路。综合而言,公路适合短途运输,铁路适合中距离运输,而水运则适合长距离运输。

当然运费的高低还与定价制度有关,即统一运价、区间运价、比例定价和远距离递减定价等。一般货物运价多采用远距离递减定价法。

交通运输的便捷程度主要取决于交通网的密度,同时也与交通网连结度、通达度有关。交通网的密度是指单位面积上交通线路的长度。长度越大,则交通越方便。而连接度与通达度则反映交通线路是如何彼此相联结的,是交通线的结构。通达指数和分散指数越低则交通越方便。

因此,要发挥交通运输在促进社会和经济发展中的"火车头"、"先行官"的作用,既要加紧铁路、公路等交通线路的建设,提高交通网的密度,又要改善交通网的结构,增加其通达度。

四、国际贸易货物运输

所谓国际贸易货物运输是指货物在两个或两个以上国家(地区)之间的移动。国际贸易运输从行业性质来看,它具有双重性,第一,它是对外贸易的重要组成部分;第二,它属于交通运输业的一部分。

所以说它是国际贸易的组成部分,主要表现在三方面:一是它属于国际贸易中的服务贸易,通过承揽国际货物的运输能给国家创造更多外汇收入;二是它是国际贸易合同中的重要条款,如果买卖合同中,缺乏运输条款,买卖合同就无法成立了;三是在国际贸易中运费往往包含在货物的价格中,是货价的重要组成部分,如 FOB 价格则卖方不承担境外运费,如 CIF 价格则卖方要承担到目的港前的主要运费。

国际贸易运输更是交通运输业的一部分,主要表现在,它是交通运输的境外部分,但与国内运输密切相关。当国内交通运输运力紧张,港口泊位不足、集疏能力差时,外贸运输就无法得到发展;而当外贸运输安排不周,货物到港或离港过于集中时,必然也会造成国内运输的紧张。另外,当前交通运输中海运业务 80% 的运量是承担外贸进出口货物;空运承担外贸货物的运量也越来越大,因此在整个交通运输中外贸运输占有很大比重。再有许多先进的运输方式都是由外贸运输中首先采用,如集装箱运输、多式联运,然后再普及到整个交通运输中。因此外贸运输是交通运输的一个分支,它和国内运输是相互影响、相互促进的关系。

国际贸易运输虽然是交通运输的一部分,但它不同于国内运输,其自身有许多特点:

1.政策性强。由于外贸运输是货物在两个或两个以上国家(地区)之间的移动,因此会涉及不同国家的权利和利益,也会有不同的法律、法规加以调节和约束,因此绝非单纯的经济活动。所以在外贸运输工作中要考虑国家的外交和外贸政策,以免为国家造成不应有的政治损失。

2.路线长,环节多。外贸运输短则千里,长则万里,需经过集中、装卸、中转、疏散等多个环节,采用多种运输方式,一旦哪个环节发生疏漏,衔接不好,就无法按时装运或交货,会给买卖双方造成不应有的损失,甚至会影响国家与国家关系。

3.涉及面广,手续繁杂,可变性大。国内运输一般只涉及卖方、买方和承远人,而外贸运输还要涉及海关、商检、银行、保险等多个部门,需要办理租船订舱、报关、检验、装船、结汇、投保等各种手续。由于各国、各个港口的法律、法规不一样,因此情况复杂,可变性大。

4.时间性强。运输是外贸合同中重要条款,如不能按时、按质、按量地把货物交给收货人,则构成根本性违约,买方有权索赔、拒收或撤消合同,因此交货要及时。对一些季节性、鲜活商品,如能做到快速及时地运送,有助于抢行上市,提高售价。

5.风险大。外贸运输由于距离长,需要时间多,又经过不同国家或地区,因此面临多种风险,如台风、海啸等自然风险,战争、动乱等政治风险和价格、汇率变动导致的商业风险。

6.在运输环节中,除承运人(船方、航空公司、汽车公司、铁路公司)外,各种运输代理往往发挥不可或缺的作用。例如货运代理负责租船订舱、报关、商检、装船等事宜。船务代理,负责为外轮进出港办理进港、靠泊、装卸和物资供应。租船代理负责租整艘船舶或订舱。而咨询代理则提供各种法律、价格、各种手续的咨询和发展策划。

第二节　国际海上货物运输

一、国际海上货物运输概述

国际海上运输是指以海洋为通道，以船舶为运载工具，在国家与国家(地区与地区)之间运送货物的人类活动。由于地球表面71％的面积为海水所覆盖，四大洋又是相互贯通的，为人类利用海洋作为交流的通道提供了方便。但在产业革命前由于以木帆船为主，航海技术落后，不能抵御巨大风浪，因此人类利用海洋运送货物和进行交流，只能在内海、边缘海等狭小范围内，所以那时的海上货物运输主要在地中海沿岸各国，中国和东南亚各国、日本、朝鲜之间。产业革命后由于蒸汽机的发明和使用，炼钢技术的进步，人类开始制造轮船，这大大提高了抵御风险的能力，海上货物运输开始走上了跨洲、跨洋的运输。世界上第一次使用蒸汽轮船进行跨大洋的旅行是1819年美国"萨凡纳"号轮船，从纽约出发，经伦敦到圣彼得堡的航行。

第二次世界大战后，随着生产力和科学技术的发展，各国之间经济的交往日益密切，而船舶制造也实现了大型化、高速化、专业化和自动化，港口泊位的数量和内陆集疏能力不断提高，卫星定位技术的使用，使海运变得更安全，因此大大促进了海上货物运输的发展。截止到2002年全世界拥有商船的数量约为8.9万艘，船舶运力达到8.216亿载重吨。最大油轮载重量可达30万至50万吨，第6代集装箱船的载箱量已超过8 000个TEU。

海运在四大洋中发展不平衡，其中以北大西洋港口数量最多、货物吞吐量最大。这是因为北大西洋东西两岸是美国、加拿大、英国、法国、荷兰、比利时、德国等发达国家。由于它们之间经济交往频繁，因此促进了海上货物运输的发展。在这里分布着一系列著名港口城市，如荷兰鹿特丹,英国伦敦,法国勒阿弗尔、马赛,比利时安特卫普,德国汉堡,意大利热那亚,美国纽约等。

太平洋从港口数量和货物吞吐量来看仅次于大西洋,但近年来随着亚太各国经济的迅猛发展,中国、韩国、新加坡等国以及我国的台湾和香港地区在世界贸易中所占比重不断上升,太平洋海运货物量和主要港口吞吐量也在不断增长。其中世界上集装箱装卸量居世界前几位的港口均在亚太地区,如上海港、深圳港、香港维多利亚港、新加坡港、青岛港、大连港、天津港、高雄港、釜山港等。太平洋海运货物量已呈后来居上之势。

印度洋海运货物以石油为主,由于印度洋北部的波斯湾有"石油宝库"之称,每年石油出口量占世界 2/3,因此大批油轮经马六甲海峡驶往亚太,或经苏伊士运河、好望角驶往欧洲和美洲。主要港口有伊朗的哈尔克岛、伊拉克巴士拉、沙特阿拉伯的腊斯塔努腊、巴基斯坦卡拉奇、印度孟买、坦桑尼亚的达罗斯萨拉姆、也门的亚丁、澳大利亚的弗里曼特尔等。

北冰洋是四大洋中面积最小的海洋,但由于大部分海域终年为冰雪覆盖,除欧洲北部的巴伦支海、白海可以行船外,其他海域如不使用破冰船尚不具有航行意义。但近来由于全球"温室效应"的加剧,北冰洋夏季时冰面正在加速融化,一些科学家预计 2008 年夏天冰面融化可达北纬 80°,因此开辟亚太经白令海峡、北冰洋沿海到欧洲和美洲的所谓"西北航道",正引起了北冰洋沿岸各国的极大关注。美国、加拿大和俄罗斯加紧了对北冰洋的考察和争夺。一旦"西北航道"开通,无疑会大大缩短亚洲到美洲和欧洲的距离,降低费用。

海上运输与铁路,公路运输相比有许多优点:(1)运量大。这是由于船舶日益大型化、专业化的结果。大型油轮、散货船以及集装箱船已为许多海运企业所采用。(2)通过能力大。这是由于海面辽阔、无轨道、道路宽度的限制,同一时刻在某一个横截面上可通过许多船舶。(3)运费低。由于运量大,导致运费比铁路、公路、航空等运输方式都低。(4)对货物适应性强。船舶对超长、超重、超大型货物均能载运。缺点是速度慢、风险大,时间性不强。

"二战"前世界海运业务几乎完全被发达国家特别是美国、日本、英国所控制,但战后随着"方便旗船"数量增加,发展中国家船队承担的海运业务量也不断增长。目前按船东国籍划分,希腊、日本和挪威居世界各商船队的前三名,中国居第四位,第五位是德国。而提供"方便旗船"注册的国家主要是利比里亚、巴拿马、塞浦路斯、新加坡和巴哈马等国。

二、影响海上运输的自然地理因素

海上货物运输受气候、洋流、浮冰和海底地形等多种自然因素的影响。正确认识这些因素空间分布和时间变化的规律,对发展海洋运输有重要意义。

1.气候因素

气候对海上运输的影响主要是风向、气温和灾害性天气如台风、飓风等。在地球赤道至南北纬 5°之间以及南北纬 40°～60°之间属于行星风带的信风带和西风带,风向稳定。如船舶在此纬度顺风航行,必能提高船速、节省燃料。但南半球南纬 40°以南由于大部分为海洋,无陆地的分割,这里的西风带不但风大浪高,而且海面多冰山,不利航行,人称"咆哮的西风带"。纬度的高低影响气温变化,从而影响港口冬季是否结冰,以及结冰期长短。位于北半球高纬度的国家如加拿大、俄罗斯等,冬季气候寒冷,一些港口冬季封冻或结冰期很长,因此冬季时应避免到这些港口靠泊,如加拿大东岸的魁北克、多伦多等港口冬季时就结冰。每年夏秋季节是东南亚、孟加拉湾和加勒比海沿岸各国台风或飓风盛行期,因此海上运输要关注台风的生成和运行,采取积极的避让措施。

2.洋流和浮冰

洋流是指海洋中的水体沿着一定方向、大规模、缓慢地流动。根据成因分为风向流、补偿流和密度流。根据水温分为寒流和暖流。在北太平洋,主要洋流有北赤道暖流、黑潮暖流、北太平洋暖流、加利福尼亚寒流、阿拉斯加暖流和千岛寒流。在北大西洋主要洋流有北赤道暖流、圭亚那、墨西哥湾暖流、北大西洋暖流、加那利寒流和格陵兰寒流。在南太平洋主要有南赤道暖流、东澳暖流,西风漂流和秘鲁寒流。在南大西洋主要有南赤道暖流、巴西暖流、西风漂流和本格拉寒流。暖流流经的水域,沿岸一些纬度高的港口,冬季也不封冻,如北欧和西欧沿岸的港口。而寒流流经水域,则纬度较高的港口冬季就结冰,而且冰期长。

寒流流经的地区不但水温低,而且水面常常漂浮着大量的浮冰或冰山,直接威胁着海上运输的安全。如著名的"泰坦尼克号"的沉没,就是撞上了来自格陵兰寒流的冰山。

3. 海底礁石和山脉

海底地形有海岭、海盆、海底平原和高原等多种形态。一般海底地形不会对船舶的海上航行造成危害,但在热带海域一些适宜珊瑚生长繁殖的地方,则由于珊瑚礁石不断的堆积、增高,则会威协船舶的安全,如澳大利亚的大堡礁。但珊瑚环礁所围绕的潟湖内,则风平浪静,能形成良好的避风港。

三、海上货物运输的四大要素及主要经营方式

海上货物运输必须具备四个要素,即船、货、港、线。

1. 船

船,是海上货物运输的工具。随着科学技术尤其是造船技术的进步和运输货物种类的细分,船舶的种类日益增多。如根据运载对象是人还是货物,分为客轮、货轮和客货两用轮。货轮又可分为散货船、杂货船、油轮、液化天然气船、冷藏船、集装箱船、滚装滚卸船等。

船舶的技术状况,必须由国际上公认的船级社来评定,主要的船级社有英国劳埃德船级社、日本海事协会、美国航运局和中国船级社等。船舶的大小,用船舶吨位来表示,又分为排水量吨位、载重吨位和容积吨位。国家对商船队进行统计或比较船舶大小一般采用容积总吨;而当船舶进出港口时,报关、结关或经过苏伊士运河收取过河费时,则用容积净吨。船舶在海上航行时,必须悬挂注册国国旗,此时船舶视为注册国的"浮动领土",具有主权意义,不容侵犯。

世界造船技术先进和每年下水吨位居世界前三位的国家是日本、韩国和中国。

2. 货

货即货物。是海上运输所运载的对象。货物的种类繁多,如根据有

无外包装,可分为包装货、裸装货和散装货;根据货物的形态,分为固体、液体、气体等;根据运量大小分为大宗散装货、件杂货;根据货物自身的重量和尺寸,分为重量货、轻泡货和超长、超重货物等。由于货物的种类不同,在运输中运费的收费标准不同,装卸、配载、理货时操作的规范不同,甚至要求使用船舶的类型、技术标准不同。如大批量运送汽车、坦克、拖拉机等可自动货物,最好采用滚装船。

3. 港口

港口是海上交通和陆上交通联接的枢纽,是船舶进出的口岸,是一个国家对外交往的门户。港口根据其主要功能分为商港、军港、渔港、避风港等。根据港口开发工程,可分为天然良港和人工港。根据港口政策,划分为国内港、国际港和自由港。商港又可分为存储港、转运港和经停港。

港口建设必须考虑港区的地形、气候、洋流和潮汐状况。一般港口应选择在地势平坦、开阔地带,以便设立码头、仓库和堆场。从气候因素考虑应考虑避风和不结冰或结冰期短的地方;从洋流和潮汐考虑,应选择暖流经过、潮差小的地方。

港口建设的关键因素是要考虑其经济腹地大小。所谓经济腹地是指能给这个港口提供货源的地域范围。经济腹地越大,港口的吞吐量就会大,反之则小。例如我国的上海港是当前世界吞吐量最大的港口,主要是由于它位于长江入海口,长江流域各省市都是上海港的腹地。而荷兰鹿特丹港所以是欧洲最大港口,也是因莱茵河的存在,使德国、法国、瑞士、荷兰等国均成为其腹地。

目前全世界有大小港口 3 000 多个,其中 80% 的港口可进行国际贸易往来。但目前无论从集装箱装卸量和货物吞吐量居世界前三位的均在亚洲,如上海港,新加坡港,香港维多利亚港。

一些国家为了利用本国港口的优势发展对外贸易或转运,则把一些港口辟为"自由港"或"自由港区"。通过免征关税、简化出入境手续等优惠政策,吸引外国船只来此贸易、靠泊,以繁荣当地经济。我国香港、新加坡、巴拿马的科隆、百慕大群岛、巴哈马等均是世界著名自由港。

4. 线

线,是指航线。是海洋中具有一定的水深、潮流、风向、港口可供船舶航行的通道。开辟一条航线除了应具备必要的水深、潮流和适宜的风向外,关键是经济因素、技术因素和港口因素。经济因素是必须往返程有稳定货源,港口因素是船舶能够靠泊和补给,技术因素是走大圆航线,选择最短距离。

航线根据船舶航行范围划分为沿海航线、近洋航线和远洋航线。沿海航线是船舶只在本国沿海港口航行。近洋航线是指船舶在本国周边邻国航行,一般不跨洲、不越洋。而远洋航线则船舶要跨洲越洋航行。我国交通部规定,以西亚也门的亚丁港作为我国近、远洋航线的分界点。亚丁港以东为近洋航线,包括去澳大利亚和新西兰;亚丁港以西,去欧洲、非洲、美洲为远洋航线。

航线根据轮船公司经营方式,可分为班轮航线(定期航线)和租船航线(不定期航线)。国际贸易中少量杂货的运输一般采用班轮运输的方式,因为它有"四固定"特点,准时方便。大宗散货运输一般采用租船方式。租船又可分为程租、期租和空船租船三种方式。

世界海上运输最繁忙的航线,主要有马六甲航线、苏伊士运河航线、巴拿马运河航线、好望角航线、北大西洋航线和北太平洋航线。

四、海上运输通道

海上运输的通道由大洋、边缘海、内海、海湾、海峡、运河等组成。其中一些海峡和运河是当前海运主要航线必经之地,具有十分重要的经济和战略意义。现分述如下:

1. 苏伊士运河

苏伊士运河位于非洲东北部亚非两洲交界处,沟通红海和地中海,是亚非欧三洲往来海上交通要道。运河北起塞得港南至陶菲克港,连同深入到地中海和红海的河段,全长173公里,河面宽160米至200米,平均水深约15米,可通航25万吨以下轮船。苏伊士运河从1859年开挖到1869年挖成,历经10年。1965年以前运河主权由英国霸占,1965年埃及收回运河主权。由于运河河道相对狭窄,大型船舶不能南北对开,因此从苏伊士北上船舶一般上午从南向北行驶,而从塞得港南下船舶则在下午开船,双方在运河中部的大古湖待航,在大古湖双方错航后,再各自北上或南下,因此过河时间较长,一般需 10 小时左右。苏伊士运河是一个"海平式"运河,因此从红海或地中海进入运河,无需"船闸"升降,因此十分方便。苏伊士运河是世界上运输最繁忙的国际运河,年过往船只达 2 万艘以上。以油轮为主,由海湾运往欧洲的石油占过河总运量的 60%。

2. 巴拿马运河

巴拿马运河位于中美洲巴拿马境内,是一条沟通太平洋和大西洋的重要国际航运通道。运河全长 81.3 公里,平均水深 13.5 米至 26.5 米,由于运河水面陆地高程为 26 米,因此从太平洋或大西洋进入运河均需用船闸提升。目前船闸为三级提升船闸,闸宽 33.5 米,长 305 米,可通过 6.5 万吨或载箱量为 4 000～4 500TEU 称为"巴拿马级"集装箱船。每年过往船只 1.4 万至 1.5 万艘。2005 年过河费收入约为 12 亿美元。巴拿马目前 80% 的国内生产总值与运河直接或间接有关。船只通过运河由于需船闸多次提升,因此耗时约 15 小时。目前美国、日本和中国是运河主要用户。

由于巴拿马运河目前通过能力较低,巴拿马政府于 2006 年 10 月 22 日通过全民公决决定扩建巴拿马运河。其扩建的主体工程是在运河大西洋和太平洋两端各修建一组"三级提升船闸"及相关配套设施。新船闸的宽度将达到 55 米,长度 427 米,深度 15 米。扩建后将使装有 1.2 万 TEU 的集装箱船顺利通过。扩建耗资约 52 亿美元。该扩建工程已于 2007 年 9 月正式开工,将于 2014 年巴拿马运河建成 100 周年时完工。扩建后年过往船只将达 1.7 万艘,预计到 2025 年过河费收入将达 50 亿美元。

巴拿马运河 1881 年是由法国修建,经过 10 年,只开挖了 1/4 的长度,后因财政和技术困难而停工。1903 年美国通过《美巴条约》取得了运河开凿权,并取得沿运河两岸 1 432 平方公里土地的"永久租借权"。1914 年开挖成功,1920 年正式通航。巴拿马运河成为美国掠夺巴拿马人民财富的重要手段和控制巴拿马政府的"国中之国"。为收回运河主权,巴拿马人民进行了长期不懈的斗争,终于迫使美国于 1999 年底把运河主权归还给巴拿马。

3. 马六甲海峡

马六甲海峡位于亚洲东南部马来半岛与苏门答腊岛之间,自西北向东南延伸,西北宽约 370 公里,而东南最窄处仅 37 公里,长约 1 188 公里。水深也自西北向东南递减。深水航道区靠近马来半岛一侧,可通航 25 万吨以下船舶。每年过往船只约 10 万艘。超过 25 万级油轮需绕经印度尼西亚巴厘岛与龙目岛之间的龙目海峡和加里曼丹岛与苏拉威西岛之间的望加锡海峡。

马六甲海峡由于正处于赤道无风带附近,所以这里常年风平浪静,航道中暗礁险滩极少,因此过往船只航行十分安全。但马六甲附近海域是海盗猖獗之地,时常危及船只安全。

4. 英吉利和多佛尔海峡(拉芒什和加来海峡)

英吉利和多佛尔海峡位于欧洲西部的大不列颠岛与欧洲大陆之间,沟通了大西洋和北海。英语称为英吉利和多佛尔,法语称为拉芒什和加来。海峡全长 600 多公里,西宽东窄,最窄处仅 33 公里。英吉利和多佛尔海峡正处在西风带,又是一个向西敞开的喇叭形,因此潮水随风涌入,风大而浪高,又加上这里多雾,所以多发生海难事故。海峡水深 25 米至 55 米。海峡正处在欧洲至美洲、非洲和亚洲必经之地,因此过往船只多,每年达 17 万艘次。

5. 龙目海峡和望加锡海峡

处在巴厘岛与龙目岛之间的是龙目海峡,处在加里曼丹岛与苏拉威西岛之间的是望加锡海峡,均是超过 25 万吨油轮来往太平洋和印度洋时的必经之地。走这两个海峡比走马六甲海峡距离远 1 800 公里,还要增加三天航程和 10 万美元的运费。

6. 霍尔木兹海峡

霍尔木兹海峡位于亚洲西南部阿拉伯半岛上的阿曼与伊朗之间,连接波斯湾和阿曼湾,是海湾石油输出必经之咽喉。海峡呈"人字型",长约 150 公里,最窄处仅 21 公里。每年进出油轮达数万艘,因此称其为世界"石油阀门",具有十分重要的经济和战略意义。

7. 黑海海峡(土耳其海峡)

黑海海峡位于小亚细亚半岛和巴尔干半岛之间,沟通黑海和地中海,是黑海沿岸各国船舶进入地中海、印度洋、大西洋必经之地。海峡总长 375 公里,由博斯普鲁斯海峡、马尔马拉海和达达尼尔海峡组成,两端窄、中间宽。黑海海峡两边均属土耳其领土,因此海峡由土耳其管理,大型军事船舶经过海峡,事先须经土耳其政府批准。

8. 直布罗陀海峡

直布罗陀海峡位于欧洲伊比利亚半岛和非洲摩洛哥之间,是地中海通往大西洋的唯一水道。海峡全长 90 公里,平均水深 375 米,一切大型船只均可通过。

9. 曼德海峡

曼德海峡位于非洲大陆与阿拉伯半岛之间,沟通红海和亚丁湾,是印度洋经苏伊士运河到地中海必经之地。海峡宽约 32 公里,水深 150 米。海峡中有一丕林岛把海峡分为东、西两股水道,东水道是主要航道,而西水道多暗礁,不利航行。古代航运不发达时,一些船只误入西水道而触礁遇难,所以水手们称其为"泪之门"。

10. 白令海峡

白令海峡位于俄罗斯的楚科奇半岛和美国的阿拉斯加州的苏厄德半岛之间,沟通了北冰洋的楚科奇海和太平洋的白令海,最窄处仅 35 公里,平均水深 45 米。由于纬度高,一年中大部分时间结冰,目前不具有交通运输意义,但近年来随着"温室效应"的加剧,北冰洋海水的融化,一旦连接亚洲至欧洲和美洲的"西北航道"(北级航道)开通,则白令海峡是必经之地。

11. 基尔运河

基尔运河又称"威廉太子运河",位于日德兰半岛南部、德国北部,沟通北海和波罗的海,全长 98.7 公里,平均水深 11.3 米,是一个"船闸式"运河,可通航 2 万吨以下船只,年通过船只约 8 万艘,货运量 5 000 万吨。运河的西端起自易北河口的布龙斯比特尔科克,东端是基尔港,需航行 8 小时。

五、世界主要航线

四大洋中的航线众多,但货运量大的主要有下列几条:

1. 北大西洋航线

北大西洋航线是指北美洲东海岸各港口至欧洲各港口的航线。由于位于航线两端的是美国、加拿大、英国、法国、德国等发达国家，贸易往来频繁，货运量大，因此这条航线是世界海运最繁忙的航线。两岸主要靠泊的港口有纽约、费城、巴尔的摩、魁北克、多伦多、休斯敦、伦敦、勒阿弗尔、鹿特丹、汉堡等。

2. 苏伊士运河航线

苏伊士运河航线是东亚、东南亚、南亚和波斯湾沿岸各港口经苏伊士运河通往欧洲和北美东海岸的航线。由于苏伊士运河只能通过25万吨以下船舶，因此这条航线以小型油轮、杂货船和散货船为主，也是世界最繁忙航线之一。

3. 好望角航线

好望角航线是指欧洲和美洲经过大西洋绕过非洲南端的好望角到波斯湾和亚太地区的航线。这是世界上开辟最早的大洋航线，但在苏伊士运河开通后，其经济地位下降，目前只有超过25万吨大型油轮才行驶这条航线。

4. 北太平洋航线

北太平洋航线是指东亚、东南亚各港口经太平洋到北美西海岸，或经巴拿马运河到北美东海岸的航线。目前由于亚太各国经济迅速的增长，美国把贸易的重点向亚太各国转移，亚太各国与美、加的贸易量不断增长，这条航线也日益繁忙。

5. 波斯湾至远东、欧洲、北美航线

这是两条专门运输石油的航线。至亚太地区主要是去中国、韩国、日本各港口。其中日本80％的石油进口来自海湾地区，中国50％以上的石油也来自海湾。因此中日两国均把经马六甲、龙目、望加锡海峡的运输通道视为"生命线"，采取一切措施来保证这条航线的安全。波斯湾也是欧洲和美国石油的主要供应者，因此欧美各国均把苏伊士运河视为生命线。

7. 巴拿马运河航线

巴拿马运河航线是联接亚太各国至美洲东岸各港口的航线。由于巴拿马运河通过船舶吨位有限,这条航线以杂货和散货船为主。大型油轮不需经巴拿马运河,而是通过与运河并行的输油管道,即可将原油从太平洋这端输入到大西洋一端。

六、世界主要港口

世界港口众多,仅吞吐量超过千万吨的就有 100 多个,80％集中在发达国家。但近年来港口吞吐量超过亿吨,集装箱装卸量超过 1 000 万 TEU 的港口,多数都在亚太地区。如上海、香港、新加坡、深圳、天津、青岛、釜山、大连等。

(一)太平洋沿岸港口

1. 太平洋东岸:鲁珀特王子港、温哥华(加拿大);西雅图、圣佛兰西斯科、奥克兰、洛杉矶长滩,圣迭戈(美国);马萨特兰(墨西哥);卡亚俄(秘鲁);瓦尔帕莱索(智利)。

2. 太平洋西岸:纳霍德卡、符拉迪沃斯托克(俄罗斯);清津(朝鲜);仁川、釜山、浦项(韩国);大连、天津、青岛、连云港、上海、宁波、福州、厦门、汕头、深圳、广州黄浦、湛江、北海、防城、海口、三亚、高雄、基隆、香港维多利亚港(中国);海防、胡志明市(越南);磅逊(柬埔寨);曼谷(泰国);新加坡港(新加坡);丹绒不禄港、苏腊巴亚(印度尼西亚);马尼拉、宿务(菲律宾);悉尼、布里斯班、墨尔本(澳大利亚);奥克兰、惠灵顿(新西兰);苏瓦(斐济);东京、横滨、名古屋、神户、长崎(日本)。

(二)大西洋沿岸港口

1. 大西洋东岸:伦敦、利物浦、格拉斯哥(英国);勒拉弗尔、马赛、敦刻尔克(法国);鹿特丹(荷兰);安特卫普(比利时);汉堡、不来梅(德国);哥本哈根(丹麦);赫尔辛基(芬兰);斯德哥尔摩、哥德堡(瑞典);奥斯陆(挪威);圣彼得堡(俄罗斯);塔林(爱沙尼亚);里加(拉脱维亚);格旦斯克(波兰);巴塞罗那(西班牙);热那亚、塔兰托、那不勒斯(意大利);瓦莱塔(马耳他);雅典(希腊);里耶卡(克罗的亚)、伊斯坦布尔(土耳其);康斯坦萨(罗马尼亚);瓦尔纳(保加利亚);奥德萨(乌克兰);亚历山大(埃及);班加西、的黎波里(利比亚);突尼斯(突尼斯);阿尔及尔(阿尔及利亚);达尔贝达(摩洛哥);达喀尔(塞内加尔);科纳克里(几内亚);阿克拉(加纳);拉各斯(尼日利亚);杜阿拉(喀麦隆);黑角(刚果[布]);马塔迪(刚果[金]);罗安达(安哥拉);开普敦(南非)。

2.大西洋西岸:多伦多、蒙特利尔、魁北克、哈利法克斯(加拿大);纽约、费城、波士顿,巴尔的摩、诺福克、迈阿密、新奥尔良、休斯敦(美国);坦皮科、韦腊克鲁斯(墨西哥);科隆(巴拿马);哈瓦那(古巴);金斯敦(牙买加);里约热内卢、桑托斯(巴西);蒙罗维的亚(乌拉圭);布宜诺斯艾利斯(阿根廷)。

(三)印度洋沿岸港口

1.印度洋北岸:巴生(马来西业);仰光(缅甸);吉大港(孟加拉国);加尔各答、金奈、孟买(印度);科伦坡(斯里兰卡);卡拉奇(巴基斯坦);阿巴斯、哈尔克岛(伊朗);巴士拉(伊拉克);腊斯塔努腊、吉达(沙特阿拉伯);多哈(卡塔尔);迪拜(阿联酋);亚丁(也门)。

2.印度洋西岸:摩加迪沙(索马里);达累斯萨拉姆(坦桑尼亚);蒙巴萨(肯尼亚);马普托(莫桑比克);德班(南非);路易港(毛里求斯)。

3.印度洋东岸:弗里曼特尔(澳大利亚)。

(四)北冰洋沿岸港口

摩尔曼斯克、阿尔汉格尔斯克(俄罗斯)。

(五)世界著名港口简况

1.上海港

上海港是中国最大港口,位于东海之滨、长江入海口,拥有各类码头、泊位1 200多个,其中万吨级以上泊位164个,集装箱泊位24个。2005年吞吐量超过4亿吨,是世界吞吐量最大的港口。集装箱装卸量2007年已超过2 000万TEU,居世界第三位。上海港新建成的洋山深水码头,大大提高了上海港停泊大船的能力,也成为上海的一大景观。目前上海港已于221个国家和地区有贸易往来。

2.神户港

神户港位于日本大阪湾西北岸,拥有大小泊位230多个,每天可以同时停靠250艘大型海轮。年吞吐量1.5亿吨左右,集装箱装卸量300万TEU。进口物资主要是纺织品、服装、棉花、石油;出口为化纤,机械、钢铁、塑胶。其建成的人工岛码头,成为神户一大特色,该人工岛上共拥有 28 个泊位,其中 14 个泊位为集装箱泊位,14 个为班轮泊位。

3. 新加坡港

新加坡港位于马六甲海峡东端,是天然深水良港。拥有 100 多个泊位,和世界 130 多个国家 740 个港口有贸易往来,2002 年其集装箱装卸量已达 1 860 万 TEU,仅次于香港,是世界第二大集装箱港。年货物吞吐量已超过了亿吨。

4. 香港维多利亚港

维多利亚港位于香港岛与九龙半岛之间,海域面积 60 平方公里,平均水深 12 米,是世界著名的天然深水良港。港区可以同时停泊 50 艘巨轮,万吨级远洋轮船全天候进出港。同世界 200 多个国家和地区有贸易往来,是亚太地区最重要的转口港。港区装卸设备先进,效率高。2004 年集装箱装卸量为 2 193 万 TEU,当年居世界第一位。

5. 纽约港

纽约港位于美国东北部大西洋沿岸哈德逊河入海口,是美国的最大港口,有 430 多个深水泊位,20 世纪 80 年代最高吞吐量达 1.6 亿吨,集装箱装卸量也居美国第一位,但近年来被洛杉矶超过。

6. 鹿特丹港

鹿特丹港位于欧洲莱茵河的入海口,濒临多佛尔海峡,有"欧洲门户"之称。由于经济腹地远达德国、法国、瑞士等多个国家,年吞吐能力可达 3 亿吨。它吐纳了欧盟 30% 的货物。主要货物有石油、煤炭、铁矿砂、粮食等。港口不淤不冻,可供 600 艘船只同时作业,可停靠 54.5 万吨超级油轮。

7. 汉堡港

汉堡港位于易北河下游,港区距河口 120 公里,海轮可直接进入港口。港区面积约 100 多平方公里,有 350 多个泊位,水深达 16 米,可供 10 万吨轮船停靠。有 300 多条航线和世界 1 000 个港口相联系,被称为"欧洲转口最快"的港口。年货物吞吐量超过 1 亿吨,集装箱装卸量 700 多万 TEU。港区内辟有 16 平方公里的自由贸易区。

8. 马赛港

马赛港位于法国南部地中海沿岸,濒临利翁湾,为法国最大港口。

港宽水深、潮差小,不淤不冻,共有 190 多个泊位,年吞吐量近亿吨。

9. 伦敦港

伦敦港位于英国泰晤士河两岸,东距河口 88 公里,海轮乘潮可直达伦敦市内港区,年吞吐量达 6 000 万吨。伦敦港在市区东部,沿泰晤士河南北两岸向东延伸达 50 公里。

10. 高雄港

高雄港位于我国台湾岛的西南端,扼台湾海峡与巴士海峡交汇处,是美、亚、欧三洲海上往来必经之地。由于位于要冲,有利于转口,是亚太地区重要转口港。港区位于南北两山之间,风平浪静是著名深水良港,有码头 75 座,可泊 10 万吨船。集装箱装卸量曾仅少于香港和新加坡港,但近年来已不断下降,先后被我国深圳港、宁波港、天津港等超过。

七、大宗海运货流

(一)石油

石油是国际海上运输中最大的物流,约占运量的 60%。主要输出国为 OPEC 成员国、俄罗斯、墨西哥、挪威以及非洲的苏丹、安哥拉等。主要进出口有美国、日本、韩国、中国,印度及西欧各国中除去英国和挪威的各个国家。因此石油的运输流向为:波斯湾经马六甲(或龙目、望加锡)海峡至中国、日本和韩国;波斯湾经苏伊士运河(或好望角)输往欧洲和北美;非洲输往欧洲和北美;委内瑞拉,墨西哥输往美国。

(二)铁矿石

铁矿石也是海运中的大宗物流,主要输出国为澳大利亚、巴西、加拿大、委内瑞拉、印度、瑞典、利比里亚等。主要进口国为美国、中国、日本、韩国、意大利、德国等。主要海运方向为:澳大利亚输往中国、日本和韩国;巴西、委内瑞拉输往美国;巴西、秘鲁输往中国、日本;瑞典输往德国;利比里亚输往德国、意大利;印度输往日本、中国、韩国。

(三)煤炭

"二战"后随着石油消费量的不断增长,煤炭贸易量随之下降。每年贸易量为 4 亿吨至 5 亿吨。主要出口国为澳大利亚、南非、美国、俄罗斯、波兰、乌克兰、德国、哥伦比亚和中国。其中以澳大利亚出口量最多。

主要进口国日本、韩国和欧洲一些国家。主要运输方向为:澳大利至日本、韩国;美国至日本、韩国;南非至西欧;美国至西欧。

(四)粮食

粮食也是海运大宗货物之一,主要品种是小麦、大豆、玉米和稻米。主要粮食出口国是美国、加拿大、阿根廷、澳大利亚、法国等。主要进口国为日本、中国、韩国、英国、德国等。主要运输方向为:美国、加拿大、澳大利亚输往日本、中国等;法国输往英国、德国等欧盟各国;阿根廷输往西欧。

(五)铝土矿

主要出口国是澳大利亚、加拿大、几内亚、牙买加、巴西;进口国是美国、日本、俄罗斯和德国。

(六)磷酸盐

主要生产国是摩洛哥、瑙鲁等,输入国美国、日本、西欧各国。

第三节　国际陆上货物运输

国际陆上货物运输是在两国领土相连,并有铁路、公路、管道相通的条件下进行的,包括铁路运输、公路运输和管道运输三种运输方式,其中以铁路运输运量最大。

一、国际铁路货物运输

铁路运输是随着蒸汽机和火车的发明和使用而发展起来的。世界上建立的第一条铁路是在 1825 年,由英国的斯托克顿至达林顿的铁路,至今已有 180 多年的历史。铁路建设的高峰期是从 19 世纪中叶至第一次世界大战,以后由于资本主义国家发生经济危机和公路、水运、航空运输与铁路运输竞争的加剧,铁路建设开始走下坡路。目前全世界已建成的铁路总里程已达 140 多万公里,主要分布在北美洲、欧洲和亚洲。铁路线超过 4 万公里的国家主要有美国、俄罗斯、加拿大、中国、印度、澳大利亚和阿根廷等。

随着科学技术的进步,铁路机车的动力已经从蒸汽机向内燃机、电力机车乃至磁悬浮式机车发展,火车的时速在不断提高,最高时速已在350公里以上。世界上已建成高速铁路并开始营运的国家主要有日本、法国、德国和中国。2008年8月1日中国第一条时速达350公里以上天津至北京城际高速铁路正式营运,120公里的距离只需30分钟。

铁路运输有许多优点,如:运量大,最大机车牵引力已达3 000吨,虽不如轮船,但远远大于汽车和飞机;速度快,普通列车时速为60~120公里,而高速铁路机车时速均在300公里以上;连续性强,是指火车运行不受气候等自然条件的影响,只要有轨道相通的地方,无论刮风下雨均能运行;运费低,火车的运费低于飞机,也低于汽车;时间性强,火车运行准时发车、准时到达,一般不会发生长时间延误。但铁路运输也有不足之处,即投资大,工期长,占用土地多,不如汽车机动灵活。

国家与国家之间的铁路货物运输,不同于本国国内铁路运输,称为国际铁路货物联运。所谓国际铁路货物联运,是指在两个或两个以上的国家使用铁路运送货物时,使用一份统一的运送票据,并以连带责任方式办理一批货物的全程运送,在一国铁路向另一国铁路移交货物时,无需发货人、收货人参加的运输方式。

国际铁路货物联运与国内运输的主要不同点有:

1.两个相邻国家的铁路轨距可能不同,因此当火车从一国国境进入另一国国境时,火车不能直接过轨,而需经过"换装"作业,因此需要耗费一段时间。

2.进出国境时需要办理海关、商检、边检等手续。

3.运送过程中的托运、交付、收费、索赔的事项的办理及发货人、收货人、承运人之间的权利与义务,依据《国际货协》、《国际货约》和《统一货价》等国际性协定,而不依据本国的规定。

二、中国通往邻国的铁路线及铁路边境口岸

我国陆上邻国有14个,但有铁路相通的仅有俄罗斯、朝鲜、蒙古、哈萨克斯坦、越南五个国家。我国通过联结俄罗斯、哈萨克斯坦等国的

铁路,可以依据《国际货协》、《国际货约》等有关国际铁路货物联运的规定,把出口的货物运往欧洲各国以及中亚、西亚等地区。通往邻国的铁路线和铁路口岸主要有以下几条路线。

1. 通往俄罗斯

滨州线(哈尔滨至满州里);我方边境站是满州里,俄方边境站为后贝加尔。

滨绥线(哈尔滨至绥芬河);我国边境站为绥芬河,俄方边境站为格罗迭科沃。

图珲线(图门至珲春);我国边境站为珲春,俄方边境站为卡梅绍娃亚。

2. 通往蒙古

集二线(集宁至二连浩特);我方边境站为二连浩特,蒙方边境站为扎门乌德。

3. 通往朝鲜

沈丹线(沈阳至丹东);我方边境站为丹东,朝方边境站为新义州。

长图线(长春至图门);我方边境站为图门,朝方边境站为南阳。

梅集线(梅河口至集安);我方边境站为集安,朝方边境站为满埔。

4. 通往哈萨克斯坦

乌阿线(乌鲁木齐至阿拉山口);我方边境站为阿拉山口,哈方边境站为多斯特克。

5. 通往越南

湘桂线(南宁至凭祥),我方边境站为凭祥,越方边境站为同登。

昆河线(昆明至河口);我国边境站为山腰,越方边境站为新铺。

三、大陆桥运输

所谓大陆桥运输是指以横贯大陆的铁路、公路为"桥梁",把两端的海洋运输连接起来,"海——陆——海"的集装箱运输方式。大陆桥运输始于 20 世纪 50 年代,日本把出口到欧洲的货物先用船舶运到美国西岸港口,然后再经美国境内横贯东西的大铁路运到东岸港口,然后再经海运运至欧洲。1967 年以后由于埃及封闭了苏伊士运河,亚太地区一切船舶去欧洲都要绕道好望角,距离远,费用高。日本开始把出口欧洲的货物利用前苏联的西伯利亚大铁路和欧洲铁路开展"海——陆——海"联运,从而促进了大陆桥运输的发展。

大陆桥运输具有许多优点:(1)缩短运输距离,节省运输时间,降低运输费用;(2)安全可靠,运输质量好,可以实现"门到门"的运输;(3)全程有一个承运人(代理人)负责,手续简便,一票到底;(4)提前结汇,减少资金占用和利息的支付。

大陆桥主要由横贯大陆的东西向铁路构成,当前主要大陆桥有以下三条。

1.西伯利亚大陆桥

西伯利亚大陆桥,又称第一条欧亚大陆桥,主要由俄罗斯的西伯利亚大铁路和自莫斯科通往中欧、西欧各国的铁路所组成。这条大陆桥东起俄罗斯纳霍德卡,西至大西洋、波罗的海或黑海沿岸港口,如荷兰鹿特丹、拉脱维亚的里加、爱沙尼亚的塔林、德国的汉堡、法国的勒阿弗尔等。使用西伯利亚大陆桥从中国或日本的港口到英国的港口,比通常海运走苏伊士运河距离要缩短了 3 000 公里,时间减少 15～20 天,降低20％～25％的运费。

2.第二条欧亚大陆桥(新欧亚大陆桥)

第二条欧亚大陆桥主要由中国境内的铁路、哈萨克斯坦境内的铁路和俄罗斯境内的铁路及其他欧洲国家铁路构成。我国境内一般以江苏省的连云港作为东端的起点,然后经陇海线、兰新线和乌阿线到达新疆的阿拉山口,自阿拉山口与哈萨克斯坦境内的铁路相接,经中亚地区铁路和俄罗斯铁路到达莫斯科,然后再经欧洲其他国家铁路到达荷兰的鹿特丹或大西洋沿岸其他港口。

第二条大陆桥是 1992 年乌阿线修通后开始与哈萨克斯坦铁路相连接的,1992 年后开始营运。它与西伯利亚大陆桥相比,里程要短1 000多公里,而且兰州以东铁路线经过中国人口稠密、经济发达、气候条件较好的中原地带,因此无论自然条件和经济发展水平都比西伯利亚大陆桥所经过远东和西伯利亚地区优越。今后,随着连云港港口吞吐能力的增强、中哈、中俄政治、经济关系的进一步密切,其过货量必将不断增长,成为亚欧往来的又一条大动脉。

3.北美大陆桥

北美大陆桥是指位于加拿大、美国境内连接太平洋和大西洋东西向的铁路。主要有下列几条:

(1)鲁伯特太子港——埃德蒙顿——温尼伯——魁北克;

(2)温哥华——卡尔加里——温尼伯——蒙特利尔——哈利法克斯;

(3)西雅图——卑斯麦——圣保罗——芝加哥——底特律;

(4)奥克兰——奥马哈——芝加哥——匹兹堡——费城——纽约;

(5)洛杉矶——堪萨斯城——圣路易斯——辛辛那提——华盛顿——巴尔的摩;

(6)洛杉矶——菲尼克斯——埃尔帕索——圣安东尼奥——休斯敦。

北美大陆桥是亚太地区运往欧洲货物最早使用的陆桥,后因美国东部港口拥挤、泊位不足,不能及时装卸和转运,因此目前已陷入停顿状态,而改为通过西伯利亚大陆桥。

四、国际公路货物运输

公路运输是国际贸易货物运输中重要的运输方式。在欧美发达国家,由于汽车数量多,公路尤其是高速公路发达,邻近国家间货物运输几乎全部用汽车承运,甚至有超过铁路运输的趋势。公路运输所以有竞争力,是因为它有下列特点。

1.机动灵活、简捷方便、应急性强,适宜小批量、短距离的客货运输。

2.投资少、见效快。修建等级不高,砂石路面的公路不需大量投资。

3.易与铁路、航空、水运等运输方式结合,最终做到"门到门"运输。

4.运费比水运、铁路高;运量较铁路、水运少;货物容易丢失损坏。

新中国建立后,我国公路建设发展迅速,通车里程已由建国初期的7万公里,增至2005年的193.1万公里,其中高速公路5.6万公里。形成了以国道、省道为骨干的公路运输网络。通往邻国的公路很多,主要公路口岸有：

1. 对独联体公路口岸

新疆的霍尔果斯、吐尔尕特、吉乃木、巴克图；

东北黑龙江及吉林省的满州里、漠河、绥芬河、黑河、晖春。

2. 对朝鲜的公路口岸

辽宁和吉林的丹东、图门、三合、晖春。

3. 对巴基斯坦、阿富汗的公路口岸

新疆的喀什、红其拉普山口。

4. 对尼泊尔、印度公路口岸

西藏的亚东、樟木等。

5. 对缅甸、越南公路口岸

云南的瑞丽、畹町、河口；广西的凭祥等。

6. 对我国香港、澳门特区的公路口岸

深圳的皇岗、文锦渡、沙头角等；珠海的拱北。

五、国际管道运输

管道运输是一种运输工具与运输通道融为一体的、适合于运送流体物品的运输方式。管道运输的优点是运量大、速度快、全天候、不间断、成本低、安全可靠、管理方便。管道运输发端于 19 世纪末的美国，"二战"后随着石油、天然气的开发和化学工业的发展，管道运输得到了迅猛发展，目前全世界有各种管道 180 万公里，主要分布在美国、俄罗斯、阿拉伯半岛、伊拉克、土耳其、意大利、德国、中国、挪威等国境内。近年来随着科学技术的发展，美欧等发达国家开始把煤炭粉碎制浆，然后通过管道来输送，这种固体输送管道总长也有 3 000 多公里。主要管道的分布如下：

1. 东起朱拜勒西至延布横贯阿拉伯半岛的输油管道。全长 1 200 多公里，年输油能力 9 200 万吨。这条管道由于连接了波斯湾至红海，大大缩短了海湾石油输往欧洲的距离和时间。

2. 苏伊士港至亚历山大港的双线输油管道。全长 320 公里，输油能力 8 000 万吨至 12 000 万吨。它对于缓解苏伊士运河油轮通过能力，起了重要作用。

3. 伊拉克的基尔库克至土耳其杜尔托尔港的输油管道。全长 1 000 多公里,输油能力 2 500 万吨至 3 000 万吨。这条管道使伊拉克所产石油直接输往地中海,大大缩短了运输距离。但这条管道近年来由于受海湾战争和中东政局的动荡的影响,常常中断。

4. 意大利的里雅斯特至德国英戈尔斯特的输油管道。全长 462 公里,年输油能力 5 500 万吨。它是把原产于北非的石油输往中欧地区的捷径。

5. 纵贯阿拉斯加地区的输油管道。北起北冰洋沿岸的普罗德霍油田,南至阿拉斯加湾的不冻港瓦尔迪兹,全长 1 285 公里,输油能力 1 亿吨。它对美国开发北冰洋沿岸的石油资源起了促进作用。

6. 巴拿马输油管道。连接阿木韦斯港至奇里基湾,全长 130 公里,月输油能力 60 万桶至 70 万桶。它使从太平洋输往美、加等国的石油,不必经过巴拿马运河,从而解决了巴拿马运河不能通过 6.5 万以上船舶的困难。

7. 俄罗斯的友谊双线管道。它东起西伯利亚的阿尔麦耶夫斯克,向西穿越东欧平原,西到波兰、德国、捷克等国,全长 5 500 公里,通过能力 5 500 万吨。它是俄罗斯向东欧供应能源的最重要通道。

8. 中国新疆轮南油气田通往上海的输气管道。全长 4 000 多公里。它对缓解我国华东地区能源紧张发挥了巨大作用。

9. 中国大庆通往朝鲜的输油管道。

第四节　国际航空运输

一、空运概述

航空运输的发展与飞机的发明和使用密切相关。自 1903 年美国莱特兄弟发明飞机以后,1909 年首先在法国开始飞机的商业飞行,但"二战"前航空运输在货运中不占重要地位,仅运送少量邮件。"二战"后,随着美国等西方国家把战时的军用飞机生产转为民用飞机生产,大大促进了航空运输的发展。航空运输在国际客货运输中的地位不断提高、运量也持续增长。到 2000 年底,全球共有 716 家定期航空客运承人和 91 家定期航空货运承运人,完成货邮周转量 1 175.8 亿吨公里,国际航空网络已布遍五大洲许多国家。据国际机场理事会的调查,从 21 世纪初到 2010 年国际航空货运量仍将以每年 6.4% 的速度增长,而亚太地区将达到 7.7%。国际贸易中出口的计算机、电子设备、医药、花卉等几乎全部用空运方式。

航空运输有下优点:(1)速度快,为提前应市提高产品竞争力创造了条件;(2)适宜鲜活、季节性强商品;(3)安全、准确,不易发生货损货差;(4)可以节省包装、保险、利息的支出;(5)不受地面条件的限制,可深入到内陆地区。

缺点是:费用高、运量小。

二、航空货物运输的主要运送方式

(一)班机运输

班机运输是指定期开航的定航线、定始发站、定途经站和定目的站的飞机运输。这种运输优点是准时、安全、迅速,适宜小批量、鲜活、贵重货物运输。

(二)包机运输

包机运输包括整架包机和部分包机。整架包机是航空公司按双方约定的条件把整架飞机租给包机人,从一个或几个机场装运货物运往指定目的地的运输方式;部分包机是租机人只租飞机的部分舱位,由几个租机人租整架飞机进行运输。

(三)集中托运

集中托运是指集中托运人把若干个货主发运的货物组成一整批货物,集中办理托运,以一份单据发送到同一目的站,由集中托运人在到站的代理人负责收货、报关并进行分发的运输方式。

(四)联合运输

联合运输主要是铁路、公路与航空运输进行联合运输。如火车——航空——卡车;火车——航空;卡车——飞机——火车等。

(五)航空快递

航空快递是指快递公司与航空货运公司合作,派专人以最快速度在货主、机场、用户之间传送急件的运输方式。

三、世界主要航空线及主要货运机场

世界最繁忙的航空线有:

1. 西欧——北美的大西洋航空线。连接巴黎、伦敦、法兰克福、纽约、芝加哥、蒙特利尔等航空港。

2. 西欧——中东——远东航空线。从西欧各机场至香港、北京、东京等机场,途径德黑兰、新加坡、开罗、卡拉奇、曼谷等航空港。

3. 远东——北美的北太平洋航空线。这是东京、北京、中国香港特别行政区去北美的洛杉矶、旧金山、西雅图、温哥华等地的航空线,并可向东延伸到美国、加拿大东海岸各机场。火奴鲁鲁是中继站。

此外,还有北美——南美、西欧——非洲、西欧——澳新等航空线。

主要航空港:

亚洲:北京、上海、东京、中国香港、新加坡、马尼拉、曼谷、孟买、卡拉奇、德黑兰、贝鲁特、雅加达等。

欧洲:伦敦、巴黎、法兰克福、苏黎世、罗马、维也纳、柏林、莫斯科、华沙等。

北美洲:纽约、芝加哥、华盛顿、蒙特利尔、亚特兰大、旧金山、洛杉矶、西雅图、温哥华等。

非洲:开罗、约翰内斯堡、阿尔及尔、喀土穆、内罗毕等。

拉丁美洲:墨西哥城、布宜诺斯艾利斯、圣地亚哥、里约热内卢、利马等。

大洋洲:悉尼、墨尔本、奥克兰、帕皮提等。

第五节　新兴运输方式——集装箱运输和国际多式联运

在人类社会生产发展的历史上,如果以蒸汽机的发明作为人类社会文明进步的一个重要标志,那么第二次世界大战后集装箱的发明和在运输中被广泛使用,则被称交通运输业的一次革命。集装箱在促进运输方式改革,提高运输效率和质量上发挥了巨大作用。

一、集装箱及集装箱运输

集装箱又称货柜或货箱,是具有一定强度和刚度,专供周转使用,并用机械装卸和专门车辆运送的大型箱形容器。集装箱必须具备的条件是:

1.坚固耐久,可以反复使用;

2.中途改换运输方式,无须换装;

3.箱上有便于机械装卸的装置;

4.内容积不小于1立方米。

集装箱根据其自身的长度、高度和宽度,以及自身重量的不同,分为许多箱型。其中海运集装箱一般使用两种尺寸箱型8英尺×8英尺×20英尺和8英尺×8英尺×40英尺,其中以前者作为一个标准集装箱(TEU)。集装箱根据用途,又可分为干货集装箱、冷藏集装箱、散货集装箱、开顶集装箱、罐式集装箱等。

集装箱运输是指以集装箱为载货容器和运输单位的运输方式。这种运输方式的特点有:

1. 在全程运输中,只需将集装箱从一种运输工具移动到另一种运输工具上,无需移动箱内货物。

2. 货物从工厂或仓库装箱后,可经过多种运输方式,最终送交收货人的工厂或仓库,实现了"门到门"运输。

3. 集装箱由专门机械装卸、搬运、移动,因此效率高,安全可靠,运输质量好。

4. 一般由一个人负责全程运输。

集装箱运输由于具有上述特点,其作用也是十分明显的:

1. 提高了装卸效率,节约时间,加快了船舶周转。据有关部门调查,普通轮船装卸需要 7 天,而同样的集装箱船只需 1 天。

2. 可以降低各种费用。普通货船装卸费用占总运费的 40% ~ 60%,而集装箱运输既可以节约装卸费,也可节约包装费和停港费。据调查,普通船的装卸费每吨约 15 美元,而集装箱船只需 2.5 美元。

3. 既不受天气等自然条件的限制,也避免了货损货差。普通船遇恶劣天气无法装卸,且货物破损率达 15% 至 20%,而集装箱装卸不受天气的影响,由机械装卸,海关铅封,货物破损丢失率低。

4. 货主可以提前结汇,减少资金占用和利息的支付。货主只要把集装箱交给承运人或代理人,就可凭签发的提单去银行议付货款。不管货物是否已装船。

集装箱运输虽有许多优点,但投资大、管理复杂。投资大主要包括要预备许多不同型号、用途的集装箱,以备周转使用,并且要有大型的、自动化装卸设备,建造专门的集装箱船舶、码头、泊位、堆场。管理复杂,是指为了加快集装箱用转,减少空箱率,提高货箱使用效率,需要实现全球性的计算机管理。

集装箱运输最早是 20 世纪初英国首先在铁路运输中使用。而大规模在海洋运输中采用则是第二次世界大战以后。1956 年 4 月,美国海陆运输公司将一艘油轮改装成为集装箱船,开始在纽约至休斯敦航线上进行试运营,并取成了成功。1966 年该公司就正式开辟了纽约至欧洲的全集装箱船航线。20 世纪 60 年代至 80 年代为集装箱运输迅猛发展阶段,各国纷纷仿效。相继建立了集装箱船队、集装箱租货公司,建设集装箱码头、泊位、堆场和集装箱中转站。这一切都促进了集装箱运输的快速增长。

集装箱运输需要多方密切配合,主要涉及的关系人有:

1. 集装箱承运人:是指直接承担集装箱运输的轮船公司,汽车公司或铁路公司;

2. 代理人:受货主委托,收取运费,然后他再向承运人办理运输业务;

3.集装箱租赁人:指拥有大量集装箱,然后向用户出租的公司;

4.集装箱堆场:拥有大量空地,大量存放集装箱的场所;

5.集装箱货运站:主要负责集装箱货物的拼箱、拆箱、中转和向承运人或货主交送集装箱的场所。

世界主要海上集装箱运输航线有:

1.远东——北美航线;

2.欧洲、地中海——远东航线;

3.远东——澳大利亚航线;

4.澳、新——北美航线;

5.北美——欧洲、地中海航线;

6.欧洲、地中海——西非、南非航线。

我国1973年正式开辟了由上海、天津至日本神户的海上集装箱运输。目前已开辟了美加、西欧、澳新等航线,形成了连接世界主要集装箱港口的运输网络。

二、国际多式联运

国际多式联运是以集装箱为媒介,将海上运输、铁路运输、公路运输、航空运输等四种方式中的两种或两种以上方式组合起来,形成连贯的"门到门"的货运方式。国际多式联运必须具备下列条件:

1.必须有一份多式联运合同,明确承运人或多式联运经营者与托运人双方的权利、义务、责任与豁免;

2.必须使用一份全程的多式联运单据,证明合同成立和承运人(经营人)已接管货物,并履行合同和交付货物;

3.必须是两种或两种以上运输方式的连贯运输;

4.必须是两国或两个国家以上之间的货物运送;

5.必须由一个多式联运经营者对全程运输负责;

6.全程运输执行单一运费费率,并以包干形式一次向货主收取。

(一)国际多式联运的形式

1.海陆联运:以海运为主,由海运部门向货主签发单据,与航线两端的陆运(铁路或公路)开展联运业务,即海——陆运输方式。

2.陆桥联运:是以横贯大陆的铁路(公路)为"桥梁",把两端的海运联接起来。即海——陆——海运输方式。

3.海空联运:先海运至目的国的某个港口,再空运到内地。即海——空运输方式。

(二)国际多式联运的优越性

1.手续简便。货主只需办理一次托运手续、支付一笔费用,取得一张联运单据,即可实现全程运输。

2.货物安全。虽经多种运输方式,由于中途不需移动箱内货物,因此货损货差少。

3.运送迅速。各种运输方式紧密衔接,机械化操作,大大提高了效率,节约了时间。

4.节省包装。由于使用集装箱,货物全程均在箱中,就不再需要坚固的外包装。

5.提前结汇.货物只要装上第一程运输工具后,货主就可凭已交货单据通过银行向买方收取货款,不必再等到装船。

6.运输合理。由于多式联运经营人为了取得更大效益,必然选择最短路线、最佳运输方式,从而避免了不合理运输。

本章思考题

1.说明世界主要运河、海峡的位置及特点。

2.什么叫大陆桥运输,有何优点?西伯利亚大陆区和新欧亚大陆桥的起止点各是哪里?

3.说明我国通往邻国的铁路线和铁路口岸是哪里?

4.什么叫国际多式联合,开展国际多式联运应具备的条件是什么?

5.在地图上辨认世界上主要港口。

下篇　分论

——国家与地区经贸地理

第

十

二

章

亚

洲

第一节 亚洲概况

亚洲是亚细亚洲（Asia）的简称，它位于东半球的东北部，东濒太平洋，南临印度洋，北濒北冰洋，西达大西洋的属海地中海和黑海。亚细亚在闪米特—含米特语中是"日出之地"的意思。

亚洲在各洲中所跨纬度最广，具有从赤道带到北极带几乎所有的气候带和自然带。所跨经度亦最广，东西时差达 11 小时。西北部以乌拉尔山脉、乌拉尔河、里海、大高加索山脉、土耳其海峡同欧洲分界；西南隔苏伊士运河、红海与非洲相邻；东南面隔海与大洋洲相望；东北隔宽仅 86 公里的白令海峡与北美洲相对。

亚洲面积 4 400 万平方公里（包括岛屿），约占世界陆地总面积的29.4%，是世界上最大的一洲。亚洲大陆与欧洲大陆毗连，形成全球最大的陆块——亚欧大陆,总面积约 5 071 万平方公里,其中亚洲大陆约占 4/5。

一、人文地理环境

亚洲是世界人口最多的一洲。

亚洲的种族、民族构成非常复杂,以黄种人(又称蒙古利亚人种)为主,约占全洲人口的 60%,其余为白种人、棕色人及人种的混合类型。全洲大小民族共有约 1 000 个,其中有十几亿人口的汉族,还包括印度斯坦族、孟加拉族、大和族、旁遮普族、阿拉伯族、爪哇族、泰卢固族、泰米尔族、马拉塔族、京族、朝鲜族、泰族、土耳其族、波斯族等人口众多的民族。

根据语言近似的程度,亚洲各国的语言分属汉藏语系、乌拉尔—阿尔泰语系、马来—波利尼西亚语系、闪米特－含米特语系、印欧语系等。

亚洲是世界三大宗教佛教、伊斯兰教和基督教的发源地。另外还有一些重要的民族宗教,如犹太教、印度教、道教、神道教等。

二、自然地理环境

亚洲的大陆海岸线绵长而曲折,海岸线长 69 900 公里。是世界上海岸线最长的一洲。海岸类型复杂,多半岛和岛屿,是半岛面积最大的一洲。阿拉伯半岛为世界上最大的半岛。加里曼丹岛为世界第三大岛。

1. 地形特点

亚洲地形总的特点是地表起伏很大,崇山峻岭汇集中部,山地、高原和丘陵约占全洲面积的 3/4。全洲平均海拔 950 米,是世界上除南极洲外地势最高的一洲。全洲大致以帕米尔高原为中心,向四方伸出一系列高大的山脉,最高大的是喜马拉雅山脉。在各高大山脉之间有许多面积广大的高原和盆地。在山地、高原的外侧还分布着广阔的平原。亚洲有许多著名的高峰,世界上海拔 8 000 米以上的高峰,全分布在喀喇昆仑山脉和喜马拉雅山脉地带,其中有世界最高峰珠穆朗玛峰,海拔 8 844.43 米。亚洲有世界陆地上最低的洼地和湖泊——死海(湖面低于地中海海面 592 米),还有被称为世界屋脊的青藏高原。亚洲是世界上火山最多的洲,东部边缘海外围的岛群是世界上火山最多的地区。东部沿海岛屿、中亚和西亚北部地震频繁。

2.水文条件

亚洲的许多大河发源于中部山地,分别注入太平洋、印度洋和北冰洋。内流区主要分布在亚洲中部和西部。亚洲最长的河流是长江,长6 397公里;其次是黄河,长5 464公里;湄公河长4 500公里。最长的内流河是锡尔河,其次是阿姆河和塔里木河。贝加尔湖是亚洲最大的淡水湖和世界最深的湖泊。

3.气候特征

亚洲地跨寒、温、热三带,其气候基本特征是大陆性气候强烈,季风性气候典型,气候类型复杂。北部沿海地区属寒带苔原气候。西伯利亚大部分地区属温带针叶林气候。东部靠太平洋的中纬度地区属季风气候,向南过渡到亚热带森林气候。东南亚和南亚属热带草原气候,赤道附近多属热带雨林气候。中亚和西亚大部分地区属沙漠和草原气候。西亚地中海沿岸属亚热带地中海式气候,西伯利亚东部的上扬斯克和奥伊米亚康极端最低气温曾达摄氏-71度,是北半球气温最低的地方。

4.资源状况

亚洲矿产资源丰富,种类繁多,富集区多。主要矿藏有煤、铁、石油、锡、钨、锑、铜、铅、锌、锰、菱镁矿、金、石墨、铬等。石油、锡、菱镁矿、铁等的储量均居各洲首位,锡矿储量约占世界锡矿总储量60%以上。亚洲的森林面积约占世界森林总面积的13%。可利用的水力资源也极丰富。亚洲沿海渔场面积约占世界沿海渔场总面积的40%,著名的渔场主要分布在大陆东部沿海,有中国的舟山群岛、台湾岛和西沙群岛渔场,以及鄂霍次克海、北海道、九州岛等渔场。

三、经济发展概况

在古代,亚洲人民就创造了灿烂的文化,有素称发达的农业和手工业,有许多科学发明创造,对世界经济的发展作出了伟大的贡献。16世纪以后,西方殖民主义和帝国主义相继侵入,许多国家和地区先后沦为殖民地和半殖民地,经济遭到了严重摧残,民族经济发展缓慢。致使许多国家和地区长期处于贫困落后的状态。第二次世界大战后,亚洲国家摆脱了殖民统治,经济均有了一定发展,特别是 20 世纪 60 年代以来,许多国家工农业生产出现了迅速增长。积极开发农矿资源,大力发展制造业,使经济由单一化向多元化方向发展。如今亚洲已成为世界上经济最具活力的地区。

目前,亚洲除日本外,大多数国家为发展中国家。在发展中国家中又分为新兴工业化国家、最不发达的国家及主要的原料生产与出口国。

农业在许多亚洲国家中占重要地位。许多农产品的产量在世界占有重要地位,如稻谷、天然橡胶、金鸡纳霜、马尼拉麻、柚木、胡椒、黄麻、椰干、茶叶等的产量分别占世界总产量 80%～90% 以上,鱼、大豆、棉花产量均占世界总产量 30%～40%,花生、芝麻、烟草、油菜籽的产量均占世界总产量的 45%,木棉、蚕丝、椰枣等的产量和牲畜总头数也居世界前列。

在采矿业中,以煤、铁、石油、锡、铜、锑、钨、钼、金、菱镁矿、石墨等矿产的开采最突出。如锡精矿产量约占世界总产量 60% 左右,石油和天然气的储量和产量在世界上占重要的地位。

在亚洲,日本是世界第二工业大国,工业部门齐全,现代化水平高。新兴工业化国家现代化工业都有了长足的发展,而仍有一些亚洲国家工业基础较薄弱,工业品的对外依赖依然很强。

四、地理区域

在地理上习惯分为东亚、东南亚、南亚、西亚、中亚和北亚。

东亚:指亚洲东部,包括中国、朝鲜、韩国、蒙古和日本。面积约 1 170 万平方公里。

东南亚:指亚洲东南部地区,包括越南、老挝、柬埔寨、缅甸、泰国、马来西亚、新加坡、印度尼西亚、菲律宾、文莱、东帝汶等国家和地区。面积约 448 万平方公里。地理上包括中南半岛和南洋群岛两大部分。

南亚:指亚洲南部地区,包括斯里兰卡、马尔代夫、巴基斯坦、印度、孟加拉国、尼泊尔、不丹等国。面积约 437 万平方公里。

西亚:也叫西南亚,指亚洲西部,包括阿富汗、伊朗、土耳其、塞浦路斯、叙利亚、黎巴嫩、巴勒斯坦、约旦、伊拉克、科威特、沙特阿拉伯、也门、阿曼、阿拉伯联合酋长国、卡塔尔、巴林、格鲁吉亚、亚美尼亚和阿塞拜疆等国。面积约 700 多万平方公里。

中亚：指中亚细亚地区，包括土库曼斯坦、乌兹别克斯坦、吉尔吉斯斯坦、塔吉克斯坦、哈萨克斯坦等国。这些国家都是前苏联的加盟共和国，上个世纪 90 年代后先后成为独立的国家。

北亚：指俄罗斯亚洲部分的西伯利亚地区。西部为西西伯利亚平原，中部为中西伯利亚高原和山地，东部为远东山地。

第二节　韩国

韩国（The Republic of Korea），全称为大韩民国。位于朝鲜半岛的南半部，面积约 9.93 万平方公里，约占朝鲜半岛总面积的 45％，南北长约 500 公里，东西宽约 250 公里。韩国三面环海，一面接陆，北邻朝鲜，东临日本海，西隔黄海与中国相望，南临东海，东南隔朝鲜海峡与日本相望。

韩国全境行政区划为一个特别市（首尔），九个道（京畿道、江原道、忠清北道、忠清南道、全罗北道、全罗南道、庆尚北道、庆尚南道、济州道），六个广域市（釜山、大邱、仁川、光州、大田、蔚山）。

一、历史概况

韩国历史悠久，早在公元前 1 世纪时，朝鲜半岛上就出了高句丽、百济和新罗三个封建国家。公元 6 世纪中叶，新罗巩固了自己的政权，与唐朝结成同盟，征服了高句丽和百济，并于公元 668 年首次统一了朝鲜半岛。新罗太平盛世达两个世纪之久，到公元 10 世纪时，叛王弓裔篡位，其部将王健杀弓裔，改国号为高丽，历经 34 世，延续 475 年。公元 14 世纪末，武将李成桂篡位，迁都首尔，改国号为朝鲜。公元 1897 年朝鲜国王高宗将国号改为大韩。1910 年被日本吞并，沦为殖民地。1945 年日本投降后,美国和苏联达成协议,以北纬 38 度为界,分别占领朝鲜。1948 年 8 月 15 日美军占领的南半部宣布成立大韩民国,同年 9 月 9 日由苏联占领的北半部成立朝鲜民主主义人民共和国,从此朝鲜半岛分裂为两个国家。

二、自然地理环境

韩国领土由朝鲜半岛南部和附近 3 000 多个岛屿组成。其海岸线全长 5 259 公里。其中东海岸海岸平直,由于太白山脉位于东部,自北向南延伸,所以海岸多悬崖峭壁,缺少深邃的港湾。西海岸和南海岸海岸曲折,多港湾和岛屿。韩国的釜山、仁川、马山、丽水等著名港口位于西部和南部。

1.地形

韩国地形包括三种类型,东部高山区、中部山地丘陵区、西部平原区。其中以山地为主,约占全国面积的 70%。东部太白山脉紧贴着日本海海岸蜿蜒,为韩国最大的山脉,另外还有庆尚山脉、东岭山脉及小白山脉等。较大的平原有汉江平原、洛东江平原和内浦平原,其中洛东江平原面积最大,它们都属于冲积平原。平原地区土地肥沃,人口稠密,交通便利,农业发达。由于平原少,因此可耕地面积只占全国总面积的 1/5,人均耕地面积仅 0.78 亩,比日本的人均可耕地面积还少。韩国地势的最高点是位于济州岛的汉拿山,海拔为 1 915 米。

2.气候

韩国的气候属于东亚季风气候,介于大陆性和海洋性季风气之间。一年四季变化明显,冬夏长,昼夜温差大,春秋较短。每年最热月份为 7 月至 8 月,最冷月份为 12 月和 1 月。冬季时由于来自大陆的西北季风,气候寒冷而干燥;夏季盛行东南季风和西南季风,雨量大,年降水量为 1 100～1 200 毫米,主要集中在 6 月至 8 月,约占全年降水量的 70%。

3.河流

韩国的河流主要有汉江、锦江、洛东江等。河流一般流程短小,汉江的长度为 514 公里,洛东江是全国最长河流,长度也仅为 525 公里。河流的上游水流湍急,多瀑布,水力资源丰富;河流下游泥沙淤积严重,不利于航行,而且水量季节性变化大,易于泛滥,但对农田灌溉和城市用水十分有利。

4.矿产

韩国矿产资源贫乏,有价值的矿藏只有 50 多种。主要矿产有铁、钨、铅、锌、石墨、萤石、高岭土等,而工业急需的硬煤、石油等几乎全要进口。

三、人口、民族与宗教

韩国现有人口 4 845.6 万(2007 年),人口密度将近每平方公里 500 人,是世界人口最稠密的国家之一。"二战"后随着经济的发展,人民生活和保健水平的提高,人口增长由战前的高出生率、高死亡率,变为现在的低出生率、低死亡率。人口总数不断增加,1960 年全国人口仅 2 500 万,如今已逼近 5 000 万。人口中城市人口比重不断上升,约占总人口的 80%,主要集中在首尔、釜山、大邱等大城市。

韩国民族单一,主要是朝鲜族。现代的朝鲜人主要是新石器时代(公元前 5000～前 1000 年)和青铜器时代(公元前 1000～前 300 年)由中亚迁移到朝鲜半岛的一些蒙古部落的后代。朝鲜民族开朗活泼,能歌善舞,民族意识强烈。

韩国是一个多宗教的国家,世界上的许多主要宗教在这个国家都很活跃。韩国最古老的宗教有萨满教、佛教和儒教。这些宗教在国家早期文化发展方面起过重要作用,也对国民的思想及行为产生过极大影响。基督教大约在 200 多年前传入韩国,但发展迅速,堪称是拥有信徒最多的宗教之一。现在大约有占全国人口 54% 的人信奉某种特定的宗教。在信教的人数中,约有 51 % 的人信奉佛教,35.4% 的人信奉基督教,11% 的人信奉天主教,2 % 的人信奉道教。另外还有将这些传统宗教的成分融合在一起的形形色色的较次要的宗教,如新教、新宗教等。

四、经济发展历程

第二次世界大战前韩国由于遭受日本帝国主义长达 35 年的殖民统治,人民贫困,经济十分落后,几乎没有现代化的工业。到 1960 年,其人均国民生产总值仅 82 美元。1962 年韩国在美国的帮助下开始实行"五年计划",大力发展"出口主导型"的外向型经济,适时调整产业结构,增加教育投人,努力提高人才素质,从而促进了经济高速增长。目前韩国产业结构发生了很大变化,制造业产值占国民生产总值比例超过了 1/3,服务业约为 60%,农业约为 7%,均已接近发达国家水平,现已属于亚洲经济发达国家,并已成为"富人俱乐部"——世界经合组织(OECD)成员国之一。韩国目标是 2010 年建成知识信息国家,争取把韩国目前还相对落后的经济竞争力、信息化指数、国内生产总值和国际竞争力均提高到世界前 5 位。2007 年韩国人均收入已达到 2 万美元,已进入世界经济 15 强的行列。2007 年国内生产总值已高达 8 874 亿美元。

1."二战"后韩国经济高速的增长的原因

国际因素:

首先,战后在东西方两大阵营"冷战"的形势下,美国出于战略上的需要给予韩国多方资金和技术援助。

其次,20 世纪 70 年代以前,世界能源、原材料供应充足,价格低廉,对韩国这个资源贫乏又以出口主导型为其发展战略的国家,提供了充足的原料来源。

第三,20 世纪 60 年代以后美日等发达国家开始调整产业结构,把劳动密集型的产业向发展中国家转移,韩国趁势发展劳动密集型的产业的生产与出口,既迅速地积累了资金,建立了一定的工业基础,又开拓了国际市场。

第四,"二战"后随着关贸总协定的建立,国际贸易趋向自由化,韩国利用发展中国家的地位,出口的制成品享受发达国家给予"普惠制"关税待遇,大大提高了其出口产品的竞争能力,从而进一步推动了出口加工工业的发展。

国内因素:

第一,制定正确的经济发展战略,适时调整产业结构。1953 年朝鲜战争结束之后,韩国经济处于崩溃状态,基础设施和工业设备几乎全部遭到破坏,商品匮乏,居民大多失业。为了恢复生产,重建经济,韩国采取了"进口替代"战略,即通过关税和非关税措施限制外国商品的进口,为国内企业创造一个没有竞争的环境,企图利用自身的发展来满足本国国内市场的需求。但"进口替代"战略对韩国这样一个资源贫乏、技术落后的国家并不适合,企业为了维持生产仍需要从国外市场进口短缺的原料和较为先进的机器和设备,其结果是本国产品出口下降,但进口反而增加,造成了大量外贸逆差,国际收支难以平衡。而过度保护的国内市场,使企业缺乏竞争的压力和技术更新的动力,不但企业效率低,而且产品质量差、档次低,缺乏竞争力。面对上述弊端,韩国政府及时把"进口替代"战略调整为"出口导向"战略,即在大力促进出口贸易增长的同时放开国内市场,鼓励外国投资,大力引进国外先进的技术和设备,通过本国廉价劳动力与国外的资金、技术和设备优化组合,发展面向国际市场的劳动密集型产业。这一战略的实施,既解决了本国资源贫乏、资金短缺和技术落后等困难,又迅速积累了资金,促进了产业结构的升级,从而加快了韩国经济的发展。

韩国产业结构的变化过程可概括为:20 世纪 60 年代实现了以农业为主导向以轻纺工业为主导的劳动密集型产业的转变,大力发展纺织、玩具、制鞋等轻工业品的生产和出口。70 年代面对轻纺产品附加值低、产品成本上升(主要是劳动力成本上升)和国际市场保护趋势加强的压力,韩国及时地把产业结构由劳动密集型向资源和资金密集型转变,大力发展钢铁、造船、轻型机械、石油化工等重化工业。1973 年至1979 年政府对重化工业的投资占全部投资的 94.5%,而轻工业的投资只占 5.5%。随着重化工业的发展,不但扩大和加深了工业生产的技术基础,而且增加了出口产品的附加值,增强了出口创汇能力。进入 80 年代,随着世界以信息产业为主导的新技术革命兴起,韩国的产业结构又由重化工业向以知识和技术密集型的信息产业转变,大力发展电子、通信、生物工程等新技术产业。随着产业结构的调整和优化,反映在韩国出口商品结构上也随之优化。在出口商品构成中,农牧产品与矿产品所占极低,而工业品所占比重超过了 96%。在工业品中,轻工业所占比重低于重化工业品和技术密集型产品。

第二,实行政府干预和市场调节相结合的经济管理体制。韩国从制定和执行第一个五年计划开始,就实行了政府干预与市场调节结合的经济管理体制。加强政府的干预,主要是在经济建设的初期,民间企业尚未充分发展,市场机制尚未完善,为了保证资源的有效利用和分配,促进重点建设,加快经济增长速度,必须利用国家的力量加以有效的管理和引导。由此韩国成立了以"经济企划院"为首的行政管理机构,制定和实施经济计划,加强宏观调控,并通过政府对私营企业的保护、金融扶植和有效监督,将私人企业置于政府的有效管理之下,从而保证了国家计划的顺利执行和私人企业的日益强大。市场机制的逐步完善,政府过多的干预必然不利于经济的发展,韩国政府又开始改革政府对经济管理的职能,减少行政干预,以充分发挥市场机制的作用,但政府宏观调控的职能并没有放松。

第三,重视教育,努力提高人才素质。韩国始终把教育视为经济发展的动力。在朝鲜战争结束之后,韩国就采取了增加教育经费,实行义务教育等多项促进教育发展的措施。文教预算在政府预算中的比重,在1981年至1984年,年平均为18.7%,是政府财政支出中除国防预算外最高的开支项目。在发展普通教育和高等教育的同时,还开展多种形式的职业技术教育,重视在岗职工培训,以不断提高人才素质,适应产业升级的需要。

2. 在连续30多年取得持续增长之后的韩国经济

1995年经济增长开始放慢,外贸赤字增加。进入1997年后在亚洲金融危机的影响下,经济急剧地恶化,自1997年1月起先后有三美、真露、大农、海泰、起亚等许多大财团宣告破产或进入"防止破产协约企业"。由于企业破产,银行随之发生信用危机,导致韩元对美元的汇率急剧贬值,由7月初890韩元兑1美元,到12月底跌至2 000韩元兑1美元。为此,韩国政府不得不向国际货币基金组织要求提供紧急财政援助。而后韩国开始进行全面的经济结构的调整和改革。到1998年底,韩国金融形势已趋于稳定,大企业的重组与改革已稳步进行,外汇储蓄增加,经济形势开始恢复。到2000年,韩国已基本摆脱了金融危机。2001年8月韩国政府已提前三年还清国际货币基金组织的贷款,结束了国际货币基金组织的监管体制。2002年年初以来,韩国政府采取宽松货币政策,鼓励信贷消费,扩大内需,同时吸引外资的力度,经济已出现全面好转。在近年来经济发展停滞不前的困境下,韩国制定了五到十年的中长期经济发展战略,旨在重振韩国经济活力。

为实现中长期经济发展战略,韩国采取了下列措施:

第一、以产业政策为核心,促进经济增长。

必须集中国家力量,发展十大新引擎产业。包括数字电视和广播、液晶显示器、智能机器人、未来型汽车、新一代半导体、新一代移动通信、智能型家庭网络系统、数控软件、新一代电池、生物新药及人工脏器等。政府为此制定了综合实施对策,主要包括:

抓紧部署和进行组织实施。从 2003 年 9 月起,以产业界为主导,按十大产业领域分别成立"促进事业团",负责具体企划事宜和相关技术研发。

大力扩充人力资源。改革教育和培训体制,适应科技人才需求,对理工科人才培养提供政策优惠。为建立和运营产、研结合的核心大学,政府计划自 2004 年起 5 年内投入 1 500 亿韩元,支援基础设施建设和设备购置。推广产、学、研结合的成功范例,消除科研、教育与企业需求脱节的现象。在强化国内高级研发人才、生产技能人力培育的同时,加快引进海外优秀人才。

加大科技研发投入。在 2004 年第一个季度,一个特别的增长动力产业委员会建立起来,以增进政府各部之间的协调和协作。每一个产业中建立了工作层面的委员会,为技术发展准备路线图。为了降低私人部门发展新技术的风险,2004 年作为起步年,对于这 10 个产业的研发预算将从 3 060 亿韩元增加到 5 180 亿韩元,加上民间企业的投资,总额有望达到 1 万亿至 1.2 万亿韩元。对科学和工程专业的奖学金将增加。

全面调动民间企业的积极性。通过修订相关法律,大幅度放宽以至解除对企业设立工厂的种种限制,对从事新产业的企业给予贷款、税收上的优惠,并考虑对与数字电视、未来型汽车等新一代产业相关的大企业解除投资总额限制。

第二、推进结构改革。

全力推进国有企业的改革进程。为了增强公共部门的效率,韩国将推进机构改革。每三年进行一次是废除还是维持公共基金的评议,全面的改进计划也将制定出来。

第三、实施地区发展战略,扩大增长的基础。

从 2004 年开始,韩国发展地区经济的"特殊经济区"运转起来。建立一个任务组来制定制度性的实施细节,如颁布强制法令。

五、主要经济部门

历史上韩国是一个落后的农业国,工业不发达。"二战"后,在以"工业为主导"的战略方针指导下,工业得到了迅速发展,尤其是自 20 世纪 80 年代以后,大力发展以汽车、半导体、电子、通信设备及原材料等资本和技术密集型产业,使产业结构日益优化。到 1988 年,在国民生产总值中第一产业占 11%,第二产业占 31%,第三产业占 58%。进入 90 年代,以金融、信息、贸易、旅游等为主的服务业更得到了进一步发展。产业结构的优化反映在出口商品结构上,农林牧水产品的出口只占 3%,工业品占 96% 以上。

(一)农业发展概况

"二战"前农业占韩国主导地位,战后在"先工业化,后农业现代化"方针的指导下,韩国迅速实现了工业化,跨入了"新兴工业化国家"行列,而农业却滞后于整个国民经济的发展,出现了农业用地迅速减少,破坏了农业生产发展的基本条件,农民入不敷出,城乡差距日益加大,农民弃农严重,导致农业劳动力老龄化、妇女化等现象。由于农业的滞后,近年来韩国的稻米、小麦、玉米、大豆等主要农产品均依赖于进口,各种谷物进口量将近 1 000 万吨。如 1995 年谷物自给率仅为 28%,当年粮食进口量达 883.6 吨。为了扭转农业衰退的局面,近年来韩国调整了农业政策:

(1)增加对农业的投入,依靠技术进步促进农业的增长;

(2)加强农业基础设施建设,推广农业先进技术,培养农业专门人才;

(3)开展"一社一村"运动,鼓励大企业与某个农业区域挂钩,开展对口支援;

(4)形成农业规模经济,提高农产品质量;

(5)成立全国返乡运动推动委员会,鼓励和支持城市失业人口返乡务农。

韩国主要农业部门是：

1.种植业

韩国的粮食基本已实现了自给。种植的粮食作物以水稻和大麦为主，其次是小麦和杂粮。水稻种植面积和产量在 20 世纪 90 年代初不断减少。1991 年至 1995 年期间，水稻种植面积每年减少 3.8 万公顷，产量减少 120 万吨。1995 年水稻种植面积仅 105 万公顷，比 1991 年减少了 15.3 万公顷，产量仅为 547.6 万吨，创 15 年来最低纪录。1996 年为了抑制水稻减产，政府采取了下列对策：第一，实行生产责任制，分别规定了全国 15 个市、道的种植面积和产量；二，对全国 3.4 万公顷的休耕地中的一部分实行代耕制；第三，采取有力措施限制水田改旱田。2006 年水稻产量增加到 740 万吨，水稻种植主要在汉江、洛东江和锦江下游的平原。

为了提高农产品的国际竞争力，2004 年韩国政府决定开放国内稻米市场，由于稻米的大量进口，国内稻米产量的大幅度下降，导致了农业危机的出现。

韩国种植的经济作物主要是棉花、烟草、大豆和麻类。

2.畜牧业

韩国共有草地面积 9 万公顷，专业的畜牧养殖户 12.9 万户，其中专业养牛户 1 360 户。但畜产品的生产不能满足国内需求，从 1997 年起韩国放松了肉类进口限制。

（二）主要工业部门

韩国工业发达，工业是韩国主导产业，其产品竞争力和生产规模已接近发达国家水平。韩国现已建成了比较完整的工业体系，主要生产部门有钢铁、汽车、造船、电子、化学、纺织等。自 20 世纪 80 年代以来由于大力发展资本密集的重化工业和技术密集的电子、通信等产业，重工业的比重相对上升，轻工业相对萎缩，以电子、汽车、机械和化工产品为主的重化工业品在出口总额中所占比重不断上升，许多任务业产品产量跃居世界前列，家电和造船能力居世界第二位；钢铁、汽车和石化产品产量均居世界第五位。

韩国的主要工业部门：

1. 钢铁工业

韩国钢铁生产是"二战"后尤其是 20 世纪 60 年代以后发展起来的,60 年代初全国钢铁产量不足 20 万吨,1996 年钢铁产量已达 3 916.6万吨。自 1997 年以来 韩国一直保持在 4 000～5 000 万吨的钢产量,居世界第前列。2005 年产量达到 4 780 万吨。目前韩国普通钢的生产技术水平已达世界先进水平,而高级钢、特殊钢的生产技术水平相对较低,电炉设备、连续铸钢、钢材品种等与美国、日本、德国等仍有一定差距。

韩国的钢铁工业主要分布在沿海地区。濒临东南部迎日湾的浦项和南部光阳湾的光阳是韩国最重要的钢铁工业基地。浦项综合钢铁公司是全国最大的钢铁联合企业,是世界第一大钢铁企业,2005 年钢产量是 3 050 万吨,占全国总产量的比重超过了 60%。目前随着产业结构的调整,韩国已在中国、东南亚、拉美等地兴建独资或合资的钢铁企业。浦项已在我国大连兴建了一个 10 万吨的镀锌钢板厂。

2. 电子工业

电子工业是韩国主要产业之一,其产值居世界第六位。生产的产品以高技术密集型为主,半导体、集成电路制造业发展尤为迅速,韩国现已是世界十大电子生产国之一。近年来重视 IT 产业的发展,不断加大资金的投入。韩国 IT 产品的出口额 2002 年达到了 46.1 亿美元,居世界前列。

韩国电视机、录像机等家电产品已基本实现小型化、数字化,其水平已接近或超过日本。1996 年韩国 LG 公司首先研制成功 14.1 英寸薄膜晶体液晶显示器屏幕,处于世界领先地位。韩国是继美国、日本之后第三个能生产同步式动态随机存取存储器的国家。韩国电子工业生产主要由三星、LG、大宇等三大集团可所控制,三大公司近年来为了降低成本,纷纷在中国、东南亚、拉美地区设厂,其海外分厂生产的彩电、录像机的产量已超过国内生产总量。韩国计算机的软件开发能力较弱,仍需进口。电子工业主要分布在首尔、釜山、大邱、马山、里里等地区。

就韩国电子工业的发展历程来看,具有下列的特点:

(1)制造重点由消费性产品转移至工业用电子产品及零件

目前个人计算机、集成电路等为韩国最为热络的出口项目。尤其是4MB 动态随机存取内存(DRAM)的生产,韩国三星已超越日本 NEC成为全球最重要的供应厂商。韩国且已开发出全世界第一个 256MB 的DRAM 芯片。

(2)贯彻国际化策略,寻求具比较利益的海外生产地点

韩国加强在先进国家设立研发中心,吸引杰出人才贡献所学。在赴海外投资营运方面,韩国电子业设立海外工厂超过了 300 家。近年来则有朝亚太地区投资趋势,中国是重点投资地区。

(3)研究开发经费庞大

韩国电子工业为能维持强势竞争力,大力投入研发和技术创新工作,不论对主流商品开发时效的掌握,还是对生产制程技术改良、尖端电子产品或关键零组件开发皆不遗余力,运用大批人力、物力和财力以求掌握商机。

(4)积极分散出口市场

以往韩国电子业偏重美国、欧洲和东南亚市场的拓展,为因应贸易保护主义兴起,目前则将重点转向中国、东欧、印度和日本市场的开发,对欧美市场的巩固则采取企业并购和策略联盟的方式。

(5)大型电子集团外销额占全国电子产品出口比重大

韩国三星、LG 及大宇等电子企业集团合计外销金额超过百亿美元,占韩国电子产品出口总额的 60%以上,出口已成为韩国大型企业发展的主要动力。

(6)开发新产品降低风险已成为新趋势

目前韩国主要出口电子产品为半导体、个人计算机、音响制品、彩色电视机、录放机、映像管、录像带、微波炉、电冰箱等,未来产品开发重点则以半导体类的液晶显示装置、特殊应用 IC(ASIC)、高记忆容量的动态随机存取内存、消费电子类的高分辨率电视、数字式录放机和摄影机、有线电视系统、信息计算机类的多媒体产品、个人数字处理器、大型计算机交换通信类的码多分址存取(简称 CDMA)式移动通信系统、异步传输模式交换设备、整体服务数字网络、传真机、宽频信息网络相关软件及装置等为主。

(7)知名大厂与中小企业携手合作

韩国电子工业发展策略初期以国家力量和全民支持的共识,培养出数家具有国际竞争力的大型企业,采取学习仿制、改良生产和设计创新等渐进步骤,逐步取得在世界市场的知名度。目前已完成至可改善流程,大规模量化生产经验丰富阶段,而迈向设计自主、领导推出新产品时期。而且大型企业的茁壮,相对带动中小企业的兴盛。未来韩国电子工业的繁荣发达,不但世界级知名大厂能有贡献,多达7 000余家的中小企业也将共同扮演重要的角色。

3.汽车工业

韩国的汽车工业是从20世纪50年代中期开始起步的。当时,朝鲜战争刚刚结束,处于经济恢复时期,百废待兴,对各种机械的需求量很大,对于作为主要运输机械的汽车需求更为迫切,这种现实需求成为韩国发展汽车工业的主要原因。不过此时所谓的汽车工业只是修理、改装朝鲜战争时期被淘汰的破旧汽车及用进口零部件组装汽车而已。

1962年时,韩国生产汽车还不到2 000辆,2007年汽车产量已猛增到408.6万辆,连续三年居世界第五位。汽车工业已是韩国支柱产业。在20世纪70年代以前,韩国尚无汽车出口,但到1988年时,韩国出口汽车数量达57.6万辆,占当年汽车产量(108.4万辆)的53.2%。1994年,汽车出口数量增加到73.8万辆,占当年汽车产量的31.9%。现在韩国不仅成为汽车生产大国,而且成为世界第5位的汽车出口大国。

韩国汽车工业大致经历了四个发展阶段。

(1)起步阶段(20世纪60年代)

韩国政府于1962年4月制定了汽车工业发展计划,将零散的汽车工业纳入国家计划发展的轨道。为了有效地推行汽车工业发展计划,韩国政府于1962年制定《汽车工业保护法》,这是韩国正式发展汽车工业的信号和宣言。此后,在政府优惠政策的鼓励下,韩国先后建立了新国、新进、亚细亚、现代等汽车生产会社。这些会社大都是同外国汽车公司(如意大利、美国)合资建立的,而且无一例外地使用外国的汽车生产技术。开始阶段,主要是从国外进口半成品和零部件,由韩国工人进行汽车组装。尽管如此,毕竟跨出韩国汽车工业的第一步,为日后汽车工业的发展打下了基础。

(2)国产化阶段(20 世纪 70 年代)

1969 年 12 月,韩国制定了《发展汽车工业基本计划》,提出 1972 年实现小轿车生产国产化、1974 年实现大轿车生产国产化的目标。从 1972 年着手执行的第三个经济开发五年计划(1972～1976)中,也把整顿和发展汽车工业列为重点之一。

为了促进汽车工业的大发展,韩国将一些零散的汽车制造业企业关、停、并、转,形成了现代、起亚、亚细亚和高丽通用四大汽车生产会社,以建立批量生产体制。在这一阶段,韩国汽车工业努力开发国产车,自行设计车种,开发车型。1974 年,现代汽车公司制造出完全是自行设计的"小马牌"轿车,从而使韩国成为世界第 16 个具有独立生产轿车能力的国家。

(3)进军国际市场阶段(20 世纪 70 年代末到 80 年代中期)

在汽车生产迅速发展的时候,韩国政府开始引导汽车产业积极开发新的车种、车型,提高技术水平,扩大生产规模,以增强竞争力,打入国际市场。1986 年,韩国汽车产量猛增到 59.2 万辆,占世界汽车总产量的 1.3%,从而使韩国成为世界第 11 位汽车生产国。当年,韩国出口汽车达 29.2 万辆,占世界汽车出口量的 1.9%,成为世界第 9 位的汽车出口国。

(4)向汽车生产大国迈进阶段(20 世纪 80 年代中期至 21 世纪初)

20 世纪 80 年代中期以后,韩国政府又向汽车产业提出新的发展目标,即进一步扩大生产规模,加速技术开发,增加对外出口,努力使韩国成为汽车生产和出口大国。为此,韩国政府从 1987 年起逐渐取消了过去那种扶植、保护汽车工业的一系列优惠政策,开放了汽车市场。同时,对各汽车生产企业所生产的车种、车型等也不再进行限制,以鼓励汽车生产会社之间展开竞争,优胜劣汰,促进汽车工业向更高水平发展。

韩国主要以轿车生产为主。韩国汽车工业形成了以现代、起亚、大宇、双龙四公司鼎足的市场格局。上述公司已在东亚、东南亚、南亚、拉美等地设厂。汽车工业主要分布在东南沿海地区的蔚山、釜山、光州、仁川、始兴等地。

4.造船工业

20 世纪 60 年代以前韩国造船工业只能建造和修理木船,60 年代以后现代造船工业得到了迅速发展。1996 年其造船能力达 850 万吨，当年完成造船量 770 万吨。2003 年韩国已成为世界第一造船大国，产量达到了 2 800 万吨。2007 年仍是保持世界第一的地位。韩国全国共有造船厂 130 余家，其中包括五家大型船厂和四家中型船厂，五家大型船厂拥有全国生产能力的 95%。在世界五大造船企业中韩国占有四席，它们是现代重工业、大宇造船、三星重工业、三湖重工业。造船厂主要分布在蔚本浦、釜山、浦项等地。

5.纺织工业

纺织工业是韩国主要的轻工业部门，纺织业产值约占制造业总产值 8% 左右。纺织产品曾多年居出口第一，后被电子产品超过，但仍是世界纺织品出口大国之一，截至 2005 年出口额已达到 220 亿美元。近年来由于国际市场的激烈竞争，纺织业在国民经济中和出口中的比重有所下降，但仍不失为一个重要的工业部门。目前纺织品的出口结构正在从以服装为主转为以布匹出口为主。韩国为了适应产业结构调整，近年来纷纷在海外建立纺织工厂，其数量占制造业海外设厂数量的近 1/4，主要分布在印度尼西亚、菲律宾等国。韩国纺织业门类多，近年来化学纤维业发展快，已为世界化学纤维生产大国之一。首尔是本国最大纺织工业的中心。

6.机械制造业

韩国机械工业起步较快，1973 年创建昌原综合机械工业区，通过引进资金、技术、设备和重要零部件，进行组装、仿制，进一步培养自己独立开发生产能力。目前，一般机械的组装、焊接、铸造、金属切削等加工环节的技术水平己与发达国家差距不大，但在设计、表面处理和新材料的研制等方面与发达国家仍有差距。主要生产电气机械、运输机械、通用机械、金属制品等。主要工业中心有仁川、大邱、釜山、光州、马山等。

(三)交通运输业

韩国目前有铁路近 7 000 公里。主要铁路干线有京釜线(首尔——釜山)、湖南线(大田——木浦)、全罗线(里里——丽水)、庆全线(三浪津——松汀里)、东海线(釜山——浦项)等。韩国目前已开通了从首尔至大田的高速铁路，全长 823 公里，最高时速可达 350 公里。

韩国公路有普通和高速公路两种。主要公路有京釜线(首尔——釜山)、湖南线(大田——顺天)、南海岸(顺天——釜山)、岭东线(水原——江陵)等,总长度超过了 1 200 公里。目前公路客、货运输量已超过铁路。客运及中短途货运几乎全部由公路承担。

海运是韩国对外贸易的主要运输方式。其集装箱航线通向北美、南美、欧洲、澳大利亚、非洲、东南亚和中东主要国家的地区的港口。拥有海运船舶近 900 万吨,其中 90% 以上为远洋运输船舶。

六、对外贸易及中韩经贸关系

(一)对外贸易

韩国是典型的加工贸易国,对外贸易是国民经济的生命线。自 20 世纪 60 年代开始实施第一个五年计划起,经过 40 多年全国上下在"以五大洲为舞台、在全世界做买卖"口号的激励下,已建立了一套健全的外贸体制,培养了一批以出口为主的工业企业和贸易商社,大大促进了对外贸易的发展。1962 年,韩国仅向 33 个国家和地区出口 69 种商品,出口额仅 5 670 万美元,在国际市场的份额不到 4‰。但 1981 年出口额已达 200 亿美元,1991 年增至 718.70 亿美元,出口国家增至 200 多个,出口商品达 8 000 多种。2003 年韩国的对外贸易额已达 3 726 亿美元,居世界第 13 位。韩国 2007 年出口额 3 718 亿美元,比 2006 年增长了 14.2%。进口额为 3 567 亿美元,比 2006 年增加 15.3%。2007 年韩国贸易顺差达 151 亿美元。

随着韩国工业化进程的发展,其出口商品结构也发生了很大变化。1962 年,初级产品的出口额占总出口额的 72.6%,制成品出口额占 27.4%,1996 年,初级产品在出口额中所占比重下降到 4.3%,而制成品则十到 95.8%。韩国现在主要的出口产品有半导体、计算机及其外围设备、手机等 IT 产品,以及汽车、船舶、钢铁、石化、家电、纺织等产品;进口商品一是石油、天然气、煤炭、矿石、有色金属等原材料,二是尖端技术和产品,三是电子元器件、服装、鞋类等劳动密集型产品及谷物、水产品、畜产品等。其中原材料进口居第一位,机械设备居第二位。

20 世纪 60 年代初,韩国对外贸易伙伴只有美国、日本等十几个国家和地区,以后随着经济的发展和推行市场多元化政策,特别是 8 年推行"北方外交"政策以来,韩国与发展中国家,尤其与中国、原苏联、东南亚各国的贸易迅速增长。1995 年对发展中国家出口已超过对发达国家出口,达 520 亿美元,占总出口额的 51%。韩国主要出口市场是美国、日本,这两个国家占韩国出口市场的比重分别为 15.1 和 19.6。另外中国已成为韩国重要的出口国。2002 年韩国主要出口国居前五位的是中国、美国、日本和中国香港、台湾地区。主要进口国居前五位的是日本、美国、中国、沙特阿拉伯和澳大利亚。但无论出口或进口,美国、日本均是韩国最主要的贸易伙伴。

(二)韩中经贸关系

1983 年以前,由于众所周知的原因,韩中之间没有经贸往来。1983 年韩中两国通过香港地区、新加坡开始了间接经贸往来,1988 年 8 月以民间方式建立了直接经贸关系,1992 年 8 月韩中正式建交后,两国相继签订了政府间的贸易协定和海运协定,双方经贸关系进入了一个崭新阶段。

1988 年至 1993 年,双边贸易额年均增长率均在 50% 以上,1998 年增至 212.8 亿美元,2004 年,双边贸易额已突破 900 亿美元,是 1992 年建交时的 17 倍。2007 年双边贸易总额达 1 598.9 亿美元,比前一年增长了 19.1%。目前中国是韩国最大的贸易伙伴和最大的出口市场。韩国已成为仅次于美国和日本的中国的第三大贸易伙伴。

韩国从中国进口以玉米、水泥、煤炭、石油、棉花等原料性产品为主,其次还有纺织品、化工原料、钢材、黑色金属、食品、饲料、机械、电气设备等。韩国对中国出口以钢材、化工原料、机械设备、化纤、建材、皮革、纸张、电子产品为主。

七、主要城市与港口

韩国主要城市有首尔、釜山、大邱等。

首尔是韩国的首都,人口约 1 200 万,约占全国人口的 1/4。工业、商业和服务业均很发达。城内宫殿众多,因此有"皇宫之城"之称。

釜山是韩国第二大城市,人口约 380 万,是韩国最大的港口。主要工业有造船、汽车、电力、化工、造纸、电器等。大邱,人口约 220 万,为韩国东南部政治、经济和文化中心。

主要贸易港还有仁川、蔚山、浦项、群山、丽水、木浦等。

第三节 日本

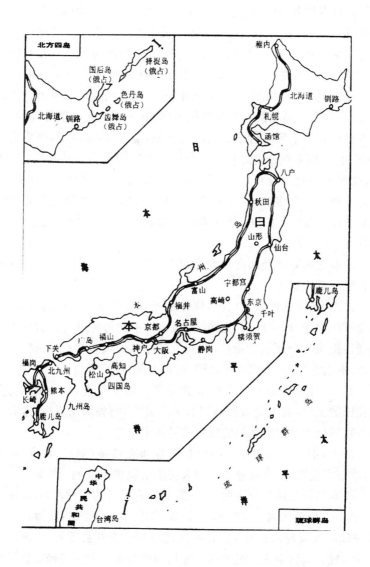

一、位置、领土及行政区划

日本(Japan)是位于亚洲东部、太平洋西岸的一个群岛国家。全部领土由本州岛、北海道、四国、九州岛四个大岛和 3 900 多个小岛组成，通称为日本列岛，总面积约为 37.7 万平方公里。其中四大岛的面积约占全国面积的 96%，最大岛屿本州岛的面积约占全国面积的 61%。北海道东北方的齿舞群岛、国后岛、色丹岛和择捉岛，俗称"北方四岛"，"二战"后由前苏联占领，日俄双方虽经多次谈判，至今仍没有收回。

日本列岛东临太平洋，西濒日本海，北隔宗谷海峡与俄罗斯的萨哈林岛相望，西南隔朝鲜海峡与韩国为邻，其南端的先岛群岛，离我国台湾省很近。日本列岛自东北向西南延伸，南北长，东西窄，南北延伸达 2 400公里，而东西最宽处仅 220 公里。海岸线长约 3 万公里。从纬度看，就四大岛而言最北端为北海道的宗谷峡，约在北纬 45°23′3″；最南端为九州岛的佐多峡，约在北纬 30°59′49″，因此日本绝大部分领土位于北半球中纬度。如以日本南部的琉球群岛计算，则已进入北纬 25 度左右，已处于亚热带。

日本这种海陆经纬度位置及领土组成，在日本社会和经济发展中具有很重要的意义。

首先，岛国这种领土状况，使日本拥有长约 3 万公里的海岸线，尤其太平洋沿岸，海岸曲折、港湾众多，为日本同海外进行经贸往来和文化交往提供十分便利的条件，有利于其原料的输入与产品的输出。所以，日本成为贸易大国、海运强国、捕鱼大国，与其密切相关。

其次，日本虽是一个岛国，但距亚洲大陆非常近，从九州岛的长崎至我国的上海，海上直线距离仅有 800 公里，与韩国则更近，这有利于日本发展与中韩两国之间的经济贸易往来。

再次，由于日本领土大部分在温带和亚热带，阳光、热量、水分充足，季节变化明显，对农业生产和人民生活提供了很大的便利。

日本的行政区划分为两级，一级政区有平行的四种称谓，即都、道、府、县。一级政区共有 47 个，一个都(东京都)、一个道(北海道)、二府(京都府、大阪府)、43 个县(兵库县、爱知县、千叶县等)。二级政区为市、町、村。其区别主要是根据当地居民数量多少及主要经济活动的差异划分的。如人口数量多，经济活动以工商业为主的称为市，人口数量比"市"少，仍以工商业为主的称为"町"，人口数量少，以农业为主，则称为"村"。

日本还根据相邻地区自然、历史和社会经济特征的相同或差异，把全国共分为八个"地方"。"地方"不是行政区划，类似中国的大的经济协作区。这八个地方是北海道、四国、九州岛（北九州岛和南九州岛），本州岛的东北（奥羽）、关东（北关东和南关东）、中部（北陆、东海和东南）、近畿、山阴和山阳。

二、人口和民族

1. 人口

日本现有人口1.274 4亿，少于中国、印度、美国、印度尼西亚、巴西、俄罗斯、巴基斯坦，居世界第八位。人口平均密度为320人/平方公里以上。人口自然增长率为2.1‰，在主要资本主义国家中，处于中等增长水平。日本是世界最长寿的国家，男性平均寿命79岁，女性平均寿命约83岁。人口老龄化已成为日本的一大社会问题，65岁以上的人口约占总人口的15%。

日本人口分布不均，按人口密度的不同，全国可分为三种类型区：

（1）人口密集区，包括京滨、阪神、名古屋、北九州岛四大工业区。这里集中了全国人口的60%，尤其东京、大阪、神户、名古屋等城市周围，人口密度在2 300人/平方公里以上，是全国人口最稠密的地区。

（2）中密度区，主要是指城市周围及城市与城市之间的过渡地区。

（3）人口稀疏区，主要包括北海道、本州岛东北部的青森、岩手及南四国、南九州岛等地。

日本人口素质较高，"二战"后不久日本就实行了高中义务教育，目前全国成年人识字率达99%以上。全国高等学校在学人数在发达国家中仅少于美国；中等学校在学人数也少于美国。日本还注意对在职人员经常进行考核和培训，以使其能适应不断提高的科学和技术进步的需要。

"二战"后，随着日本经济的恢复和发展，使大批农村劳动力涌入城市,城市人口不断增加,到 20 世纪 80 年代中期,城市人口已占 77%以上。全国共有城市 650 多个,百万人口以上的城市有 11 座,除北海道的札幌外,其余的东京、横滨、大阪、神户、名古屋、京都、北九州岛、川崎、福岗、清水均在太平洋工业地带。

2.民族

日本民族单一,大和民族占绝对优势,唯一的少数民族是居住在北海道北部和中部的阿伊努人,总人数不足两万。外国移民主要是朝鲜人、华人和"二战"后留在日本的美国人。

三、自然地理条件

1.地形

日本是个多山的国家,山地、丘陵为约占全国面积的 76%。北弯山脉自北海道向南延伸到本州岛岛中部,南弯山脉自九州岛、本州岛南部呈东西向延伸到四国岛,两大山脉在本州岛中部汇合形成日本的最高峰——富士山,海拔高度为 3 776 米。平原面积狭小,平原只分布在河流两岸及滨海地带,最大平原为关东平原,面积也仅 1.68 万平方公里。平原少,使日本耕地少,对种植业发展不利;山地丘陵多,则使森林茂密,有利于林业和畜牧业的发展。

日本由于正处于环太平洋火山地震带上,所以火山众多、地震频繁。火山众多是日本的一大特色,全境大小火山共有 200 多座,其中富士山就是一座著名的活火山。由于火山多,使日本地热资源丰富,境内有温泉 1 200 多处,如箱根、日光、别府等,均是日本著名的旅游疗养胜地。日本有"地震之国"之称,平均每天会发生四次地震。

2.气候

日本地处东亚的季风气候带,北海道、本州岛的北部属于温带季风气候,本州岛南部、九州岛和四国岛属于亚热带季风气候。日本气候的海洋性强,与亚洲大陆东部同纬度地区相比,冬季温和,夏季凉爽,降水充沛,年均降水量为 1 000～2 000 毫米,6 月中旬至 7 月中旬是每年的梅雨季节,8～10 月多台风。日本东部太平洋沿岸为夏季多雨带,而西部的日本海沿岸为冬季多雪带。总之,日本除北海道外,大部分地区阳光、热量和水分充足,有利于农作物的生长。南部农作物的种植可达两季或三季,而北部为一年一季。日本气候的缺点是南部地区每当夏秋季节常有台风的侵扰,对工农业生产会造成一定破坏。

3.河流与湖泊

日本领土东西窄,地形又以山地丘陵为主,山地在本州岛的中部,气候温暖多雨。在上述因素的综合影响下,日本河流最大的特点是河流短小、水量大、落差大、水流急,因此不利于航行和灌溉,但水力资源丰富。最长的河流为信浓川,长约 367 公里,其次为利根川、石狩川等。日本湖泊众多,但多为火山湖。最大湖为琵琶湖,面积约 886 平方公里。

4.资源

日本矿产资源贫乏,工业生产中所需的主要能源和原材料,如石油、天然气、煤炭、铁矿砂、锰、铝、锌、铝等,几乎全部依赖进口。能够自给的资源仅有硫磺、石膏、石灰石等。

日本林业资源和渔业资源丰富,森林面积占全国面积的 2/3,主要树种是衫、松、柏等,日本国内竹林众多,樱花树处处可见,樱花被称为日本的国花。日本北海道附近的太平洋海域是寒暖流的交汇处,是世界最大的渔场,鱼类达 700 多种,为捕鱼业的发展提供了有利条件。

四、经济发展历程及经济特征

(一)经济发展历程

日本在 1868 年明治维新以前是一个闭关自守、落后的封建农业国,发展到现在,已是仅次于美国的世界第二大经济强国,其发展历程以第二次世界大战为界,分为战前和战后两个阶段。

第二次世界大战以前,1868 年日本实行明治维新,开始走上了资本主义发展的道路。在"殖产兴业"、"富国强兵"的口号下,原有的地主阶级和新兴的资产阶级为了积累资本,推动资本主义生产方式的形成和发展,一方面加强对本国劳动人民的剥削和掠夺,另一方面推行军国主义路线,积极向外扩张和侵略,以解决资金短缺、资源贫乏、国内市场狭小的固有矛盾。1894 年日本首先发动了中日甲午战争,强占了我国台湾和澎湖列岛,实际控制了朝鲜。利用战后的赔款,日本正式展开以轻工业为主的第一次产业革命,在引进国外技术和设备的基础上也开始发展造船、车辆等工业。1904 年至 1905 年日本又发动了日俄战争,在割占我国辽东半岛一部分后,又于 1910 年正式吞并了朝鲜。在掠夺我国东北和朝鲜矿产资源的基础上,日本开始发展以采矿、冶金、机械、电机、化工为主的重工业,并初步形成了以京滨、阪神、名古屋、北九州岛为主的太平洋工业密集带。1931 年“九一八”事变后,日本全部占据了我国东北,并把侵略的铁蹄向中国其他地区迈进。在战争的刺激下,日本的经济增长很快,到 1937 年成为仅次于美国、德国、英国、法国的第五工业强国,工业产业构成中重化工业占绝对优势,占工业产值的68.9%。1945 年日本战败后,经济陷入崩溃。

第二次世界大战后,日本经济发展经历了恢复、高速增长到缓慢增长三个发展阶段。1946 年至 1955 年为经济恢复时期,其国民生产总值与工业生产分别于 1954 年和 1956 年恢复到战前最高水平。从 1956 年到 20 世纪 70 年代初,经济为高速增长时期,1968 年其国民生产总值就超过了德国,成为仅次于美国的资本主义第二经济强国。进入 70 年代,在两次能源危机和“泡沫经济”的冲击下,日本经济开始缓慢增长,但在 80 年代其国民生产总值增长速度仍高于其他主要资本主义国家。进入 90 年代日本经济出现持续低速状态。1997 年至 1998 年在东亚金融危机的冲击下,日本的国民生产总值连续两年出现了负增长,企业大量设备闲置,失业率上升,主要产品产量下降,1998 年工业生产指数仅为 1995 年的 98.5%。虽然日本经历了“泡沫经济”的冲击,但其经济条件相当好,“泡沫经济”并没有从根本上损害日本经济元气。

20 世纪 90 年代被称作是日本“失去了的 10 年”,21 世纪头两年经济萧条阴云仍然笼罩日本列岛。

2002 年初日本经济从低谷缓慢爬出,2003 年初才摆脱危机状态,经过 2004 年、2005 年、2006 年三年的巩固与扩大,日本经济进入复苏期。

日本经济此次复苏,第一动力来自外需。在外需持续大幅增长的情况下,日本企业经营业绩出现根本性改观。然后企业才开始扩大经营、增加投资、增加雇员。进而从更加深层次分析,可以看到外需先是带动出口产业复苏,再逐步扩大到装备制造业,又由制造业传递到服务业,实现三大产业全面复苏,实现日本经济再生产全过程复苏。日本经济复苏,同时还启动了投资和消费,使其在经济复苏的第二阶段发挥作用。外需和内需两大动力同时发挥作用,使日本经济复苏得以持久。

(二)战后经济的主要特征

1.20 世纪 50 年代至 70 年代经济高速增长,是仅次于美国的世界第二经济大国

"二战"后日本经济在经历了短暂的恢复时期后,1955 年已恢复到战前水平。1955 年制定了"经济自主五年计划",从这以后日本经济就进入了高速增长时期。20 世纪 50 年代国民生产总值的年均增长率为 22.8%,60 年代为 11.1%,70 年代为 5.3%,增长速度均超过美国和德国。到 1966 年、1967 年和 1968 年其国民生产总值先后超过了法国、英国和德国,成为仅次于美国的资本主义第二强国,1984 年超过原苏联,跃居为世界第二强国。从 20 世纪 50 年代到 80 年代初的 30 年中根据可比性资料,日本的国民生产总值、人均国民生产总值的增长率均居世界第一位。工业的增长尤其突出,工业结构和技术水平进入先进国家行列。汽车、船舶、钢铁、石油制品、乙烯、家用电器、电脑、数控机床、机器人等主要工业产品均居世界前列。随着经济的发展,对外贸易不断扩大,日本成为仅次于美国和德国的第三大出口国。据统计,2007 年日本国民生产总值约 4.91 万亿美元,仅次于美国,居世界第二位。

"二战"后日本经济所以取得如此高速的增长,主要得益于有利的国际环境和国内环境。

国际环境:

(1)美国的支持和援助。"二战"后日本被美国占领,美国出于把日本建成包围苏联和中国的桥头堡的目的,使日本主要工业设施均被保留下来,为经济恢复发展提供了有利的基础条件。其后,在美国发动的侵朝、侵越战争中,日本成为美国重要的军需品供应国,仅侵朝战争中美国对日本的军需订货就高达 24.7 亿美元,这些充足的外汇为日本购买原料、引进技术和设备、发展生产提供了可靠的资金保障。

(2)20 世纪 50 年代至 70 年代初,国际市场原料和能源供应充足、价格低廉。对日本这样一个资源贫乏,而加工能力很强的国家,充足而

廉价的原料,不但保证了生产,而且大大降低了成本,使产品具有竞争力。

(3)20 世纪 50 年代至 70 年代世界上发生的以原子能利用、宇航技术、半导体技术、石油被广泛利用的第三次科技革命,对日本引进和开发新技术、新设备,建立新产业,起了极大的促进作用,使日本的许多产业部门具有了超前发展的能力。

(4)"二战"后由美国推动签署的"关贸总协定"大力倡导贸易自由化,各国都纷纷降低关税和取消某些非关税壁垒,为日本产品的出口提供了宽松的市场。而刚刚独立的许多发展中国家,为了发展经济,改善人民生活,对日本产品又有强烈的需求。出口贸易的增长,大大刺激了经济的迅速发展。

国内环境:

(1)投资率高,设备更新速度快。从 20 世纪 50 年代中期起,日本就实行高积累、低消费的政策,在资本不断扩大的基础上,大规模引进技术、更新设备。到 1964 年,使用期超过 6 年的设备拥有率仅占 27%,一些设备使用 3 年至 5 年就要更新。其结果不但提高了生产效率,而且提高了产品的档次和质量,加强了产品的竞争能力。

(2)国防开支少,全国的财力、物力主要用于发展经济。"二战"后,根据"波茨坦协定",不允许日本拥有军队,只允许有少量的国民自卫队,因此日本每年军费开支只占财政支出的 0.08%,与当时的美、苏相比,也只有它们的 1/25。

(3)重视教育,努力提高人才的素质。日本自明治维新起就重视教育,"二战"后更把提高人才的素质作为促进生产力发展的重要途径。日本现在实行的是普及义务高中教育,高等学校入学率约占适龄青年的 1/3 左右。对在职职工各企业均采取定期定向培训制度,以更新知识和技能,适应科技的发展和进步。

(4)重视引进国外先进的技术和设备,并不断提高自主创新能力。日本技术的引进,坚持以引进技术软件为主,以引进硬件为辅。对引进的技术软件在学习、消化、吸收的基础上,形成自主的创新产品。因此,既减少了对外国技术依赖,又加快了赶超的速度。例如半导体材料虽是美国研制的,但却是日本首先把半导体材料应用在收音机上,并最终在半导体材料的应用上超过了美国。

(5)日本"二战"后在高积累、低消费方针的指导下,普遍实行了低工资制,因此降低了产品的劳动成本,提高了产品的国际竞争能力。至今,日本人均国民产值虽已超过美国,但日本工人的人均小时工资仍低于美国。

(6)日本"二战"后大力紧缩政府行政费用支出,严禁豪华型楼、台、馆、所的修建,厉行节约,奖励储蓄。通过开源节流为经济恢复和发展积累了充足的资本。

(7)充分利用岛国的优势,填海造陆,挖筑深水港,广建大型专业码头,来发展造船、海运和对外贸易,既保证了原料的输入,又方便了产品的输出。

2.经济对外依赖性强

日本原料靠进口,产品靠出口,经济的外向度大,对外依赖性强,经济发展受世界经济波动影响大。日本经济高度发达,但经济对外依赖性强是它一大弱点。工业生产中所需的主要原材料和燃料进口率是相当高的,成为世界上进口资源最多、依赖程度最大的国家。

日本工业加工能力强,而国内市场相对狭小,因此所生产的大部分工业品都要投入国际市场。主要工业制成品中有9种对国际市场的依赖度达50%以上。正是由于对原料和国外市场的严重依赖,所以世界经济发生的任何波动,立刻会对日本经济产生明显影响。例如自20世纪70年代两次能源危机之后,在美国、西欧经济普遍不景气的条件下,自80年代以后,日本经济增长也十分缓慢。尤其是1997年东亚发生的"金融危机",使日本经济出现了负增长。

3.资本和生产的高度集中和垄断

第二次世界大战前,日本十大财团掌握着全国的经济命脉与国家机器,它们是日本军国主义的经济支柱。战后,以三菱、三井、住友、富士、三和及第一劝业为主的六大财团,仍然控制着全国资本的70%,其资本垄断和集中的程度大大超过战前,它们仍然是当今日本对内对外政策的真正决策者。例如,日本的汽车生产主要由丰田、日产、三菱等少数大企业控制,其中丰田一家的生产就占了全国汽车生产的 1/8,是世界上仅次于美国通用汽车公司的第二大公司。

4.加快产业结构的调整

重化工业比重下降,而高新技术和服务业比重上升,由过去的出口主导型向内需主导型转变。自 20 世纪 80 年代以后,在世界经济增长缓慢,市场需求疲软的情况下,日本开始削减钢铁、一般机械、化工产品的生产,积极发展个人电脑、通信器材、办公自动化设备等高新技术产业和运输、保险、金融等服务业,使产业结构发生了变化,第一、第二产业均是下降趋势,第三产业上升。

在国际市场普遍不景气条件下,日本为了促进经济的增长,开始由过去出口主导型向内需主导型转变,加大政府对公共工程的投资,大力发展民用建筑、教育等产业。

5.经济区域发展不平衡

日本工业生产畸形集中在“三湾一海”地带。自 20 世纪初日本初步形成了以京滨、阪神、名古屋、北九州岛为主的工业密集带之后,第二次世界大战后,随着经济的高速增长,生产分布更向太平洋沿岸的表日本集中,而位于日本海沿岸的里日本则经济发展缓慢。太平洋沿岸的表日本,约占全国面积的 30%,却拥有全国人口的 56%;尤其是“三湾一海”(大阪湾、东京湾、伊势湾和濑户内海)地带,集中了全国 61% 的工业企业、63% 的工人人数,67% 的工业产值,是日本人口最密集、经济最发达、交通最方便的地区。日本 11 个 100 万以上人口的大城市,除札幌外,其余 10 个均在这里。而里日本则是传统的农业区,经济相对落后。表日本由于人口过度密集,工业十分集中,也造成了污染严重、交通拥挤、土地价格昂贵等社会问题,因此日本政府已多次颁布“国土整治计划”,计划把表日本过于密集的工业向本州岛的北部、北海道、日本海沿岸和南九州岛迁移,以实现区域经济相对均衡的发展。

(三)当前日本经济新特点

1.经济呈现平稳增长态势

2006 年,日本经济实现了 2.2% 的增长水平,比 2005 年提高了0.3个百分点。2007 年以来,日本经济继续呈现平稳增长形势,第一季度比上季度实际增长了 0.8%(比上年一季度增长 2.6%)。这已经是日本经济连续 9 个季度的正增长。从需求项目来看,2007 年以来的增长主要是民间最终消费、货物和服务净出口增长的带动。除此之外,企业设备投资有所增加,住宅建设基本持平,公共投资略有下降。

经济持续平稳增长带来的积极影响:一是企业收益持续增加。在 2006 年增长 8.9%的基础上,2007 年一季度又增长了 8.3%。其中制造业提高 14.8%;非制造业提高 2.9%。据日本银行预测,2007 年日本企业的销售收入将连续第五年实现增长,企业收益也将连续第六年实现较快增长。二是破产企业数量继续处于历史较低水平。三是就业形势明显改善,完全失业率由 2002 年最高时的 5.4%,降低到 2006 年的 4.1%,2007 年 4 月进一步降低到 3.8%。四是物价和金融形势稳定,其中消费物价基本持平,企业生产物价受国际石油价格等因素的影响略有提高,原材料价格、进口价格也出现小幅上扬;货币供应指数平稳上升。

2. 日本经济具有继续稳定增长的潜力

日本经济从 2002 年 1 月开始复苏,到 2007 年,成为战后历时最长的经济增长期。日本学者认为,日本的这一轮经济增长将可能持续 10 年,即延续到 2011 年以后。其理由有以下几点:一是泡沫经济破灭所带来的企业设备过剩、雇佣过剩、债务过剩等"三大过剩问题"终于得到解决,企业活力得以提高;二是包括美国、中国在内的世界经济持续增长,带动日本出口不断扩大;三是较高的现实收益水平和良好的收益预期,为企业设备投资增长提供了持久动力;四是经济持续增长导致劳动力供给不足,工薪阶层的收入持续平稳增加,个人消费保持稳定。

日本这一轮经济增长的可持续性,与日本企业和产品的固有竞争优势直接相关。长期以来日本企业在节能、减少资源消耗、降低二氧化碳排放方面的努力取得了实际效果。随着全球性资源价格上涨,具有低消耗优势的日本产品出口竞争力明显提高。如石油价格上涨导致美国经济减速,但日本对美国的汽车出口不降反升,原因在于日制汽车耗油较低。

考虑到以上因素,在世界资源产品价格居高不下,美国和中国经济继续增长、日本企业收益不断增加的背景下,日本经济具有继续稳定增长的潜力。拉动增长的因素将主要来自企业设备投资和外需。

3.低增长、通货紧缩、地区差距和老龄化将成为日本经济面临的长期问题

日本的经济景气循环模式已经由过去的成长型循环转变为古典型循环,实际增长率长期处于较低水平。这一轮经济增长虽然持续时间创造了"二战"后最长记录,但年均增长仅有1.7%,增长的实际效果已经大不如前。

这一轮经济增长是在通货紧缩同时存在的条件下发生的。今后通货紧缩有可能成为日本经济的常态,如何彻底解决通货紧缩问题就成为经济保持持续增长的关键。

这一轮增长发生在少子和老龄化趋势明显加快的时期,由此带来的储蓄率下降和劳动力供给不足将成为日本今后面临的长期性问题。日本的居民储蓄率在高速成长时期始终保持较高水平,成为企业设备投资的主要支撑;20世纪80年代后出现迅速下降,已经由1981年的18.0%,下降到2005年的3.1%。其中的重要影响因素之一就是低出生率和人口老龄化趋势。这一趋势21世纪以后迅速加快,2007年已经进入人口负增长时期,60岁以上人口比例上升到20%以上。为此,日本经济将面临两大难题:一是居民储蓄率持续降低,导致家庭剩余资金减少,社会投资的资本来源长期趋紧;二是劳动力供给不足,农业、生活服务业等传统产业和中小企业陷入后继无人的困境。

4.适度的金融、财政政策和市场制度的完善对引导居民、公共部门和企业行为产生了积极影响

五、主要产业部门及其地区分布

(一)工业部门

1.发展概况

日本工业化基本上是沿着美国、英国等主要资本主义国家工业化的道路发展的,以纺织业为先驱,以后便转向以造船、钢铁、化工、电力等为主的重化工业,"二战"后又向高新技术产业转移。其工业发展历程

为：

第一阶段(1946年至1954年)，即经济恢复时期。由于战后日本国内粮食短缺，曾提出"重点发展方针"，主张复兴自主。使旧的军工部门向为农业服务的工业转换，以钢铁、煤炭为重点带动电力和化肥工业的发展，大量化肥厂就是在这一阶段建立的。这一时期为了人民生活问题，以纺织、食品、木材加工、印刷为主的轻工业发展较快。

第二阶段(1955年至1969年)，产业结构转向重化工业。这一时期由于经济恢复到战前最高水平，工业具有了一定基础，再加上美国大力扶植，钢铁、机械、汽车、造船、电机等重工业成为发展的重点。战后25年中，日本年均增长钢铁生产能力达500万吨，并建成了以炼油为主的石油化工生产体系，使重化工业在工业构成中所占的比重由1955年的44％上升到1969年的63.7％。

第三阶段(1970年至今)，工业向知识和技术密集型转化。从20世纪70年代开始，日本工业进入了一个新时期，由于国际市场上能源价格提高，工业公害日益加重和世界性消费结构的高层次化，日本工业开始由以耗能、耗原材料多的资源密集型工业向科技型转变。大力提倡"技术立国"，电子、仪表、新能源、新材料、生物技术等新兴产业发展很快，重化工业比重虽有所下降，但在发达国家中仍然是最高的。

2.主要工业部门

(1)石油加工工业

石油加工业是日本"二战"后的新兴工业，也是增长最快的工业。日本除日本海沿岸的新潟有一个小型油田外，其他地区至今没有发现油气资源。由于本国石油资源贫乏，日本石油工业基本上以炼油为主。炼油工业所需原油主要来自西亚和东南亚的产油国。20世纪80年代中期炼油能力已近3亿吨，仅次于美国和前苏联。日本炼油工业分布集中，主要炼油厂分布在"三湾一海"地带，其中横滨、川崎、千叶、大阪、四日、水岛等均是大的炼油中心。

(2)钢铁工业

"二战"前日本钢铁工业已有了一定的基础，战后随着重化工业的发展，钢铁工业是重要的投资部门，从而使钢铁产量增长迅速，1973年钢产量已达 1.19 亿吨。1953 年至 1973 年世界钢产量增长了近 2 倍，而日本同期增长了 14.5 倍。自 20 世纪 80 年代以来，年产量基本保持在 1 亿吨左右。90 年代以来，钢产量一直居世界第一位，至 1996 年才被中国超过。日本现有钢铁生产能力约 1.5 亿吨，按 1998 年产量计算，其设备过剩约 40% 以上。

日本钢铁工业的特点是：

第一，产业结构呈现典型的寡头垄断特征。"二战"后在反垄断政策的指导下，美国政府以占领军的名义要求日本钢铁行业的托拉斯组织——日本制铁拆分为八幡制铁和富士制铁，还将川崎制铁从日本钢管独立出来，再加上原有的住友金属、神户制钢，垄断了全国钢铁工业的主要命脉。1961 年，上述六公司所生产的铁占全日本 86.7%、钢占 68.4%。1970 年，八幡和富士合并成立新日本钢铁公司，成为当时世界上最大的钢铁公司。2006 年，新日铁、JFE、住友金属、神户制钢四公司的产量占全日本的 75.03%。

第二，设备投资规模大、设备大型化。1978 年日本钢铁业投资额为 42.9 亿美元，成为全球最大的钢铁投资国。同时，日本很注意投资效果，1957 年到 1976 年，铁工业投资总额虽与美国、欧洲煤钢联营六国大体相同，约 270 亿美元，但效果大不相同。在此期间日本产钢能力增加 1.24 亿吨，而美国只增加 3 600 万吨，欧洲煤钢联营六国增加 9 700 万吨。巨大的投资给日本钢铁业带来设备大型化，由此又带来生产效率的提高和成本的降低。

第三，钢铁产业与其他相关产业协调发展。从日本钢铁产业发展的历史看，该产业的成长基本上是在与各产业协调发展的基础上发展起来的，并对日本整个国民经济发展起重要作用。这种地位和作用随着其他产业的发展而显现出来。如钢铁产品的物美价廉使日本的机械制造业迅速发展，产品质量也有很大提高，反过来钢铁工业也从中受益。

第四，产业集聚和区域专业化现象明显。日本钢铁产业布局的第一个特点是大厂均建在沿海，绝大部分钢铁联合企业集中在由京滨、阪神、中京、濑户内海、北九洲五大工业区形成的太平洋带状区域。该区域钢铁生产量超过全日本的 80%，全国年生产能力在 500 万吨以上的钢铁厂共 14 家,除室兰位于北海道外,其余均分布在太平洋沿岸工业地带,形成了京滨、阪神、濑户内、北九州岛、名古屋五大钢铁基地。主要的钢铁厂有君津、福山、千叶、八幡、大分等,其中八幡是全国最大的钢铁企业。日本钢铁生产主要由新日本制铁、日本钢管、川崎制钢、住友金属、神户制钢等 6 家大公司控制,产量占全国总产量的 70%。

第五,原料和市场具有极大的对外依赖性。日本钢铁工业所需的原料、燃料几乎全靠进口。平均海上运距在 6 000 海里以上,这是日本钢铁工业发展的致命弱点。但日本能排除障碍继续发展主要有三个原因。一是日本钢铁企业在全世界范围内选择优质原料。优质原料不仅可间接地相对降低运费,而且可降低燃料消耗,提高产量,还可减少"三废"的排放量,减少环境污染。二是发展大型专用船,建造深水码头和配备相应的装卸设备,提高运输能力,降低运费。三是加强海外矿山的投资。日本钢铁生产所需的原料、燃料几乎全部都要依赖进口,铁矿石的进口率为 98.7%、焦炭为 95.4%,锰矿石为 95.8%,铬、钼、镍、钨等约 100%,仅石灰石和耐火材料可以自给。铁矿石主要来自澳大利亚、巴西和印度,焦炭来自澳大利亚、美国、加拿大、俄罗斯。

第六,积极引进新技术。"二战"后日本钢铁工业发展的一些关键技术,无一不是从国外引进的。取百家之所长,拿来为其所用。在引进的基础上大搞技术革新,很快突破原有的技术指标,使日本的钢铁工业技术提高到世界先进水平。现在日本钢铁生产技术领先美、英等国,在设备的大型化、连续化、自动化等方面均为最先进水平。日本钢铁生产的能源消费率低,其高炉焦比仅为 476 公斤/吨,低于德、美、英等国。氧气顶吹转炉生产能力和技术水平居世界首位,并大力采用连续铸造技术,热轧材成材率居世界领先地位。

第七,日本钢铁工业的内部结构是深加工生产能力大,轧钢大于炼钢,炼钢大于炼铁,炼铁大于采矿。

(3)汽车制造业

汽车工业是日本最重要的工业部门,曾与钢铁、造船工业一起称为日本工业的三大支柱。日本汽车工业发展的特点是起步晚,发展快。1945 年成立振兴委员会,倡导发展汽车生产,1955 年发布大众型汽开拓纲领,20 世纪 50 年代引进美、欧技术和管理,60 年代推行分期付款销售方案,70 年代制定出口战略,并利用两次石油危机机遇,使经济型轿车风靡全球。1950 年日本汽车产量仅 3.2 万辆,1960 年就达到48.2 万辆,1970 年突破 500 万辆,1980 年达到 1 104.3 万辆,超过美国当年产量,跃居为世界第一位。自 80 年代开始,日本汽车的产量各年虽略有升降,但基本稳定在 1 000 万辆左右。2007 年日本汽车产量为1 159.6 万辆,占全球产量的 15.87%,居世界第一位。

在短短的半个世纪中,从无到有,从弱到强,日本的汽车工业取得了令世人瞩目发展,其原因是:

第一,鼓励竞争促进发展。日本汽车工业从呱呱坠地就开始了残酷的竞争,在汽车工业处于幼稚期时,日本政府也给予了一个时期的保护,但保护只是对外的,对内则不予保护,任其竞争。适者生存法则不仅造就了日本汽车工业强健的"筋骨",也造就了日本汽车工业一往无前的奋斗精神,使之能够从容面对实力强大的欧美跨国公司的竞争。

第二,政府协调。在日本汽车工业遭受欧美进口配额限制时,日本各厂商之间并没有造成一团混乱的局面,并没有互相压价,而是秩序井然。这足以令人相信有一只看不见的手在操纵调度,确保日本汽车工业获得最大利益。在日本汽车制造商蜂涌奔向海外投资时,布局很合理,似乎有一只看不见的手在后面操纵。这只看不见的手就是日本政府,政府的协调起着不可替代的作用。

第三,积极开发技术。近年来汽车发动机缸内直喷汽油技术、复合动力电动汽车技术等一批有价值的战略技术都是日本人率先开发的。这并不是说日本的技术比欧美的技术水平高,而是日本人的战略观念更强。日本人认为环保和安全是汽车业两大课题,因此不遗余力地极积开发,企图藉此占领战略制高点,并期待利用这一利器成为竞争中的赢家。

第四,培植汽车文化,适应客观条件。日本人生产汽车重视文化背景,开发车型时动辄推出欧洲版、美洲版,起个车名也要适应欧美人的脾胃,动力性、经济性也按欧美人的喜好设计。这些并不是崇洋媚外,而是精心的巧妙安排,其结果是扩大了市场份额。

日本汽车生产主要由丰田、日产、本田、三菱、五十铃等 12 家大公司所控制,其中丰田、日产两家就占全国产量的 2/3。2007 年丰田公司共生产 949.775 4 万辆汽车,超过美国通用汽车公司,成为世界第一大生产厂商。

日本汽车生产也集中分布在太平洋工业带,其中京滨、名古屋工业区是日本两大汽车生产基地,丰田厂所在地丰田市,就位于名古屋附近,有日本"底特律"之称。京滨工业区和名古屋工业区汽车产量约占全国产量的 70%。

(4)电子和电器工业

电子工业是日本"二战"后新兴工业部门,发展速度远远超过其他发达国家,目前生产规模仅次于美国,居资本主义世界第二位。日本电子工业生产的重点 20 世纪 60 年代是音响产品,70 年代是视像产品,80 年代为集成电路,90 年代以来则是计算机和通信设备为主的信息技术产品。在半导体技术的开发与生产上,日本均领先于美国。

在计算机生产方面,日本比欧美各国晚 10 年,但到 1968 年就已超过德国和英国。20 世纪 70 年代以来,日本大规模利用集成电路,研制微电子计算机并大量生产。以微电子为中心的新技术、新产品,已广泛应用于生产领域,并向社会生活的其他领域渗透。日本微机的拥有量,居世界第一位。日本富士通公司是仅次于美国 IBM 的世界第二大计算机公司。

在消费类电子产品方面,日本无论产量、质量,还是品种均处于领先地位,其照相机产量居世界第一;电视机产量仅次于中国,居世界第二;其次如录音机、激光唱机、摄像机、冰箱、洗衣机等都居世界前列。

日本的电子工业是典型的出口工业,电子产品是日本在国际市场上竞争力最强、销量最大的王牌产品之一。

日本电子工业分布较为分散,从北海道到九州岛、从沿海到内地都有分布,但主要集中在关东和九州岛地区。九州岛是日本最大的集成电路生产基地,有"硅岛"之称。

(5)造船工业

日本的造船业历史悠久,"二战"后发展尤为迅速,从 1956 年起就急居世界首位,每年下水吨位占世界总吨位的 1/3～1/2,有世界"造船王国"之称。日本造船业有以下特点:一是以商船为主;二是大型化、专业化,自动化程度高;三是生产协作紧密;四是船舶出口量大,每年出口量占世界船舶出口量的 50%～60%。

1995 年以来,韩国造船业崛起,与日本轮流争夺"世界第一造船大国"的宝座。2002 年全球造船总吨位为 2 867 万吨,其中日本是 1 101 万吨,占 38.4%,韩国是 1 063 万吨,占 37.1%。

日本造船业之所以发达,有其客观有利的条件:

第一,日本是个岛国,海岸线长,港口众多,有利于船舶的制造。

第二,日本是世界钢铁生产大国,为造船业提供了丰富的原料。

第三,日本是世界贸易大国、捕鱼大国,自身每年就需要大量的船舶。

第四,日本造船历史悠久,具有生产船舶的技术和经验。

日本造船工业分布广泛,几乎在全国各个港口都有规模不等的大小船厂,但仍以"三湾一海"地带为集中。其中北九州岛造船业发展最早,长崎有日本最大的造船厂,其次有佐士保、香烧等地。京滨工业区主要有千叶、横须贺等。濑户内海周围主要有广岛、下关等。

(二)农业发展概况

农业虽是日本传统产业,但"二战"后在日本政府推行大力发展重化工业方针指导下,农业在国民经济中所占的地位日趋下降,目前农业产值只占国民生产总值的 2%。

1.日本农业特点

(1)农业经营规模小,现代化水平高。5 公顷以下的农户占农户的绝大部分,在个体经营基础上进行现代化商品性农业生产。

(2)集约化程度高,单位面积上的投工量和产值均高于西欧和北美,但劳动生产率低于上述国家。

(3)农业用地中以耕地为主,且水田大于旱田,其比值为 55∶45。日本现有可耕地和多年生作物用地 429.5 万公顷,其中可灌溉面积 270 万公顷,人均可耕地面积 0.03 公顷,是世界上人均可耕地较少的国家之一。

（4）农业经营中兼业户多，专业农户少，兼营户约占农户总数的70%左右。农业劳动力中以妇女、老人为主，因此有"三老农业"之称。

（5）耕地面积不断减少。日本是一个人口多耕地少的国家，而且，耕地面积还在不断减少。日本的耕地面积从1965年的600万公顷减少到2005年469万公顷，减少了22%。耕地面积的减少还呈现愈演愈烈之势，1975年至1985年间，耕地面积减少13.5万公顷；1985年至1995年间，减少24.4万公顷；1995年至2005年间，这一数字更减少38.6万公顷（达到了总耕地面积的8%）。由于农业耕地面积的减少，使得农家每户平均耕地面积较小。2006年日本每户农地面积为1.8公顷，而欧盟国家2005年平均是16.9公顷，美国2005年是180.2公顷，澳大利亚2004年每户有3 423.8公顷。

日本耕地面积的减少的直接原因，一是农民弃耕而使土地撂荒（为主要原因），二是耕地被用作住宅用地。弃耕严重的背后原因包括：日本的土地贵，人力贵，而农产品的价格却相对不高；农民高龄化，而其子女却不想从事农业，农地没有后继耕作者等。

（6）农产品进口率高。日本自1984年以来，一直是世界第一大农产品纯进口国。2006年，日本农产品自给率仅为39%（1965年为73%）。2006年日本农产品总进口额接近500亿美元。日本进口的农产品品种越来越多，且加工的成品、半成品比例大幅度增加。日本进口的多种农产品，对外依赖程度非常高，玉米几乎是100%依赖进口；大豆、小麦进口率在90%左右；水果和肉类进口率也增长很快，由1965年的约10%，增至2005年的50%左右。

（7）农林牧渔全面发展，生产结构趋于协调。"二战"前，日本农业以水稻为主，畜牧业很落后。战后半个世纪以来，农林牧渔业均获得较大发展，农业生产结构发生明显变化。

2. 主要农业部门

（1）种植业

日本农作物的种植主要以水稻、小麦、蔬菜、水果的种植为主。

水稻是日本种植面积最广的作物，约占全部种植面积的40%左右。稻谷年产量超过了1 200万吨，单位面积产量达6 400公斤/公顷以上,居世界前列。过去大米消费,国内可以自给,目前已不能维持。水稻主要种植在本州岛的东北、北陆两个地区,约占全国产量的 40%。

蔬菜和水果的种植和栽培是日本种植业中重要部门。蔬菜由于受市场需求、价格变动的影响,种植面积因年而异。蔬菜主要种植在大中城市远郊区和南四国的高知县等地,近年在远离城市的农业区和高冷地区也通过大棚作业发展新建的蔬菜基地。水果种植大致以关东平原为界,以北主要栽培以苹果为主的温带水果,本州岛北部的青森、长野是重要的生产基地;关东平原以南主要种植柑橘等亚热带水果,主要产地是爱媛、和歌山、静冈等地。冲绳地区盛产菠萝。

(2)畜牧业、渔业和林业

"二战"后由于日本人民食品结构的改变,促进了畜牧业的发展。日本畜牧业的产值虽已占农业总产值的 30%,但仍低于其他发达国家。日本畜牧业的特点是实行工业化的经营和管理,以饲养奶牛、肉牛、猪和家禽为主。奶牛饲养主要在北海道和本州岛的东北地区;肉牛生产主要在南九州岛;猪和家禽饲养分布广泛,在大中城市附近较为集中。

日本捕鱼业发达,北海道附近的太平洋水域由于是黑潮暖流与亲潮寒流的汇合处,因此形成了世界最大的海洋渔场。目前年均捕鱼量均在 1 000 万吨以上,居世界第一位。主要鱼种为鳕鱼、沙丁鱼、青花鱼等。

日本林业资源丰富,森林面积约 2 472 万公顷,约占国土面积的 2/3。由于经济高速发展的需要,木材进口逐年增加,目前已成为世界上木材进口最多的国家。木材进口量约占国内需求的一半。

六、交通运输业

日本交通运输发达,海运、空运、铁路、公路等运输方式齐全,技术和设备先进。

1.海洋运输

日本海运发达,1969 年商船队就超过美国和英国,成为当时仅次于利比里亚的第二大海运国。海运是日本对外贸易运输的主要方式。1981 年商船注册总吨位已达 4 100 万吨,其中 40% 是油轮。1998 年沿海港口的装卸量已达 8.81 亿吨,其中装货量为 1.18 亿吨,卸货量为 7.63 亿吨,卸货量大于装货量,这反映了日本进口以原料、能源为主的特点。其港口吞吐量仅次于美国和中国,居世界第三位。主要港口有神户、横滨、千叶、大阪、东京、名古屋、四日、川崎等。

2.铁路运输

日本铁路营运里程约 2.7 万公里,50%以上实现了电气化。铁路主要分布在沿海地带。从 20 世纪 60 年代开始修建高速铁路,称为"新干线"。现已通车的有东海新干线(东京——福冈)、山阳新干线(大阪——择多),东北新干线(大宫——盛冈)、上越新干线(大宫——新潟)。

3.公路运输

日本现有公路 114 万公里,其中高速公路 4 869 公里;汽车保有量 7 172 万辆,仅次于美国,居世界第二位。公路运输在日本客货运输中所占地位日益重要。

4.航空运输

日本航空运输已有通往 27 个国家或地区的 47 个城市的固定航班,1998 年货物周转量为 75 亿吨公里,旅客周转量达 1 520 亿人公里,均少于美国,居世界第二位。最大机场为东京的成田机场和羽田机场。

七、对外贸易及市场状况

(一)对外贸易

1.战后日本对外贸易发展形势

"二战"后日本对外贸易的增长十分迅速,其中出口贸易增长尤为突出。1950 年日本的出口额仅有 8.2 亿美元,而 1995 年增长到 4 430亿美元,增长了约 539 倍。1950 年至 1995 年出口贸易的年均增长率为 15.8%,分别比同期世界和工业发达国家出口贸易增长速度高 11.1 和 11.3 个百分点。相比之下,日本进口贸易的增长速度略低于出口贸易。1950 年日本进口贸易额为 9.7 亿美元,1995 年增长到 3 359 亿美元,年均增长率为 13.8%,这一增长速度同其他工业化国家相比也是最高的。由于进出口贸易的迅速增长,日本在世界出口贸易中所占的比重日益提高,由 1950 年占 1.4%上升到 1994 年的 9.5%。但从 1996 年起日本对外贸易出现了下降,近年来日本的对外贸易额又在增长,目前日本出口贸易额仅少于美国和德国,居世界第三位;进口贸易额仅次于美国,居世界第二位。2006 年进出口贸易总额达到了 1.22 万亿美元,仅少于美国,居世界第二位。

"二战"后日本对外贸易迅速增长的原因,主要有:

(1)"二战"后日本经济高速增长是对外贸易迅速增长的根本原因。从 1960 年至 1992 年,日本国内生产总值年均增长率为 5.7%,大大高于同期西方工业国家 3.3% 的水平。

(2)大力引进国外先进技术,改变出口商品结构。日本由于战后注重引进国外的先进技术,从而提高了出口产品的生产效率,降低了成本,增强了出口竞争能力。例如,1978 年至 1983 年日本汽车工业的劳动生产率年增长为 73.1%,每小时工资为 8.03 美元,而同期美国汽车工业的劳动生产率年增长仅为 16.8%,每小时工资则为 19.21 美元。20 世纪 60 年代以后,随着钢铁、造船、化学等重化工业的发展,以及 70 年代汽车、家电,80 年代集成电路、微电子工业的发展,日本的产业结构和出口商品结构日趋高级化,产品附加值增加,创汇能力增强。

(3)政府的重视。"二战"后日本历届政府均把"贸易立国"、"振兴出口"作为基本国策,从组织机构、政策措施到金融管理都为出口服务。

(4)"二战"后初期为了保护本国产业的恢复和发展,日本实行了严格的贸易保护主义,20 世纪 60 年代以后随着出口竞争能力的增强又开始鼓励自由贸易。

2.对外贸易的商品结构

车辆及其零部件、机械设备和电气和电子产品是日本主要出口产品,2007 年 1 月至 6 月这三类产品合计占日本出口总额的比重为 60.9%。2007 年上半年,日本出口车辆及其零配件 749.5 亿美元,占其出口总额的 22.3%。1 月至 6 月,日本出口机械设备 672.0 亿美元,占其出口总额的 20.0%,增长 9.1%。

矿产品、机电产品是日本主要的进口商品。2007 年 1 至 6 月上述两类产品进口合计占日本进口总额的 51.6%,进口额分别为 887.1 亿美元和 626.7 亿美元。化学工业及相关制品和金属及制品的进口也较多。原油仍是日本第一大进口产品,占日本进口总额的 15.3%。

日本对外贸易的商品结构,随着经济的发展,产业结构的变化而不断优化。

出口商品结构的显著特点是工业制成品所占的比重大,出口商品比较集中,结构不断优化。1950 年日本出口的主要商品是纺织品、钢铁、丝织品、船舶、铜、服装、玩具、纺织机等,占出口总值的 55.2%。而到 20 世纪 80 年代主要的出口商品为汽车、收录机、自动化机器、电信设备、电力设备、船舶、钢管、办公设备等 10 项产品,其出口值占出口总值的63.31%。90 年代中期以后,日本集成电路及其零部件、精密机床等机械设备的出口持续增长,而汽车、家电等耐用消费品的出口量呈下降趋势。

日本进口商品结构的最大特点是初级产品的进口占绝对优势,大约占进口总值的 70%左右,这是与日本资源贫乏,而加工能力又大,属于"加工贸易型"国家这一特点分不开的。

3. 对外贸易的地理方向

日本现在主要进出口区域为亚洲、北美自由贸易区和欧盟,这三大区域合计占日本进出口总额的约 88%。其中,日本对亚洲地区和欧盟的出口增长较快,日本对北美自由贸易区的出口下降。

从出口国别来看,美国仍是日本第一大出口国。由于房地产市场放缓、次级贷款问题和零售消费下滑等影响了美国经济增长和进口增加,对日本对美国出口也造成一定负面影响。中国和韩国是日本第二大和第三大出口市场。2007 年上半年,日本对俄罗斯出口额达到 47.9 亿美元,大幅增长了 54.2%。

中国和美国是日本第一和第二大进口市场,2007 年上半年日本从中、美两国的进口额分别为 609.7 亿美元和 349.5 亿美元,占其进口总额的 20.8%和 11.9%。沙特阿拉伯和阿拉伯联合酋长国继续维持日本第三大和第四大进口来源国的地位。

日本对外贸易的地理方向,主要表现为对发达国家出口略高于对发展中国家的出口;而从发达国家的进口略低于从发展中国家的进口。这也充分反映了日本需从发展中国家进口能源和原材料这一特点。

4. 日本与中国的经贸关系

自 1972 年日中两国恢复邦交以来,两国经贸往来不断扩大。日中邦交正常化以前的 23 年间(1950 年至 1972 年),双边贸易额以年平均 14.3% 的速度增长,但因原有基数太小,实际贸易额并不大,1972 年双边贸易额仅 11 亿美元。日中邦交正常化后,双边贸易增长的速度超过前一时期,1972 年至 1989 年,年均增长速度为 9.8%,1982 年增长到 88.6 亿美元,1991 年突破 200 亿美元。日中建交后的 20 年,增长了 14 倍。中国成为日本在亚洲的最大贸易伙伴。1997 年日中贸易额已达 608 亿美元,创历史最高水平。进入 21 世纪以来日中贸易持续发展,贸易额连年增长,2000 年两国贸易额为 831 亿美元,2002 年突破了 1 000 亿美元大关,为 1 019 亿美元,2006 年双方高达 2 073.6 亿美元。日本现为中国第三大贸易伙伴。

日中经贸往来的商品结构随着中国经济的发展,日本产业结构的调整,也在不断变化。建交前日中商品交换多为肉类、农副产品、化学、冶金制品;以后随着双方友好关系发展,中国增加了对日本原油、煤炭、轻纺产品和其他矿产品的出口。20 世纪 80 年代中期,中国对日原油出口曾占出口总额的 54%;以后随着石油危机的影响,中国对日出口石油减少,纤维及其制品出口开始超过石油。总之,那一时期对日出口 60% 以上为初级产品,包括矿物燃料、食品和非食用原料。

20 世纪 80 年代末期,随着中国改革开放进程的加快,制造业的发展,我国对日出口制成品不断上升,1989 年制成品出口比率提高到 52%,第一次超过初级产品。

日本对中国出口主要是制成品,其中机械及运输设备、钢材、化工产品三大类约占日本对中国出口总额的 80%。日本汽车、家用电器等产品在 20 世纪 80 年代对中国的出口曾达到最高值,其后也不断下降。

(二)日本市场状况

1. 经济发展水平高,市场容量大

日本是经济总量仅次于美国的世界第二经济大国,国民生产总值高达 4 万亿美元。但资源贫乏,国内市场狭小,经济的依赖性强,"贸易立国"是日本经济发展必由之路。因此无论原料、燃料、农产品、轻纺产品国内均有巨大需求,形成了巨大的市场。尤其东亚和东南亚各国,由于与日本地理位置相近,文化背景相似,更是开拓日本市场的有利条件。

2.市场竞争激烈

在整个国际市场上,日本是市场竞争最为激烈的市场。长期以来,日本在产业政策上推行"全方位"战略,力求产业部门齐全,体系完整,国内所需产品力争全部在国内生产。因此,国内各个行业企业之间的竞争已很激烈,当外国产品进入日本市场后,既面临日本本国企业的竞争,又面临众多的其他外国企业的竞争。另外,日本采取"进口多元化"的政策,避免过分对某一外国产品的依赖,以降低风险,也加剧了竞争。欧美各发达国家为了扭转对日贸易逆差,极力打开日本市场,扩大出口。一些发展中国家也为日本巨大的需求所吸引,纷纷进入日本市场。正是由于竞争激烈,外国商品如果没有技术、质量、价格、履约保证等方面的优势,很难打开或巩固在日本的市场。

3.流通渠道复杂

日本的商品流通层次多,产品从生产者手中最终交到消费者手中,要经过多层批发、零售等环节,有些商品有传统、固定的销售渠道,外国厂商很难另辟蹊径。层次多既延滞了商品投放市场的时间,可能错过销售季节,又加大了流通成本,提高了价格,削弱了产品的竞争力。而固定的销售渠道,就需要与客户、中间商建立稳定的、互利的购销关系,由交易营销向关系营销转变。

4.市场的消费水平高

20世纪六七十年代,在日本经济高速增长的同时,居民的收入也不断增加,一般的日本家庭月收入可达50万至60万日元,而日本消费者文化层次也较高,因此购买商品的要求往往注重款式和质量,而对价格不敏感。质量差、款式陈旧、技术落后的产品,很少有人问津。所以出口厂商要想打开这市场,必须使自己产品具有小批量、多样化、个性化的特点,以适应其较高的消费水平。

5.注意建立与客户相互依赖的商业关系

日本文化深受中国儒家文化的影响,商业交往中重时、守信、互利是一项重要原则。重时,是指要按时履约;守信,是指一旦签订合同就应严格履行;互利,是指交易中要从长远利益出发,力争做到双赢。那种"打一枪换一个地方"的"游击战",很难取得日本客户的信赖,难于建立持久的贸易关系。

6.日本是一个相对开放的市场

日本市场的开放性主要表现为关税水平较低,一般工业制成品平均关税水平已经降低到 5%以下;非关税壁垒措施较少,较少采用反倾销、反补贴等措施限制外国商品进口。目前日本直接限制进口的商品只有 23 种,1995 年,过去处于严格保护的大米市场也已对外开放。对标准和认证制度进行全面改革,制定了确保在认可手续方面与国内无差别的法律制度和规格标准。近年来在美欧的压力下,为了减少外贸顺差,日本政府鼓励贸易商和生产厂商扩大进口。

7.贸易法律、法规健全,管理严格有序

日本市场是一个法制健全、管理严格的市场。政府主要通过通产省、大藏省、海关、银行和授权的有关行政机构对进出口进行管理,并制订了相应的法律、法规和管理程序。如对进口管理主要通过进口公告制度、进口许可证制度、进口配额制度、进口报告制度进行管理,并制定了有关包装、标签、卫生、保健、公平竞争规则等的法律、法规,以实现管理的科学性和有效性。对违反法律、法规的贸易行为,不管来自何方,绝不通融。

八、主要城市与港口

日本城市众多,其中人口在 100 万以上的大城市有 11 个,其余皆为中小城市。日本城市多位于沿海,既是港口又是工商业中心,主要城市有:

(1)东京。日本的首都,位于关东平原的南部、东京湾的北岸,是日本经济、政治、文化、金融中心,是全国最大的工业城市,又是全国最大的海、陆、空交通枢纽。东京都下辖 23 个区、26 个市和一个郡,现有人口1 000多万,是世界人口最多的城市之一。主要工业有机械、冶金、化工、纺织、食品、印刷等。商业、金融、教育发达,全国大公司、大银行的总部约有一半设在这里,有世界著名的东京大学、庆应大学等高等学府。

(2)大阪。日本第二大城市,位于大阪湾东北岸。主要工业有机械、化学、造船、石油化工等,也是日本重要的外贸港口,进口货物主要以煤、铁、铁矿石为主,出口以钢铁、家电、金属制品为主。

(3)名古屋。名古屋又称中京,背靠浓尾平原,面对伊势湾。工业以纺织、钢铁、汽车、炼油工业为主。在其周围形成了许多专业化的卫星城,如"汽车城"丰田,"石油城"四日。港口吞吐量约1亿吨。出口汽车、钢铁、陶瓷,进口棉花、羊毛、铁矿石、煤炭。

(4)横滨。是仅次于东京、大阪的第三大城市,位于东京湾西岸,距东京80公里,是作为东京外港而发展起来的。该市汽车、炼油、钢铁、造船等工业均很发达。港口吞吐量在1.2亿吨以上。进口商品主要是石油、煤炭,出口以汽车、船舶为主。

(5)千叶。位于东京湾的东岸,是日本新兴的工业城市。主要工业是钢铁和炼油,日本著名的君津钢铁厂就位于这里。港口泊位多,水域宽广,水深可达4.7米至20米,能停靠10万吨船舶。

(6)神户。该市位于大阪湾西北岸,是日本最大的港口,也是全日本最大集装箱港,工业以钢铁、汽车、造船、食品等为主,是阪神工业区的门户。出口货物主要是合成纤维制品、机械、钢铁、塑胶等为主,进口货物以服装、棉花、石油制品为主。港口年吞吐量1.5亿吨以上。神户港于20世纪80年代初与我国天津港结为姊妹港。

第四节 东盟五国

泰 国

泰国全称泰王国(The Kingdom of Thailand),旧称暹罗。面积51.3万平方公里,全国分设73个府,首都曼谷。

泰国位于亚洲中南半岛中南部,东南临泰国湾,西南濒安达曼海,西和西北与缅甸接壤,东北与老挝交界,东南与柬埔寨为邻,疆域沿克拉地峡向南延伸至马来半岛,与马来西亚相接,其狭窄部分居印度洋与太平洋之间。海岸线长 2 705 公里。

泰国是君主立宪政体。国会为立法机构,分下议院和上议院。国王无实权,但具有一定影响。在政局变化的某些关键时刻,国王能起一定作用。

一、自然条件

泰国位于热带和亚热带地区,主要是季风气候,全年分为热、雨、旱三季。每年的 2 月到 5 月是泰国的热季,5 月到 10 月,从印度洋吹来的湿润季风带来了降雨,形成了雨季,11 月到来年的 2 月受从中国吹来的干燥季风的影响,使泰国进入了旱季。泰国年均气温 24℃~30℃,年均降水 1 600 毫米。

泰国地形按其地理特征可分五部分,即北部山区、东北部高原区、中部平原区、南部山地和沿海平原区。

泰国矿产资源丰富,其西部是东南亚锡钨矿带的一部分,锡、钨、锑、钽、重晶石的生产居世界前列。近年来,泰国在暹罗湾发现一批海底气田,天然气的总蕴藏量为 16 万亿立方英尺,可开采 40 年。泰国北部甘烹碧府甲布地区油田也已投产,泰国从此跨进了世界产油国的行列。

泰国森林资源丰富,盛产柚木,产量仅次于缅甸,紫胶产量仅次于印度。渔业资源也很丰富,总产量已跃居世界第六位,其中虾产量仅次于印度和美国。

泰国是一个水网纵横的国度,河流众多,湄南河是泰国最长、流域面积最大的河流,是全国最重要的灌溉水源和航运水道。

二、居民

泰国人口为 6 463 万(2007 年)。它是一个由 30 多个民族组成的多民族国家,其中泰族占人口总数的 40%,老族占 35%,马来族占 3.5%,高棉族占 2% 等。此外还有苗、瑶、桂、汶、克伦、掸等山地民族。泰语为国语。

佛教是泰国的国教,90%以上的居民信仰佛教,全国有 30 万人出家向佛,全国有佛寺 3 万多座,佛教在泰国社会生活中的影响随处可见。几百年来,泰国的风俗习惯、文学、艺术和建筑等几乎都和佛教有着密切关系。到泰国旅游,处处可见身披黄色袈裟的僧侣,以及富丽堂皇的寺院。因此,泰国又有"黄袍佛国"的美名。佛教为泰国人塑造了道德标准,使之形成了崇尚忍让、安宁和爱好和平的精神风范。泰国的马来族信奉伊斯兰教,还有少数人信奉基督教、天主教、印度教和锡克教。

三、经济发展史

"二战"前泰国是一个单一经济结构的农业国,经济基础薄弱,几乎没有工业。20 世纪 50 年代美国对泰国的基础设施建设进行了大规模的援助和投资。至六七十年代,泰国分阶段实施鼓励工业发展的进口替代和出口导向战略,经济得到了迅速发展。

20 世纪 80 年代,泰国政府进一步调整工业结构,大力引进技术密集型产业,寻求适合泰国工业发的模式,并取得了成效。80 年代泰国经济增长率达到了 7.6%。进入 90 年代,泰国加强了农业基础设施的投入,并积极促进制造业和服务业的发展。从 1990 年到 1995 年,泰国经济处于高速增长状态,年均经济增长率为 8%。1997 年 7 月,泰国爆发金融危机,使泰国经济受到严重打击,当年的 GDP 出现负增长,后来经济进一步滑坡。但从 1999 年开始,泰国经济逐步走上复苏的道路,1999 年和 2000 年 GDP 增长率分别达到了 4.2%和 4.4%。由于受到不利的国际经济环境的影响,2001 年泰国经济发展再度受挫,经济增长率仅为 1.8%。进入 2002 年以来,泰国政府积极刺激内需和促进出口,经济有了进一步好转,经济增长率达到了 4.5%,当年国内生产总值为 1 260亿美元,2006 年泰国国内生产总值已超过 1 300 亿美元。

泰国工业在国内生产总值中的比重已超过了农业,占 35%,服务业占 55%。它已由一个贫穷落后的农业国向新兴的工业化国家迈进,现已被世界银行列入中等收人的国家,2006 年人均国内生产总值为 2 016亿美元。

泰国经济起飞与当年亚洲"四小龙"即新加坡、韩国、中国香港地区和台湾地区的经济起飞有相似之处,也是以出口为主导,整个经济的外向发展趋势十分明显,但又不尽相同。亚洲"四小龙"是在"二战"后资本主义市场急剧扩大的条件下起飞的,而泰国是在世界经济进人低速增长时期,发达国家贸易保护主义愈演愈烈的情况下起飞的。而且又有亚洲"四小龙"所不具备的低廉劳动力和多种自然资源,经济发展潜力很大。几年来,泰国为促进经济发展采取了两项措施:一是扶植与促进出口商品的生产,以扩大对外出口,增加外汇,充实经济建设实力;二是控制外债规模,吸收外国企业来泰国投资,大力发展民间企业。

泰国现正在实行第七个五年计划。实行自由经济政策,鼓励私人投资和竞争,引导私营部门在国民经济发展中起主导作用。增加政府在基础设施上的投资、改善投资环境,大力引进外资和技术,努力扩大出口。加快金融体制改革步伐,解除经常项目下交易的外汇管制,允许外国银行进人泰国金融领域。近年来泰国还积极参与区域性经济合作,加入了"亚太经济合作组"和"东盟自由贸易区"。

四、主要产业部门

(一)农业

泰国是传统的农业国,全国耕地面积约为2 070万公顷,占全国土地面积的41%,农业人口近4 000万人。

主要农、渔、养殖产品有稻米、木薯、橡胶、玉米、蔬菜、热带水果、虾、家禽等。稻米是泰国最主要的粮食作物,泰国是世界著名的大米生产国和出口国。橡胶是泰国第一大经济作物,橡胶产量居世界首位,占世界总产量的1/3。泰国的水产业很发达,是世界产虾大国。森林覆盖率为25%,盛产誉为"果中之王"和"果中之后"的榴莲和山竹,另外荔枝、龙眼、红毛丹等热带水果同样名扬天下。

农业是泰国经济的重要组成部分,为国家的稳定起了重要的支撑作用。1997年的金融风暴席卷亚洲,1998年金融危机深化蔓延,泰国在这次金融危机中首当其冲,大量的工厂企业倒闭,大批的工人被解雇,很多资金又投向农业经营。泰国政府更加清醒地认识到,尽管这两年金融出现了重大危机,但民众的生活还比较有保障,社会也较稳定,其重要原因之一就是农业在国民经济发展中起到重要的支撑作用,农业没有出问题。因此,政府对农业的投资支持一直比较稳定。

泰国政府发展农业一直都围绕着"出口创汇"做文章。泰国政府认为增加出口不但可以创汇,还能提高国内市场的农产品价格,进而增加农民的收入,提高产量,激发农民的积极性。为了扩大出口,泰国政府采取以下有力措施:一是制定高出口目标,给地方加压;二是狠抓拳头产品,带动增加出口品种和数量;三是加强伙伴合作,控制主导产品的售价;四是为农民提供国际市场信息,有的放矢;五是提高产品质量,加强国际竞争力;六是官方民间双管齐下,拓宽出口渠道。

泰国政府还实施了一系列优惠农民的政策:首先是增加对农业的投入,出台了小农户偿还贷款新政策,规定小农户偿还贷款期限可延长3年,并可根据情况减免偿还贷款利息。其次是降低农业税收,从技术和培育良种方面扶持农户提高农业生产水平。为了提高农业生产力,泰国政府投入大量资金,实施为期两年的农业改革计划,重点是在农业生产中推广信息技术和建立经济作物分区生产制度,同时还包括提高农产品质量、培育良种、改善灌溉系统、发展生物技术、增加农业附加值、开发新产品和扩大农民参与制定和管理农业发展计划等。

泰国利用优越的自然条件,始终重视农业多元化的发展。稻米是泰国传统的出口商品,出口量一直居世界第一位。远销世界多个国家,享有很高声誉。20世纪60年代起,泰国在发挥优势的同时,积极鼓励和扶植玉米、木薯、麻类、甘蔗、烟草、豆类、棉花、菠萝等作物的种植和出口,现已成为世界主要的木薯、玉米和甘蔗的生产国和出口国。20世纪80年代泰国开始掀起兴办现代化牧场、奶牛场、猪场、鸡场及随之而起的饮料加工业的热潮,最突出的是养鸡业,现已成为世界主要的冻鸡出口国之一。

(二)主要工业部门

泰国的工业传统上与农业紧密相连。"二战"后至20世纪50年代后期,主要有碾米厂、锯木厂、蔗糖厂、纺织和麻袋厂、卷烟厂,以及家庭作坊式的工业,如纺布、编篮等,以满足本地需要。这些工业都是在自由的市场机制下发展起来的,并得到政府的一些支持。

在泰国,现代工业在 20 世纪 60 年代早期才开始起步。自 1960 年起,泰国经济以每年 10％的速度增长,1979 年制造业还只占国内生产总值的 21％,到 2002 年已占国内生产总值的 37.1％。初期工业生产主要集中在食品加工业,占整个制造业产品的 1/3。其他较为重要的产品有饮料、烟叶、服装和化工。后来,发展最快的是石化行业,曾以年均103％的速度增长。

泰国主要的工业部门有:

1. 纺织服装和制鞋业

在政府的大力支持和鼓励下,泰国纺织业充分利用本国资源,通过引进外资、技术和设备,得到了迅速发展。目前,纺织品及服装已成为该国最大的创汇行业。

2. 电子工业

近几年,外国投资者在泰国电子业方面投资较多,主要生产电器及零部件供出口或在当地市场销售。电子产品主要有集成电路板、计算机设备及部件、电器等。集成电路板的生产和出口量均在泰国电子产品中居前列。另外,泰国还生产微波炉、电冰箱、空调、音响设备等耐用消费品。

3. 皮革工业

泰国目前有 2 000 多家工厂生产皮鞋和运动鞋,具有工业型规模的有 132 家,年出口额超过了 20 亿美元。

除制鞋以外,泰国的皮革制品,如皮箱和皮包、皮手套、皮腰带、皮夹子、皮钱包、皮表带等的生产和出口量也很可观。目前,泰国生产皮箱和皮包的公司有 40 多家,年生产能力为 300 万件以上。

4. 机械工业

泰国的机械工业基础薄弱,机械设备制造业相对比较落后。但其汽车工业发展速度较快,自 1987 年至 1991 年的 5 年间,其增长率明显高于东盟其他五国。1991 年泰国汽车工业比 1987 年增长 337.4％,产量达 69.4 万辆,到了 2006 年产量超过了 120 万辆。泰国汽车工业将会进一步扩展,并将成为区域性的汽车生产基地。

5.玩具工业

在政府的支持下,泰国的玩具工业发展很快。目前泰国共有400多家玩具生产厂家,主要产品有电动玩具、智力玩具、塑料玩具等。

6.珠宝首饰业

泰国的宝石和首饰业有悠久的历史,其境内宝石蕴藏丰富,而且种类繁多,尤以红宝石、紫水晶和绿宝石闻名于世,年产270万颗宝石、2 300多万件珠宝饰物,其中80%供出口。珠宝饰品业的迅速发展使泰国成为亚太地区珠宝业中心,珠宝已成为该国仅次于集成电路的第二大制成品出口产品。

7.食品加工业

泰国利用其丰富的自然资源大力发展食品加工业,并取得了显著的成效。近几年来各类食品出口量每年平均增长20%以上。目前,泰国的菠萝罐头产量和出口量均居世界首位。果汁的产量也有大幅度增长,其菠萝汁的产量和出口量也已名列世界第一。另外,泰国的苹果汁、芒果汁、葡萄汁、荔枝汁等的生产均有很大发展。泰国的水产品罐头加工主要有鱼、虾、蟹肉、鱿鱼和蛤肉等。泰国还以生产和出口金枪鱼罐头闻名于世。

综观泰国工业发展的短暂历史,可以看到泰国工业的几个特点:

(1)工业领域高度分散化,行业分布更加均衡。

(2)20世纪60年代制造业生产的主要特点是进口替代,消费品和制成品在进口中所占的比例逐年下降,而中间产品和资本物资的进口逐渐上升。70年代以后,由于制造业的发展,工业制成品在世界上开始具有一定的竞争力,这样,以出口为导向的工业开始在国民经济中占据重要地位。

(3)由于泰国的投资促进政策,吸引了大量的外国企业直接投资,使得泰国工业更加多样化,更加现代化。

(4)以农业为基础的工业。泰国的农产品供应十分丰富,为工业生产提供了充足的原料,使得泰国一些工业部门紧紧依托农业的发展。现在泰国是世界上最大的冻鸡、冻虾出口国之一,其次如棕榈油、菜籽油、罐头水果的生产规模也很大。

(5)工业向现代化方向发展。20 世纪 80 年代中期到 90 年代中期，经过产业结构调整，泰国工业现代化步伐加快，出现了一些资本密集型和技术密集型企业。泰国现在是东南亚最大的汽车生产基地，目前，它的汽车产业基础设施、技术力量和一线生产工人的水平都高于其他东南亚国家，具有较高的竞争力。美、欧、日企业要将泰国建成东南亚汽车生产基地，将所产汽车向周边国家出口。

（三）发达的旅游业

泰国是一个旅游资源十分丰富的国家。首先，由于地处热带，大部分地区属于热带季风气候，气温较高，气候潮湿或湿润，利于生物生长繁殖，因此，其动植物资源非常丰富。其次，距今一万年左右，泰国的原始人从旧石器时代过渡到新石器时代，历经素可泰王国、阿瑜陀耶王朝、吞武里王朝到朱拉隆功改革及君主立宪政体的确立，其古迹名胜、建筑园林比比皆是。再次，泰国是一个多民族国家，除主体民族泰人、掸人外，还有华人、马来人、莫肯人、傈僳人、母瑟人、苗人、瑶人、克木人、塞芒人和塞诺伊人等，各民族有其独特的风俗习惯和文化

泰国的著名旅游景区有"佛庙之都"之誉的曼谷，其旅游特色有佛庙之都、水上市场、泰式按摩等。芭堤雅旅游区素以阳光、沙滩、海鲜名扬天下，被誉为"东方夏威夷"，是世界著名的新兴海滨旅游度假胜地。威玛曼宫，世称云天石宫，因为是世界上规模最大、质地最精良的全柚木建造的宫殿，又称金柚木宫。位于大皇宫隔壁的卧佛寺又称菩提寺，有一系列佛寺之"最"——曼谷历史最久远和最大的寺庙，有泰国最大的卧佛和最多的佛像和佛塔，等等。以上都是游客们最喜欢的泰国旅游景点。

泰国的旅游业发达，是泰国人能在众多的旅游资源中找出"泰国独有"的旅游资源，同时人工创造出他国没有的旅游资源。

五、对外贸易和主要港口

泰国对外贸易发展相当迅速，20 世纪 50 年代至 80 年代，30 年间增长了 35 倍，平均每年以 11.8% 的速度增长。1980 年，泰国外贸进出口总额额为 163 亿美元，1991 年进出口总额为 660 亿美元（其中出口

达 280 亿美元,进口达 380 亿美元),2007 年进出口总额已接近 3 000 亿美元大关,为 2 925 亿美元。

20 世纪 90 年代中期,泰国被联合国评为世界 19 大贸易中心之一,年均增长率在亚太发展中国家出口贸易中高居榜首。

泰国对外贸易商品结构与过去相比发生了明显的变化,工业制成品在出口商品中的比重不断增加,矿产品的比重在不断减少。目前工业制成品在出口总值中约占 75％。近年来电子产品、汽车出口增长迅速,电子和电器产品的出口已成为最大的创汇商品。粮食出口已从大米向饲料粮方向发展,大米不再是第一位出口商品。工业品的出口正从劳动密集型产品向技术密集型产品过渡。泰国宝石蕴藏丰富,且种类繁多,世界宝石市场上的红宝石,有 80％来自泰国。泰国的珠宝首饰 80％供出口,已成为第三位出口商品。进口商品主要是石油、机械、化学品、钢铁等。

泰国以日本、美国、欧盟为贸易核心伙伴,另有东盟和中东国家。商品的主要出口国和地区有蒙古、日本、新加坡、中国、中国香港、马来西亚、英国等,主要进口国和地区包括日本、美国、中国、马来西亚、新加坡、中国台湾、德国等。

泰国是我国近邻,两国贸易发展由来已久。早在 13 世纪,两国就正式通商。新中国成立后,两国只有间接贸易,直到 1974 年泰国两国直接贸易才告恢复。此后,两国贸易发展迅速。泰国目前是中国在东盟的第三大贸易伙伴,现在泰中之间的贸易额占中国与东盟贸易额的比重超过了 15％。2002 年双边贸易额达 85.6 亿美元,是建交初的 400 倍。2003 年与中国之间的贸易额突破了 100 亿美元,而 2006 年中泰贸易额已超过了 200 亿美元。泰国从中国进口的商品主要是机电产品、化工产品和纺织品等,泰国向中国出口主要是橡胶、食糖、化纤、珠宝、大米等商品。2003 年泰国与中国之间签署了关于两国之间蔬菜、水果实行零关税的协议,规定从 2003 年 10 月 1 日起 188 种农产品享受零关税待遇。

主要港口:

目前,泰国共有 8 个港口。其中,廉差宛港、曼谷港已成为泰国货物走向世界的门户,两大港口的海运量已占据泰国国际货物海上运输量的 90% 以上,地位显要。

廉差宛港为泰国唯一可以挂靠大型集装箱船舶的国内最大的深水港口,位于曼谷市以东 130 公里处,而曼谷港位于首都出海口,属泰国重要的内陆港口。

马来西亚

马来西亚(Malaysia)位于东南亚,由不相联接的西马和东马两部分组成。西马位于马来半岛南部,南与新加坡、北与泰国接壤,东邻南海,西濒马六甲海峡;东马位于加利曼丹岛北部,东南与印度尼西亚接壤,文莱位于东马的沙捞越州和沙巴州之间的沿海地带。全国由马来半岛的 11 个州(雪兰莪、森美兰、马六甲、槟城、玻璃市、丁加奴、霹雳、吉打、吉兰丹、彭亨、柔佛)和东马的沙巴、沙崂越 2 个州以及吉隆坡、纳闽、布拉特再也 3 个联邦直辖区组成。

马来西亚国土面积为 329 758 平方公里,其中西马 13 万多平方公里,东马 19 万多平方公里。整个马来西亚介于太平洋和印度洋之间,是沟通欧洲、亚洲、大洋洲、非洲四大洲及两大洋的主要枢纽。吉隆坡为该国的首都。

一、自然条件

马来西亚地处热带,位于北纬 0 度至北纬 7 度的赤道地区。终年炎热、潮湿、多雨,无明显季节变化,属热带雨林气候。全年平均温度为 26℃～32℃。年温差较小,日温差较大,白天炎热,夜晚比较凉爽。

马来西亚全国 4/5 以上为平原和低丘,沿海沼泽遍布。东马有少数高山,沙巴的克罗山脉,南北纵贯,主峰基纳巴卢山海拔 4 101 米,是东南亚最高峰。

马来西亚海岸线绵长曲折,多良港、多海滩。

马来西亚自然资源丰富,锡矿、石油、橡胶、油棕、热带硬木构成了马来西亚的五大资源。此外,还盛产胡椒、可可和各种热带水果。

二、居民

马来西亚现有人口 2 309 万(2007 年)。马来人是马来西亚最大的民族,其次是华人、印度人和巴基斯坦人等。其中马来人和华人约分别占 1/2 和 1/3。华人对马来西亚经济发展起了很大的作用。全国居民的 83% 集中在西马,东马人口较少。

伊斯兰教为马来西亚国教,是马来人信奉的宗教。其他宗教有佛教、儒教、印度教和基督教等。

三、主要经济部门

20 世纪 70 年代以前,马来西亚经济以农矿业为基础,依赖初级产品出口。锡矿丰富,曾为世界最大产锡国。农业以经济作物种植业为主,主要有橡胶、油棕、胡椒、可可、热带水果和热带硬木等。稻米自给率为 70%。70 年代以后马来西亚不断调整产业结构,制造业、建筑业和服务业发展迅速。到 80 年代中期,因受世界经济衰退影响,经济出现困难。政府采取刺激外资和私人资本增长措施后,经济明显好转。1987 年以来经济持续高速发展,年均国民经济增长率一直保持在 8% 以上,成为亚洲地区引人注目的新兴工业化国之一。2006 年马来西亚国内生产总值为 978 亿美元,人均为 3904 亿美元,在东盟国家中居前列。

从马来西亚国民经济各部门的发展来看,以制造业发展尤为迅速,制造业在国内生产总值中所占比重由 20 世纪 70 年代的 13% 左右上升到近年来的 40% 以上。而农业在国内生产总值中所占比重同期由约 30% 下降到 20% 以下。这表明马来西亚的经济已初步摆脱了过分依赖农、矿业的局面。

1995 年,马来西亚完成自 1991 年开始的第六个五年计划。这是马历史上执行最成功的一个五年计划。在此期间,马来西亚经济年均增长 8.7%,超过 7.5% 的预定目标,通货膨胀率一直控制在 4% 以内,国内生产总值、人均收入、对外贸易均有大幅度增加,贫困率、失业率大大下降。但在经济高速发展的同时,一些结构性和深层次问题也日益显露,主要是:劳动力严重不足,特别是缺乏技术工人,国际收支逆差呈扩大之势。

近几年马来西亚经济发展态势良好,2005 年和 2006 年经济增长率都超过了 5.5%。

(一)农矿业

农业和采矿业都是马来西亚经济的主要部门,使马来西亚早已以"橡胶和锡的王国"闻名于世。

1.农业

20 世纪 70 年代以来,随着工业化程度的逐步提高,农业在马来西亚国民经济中的比重逐年下降,1990 年农业占比 18.72％,1995 年锐减为 10.27％,2006 年实现农业产值 499.3 亿令吉(马来西亚货币),占国民生产总值的 9.14％。农产品是马来西亚第三大类出口商品。2006 年农产品出口同比增长了 12.7％,占马来西亚当年出口总值的 7.9％。主要出口产品有棕油、橡胶、木材等。

主要产品为棕油、橡胶、可可、木材、胡椒。产品价格持续上涨,行业发展稳定。

1878 年,马来西亚从巴西引入橡胶种植,其产量自 1912 年起就一直居世界首位(仅 1945 年至 1958 年被印度尼西亚超过)。1988 年产橡胶约 161 万吨,橡胶产销量均占世界 40％以上。但于 1991 年起就失去宝座地位。

马来西亚是全球第三大天然橡胶生产国和出口国。20 世纪 90 年代初期,马来西亚天然橡胶的产量和出口量萎缩,2002 年以来,随着国际市场对橡胶需求的增加,国际橡胶价格回升,马来西亚橡胶业开始复苏。2006 年达到最好水平。2006 年,马来西亚橡胶种植面积 125 万公顷,橡胶产量 125.9 万吨,出口量 113.5 万吨,出口额 82.3 亿令吉,分别比 2005 年同期增长了 11.81％、0.62％和 42.3％。

橡胶主要出口品种为天然胶和乳胶。主要出口国家为中国、德国、韩国和美国,其中,中国是最大的进口国,2006 年中国从马来西亚进口橡胶 29.5 亿令吉,占马来西亚橡胶出口总量的 35.8％。至今胶园主要集中在西马(马来亚)西海岸内侧海拔 300 米以下的浅丘阶地,这里雨水丰沛,排水良好,利于胶树生产和泌胶,而且交通方便,为世界驰名的"胶锡地带"。

1960 年起,马来西亚开始推行农业"多元化"发展方针,鼓励私人把老胶园、老椰子园改种油棕。1965 年又有 60％的新耕地种植油棕,以改变单一的橡胶作物种植。所以从 1966 年开始,马来西亚是世界上最主要的棕油及相关制品的生产国和出口国,产量和出口量占全球总量的 45% 左右。2006 年,马来西亚油棕种植面积 410 万公顷,棕油产量、出口量和出口额分别为 1 590 万吨、1 465.5 万吨和 258 亿令吉,分别比 2005 年同期增长了 6.28%、8.99% 和 12.4%。产品 80% 以上供出口,产量与出口量分别占世界的 50% 和 70%,主要销往巴基斯坦、中国、欧美及印度等 80 多个国家和地区。油棕主要分布在西马地区,现为第一大经济作物。

可可豆是马来西亚重要经济作物之一,是继棕油、橡胶之后的第三大农作物,在马来西亚传统经济中占有比较重要的位置。

近年来,国际可可价格逐年上升,但马来西亚的可可种植面积和产量却逐年下降。2001 年至 2006 年,可可出口价格年均增长 23%,种植面积由 2001 年的 5.8 万公顷下降到 2006 年的 3.3 万公顷。可可产量由 2001 年的 5.77 万吨下降到 2006 年的 3 万吨。可可及其制品的主要出口国是新加坡、美国、荷兰和澳大利亚。

马来西亚还盛产胡椒,98% 产于东马的沙捞越州。2001 年以来,国际胡椒价格下滑,但马来西亚种植面积却不断缩小,2001 年为 1.39 万公顷,2006 年下降为 1.22 万公顷。胡椒产量也由 2001 年的 2.7 万吨下降为 2006 年的 1.9 万吨。

马来西亚的胡椒包括黑胡椒和白胡椒两种,其中黑胡椒占 82%。每年胡椒总产量的 98% 出口国外。2006 年胡椒出口 1.8 万吨。

马来西亚森林面积占全国总面积 73.6%,盛产热带硬木,为世界最大的热带硬木产销国之一。

2006 年圆木产量 2 130 万立方米,锯木 4 830 立方米,胶合板 4 750 立方米,木制品出口 1 422.7 万立方米,同比增长了 10%。马来西亚是全球第十大家具出口国。主要市场在日本、欧美及东亚地区。生产的硬木桌椅等出口日本、台湾地区和韩国。

木材产区主要在东马。这里生产的原木占全国出口量的 90%,西马主要出口锯木。农业是马来西亚重要产业部门。

2. 矿业

马来西亚是亚洲重要的石油生产国与出口国之一,近年来石油开采业得到了迅速发展。油田主要分布在沙捞越和沙巴。石油现为马来西亚主要的出口商品之一。石油产量和出口量在东南亚仅次于印度尼西亚居第二位。石油的主要输出地是日本和美国。

马来西亚锡砂采掘业已有几百年的历史。从 19 世纪末叶起,锡的产量和出口量始终居世界首位。现在的锡产量占世界产量的 40% 左右。2006 年产量超过了 3 500 吨。95% 的锡产自西马中央山地花岗岩带的西侧,其中尤以怡保为中心的近打河谷地和以吉隆坡为中心的巴生河谷地两大矿区最为重要。马来西亚生产的锡砂,经冶炼后全部出口,主要销往美国、日本及西欧市场。

(二)制造业

近年来,马来西亚的制造业发展很快。制造业产值占国民生产总值的比重超过了 40%。马来西亚快速的工业化源自对外资的开放。过去 10 年来,马来西亚的经济平均每年成长超过 7% ,制造业成为马来西亚最重要的经济部门。大量引进外资一直是马来西亚经济发展的一个重要特征,也是推行出口导向型经济的基本措施。外来投资中,日本资本约占 1/3,其次是新加坡和我国台湾地区。制造业共有十多个部门,主要分布在西马。以食品制造业、电子电器业、木制品业、炼油业、橡胶产品业和非金属矿产品业为主。近年来电子电器业发展迅速,主要是通过进口原材料,然后加工组装成电视机,收录机或生产半导体、晶体管、集成电路等。

马来西亚汽车工业从无到有经历了三个阶段:一是 20 世纪 60 年代前的汽车整车进口阶段;二是 20 世纪 60 年代至 80 年代的散件组装阶段;三是 20 世纪 80 年代后民族汽车工业起步发展阶段。马来西亚民族汽车工业起步的标志是 1983 年设立普腾汽车公司。经过 20 多年的发展,马来西亚汽车工业日趋成熟。马来西亚国产车从造型设计、规模化生产以及零配件的生产配套均已实现国产化。国产车的产能和销量在马来西亚汽车工业中占绝对比重。马来西亚的汽车制造业也有了一定规模,所生产的汽车已进入了英国、德国和澳大利亚市场。2006 年马来西亚汽车生产总量超过了 50 万辆。

目前,马来西亚是世界第三大半导体组件生产国和最大的半导体元器件出口国。半导体元器件已成为第一大出口商品,为马来西亚最大的外汇收入来源。

近年来,由于高新技术的引进,纺织业的竞争力明显提高,纺织品与服装又成为马来西亚主要的出口商品之一。

马来西亚制造业主要集中在西马,主要制造业中心有槟城、巴生、恰保、马六甲、新山和吉隆坡。

四、对外贸易和主要港口

马来西亚国民经济发展高度依赖对外贸易,每年出口额约占国内生产总值 1/2 以上。2007 年马来西亚对外贸易额同比增长 3.7%,达到 3 425 亿美元,再创历史最高纪录。出口额为 1 868 亿美元,同比增长 2.7%;进口额为 1 557 亿美元,同比增长 4.9%。

马来西亚出口产品主要销往美国、新加坡、日本、中国和泰国等国家和地区,近年来虽然对美国的出口下降,但对其他一些国家和地区的出口大幅增长,如对欧洲和西亚国家,但美国仍是马来西亚的最大出口市场。

在马来西亚的出口产品中,制造业产品继续占据主导地位,占出口产品总额的 70% 以上,其次是矿产品。

马来西亚的主要出口商品是木材、棕油、橡胶、石油、液化气,工业制成品是电子产品和电气化机械,纺织品出口增长也很快,每年的出口额仅次于电子产品。马来西亚家具远销欧美。马来西亚的进口商品主要是:各种零部件、机械及运输设备、金属制品等。新加坡、美国、日本、西欧等国为其主要贸易伙伴。

马中贸易在 20 世纪 70 年代以前一直是在民间进行的。1974 年两国建交后,在互通有无、平等互利的基础上,两国间的贸易有了长足的发展,特别是 1985 年以后的 4 年时间里,两国签署了多项经贸协定,为马中经贸关系的稳步发展奠定了基础。

近年来,马来西亚与中国的双边经贸关系发展很快,已在双方各自对外经贸关系中占据重要地位,成为双边关系稳定发展的纽带与基础。2001 年马中贸易进出口总额为 94.25 亿美元,2002 年则突破 100 亿美元,达 142.71 亿美元,同比增长 51.4%。2006 年为 276 亿美元。马来西亚在中国对东盟贸易中,于 2002 年首次超过新加坡,再次居于首位。而同期在马来西亚的对外贸易中,中国的地位也不断上升,已成为继美国、日本、新加坡之后的第四大贸易伙伴。相互投资也是双边经贸关系的重要组成部分。

中马两国地理位置接近,两国产品和资源互补性强,各自市场潜力巨大。我国自马来西亚进口的主要商品有电子产品、橡胶、棕油、热带木材、胶合板等。我国对马来西亚出口主要为机电产品、粮油食品、土畜产品和轻纺产品等。

主要港口:

位于西马的有槟城、巴生港、马六甲、柔佛巴鲁。其中槟城是马来西亚的最大港口,巴生港是吉隆坡的外港。

位于东马的有古晋、哥打基纳巴鲁、山打根。

新加坡

新加坡也称星洲、星岛、狮岛,全称新加坡共和国(The Republic of Singapore)。古称淡马锡,原是马来西亚柔佛王朝的一个小渔村。

一、地理位置

新加坡位于马来半岛南端,由新加坡岛和附近 54 个小岛组成。总面积 647.5 平方公里。新加坡岛占全国面积的 92% 以上,人们往往统称该岛为新加坡港或新加坡城。

新加坡位于东南亚的中心位置,北面与马来半岛隔着宽仅 1.2 公里的柔佛海峡,因有铺着铁路和公路的花岗岩长堤相连,交通便利;南面隔新加坡海峡与印度尼西亚的廖内群岛相望。新加坡海峡长 105 公里,宽 16 公里,是马六甲海峡通往南海和爪哇海的航行要道,1824 年英国占领新加坡后,一直把它作为远东转口贸易的重要商埠和它在东南亚的主要军事基地,因此,新加坡逐渐发展成为东南亚转口贸易的最大中心和国际海、空运输的重要枢纽。新加坡地理位置十分重要,地处太平洋与印度洋之间的航运要道马六甲海峡的出入口,扼守着马六甲海峡的咽喉,素有"东方十字路口"之称。

新加坡地处赤道地带,属热带海洋性气候,全年皆夏。

二、居民

新加坡人口约 370 万(2007 年),4 500 余人/平方公里,为世界人口密度最高的国家之一。居民中华人占 77%,其余为马来人、印度人、巴基斯坦人。

在宗教信仰中,华人多信奉佛教,马来人多信奉伊斯兰教,其余人信仰印度教等。马来语为国语,英语是主要官方语言,但绝大部分人讲华语。

三、经济发展历史及主要产业部门

(一)经济发展历史

18 世纪初新加坡沦为英国殖民地,1942 年被日本侵占,第二次世界大战后英国恢复其殖民统治,1959 年 英国同意新加坡自治,1963 年作为一个自治州并入马来西亚,1965 年 8 月宣布成立新加坡共和国。

作为一个港口城市国家,新加坡自然资源十分贫乏,可供发展农业的土地极为有限,粮食蔬菜全靠进口,连饮用水都从马来西亚引入。但得天独厚的地理位置与发展历史,新加坡发挥了它的国际海运空运的枢纽的作用,以及它在东南亚地区的中心作用。

新加坡从本国国情出发,制定合理的政策与措施,大力引进外资和技术,加上国内政局稳定,已由过去单纯的从事转口贸易,发展成为现在的以制造业为中心,包括金融、交通运输、旅游业等均发达的多元化经济。国内生产的 2/3 产品外销,为"出口主导型"经济。经过几十年的努力,新加坡不但摆脱了贫穷落后的面貌,而且已成为一个新兴工业化的国家,其经济发展程度已达到发达国家水平。国内生产总值近 1 000 亿美元,人均超过了 3 万美元,在亚洲仅次于日本。经合组织已将新加坡列为发达国家。

新加坡经济发展大致可分为五个阶段。

第一阶段(1961年至1965年),重点发展进口替代和劳动密集型工业,完善基础设施建设,为投资者创造良好的投资环境。

第二阶段(1966年至1970年),重点支持以扩大出口为目的的炼油、修造船、电子电器的骨干工业的发展,构建本国的工业基础。

第三阶段(1971年至1980年),大力发展以电子电器、生物、医药、通信为主的高附加值工业,并开始构建亚洲美元市场。

第四阶段(1981年至1990年),工业向知识和技术密集型转变,发展计算机、机器人、集成电路等高技术产业;使新加坡成为中高级制造、贸易、交通和电脑服务中心和亚洲超级金融市场。

第五阶段(1991年至今)新加坡将扩大海外投资作为未来经济发展的生命线,推行国际化、自由化、高科技化和服务业为中心的"三化一中心"的经济发展战略,促使新加坡经济向持续、稳定的方向发展。

正是由于新加坡采取了适应本国国情和符合实际经济发展的战略,使新加坡经济不但彻底改变了以转口经济为主的单一经济机构,实现了经济的多元化,而且经济始终稳定、快速、持续地增长。20世纪六七十年代,其经济增长率平均为9%,1993年至1995年分别达到10.4%、10.1%和8.8%。1997年在东南亚各国遭受金融危机、经济普遍下滑的情况下,新加坡仍维持了5%左右的经济增长,受到冲击较小。

(二)主要产业部门

目前,制造业、建筑业、金融、贸易、交通和旅游业是新加坡的主导产业,而农业所占比重较小。在GDP中不到1%。

1. 制造业

新加坡制造业所需的设备与原料绝大部分依靠进口,产品主要供出口。外国资本大量进入新加坡市场,在1986年外资占制造业投资的85%以上,主要来自美国、日本和英国。目前制造业约占国内生产总值1/3以上,主要以电子产品及设备、运输设备、石油冶炼和石油产品等最主,其他还有金属制品、机械、医药化工、纺织、服装等行业。20世纪80年代以前,新加坡工业主要依赖炼油和造船业,它利用东盟产油国及海湾地区的石油,发展成为世界第三大炼油中心,产品远销欧、美、非洲及澳大利亚等地。造船工业已有百年的历史,在此基础上发展成为世界海上钻井平台生产中心之一。80 年代以来,新加坡十分重视计算机和电子工业的发展,投资比重不断增加,全球大多数跨国公司在新加坡都有投资。早在 90 年代初期,新加坡已是世界最大的电脑磁盘驱动器生产国和出口国,其产量占世界一半以上。半导体生产也居世界前 5 名,新加坡已成为东南亚的"硅谷"。

新加坡的工业分布呈内外两个环带,内带新加坡市多为各类轻工业,外带即郊区由新发展起来的一批工业区组成,包括著名的裕廊工业区。另外,还开辟了多个出口加工区,重点发展资本和技术密集型产品,并兴建了肯特岗科学工业园区。

2. 建筑业

建筑业约占新加坡国内生产总值的 10% 以上,由于劳动力紧张,多雇用外籍工人。

3. 金融业

新加坡的国际金融业于 20 世纪 60 代后期兴起。它以非常优惠的条件吸引外资,被列人世界最理想的投资国之一。现已是亚洲主要的金融中心之一,已成为亚洲仅次于东京的第二大外汇交易市场,使经济活跃的东南亚地区成了新加坡金融业的腹地。近年来,新加坡黄金市场也有较大发展,新加坡金融业方兴未艾,正朝着国际金融中心的地位迈进。

4. 旅游业

旅游业是新加坡经济的一大支柱。新加坡利用优越的地理位置、宜人的气候、发达的电信业、花园般城市国家的风貌及世界一流的旅游设施和服务水平,发展成东南亚国际旅游的中转站,近几年游客达 800 多万,外汇收入约 90 亿美元。为加速发展旅游业,新加坡 8.5 万名从事旅游的职工不是坐等游客,而是积极开展宣传活动,旅游促进局每年派人到欧洲、美国、日本、澳大利亚等国家和地区去吸引游客,现已成为亚洲的旅游王国。

5. 交通运输业

新加坡位居国际航道马六甲海峡的出入口,新加坡港又是世界著名天然良港之一,港阔水深(8 米至 11 米),各类船只,终年畅通无阻。现有 100 多个泊位,海运航线达 400 多条,通往世界的 740 个港口,是世界上最主要的航运枢纽。位于新加坡西南海岸的巴西班让港已正式启用,采用世界上最先进的信息技术,具有世界上最好的集装箱处理设施。新加坡港综合性货物吞吐量超过 3 亿吨,为世界上最繁忙的港口之一。

新加坡的樟宜机场,位居岛的东端,是具有世界级货物吞吐能力和处理能力的高效空港。目前已有 70 家航空公司的飞机在新加坡起落,国际航线多达 60 多条,与世界上近 70 个国家和地区的 130 多个城市有航空联系,每年在这里着陆的飞机达数万架次。

新加坡是一个以贸易立国的国家,对外贸易总额往往是 GDP 的 2 倍至 3 倍,具有小国家大贸易的特点。新加坡实行自由贸易政策,除国际有关协议禁止的商品外,几乎所有商品均可进口。进口关税除烟酒、汽车、汽油以外均为免税。

四、对外贸易

多年来,新加坡对外贸易一直呈不断增长的趋势。新加坡出口贸易 1970 年至 1980 年每年平均增长 28%。进入 20 世纪 80 年代,由于世界市场不景气,新加坡对外贸易增幅放慢,90 年代以后,增幅提高。1997 年外贸总额达 2 589 亿美元,居世界第 13 位,1998 年受金融危机影响下降为 2 113 亿美元,1999 年外贸总额上升为 2 258 亿美元,2006 年新加坡对外贸易总额达 5 120.6 亿美元(8 104.8 亿新元),同比增长 13.2%,增幅较 2005 年下降了 0.6 个百分点。其中,进口 2 394 亿美元,增长了 13.7%;出口 2 726.6 亿美元,增长 12.8%。

新加坡贸易伙伴遍及世界各地,主要有美国、日本、欧盟及周边国家和地区。在地区内,马来西亚、印度尼西亚是新加坡的两大贸易伙伴;而在世界范围,马来西亚、美国和中国是新加坡最主要的三大贸易伙伴,2006 年贸易额分别为 668.8 亿、570.5 亿和 538.6 亿美元,分别占新加坡对外贸易总额的 13.1%、11.1% 和 10.5%。其中,中国占新加坡对外贸易总额比重比 2005 年提高了 1.1 个百分点。

新加坡进出口商品的构成随着经济发展的不同时期也有很大的变化。20 世纪 60 年代中期开始，主要出口劳动密集型产品，70 年代末开始，重点发展资本及技术密集型产品的出口，90 年代以来，高技术含量、高附加值产品构成了新加坡进出口贸易的主导产品。目前，进口贸易中原材料的比重大幅度下降，电子中间产品等急剧上升，出口以电子产品、石油制品、化工产品占绝对比重。

新加坡历史上以转口贸易为主。从马来西亚、印度尼西亚等邻近国家进口橡胶、锡、咖啡、胡椒、棕油等产品，经过加工转口到西方国家；同时从欧洲、美国、日本等进口机械设备、工业品和粮食，再转运到东南亚国家。从 20 世纪 60 年代中期开始，新加坡积极发展本国制成品的出口，转口贸易相对减少。马来西亚和印度尼西亚等国是其最大转口市场。

新加坡与中国有着悠久的历史渊源和良好的合作关系。新中国成立后，两国一直进行着民间贸易往来。1981 年双方互设商务代表处。1990 年 10 月 3 日，两国正式建立外交关系，新中经贸合作步入了新阶段，两国贸易额成倍增加。

近年来，新加坡与中国的经贸关系迅速发展，两国经贸关系发展进入一个新的阶段。由于中国与新加坡双边政治关系友好，经济互补性较强，双方在进出口贸易、相互投资、承包劳务等领域合作成效显著。

新加坡与中国的双边贸易增长迅速，近 10 年两国贸易年平均增长率达 12%。2000 年新中贸易首次突破百亿美元，达 108.2 亿美元。2001 年双边贸易为 109.34 亿美元，再创历史新高。其中，新加坡从中国进口 57.92 亿美元，出口 51.43 亿美元。2001 年，在世界经济发展放缓、新加坡对外贸易整体下降 4% 的情况下，新中贸易仍取得 0.7% 的增长。2006 年新中双边贸易额达 538.6 亿美元（852.6 亿新元），同比增长了 27.1%，增幅在新加坡主要贸易伙伴中位居首位。中国在新加坡对外贸易总额中的比重达 10.5%，比 2005 年提高了 1.1 个百分点。其中，新加坡自中国进口 272.9 亿美元，增长 26.4%；对中国出口 265.7 亿美元，增长 27.8%。中国继续保持为新加坡第三大贸易伙伴，并且与新加坡第二大贸易伙伴美国的差距正逐渐缩小。同时，两国贸易商品结构进一步优化，特别是机电产品的比重增加。2001 在中国出口到新加坡的商品中,最大宗的是电器和电子产品,其次为农副产品、水产品、肉类和罐头等。

新加坡是区域重要的转口贸易中心,转口贸易占新加坡贸易总额的 45% 左右。目前,中国出口到新加坡的商品共 24 种,其中钢材、家具、陶瓷及农副产品等多为转口贸易,有的则全部转口。中国出口到印度尼西亚、泰国、斯里兰卡、大洋洲甚至欧洲的商品,许多都经新加坡转口。为此,新加坡政府提出要协助中资企业通过当地进军周边市场,使新加坡成为中国大型企业在东南亚销售产品的桥头堡。

目前,新加坡是中国仅次于中国香港、中国台湾、美国和日本的第五大外资来源地。新加坡在华投资已从传统的房地产、制造业转向资讯科技、银行金融服务等新领域。苏州工业园的中新股权比率顺利转换,中方承担主要管理权,双方在工业园开发建设中的合作更趋密切;另一方面,中国企业在新加坡的投资也与日俱增。

目前,新加坡是中国海外第一大劳务市场和第二大工程承包市场。2001 年 12 月 11 日,中国正式加入世界贸易组织。中国入世后,对中国与新加坡经贸关系的发展产生深远的影响。

近年,新加坡与中国的经贸关系进入一个新的阶段,两国经贸合作成效显著。中国入世之后,随着中国参与经济全球化的进程和中国—东盟自由贸易区计划的实施,中国与东盟经贸关系将在广度和深度上不断发展,双边经贸合作前景广阔。

印度尼西亚

印度尼西亚(The Republic of Indonesia)介于亚洲大陆和澳大利亚之间,地跨赤道南北,是世界上最大的群岛国家。国土由 13 600 多个大小岛屿组成,主要的岛屿有苏门答腊岛、爪哇岛、苏拉威西岛、加里曼丹岛(大部分)和伊瑞安岛(西部)。东西延伸约 5 000 公里,南北宽度 1 900公里,总面积191.9 万平方公里。

一、居民

印度尼西亚人口 2.454 5 亿(2007 年),居世界第四位。其中 65%

以上的人口居住在面积不到全国的 7% 的爪哇岛上,使之成为全国的政治经济和文化中心。

印度尼西亚约有 100 多个民族,其中爪哇族占 45%,巽他族占 14%,马都拉族 7.5%%,马来族 7.5%,其他 26%。另外有华裔、华侨 600 多万。

印度尼西亚 88% 的居民信奉伊斯兰教,是世界上信奉伊斯兰教人数最多的国家。印度尼西亚语为第一语言,英语是第二语言。

二、自然地理条件。

印度尼西亚的绝大部分地区是热带雨林气候,只有努沙登加拉群岛的部分地区是热带草原气候。气候具有温度高、降雨多、风力小、湿度大的特征。年均温 25℃~27℃,全年降水量在 2 000 毫米以上。

印度尼西亚地形以山地为主,且多分布在岛屿中部。平原比较狭小,主要分布在沿海,只有爪哇岛北部和苏门答腊岛东部平原面积较大。马来群岛处于地壳运动活跃的地方,由于太平洋板块、印度洋板块和亚欧板块彼此挤压,时常引发地震。在地壳隆起形成山地的同时,地下灼热的岩浆也顺地裂缝上涌,在地面喷发形成火山。印度尼西亚境内有 400 余座火山,其中的 120 座为活火山。这些火山主要分布在印度尼西亚的苏门答腊岛、爪哇岛、努沙登加拉群岛上。这里是世界上地震和火山爆发最多的地区,是东南亚“最不安定”的区域。

印度尼西亚矿物资源丰富,石油和锡在世界上占重要地位,天然气、铀、镍、锰、铜、铬、铝土矿、金刚石储量也较丰富。石油探明储量总计 13 亿多吨,是目前东南亚石油储量最多的国家。另外,据估计,印度尼西亚沿海海底石油蕴藏量要比陆上石油多 3~5 倍,以三马林达近海的阿塔卡油田为最大。印度尼西亚天然气储量也很可观,约 73 万亿立方米。该国的锡矿储量也很大,是继马亚西亚之后的世界最大锡生产国,镍矿储量 562 万吨,居世界前列。伊瑞安查亚还有丰富的铀矿。廖内群岛的宾坦岛有铝土矿。日惹附近产锰。金刚石储量约 150 万克拉,居亚洲之首,主要分布在加里曼丹岛。

三、经济发展概况

印度尼西亚曾长期为荷兰殖民地,经济十分落后,主要以热带种植业为主,工业主要是采矿和一些简单的原料加工业,如制烟、制糖、碾米、编织等。

自 1945 年独立以来,印度尼西亚致力于推行初级产品出口发展战略和由石油产业支持的进口替代发展战略,同时对外国资本进入印度尼西亚加以限制,以保护印度尼西亚民族经济的发展。自 1969 年开始实施第一个 25 年长期发展计划以来,印度尼西亚经济取得了长足发展。到 20 世纪 90 年代已被称为亚洲"四小虎"之一。从 20 世纪 60 年代中期到 90 年代中期,印度尼西亚能够顺应时势,抓住机遇,及时调整方向,实现了经济的长期持续增长,并取得一系列举世瞩目的辉煌成就。经过多年来的发展,印度尼西亚已由一个贫穷落后的国家转变为具有一定经济实力的中等收入国家。

印度尼西亚通过开发丰富的石油和其他资源,实现了粮食自给和生产自立。国家收入主要来自石油出口,1982 年石油出口收入占国家收入的 80%。在 20 世纪 70 年代和 80 年代初期,石油出口景气,印度尼西亚经济一度出现了较快的增长。1973 年到 1981 年,生产总值年均增长率达 7%~8%。从 1982 年起,国际市场石油价格和其他初级产品价格开始趋向疲软,印度尼西亚经济受到很大冲击,经济增长速度明显放慢,进入 80 年代中期,世界石油价格暴跌,印度尼西亚经济出现了衰退。1994 年 4 月印度尼西亚进入第二个 25 年长期建设计划即经济起飞阶段。政府采取了进一步简化进出口手续、降低关税、放宽投资政策等措施,把大力扶持中小企业、发展旅游、增加出口作为经济建设中的主要任务,使印度尼西亚经济继续保持了强劲的增长势头。近几年国内生产总值年均增长超过 4%,2006 年 GDP 超过了 2 300 亿美元。

(一)农业发展历程及主要部门

印度尼西亚农业发展的最主要特点是比较成功地改造了殖民地农业,实现了粮食自给。16 世纪末,荷兰殖民者入侵,并于 1800 年成立殖民政府,实行"强迫种植制度",迫使农民用最好的土地种植殖民政府指定的农作物。当时主要是咖啡、甘蔗、茶、烟草、胡椒等,印度尼西亚成了向欧洲国家提供热带经济作物产品的基地。1870年,荷兰实行新殖民政策,废除上述制度,为外国资本到印度尼西亚经营大种植园提供方便条件。殖民地经济结构破坏了原先自给自足的自然经济,严重影响粮食生产,国民经济依附于世界市场。

1945年独立时,印度尼西亚经济基础薄弱,结构不合理,生产技术落后,农业发展缓慢。20世纪60年代末以来,政府采取引进国外资本和技术,鼓励国内外私人资本投资,积极开发自然资源和扩大对外贸易等措施,经济得以迅速发展,也促使农业较快发展。

印度尼西亚农业已取得明显进步,食品已由过去严重匮乏变为自给有余。谷物自给率在90%以上。从前主粮大米大量依靠进口,自20世纪80年代中期起已完全自给,蔬菜和水果均有出口,热带经济作物产品继续大量出口,换取外汇。畜产品消费量近年增加很快。

从印度尼西亚的农业结构看,种植业占90%,畜牧业占10%。种植业产值增长较快,1970年至1990年,从98.7亿美元增长到218.81亿美元。印度尼西亚的农业布局,可按各大岛划分。爪哇岛集中了全国60%的稻田,成为全国的粮仓。南部巴利地区地势平坦,也盛产水稻。苏门答腊岛为热带经济作物的主要产区,稻田面积也较大。南加里曼丹丘陵起伏,以橡胶等经济作物为主。西伊里安的农业已在开发中,以经济作物为主,草地资源丰富,有利于发展大中型畜牧场。

1. 种植业

在印度尼西亚的种植业中,粮食作物已占据主体地位。谷物产值占农业总产值的比重约46%。近20年来,谷物产量持续增长。稻米占谷物的绝大部分,水稻的主产区是爪哇岛,其他岛屿以旱稻为主。玉米生产近年发展很快。

印度尼西亚的热带经济作物因其产品多用于出口,换取外汇,在种植业中仍居极为重要的地位。印度尼西亚是世界上仅次于巴西的第二大热带作物生产国。印度尼西亚的经济作物主要有:天然橡胶,椰子,棕榈仁和棕榈油,咖啡和可可,产量均居世界前列。生产方式还是依靠种植园制度,精耕细作;既发展大中型种植园,也支持小生产者种植园。

橡胶是印度尼西亚的主要经济作物之一,大部分在民间小胶园内种植，产量仅次于马来西亚，居世界第二位，主要供出口。咖啡也是主要的经济作物，约 90％的产量供出口；椰子是传统的出口作物，产量居世界第二位。

印度尼西亚的橡胶和棕榈油产量占世界需求量的 2/5。棕榈油的生产近些年来也一直呈现上升趋势，由 2002 年的 890 万吨上升到了 2003 年的 960 万吨，2004 年继续增长，突破了 1 080 万吨。马来西亚、印度尼西亚和巴布亚—新几内亚是世界三大棕榈油出口国。2004 年，马来西亚以 930 万吨的出口量位居首位，印度尼西亚以 700 万吨的年出口量位居第二。

咖啡也是印度尼西亚主要的经济作物，约 90％的产量供出口，椰子是传统的出口作物，产量居世界第二位。

甘蔗、烟叶、茶叶、丁香、木棉、胡椒、金鸡纳霜等作物在印度尼西亚广泛种植，其中木棉、胡椒、金鸡纳霜产量位居世界第一。另外蔬菜类种植在过去发展较慢，近年增长较迅速。

2. 渔业

印度尼西亚水产资源潜力很大，该国管辖的海洋渔业水域达 580 万平方公里，过去不重视开发，近年来已加快发展。水产业以海洋渔业为主，捕捞量增加很快，如金枪鱼产量在世界居前列，在亚洲是第一位。内陆渔业逐步从捕捞转向养殖，其海水和淡水养鱼池以及稻田养鱼面积日益扩大。

3. 林业

印度尼西亚森林资源也很丰富，森林面积为 1.45 亿公顷，占国土面积的 74％。印度尼西亚的热带雨林面积仅次于巴西亚马孙地区。印度尼西亚热带红木闻名于世，加里曼丹和苏门答腊的铁木、努沙登加拉的檀木、苏拉威西的乌木、爪哇的柚木都是驰名于世的珍贵木材。胶合板产量占据世界 2/3 市场，是世界上最大的胶合板和藤条出口国。

4. 畜牧业

印度尼西亚适宜放牧的面积广阔，但是畜牧业过去不甚发达。近年来，为提高国民营养水平，减少进口，印度尼西亚大力发展畜禽业，强调集约化经营，发展大中型的养鸡场、养猪场、奶牛场。畜牧业产值占农业产值的比重在明显提高。

（二）工业门类及发展现状

1.采矿业

采矿业是印度尼西亚经济的重要部门，矿产以石油、天然气和锡为主。

长期以来，印度尼西亚一直是东盟最大的石油生产国，也是欧佩克组织的成员国。石油探明储量13亿吨，油气田分布从陆地到海上，遍布各地。储油区占总面积半数以上，其中帕干巴鲁油田储量达7亿多吨，属世界特大油田之列。原油生产集中在苏门答腊岛（以米纳斯油田为最大）、加里曼丹岛（三马林达）和爪哇岛，以海上石油为主；另一产区在伊瑞安岛西部。石油是印度尼西亚财政的重要来源，大约70%的财政收入靠石油外汇。印度尼西亚石油含硫率低，有"芳香原油"之美称，在国际市场上有较强的竞争力。

印度尼西亚为亚太地区唯一的欧佩克石油生产国，为亚洲第二大石油生产国（西亚国家除外），石油产量居世界第20位。目前印度尼西亚石油主要产自西部盆地，自2000年由于成熟油田产量自然递减，印度尼西亚石油产量不断下降，2006年石油产量为4 990万吨，比2005年下降5.8%，2007年为4 740万吨，比2006年下降5.0%。

印度尼西亚为亚洲最大的天然气生产国，2006年产量为693亿立方米，比2005年增长0.9%。2007年产量为667亿立方米，比2006年下降3.8%，居世界第10位。主要的油气田为位于中苏门答腊的油气区。

印度尼西亚的煤炭资源也很丰富，是东盟地区主要的煤炭生产国和出口国。

印度尼西亚处于东南亚锡矿带的末端，储量居世界前列。邦加和勿里洞一向以"锡岛"驰名。近年来产量和出口量居世界第二位，主要输往日本等国。

2.制造业

印度尼西亚的制造业起步晚，从进口替代开始，向出口导向过渡，积极推进国家工业的现代化。

印度尼西亚利用本国丰富的石灰石资源和外资兴建了世界最大型水泥厂,已从水泥进口国变为出口国。

炼油和化学工业发展迅速,巨港等地建有大型氮肥厂,在加里曼丹东侧海上利用海底油田所产天然气,建成了世界上第一座浮动化肥厂。

纺织服装、食品等轻工业发展也很快,纺织品、服装大量出口。

近年来,石化工业、电子工业、汽车制造业等也有较大发展。

四、对外贸易和主要港口

对外贸易在印度尼西亚国民经济中占重要地位,政府采取一系列措施鼓励和推动非油气产品出口,简化出口手续,降低关税。外贸总额在 1997 年为 951 亿美元,1998 年和 1999 年连续下滑,2000 年受出口和内需推动增长 32%,2001 年受全球经济放缓影响,进出口额分别下降 8.14% 和 9.8%,进出口总额为 868 亿美元。2006 年,印度尼西亚进出口贸易额为 1 618.6 亿美元,其中,出口 1 008.0 亿美元,增长 17.7%;进口 610.6 亿美元,增长 5.8%。实现贸易顺差 397.3 亿美元,增长 42.1%。

印度尼西亚主要进口产品有机械运输设备、化工产品、汽车及零配件、发电设备、钢铁、塑料及塑料制品、棉花等;主要出口产品有石油、天然气、纺织品和服装、木材、藤制品、手工艺品、鞋、铜、煤、纸浆和纸制品、鲜冻虾、电器、棕榈油、橡胶等。

印度尼西亚五大贸易伙伴是日本、美国、新加坡、韩国、中国。

出口方面,日本、美国和新加坡分别为印度尼西亚前三大出口市场。2006 年,印度尼西亚对日本的出口额保持较快增速,增长 20.4%,出口额达到217.3亿美元,占印度尼西亚出口总额的 20.4%;同期印度尼西亚对美国和新加坡的出口分别为 112.3 亿美元和 89.3 亿美元,增长 13.8% 和 14.0%,均低于印度尼西亚平均出口增速。在其他主要出口市场上,印度尼西亚对中国、澳大利亚和西班牙的出口增速显著,分别增长 25.2%、24.4% 和 36.1%,出口额为 83.4 亿美元、27.7 亿美元和 16.4 亿美元。

进口方面,新加坡、中国和日本是印度尼西亚前三大进口来源国,其中,印度尼西亚自新加坡和中国的进口增长较快,而自日本的进口出现大幅度下滑。2006 年,印度尼西亚自新加坡和中国的进口分别为100.4 亿美元和 66.4 亿美元,增长 6.0% 和 13.6%。同期自日本进口55.2 亿美元,下降 20.1%,占印度尼西亚进口总额的 9.0%。在其他主要进口市场中,印度尼西亚自泰国、德国和中国台湾地区的进口均有不同程度下滑,全年进口额分别减少 13.5%、18.2% 和 1.2%;而自马来西亚、文莱、印度和法国的进口有较大幅度攀升,全年进口额分别增长48.6%、34.2%、33.8% 和 34.4%。

2006 年,印度尼西亚对欧盟 15 国出口 115.3 亿美元,较上年增长16.7%;自欧盟 15 国进口 59.2 亿美元,增长 3.3%。

印度尼西亚旅游业在国家外汇收入中居第三位,已是亚太旅游热点之一。为重要创汇行业,政府高度重视,注意开发旅游景点,兴建饭店,培训人员和简化手续。巴厘岛是印度尼西亚著名的旅游胜地。

印度尼西亚和中国早在公元 7 世纪就建立了经济贸易往来,1967年两国关系中断。只通过新加坡和香港做转口贸易,1985 年 7 月两国恢复直接贸易,1999 年双边贸易额达 48.29 亿美元,2002 年增加到79.28 亿美元,短短的五年时间,2007 年双边贸易额已增加到 250 亿美元。印度尼西亚向中国出口的主要产品有原油、胶合板、木材、纸张、橡胶、棕油等;印度尼西亚从中国进口成套机电设备、各种动力机械以及化工原料、大豆、棉花等。另外,双边在经济技术合作、承包工程和劳务合作方面发展也很快。

印度尼西亚是个岛国,海运是它发展进出口贸易的主要的运输方式。全国有 41 个远洋运输码头。主要港口有:

丹戎不碌,是印度尼西亚首都雅加达的外港,全国最大货运港。

苏腊巴亚,位于爪哇岛东北岸,为印度尼西亚第二大城,现代化工业城市,重要的对外贸易港、军港、渔港。

巨港,位于苏门答腊岛东南慕西河下游,是苏门答腊岛南部最大港口和贸易中心,主要出口原油及其制品、咖啡和橡胶。

望加锡,位于苏拉威西岛西南岸,临望加锡海峡,是印度尼西亚东北地区贸易集散中心,主要农产品、橡胶和木材的出口港。

菲律宾

菲律宾(The Republic of philippines)位于我国台湾省南面的菲律宾群岛上,国土由 7 000 多个大小岛屿组成,但其中有人居住的岛屿约800 个。总面积近 30 万平方里。全国以吕宋岛和棉兰老岛为最大,约各占总面积的 1/3。

全国总人口 8 462 万(2007 年),居世界第 12 位。绝大多数属马来人种。主要民族有米沙鄢、他加禄、伊罗诺等,中国血统的居民有 60 万人。菲律宾 90%的居民信奉天主教,是亚洲信天主教人口最多的国家。他加禄语为国语。首都是马尼拉。

一、自然环境

菲律宾岛屿多,海岸线曲折,长达 1.8 万公里。海运方便,岛上山峦起伏,山地面积约占国土面积的 3/4,只有在吕宋、棉兰老岛等大岛上,分布有较大的平原,成为经济活动的主要中心。河流多,但源短流急。气候终年高温多雨,属热带雨林气候。多台风,每年除 2 月份外几乎各月都有台风发生,台风带来暴雨,往往酿成灾害。

菲律宾矿产资源丰富。至今全国仍有 1/4 的土地未被勘测。菲律宾的主要矿产资源有铜、金、银、铁、铬、镍等 20 余种。其中,铜是该国的最主要矿产,已探明的铜储量约为 41.06 亿吨,镍矿储量为 15.86亿吨,金矿储量为 1.07 亿吨。菲律宾的其他主要自然资源还有煤、天然气等。

二、国民经济主要部门

(一)经济发展概况

菲律宾原是一个以椰子、甘蔗等少数热带经济作物种植为主的单一经济结构的国家,粮食不能自给,制造业更为落后。"二战"后菲律宾国民经济不断发展,经济结构有了明显的变化。

菲律宾经济为出口导向型经济。第三产业在国民经济中地位突出,同时农业和制造业也占相当比重。20 世纪 60 年代后期菲律宾采取开放政策,积极吸引外资,经济发展取得显著成效。80 年代后,受西方经济衰退和自身政局动荡影响,经济发展明显放缓。90 年代初,拉莫斯政府采取一系列振兴经济措施,经济开始全面复苏,并保持较高增长速度。1997 年爆发的亚洲金融危机对菲律宾冲击不大,但其经济增速明显放缓。后来由于政府加大对农业和基础设施建设的投入,扩大内需和出口,国际收支得到改善,经济保持平稳增长。

20 世纪 50 年代,菲律宾曾有过持续 7%以上的经济增长率,人均国民生产总值在亚洲仅次于日本,居第二。

进入 20 世纪六七十年代后,由于政府的政策缺乏连续性并有严重失误,加之 70 年代两次世界性石油涨价的冲击,菲律宾发展经济的国内环境和国际经济环境全面恶化,经济增长率仅在 1.3%～6.7%之间波动,经济下滑。在 1984 年至 1986 年甚至连续三年出现负增长。后来政府采取了一系列调整与改革经济的措施。这些措施主要包括:强调发展农业和劳动密集型工业,特别是鼓励工业制成品和劳务的出口;实行土地改革,将部分国营企业私有化;实行比索贬值,适当提高利率,改革税收制度;与国际金融机构就减缓外债本金的偿还和争取新贷款达成协议;放宽外国投资条件,建立出口加工区。这些措施减少了政府对经济的干预和控制,加强了市场竞争机制的作用,刺激了个人消费,促进了国内外投资,增加了商品及劳务出口,从而使经济得到一定程度的恢复和发展。

进入 90 年代,菲律宾经济增长速度有所加快,但仍不如东盟其他国家,尽管 1997 年的亚洲金融危机对菲律宾冲击相对较轻,但 1998 年国内生产总值的增长率仅为 0.1%。为促使经济尽快复苏,菲律宾实行了对外资更为开放的政策,鼓励外商向农业和高科技领域投资。进而使经济增长速度加快,1999 年经济增长率超过了 3%。

进入 21 世纪后,政府继续施行财政、税收等经济改革,努力扩大内需,促进贸易与投资,取得显著效果,在 2006 年经济获得 5.4%的增长。但菲律宾经济结构中深层次问题仍较多,财政改革和经济发展有待进一步加强。2006 年,菲律宾国内生产总值达 1 200 亿美元,增长率为 5.4%,人均 GDP 达 1 356 美元。

(二)农业概况

农业是菲律宾的主要经济部门。2006 年农业产值约为 139.89 亿美元,比上年增长 4.8%。其产值占国内生产总值的 22%,粮食作物和经济作物分别占农产品产值的 53% 和 47%,其就业人口占就业总人口的 45.1%。菲律宾农业潜力较大,但由于缺乏足够的基础设施,资金匮乏,过去农业政策不合理等原因,制约了农业的发展。虽然农业产量略有提高,但因人口的增长,人均农业产量并未增加。

菲律宾全国有耕地 810 万公顷。占农业人口不到 1% 的地主占有 41% 以上的农业耕地,而 80% 的佃农则没有土地。粮食作物占耕地面积 2/3,以稻米和玉米为主。前者主要产于吕宋岛中部平原,后者以米沙鄢群岛为主。现已解决粮食问题,除自给外,还有部分出口。

菲律宾的经济作物以椰子、甘蔗、香蕉、菠萝、烟草、马尼拉麻为主。

菲律宾是世界最大的椰子产品生产和出口国,有"椰子王国"之称。全国约 1/5 的耕地种植椰子,约 1/3 的人口直接或间接以种椰子为业。主要分布在吕宋岛的东南部和米沙鄢群岛的东、西部,椰子大部分加工成椰干和椰油,60% 供出口,约占世界出口量的 2/3 左右。甘蔗是菲律宾第二大经济作物。以米沙鄢群岛的宿务一带为最重要产区。

近年来菲律宾蔗糖产量超过了 300 万吨,出口约 150 万吨左右,是世界主要原糖出口国之一,出口值与椰子相近。

菲律宾大力发展香蕉、菠萝、棉花、橡胶等多种作物,其中香蕉产量仅次于巴西和印度,居世界第三位。香蕉和菠萝罐头的出口量常居世界前列。

菲律宾原是热带硬木出口大国之一,棉兰老岛提供了木材产量的大部分。为保护森林资源,近年来逐步减少原木出口,以加工木材代之。

此外,菲律宾传统出口产品的烟草和马尼拉麻因受到外国烟草和化纤的竞争而衰落,在出口商品中已退居次要地位。

(三)工业发展特点

进口替代工业发展战略的实施,使菲律宾的工业,特别是制造业在 20 世纪五六十年代获得较快发展。但是,截至 1990 年,制造业在国内生产总值中所占的比重仍略低于农业。在马科斯统治时期,根据优先发展重工业的战略,建设了 20 多个资本密集型的大型工业项目。这一方面使国家背上了沉重的债务负担;另一方面,由于这种以国内市场为主的生产往往是成本高和效益低,因而其制成品在国际市场上缺乏竞争力。后来国家鼓励发展以出口为目标的劳动密集型中小企业,扭转了该国经济自 1984 年至 1986 年连续三年下降的趋势,使工业生产特别是制造业得到恢复和发展。但由于菲律宾政局动荡、债务沉重、市场发育不健全,国内外投资者止步不前,因此,自 90 年代以来工业生产一度出现下降趋势。现在工矿业产值占国内生产总值的 34% 左右。工业部门主要集中在城市,以加工组装消费品为主。基础设施和电力缺乏制约了工业的发展。2006 年工业产值约为 301 亿美元,比上年增长 4.8%。

菲律宾原以农林产品的加工工业为主,近年来在其他制造业方面取得了显着成就。制造业开始以替代进口为主,现在主要面向出口。较大的部门除食品加工、纺织、服装业外,电子电器、化工、水泥等重工业部门发展较快。家用电器和服装的出口已超过椰子、蔗糖和精铜矿沙等三大传统出口商品。半导体元器件出口量大。计算机软件生产中心已开始规模化生产。

菲律宾工业主要集中在吕宋岛中部马尼拉周围的"大马尼拉"区。菲律宾大力引进国外资金与先进技术。20 世纪 70 年代以来兴建了巴丹、碧瑶、马克丹岛出口加工区。进入 80 年代后,又建立了卡维坦和帕姆巴尼也等 9 个出口加工区。现已有出口加工区 20 多个,并计划兴建高科技园区,发展电子网络。

三、对外贸易

近几年来,菲律宾对外贸易持续增长,年均增长率保持在 20% 左右。主要出口产品有:半导体元器件及微电子电路、服装、椰制品、铜、原糖、水果及制品、礼品、玩具等;主要进口产品有:机电产品、运输设备、原油、工业原料等;主要贸易伙伴是美国、日本、新加坡、中国香港和台湾地区等。

菲律宾市场结构多元,高、中、低档产品均可满足不同消费层次的需求。市场上商品品种比较齐全,进口商品占很大比重。在工业产品中,电子、服装的产量较大,国内市场供应充足,且大量出口。铜、镍、铬、金以及石灰石等的储量虽大,但因开采能力有限,且易受恶劣自然条件的干扰,市场供应紧张。机械、运输设备、化工产品、水泥等一直依赖进口。农林业近几年因遭干旱、台风、暴雨、蝗虫等危害,粮食生产停滞不前,有时甚至还出现严重短缺的局面,不得不紧急进口以缓解供需矛盾。热带水果、海产品、家禽、畜牧产品能够满足国内市场需要。因本国森林保护加强,生产胶合板的原木主要依靠进口。目前,菲律宾国内建筑行业正尝试更多地使用纤维板替代胶合板。

菲律宾是亚洲最大的劳务输出国,在世界上排名第二位,仅次于墨西哥。菲律宾现有正式登记的海外劳工450万人,加上一些其他渠道出境的劳工,实际人数可能达到700万人,几乎占菲律宾总人口的10%。这些人分布在世界上168个国家和地区,男性占40%左右,主要从事航海、建筑、零售和一些繁重的体力劳动;女性占60%左右,主要从事家庭佣人、招待员、饭店服务员等工作。这些劳务人员平均年收入大约5 000美元,在当地消费掉4 000美元,每人平均每年寄回国内1 000多美元。

这个亚洲国家的劳务出口之所以遍及世界,主要有这样几个历史因素:菲律宾早先是西班牙语系国家的殖民地,1900年也就是20世纪初,美国将菲律宾攫为己有,菲律宾又成了说英语的殖民地。由于这几大历史渊源,菲律宾的海外关系比较广泛,加上菲律宾人都会说英语,这为他们的劳务输出打下了基础。近几年来,菲律宾海外劳工的总收入年均在60~70亿美元之间。

多年来,菲律宾形成了完整的劳务输出组织体系。总统有专门出谋划策的顾问,在劳工和就业部下面,还设有海外劳工就业署、海外劳工福利署和培训中心,各省市都有相应的机构。外交部设有海外劳工事务局。在海外劳工比较集中的国家,菲律宾使馆有劳工事务参赞和秘书。对出国人员的管理也比较严。

由于菲律宾的劳务输出已经形成规模,蹚出路子,只要有个人在外就可以带出一拨子乡亲。在这种情况下,菲律宾劳工已在世界各地站住了脚跟,有了自己的网络和联系纽带。按这种形势发展,菲律宾在国际分工中很可能成为一个劳务输出专业化的国家。

菲律宾与中国拥有悠久的贸易关系史。现在的菲律宾与中国的外经贸关系比任何时期都好。中菲贸易1972年开始恢复。1999年双方贸易额为22.87亿美元。2002年上升至52.59亿美元。2007年菲中贸易额创下历史新高,达到306.2亿美元。目前,菲律宾已成为中国的第19大贸易伙伴,是中国在东盟的第四大贸易伙伴;而中国是菲律宾的第三大贸易伙伴,加上中国香港和台湾地区,则已成为菲律宾的第一大贸易伙伴。

菲律宾对中国出口的主要商品是椰油、原糖、精铜和电子产品等;从中国进口的商品是五金、化工和轻工产品等。

四、主要港口

马尼拉,位于吕宋岛西南马尼拉湾畔。是海陆空交通中心,全国最大商港。集中了菲律宾对外贸易货物吞吐量的80%左右。马尼拉港分南北两个港区,年吞吐量约1 000万吨以上,与我国上海之间有集装箱航线。

宿务,位于菲律宾中部宿务岛东海岸。为全国第二大城市、重要港口。这里是椰干、马尼拉麻、烟草、木材的集散地。

其他还有达沃、怡朗和三宝颜等贸易港。达沃是东南部香蕉、马尼拉麻的重要出口港,三宝颜是南部重要的国际转运港。

第五节 南亚地区

南亚区域合作联盟简介

一、组织概况

南亚区域合作联盟（简称"南盟",South Asian Association for

Regional Cooperation——SAARC)是南亚国家为加强经济、社会、文化和科学技术领域内的相互合作而成立的一个非政治性的区域经济贸易集团组织。

1980 年 5 月孟加拉国时任总统齐亚·拉赫曼首先提出开展南亚区域合作的倡议。1981 年,孟加拉国、不丹、印度、马尔代夫、尼泊尔、巴基斯坦和斯里兰卡 7 国外交秘书在斯里兰卡首都科伦坡举行首次会晤,具体磋商成立南盟的有关事宜。1983 年 8 月,7 国外交部长在印度首都新德里举行首次会晤,并通过了《南亚区域合作联盟声明》。1985 年 12 月,7 国领导人在孟加拉国首都达卡举行第一届首脑会议。会议发表了《达卡宣言》,制定了《南亚区域合作联盟宪章》,并宣布南亚区域合作联盟正式成立。

南盟的宪章规定,成员国之间以尊重主权平等、政治独立、互不干涉内政和平等互利为原则,促进在经济、社会、文化和科学技术领域内的相互合作。这种合作不讨论成员国双边的和有争议的问题。南盟各级机构按照协商一致的原则作出决定。

南盟的主要机构有成员国首脑会议、由各国外长组成的部长理事会、由各国外交秘书组成的常务委员会等。南盟的常设秘书处设在尼泊尔首都加德满都。南盟首脑会议原则上每年举行一次,但根据南盟宪章,如果成员国中任何一国拒绝参加,会议将不能举行。

南盟包括不丹、孟加拉国、印度、马尔代夫、斯里兰卡、尼泊尔、巴基斯坦和阿富汗(2005 年 11 月召开的第 13 届南盟首脑会议同意吸收其为新成员)八国,成员国总人口达 15 亿,其中有大约 5 亿贫困人口,各国的国内生产总值总和达 6 000 亿美元。南盟有观察员 9 个(截至 2008 年 7 月底),包括中国(2005 年 11 月)、日本、美国、欧盟、伊朗、韩国、毛里求斯、澳大利亚和缅甸。

近几年,南盟区域合作和对外开放步伐加快。2004 年 1 月,第 12 届南盟首脑会议通过了《南亚自由贸易区框架协定》。根据协定,各国从 2006 年 1 月 1 日起开始逐步降低关税,7 年至 10 年内从 30%左右降至零至 5%。2005 年 11 月,第 13 届南盟首脑会议为加强在区域经济发展、消除贫困、反恐、应对自然灾害等方面的合作制定了 50 条措施,并宣布 2006 年至 2015 年为"南盟减贫 10 年"。2007 年 4 月,第 14 届南盟首脑会议在印度首都新德里举行。会议通过了涉及减贫、能源合作、环境保护、自由贸易、文化交流和打击恐怖主义等多项内容的宣言。

　　但是南盟区域合作发展比较缓慢,没有取得显著的成果。这主要是由于区域内两个主要成员印度与巴基斯坦之间的关系长期不协调,两国之间时有矛盾和摩擦所影响的。

二、历届南盟首脑会议

　　第一届南盟首脑会议 1985 年 12 月在孟加拉国首都达卡举行。不丹、孟加拉国、印度、马尔代夫、尼泊尔、巴基斯坦和斯里兰卡南亚 7 国首脑签署了《南亚区域合作联盟宪章》。南盟宣告正式成立。

　　第二届首脑会议 1986 年 11 月在印度班加罗尔举行。会议通过了《班加罗尔宣言》,并制定了关于发展旅游、货币交换及进行学术交流等内容的合作计划。

　　第三届首脑会议 1987 年 11 月在尼泊尔首都加德满都举行。会议通过了《加德满都宣言》。

　　第四届首脑会议 1988 年 12 月在巴基斯坦首都伊斯兰堡举行。会议发表了《伊斯兰堡宣言》和联合公报,要求各成员国信守联合国宪章原则和不结盟运动的宗旨,尊重领土完整、主权独立,不使用武力和不干涉他国内政,并共同努力消除贫困、饥饿、疾病、文盲、失业等共同面临的问题。

　　第五届首脑会议 1990 年 11 月在马尔代夫首都马累举行。会议通过了《马累宣言》。

　　第六届首脑会议 1991 年 12 月在斯里兰卡首都科伦坡举行。会议通过了《科伦坡宣言》,并决定成立地区消除贫困委员会和发展基金。

　　第七届首脑会议 1993 年 4 月在孟加拉国首都达卡举行。会议通过了《达卡宣言》。

　　第八届首脑会议 1995 年 5 月在印度首都新德里举行。会议通过了《德里宣言》。与会各国首脑还针对本地区面临的政治和经济发展局势,就消除贫困、打击恐怖活动、扩大区域贸易等问题达成共识,并制定了具体措施。

第九届首脑会议 1997 年 5 月在马尔代夫首都马累举行。7 国首脑一致同意在各成员国之间建立非正式磋商机制。会议通过了《马累宣言》,决定到 2001 年建成南亚自由贸易区。

第十届首脑会议 1998 年 7 月在斯里兰卡首都科伦坡举行。与会领导人就加快地区经贸和社会发展等方面的合作,特别是建立南亚自由贸易区、反恐怖活动、反毒品走私等问题进行了磋商。会议通过了《科伦坡宣言》。

第十一届首脑会议 2002 年 1 月在尼泊尔首都加德满都举行。7 国首脑就加快南盟国家在政治、经济、贸易和社会发展等方面的合作,特别是就如何尽快将南亚地区建成自由贸易区问题进行了磋商。会议通过了《加德满都宣言》。

第十二届首脑会议 2004 年 1 月在巴基斯坦首都伊斯兰堡真纳会议中心举行。会议通过了《伊斯兰堡宣言》,签署了《南亚自由贸易协定框架条约》、《南盟打击恐怖主义公约附加议定书》和《南亚社会宪章》等一系列文件。印巴两国领导人在会议期间实现双边会晤,两国关系取得重大突破。

第十三届首脑会议 2005 年 11 月在孟加拉国首都达卡举行。会议通过了内容广泛的《达卡宣言》,签署了关于避免双重征税等内容的三个协议,同意吸收阿富汗为新成员,接纳中国和日本为观察员。《达卡宣言》包含 53 点内容,表明了南亚各国在区域合作、消除贫困、促进经济发展、打击恐怖主义、加强政治合作等问题上的立场。与会领导人认为贫困是南亚地区面临的最大挑战,宣布 2006 年至 2015 年为“南盟减轻贫困 10 年”。

第十四届首脑会议 2007 年 4 月 3 日至 4 日在印度首都新德里举行。会议通过了涉及减贫、能源合作、环境保护、自由贸易、文化交流和打击恐怖主义等多项内容的宣言。与会首脑们在会议通过的《第 14 届南盟首脑会议宣言》中,表达了建立繁荣伙伴关系,推动经济合作和地区繁荣,以及为南亚人民造福的共同愿望,尤其强调了地区融合的重要性,一致同意努力实现经济融合、增强民间交往。南盟各国外长还在闭幕式上签署了建立南亚大学和南亚地区粮食储备的两个政府间协议。

第十五届南亚区域合作联盟首脑会议于 2008 年 8 月 2 日在斯里兰卡首都科伦坡开幕,粮食安全、反恐、能源和环境等问题是首脑会议讨论的主要议题。会议通过了《科伦坡宣言》。

印 度

印度全称印度共和国(The Republic of India),位于南亚次大陆的中部。东北与孟加拉国国为邻,北与中国、尼泊尔、不丹等国接壤,西北部的邻国为巴基斯坦,西临阿拉伯海,东与东南濒临孟加拉国湾。

印度面积约 297 万平方公里,是南亚地区面积最大的国家,为世界第七大国。首都是新德里。

一、自然地理条件

印度自然地理条件十分优越,有以下几个特点:

(一)地势低平,土壤肥沃,有利于经济的发展

从地形看,印度大致自北向南可分为三种地形。北部为山地,属喜马拉雅山系,面积约 10 万平方公里,由于山势高大险峻,且连绵不断,使南亚地区与亚洲其他地区陆上往来不便,具有相对的独立性,故人们称南亚为“次大陆”。

喜马拉雅山脉以南则为印度河、恒河和布拉马普特拉河冲积而成的平原。东段与中段为恒河平原,面积约 40 万平方公里;西段为印度河平原,面积约 35 万平方公里。平原上土质深厚、地势平坦、河流纵横,是印度人口稠密、经济较为发达的地区。平原以南的印度半岛,地形为海拔高度 300 米至 500 米的德干高原和沿海平原,面积约 200 万平方公里。这里地面仍很平坦,地表为古老熔岩风化而形成的“棉黑土”,十分肥沃,特别适宜棉花的生长,因此是印度重要的产棉区。

(二)热量充足,降水多但不稳定

印度位于北纬 8 度至 33 度之间,绝大部分领土位于热带。

印度气候类型除北部的山地属高山气候,西北部的塔尔沙漠属热带沙漠气候外,其余地区均属热带季风气候。全年高温,年均温在 25℃

左右,3/4 的地区绝对气温也不低于 0℃,年积温多,热量丰富。降水丰富,冬季时受东北季风的影响,降水量少,形成旱季;夏季时受来自印度洋西南季风影响,降水量多,降水尤其集中在 6 月至 9 月,形成雨季。由于西南季风势力不稳定,常常形成水旱灾害。

(三)矿产资源较为丰富

印度由于地层古老、地质复杂,矿产种类丰富,目前已开采的矿产有 60 多种;其中尤以煤炭、铁矿、锰矿、云母、铝土矿和稀土矿储量较丰富,其中云母储量占世界第一位。但铜、铝、锌、锡、锑、钼等有色金属和石油却需依赖进口。煤、铁、锰等主要分布在半岛东北部。石油主要分布在孟买附近的海域。

二、人文地理环境

印度社会人文环境十分复杂,在某种程度上成为制约印度经济发展的一个重要因素。

(一)人口

印度共有人口 10.953 5 亿(2007 年),在世界各国中仅次于中国,居世界第二位。1990 年至 1998 年期间,人口年平均增长速度为 20‰,在世界人口超过 1 亿的国家中其增长速度仅次于尼日利亚和巴基斯坦。印度今天已经是世界上人口最年轻的国家之一。由于出生率高,这一趋势至少还能持续 20 年。到 2025 年,印度人的平均年龄还将只有 30 出头一点

在 1991 至 2001 年的 10 年间,印度人口增长了 1.8 亿。而且按照目前的出生率增长下去,到 2025 年前,印度的人口将超过中国,成为世界第一人口大国。

印度政府并非没有意识到人口激增的危险。印度国土面积只占全球的 2.4%,却要养活世界 16% 的人口,这对政府自然是一个严峻的挑战。印度早在 1951 年就起草了"全国计划生育规划",并设立了"全国人口稳定基金"来贯彻落实全国人口委员会的计划生育措施。但计划生育问题今后依然是印度一个艰巨的任务,任重而道远。在这方面,印度甚至提出了"向中国学习"的口号。

(二)种族

印度的种族众多而又复杂。许多世纪以来,不仅各色人种迁入印度,而且各种宗教和文化一直不断地传入印度,因此印度文化吸收了多种民族的不同传统,从而变得多姿多彩。

据考古发现,印度最早的居民是旧石器时代的人。以后在漫长的岁月里,又有不同人种不断进入印度,而且不断彼此融合,这就形成了许多不同的混合人种。印度到底有哪些人种,各指哪些人,至今说法不一。近百年来,许多人种学家从肤色、身材、眼色、头、鼻、发质和血型等角度进行了各种分类研究,但仍未取得一致意见。在印度的居民中,可以看到有不同人种的特征,故印度有"人种博物馆"之称。

(三)民族

印度是个多民族国家,全国共有一百多个民族,主要民族有:印度斯坦族,是人数最多的民族;孟加拉族,它是一个古老的民族,可追溯到公元前4世纪,属欧罗巴人种。其他较大的民族还有马拉地族、泰米尔族、古吉拉特族等。各个民族不但语言不同,风俗习惯有差异,各有相对集中的居住地,而且经济发展水平也存在一定差异,因此民族纠纷、民族矛盾时有发生。具体民族情况是:

印度斯坦族,占印度总人口的46.3%,主要分布在印度北方邦、中央邦、哈利亚纳邦、比哈尔邦和拉贾斯坦邦等地。多数人信奉印度教,部分人信奉伊斯兰教、佛教、基督教和耆那教等。大部分操印地语,少数人说乌尔都语,主要以务农为业。

泰卢固族,占印度总人口的8.6%,又称安得拉族。主要分布在安得拉邦。大多信仰印度教,其次是伊斯兰教和基督教。安得拉人嗜吃辣椒,喜欢喝茶。

孟加拉族,占印度总人口的7.7%,主要分布在西孟加拉邦、比哈尔邦和奥里萨邦等,操孟加拉语,大多数人信印度教,主要从事农业。

马拉地族,占印度总人口的7.6%,主要分布在马哈拉施特拉邦。主要信奉印度教和佛教。马拉地人喜欢摔跤,还善于打板球、曲棍球和羽毛球。

古吉拉特族,占印度总人口的4.6%,主要分布在古吉拉特邦。操古吉拉特语,多数人信仰印度教,少数人信伊斯兰教和耆那教。主要从事农业,手工业也较发达。

旁遮普族,占印度总人口的 2.3%,主要分布在印度旁遮普邦,大部分人操旁遮普语,少数操印地语和乌尔都语。信奉锡克教和印度教。多数人从事农业,少数人从事畜牧业和手工业。旁遮普人能歌善舞。

(四)语言

由于人种和民族的众多,印度语言呈现出世界罕见的多样性和复杂性。

1961 年印度人口普查登记了 1 652 种语言,其中包括一种仅有 5 个人讲的次要方言。1971 年人口普查登记的语言为 700 多种,千人以下群体所讲的语言不再收录。

印度语言分四个语系,即印欧语系、达罗毗荼语系、澳亚语系和汉藏语系,占世界语系数量的 1/4。印欧语系与达罗毗荼语系中的诸语言是印度的主要语言,共 18 种。如印地语、孟加拉语、马拉提语、乌尔都语、古吉拉特语等。其中印地语为国语,英语为官方用语。众多的语言使各地居民的往来交流变得十分困难。

(五)宗教

印度的宗教十分复杂,82% 的居民信奉印度教,12% 的人口信奉伊斯兰教,其他宗教还有佛教、锡克教、耆那教、拜火教(又称琐罗亚斯德教)、喇嘛教等。其中印度教、佛教、耆那教、锡克教起源于印度。此外,伊斯兰教、基督教、犹太教等在印度也有信徒。印度教把牛看作"神",主张食素;其他宗教所信奉的图腾及教理、教义与印度教均有很大差异。因宗教信仰的差异而导致的教派冲突时有发生,甚至导致国家领导人被暗杀,引起政局的动荡。

印度教于公元 8 世纪形成,它的前身是婆罗门教。它综合了多种信仰,没有单一的信条,但所有印度教教徒都信奉多神教的主神论。印度教还是一种哲学和生活方式。它宣传因果报应和人生轮回。印度教还主张非暴力,不杀生。印度教有种姓制度。根据这一制度,人被分为四个等级,且生来就决定。四个种姓是婆罗门、刹帝利、吠舍和首陀罗。

公元 8 世纪,伊斯兰教传入印度。15 世纪至 18 世纪莫卧儿帝国统治期间,伊斯兰教被定为印度国教,迅速发展,统治印度长达几个世纪。印度穆斯林以逊尼派为主。伊斯兰教对印度宗教、社会、风俗和文化艺术都产生了巨大影响。印度穆斯林中的大部分分布于印控查谟和克什米尔、阿萨姆、西孟加拉、喀拉拉和比哈尔等邦。

印度有 1.9% 的居民信奉锡克教。"锡克"在梵文里的意思是"学生"、"弟子"、"信徒"。锡克教徒主要分布在旁遮普邦、德里和哈里亚那邦。该教于 15 世纪末由拿纳克创立。锡克教原属印度教,后发展为独立的宗教。该教祖师称为"古鲁",共有十位师尊。锡克教提倡平等、友爱,强调实干。

印度有 0.8% 的居民信奉佛教。佛教于公元前 6 世纪发源于印度,乔达摩是该教的创始人,是印度、尼泊尔交界处一小国王子,释迦牟尼是教徒对他的尊称,意即释迦族的"圣人"。由于印度教的兴盛,佛教内部纷争以及频繁的外族入侵等原因,公元八九世纪以后佛教开始衰微,到 13 世纪几乎消亡。1956 年印度政府曾利用佛陀涅槃 2 500 年庆祝之机,吸收了 500 万"贱民"加入佛教。但现在在印度信奉佛教的人已寥寥无几。佛教在中印两国文化交流史发挥了重要作用。

印度有 0.4% 的居民信奉耆那教。该教产生于公元前 6 世纪至前 5 世纪。"耆那"的意思是"胜利者"。该教弟子尊称创建者为伟大的英雄,即大雄。该教徒的信仰是理性高于宗教,认为正确的信仰、知识、操行会导致解脱之路,进而达到灵魂的理想境界。该教是一种禁欲宗教,其教徒主要集中在西印度。耆那教徒不从事以屠宰为生的职业,也不从事农业。主要从事商业、贸易或工业。耆那教不讲究信神,但崇拜 24 祖。

印度还有 2.3% 的居民信奉基督教。基督教据说在公元 1 世纪就已经传入印度。1931 年印度基督教徒多达数百万。现在喀拉拉邦的基督教徒最多。基督教在印度有几个分支,如叙利亚教会、伦敦教会、丘奇教会、妇女教会以及兄弟教会等。基督教对印度社会和文化产生了不小的影响。

(六)历史上的封建落后的种性制度

种性制度是印度社会古老的封建等级制度,公元前 1200 年雅利安人入侵后逐渐产生和发展起来。

印度人口众多,82%为印度教徒,其中分为不同等级的社会集团。种姓制度主要存在于印度教中,对伊斯兰教和锡克教都有不同程度的影响。

印度的种姓制度将人分为四个不同等级:婆罗门、刹帝利、吠舍和首陀罗。婆罗门即僧侣,为第一种姓,地位最高,从事文化教育和祭祀;刹帝利即武士、王公、贵族等,为第二种姓,从事行政管理和打仗;吠舍即商人,为第三种姓,从事商业贸易;首陀罗即农民,为第四种姓,地位最低,从事农业和各种体力及手工业劳动等。后来随着生产的发展,各种姓又派生出许多等级。除四大种姓外,还有一种被排除在种姓外的人,即"不可接触者"或"贱民"。他们的社会地位最低,最受歧视,绝大部分为农村贫雇农和城市清洁工、苦力等。

印度的种姓制度已经有三千多年的历史,早在原始社会的末期就开始萌芽。后来在阶级分化和奴隶制度形成过程中,原始的社会分工形成等级化和固定化,逐渐形成严格的种姓制度。

种姓是世袭的。几千年来,印度的种姓制度对人们的日常生活和风俗习惯方面影响很深,种姓歧视至今仍未消除,尤其广大农村情况还比较严重。

印度独立后,政府采取了很多措施来消除种姓歧视。首先是制定了有关法律规定。1948年国会通过了废除种姓制度的议案。后来宪法和各邦法律也都作出相应规定,保护低级种姓利益。政府还在教育、就业、福利等方面对低级种姓者提供大量帮助。

随着社会的进步,印度的种姓制度也在发生变化。如种姓制度中的内部通婚制受到冲击,如高种姓的女子现在也同低种姓的男子通婚了。人们对职业的看法也有所改变,衡量职业高低不再以宗教思想为基础,而以金钱、权力为基础。在城市里,各种姓人们之间加强了来往与交流。

三、独立后经济发展及经济改革

印度历史悠久,劳动力资源丰富,又有得天独厚的自然条件,但长期的殖民统治和封建生产关系的束缚,却使它成为一个十分落后的国家。自独立后,印度历届政府均致力于经济的发展,与过去相比,经济有了不小的改善,但若与世界上其他国家相比,经济还是比较落后的。1997 年至 1998 年度国内生产总值仅 3 839 亿多美元,人均国民生产总值仅 431 美元,仍属贫穷落后的国家。印度独立后经济的发展大致分为两个阶段,即 20 世纪 80 年代以前建立所谓"社会主义类型社会"阶段和 80 年代以后经济改革与调整阶段。

(一)20 世纪 80 年代以前建立"社会主义类型社会"阶段

印度独立后,为了摆脱殖民地经济落后的状态,并避免西方国家频繁发生的经济危机,印度政府认为,只有建立"社会主义类型社会",实行公私混合经济体制,走自力更生的道路才是唯一正确的。为此印度政府主要采取了以下措施。

1.建立以公营经济为主导的混合经济体制

印度独立后,大力发展公营经济,首先对掌握在外国资本和私人资本手中的基础设施、基础工业及银行等金融业实行国有化,在对铁路、港口、机场、电站、邮电、灌溉、采煤、钢铁、炼油等实行国有化的同时,还规定了有 30 种工业必须由国家垄断和新建,只有消费品工业才对私人开放。政府对公营企业从资金到财政政策给予大力支持,从而形成了以公营企业为主导的混合经济体制。

2.建立以国家计划为主的宏观管理机制

从 1951 年起,印度开始实行五年计划。在五年计划中,中央政府都对经济发展方向、投资规模、经济增长速度和粮食、棉花、钢铁等重要产品产量作出具体规定。计划由中央和各邦政府分头落实。计划对公营企业具有指令性,其投资由政府分配,生产计划和经营指标由政府下达,盈亏由财政包干。对私营部门则通过立法和经济手段相结合的方法,引导其向计划规定的方向发展。为遏制私人财团的过度膨胀,印度政府制定了反垄断法。

3.建立以自力更生为主的对外经济关系模式

长期遭受殖民地统治和剥削,使印度把实现自力更生作为重要的发展目标之一。通过四个五年计划,印度已建成了比较完整的工业体系。在实现了 80%的工业产品国内可以自给之后,印度政府强调,凡国内能生产的均不准进口。为此,除征收关税外,还广泛运用进口许可证、进口配额和外汇配额等非关税措施对进口商品进行严格管理。规定粮食、棉花等必须由国有外贸公司经营,私人不能插手。凡进口机械设备,必须首先在国内公开招标,凡国内厂家能够生产的不准进口。对引进的技术必须是国内没有的,国际最先进的,而且本国有消化吸收能力的。允许外商在印兴办合资企业,但一般企业外商股权不超过40%,高技术企业可放宽到51%～74%,但外商必须向印方转让技术,培训印方技术人员,印方还有权将该技术横向转移。对那些拒绝转让技术或抽逃股本的公司将予以取缔。

正是由于印度政府坚持了上述三项经济体制,使印度经济取得了较大成效。一是粮食已基本自给,印度通过财政补贴和信贷支持的"绿色革命"和"白色革命"大大提高了粮食和牛奶的自给水平,到20世纪70年代末粮食等已基本自给。二是建立起比较完整的工业体系,通过财政投资和利用外资,印度已形成了包括原子能、电子、电器、飞机和宇航、轮船、钢铁、石油、化学、机械制造、轻纺等为骨干的工业体系,改变了过去殖民地的畸形经济结构。三是提高了产品自给能力,目前80%的工业品国内可以完全自给,有些工业品还能出口,减少了对外国产品的依赖。四是形成了一支庞大的科技队伍。独立后印度教育特别是高等教育发展十分迅速,政府还建立了一批高水平的科研机构,培养了一批高科技人才,其科技队伍的规模,仅次于美国和前苏联。印度是发展中国家中少数能独立设计、生产和安装核电站的国家之一,其电脑软件的设计开发能力仅次于美国,软件设计人才为各国所青睐。

(二)20世纪80年代以后经济进入调整和改革时期

20世纪80年代以前以计划经济和公营企业为主体的混合经济体制虽对印度摆脱殖民地畸形落后的经济起了一定的促进作用,但也存在种种弊端,使印度经济增长缓慢,国际地位下降。其弊端主要表现为,公营企业由国家统负盈亏,导致企业经营不计成本效益,大部分企业亏损;政府计划强调了政府干预,忽视了市场机制的作用,扭曲了资源配置,造成了资源的浪费,导致技术进步缓慢,产品成本上升和竞争能力下降;外贸出口下降,国际收支多为逆差。

基于上述弊端,从20世纪80年代初,印度开始进行经济的调整和改革,以后历届印度政府更是把经济的改革与调整作为重要的施政目标。特别是1991年7月以来,印度政府进一步大力推行经济改革,把半封建半管制的经济变为开放的自由市场经济,与世界经济接轨。自1991年开始,印度国内生产总值一直呈现稳步增长态势,年均增长率达到6%左右。特别是最近几年,印度经济的发展更是突飞猛进。截至2006年,印度的经济增速达到创纪录的9.4%,高于此前的预期,为连续第二年经济增长达到9%以上。

此次改革被称之为印度经济的"第二次革命"。其改革主要集中在下列几个方面。

1. 放松对私人经营的控制

主要措施包括:一是放松工业生产许可证的发放,扩大私营工业生产活动领域。从1983年5月起,凡国家优先发展用于进口替代及高技术产业,私人可经政府批准自行兴办新企业;政府把过去只能由公营企业经营的电子、电力等领域向私营企业开放;1993年政府把只允许公营企业经营的产业减少到只有6种。二是增加私人企业的经营规模,政府允许设备利用率在93%以上的企业5年内自行扩大1/3的生产能力。三是放松反垄断法对公司的控制,对垄断财团的扩张、新建、吞并、兼并等不加限制,也无需经中央政府批准。四是提高小型私人企业的资产标准,使更多的私人企业享有小型企业的优惠。

2. 改善对公营企业的管理

主要措施包括:一是成立公营企业管理局来审核公营企业经营状况,并帮助企业解决问题,但不干预企业经营决策;二是调整企业衡量标准,把企业效益作为重要标准,企业责权利,包括职工工资与效益挂钩;三是整顿公营企业领导班子,撤换不懂业务、不善领导的企业领导人,选派有业务专长的专家担任企业的经理;四是扩大企业经营自主权,企业在规定范围内扩大生产,利润不必全部上缴,有权将其用于扩建和更新改造;五是调整产品价格政策,把过去产品价格由政府定价改为根据市场行情与成本定价;六是调整病态企业,过去私营企业经营破产,政府为避免社会动荡常常予以接管,后来则不再接管,转而建立金融复兴委员会来挽救这些企业,对经营不善的公营企业则予以私有化。

3.增强市场调节功能

主要措施包括:一是削减计划职能,减少行政对企业经营活动的干预;二是调整财税政策,如取消出口补贴,压缩对公营企业的投资,降低银行支持性贷款,允许卢比在经常项目下可自由兑换等;三是价格市场化,减少国家收购比例,扩大企业自销比例,国家不再为企业提供原材料,让企业到市场去购买或到市场上去融资。

4.扩大对外开放

进入 20 世纪 80 年代,尽管印度政府也把"自力更生"作为发展的重要目标,但对"自力更生"的理解却有了新的含义,认为"自力更生"不能简单地理解为限制外资,而是提高自己国内生产能力,减少对战略性商品的进口依赖。为此,政府开始把进口替代与出口促进结合起来,积极扩展对外贸易,减少对进口的限制,扩大地方外贸自主权,降低关税,允许原材料和资本货物自由进口等。对政府允许的 20 种电子先进设备和电脑软件实行减免关税政策并实行自动进口。放宽对外国投资的限制,除涉及国家安全领域外,均允许外国投资。重点项目允许外商持股51%以上,对自动批准的高技术产业,不再要求外商转让技术;对涉及电力、公路、港口、码头等基础设施项目,外资比例可达 100%。

经过 20 多年的改革与调整,印度经济取得了不小成绩,主要表现在以下几个方面。

1.国民经济加速发展

印度加速经济全球化进程给经济发展带来了重要影响。最明显的影响是印度经济增长速度加快。20 世纪 50 年代至 70 年代,印度经济年增长率仅为 3.5%,80 年代提高到 5.5%,90 年代提高到 6%,有的年份甚至超过 7%或接近 8%。其次是经济增长类型有所变化。在传统产业不断发展的同时,信息产业等新兴产业增长最快。近三年来,印度经济创年均增长 8.6%的优异纪录。其中,2006 年至 2007 年度增长9.2%,国内生产总值达 9 300 亿美元,次于美国、日本、德国、中国、英国、法国、意大利、西班牙和加拿大,居世界第十位。"十一五"计划(2007~2012)提出了"更快、更全面发展"的目标,使经济走上持续高增长的轨道"。现在印度被国际社会视为"金砖四国"之一(近年来,中国、俄罗斯、印度和巴西等四国经济发展迅速,这些国家的经济总量出现飞跃式增长,国力大大增强,其经济规模在世界经济中由"微不足道"到"举足轻重",人们称这四个国家为"金砖四国")。

2.形成了以服务业为主的国民经济结构

在 2006 年至 2007 年度,印度国内生产总值中,服务业占 55.1%,工业占 26.4%,农业占 18.5%。目前的经济景气主要靠服务业、工业特别是制造业驱动。这一年度服务业增长 11.2%,工业增长 9.9%,其中制造业增长 11.3%,农业仅增长 2.7%。印度的服务业占最大比重,全国 3/4 的人口从事服务业。现在印度的服务业已取代农业成为推动印度经济增长的新亮点。统计表明,在 1999 年至 2000 年度,农业在印度国民收入中仅占 25.5%,工业占 22.1%,而服务业占印度国民收入的52.4%。在过去的 10 年中,服务业以年均 8% 的速度增长,是印度经济增长最快的部门。印度 IT 产业发展得如火如荼,也孕育了很多世界知名的 IT 企业。印度 IT 及相关产业 2006 年财年收入达到创纪录的 396亿美元。如今,每两个印度人中,就有一人靠提供服务谋生。有人把印度服务业地位的变化看作是信息时代印度"新经济"的一个特殊现象。

3.制造业发展步伐加快

由于近年来印度政府采取的减免税收、技术扶持和知识产权保护等措施,外资流入显著增加,制造业现代化改造取得进展,科技含量加大。药品、石油化工、皮革、农产品加工、纺织品和服装、汽车和零配件以及钢铁和金属等部门已可参与世界竞争。制造业正成为带动经济增长的又一引擎。印度既已成为"世界办公室",成为"世界工厂"的梦想也有望实现。印度汽车工业发展迅速,2006 年产量为 109 万辆,比上年增长17%,出口增长 25%。钢铁业发展潜力也很大,2005 年至 2006 年度,印度钢锭产量达 4 210 万吨,上升到世界第七位。纺织业目前有 3 500 万人就业,纺织品产值占 GDP 的 4%、工业产值的 14% 和出口值的15%。2005 年至 2006 年度印度纺织品出口值达 170 亿美元。

4.对外贸易迅速增长

由于放松进口限制,印度无论进口额还是出口额均有较大幅度增长。1980 年至 1981 年度,出口贸易额达到 84.86 亿美元,1990 年至

1991 年度增至 181.42 亿美元,翻了一番多。印度出口额在世界出口总额中的比重也由 1980 年的 0.4% 上升至 1990 年的 0.5%,1997 年达到 0.7%。2006 出口额增长 21%,出口总额首次突破 1 000 亿美元大关,占世界出口的 1%。2006 年至 2007 年度完成了 1 250 亿美元的出口指标,年增长 25%。但是,世界石油价格上涨使进口增长更快,导致贸易逆差扩大。2005 年至 2006 年度印度的贸易赤字为 396.3 亿美元,2006 年至 2007 年度的前 11 个月已达 570 亿美元。为了缩小逆差,印度继续促进出口,以减少逆差,特别是扩大对石油输出国的出口。同时无形收支和资本收支都是顺差,这样就可以减少逆差。外资大量涌入。外商直接投资由 1991 年年至 1992 年度的 1.29 亿美元增长到 1997 年年至 1998 年度的 32 亿美元,而 2006 年至 2007 年度外国直接投资达 150 亿美元,比 2005 年至 2006 年度扩大近两倍。微软、IBM、可口可乐等大型跨国公司均进入印度。20 世纪 90 年代以来,印度每年批准的外国技术合作项目都在 500 项以上。外资带来的高技术,促进了印度高技术产业的发展,如软件产品每年增长率均在 50% 以上。

近几年来,印度经济的快速发展受到了世界的高度关注。但是,印度经济中固有的弱点以及由于发展速度过快引起的一些问题,也正在不同程度上影响着印度经济发展。

(三)印度经济发展中存在的问题

1.农业滞后

印度农业滞后有两个重要原因:一是封建土地关系的束缚,二是农业投资的严重不足。

印度独立初期虽然颁布了有关废除中间人地主、土地持有最高限额和租佃改革等内容的土改法令,但由于各邦政府没有认真执行,收效甚微。直至今日,印度农村土地仍然为地主、富农和农场主所垄断,超经济剥削的现象仍然存在。印度农户中有 71% 属于无地、少地的贫雇农。

20 世纪 60 年代后期,印度通过引进高产品种和推广农业科技的一揽子计划,实行了"绿色革命",在提高农业生产和实现粮食自给等方面取得了可观的成就。但是,在 80 年代达到粮食基本自给之后,印度政府开始忽视农业,农业公共投资所占比重不断下降。农业公共投资占国内生产总值的比重在20世纪80年代初为4%,而到世纪末下降至2%。进入21世纪以来,这个比重仍在继续下降,最近几年已跌至1.54%的新低点。

随着农业投资的不断减少,印度农业生产增长率也出现逐步下降的局面。20世纪80年代,农业生产年均增长率为4.68%,到90年代降为3.5%,而21世纪前5年再下降到2%。

2.农村贫困

在某种意义上,农村贫困可以说是农业停滞的一种表现或结果。长期以来,由于印度服务业和工业的快速发展,停顿不前的农业在国内总产值中所占的比重不断下降。与此同时,服务业和工业的发展未能增加就业机会,过剩的劳动力不得不滞留农村,有时甚至出现城市失业人口流向农村的现象。依赖农业及相关部门生存的人口保持在总人口的70%左右。加之印度广大农民受到残酷剥削,他们收入减少和贫困化的程度势必日趋严重。现在印度农村的贫困人口已占到总人口的74.5%。印度农村有70%以上的贫困农民每人每天摄取的能量低于2 100大卡,而这是农村贫困线划分的标准。

3.经济发展过热

在印度经济高速发展的同时,传出了许多危险信号。消费价格通胀率几乎高达7%,远远超出亚洲平均的2.5%水平。印度的通胀目前仍处于许多发展中国家的通胀水平下,但物价上涨速度要比工业化国家快得多。消费物价以每年7%~8%的速度递增,经济过热远不止于通胀,更包括超出理性的信贷繁荣和资产价格泡沫。2006年印度银行向企业和家庭发放的贷款同比增加了30%,用于商业地产的贷款上扬了84%,住房抵押贷款上扬了32%。与此同时,过去4年里印度股指上扬了4倍多,成为新兴经济体中股价最为高昂的市场之一。印度一些大城市的房价则在过去两年中翻了一番还多。高企的经常项目赤字也是印度经济过热增长的标志性信号。印度的经常项目赤字已经扩大到占GDP的4%,而就在两年前,印度经常项目盈余还占到GDP的4%。

四、工业地理

印度独立时,工业十分落后,手工业在工业生产中所占比重高达74%,现代工业基础薄弱,其中重工业比重还不到10%,而且技术水平很低。独立后,印度政府确定了优先发展重工业和基础工业,建立完整的工业体系的方针。经过50多年的努力,印度目前已成为具有完整的工业体系,工业部门齐全,具有中等技术水平的工农业国家。特别是1991年工业改革以来,使得统得过死的保护制度转向自由竞争的市场机制,新兴工业如电子、计算机、软件、石油化工、制药等工业得到了迅速发展,工业逐渐显示出活力。

(一)印度工业化的成就

1.建立了比较完整的工业体系

印度独立后,为促进本国工业的发展,先后建立了许多大型工业企业或企业集团,这些企业分布在煤炭、石油和天然气、钢铁、汽车、重型机械、化学、飞机、船舶、电力、原子能、电子等主要工业部门,使印度建立了包括传统工业和新兴工业在内的门类齐全的工业体系,自给能力明显增强。

2.工业发展速度明显加快

从1981年到1990年,印度工业年均增长率为7.54%,而近几年增长率接近了9%。

3.产品产量迅速增加,实力大大增强

印度煤炭在1951年产量仅3230万吨,而1994年至1995度增加到2.713亿吨,到了2006年煤炭产量已达4.47亿吨。钢产量1950年只有147万吨,2006年增长到1 470万吨;汽车由1.65万辆,增加到2006年140万辆。正是由于产品产量的迅速增长,自给能力增强,大大提高了印度的综合国力。

4.工业结构及地区分布发生了重大变化

印度独立初期,工业中轻工业占绝对优势,仅纺织工业就占工业总产值的64%,轻重工业的比例为3.5:1,而到20世纪80年代初,轻重工业的比例已转变为1:1,显著地增强了自我装备能力。独立初期,印度工业畸形地分布在孟买、加尔各答等沿海大城市,随着工业化进程的

推进,在一些资源丰富的地区建立了许多新的基础工业,新兴工业城镇已达 600 多个。在沿海工业得到继续发展的同时,内地工业也有了明显的发展,工业地区分布不均衡状况已有改变。

5. 技术水平显著提高

随着印度工业化进程的发展,印度工业的技术水平也显著提高。印度已是发展中国家中少数能自行设计、建造、安装、管理核电站的国家,其电脑软件的设计水平很高,是为数不多的软件出口大国。软件出口量仅低于美国。航空和航天等新兴工业发展迅速,印度可发射自己制造的地球卫星和通信卫星,并具备自己生产核武器的能力。

6. 产业结构发生了明显变化

1950 年至 1951 年印度第一产业占国内生产总值的比重高达56.48%,第二产业占 15.28%,第三产业占 28.24;而如今的印度第一产业比重不断下降,第二产业比重上升,第三产业产值占国内生产总值的比重已超过了 50%,在第二产业中,制造业的上升高于采矿、建筑等产业。

(二)主要工业部门及分布

1. 能源工业

印度是个能源自给不足的国家,能源自给率为 85%。

早在 1890 年印度即已生产石油,但石油储量和产量均很少,近年来印度大力勘探石油,已在孟买以西四百余公里海上发现几个大的油田,但石油生产满足不了国内需求,仍需大量进口。为了刺激石油生产,印度允许私人经营石油业,并免税进口石油。

煤炭是印度的主要能源。印度煤炭资源丰富,总储量约 810 亿吨,居世界第四位。主要分布在中央邦、比哈尔邦和西孟加拉国邦。现在印度煤炭年产量超过了 4 亿吨,为世界第三大煤炭生产国。

印度电力工业发展很快,但电力不足仍是印度经济发展的"瓶颈"。电力的结构表现为火电占 80%,水电占 17%,核电占 3%。

2. 钢铁工业

印度铁矿、锰矿、铬矿资源丰富,发展钢铁工业的条件很好。钢铁工业是印度优先发展的工业部门。全年钢产量在 3 500 万吨以上,排在世界前十位。国营印度钢铁总公司是印度最大的钢铁联合企业,年产量超过了 1 000 万吨。印度钢铁工业主要分布在中央邦的比莱、比哈尔邦和西孟加拉邦等地。

3. 纺织工业

纺织工业是印度历史最悠久的工业部门,也是印度最大的工业部门之一。印度工业从纺织工业开始,现产值占工业总产值的 4％,占制造业产值的 20％,纺织品出口值占出口总值的 1/8。纺织业中主要以棉纺织业为主,棉花约占纺织原料的 65％,其次为麻纺织业。棉纺织工业主要集中在德干高原西北部的马哈拉施特拉邦和古吉拉特邦,其中主要又集中在孟买附近的阿默达巴德。麻纺织工业主要集中在加尔各答附近的胡格利河沿岸。

4. 电子工业

20 世纪 90 年代以来,印度的电子工业迅速发展。1991 年开始在班加罗尔、浦那、海得拉巴、特里凡特琅等地建立了七个软件技术园区,园区内公司进口物资可免税,外商投资不受限制,可兴办独资企业。还在安得拉邦建立了国家信息技术学院。正是由于上述措施,大大促进了印度电子信息产业的发展。全球按客户要求设计的软件市场中,印度约占 16％以上。软件业是印度电子工业的亮点。

印度软件业产值年均增长率在 50％以上,1999 年至 2000 年度达 59 亿美元,其中出口 39 亿美元,占印度出口总额的 10％,而到了 2005 年至 2006 年度软件出口额已高达 234 亿美元。在美国最大的 500 家公司中有 104 家使用印度千年虫软件,现在又采用“印度制造”的其他软件。印度已跨入世界第二大软件国的门槛。它吸引大批顶尖软件跨国公司,如微软、国际商业机器公司、摩托罗拉、爱立信、通用电气、朗讯、康柏、得克萨斯仪器等公司在印度进行软件开发。印度信息产业产值到 2008 年将达 870 亿美元,占 GDP 的 7.5％,可吸纳 220 万人就业,其中软件出口为 500 亿美元,占印度出口总额的 35％。有“花园城市”之称的班加罗尔是“印度的硅谷”,为世界上最大的电脑软件出口地之一。

印度软件产业迅速发展的原因:

(1)起步早。20 世纪 80 年代以来西方信息技术蒸蒸日上。改变落

后的通信基础设施,向先进的信息手段跃进,在 1985 年印度政府提出
"要用电子革命把印度带入 21 世纪"的口号,大力扶持计算机软件工
业,以充分利用科技人才的优势。由于印度着手发展软件产业比其他发
展中国家早几年,正好适应了西方发展经济的需要,其软件得以在世界
市场上捷足先登。

(2)实行鼓励软件发展的政策。印度采取的措施主要有:提供税收
优惠。进口计算机系统、硬件和软件的关税从 115% 降低到 60%,经进
出口银行检查还可减免 50%。允许外汇净收入的 30% 留成,用于出口
商出国考察,在国外建立相应机构,聘请外国专家,获取设计图纸和支
付佣金。鼓励引进外资。外商在软件合营公司可控股 40%,技术先进可
超过 40%;允许印度软件公司在国外建立合营企业或销售分公司和办
事处。鼓励软件公司和制造商建立研究开发小组承担新的研究开发项
目,吸收进口专有技术,它们享有与工业领域研究开发同样的优惠。把
软件产业纳入风险基金支持的行业。

(3)政府部门起协调促进作用,不干涉各公司的具体业务。印度软
件业没有受政府管制,而其他工业受到政府管制。政府也并非什么都不
管。印度电子部根据 1984 年 11 月 9 日计算机政策建立了软件开发局,
负责计算机政策的实施,监督软件出口的履行,并为促进软件产业的国
内市场和出口市场综合发展而开展活动。

(4)人才优势。印度高等教育发达,流入美国的人才也很多,自 20
世纪 60 年代以来大学毕业后流入美国的累计有 40 多万人。6 所名牌
理工大学毕业生 80% 流入美国。在美国硅谷工作的人员中 38% 是印度
人。20 世纪 80 年代以来,印度计算机和软件培训学校大量增加,每个
月将近有 100 所计算机培训学校开学。近几年新设立了专门的软件学
院,目前每年可输送 7.5 万名软件人才。

(5)跨国公司的合作。印度的软件产业以高技术、低工资吸引外国
投资。由于印度软件人员的工资只有美国的 1/10～1/5,软件技术具有
低成本、高效益、高质量、高可靠性和快速供给等优势,差不多所有世界
著名的软件公司都在印度投资开发。如微软公司在海德拉巴建立了它
在海外的第一个软件开发中心,开发出 Windows 2000 系统。

（6）大财团纷纷投资。过去几十年中，印度信息产业并不是大财团投资的重点，而近几年信息技术公司在市场上开始占领先位置，迫使大财团调整未来发展战略，迅速向信息技术产业投资，并且与跨国公司合营，或在国外兼并软件公司。

5.机械工业

独立后，印度机械制造业发展很快，目前已独立生产各种机械设备、拖拉机、原子能设备和各种轻重武器，机械自给率已达 97％。其中轻纺设备、铁路机车、柴油机、锅炉等在世界上有竞争能力。机械工业主要集中在孟买、加尔各答、马德拉斯、班加罗尔、海得拉巴等大中城市。

6.汽车工业

1991 年印度汽车工业对外开放，外国投资和技术带动了汽车工业的发展。汽车产值到 20 世界末已占国内生产总值的比重达 4.5％左右。能够生产各种车辆，世界各大汽车公司在印度都有合资企业，将印度作为生产汽车和出口汽车的基地。2000 年印度汽车总产量为 86 万辆。2006 年印度汽车工业总值约为 340 亿美元，产量超过了 140 万辆。在过去的 5 年中，年平均增长率为 14％。印度现在以年 20 亿美元的汽车生产能力推进。世界著名的汽车生产厂商已经宣布投巨资在印度兴建工厂，这将把这个国家目前 140 万辆的产能提高 70％以上。马鲁蒂公司是印度最大汽车厂，年产量占印度汽车总产量的 85％以上。

7.化学工业

印度的化学工业主要以生产酸、碱、化肥和轻化产品为主，其他有机合成化学工业仍较落后。印度的主要化学工业中心为孟买，马德拉斯、加尔各答、海得拉巴等地。

五、农业地理

印度农业是国民经济的基础。20 世纪 60 年代初印度开始"绿色革命"，农业有了很大的发展，由严重缺粮达到基本自给。

（一）印度农业生产的特点

1.自然条件优越，农作物品种多样

印度的土地面积为 2.97 亿公顷，其中可耕地面积 1.62 亿公顷，约

占全国土地面积的 54.5%。人均可耕地面积约 0.17 公顷,几乎是中国的 2 倍。如此众多的耕地,加上地形、气候、河流灌溉等优越的自然条件,对印度农业发展十分有利。

印度农作物品种丰富,主要的粮食结构有水稻、小麦、玉米、荞麦、谷子等;主要的经济作物有棉花、黄麻、甘蔗、烟草、茶叶、橡胶、香料等;其次还有众多的蔬菜、水果和干果。其中水稻、黄麻、茶叶、烟草、花生、甘蔗、香蕉等产量位居世界前列。

2.气候对农业生产影响极大

印度大部分地区属热带季风气候,一年分为凉、热、雨三季,每年11 月至次年 2 月为凉季,凉季由于盛行东北季风,气温虽然不高,但天气晴朗,降雨很少;3 月至 6 月中旬为热季,由于太阳直射点北移,气温急剧升高,降水更为稀少,而且常刮干热风,因此气候干燥炎热,大部分地区气温在 40℃上,这时农业生产停顿;从 6 月中旬至 10 月中旬为雨季,从印度洋吹来的西南季风带来充沛的雨量,雨量集中,由几百毫米至几千毫米不等,由于西南季风来临的时间十分不稳定,常常使印度导致严重的水旱灾害。西南季风如果来的较晚,势力较弱,必然使热季延长,雨季降水少,造成大范围的旱灾。如果西南季风来的早、势力强,又使雨量过于集中,造成大范围的水灾。例如 1979 年至 1980 年度,由于当年西南季风势力较弱,致使印度 21 个邦中有 12 个邦旱情严重,其中受灾最严重的又是旁遮普邦、北方邦、哈里亚纳邦、中央邦、安得拉邦、奥里萨邦和比哈尔邦等主要产粮区。从 1951 年至 1990 年,印度国民生产总值有 4 次出现负增长,都与大面积的水旱灾害密切相关。

3.小农成分在农业生产中占统治地位

印度可耕地面积虽然广阔,但由于人口众多,尤其农业人口约占全国人口的 70%,因此人均耕地远远低于美国、新西兰、英国、比利时等国家。在印度农业生产中以小农经济为主。农户规模过小,必然对农业生产不利,缺乏规模效益。

4.农业生产发展较慢

与其他发展中国家比较,特别是考虑到印度所具备的优越自然条件,则其农业发展速度还是较慢的,农业生产水平也是较低的。具体表现为：

(1)生产技术落后。目前印度农业生产基本上仍为手工劳动。在全世界所有发展中国家的耕地总面积中，印度占 22.7%，而其化肥消费量仅占 16%，拖拉机数量则不到 11%，如果与发达国家相比则差距更大。

(2)土地利用不合理，垦殖指数高而复种指数低。印度垦殖指数高达 56.7%，超过世界绝大多数国家，但因使用不合理，造成地力耗竭，大批耕地抛荒休闲。以印度丰富的水热资源论，农作物基本上可常年生长，但迄今大部分耕地仅为春种和秋种两种，夏种比例低，总的复种指数较低。

(3)单产水平低。印度主要作物中除茶叶外，其他全部低于世界平均单产水平，其中棉花仅为世界平均单产的 2/5，玉米不足 1/3，牛的产奶量只有世界平均数的 1/4。印度虽然是世界上牛最多的国家，但因营养缺乏，体质退化，生产性能低。印度农作物种类很多，其中花生、棉花、甘蔗、芝麻、高粱、黄麻、红麻等的种植面积均居世界首位，茶、稻谷、油菜等居第二位，但大多因单产不高，故其总产量在世界上的地位远不如种植面积那样突出。

5.农业生产地区不平衡

印度的旁遮普邦、哈里亚纳邦、和北方邦西部等自然条件较好的地区，由于 20 世纪 60 年代开始的"绿色革命"主要集中在这里，政府加大了对农业的投资，使该地区农业发展较快，成为印度重要的余粮邦，而其余地区农业生产发展相对迟缓。就整个印度农业增长而言，1968 年至 1985 年，全印度农业增长率为 4.3%，而旁遮普邦和哈里亚纳邦则高达 9.6% 和 11.1%，而同期奥里萨邦和比哈尔邦增长率仅为 1% 和 0.9%。造成这种差异的原因，除自然条件因素外，主要是印度"绿色革命"发展不平衡，在落后地区无论灌溉、施肥还是机械化等方面，政府投入都较少。

(二)主要农作物的生产和分布

1.东北部稻谷、黄麻、茶叶区

本区主要包括恒河和布拉马普特拉河下游的西孟加拉邦、奥里萨邦、阿萨姆邦和比哈尔邦。这里地形以平原为主,气候湿润,适宜水稻、黄麻、茶叶的生长。

2.西北部小麦、杂豆、油菜区

本区主要包括印度河平原和恒河平原的中上游地区和山地、丘陵的中央邦、北方邦、拉贾斯坦邦、哈里亚纳邦和旁遮普邦。这里灌溉条件好,主要以种植小麦、豆类、油菜为主,小麦产量占全国的 4/5,油菜产量占全国的 90%。

3.半岛杂粮、棉花、花生区

本区主要包括古吉拉特邦、马哈拉施特拉邦、卡纳塔克邦、安得拉邦和泰米尔纳得邦。本区位于德干高原,气候炎热,但降水率大,主要种植谷子等杂粮,是全印最大产棉区,产量占全国总产量的 60%,花生、烟草产量占全国总产量的 80%。

4.西南稻谷及热带经济作物区

本区主要包括西南部的卡拉拉邦及毗邻地区。本区是印度橡胶、咖啡、腰果、椰子、木薯等热带经济作物和稻谷的主要产区。区内 60% 的耕地种植热带经济作物。橡胶、咖啡产量均居世界前列,其种植主要以卡纳塔克邦为主,占全国产量的 70%。

(三)畜牧业和渔业

印度畜牧业产值约占农业总产值的 29%,牲畜的存栏数占世界的 15%。全国约有 1 840 万人直接或间接从事畜牧业生产。奶牛饲养业占畜牧业产值的 2/3,牛存栏量居世界第一,是世界上最大的牛奶生产国。印度羊的存栏数居世界第二位,但所产羊毛不能满足国内需要。家禽业是农业经济的重要组成部分,家禽以鸡的数量最多。

印度渔业发达,水产品产量居世界第二位。

六、交通运输地理

印度交通运输中货运以铁路为主,客运以公路为主。

印度全国现有铁路总长度为 62 495 公里,据世界前列。其中电气化铁路13 962公里,占铁路总长度的 22.3%。但印度铁路轨距复杂,大量的换装业务大大降低了运输的效率。铁路货运主要以输送煤炭、钢铁原料和产品、粮食、水泥、化肥和石油为主。

印度公路总长 332 万公里,为世界第三大公路网。公路承担了 80% 的客运。高等级的柏油路约占公路总长度的一半,其中高速公路超过了 1.3 万公里。

在印度海运中,中央管理的大港有 11 个,如加尔各答、孟买、马的拉斯等,各邦政府管理的港口 139 个,外贸进出口货物 95% 靠海运,拥有注册船舶 702 万吨。政府支持私人对港口建设投资。

七、对外贸易

随着印度经济的发展,印度的对外贸易的规模、进出口商品结构、贸易的国别地区结构等均呈现了许多新的特点,发生了不小的变化。

(一)对外贸易特点

20 世纪 90 年代以来印度对外贸易发展出现了新的特点:对外贸易发展速度加快,对外贸易规模迅速扩大,石油类产品依然是最主要的进口商品,纺织品及其制品仍然是主要出口商品,但第一大类出口商品已经变为珠宝;软件产品出口快速增长,从东亚和东南亚国家的进口大量增加,而从主要发达国家的进口下降,东亚的中国、中国香港特区、韩国和东南亚的新加坡、马来西亚等均成为印度商品的大买主,其中中国成为印度的第二大贸易伙伴。

2006 年印度对外贸易总额达到 4 370 亿美元,占全球对外贸易比重从 2004 年的 1.1% 增加到 1.5%。其中货物贸易额达到 2 940 亿美元,占全球比重从 2004 年的 0.9% 增加到 1.2%。其中出口额为 1 200 亿美元,同比增长 21%,占全球比重为 1%;进口额为 1 740 亿美元,同比增长 25%,占全球比重为 1.4%。服务贸易额达到 1 430 亿美元,占全球比重从 2004 年的 2% 增加到 2.7%,而且服务贸易出口额大大超过进口额,顺差额突破了 400 亿美元。

(二)对外贸易商品结构

近年来印度的进口商品结构发生了显著变化。进口商品中资本货物、原料和中间产品的进口大量增加,而粮食等消费品大大减少。20 世纪 60 年代初,印度的原料和中间产品的进口占总进口额的 50% 左右,资本货物占 30% 左右;到 80 年代,原料、中间产品和资本货物的进口合计超过 90%,而粮食等消费品的进口由"一五"期间的 40% 下降到"七五"期间的 2.5%。70 年代末,粮食已基本实现自给,不再是印度的主要进口商品。70 年代中期以来,石油和石油产品成为印度最主要的进口商品。大量进口石油是造成外贸逆差的重要原因之一。进口原料和中间产品主要包括羊毛、原棉、石油及其制品、化肥、钢铁、珠宝、食用油等。

印度的出口商品结构是:农产品在出口额中所占比重不断下降,工业制成品的比重不断增大。茶叶、稻米、鱼和鱼制品、原棉等农产品 20 世纪 60 年代约占总出口额的 40% 左右,而到 90 年代则下降到 20%,而工业制成品则由 60 年代的 45% 左右上升到 90 年代的 70% 左右。这一特点反映了印度工业化的进程取得了很大成功。一些传统产品如茶叶、黄麻制品和棉纺织品逐渐丧失了优势地位,而非传统产品如稻米、鱼和鱼制品,工业制成品中的成衣、皮革制品、珠宝、机械产品等成为新的骨干产品,印度是世界重要的服装出口国。印度的计算机软件出口大幅度增长,现为世界第二大软件出口国。

(三)对外贸易地区结构

印度进口贸易伙伴不断增加,进口的范围不断扩大,改变了独立初期依赖少数国家的不利局面。20 世纪 50 年代英国是印度最大进口伙伴,占总进口额的 20% 左右;其次是美国,约占 18% 左右;到 80 年代,英国已下降到 6% 左右,美国下降到 13% 左右。现在印度与欧盟及欧佩克的贸易则明显上升,另外与亚洲的发展中国家、日本等国贸易增长最快,印度与非洲和拉美各国的贸易往来始终很少。

(四)印度与中国的经贸关系

印中两国都是历史悠久、面积大、人口多的发展中国家。自古以来,双方就有着密切的经贸往来,"南方丝绸之路"就是这种往来的证明。"二战"后,印度独立,中国解放,为两国经贸往来打开了新的篇章。1950 年至 1959 年两国间的贸易发展较快,当时中国向印度出口大米、大豆、生丝及电力设备等,印度向中国出口各种经济作物、化学品、药品和机械。后来中印政治关系恶化之后,两国贸易陷入了停顿。1976 年中印外交关系恢复正常后,两国经贸关系又得到了恢复和发展,1989 年双方又签订了新的贸易协定,从而进一步推动了贸易的发展,2006 年中印贸易额达到 248.61 亿美元,占中国贸易总额 1.4%,双边贸易额增长 32.9%,略高于中国对外贸易增长率 23.8%。2007 年中印贸易额突破 386 亿美元,增幅是历年最高的。

中国铁矿石进口额占中国从印度总进口额的一半以上,此外由于中国国内棉花产需缺口大,2006 年中国从印度进口棉花价值 9.05 亿美元,比上一年增长 229.23%。

印度对中国机电产品需求十分活跃,进口额达到近 40 亿美元。印度国内钢铁生产量较低以及基础设施发展中钢铁需求量大,致使从中国进口的钢铁及钢铁制品大幅增长。除此以外,中国向印度出口化工产品、机械产品也保持较高出口增长速度。另外,还向印度出口生丝、淡水珍珠、药品等。

印度向中国主要出口商品有铁矿石、珠宝、胶合板、机械设备、化工品、电子元器件及一些农产品,如棉花等。

印中双边贸易虽有了发展,但印中双边贸易额在各自贸易额所占比重还较低,因此还有很大发展潜力。造成双边贸易水平不高的原因主要是两国经济发展水平相近,产业结构相似,经济互补性差,在某些产品上,如服装等,相互还是竞争对手。今后,双边应在进一步改善政治关系基础上,扩大各种贸易方式,加强双边经济合作,开辟就近的运输通道,以增加双方经贸往来。

八、主要城市与港口

新德里,印度的首都,全国政治和文化中心,也是印度铁路与航空交通中心。新德里位于恒河支流亚穆纳河畔,由新、老德里两部分组成,面积 1 483 平方公里,人口 1 100 多万。

孟买,印度第一大城市,全国工商、金融中心,西部铁路、航空枢纽,面积 603 平方公里,人口 1 700 万。位于印度西部,濒临阿拉伯海,是个天然良港,被称为印度的"西部门户",也是印度海军的重要基地和马哈拉施特拉邦的首府。孟买还是印度电影制作业中心之一,被称之为"电影城"的外景基地颇负盛名。

加尔各答,西孟加拉邦首府,印度第二大城市,面积 568.8 平方公里,人口 1 400 多万,位于恒河下游支流胡格利河畔,离孟加拉湾有 138 公里。加尔各答市是印度东部最大的港口和铁路、航空枢纽,在印度的工商业、金融、文化等方面占有重要地位。

钦奈,原名马德拉斯,是印度第四大城市,泰米尔纳杜邦首府。面积 118 平方公里,人口接近 700 万。它东临孟加拉湾,是印度最大的人工港,海、空、铁路和公路交通均很方便,被称为印度南部的门户。

海德拉巴,安得拉邦首府,面积 298.5 平方公里,人口 400 多万,是印度第五大城市。它位于德干高原,地处印南北交通要冲,是印度伊斯兰教和印度教文化交汇点

班加罗尔,位于印度南部,是印度第六大城市,人口 520 万。城市始建于 16 世纪,现城市分为新、旧两部分,新城为工业区,旧城为商业区。城市规划整齐,市内公园众多,风景幽雅,有"花园城市"之称。班加罗尔是一座新兴的科学城市,高科技及信息产业发展迅速,有"科技之都"、"南亚硅谷"和"印度信息技术业的麦加"等美称。

第六节 西亚地区

西亚(West Asia)地处亚洲西南部,东起阿富汗、西至土耳其的亚洲西部地区,又称西南亚。它包括分布在伊朗高原上的阿富汗、伊朗;阿拉伯高原和高原以北的美索不达米亚平原上的伊拉克、叙利亚、黎巴嫩、巴勒斯坦、以色列、约旦、沙特阿拉伯、科威特、阿拉伯也门共和国、也门民主人民共和国、阿曼、阿拉伯联合酋长国和卡塔尔小亚细亚半岛上的土耳其;波斯湾内的巴林;地中海东部的塞浦路斯等 18 个国家和地区。总面积为 718 万平方公里。

国际上使用很广的"中东"这个名词,其范围没有明确的界线,通常

指以西亚为主的地跨亚、欧、非三洲的地区,包括西亚国家(除阿富汗)和地区以及北非的埃及。另外,我们经常提及的海湾国家即指西亚地区波斯湾沿岸的伊朗、伊拉克、科威特、沙特阿拉伯、巴林、卡塔尔和阿拉伯联合酋长国等国家。

一、自然地理环境

1.位置

西亚地处亚、欧、非三大洲的连接地带,南、西、北三面分别濒临阿拉伯海、红海、地中海、黑海和里海,故常有"三洲五海"之地的说法,自古以来就是国际交通要道。古代著名的"丝绸之路"就是横贯西亚,将中国与欧洲连接起来一条商业通道。现在西亚有公路、铁路和国际航空线连接三大洲,还控制着海上交通的要道。西亚的苏伊士运河,于1869年凿通以后,沟通了地中海与红海,缩短了印度洋和大西洋之间的航程。西北路以博斯普鲁斯海峡—马尔马拉海—达达尼尔海峡(又总称为黑海海峡),是黑海沿岸国家通往地中海的门户。南部的波斯湾和霍尔木兹海峡是石油运输的重要航路。所以,西亚是联系三大洲、沟通两大洋的十字路口,地理位置非常重要。

2.地形

西亚地形以高原为主。西亚东部为伊朗高原,往西有亚美尼亚火山高原和小亚细亚半岛的安纳托利亚高原,都是被阿尔卑斯—喜马拉雅运动时期形成的褶皱山脉环绕的内陆高原,其边缘分布着许多高大山系。西南部的阿拉伯半岛是一个由前寒武纪古陆形成的台地高原。平原面积不大,主要有美索不达米亚平原和外高加索的库拉河谷地平原。在地质史上,西亚高原有多次火山活动,形成了大面积的熔岩台地。有众多火山分布,受新构造运动影响,现代火山和地震活动也相当频繁。外力地貌以干旱风沙地貌为主,沙漠分布很广。

3.气候

北回归线从本区中部穿过,西亚周围虽然有五个海,但大部分地区处在副热带高压带和东北信风带内,又大都是被高山围绕着的高原,海洋上来的湿润气流难以深入内陆,所以西亚广大地区气候干燥炎热,夏季酷热,很多地方日平均温度可达 40℃左右,而冬季大部分地区又寒冷,多属热带和亚热带沙漠气候。降水很少,蒸发强烈。年降水量多在250 毫米以下,降水较多地区一般也不超过 500 毫米。西亚内陆深处还分布有大片沙漠。西部地中海与黑海沿岸地区属地中海型气候,冬季降水较多,年平均降水量为 500 毫米至 1 000 毫米。

4.河流

本区内陆流域及无流区面积广大,地表径流贫乏,河网稀疏。除幼发拉底河与底格里斯河外,多为短小河流,大部分发源于高原边缘山地,靠冰川融雪水补给,河流水量较小,季节变化显著。

5.资源

西亚自然植被主要是热带和亚热带荒漠及半荒漠(荒漠草原),植被稀疏,种类很少,且有显著耐干旱特征;发达的根系、肉质茎、针状叶,多为矮生和垫状灌木,多一年生的短生植物和多年生假短生植物。森林主要分布在向风多雨的山地。地表大多裸露,水草较丰富的绿洲多分布在沿海低地以及干河床沿岸等水分较充足地区,绿洲上生长的枣椰林是其特殊景观。

西亚石油资源极其丰富,约占世界石油总储量的一半以上。波斯湾沿岸、海底及两河流域为世界著名大油田,以波斯湾为中心是一巨大石油带。西亚石油储量大、埋藏浅、油质好、易开采。石油的形成与其地质构造密切相关,波斯湾地区及两河流域地质构造方面属于新褶皱山系的边缘拗陷地带,储油构造良好;同时,长期温暖的海洋环境,为大量海洋生物提供了适宜的生长条件,海洋生物遗体沉入海底后,成为生成石油的有机物质来源,经过复杂的生物化学作用,逐渐变成了石油。其他矿藏有铬、铜、锑、锰、铁和磷灰石等。

二、人口、民族与宗教

目前,西亚全区人口大约 1.59 亿,其民族构成相当复杂。这里是世界上阿拉伯人主要聚居的地区,所以把阿拉伯人占人口多数的国家亦称为阿拉伯国家。阿拉伯人集中分布于南部和中部各国与地区。阿富汗、伊朗、土耳其分别以普什图人、波斯人、土耳其人为主。塞浦路斯包括希腊和土耳其两大民族,前者人数占大部分。此外,以色列以犹太人占多数。

西亚的人口密度平均为每平方公里 22 人,显著低于南亚和东南亚。由于自然环境和历史发展的不同,区内各地人口分布差异极大。沙特阿拉伯和阿拉伯联合酋长国平均每平方公里只有 3~4 人,而巴林、黎巴嫩等国却要比这一数字超过近百倍。一般说来,地中海沿岸较为温和湿润,经济开发条件好,是西亚人口密度最大的地区,遍布各地的绿洲及沿河谷地居民也比较稠密,而阿拉伯半岛和伊朗高原的内地人口却很稀少,甚至有的没有常住居民。

西亚是人类古文明的摇篮之一,又是伊斯兰教、基督教、犹太教等世界性宗教的发源地。这里的居民大多信伊斯兰教。除黎巴嫩、以色列和塞浦路斯分别以天主教、犹太教和东正教为主,巴勒斯坦地区有犹太教的分布外,西亚其他所有国家均以伊斯兰教为国教,穆斯林一般均占其总人口的 98% 以上,伊斯兰教在社会生活的各个领域里有着巨大而深刻的影响。

三、经济发展概况

第二次世界大战以前,由于外国资本的掠夺和长期封建生产关系的束缚,西亚经济一直发展缓慢,大多数国家均以农、牧业为基本经济部门。

自 20 世纪 50 年代以来,随着波斯湾地区石油资源的开发,西亚成为世界上最重要的石油生产和出口地区。与此同时,西亚各国反对新、老殖民主义、霸权主义以及国际垄断资本的斗争不断深入,大大促进了整个地区经济的发展。从 60 年代初到 80 年代,西亚人均国民生产总值增长了 5.5 倍,达到 2 150 美元(不包括伊朗),速度之快在世界各大地理区域中居首位,总的水平显著超过其他发展中地区。

西亚经济发展之所以如此迅速,主要是单纯依赖于石油业。然而,就其整个经济结构来说很不协调。按经济特点,可把西亚各国区分为两种类型,即石油输出国和非石油输出国。前者包括八个波斯湾国家,人口虽仅占西亚总人口的 43%,却提供了全区国民生产总值的 2/3,按人均计算则高于非石油输出国的 1.6 倍。其中科威特、卡塔尔和阿联酋人均国民生产总值均高达 15 000 美元以上,超过世界上很多发达国家。这八个国家均以石油为经济命脉,石油业在各国国民生产总值中的比重介于 36%(伊朗)和 70%(科威特)之间,在出口贸易总额中的比重更高达 90%～100%。而且建筑业、运输业、制造业和商业等其他经济部门在很大程度上也都以石油为其发展基础。就一个大地区而言,整个国民经济如此依赖于一种初级产品,这在世界范围内也是仅有的。实践证明,过分依赖石油是不符合这些国家长远利益的,一旦油藏枯竭,或者世界能源消费结构发生明显变化,所谓"石油繁荣社会"就会像沙漠上的海市蜃楼一样消失掉。

西亚各非石油输出国的经济多以农、牧业和制造业为主,采矿业均比较薄弱,但许多国家因其占据有利的地理位置,在运输、加工和提供劳务上均颇得石油之利。

四、石油输出国经济发展概况

(一)石油采掘业

西亚石油作为一种资源,特别是作为工业生产的能源和原料,进行大规模开采的时间不长。西亚近代的石油业发端于 1891 年,1927 年伊朗打成了日产 9 万桶的油井后,波斯湾石油开始供应世界。此后 30 多年内,英国凭借它的殖民势力,在西亚石油业中一直占据垄断地位。总的说来,西亚石油业在第二次世界大战前发展不快,在世界上的地位并不突出,只是一个地区性的石油供应点。

第二次世界大战后,上述情况发生了根本的变化。世界经济的发展和技术的进步,在能源和化工原料两大领域内,石油都迅速取代煤炭。20 世纪 50 年代以后,西方能源逐步转向液体化,石油化学工业迅速发展,工业与军事的现代化等对石油需求量大大增加,其消费量急剧上升,大大刺激了波斯湾石油业的发展。此外,大型和巨型油轮的相继出现,显著降低了海上石油运费,也对波斯湾石油资源的开发起了促进作用。正是在这种形势下,西方垄断集团纷纷涌向西亚,对这一地区的石油资源进行大规模的掠夺式开采,科威特、沙特阿拉伯、阿联酋等国具有世界意义的大油田陆续得到开发,于是西亚石油产量逐年跃升。第二次世界大战后头 15 年里,年平均递增 1500 余万吨,到 1960 年原油产量即达到 2.8 亿吨,占世界总产量的 26%;以后 15 年里的递增数更达到 5 400 万吨,进入 70 年代已占世界总产量 1/3 以上。西亚的石油生产于 1953 年超过拉丁美洲,1965 年又超过美国,产量跃升到 4.18 亿吨,占世界总产量的 28.3%,从而成为世界最大的产油中心。

西亚是世界上石油储量和产量最大而又最为集中的地区,同时又是世界上最大的石油输出地区和西方国家最大的能源基地。西亚目前已探明的石油储量达 500 亿吨,占世界总储量的 54%,资源极为丰富,其中仅沙特阿拉伯一国就独占世界石油储量的 1/4,远远超过所有发达国家的总和。虽然西亚大多数国家都有石油蕴藏,但全区石油总储量的 99% 以上集中分布在 3 个高原之间的山麓丘陵、平原和波斯湾海底的约 100 万平方公里的范围内。一般所称的中东石油或西亚石油,实际上主要是指波斯湾地区的石油。目前世界上石油储量超过 40 亿吨的国家有 8 个,其中 5 个分布在波斯湾沿岸。由于这里储油丰富,按目前情况,可以开采的时间比世界其他采油区更长。

波斯湾沿岸油田所具有的地质、位置、自然环境等条件优越,有着得天独厚的开发条件,其基本特征是:

第一,油田大。西亚以波斯湾为中心,从土耳其东南部一直延伸到阿曼,这里石油储量虽大,油田却不多,大约只有 140 个,但平均每个油田的现有储量竟高达 3.5 亿吨以上,超过亚、非、拉其他产油国单个油田储量几十倍,更是美国的 1 560 倍。据统计,波斯湾地区储量在 6 800 万吨(5 亿桶)以上的大型油田合计提供了全区石油总储量的 95%。该比重在拉美只有 60%,非洲为 50%,北美洲和东南亚只有 40%。目前,全世界储量超过 6.8 亿吨(50 亿桶)的特大型油田计有 21 个,波斯湾地区就占了 14 个,其中科威特的布尔甘油田和沙特阿拉伯的加瓦尔油田累计储量(即历年产量加现有储量)分别达到 95 亿吨和 85 亿吨,而沙特阿拉伯的加瓦尔油田为世界最大的油田,目前年产量高达 2.8 亿吨,独占全区石油产量的 30%;十几个年产能力在 3 000 万至 7 000 万吨的大油田合计产量也占到全区石油产量的 40%。此外,在波斯湾中还分布有一批大型的海底油田,自 20 世纪 50 年代初开始开发以来,产量上升很快,自 1971 年超过委内瑞拉的马拉开波湖后,波斯湾就一直是世界上最大的海洋石油产区,约为西亚石油总产量的 1/6,占世界海洋石油总产量的 1/3。正是由于西亚油田的大型化、高效率、低成本,为长期稳定地开发本地区的石油资源提供了优越的条件。

第二,地质情况良好。波斯湾的储油地质构造具有分布集中、规模巨大、平缓简单的特点。伴生的天然气数量极大,因而油井的自喷率高达 83%(其中沙特阿拉伯、科威特和卡塔尔为 100%,伊拉克为 99%,伊朗为 91%,而美国则仅为 6%),且能长期地保持旺盛的喷油能力。而且,本地区油井单产极高,波斯湾地区只有不到 3700 口油井,而每口油井的平均年产量却高达 25 万吨,超过非洲 3 倍,超过拉美和前苏联 30 倍,更是美国的 400 多倍。

第三,油田离海近,运输方便。除伊拉克北部几个油田外,该地区油田都分布在海岸附近或海上,距海岸最远不超过 100 公里,因此油管运输距离短,原油外运极为方便。一条条巨型油轮自各大油港起航,经过波斯湾的出口处——霍尔木兹海峡运往世界各地。

如此优越的开采条件,使波斯湾地区的石油开采业取得了其他地区无法比拟的经济效益。这里每形成日产 1 吨石油生产能力所需要的投资及每生产 1 吨石油所花费的成本,都是世界上最低的,大约只有非洲和拉美主要产油国的 10%～20%,相当于美国的 1/30。

西亚的石油产量很大,商品率更大。近些年来,该地区年产量一直在 8 亿至 10 亿吨左右,占世界总产量的 30%,远远超过其他任何地区。其中,沙特阿拉伯、伊朗、伊拉克、科威特、阿联酋等国都是年产过亿吨的大产油国。20 世纪 70 年代后期,世界 10 大石油输出国中,海湾国家占了 5 个,从而对很多国家和地区的能源供应起着决定性作用。1908 年至 1980 年,从这里滚滚流出的 160 多亿吨石油,对现代世界经济的发展,起到了难以估量的作用。西亚石油面向许多国家和地区,但主要输向西欧、日本和美国,70 年代中期约占其出口量的 70%。占日本石油需要量的 90%、西欧石油需要量的 70%、美国石油需求的 40%,因此,西亚石油对西方国家来说是生命攸关的。近年来,虽然由于西亚局势不稳定,以及各国采取能源多元化进口等原因,使西亚石油对西方国家的输出量减少,但至今它仍分别提供了日本、西欧和大洋洲每年进口石油的 70%、60% 和 55% 左右,美国尽管距离遥远,目前进口石油中还有 30% 来自西亚。估计在今后相当长时期内,很难改变西方对西亚石油的依赖状况。

近几年来世界对石油的需求在不断增长,加之一些其他因素的影响,世界原油价格飞速上涨,现在每桶石油价格已突破 100 美元的关口,创历史新高。西亚石油输出国的生产构成了欧佩克组织成员国生产的主体,向世界每天供油超过了 3 100 万桶,海湾六国控制了世界石油出口量的 45%,2007 年的石油销售额达到了 3 250 亿美元。价格的上涨,为西亚石油输出国带来了丰厚的石油销售利润。

西亚地区的石油开采业规模虽大,但长期以来石油加工工业十分薄弱。为了改变单纯出口原油的状况,海湾国家正大力加强炼油工业和石油化学工业。伊朗先后建起了阿巴丹、哈尔克岛、设拉子和马斯杰德—苏莱曼等石油化工基地。沙特阿拉伯的腊斯塔努腊炼油厂是世界上最大的炼油厂之一,此后又在利雅得、伯里、朱拜勒、延布等地先后建立起了一批炼油厂,其加工能力接近 1 亿吨。然而,西亚各国建立起来的炼油工业和石油化学工业的生产能力与西亚原油生产能力相比,是远远不能满足需要的。目前波斯湾各产油国都在大力发展炼油和石油化学工业,阿拉伯联合酋长国、卡塔尔、沙特阿拉伯等国的炼油能力都扩大了数倍乃至数十倍,已能把本国原油的 20%～25% 左右在国内提炼后再出口。在石化工业中,化肥生产在海湾占有重要地位,科威特、卡塔尔、沙特阿拉伯等国的化肥产量共达 300 余万吨,大部分供出口。目前,海湾国家正逐步变单纯的原油出口国为原油与石油制品混合出口国,这是该地区工业化开始深化的重要标志。

(二)其他经济部门

西亚的海湾地区,由于气候炎热,沙多水少,地广人稀,加上政治和社会等因素,在石油开发以前,经济很落后、人民生活贫困。经济发展状况基本可以分为三类:沿海地区的居民以捕鱼、采珍珠为主;内陆以畜牧业为主;两河流域及井旁是绿洲灌溉农业。此外,还有部分人从事航海和经商。石油生产在海湾国家兴起以后,丰富的石油资源成为它们经济起飞的跳板,给它们的经济发展也带来了不同的色彩。

首先,石油生产成为海湾国家的基本经济部门,石油生产占海湾各国国内生产总值的50%以上,占各国财政收入的90%,在对外贸易中所占的比重就更大了。20世纪70年代至80年代间,海湾国家石油收入从138亿美元增加到1 872亿美元,增长了13倍以上。巨额的石油收入使海湾国家有资金来发展其他经济部门。

其次,石油出口带来了巨额的对外贸易顺差。从1973年以后,整个石油输出国地区大量的石油美元收入使其在外贸中处于巨额顺差的地位,仅20世纪80年代初期每年顺差就超过1 000亿美元。在世界市场上是一个外汇充裕、有发展潜力的现汇市场。

其三,海湾国家经济正向多样化、现代化转化。它们利用大量的石油外汇,大力发展民族经济,争取在石油资源枯竭之前,建成经济发达的国家。

在工业方面,为石油生产与建筑业服务的工业在海湾诸国已初具规模。其中,如能制造1 420毫米口径输油管的阿瓦士钢管厂,是世界同类型最先进厂家之一;巴林、科威特、沙特阿拉伯等7个产油国合办的"阿拉伯造船修船厂"已于1977年投产,不仅可以修船,还可以造超级油轮。此外,还有炼铝、压铝、建材、机械、水泥、炼钢等工业。海湾地区独特的海水淡化工程也随着工业和生活用水的增加而大量兴建。如科威特所用的淡水96%来自海水淡化,。很多的旧城市以新兴工业城市的面貌出现于世界,如德黑兰、大不里士、延布、巴格达等。沙特阿拉伯的首都利雅得历史上只是一个"沙漠的村庄",如今已发展成为拥有现代设施和百万人口的城市。但本区仍有不少工业部门基本上还处于空白的状况,如纺织业,运输设备制造等。

在建筑业方面,它是海湾国家20世纪70年代以来最兴旺的部门。海湾国家资金比较充裕,但几乎所有构成生产力的要素都缺乏,为解决物质基础设施和社会基础设施不足,这些国家花了巨额投资。这里每年的招标工程达数百亿美元,招来的外籍工人达300万至500万。如沙特阿拉伯在1975年至1980年第二个发展计划期间,为解决上述问题而花了投资总额的 50%,经过 10 年的建设,使面貌大为改观。这些国家建成了大批港口、码头、公路、机场、住房、旅馆、学校、医院、厂房、仓库、办公楼、军事基地、清真寺等。以近年投入运转的码头泊位为例,阿拉伯联合酋长国有 133 个,沙特阿拉伯有 106 个,科威特有 15 个。设备先进的油港纷纷建成,这对改善进出口贸易及该地区经济状况,起着重要的作用。

在银行业方面,海湾国家银行业的兴起,引起了世界的重视。这些国家大量的石油外汇盈余,过去是大量存放在外国银行,主要是美国银行。西方国家声称"阿拉伯人有石油,而我们却控制了世界金融"。海湾国家为了摆脱对西方国家金融业的依赖,开始自己兴办银行业,由自己自由支配存款,改变了过去的被动局面,科威特首先带头,把石油收入的 50%存入自己银行,其他几个国家也纷纷仿效。它们还积极利用这笔资金向外投资,如科威特有 500 亿至 700 亿美元在国外投资,每年获利约 60 亿美元;沙特阿拉伯在国外投资高达 1 000 亿美元左右;巴林利用其优越的地理位置,以自己的力量招来外资,办起近百家银行,迅速地成长为取代贝鲁特的中东最大的金融中心。目前,阿拉伯国家在国外投资已超过 3 500 亿美元。这样巨额的资金投放在国际金融市场上,对国际金融与西方国家的经济有着巨大的影响。海湾国家银行业的兴起,不仅迅速成为这地区各国经济的主要支柱之一,而且使它们在国际经济及政治生活中的作用和地位,变得日益重要。

为摆脱对石油的依赖,波斯湾石油输出国把工业和农业列为重点发展部门。在找到水源的地方,兴修水利工程,把农业生产布局搞得更合理些。沙特阿拉伯在南部利用季节河流修起了阿卜哈水坝与季赞水坝,扩大了数千公顷的灌溉耕地;在东部的哈萨地区,打深机井引地下水灌溉工程,扩大耕地面积 1.2 万公顷;在加瓦尔油田南端的沙漠地带,打机井保证人畜饮用水的供应,建立常年的畜牧业基地,现在该基地每年可以向城市提供数以十万头计的肉用羊。阿曼、阿拉伯联合酋长国、科威特、巴林等都在沙漠中植树造林,种花植草,改变气候,还积极发展果树、蔬菜的生产,土地利用率不断提高。但是这个地区的粮食及农副产品长期以来由于受到其落后的农业生产状况所限制,基本不能自给,仍主要从欧美进口。

(三)对外贸易

由于西亚的石油商品率高及原来的经济基础差,其对外贸易的特点表现为:一方面,西亚地区的石油输出国的进、出口贸易额大,且增长速度快。20世纪70年代后期,海湾国家的出口人均额居世界首位。80年代海湾国家进出口总额分别占世界进出口总额9.2%和3.91%,是世界3大贸易区之一,而且其外贸的增长速度很快。由于原油及石油制品的提价,70年代至80年代,海湾8国仅出口石油收入就增加了12倍,同期进口也从90亿美元左右增至800亿美元以上,增长了8倍多,增长速度之快,在世界上是相当突出的。另一方面,西亚石油输出国在对外贸易中,有着巨大的外贸顺差。在对外贸易中,海湾8国不仅对商品需求量大、品种多,而且具有商人多、关税低、转口贸易活跃等特点。目前,西方国家是海湾国家石油出口的主要对象,同时西方国家也基本控制了它们的进口贸易。海湾8国的各种机械和运输设备、机电产品和各种高档制成品的进口,基本上由西欧、美国、日本、加拿大等所控制;各种农副产品及其制成品进口,则以新西兰、澳大利亚、美国、法国等国为主,日用消费品、小五金、电器产品、轻纺产品及土畜等产品的进口,以第三世界国家为主。

我国对海湾8国的贸易,近些年来发展很快,但占其进口额比重还不大,以其进口商品构成及劳务需求等方面来看,这里将是我国出口贸易的重要市场。石油是我国从海湾国家进口的主要商品,我国原油进口的50%来自这个地区。

西亚海湾8国出口商品构成很简单,几乎只有石油,主要是面向西方工业国家,出口运输的主要方式是海运,其出口途径主要是经由该区的海域,它们是波斯湾、阿曼湾和霍尔木兹海峡。波斯湾,又称阿拉伯湾,在阿拉伯半岛和伊朗高原之间,是印度洋的一个边缘海。西北、东南延伸,自西北阿拉伯河口起,至东南霍尔木兹海峡,长970公里,宽一般为250公里,自古以来一直为海上交通要道。阿曼湾位于阿拉伯海北部,在阿拉伯半岛东端和伊朗高原之间。以阿曼的哈得角至伊朗、巴基斯坦边界的瓜塔尔湾一线为东界,宽约350公里,长约500公里,西北经霍尔木斯海峡通波斯湾,是世界重要的海上通道。霍尔木兹海峡是波斯湾和阿曼湾连接的"人"字形海峡。在阿曼半岛与伊朗之间,东西长150公里,南北宽55公里至95公里,水深71米至219米。为波斯湾海上出入门户和古代欧、亚间"香料之路"重要贸易通道之一,现为"石油宝库"的输油海峡,每年通过海峡的油轮在2万艘以上。

波斯湾现有大小石油输出港20多个,其中沙特阿拉伯的腊斯努拉和伊朗的哈尔克岛即占总装油能力的一半,它们在世界各大油港中分居第一、二位,其他大油港还有科威特的米纳艾哈迈迪和伊拉克的霍尔厄尔阿马亚,就其规模而论,都居世界前列。

海湾地区石油出口除海运方式以外,另一种方式就是通过管道。如伊拉克从1934年起、沙特阿拉伯从1948年起就曾陆续铺设了几条通达地中海岸的输油管,它们分别以叙利亚的巴尼亚斯、黎巴嫩的的黎波里和西顿为终点港,可把向西欧的运输距离缩短1/3以上。

五、非石油输出国经济发展概况

西亚的阿富汗、土耳其、叙利亚、黎巴嫩、约旦、塞浦路斯、也门民主共和国、阿拉伯也门共和国、巴勒斯坦、以色列等国家和地区,石油产量均不多,除叙利亚近年有少量石油出口外,其他国家石油均不能自给,需要进口。它们的经济有以下共同之处:

1. 以农牧业为主的经济

西亚国家的农牧业生产在国内生产总值中占20%～50%,农业劳动力占国内从事经济活动劳动力的50%～75%,农牧业生产的产品占其出口额的50%～80%,它们中只有两个成员例外:一个是以色列,其工业化程度在亚洲仅次于日本;另一个是黎巴嫩,它是以贸易、金融和服务、旅游业为主要经济部门的国家。

西亚的农业一般来说具有以下三个显着特点:第一,生产分布不平衡。全区现有耕地6 860万公顷,垦殖指数为9.6%,但各国、各地区之间相差十分悬殊,沿地中海国家一般垦殖指数可达30%,而阿拉伯半岛上的国家一般不足1%。西亚最重要的农业区位于地中海、黑海和里海沿岸的狭长地带。此外,一些沿河谷地、山麓地区和绿洲也比较重要。

第二,灌溉农业地位突出。西亚大多数地区气候干燥,主要特征是干旱少雨,大陆性强,地中海气候区降水虽较多,但却集中在冬季。因此,水利灌溉就成了发展农业的关键,而水利灌溉发展的历史差不多和这里的农业本身同样的古老。在古代工程的基础上,近年来西亚的灌溉事业又有新的发展,目前整个西亚约有 1 600 余万公顷的水浇地,占全部耕地面积的 1/3,这对西亚农业生产的发展,起了一定的作用。第三,畜牧业和干鲜果品的生产比重较大。西亚各国的粮食作物以小麦、玉米为主,除土耳其、叙利亚等少数灌溉条件较好的地中海沿岸国家外,其他国家因种种原因,粮食都不能自给。经济作物较多,但各国种类不同。有较大宗出口的经济作物有土耳其和叙利亚的棉花,土耳其和伊朗每年还有近百吨生丝出口;也门的阿拉伯咖啡及土耳其的烟草是驰名欧洲的产品,其他都不突出。而在当地干燥和半干燥的气候条件下,草原牧场占到全区总面积的 22%,畜牧业在各国都非常重要,有的国家平均每人拥有好几头牲畜。但由于历史的原因和逐水草而居的粗放经营,草原遭到破坏,改变了大片地区的生态平衡,给西亚的畜牧业带来了极不利的影响。今后对西亚非石油输出国来说,改善草原状况,进一步提高畜牧业的效益,是相当重要的。畜产品一向是西亚的传统出口商品,其中有皮质柔软、色泽和谐、纹理优美的阿富汗柴羔羊皮,最高年产达200 万张,还有产量居世界前列的土耳其山羊板皮等,都是称誉世界的土畜产品。此外,阿拉伯的骆驼也很有名。干鲜水果和蔬菜在西亚农业生产中也较为重要。土耳其的榛子和核桃产品的产量及出口量均居世界前列,阿富汗的石榴,黎巴嫩、巴勒斯坦地区的柑橘,土其耳的葡萄、香蕉,约旦的各种蔬菜及果品等,均为该地区的传统出口商品,在中东或世界上均有一定地位。

2.具有巨额的对外贸易逆差

西亚所有非石油输出国在对外贸易中,均长期处于逆差的状况。20世纪 70 年代后期,整个地区每年的进口额都比出口额大一倍多,有的国家进口额竟比出口额高 100 多倍。主要原因是发达国家一直把这里当作它们的原料、农副产品的供应基地和工业品的销售市场。这些国家内部既没有像石油那样国际需求量大的资源可供出口,又没有坚实的工农业生产作为对外贸易的基础,仅靠出口一些初级产品或工艺品、轻工产品来换取价格高昂的机械设备、石油等,由此造成的外贸巨额逆差已成了这些国家的负担。如土耳其主要出口商品是鲜果、蔬菜、烟草、棉花、谷物、活牲畜及各类加工产品等,这些传统产品直到 80 年代还占其出口总值的 57%,进口的主要商品为石油、机械、运输设备等,80 年代占其进口总额的 63%。70 年代至 80 年代,外贸的累计逆差达 205 亿美元。其他国家也有类似情况。目前这个地区各国多用劳务输出、开办旅游业、借外债等办法解决外汇储备不足问题,虽然对这些国家的外贸逆差起了一定的缓和作用,但逆差所造成的不利因素还将长期地影响下去。

3. 经济上与石油输出国有着密切的联系

西亚非石油输出国虽本身产油不多,但由于毗邻世界著名的石油生产地区,因而在经济上也和石油生产有着十分密切的联系。首先,这些国家利用邻近的石油输出国的原油,兴办石油化学工业。民主也门的亚丁炼油厂加工能力每年达近千万吨,占全国工业总产值的 90%。其他一些非石油输出国也纷纷相继办起了超过自己国家消费能力的炼油厂,如叙利亚的原油加工能力达 1 100 多万吨。其次,通过向石油输出国输出劳力,赢得外汇以弥补贸易逆差。产油国缺乏劳动力,西亚非产油国的 200 余万劳动力活跃在石油生产国的各个部门,其中也门人就有 100 万,每年寄回本国 15 亿左右美元外汇;土耳其的 100 万在国外的劳动力也逐渐向产油国转移。第三,收取油管过境税和港口码头服务费,以促进本国经济的发展。这主要有地中海沿岸的叙利亚、黎巴嫩、土耳其等国。第四,向石油输出国提供金融和后勤服务。如黎巴嫩的首都贝鲁特是中东最大的金融市场之一,在战火中还能保持兴旺不衰的原因之一,就是为石油业提供服务。塞浦路斯、约旦、土耳其、叙利亚的蔬菜、干鲜果大量向石油输出国出口,这对保证发展本国经济起着一定的作用。而石油输出国也通过各种形式,给予穆斯林兄弟国家一些财政援助。

4. 拥有重要的战略性资源

西亚非石油输出国的一些矿物资源在世界上也占有重要地位,如死海的氯化物储量达 420 亿吨,土耳其的铬储量占世界第二位。只要加以充分利用,对非产油国的经济发展也会发生一定的影响。

六、以色列概况

以色列国(The State of Israel)位于亚洲西部,地中海东南,西临地中海,北接黎巴嫩,东与约旦河西岸接壤,东北与叙利亚为邻,东南和西南以亚喀巴湾与埃及西奈半岛为界,地处欧、亚、非三洲会合处,是东西阿拉伯的桥梁。领土面积为 2 万平方公里。

(一)自然环境

1.地形

以色列北部是加利利山,高度约 1 200 米。加利利山以东为约旦河谷,约旦河水经此分别流入太巴列湖和死海,其中的死海洼地是地球的最低点。加利利山以西是狭长的沿海平原,从黎巴嫩边境一直延伸至南部,土地肥沃,是主要农业区。加利利山以南是埃斯德拉隆谷和高达 900 米的高原,再向南是内格夫沙漠地区,它占以色列总面积的近一半。

2.气候

以色列气候属典型的亚热带地中海型气候。夏季炎热干燥,温度在 32℃～38℃之间;冬季温和多雨。以色列降雨较少,一般为 400 毫米至 550 毫米。降雨主要在冬季的 12 月份至第二年的 3 月份,6 月份至 8 月份无雨,季节性很强。降雨量分布也很不均匀,总体上看,由于西南风经地中海吹向北部以及经埃及吹向南部,因此以色列的降雨量少,淡水资源严重短缺。

3.矿产

以色列的主要矿产资源有钾、铜、铁、镁、锰、磷灰石、石灰石和少量的石油。自然资源、能源都缺乏,石油、煤和天然气依赖进口。以色列一直积极开发新能源,利用太阳能、热能和风能替代传统能源,已经成为世界上利用太阳能的先进国家。

(二)人文特点

1.以色列简史

公元前 13 世纪末,犹太人的远祖希伯来人从埃及移居到巴勒斯坦。公元前 11 世纪建立希伯来王国。公元前 10 世纪中叶进入鼎盛时期后,王国分为南、北两部,南部称为犹太王国,北部称为以色列王国。公元前 722 年,以色列王国被亚述人征服。公元前 586 年,犹太王国被巴比伦人灭亡。此后,又先后被波斯、希腊、罗马、土耳其等外族占领,大部分犹太人被赶出家园,流落到欧洲各地。公元 7 世纪,巴勒斯坦地区成为阿拉伯帝国的一部分,阿拉伯人不断迁入。16 世纪,巴勒斯坦地区被奥斯曼帝国吞并。19 世纪末,欧洲犹太人发起"犹太复国主义运动"。1897 年,成立"世界犹太复国主义组织"。1917 年,英国占领巴勒斯坦地区,同年 11 月 2 日发表"贝尔福宣言",赞成在巴勒斯坦地区为犹太人建立一个民族之家。1922 年 7 月,成为英国的"委任统治地",规定在巴勒斯坦地区建立"犹太民族之家"。此后,各地的犹太人大批移居巴勒斯坦。1947 年 11 月 29 日,联合国大会通过"巴勒斯坦"分治的决议,决定在巴勒斯坦地区分别建立犹太国和阿拉伯国。1948 年 5 月 14 日,以色列国正式成立。

2.人口、民族与宗教

人口约 715 万(2007 年),其中犹太人占总人口的 82%,阿拉伯人占 14%,德鲁兹人和其他人占 4%。

犹太教为以色列的国教,希伯来语为国语,希伯来语和阿拉伯语为官方语言,通用英语。

(三)经济发展概况

以色列建国以来,经济发展一直受到阿以冲突的影响,就是阿以关系缓和以来,以色列同阿拉伯国家也是冲突不断。在这样恶劣的环境下,以色列经济仍然取得了非凡的成绩。这正说明了以色列经济有着自己独特的"发展模式"。以色列资源相对贫乏,人口较少,劳动力成本较高。因此,政府长期以来制定了以能耗少、资金和技术密集型产业为主的经济发展模式,高科技产业、服务业较之传统的工农业所受战争的影响自然要小得多。

以色列地小人少,资源贫乏,但以科技立国,经济发达。农业、工业、电子、通信、军工和医疗工业水平较高,为世人瞩目。经济结构为混合型,私人企业占很大比重,但仍有部分重要行业由政府控制,如电信、航运、民航等。随着以经济发展的需要,近年来,以加快推进私有化改革和经济结构调整。

20 世纪 50 年代至 60 年代,以色列经济年平均增长率为 9.7%,发展迅猛。2005 年国民生产总值为 1 143.13 亿美元,排在世界第 38 位,人均国民生产总值达 16 987 美元,排在世界第 32 位。

1. 工业特点

以色列工业比较发达,机械化、自动化程度高,是国民经济的支柱产业。工矿业产值约占国内生产总值的 21%。主要有军火、电子、钻石加工、化工、纺织、机械、设备、建筑等部门,其中军火工业、电子产业、钻石加工业的发展最为迅速。军火工业不仅能生产一般武器,还能制造导弹等高新技术武器,并已向世界近 50 个国家出口,是西方国家中仅次于美国、法国、德国、英国的第五大军火出口国。钻石加工生产量大,是以色列的主要出口商品,其出口量居世界第一位。此外,电子、机械、纺织、食品、化学、玻璃、造纸等工业也比较发达。以色列高新技术产业发展举世瞩目,特别是在电子、通信、计算机软件、医疗器械、生物技术工程、农业以及航空等方面拥有先进的技术和优势。以色列地处沙漠地带边缘,水资源匮乏。严重缺水使以色列在农业方面形成了特有的滴灌节水技术,充分利用现有水资源,将大片沙漠变成了绿洲。以不足总人口 5% 的农民,不仅养活了全体国民,还大量出口优质水果、蔬菜、花卉和棉花等。

2. 农业特色

以色列的农业是一部长期同不利条件作艰苦斗争和最大限度地利用珍贵水资源和可耕地的成功史。自以色列建国后,耕地总面积增加了 1.6 倍,达到 110 万英亩左右。农业定居点从 400 个增加到 750 个,但随着社会城市化,农村人口的比例已从 12% 下降到 5% 以下。如今,以色列的食品已大部分实现自给自足,农业出口收入足以支付农业进口费用。以色列的农产品主要包括奶制品、家禽类、鲜花、水果及蔬菜等。农业在国民经济中占重要地位。农业产值占国内生产总值的比重为 31%。可耕地面积为 42.7 万公顷。其中水浇地占 48%。主要农作物有小麦、玉米、棉花、柑桔、葡萄、蔬菜和花卉,产量最多的是柑橘。通过兴修水利,使用先进技术,提高机械化程度,农业获得迅速发展。粮食已基本自给,水果、蔬菜和花卉除了满足国内需要外,还出口到欧洲、美国市场。畜牧业主要饲养牛、绵羊、山羊和家禽。

3. 对外贸易

对外贸易在以色列国民经济中占较大的比重。进出口贸易额维持在 800 亿美元上下。其中进口总额的 60% 以上为钻石、燃油、船只和飞机,17% 左右为汽车、机械和其他投资设备,20% 以上为消费商品;出口总额的 3% 以上为农产品,将近 20% 为钻石,约 40% 为电子、通信等。主要贸易伙伴有 23 个,其中北美、欧盟、日本、澳大利亚是它的主要贸易伙伴。以色列享有澳大利亚、美国、奥地利、加拿大、日本、芬兰、新西兰等国提供的普惠制(GSP)待遇。

4. 交通运输业

以色列公路运输发达,公路总长 13 000 多公里,耶路撒冷与特拉维夫、海法有高速公路相连,有两条长 300 公里的高速公路。铁路总长为 500 多公里,都与耶路撒冷、特拉维夫、海法、比尔谢巴等地相通。

5. 旅游业

旅游业在以色列经济中居重要地位。以色列不仅自然环境多样,风光独特,而且拥有众多的名胜古迹,作为世界三大宗教圣地之一的耶路撒冷闻名于世,每年都吸引着上百万的外国游客,1995 年国外游客数突破 200 万大关。旅游外汇收入达 10 多亿美元,是国家的重要外汇收入来源。

6. 首都与港口

以色列首都建国时在特拉维夫,1950 年迁往耶路撒冷,未得到国际社会普遍承认。1980 年 7 月 30 日以色列议会通过法案,宣布耶路撒冷是以色列"永恒的与不可分割的首都",但它的政府所在地仍在特拉维夫。对于耶路撒冷的地位和归属,阿拉伯国家同以色列一直有争议,阿拉伯国家要求以色列撒出 1967 年以来它所占领的一切阿拉伯领土,包括阿拉伯的耶路撒冷(指东耶路撒冷)。绝大多数同以色列有外交关系的国家仍把使馆设在特拉维夫。

以色列的主要港口为地中海沿岸的海法港、阿什杜德港和亚喀巴湾的埃拉特港。国际运输以海法港和本·古里安国际机场为主,与众多国家有定期航班往来。

本章思考题

1.分析战后韩国经济高速增长的原因。

2.结合日本地图认识日本的领土组成及所处的地理位置。

3.指出日本海陆与经纬位置对其经济和社会发展的影响。

4."二战"后日本成为世界第二大经济强国是由哪些因素促成的?

5.比较东盟五国经济发展的异同点。

6.印度软件产业迅速发展的原因是什么?

7.简述印度农业的特点。

8.西亚地区自然地理环境有何特点?

9.指出海湾油田的基本特征。

10.简析以色列工农业发展概况。

第十三章

欧洲

第一节　欧洲概况

　　欧洲是欧罗巴洲(Europe)的简称,位于东半球的西北部,北临北冰洋,西濒大西洋,南滨大西洋的属海地中海和黑海。东部以乌拉尔山脉、乌拉尔河、里海、高加索山脉、博斯普鲁斯海峡、马尔马拉海、达达尼尔海峡同亚洲分界;南隔地中海与非洲相望;西北隔格陵兰海、丹麦海峡与北美洲相对。面积1 016万平方公里,约占世界陆地总面积的6.8%,仅大于大洋洲,是世界第六大洲。

一、人文地理环境

　　欧洲人口为7.23亿(2006年),居世界第二位。是人口密度最大的一洲。城市人口约占全洲人口的64%,在各洲中次于大洋洲和北美洲,居第三位。欧洲的人口分布以西部最密，莱茵河中游谷地、巴黎盆地、比利时东部和泰晤士河下游每平方公里均在 200 人以上。

欧洲绝大部分居民是白种人(欧罗巴人种)。居民语言分属下列语系：印欧语系，属此语系的居民占全洲总人口的 95%。在此语系下形成了斯拉夫、日尔曼、拉丁、阿尔巴尼亚、希腊、凯尔特语族的各民族；在乌拉尔语系下形成了包括芬兰、乌戈尔、萨莫耶语族的各民族。

欧洲居民多信天主教、基督教新教和东正教等。位于意大利首都罗马市西北角的城中之国梵蒂冈，是世界天主教中心。

二、自然地理环境

欧洲大陆是亚欧大陆伸入大西洋中的一个大半岛，其面积占亚欧大陆的 1/5。大陆海岸线长 37 900 公里，是世界上海岸线切割最为厉害、最曲折复杂的一个洲，海岸线多半岛、岛屿、港湾和深入大陆的内海。

欧洲地形总的特点是冰川地形分布较广，高山峻岭汇集南部。海拔 200 米以上的高原、丘陵和山地约占全洲面积的 40%，海拔 200 米以下的平原约占全洲面积的 60%。全洲平均海拔 300 米，是平均海拔最低的一个洲。

阿尔卑斯山脉横亘南部，是欧洲最高大的山脉，平均海拔在 3 000 米左右，山势雄伟，许多高峰终年白雪皑皑，山谷冰川发育，主峰勃朗峰海拔 4 807 米。阿尔卑斯山脉的主干向东伸展为喀尔巴阡山脉，向东南延伸为韦莱比特山、特纳拉山脉，向南延伸为亚平宁山脉，向西南延伸为比利牛斯山脉。东部欧、亚两洲交界处有乌拉尔山脉。东南部高加索山脉的主峰厄尔布鲁士山，海拔 5 642 米，为欧洲最高峰。欧洲北部有斯堪的纳维亚山脉。

平原和丘陵主要分布在欧洲东部和中部，主要有东欧平原(又称俄罗斯平原，面积约占全洲的一半)、波德平原(也叫中欧平原)和西欧平原。里海北部沿岸低地在海平面以下 28 米，为全洲最低点。南欧和北欧的冰岛多火山，地震频繁。

欧洲的河流，分布很均匀，河网稠密，水量较充足，多短小而水量充沛的河流。河流大多发源于欧洲中部,分别流入大西洋、北冰洋、里海、黑海和地中海。欧洲最长的河流是伏尔加河,长 3 690 公里。多瑙河为第二大河,长 2 850 公里。欧洲是一个多小湖群的大陆,湖泊多为冰川作用形成,如芬兰素有"千湖之国"的称号,全境大小湖泊有 6 万个以上,内陆水域面积占全国总面积 9%多。阿尔卑斯山麓地带分布着许多较大的冰碛湖和构造湖,山地河流多流经湖泊,湖泊地区如日内瓦湖区成为著名的游览地。

欧洲大部分地区地处北温带,气候温和湿润。西部大西洋沿岸夏季凉爽,冬季温和,多雨雾,是典型的海洋性温带阔叶林气候。东部因远离海洋,属大陆性温带阔叶林气候。东欧平原北部属温带针叶林气候。北冰洋沿岸地区冬季严寒,夏季凉爽而短促,属寒带苔原气候。南部地中海海沿岸地区冬暖多雨,夏热干燥,属亚热带地中海式气候。

欧洲的矿物资源以煤、石油、铁比较丰富。煤主要分布在乌克兰的顿巴斯、波兰的西里西亚、德国的鲁尔和萨尔、法国的洛林和北部、英国的英格兰中部等地,这些地方均有世界著名的大煤田。石油主要分布在喀尔巴阡山脉山麓地区、北海及其沿岸地区。其他比较重要的还有天然气、钾盐、铜、铬、褐煤、铅、锌、汞和硫磺等。欧洲的森林面积约占全洲总面积的 39%(包括俄罗斯全部)。占世界总面积的 23%。西部沿海为世界著名渔场,主要有挪威海、北海、巴伦支海、波罗的海、比斯开湾等渔场。

三、经济特点

欧洲是资本主义经济发展最早的一洲,欧洲经济发展水平居各大洲之首。工业、交通运输、商业贸易、金融保险等在世界经济中占重要地位,在科学技术的若干领域内也处于世界较领先地位。欧洲绝大多数国家属于发达国家,其中北欧、西欧和中欧的一些国家经济发展水平最高,南欧一些国家经济水平相对较低。

欧洲工业化水平高。煤、铁开采量占世界总开采量的 30%以上,汞、钾盐均占 60%以上,其主要工业部门是钢铁、机械、化学、食品。汽车、船舶、飞机、发电设备、农机、电子器材等。产量占世界 40%以上,德国、法国、英国、俄罗斯等国家的生产规模巨大。此外瑞士的钟表和精密仪器、捷克与斯洛伐克的重型机器、德国的光学仪器、西班牙的造船、瑞典的造船和矿山机械等在国际上素有盛誉。

在欧洲,农业为次要生产部门。欧洲农业以现代化水平较高、农牧结合和集约化水平高为主要特点,主要种植麦类、玉米、马铃薯、蔬菜、瓜果、甜菜、向日葵、亚麻等,小麦产量约占世界总产量的 50％,大麦、燕麦约占 60％以上;园艺业发达,主产葡萄和苹果;畜牧业以饲养猪、牛、绵羊为主。

欧洲已形成了庞大的综合运输网络,各种运输方式高度发展,铁路、公路、海运、航空等都非常发达。运输业居世界各洲之首位。

四、地理区域概况

在地理上,按习惯将欧洲分为南欧、西欧、中欧、北欧和东欧五个地区。

1. 南欧

南欧指阿尔卑斯山脉以南的巴尔干半岛、亚平宁半岛、伊比利亚半岛和附近岛屿。南面和东面临大西洋的属海地中海和黑海,西濒大西洋。包括斯洛文尼亚、克罗地亚、塞尔维亚、黑山、波斯尼亚和黑塞哥维那、马其顿、罗马尼亚、保加利亚、阿尔巴尼亚、希腊、土耳其的一部分、意大利、梵蒂冈、圣马力诺、马耳他、西班牙、安道尔和葡萄牙。面积 166万多平方公里。南欧三大半岛多山,平原面积甚小。地处大西洋—地中海—印度洋沿岸火山带,多火山,地震频繁。大部分地区属亚热带地中海式气候。河流短小,大多注入地中海。主要矿物有石油、天然沥青、煤、铬、汞、铅、锌、铜等。南欧是油橄榄、葡萄、茴香、欧洲栓皮栎等栽培植物原产地。农作物以小麦、玉米、烟草为主。盛产柑橘、葡萄、油橄榄、柠檬和栓皮等。牧羊业较发达,西班牙是世界著名的细毛绵羊美利奴羊的原产地。

2. 西欧

西欧狭义上指欧洲西部濒临大西洋的地区和附近岛屿,包括英国、爱尔兰、荷兰、比利时、卢森堡、法国和摩纳哥。面积 93 万多平方公里。

通常也把欧洲资本主义国家叫西欧。狭义上的西欧地形主要为平原和高原,山地面积较小。地处西风带内,绝大部分地区属海洋性温带阔叶林气候,雨量丰沛、稳定,多雾。河流多注入大西洋。主要矿物有煤、铁、石油、天然气、钾盐等。农作物以小麦、大麦、燕麦、马铃薯、甜菜为主。盛产葡萄和苹果。渔业和养畜业均较发达。比利时和法国所产阿尔登马,英国所产巴克夏猪、约克夏猪、大白猪、爱尔夏牛、纯血种马,荷兰所产荷兰牛等优良畜种世界闻名。

3. 中欧

中欧指波罗的海以南、阿尔卑斯山脉以北的欧洲中部地区。中欧所包括的国家有波兰、捷克、斯洛伐克、匈牙利、德国、奥地利、瑞士、列支敦士登。面积 101 万多平方公里。南部为高大的阿尔卑斯山脉及其支脉喀尔巴阡山脉等所盘踞,山地中多陷落盆地;北部为平原,受第四纪冰川作用,多冰川地形和湖泊。地处海洋性温带阔叶林气候向大陆性温带阔叶林气候过渡的地带。除欧洲第二大河多瑙河向东流经南部山区注入黑海外,大部分河流向北流入波罗的海和北海。主要矿物有褐煤、硬煤、钾盐、铅、锌、铜、铀、菱镁矿、铝土矿和硫磺等。农作物以小麦、大麦、黑麦、马铃薯和甜菜为主,还产温带水果。养畜业较发达,瑞士的西门达尔牛、萨能山羊、吐根堡山羊等优良畜种世界闻名。

4. 北欧

北欧指日德兰半岛、斯堪的纳维亚半岛一带。包括冰岛、法罗群岛(丹)、丹麦、挪威、瑞典和芬兰。面积 132 万多平方公里。境内多高原、丘陵、湖泊,第四纪冰川期全为冰川覆盖,故多冰川地形和峡湾海岸。斯堪的纳维亚半岛面积约 80 万平方公里,挪威海岸陡峭曲折,多岛屿和峡湾。斯堪的纳维亚山脉纵贯半岛,长约 1 500 公里,宽约 400 公里至 600 公里,西坡陡峭,东坡平缓,为一古老的台状山地,个别地区有冰川覆盖,挪威境内的格利特峰海拔 2 470 米,为半岛的最高点。冰岛上多火山和温泉。北欧绝大部分地区属温带针叶林气候;仅大西洋沿岸地区因受北大西洋暖流影响,气候较温和,属温带阔叶林气候。河短流急,水力资源丰富。主要矿物有铁、铅、锌、铜等。森林广布。农作物以小麦、黑麦、燕麦、马铃薯、甜菜为主。养畜业较发达。鱼产丰富,西部沿海是世界三大渔场之一。捕鱼量约占世界捕鱼总量的 9%左右。

5.东欧

东欧指欧洲东部地区,在地理上指爱沙尼亚、拉脱维亚、立陶宛、白俄罗斯、乌克兰、摩尔多瓦和俄罗斯欧洲部分,地形以平均海拔 170 米的东欧平原为主体。东部边缘有乌拉尔山脉,平原上多丘陵和冰川地形,北部湖泊众多,东南部草原和沙漠面积较广。北部沿海地区属寒带苔原气候,往南过渡到温带草原气候,东南部属温带沙漠气候。欧洲第一大河伏尔加河向东南注入里海。主要矿物有石油、煤、铁、锰、磷酸盐等。盛产小麦、马铃薯、甜菜、向日葵。养畜业较发达,苏维埃重挽马、奥尔洛夫快步马、顿河马均为马的优良品种。

第二节 欧盟四国

德 国

德国全称德意志联邦共和国(The Federal Republic of Germany)。德国本是个统一的国家,第二次世界大战后,被苏美英法分区占领。1949 年 9 月,美、英、法合并占领区,成立德意志联邦共和国(西德)。同年 10 月,苏占区成立了德意志民主共和国(东德),形成了两个德国并存的局面。经过战后 40 多年的分裂,1990 年 10 月 3 日,柏林墙被拆除,两德实现了统一,合并为包括柏林在内的 16 个州组成的德意志联邦共和国,简称德国。

德国位于欧洲的中部,西欧的东部,北濒波罗的海和北海,东与波兰、捷克为临,南部与奥地利、瑞士接壤,西部邻国由北至南分别为荷兰、比利时、卢森堡和法国。德国地处欧洲陆上交通的十字路口,是南、北欧之间和东西欧之间来往的必经之路,地理位置十分重要。

德国领土总面积 35.7 万平方公里,在欧洲居第五位,在西欧国家

‌

中仅次于法国,居第二位。德国首都为柏林。

一、人口、民族与宗教

德国总人口为 8 231 万(2006 年),相对 2005 年底的 8 244 万减少了 13 万,这已是德国总人口第 4 次下滑。统计结果显示,2006 年德国人口出生率和死亡率相对前一年均有所下降,出生人口为 67 万至 68 万,死亡人数为 82 万至 83 万,即死亡人数比出生人数多 15 万,而 2005 年为 14.4 万。另外,2005 年入籍德国人数比外迁移民人数多出 7.9 万,而 2006 年仅为 2 万至 3 万,但该数目仍不足以抵消其人口负增长。

德国是世界上人口密度最大的国家之一,平均每平方公里达 220 人。由于国内绝大部分地区自然条件优越,无极端恶劣自然条件地区,故人口分布比较均匀。但具体看,西部人口密度明显大于东部,其中又以莱茵河中游的北莱茵—威斯特伐伦州密度最大,达到每平方公里 500 人,这里的鲁尔工业区更是高达每平方公里 1 000 人至 3 000 人,为世界人口最稠密的地区之一。

人口老龄化是德国社会最主要的问题。自 1991 年以来,德国的出生率就一直低于死亡率,使德国社会老龄化的问题变得越来越突出。德国社会的老龄化问题将在 2025 年至 2035 年间达到高峰。到那时,20 世纪 50 年代至 60 年代生育高峰期出生的人将全部进入领取养老金的行列。届时,德国社会将面临真正严重的问题。

历史上德国曾是一个传统的人口迁出国,现在却成了世界上移入侨民最多的国家之一,侨民大多来自土耳其、原南斯拉夫及其他地中海沿岸国家。

德国 99% 居民为德意志人,其余为丹麦人、荷兰人、犹太人、吉卜赛人等。城市人口占总人口的 80% 以上,多信奉基督教与天主教。官方语言为德语。

二、自然条件

1. 地形

德国地势南高北低,从南向北倾斜。主要地形有高原、平原、山地,其中以平原面积最大,约占领土面积的 2/5。北部的北德平原平均海拔在 200 米以下。大部分已开垦为耕地,是全国重要的农业区。中部是中德山地,一般高度不大,对德国经济发展无甚影响。靠近南部国界是雄伟陡峭的阿尔卑斯山脉,祖格峰是德国境内最高峰,海拔 2 963 米,是德国游览胜地之一。山地和多瑙河合地之间是巴伐利亚高原,海拔 400 米,是德国主要的农牧业区。高原西部是黑林山,山谷高深,森林密布。黑林山之西是著名的莱茵谷地,这里气候湿润,地势低平,土壤肥沃,是德国发达的农业区。

2.气候

德国气候属温和大陆性气候,1 月均温在 0℃～7℃,7 月均温在 16℃～20℃。年降水量北部平均为 600～800 毫米,南部则超过 1 000 毫米。德国西部因受来自大西洋西风气流影响较大,温带海洋性气候特征较明显,而东部、南部因受其影响较弱,大陆性气候特征较强。

由于受地形和气候条件影响,德国北部低温,不利于种植业的发展,而利于牧草的生长,对发展畜牧业十分有利。平原南部黄土地带,土壤气候条件适于谷物种植,南部水分热量充足,有利于多种农作物种植。

3.河流

德国河流众多,水量丰富,且水流平缓,利于航行。多瑙河、莱茵河、威悉河、易北河为主要河流,各河之间均以运河沟通,具有很大的经济、航运价值。除天然河流外,德国发达的运河网世界著名,基尔运河全长 98.6 公里,为重要的国际运河,它沟通了波罗的海与北海,是两海之间海运航行的捷径。莱茵—多瑙运河全长 2 公里,连接莱茵河与多瑙河两大水系,可通航载重 1 500 吨的船只。

4.资源

德国矿产资源较贫乏,除煤、钾盐和磷矿比较丰富外,仅有少量的铁、石油、天然气等。德国煤的储量较大,而且品种齐全,分布集中。鲁尔煤田是德国最大煤炭产区,以产硬煤为主,西部与西南部煤田是褐煤的主要产地。钾盐主要分布在哈次山的两侧,位于易北河与威悉河之间。磷矿主要分布在黄土地带。工业所需要的铜、锡、铝等矿产主要靠进口。

三、经济发展概述

德国是高度发达的工业化国家。国民生产总值和工业总产值仅次于美国与日本,居世界第三位。2006 年国民生产总值为 28 582 亿美元,人均国民生产总值为 34 679 美元。

德国成为一个拥有雄厚实力的世界经济大国走过了漫长而曲折的发展道路。历史上的德国经济落后于英、法两国,19 世纪末至 20 世纪初德国经济迅速发展,国民生产总值相继超过了英法两国。德国是两次世界大战的发动者,尤其是第二次世界大战的战败,使得德国经济彻底崩溃。

"二战"后,统一的德国分裂成东、西两部分,使原有的完整的国民经济结构和统一的国内市场受到破坏,给经济恢复发展带来很大的困难。由于德国有着强大的技术力量和高素质的劳动力队伍等原因,战后东德和西德的经济发展均较迅速。20 世纪 80 年代末东德人均国民生产总值达 6 000 美元,是原东欧社会主义国家中,经济发展水平最高的国家。西德自 1951 年至 1966 年为经济高速增长阶段,国民生产总值年均增长 7.1%,被西方世界称为创造了"经济奇迹",并实现了工农业现代化。

战后的西德制定了恢复经济的各项政策,加之美国的扶植,使潜力巨大的德国西部经济如虎添翼,从 20 世纪 50 年代开始,经济基本恢复到战前水平,1950 年的工业生产相当于战前最高水平 1938 年的 93.1%,1951 年相当于 109.3%。50 年代中期,即成为资本主义世界第二大工业国。从 50 年代初至两德统一前,德国西部经济发展经历了三个阶段:

第一阶段。1951 年至 1966 年,是经济的高速增长阶段,即西方称之为"德国经济奇迹"阶段。在这个阶段,国民生产总值和工业生产增长速度均在西方发达国家中处于领先地位。同时,对外贸易连年顺差,黄金外汇储备迅速上升。1966 年国民年产总值比 1950 年增长 2 倍,年均递增 7.1%。

第二阶段。1966 年至 1973 年,是西德经济平稳发展阶段。在这个阶段,经济发展速度虽然减慢并出现了短期不稳定,但 1967 年至 1973

年,国民生产总值的年均增长率仍达到 4.6％,国民生产总值虽然被日本超过,退居资本主义世界第三位,但工业品出口和黄金外汇储备均跃居首位。

第三阶段。1973 至两德统一,是西德经济缓慢发展阶段。受经济危机的影响,1974 年至 1980 年,国民生产总值年均增长率为 2.3％,后来虽然经济有所回升,但 1982 年至 1988 年国民生产总值年均增长率也仅为 2.5％。

第二次世界大战后在东部建立的民主德国,初期经济状况是非常严峻的,德国的分裂给东德造成的损失更大。"二战"前,德国的主要工业部门集中在西部地区。如 1936 年德国煤炭开采中,产自东德地区的仅占 2.9％,生铁产量中只有 1.6％,钢产量中所占比例只有 2.7％。民主德国成立后,制定了发展经济的"五年计划"。特别是第一个五年计划的实施,初步建立了一个完整的工农业结构,此后,又连续实施了七个五年计划,建立了以现代化工业为主体的国民经济体系。1949 年至1988 年的 40 年里,东德建立了雄厚的物质生产基础,生产投资增长 19倍多,进入 20 世纪 80 年代,国内生产总值在当时的"经互会"成员国中仅次于前苏联,为东欧国家中经济发展水平最高的国家之一。

1990 年 3 月,两德实现了统一。统一后的德国经济发展面临新的形势。20 世纪 90 年代以来,德国东部经济陷入全面的转轨危机,生产下降,大批企业倒闭,失业问题严重。为此,德国政府投入了大量资金,使得西部经济增长速度放慢,1992 年经济增长率为 2％,低于美国,1993 年出现了负增长,为－1.7％。由于东部地区高素质的廉价劳动力必然会发挥其优势,促使东部地区经济发展水平不断提高,经济增长速度不断加快,成为今后德国经济的重心。

进入 21 世纪,德国经济连续三年处于衰退状态。2004 年以来,德国经济开始明显复苏。进入 2006 年以后,投资率上升、经济增长加快、失业率下降、财政赤字减少等一系列好消息接踵而至,成为德国经济好转的里程碑。德国经济的增长率从 2005 年的 0.9％上升到 2006 年的2.8％,2006 年的增长率也是自 1994 年以来首次超过了法国。与欧元区相比,欧元区 2005 年经济增长 1.3％,明显高于德国,而 2006 年的

2.6%和 2007 年第一季度的 3.1%又明显低于德国。由于德国出口强劲,其在国际贸易中所占的比重从 2000 年的 8.6%上升到今天的10%。

德国经济复苏的主要原因:

(1)出口的大幅增长是拉动经济复苏的主要动力。德国经济中直接或间接为出口工作的人员目前大约占总就业人数的 24.3%,即每 4 个工作岗位中大约有一个依附于出口。在加工行业里,工作岗位对出口的依赖性更大,因为该部门生产的 1/4 是出口的。

(2)企业获利强劲,为经济增长注入新的活力。德国企业受惠于成本削减措施和世界经济形势的明显改善,继 2004 年第一季度之后,第二季度获得的利润再度强劲增长。

(3)设备投资的上升也是促成经济复苏的重要原因。世界经济形势的好转、外贸出口的强劲以及计件工资的下降,使得 2003 年第三季度起企业设备投资开始回升,平均每个季度递增 4.2%。

(4)建筑业平稳发展,不再拖整个经济发展的后腿。

(5)推行多年改革的结果,特别是内部福利制度改革。

(6)世界经济总体好转,带动了德国机械工业等重工业出口的增长,使德国经济重新开始恢复生机。

四、国民经济主要部门

(一)高度发达的工业

德国是高度发达的工业国,是资本主义世界第三大工业国,人均工业生产总值远远超过日本、法国、英国等国家,与美国接近,主要工业品产量均居世界前列,工业在国民经济中占绝对优势,是德国的经济支柱。

德国工业几乎包括了轻、重工业的所有门类,体系完整,技术水平先进,重工业占绝对优势。尤其以机械、化工、电器和汽车等工业部门为主要支柱。采煤、造船、钢铁以及战后新兴的石油化工、电子、核能利用、航空航天等工业部门也很发达。重工业的重心已从钢铁和煤炭转移到机械制造、电子电器、汽车和化学等工业部门。

德国的工业布局比较均衡,但也存在地区差异。工业中心在北莱茵—威斯特法伦、巴伐利亚、巴登—符腾堡、下萨克林、黑森和萨尔—萨克森等州。北莱茵—威斯特法伦州是德国最大的重工业区,其中的鲁尔区素有德国的工业心脏和西欧最重要的工业区之称。

对德国国民经济和对外贸易影响重大的主要工业部门有:

1. 能源工业

德国是世界能源大国,自给率达 50% 以上。本国除煤炭资源充裕外,石油与天然气资源十分贫乏。在 20 世纪 50 年代中期以前,在西德的能源消费构成中,煤炭占 85% 以上,但自 60 年代后,在进口廉价石油的大力竞争下,国内能源消费结构发生重大变化,从以煤炭为主转为以石油和天然气为主。

(1)煤炭工业。德国煤炭储量十分丰富,仅次于俄国、中国、美国,占世界第四位,煤产量也居世界前列。煤种主要是硬煤与褐煤,其中硬煤主要分布在德国西部,褐煤主要产自德国东部。德国是世界最大褐煤生产国。煤炭工业是德国历史悠久的工业部门,煤炭的大力开发和综合利用,是产业革命时期德国迅速成为世界工业强国的重要原因之一。德国硬煤的经济可采储量为 240 亿吨,褐煤的经济可采储量约 940 亿吨,煤炭(硬煤和褐煤)在能源消费结构中的比重逐年减少,1950 年占天然能源消耗的 88%,90 年代后半期已下降至不足 30%,但仍超过一般发达国家的比重。

德国煤炭工业有以下突出的特点:一是硬煤质量好,60% 是可供炼焦用的优质肥煤,储量分布集中,且 90% 集中在鲁尔区,8% 分布在萨尔区。二是褐煤资源丰富,质量高,埋藏浅,利于露天开采,生产成本较低,综合利用率高,大部分用于动力,可发电、供热,并可做化工原料、生产煤气、做家庭用煤砖,优质褐煤还可炼焦。三是生产技术与机械化水平高。采煤综合机械化程度高达 96.8%,居世界首位。煤的气化与液化技术也居世界前列。煤直接液化生产的液化油质量高于天然石油,可合成汽油用于汽车业。四是煤炭综合利用程度高,采煤与电力、炼焦、钢铁、煤化学、建材工业等联营生产,形成以煤炭开采业为中心的综合工业区。五是注重煤炭产区的环境保护工作,制定严格的环保法律规定。露天开采的煤矿,必须在原址重建农田、营造森林和湖泊,以保护环境和土地资源。

(2)石油和天然气。储量很少,石油储量不到 1 亿吨,天然气不足 2 000 亿立方米。石油主要分布在北德盆地。年产量不足 500 万吨,与国内庞大的石油消费量相比,差距甚远。德国石油年消费量在 8 000 万吨,绝大部分需进口。过去石油进口主要来自中东和北非国家,现在则从英国进口北海油田的原油。炼油工业发展很快,分布比较普遍,以鲁尔区最集中,原油通过鹿特丹或威廉港的管道输入。德国的天然气主要分布在西北部,从埃姆斯河到威悉河口附近地区以及德国北海大陆架地区。德国天然气产量只是国内消费量的 1/3,其中大部分靠从国外进口,主要进口地是荷兰、挪威、俄罗斯及伊朗。

(3)电力工业。德国电力工业发展速度超过整个国民生产总值的增长速度。德国发电量居世界前列。充足的电力供应,协调了各个经济部门的发展,是实现工农业电气化和新科技革命的物质保证。发电站主要分布在莱茵褐煤产区、东部莱比锡附近褐煤产区和东部科特布斯附近的下劳齐茨褐煤产区。莱茵褐煤区的坑口电站——下奥森电厂是西欧最大电厂,装机容量 270 万千瓦。

20 世纪 70 年代以来,德国核电发展迅速。核能已成为电力工业中仅次于煤炭的第二大能源。共建有核电站超过 30 座,分散在全国各地,其发电量占全国发电总量的 1/3。德国核电技术先进,电站工作天数和有效发电时间均居世界前列,并出口核电设备。

2. 钢铁工业

德国钢铁工业发展历史悠久,技术先进,在世界占有重要地位。钢铁工业具有设备新、水平高、产品质量好的特点。钢产量居世界前列,多年保持在 3 000 万至 4 000 万吨左右。2006 年钢产量为 4 650 万吨。

德国钢铁工业的发展有利条件是焦煤资源丰富,但铁矿资源缺乏,所需矿石绝大部分来自巴西、利比里亚、加拿大、澳大利亚、挪威和瑞典等国。产品对国际市场依赖性大,出口量约占产量的一半以上。出口产品主要是钢板和钢管。德国现为世界第二钢材大国。德国钢铁企业以大型为主,七大钢铁公司约占全国钢产量的 2/3 以上。钢铁工业主要分布在内地,鲁尔区是德国也是西欧最大的钢铁工业基地,产量占全国产量的 60％以上。在德国西部,七个炼铁能力超过 400 万吨的钢铁企业,有六个在鲁尔区,分别在杜伊斯堡、莱茵豪森、波鸿、米尔海姆、埃森和多特蒙德。德国东部钢铁工业主要分布在艾森胡腾施塔特、哈尔贝以及专门生产优质钢铁和特殊钢的伏雷塔里。20 世纪 60 年代以来,为充分利用进口铁矿砂,钢铁工业也开始向沿海地区转移,在北海沿岸的不来梅和汉堡建立了大型钢铁工业基地。

德国钢铁生产与布局的主要特征是:

(1)设备、技术先进,品种齐全,质量优良。德国拥有世界先进水平的烧结、焦化、炼铁、炼钢、轧钢等设备,其焦比、连铸能力等技术经济指标居世界前列,并建立了炼钢、特种钢、钢管等一系列专业化厂,有利于新技术研制与设备更新。特殊钢产量比重高,约占全部钢产量的 1/5。生产的优质钢材约 1/3 供出口。

(2)布局集中。主要钢铁基地集中了全国 80％以上的钢铁生产能力。鲁尔区是全国最大的钢铁基地,萨尔区和东部以艾森胡腾施塔特及勃兰登堡为中心的勃兰登堡州钢铁基地在全国钢铁生产中也占重要地位。

(3)布局以内地为主,这是德国钢铁工业布局的主要特征。20 世纪 60 年代以来,世界主要钢铁生产国的钢铁工业多向沿海发展,而德国除在威悉河口附近的不来梅港、汉堡等地建有沿海钢铁厂外,钢铁工业向沿海发展的趋势不明显。这是因为德国煤炭资源丰富,鲁尔区等钢铁基地大多为近煤炭产地的钢铁基地,且境内的莱茵河航运发达,从河口的鹿特丹进口矿石,用低廉的水运将铁矿石运至煤炭产区附近,与沿海厂一样可以减少运费,降低成本,所以鲁尔区内的钢铁工业从东部向西部莱茵河沿岸转移。莱茵河畔的杜伊斯堡是德国最大的钢铁公司——蒂森公司总部所在地,有"钢铁城市"的称号。

3.机械工业

机械工业是德国最主要的工业部门,号称"王牌"工业,其产值和就业人数约占整个工业的 1/3 左右。主要部门有重型机械、专用机床、电机和电工器材、印刷机械、机车车辆、汽车、光学仪器和仪表、军火和核电设备等,其中机床工业产值居世界第一位。由于技术设备先进,产品质量好,劳动效率高,机械产品在国际市场上具有很强的竞争能力,处于领先地位。

德国是世界汽车工业的主要发祥地。自1886年制造了世界上第一辆汽车以来，汽车制造业蓬勃发展。2006年汽车产量为560万辆，现在是仅次于美国、日本与中国的第四大汽车生产国，以小汽车生产为主，其产量占汽车总产量的95％。汽车业从业人数近100万，其营业额在制造业中居首位。德国的汽车以品种多、质量高、工艺精湛在世界市场享有盛名。生产的汽车近3/5供出口，其出口额占本国出口总额的近1/6，是仅次于机械的第二大出口产品。

德国汽车工业分布比较集中。斯图加特是德国最大的汽车公司戴姆勒—奔驰公司总部所在地，以生产高档小汽车为主。沃尔夫斯堡是第二大汽车公司大众汽车公司总部所在地，以生产中档小汽车为主。奔驰汽车公司1997年的营业额仅次于通用（美）、福特（美）两大汽车公司，居世界第三位，大众汽车公司次于丰田（日本）汽车公司居世界第五位。此外，慕尼黑、科隆和鲁尔区的波鸿等地也有汽车生产。

德国是世界上机床技术先进、机床工业发达的国家。虽然德国的机床生产起步比美国晚50年，但由于从业人员素质高、熟悉加工工艺、潜心进行机床试验以及勇于技术创新，其机床技术先后超过法国和英国，又赶上了美国，机床工业从业人员约7万人，有300多家企业，其机床产值和出口额均居世界第二位，仅次于日本。

德国的精密仪器和光学工业虽然规模不大，但地位显赫，产品驰名世界。主要光学仪器工业中心是位于德国东部的耶拿。

德国的造船工业也很发达，造船是德国的传统工业。虽然由于国际市场上的竞争，德国的造船工业发展受到影响，但在造船技术方面，仍然处于领先地位。德国造船业排名虽已降至世界第四，但德国造船业以其尖端的技术、高质量的产品和令人信服的服务在世界上仍然享有极高的声誉。特别是德国的造船配件业向全世界的船厂源源不断的提供船舶的关键部件。德国的造船技术能够时刻跟踪世界新的环保需求、节能需求和消费需求，不断改进和研究新的技术，始终处在世界造船技术的前列。

德国的电器、电子工业是战后发展最迅速的部门，目前已成为最大产业。其产品在世界上具有较强的竞争力。德国的西门子公司、通用电气—德律风根公司、耶拿蔡司光学仪器联合企业、爱尔福特联合企业等都是世界著名的电子、电器企业。电子、电器工业分布在全国各工业城市,其中巴伐利亚和巴登—符腾堡州最发达,其产值占全国总产值近1/2。慕尼黑、斯图加特、纽伦堡是主要的生产中心。慕尼黑是德国"电子大王"西门子公司总部所在地,已成为欧洲最大的微电子生产基地,被誉为德国的"硅谷"。

4. 化学工业

德国化学工业产值次于美国、日本,居世界第三位,出口额列世界第一位,占世界化工产品出口额的1/6。世界五家最大的化工企业德国就占三家,它们是拜尔、赫希斯特和巴斯夫。德国是世界煤化学工业发展最早的国家。20世纪60年代以来,化工原料转为以石油、天然气为主,但仍相当重视煤化学工业。80年代,塑料、合成纤维、合成橡胶等有机化工产品产量居世界前列。由于科研和技术水平不断提高,精细化工等众多领域居世界最先进之列。

德国的化学工业主要分布在便于原材料和产品运输的港口及主要工业区。主要中心地区包括鲁尔区、莱茵河中游地带,这里有曼海姆、法兰克福、路德维希港等重要化学工业中心。此外,汉诺威、汉堡也是重要化学工业中心。德国东部的化学工业也很发达,施米特石油化工联合企业驰名世界。德国东部还是世界钾肥的主要产地,有世界最大的皮斯特里茨氮肥厂。

5. 轻工业

德国轻工业主要部门有食品、纺织和出版印刷等部门。其中纺织工业是最大的轻工业部门,以棉毛纺织工业为主,所需的棉花和绵羊毛大部分依赖进口。纺织工业主要分布在不来梅,北莱茵—威斯特法伦地区和海尔布隆—罗伊特林根—海登海姆三角地带。

食品工业以糖、啤酒、酒精等产品生产为主,分布较为广泛。慕尼黑的啤酒在世界享有盛誉。

(二)高效率的农牧业

德国农业发达,但农业在国民经济中所占比重很小。德国农业生产具有发展速度快、技术水平和集约化程度高、中小农场多和内部结构合理的特点。德国是传统工业国,长期以来农业发展缓慢,但"二战"后由于采取了一系列促进农业发展的政策措施,使农业生产发展很快,农业劳动生产率猛增 5 倍多。德国农业的基本特点是以畜牧业为主,农、林、牧、渔综合发展。主要的农业部门有:

1. 种植业

以粮食作物为主,兼营水果、经济作物、花卉和牧草的种植。粮食作物在农业生产值中的比重不到 10%。主要粮食作物有小麦、大麦、黑麦、燕麦等。其中小麦产量约占粮食作物产量的 1/3。莱茵河谷地区土壤肥沃,是西部德国的最大生产中心,东部德国小麦生产主要集中在莱比锡及哈勒等地。德国是西欧黑麦和燕麦最大的生产国,主要产区在北部平原地区。经济作物以甜菜种植为主,产量在世界居第三位,主要分布在下萨克森洲南部及马格德堡、哈勒等地。啤酒花的种植主要在巴伐利亚州。摩泽尔河、莱茵河、内卡河沿岸及莱茵河谷是德国的葡萄产区,莱茵河谷还是全国苹果、桃、梨等水果的主要产地。

2. 畜牧业

德国的畜牧业产值占农业生产总值的 61%。在畜牧业生产总值中,又以养牛业所占比重为最大,约占 65%,养猪业次之,约占 24%,禽类产品约占 9.4%。养牛业主要分布在北部气候凉爽地区,这里日照少,湿度大,适宜多汁牧草的生长,利于牛的养殖。中部广大地区则重点发展养猪业,其规模在西欧居第一位。德国养猪业的发展很大程度是建立在进口饲料基础之上的。

3. 渔业和林业

北海是德国最重要的捕捞区。此外,德国还在英国西部水域和北美洲东海岸、波罗的海捕捞。德国现有捕捞船总吨位为 11.84 万吨。

德国是欧盟中森林资源最丰富的国家,森林总面积为 1 080 万公顷,森林覆盖率为 30%。森林中约 2/3 是针叶树种(主要是云杉和松树),其余是落叶树种(主要是山毛榉和栎树)。分布最为广泛的树种是云杉,最常见的落叶树是山毛榉。德国是木材的净进口国。

（三）四通八达的交通运输业

德国交通运输具有高度现代化水平，运量大，速度快，效率高，公路、铁路、水路、航空运输和管道相互连接，组成稠密的运输网。在各种运输中，以公路运输为主。

德国已形成了以高速公路为骨干的、比较完整的公路网，实现了公路运输现代化。

德国是世界上内河航运最发达的国家之一，内河航道中天然河道占 70%，人工运河占 30%。天然河与运河相互连接，构成了纵横交错的内河航运网。莱茵河是欧洲最繁忙的一条河流，在德国境内全长 860 多公里，全部可通航，约承担全国内河货运量的 70%，被称为德国和欧洲的"黄金水道"。杜伊斯堡是德国也是欧洲和世界上最大的内河港口。人工运河中最主要的有北部的基尔运河、中部的中德运河及南部的莱茵—多瑙运河。

德国海运业也十分发达，拥有商船超过了 1 500 多艘，主要海港有德国西部的汉堡、不来梅港及德国东部的罗斯托克港。

（四）对外贸易

对外贸易是德国经济的主要支柱。德国是主要工业国家中对外依赖程度最高的国家之一。德国在世界贸易中占重要地位，1986 年至 1988 年，当时西德出口贸易额曾超过了美国，成为世界第一大出口国。2000 年德国的出口贸易额为 5 900 多亿美元，进口贸易额 5 400 多亿美元，分别比上一年增长 22% 和 17.7%，对外贸易总额仍居世界第二位。2007 年德国外贸总额为 2.38 万亿美元，仅次于美国的 3.18 万亿美元，领先于中国的 2.17 万亿美元，位居世界第二。从 2003 年开始，德国就一直是世界出口冠军，2007 年德国出口额达 1.33 万亿美元。

德国的进出口商品结构中，以工业制成品为主。20 世纪 90 年代初，出口商品中工业制成品比重接近 90%，其中机械产品、汽车、化工产品和电子电器产品约占出口差额的 2/3。在进口商品中，燃料、粮食等农产品所占比重近 1/3，制成品占 2/3 左右，主要为化工产品、电子电器产品、汽车等。

从对外贸易地区结构来看，德国传统的市场是欧美发达资本主义国家,约占进出口总额的50%。其中欧盟国家是德国首要的贸易伙伴,尤其是法国与荷兰,法国占对德国贸易总额达12%,荷兰约为10%。英国、意大利与美国也是德国重要的贸易伙伴。

1.德国对外贸易的主要特点

(1)德国是全球主要外贸强国之一

自2001年起,德国就是全球最大的贸易顺差国,且顺差额屡创新高,2007年更是达到了创纪录的1 965亿欧元。世界第二大外贸强国、第一大出口国和最大贸易顺差国都凸显了德国作为欧盟头号经济强国的地位。

(2)欧盟市场尤其欧元区是主要进出口市场

2007年德对欧盟贸易额为10 874亿欧元,同比增幅为10%,占同期德国外贸总额的62.4%。其中,对欧元区贸易额为7 204亿欧元,占同期德国对欧盟贸易额的66.2%,占外贸总额的41.4%。欧盟内部贸易的迅猛发展是德国外贸保持快速增长的主要原因,有效平衡了德国对美国、日本贸易的疲软甚至衰退。对欧盟出口额6 275亿欧元,同比增长11.1%,自欧盟进口4 599亿欧元,同比增长8.5%。在德国2007年前十大进口来源国中,欧盟成员国占了六个,与自美国、俄罗斯进口额同比分别下降7.3%和4.2%不同,德国自六大欧盟进口来源国的进口额都保持了稳定或快速的增长。

(3)外贸对经济增长贡献率高

2006年外贸对德国GDP增长贡献率高达39%。德国企业海外业务带动了其国内业务的增长,平均增幅达25%,尤其是加工行业的企业受益最大,国内业务增幅达33%。德国许多大型企业的产业链业已实现了国际化,既直接在海外投资设厂或兼并收购,利用当地的廉价生产成本和海外市场,也从廉价的海外供货商处采购商品。

(4)多种措施促进德国企业出口

德国企业的出口融资手段主要包括卖方信贷、买方信贷和债券贴现等,此外,欧盟、德国联邦政府和各州也从参加海外展会、外贸咨询、担保抵押和培训等方面促进德国企业的出口。此外,企业、政府和商协会三方有机结合形成了良性的外贸促进机制。企业是德国外贸的主体,按照相关法律进行进出口贸易；德国政府负责制定相应的进出口法律和政策，为企业的对外贸易行为保驾护航；工商总会、各地工商会、海外商会和各行业协会积极为企业和政府进行沟通和联系，为企业的对外贸易牵线搭桥，协助企业解决贸易纠纷等问题。

（5）政府发挥非常重要的作用

德国政府一直积极参与国际经济组织的活动，在世贸组织、经合组织、国际清算银行等多边机构内发挥着推动贸易自由化的重要作用，并通过国家间签订双边和多边互惠协定，为本国企业扩大对外贸易创造有利条件。如 1979 年中德两国政府签署了《经济合作协定》，1985 年两国政府又签署了《避免双重征税协定》。德国联邦经济与技术部下设的联邦外贸局，主要为德国公司提供海外市场信息，研究外国经济形势、行业走势和经贸法律等，并将信息通过光盘、网络等途径发布。

2. 德国与中国的贸易

德国与中国两国贸易有着悠久的历史。新中国成立后，中国同原东德与西德均先后建立了贸易关系。1978 年中国改革开放以来，德中两国对外贸易有了进一步发展。20 世纪 90 年代以来，随着两德的统一，德中贸易有了更全面的发展，1993 年贸易额为 100 亿美元，2000 年已达 196.8 亿美元。2006 年双边贸易额更是高达 959.4 亿美元，比上一个年度增长了 24.69%。在德中贸易中，德国从中国进口的主要商品有纺织品、服装、土畜产品、抽纱、地毯、轻工、化工产品等；德国向中国出口的商品以成套设备和技术、机械、仪器、船舶、汽车零件、钢材、石油化工产品为主。

五、主要城市与港口

1. 柏林：首都柏林是德国最大城市，也是世界著名城市之一，人口310 余万。"二战"结束后，柏林曾分东西两部分，东柏林为前苏联占领区，西柏林为美、英、法三国占领区。1990 年 10 月 3 日，东西德统一后，柏林结束了 40 多年的分裂局面，重新成为全德首都。柏林为德国重要工业中心，是欧洲重要的交通枢纽和河港。

2. 汉堡：汉堡是德国最大港口城市，也是欧洲最大港口之一，年吞吐量约 6 000 万吨,称为"德国通向世界的门户"。位于易北河下游的汉堡是全国造船工业基地,石油、电子工业都很发达。汉堡港还是欧洲规模最大、最现代化的集装箱货运中心。

3.不来梅:位于威悉河下游的不莱梅,是德国第二大港口城市,主要工业有造船、汽车、电机、化工等。作为一个国际性港口城市,银行与保险业发达。

4.威廉港:威廉港是德国北部最大石油进口港。工业有造船、机械、纺织等。该港有石油管道通往法兰克福,年吞吐量 3 000 万吨左右,又是重要军港和渔业中心。

5.波恩:波恩为德国政治中心,原联邦德国首都,也是德国著名文化城市。两德统一后,虽柏林作为首都,但联邦政府机关仍有部分留在波恩。

6.慕尼黑:德国第三大城市慕尼黑是巴伐利亚州首府,德国南部政治、经济、文化和交通中心。主要工业部门是电子电器、光学仪器、汽车、啤酒等制造业。慕尼黑有"啤酒之都"之称。

法 国

法国全称法兰西共和国(The Republic of France),是西欧面积最大的国家,领土面积 55 万平方公里,由欧洲大陆部分和地中海的科西嘉岛组成。大陆部分略成六边形,三面临海,三面靠陆,西北濒临英吉利海峡和多佛尔海峡,西面濒临比斯开湾,南临地中海,东面与德国、瑞士、意大利为邻,西南连接西班牙和安道尔,是欧洲重要的海陆兼备的国家。

法国目前是世界经济发达的国家之一,其国内生产总值为 25 700 亿美元(2007 年),仅次于美国、日本、德国、中国、英国,居世界第六位。在欧盟国家中次于德国与英国居第三位。

一、自然地理环境

1.地形特点

法国地形以平原、丘陵为主,海拔 250 米以下平原区占领土面积的 3/5。丘陵占 1/5,2 000 米以上的高山只占 1.5%。阿尔卑斯山脉位于东南边境,为全国海拔最高的地区,比利牛斯山脉横亘在法国与西班牙交界地带。地势由东南向西北倾斜。

法国境内平原属西欧平原的一部分,自北向西南延伸。北部巴黎盆地为全国最大的平原。西南部有加龙河平原,向比斯开湾敞开。突向大西洋的布列塔尼半岛和诺曼底半岛,分布着阿摩里康丘陵。中南部为古老的中央高原和断块山地,其中部为大面积的熔岩台地。法国东部边缘有孚日山脉,山脉以东为阿尔萨斯—莱茵河谷地,土地肥沃。

2.气候类型

法国地处北纬 40 度至 50 度的中纬度地区,且西面向大西洋敞开,受大西洋暖湿气流的影响显着,与同纬度其他地区相比,冬季温和,夏季凉爽,大部分地区年均气温在 10℃～14℃。法国降水适中,年均降水在 600 毫米至 1 000 毫米,山地迎风坡可达 1 000 毫米至 2 000 毫米。全国各地气候差异突出,可分四种气候类型:西北部为典型的温带海洋性气候;从西向东海洋性递减,大陆性渐增,东北部略具温带大陆性气候特征,为过渡性气候;东南部沿海为典型的地中海式气候;西南部的阿坤廷盆地具有地中海型气候特征;阿尔卑斯山、比利牛斯山地和中央高原区属山地气候。

3. 河流状况

法国境内水系发育完整,多源于中央高原,向西北、东南分流,构成辐射状水系。塞纳河为法国著名河流,为北部大河,全长 666 公里,水量丰富稳定,河床坡度小,利于内河航运。卢瓦尔河为全国最长河流,长1 020 公里,上游流经中央高原,水流湍急,水力资源丰富。罗讷河源于瑞士,流经法国南部人地中海,该河上游地区水流湍急,水力资源也十分丰富,约占全国水能资源的 1/2。法国的各大河源头接近,便于修建运河沟通,使得法国形成了十分完整的内河运输网。

4. 矿产分布

在西欧各国中,法国的矿产资源较丰富,铁、铝、钾盐、铀的储量居西欧首位。铁矿储量约有 70 亿吨,主要分布在东北部的洛林;铝矾土的储量约 9 000 万吨,居世界前列,矿床集中分布在地中海沿岸地区,最大矿区为布鲁里;钾盐储量在西欧仅次于德国,居第二位,主要分布于孚日山东南侧;法国的铀矿储量估计在 5 万吨至 10 万吨。但法国缺乏一般的有色金属矿和稀有金属矿,另外煤炭、石油资源不足。

二、人口、民族与宗教

法国人口 6 340 万(2006 年),人口密度为每平方公里 115 人,是西欧国家中人口密度最小的国家之一,在欧盟国家中只高于爱尔兰。长期以来,法国劳动力缺乏,吸引了大量外国移民,现法国境内有超过 400万的外国移民,约占全国人口的 8%。移民主要来自葡萄牙、西班牙、意大利和北非地区。

法国人口中,城市人口超过了总人口的 70%,居民城市化水平高。城市中中小城市较多,在 3 万个城镇中,人口超过 10 万的城市仅有 33个,人口超过 20 万的只有 9 个,全国只有巴黎人口超过了 100 万,市区达 210 多万,大巴黎地区人口超过 1 000 万。

法国民族构成单一,90% 以上是法兰西人,少数民族有布列塔尼人、科西嘉人、巴斯克人等。法语为国语,属印欧语系拉丁语族。

法国大多数居民信奉天主教,少数人信奉基督教、犹太教和伊斯兰教。

三、经济发展特点

法国经济高度发达,国内生产总值居世界前列。

法国是欧洲资本主义发展最早的国家之一。19世纪90年代以前,工业产值仅次于英国一直居世界第二位,也是仅次于英国的第二殖民大国。

"二战"后,法国经济恢复与发展较快。从20世纪50年代末起,进入持续高速发展时期,15年中,年均经济增长率超过美国、日本和西德,达到15.7%。70年代以后,受经济危机影响,经济发展缓慢,经济增长率维持在1%上下,低于美国、日本、德国,从而使其与这些国家的经济差距拉大。

近几年来,法国经济仍处于低速增长状态。2003年,法国经济经历了自1993年以来的最低增长率,全年经济增幅仅为0.9%。2004年,法国经济出现恢复性增长,全年增幅达到2.1%,但2005年再度回落到1.5%的低速水平。

现在法国综合经济实力在西欧国家中仅次于德国。国民生产总值在欧盟国家中居第三位,进出口贸易总额在世界排在美国、德国、中国、日本之后,为世界第五大贸易国。

法国经济的基本特征是:

1. 工农业高度发达

法国的国民生产总值在世界发达国家中居前列,但它不同于德国、日本、英国等国(以工业为主),也不同于加拿大、澳大利亚等具有发展中国家某些经济特色的发达国家,其工业与农业在国民经济中均占主要地位。

法国工业水平高,工业制成品出口占总出口的3/4以上。同时,法国农业现代化水平高,是欧盟国家中最大的农业生产国与农产品出口国,也是世界第二大农产品出口国。农业从业人口比例占全国人口总数的9%,在发达国家中是较高的。

2. 垄断资本日趋集中

法国主要的经济部门均控制在大垄断集团手中。历史上法国经历了三次国有化运动,将大批工业垄断公司和大银行收归国有,形成了势力强大、垄断程度很高的国家垄断资本集团,它们影响并左右了经济发展的方向与进程。例如,自 20 世纪 80 年代以来,居于世界前十位的两大法国银行和居于前 50 位的法国四家大的工业公司,都是国家垄断集团。另外,国家还通过"经济与社会发展计划"对国民经济进行干预和调节。

3.产业结构发生重大改变

"二战"后,法国进行了产业结构调整。随着资本的集中和工农业的现代化,第一、第二产业在国民经济中地位不断下降,而第三产业比重不断提高。例如,在 20 世纪 50 年代初,第一、第二产业在国内生产总值中的比重分别为 15% 和 48%,而如今第一、第二产业在国内生产总值中的比重已大幅度下降,第三产业产值在国内生产总值中的比重已接近 70%。

四、主要经济部门

(一)工业地理

第二次世界大战后,法国工业经过几年的恢复时期,到 1948 年即达到战前水平。从 20 世纪 50 年代起,法国工业开始起步,经过 40 年的努力,建成了比较完整的工业体系,成为西方国家中工业现代化程度较高的国家之一。到 80 年代末,工业产值占国内生产总值比例约 1/3。但随着第三产业的发展,当前工业产值占国民生产总值的比例逐步下降。法国工业占资本主义世界工业比重为 6% 左右,为资本主义世界第四大工业国。

进入 20 世纪 70 年代以来,法国工业结构出现了新转变,传统工业部门,如钢铁、造船、纺织、服装等日趋衰落,尖端技术工业迅速发展,以汽车、飞机、电子电气为主的机械制造业,以及石化工业、核能工业等已成为法国的骨干工业部门,整个工业向知识和技术密集型产业转变。主要工业部门有:矿业、冶金、钢铁、汽车制造、造船、机械制造、纺织、化学、电器、动力、日常消费品、食品加工和建筑业等。核能、石油化工、海洋开发、航空和宇航等新兴工业部门近年来发展较快,在工业产值中所占比重不断提高。法国的核电设备能力、石油和石油加工技术居世界第二位,仅次于美国;航空和宇航工业仅次于美国和俄罗斯,居世界第三位。钢铁工业、纺织业占世界第六位。但工业中占主导地位的仍是传统的工业部门,其中钢铁、汽车、建筑为三大支柱。工业在国民经济中的比重有逐步减少的趋势。第三产业在法国经济中所占比重逐年上升。2005年法国工业产值为3 080亿欧元,占国内生产总值的18%。

1.能源工业

法国动力资源比较缺乏,能源生产在工业部门中是一个薄弱环节。目前,法国能源自给率只有50%左右。法国能源工业主要有煤炭、石油、电力和核能工业。

法国煤炭可采量仅6亿吨,且开采条件差,品种不全、产量低,不能满足国内需要,需大量进口。煤炭的进口量仅次于日本,居世界第二位。法国煤炭主要产自洛林、里尔、加莱海峡和中南地区。

法国已探明的石油储量约3 000万吨,年产石油尚不足需要量的1%,绝大部分原油需进口,进口量居世界第四位。法国油田主要分布在阿坤廷盆地和巴黎盆地。

电力工业一直是法国政府重视发展的部门。"二战"后电力工业有了很大发展。在电力工业中,火力发电是发展最早的电力部门。火力发电主要分布在北部煤矿区、洛林冶金区和巴黎地区。水力发电约占法国发电总量的1/4。核能工业是战后逐步发展起来的新兴工业部门。由于法国缺煤少油,政府把发展核能当作解决能源不足的重要途径之一。法国具有发展核能工业的优越条件,一是本国铀矿资源丰富,同时还控制了储量丰富的加蓬、尼日尔等国的铀矿开采权。另外,法国拥有先进的核技术。目前,法国已形成核能工业体系,全国核电站数量超过了50座,已成为仅次于美国的世界第二大核能发电大国。现在核发电量已占法国发电量的70%左右,核电比重之高居世界首位。

2.钢铁工业

法国拥有丰富的铁矿资源,这为法国钢铁工业的发展提供了原料来源。法国是西欧主要产钢国之一,钢年产量超过了2 000万吨。法国钢铁制品出口率高,至今一直是钢铁产品的净出口国。钢铁生产的垄断程度高,于齐诺尔和萨西洛两大公司控制了全国钢产量的2/3。法国钢铁工业的布局呈现从内地向沿海地区转移的趋势,在敦刻尔克和马赛附近建立了现代化钢铁联合企业。这种趋势的出现主要是为了充分利用进口铁矿石,提高产品质量,降低成本,增强竞争力。

3. 汽车工业

汽车工业为法国的工业支柱之一。"二战"后法国汽车工业发展很快,20世纪50年代产量仅为30多万辆,到了2001年已达到480万辆,近几年法国汽车产量下降,2006年只生产了320万辆,比2005年下降了10.7%。

法国的汽车工业以小汽车生产为主,小汽车产量占汽车总量的90%左右。多年来,汽车工业在法国对外贸易中占主要地位,其产品一半供出口。

法国汽车工业为普吉奥—雪铁龙—克莱斯勒和国营雷诺汽车公司两大垄断集团所控制。近些年,标志公司在汽车行业中后来居上,也成为世界著名汽车公司。汽车工业主要集中在巴黎、里昂、斯特拉斯堡、圣太田等地。

4. 航空、航天工业

航空、航天工业是法国第三大工业部门。法国的航空工业在"二战"前就较发达,第二次世界大战后经过重建,现在已是法国发展最快的新兴的工业部门之一,其技术水平和发展能力在西方国家仅次于美国,居世界第二位。法国不仅能生产多种型号的军用、民用飞机和战术导弹,而且拥有研制和生产多种人造卫星、航天设备和战略导弹能力。

法国航空、航天工业发展的一个重要特点是在独立自主基础上发展同西欧国家合作。法国同十多个西欧国家合作制造了30多种航空、航天产品。例如,"空中客车"大型客机就是法国同西欧国家合作生产的典型范例。此外,法国与英国合作生产了"协合"式超音速大型客机,"美洲虎"喷气式战斗机和"美洲豹"军用直升机。

法国的航空、航天工业主要集中在巴黎地区,西南部的图卢兹为新兴中心,南部的波尔多、马赛和比利牛斯山区中小城市也是航空、航天工业中心。

5.电子电器工业

法国的电子电器工业在西方中仅次于英国、日本和德国。自第二次世界大战后至今,一直保持较高速的发展。其中尤以电子计算机工业发展为迅速,电子显微镜、激光发生器、光纤制导系统、声纳等产品在世界享有盛誉。

巴黎地区是最大的电子、电器制造中心。此外,图卢兹、东南部的格勒诺布尔(法国的"硅谷")、地中海沿岸的尼斯等地,都是以电子为先导的高技术研制中心。著名的企业有生产经营电子设备和家用电器的汤姆森—布郎特公司。

6.化学工业

化学工业是法国的第二大工业部门,按产值与销售额计,法国也是世界第五大化工产品生产国。主要部门有在本国丰富资源基础上发展起来的基本化工,如利用阿尔萨斯钾盐、洛林岩盐及比利牛斯山区的黄铁矿发展起来的酸碱工业。

20世纪60年代以后,随着石油进口的大量增加,以石油为原料的有机合成化工得以迅速发展,特别是塑料工业和合成橡胶工业等最为重要。

法国的香料和医药工业在世界上也是久享盛名,香料产品每年有1/4供出口,格斯、里昂、巴黎是三大香料生产中心。

法国化学工业最大的中心是巴黎,其次为里昂、洛林、南锡、图卢兹等。法国南部地中海沿岸的马赛和福斯则是新兴的石油化工中心。

7.纺织服装工业

纺织服装工业是法国传统的工业部门,发展历史悠久,曾享誉世界。历史上以毛、棉、丝纺织业为主,曾与美国、英国一起为世界三大毛纺国之一。20世纪70年代以后,由于以天然纤维为原料的纺织业日趋衰退,化学纤维工业迅速发展,法国在国际纺织品市场上的地位发生变化,成为了纺织品的净进口国。

法国纺织工业分布较分散,北部地区以里尔为中心,集中了全国60%的毛纺织业,其次为里昂;丝织品主要集中于以里昂为中心的南部地区,约占全国的95%;棉纺织工业主要分布在以牟罗兹为中心的东部孚日山区、北部的里尔和里昂等地;化纤纺织工业则集中于里昂、里尔、巴黎等地。虽然法国的纺织工业境况不佳,但服装业上直保持兴旺不衰。巴黎是设计和精制各种时髦服装的国际中心。

(二)农业地理

法国是欧盟最大的农业生产国,2005 年农业产值为 634 亿欧元,约占国内生产总值的 4.8%。现有农业人口约 107 万。

法国农业十分发达。法国农业产值在国内生产总值的比重越来越小,但是农业在整个国民经济中仍然处于非常重要的地位,法国农业在世界农业中也有举足轻重的作用。农业劳动生产率在世界居第三位,是世界最大的农产品输出国之一,是西欧农业最发达的国家。法国农业用地面积占国土总面积的比例达 57%。法国农产品出口值占法国外贸出口总额的比例接近 18%。在世界谷物净出口国家中,仅次于美国。

法国农业生产具有如下几个特征:

1.农业劳动生产率高。"二战"后法国农业劳动生产率一直高于其他经济部门。从 20 世纪 50 年代至 80 年代,农业年均增长率超过了美国、日本、德国、英国等国家。战后几十年中,农业劳动力大约以每年 4%的速度递减,而农业劳动生产率却不断提高。

2.农业实行多种经营、综合发展。历史上法国农业以种植业为主,林、牧业落后。"二战"后调整农业结构,实行农、林、牧综合发展方针,农业生产结构趋于合理,畜牧业产值在农业总产值中的比重现已超过 60%。

3.农业专业化水平提高。农业专业化是现代化农业发展的必然趋势。法国的农业实现机械化以后,大力推行专业化生产经营,通过科学管理,提高经济效益。实行专业化的措施有:地区专业化,即分地区种植不同的作物,出现了诸如谷物种植区、葡萄种植区、甜菜种植区等;农场专业化,就是一个农场专门种植(饲养)某一两种作物(牲畜);工艺专业化,即指农业生产或农产品加工过程,分阶段实行专业化。

4.农工商一体化逐步形成。为提高农产品社会化和商品率,法国大力发展农工商综合体,使产供销一体化。如工业、商业、银行和农业以持股形式组成综合体,经营农产品生产加工、采购、储运、销售、出口以及科研和售后服务等。

5.农场数目减少,经营规模扩大。"二战"后,主要发达国家农业资本集中趋势明显,法国也不例外。农场数量减少而规模扩大,是促进农业社会化、商品化和国际市场竞争的需要而采取的措施。农场的扩大,有利于专业化和一体化的推行。

法国主要的农业部门是种植业和畜牧业。

在种植业中包括谷物和经济作物两大类。法国是世界上第五大谷物生产国(仅次于中国、美国、印度和俄罗斯)。重要谷物品种有小麦、玉米和大麦。法国小麦产量在全世界居第五位,法国小麦单产水平是世界平均水平的 2.54 倍。玉米产量仅次于美国、中国、巴西和墨西哥,居世界第五位。法国玉米产量占欧洲玉米总产量的 28%。法国的大麦生产居世界第四位。

法国的主要经济作物有甜菜、油菜子、葵花子和烟草等。法国是世界上最大的甜菜生产国。产量为 3 000 万吨左右,占欧洲甜菜总产量的 20% 以上,占世界总产量的 10% 左右。为了满足国内油脂供给和减少饲料对豆类的进口需求,法国油料作物在近几十年里有很大发展。法国是仅次于意大利的世界第二大葡萄酒生产国。法国葡萄酒产量占欧洲总产量的 1/3,占世界总产量的 20% 以上。法国的水果、蔬菜产量在欧洲居第三位。

法国的畜牧业主要是牛、猪、羊以及家禽等的饲养。法国是世界上重要的牛肉和牛奶生产国,牛的饲养头数在欧洲居于首位,全国养羊超过 1 000 万只,养猪超过 1 200 万头。法国的养禽业发展迅速,养鸡数量位于西欧第一位,禽肉产量居欧洲第一位,世界第三位。

从法国农业地区分布看,巴黎盆地是全法国重要的小麦、甜菜专业化生产区。布列塔尼和诺曼底地区适宜的气候,有利于牧草生长。这里养牛业最发达,乳制品产量占全国总产量的 2/5。猪的存栏头数居全国首位,为全国集约化程度最高的乳肉畜牧区。地中海沿岸和阿坤廷盆地是法国葡萄、亚热带水果、蔬菜和花卉的专业化种植区。法国的山区和中央高原是肉牛专业化饲养区。

(三)交通运输地理

法国交通运输业发达,水、陆、空运输都很便利。

铁路运输。在法国本土,国家铁路网通往除科西嘉岛以外的各个地方,商业运营总长 29 203 公里,其中电气化铁路 14 778 公里,高速铁路 1 550 公里。法国在发展高速火车方面走在世界前列。1981 年 9 月,巴黎—里昂铁路线上的高速火车正式投入使用。1989 年 12 月,法国研制出最新高速火车,时速达 482.4 公里。双线或多线铁路 16 104 公里。2005 年铁路客运量为 890 亿人公里,货物发送量为 407 亿吨公里,同比下降 12.2%。运输量居欧洲第二位。

公路运输。法国的公路网是世界最密集、欧盟国家中最长的,总长度超过了 100 万公里。其中高速公路占 1/10。

内河运输。法国的内河航道总长 8 500 公里,其中可通行 1 500 吨级以上船舶的航道约 1 900 公里。巴黎是主要内河港口。2005 年货运量为 1.106 亿吨,世界排名第 29 位。

远洋运输。法国 75% 的进口物资和 20% 的出口物资得通过海运。主要港口有马赛港、勒阿弗尔和敦刻尔克港。2005 年法国本土海港总吞吐量 3.7 亿吨,同比增长 2.1%,创历史新高。

航空运输。法国原有三大航空公司:法国航空公司、联合航空公司和国内航空公司,其中法航的客运量居世界第三位。为增强竞争力,国内航空公司和联合航空公司于 1991 年决定并入法航。2005 年法国航空旅客周转量近 1.4 亿人次,其中本土 1.3 亿人次,货运量 213.17 万吨。建有 494 个机场,其中 153 个为民用,通达 134 个国家和地区的 529 个城市。主要机场为巴黎戴高乐机场和奥利机场等。

(四)旅游业

法国是旅游大国。2006 年接待外国游客 7 800 万人次,居世界首位,同比增长 1.2%,其中 88.8% 来自其他欧洲国家。旅游外汇收入 348 亿欧元,继美国、西班牙之后,居世界第三位,同比增长 3.5%。旅游业从业人员近 90 万人,旅行社 4 300 多家。全国有近 28 000 家旅馆和 12 000 多家各类小旅店、野外宿营地、青年之家等。

法国的国内旅游市场庞大,最受法国人喜爱的国内旅游目的地主要有马赛以东的地中海沿岸,以及较晚开发的乡村旅游区如阿基坦(在中央高原)和地中海沿岸西段等。国际旅游者最喜欢的旅游地有巴黎、地中海沿岸东段和法国境内的阿尔卑斯山等。

法国全国可分四个旅游资源区:地中海沿海及科西嘉岛、南部山地和高原、大西洋沿海和海峡、北部和西部平原。

五、对外贸易发展概况

法国是世界贸易大国之一。2006 年法国对外贸易总额达 10 236 亿美元,其中出口 4 901.5 亿美元,较 2005 年(下同)增长 5.9%;进口 5 334.5 亿美元,增长 5.9%;贸易逆差 433 亿美元,增长 48.2%。能源进口大幅增加是法国外贸赤字高涨的主要原因。

1.进出口市场分布情况

法国的贸易对象主要是发达国家,与经合组织成员国的贸易额约占法国对外贸易总额的 70%以上,其中又以对欧盟国家最重要,法国出口贸易的 2/3 集中在欧洲市场,法国对外贸易主要是在欧盟市场进行的。2006 年对欧盟的出口额较 2005 年上升 1 个百分点,达60.1%;进口额较 2005 年上升 1.1 个百分点,达 64.9%。

法国前 10 位主要进出口贸易伙伴:进口地依次是德国、意大利、比卢、西班牙、英国、美国、中国(含香港特别行政区)、荷兰、日本和瑞士;出口地依次为德国、西班牙、英国、意大利、比卢、美国、荷兰、瑞士、中国(含香港特别行政区)和日本。美国是法国在欧盟以外最大的贸易对象国,占法国对外贸易额的 7%以上。前法国殖民地国家也是法国主要的贸易伙伴。

2.进出口商品的构成情况

法国的出口商品以工业品为主,约占出口总额的 80%以上,同时农产品的出口增长快。机器设备、汽车、化工产品、轻纺产品、香料及化妆品等都是主要出口商品。"二战"后法国军火出口贸易增长迅速,约占全国对外贸易额的 5%,主要出口军用飞机、导弹、火箭等,现已成为世界第三大军火出口国。法国进口商品主要是能源及原材料、农产品和食品,同时还包括部分工业制成品。法国是资源相对短缺的国家,如工业所需石油几乎全部靠进口,原材料中的有色金属矿砂也是属于大量进口的物资。

3.法中贸易

法中两国自1964年建交以来,经贸关系有了很大发展。40多年来,双方进出口贸易大约增长了十几倍。20世纪80年代中期以来,中国对法国的出口与进口出现了同步增长的好势头,双方的贸易交往在各自对外贸易中的地位都得到了加强。2006年,法中双边贸易总额为300.1亿美元,较2005年(下同)增长16.6%,其中,法国对华出口呈加速增长趋势,增长率从2005年的20.3%上升为29.7%,出口额达101.3亿美元,但自中国的进口增幅却从2005年的23.6%下跌至10.8%,为198.8亿美元,法方逆差97.5亿美元,比2005年的98.9亿美元略有下降。

法国从中国进口的商品主要是纺织品,农、副、土特产品和轻工业产品。法国向中国出口的商品主要是飞机、电信器材、发电设备、电气机车、石油化工及汽车制造在内的设备和技术。

法中两国贸易规模不断发展,方式灵活多样,由过去单纯的进出口贸易发展到加工贸易和补偿贸易,由简单的商品交换发展到开办合资、合作企业。经过双方的努力,法国已成为我国在欧盟国家中仅次于德国和英国的重要贸易伙伴。中国已成为法国第八大贸易伙伴,位于德国、意大利、西班牙、比卢联盟、英国、美国和荷兰之后。

六、主要城市及贸易港

1.巴黎。巴黎是法国首都、历史名城,全国第一大城市,世界著名的最繁华的大都市之一,享有"世界花都"之称,位于法国北部盆地中央。巴黎不仅是法国也是西欧重要的政治、经济和文化中心。

2.马赛。法国第二大城市、第一大海港马赛位于法国南部,地中海沿岸。港口年吞吐量1亿吨以上,是世界大港之一。马赛工商业发达,石油加工业与造船工业也相当发达。

3.勒阿佛尔。位于法国西北部塞纳河口的勒阿佛尔是法国第二大海港,货物年吞吐量近1亿吨,它被称为巴黎的外港。

4.敦刻尔克。位于法国北部,濒临多佛尔海峡的敦刻尔克是法国第三大海港,货物年吞吐量达 4 000 多万吨,也是法国重要军港与渔港。

5.鲁昂。被称为"瓷都"的鲁昂,为法国主要陶瓷工业中心,也称为巴黎外港。其他主要工业部门还有化工、机械、造纸等。

英 国

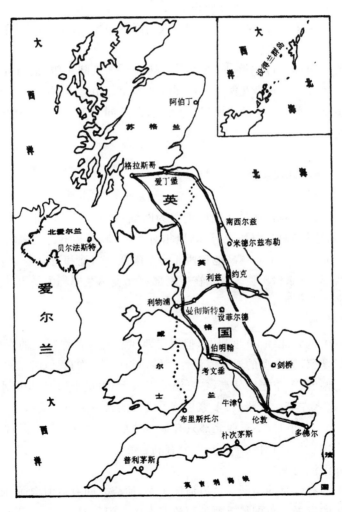

英国全称大不列颠及北爱尔兰联合王国(The United Kingdom of Great Britain and Northern Ireland),简称"联合王国"或"大不列颠"。英国位于欧洲西部,是大西洋中的岛国。整个领土由大不列颠岛、爱尔兰岛东北部及附近 5 500 个小岛组成,面积为 24.4 万平方公里。大不列颠岛包括英格兰、苏格兰及威尔士三部分,习惯上将其称为"英伦三岛"。其中又以英格兰部分面积最大,集中了全国人口的 80%,是英国政治、经济、文化的核心地区。因此,人们经常习惯上以英格兰来称呼整个国家。首都是伦敦。

英国南隔多佛尔海峡、英吉利海峡同欧洲大陆相望,最窄处仅 33 公里。多佛尔海峡是北海与大西洋间的最窄通道。英国扼守西欧和北欧许多重要水上通道的出海口,地处西、北欧同北美、地中海、印度洋的海路交通要冲。

一、自然地理条件

1. 地形

大不列颠岛在地质历史时期曾为欧洲古陆一部分,第四纪冰川以后,大陆冰川融化,海面上升,陆地相对下沉,形成了英吉利海峡,使之与大陆分开。大不列颠岛地势西北高东南低。山地和高原多分布在北部和西部,平原和丘陵多分布在中南部。北爱尔兰中部为平原,周围为熔岩高原和山地。

2. 气候

英国地处北纬 50 度以北,但因受西风和北大西洋暖流的影响,气候冬暖夏凉,为典型的温带海洋性气候。与同纬度的其他国家相比,夏季温度偏低、冬季温度偏高,冬夏温差不很大。雨量丰沛,年均降水量达 1 000 毫米左右。日照少、多雾是英国气候的又一特点。英国平均日照只有 3～5 个小时,冬季西北部只有 1 小时左右。这样的气候条件,不利于农作物生长,但对牧草生长十分有利。

3. 河流与湖泊

英国有较密的河网。全境河流短小,河流之间有运河沟通,便于内河航运的发展。英国最重要的河流是泰晤士河,全长 346 公里,其中有

280 公里的河段可通航。首都伦敦附近的泰晤士河宽 200 米至 500 米，河口处宽 16 公里，涨潮时下游水位可升高 6 米，使海轮可自由出入距海岸 64 公里的伦敦港。英国河流河口处多有这样特点。塞汶河是英国国内最长河流，全长 354 公里，此外还有恒比尔河、默齐河等。北爱尔兰的讷湖（396 平方公里）面积居全国之首。

4. 矿产

英国曾以富有煤、铁资源着称，多分布在平原和高地边缘。20 世纪 60 年代英国发现了储量丰富的北海油田，使得英国由原来的石油进口国一跃为西欧地区主要的石油出口国。

截至 2006 年底，英国石油探明储量约为 5.3 亿吨，比 2005 年下降 3.8％。由于近年来没有发现新的石油重大发现，石油储量一直呈下降趋势。2006 年的储量已经比 2001 年减少了 21.4％。不过目前仍是欧盟各成员国中探明石油储量最多的国家。英国绝大部分的探明石油储量位于北海油气盆地。北大西洋也有一些较小的油田。除上述海上油田外，英国还拥有一些陆上油气田，包括欧洲最大的陆上油气田——维奇法姆油气田。

英国的天然气资源也比较丰富，但同石油一样，多年来一直呈下降趋势，2006 年天然气储量 4 814 亿立方米，比 2005 年储量下降 9.3％，比 2000 年下降 36.6％。英国的探明天然气储量主要位于三个海上地区：(1)北海英国大陆架的伴生天然气田；(2)临近北海荷兰边界南部油气盆地的天然气田；(3)爱尔兰海的天然气田。

英国是世界煤炭资源较丰富的国家之一，有较大经济价值的煤田，大多产于上石炭系，只少量产于下石炭系（苏格兰），此外侏罗系也产生少量煤田。煤田主要分布在苏格兰、英格中部和北部、威尔士南部。煤质总体较好，多炼焦煤；煤层较厚，埋藏浅，易于开采；大多煤田距海较近，便于运输。

英国的金属矿产资源较为贫乏，只有少量铁、锡、铅、金、银等矿产。铁矿主要分布在北安普敦郡和林肯北面的弗拉丁罕区，但大部分铁含量低，一般为 27％～30％。锡矿主要分布在英国西南部康沃尔半岛。康沃尔锡矿区是世界上最早的著名锡矿区。金矿资源不多，主要分布在北爱尔兰和威尔士。

英国的非金属矿产资源是比较丰富的,主要有钾盐、重晶石、石膏、萤石、高岭土、砂石等。英国钾盐资源丰富,2005 年统计探明储量有 2 500万吨,储量基础为 3 000 万吨,矿床主要分布在柴郡盆地和克利夫兰郡一带;高岭土资源非常丰富,2005 年查明资源量为 18.15 亿吨,列世界第二位。高岭土矿床主要分布在西南部康沃尔半岛的康沃尔郡和德文郡,石膏矿床主要分布在英格兰中部的莱斯特郡;重晶石主要分布在北爱尔兰,2005 年储量 10 万吨,储量基础 60 万吨,列世界第 10 位;英国的萤石矿产资源比较丰富,分布在奔宁山脉的北部和南部两个大萤石产区。

英国北海海域为冷暖流交汇处,渔产丰富,种类繁多。北海的多格浅滩,是世界著名的渔场。

二、居民概况

英国人口 6 009.46 万(2007 年),主要由英格兰人、苏格兰人、威尔士人和爱尔兰人组成,其中英格兰人占总人口的 80%。居住在苏格兰、威尔士和北爱尔兰的凯尔特人是不列颠岛上早期居民的后裔,现为少数民族。

移民在英国的发展史上起着重要作用。早在 16 世纪末,英格兰人就开始移入英国第一个殖民地——爱尔兰,后来又移向北美及其他地区,并建立了以英国人为主、以英语为主要语言的国家,如美国、加拿大、澳大利亚、新西兰等国。英国是世界上向海外移民历史最久、数量最大的国家之一。目前,在海外的英国人及其后裔约在 1 亿以上。“二战”后,英国经济经过恢复之后,开始进入迅速发展阶段,对劳动力的需求增大,成为人口净移入国。

英国是欧洲人口最稠密国家之一,人口密度超过了每平方公里 230 人。全国人口中 3/4 为城市人口。全国百万人口以上的城市有伦敦、伯明翰、利物浦、曼彻斯特、利兹、格拉斯哥等。

英国国教为基督教新教,亦称圣公教。约 71% 的英国公民为基督教新教徒,其次是天主教徒。英国人有信仰其他宗教的自由,包括佛教、印度教、犹太教、伊斯兰教和锡克教。约 23％的英国人没有特定的宗教信仰。

三、资本主义经济发展史

在世界近代史上,英国是最早实现工业化的国家。第一次产业革命后,英国曾一度被称为"世界工厂",后来随着经济实力不断强大,海外扩张的实施,被称为"日不落帝国"。1870 年,英国煤、铁和纺织品的产量均占世界的 1/2。工业的巨大发展促进了海上交通的发展,到 19 世纪下半叶,建立了世界上最大的商船队和强大的海军,同时成为世界上最大的海外贸易国和海外投资国,并拥有比本土约大 150 倍的海外殖民地。

19 世纪末以后,英国在世界上的霸主地位开始动摇,美国、法国、德国、日本等后起的资本主义国家的经济实力先后赶上并超过了英国。第一次世界大战前,英国工业产值已落后于美国、法国,退居世界第三位。

第二次世界大战后,英国政治经济地位进一步被削弱,亚、非、拉殖民地纷纷独立,大英帝国殖民体系瓦解,英国经济进一步走下坡路。1948 年至 1979 年,国民生产总值年平均增长 2.5％,远落后于日本、德国、法国和美国,致使英国在国民生产总值、工业生产和对外贸易等方面均由战后初期居资本主义世界第二位下降到第五位。

20 世纪 80 年代以来,英国的经济增长速度有所加快,高于德国和法国。1981 年至 1989 年期间,英国经济以每年超过 3％的速度保持了持续 8 年的增长。90 年代初,英国经济虽又滑入严重衰退之中,不过很快就比较顺利地实现了复苏,并得到了较好的发展。英国经济从 1992 年底开始回升,至 2001 年已连续 9 年保持增长态势。但近几年英国经济增长速度又在逐年下降。

英国经济"二战"后相对衰落虽是不可争的事实,但它毕竟仍是一个具有相当实力和科技基础的发达的工业化国家。它有自身的优势,也有其弱点。

就优势而言,英国是世界最为开放的国家之一,外向型程度高。英国是欧盟中最有吸引力的外资投资场所,在朝全球化方向发展方面居于有利的地位。英国市场宽松、灵活,自由化程度高。英国拥有具有竞争力的金融、保险、通信、信息、咨询等服务业,在某些高技术领域具有相当的优势和潜力。

就弱势来说,英国经济增长速度尽管 10 年来已赶上或超过某些西方发达国家,但是时间不是太长。如果就过去二三十年间经济的年均增长率而言,英国明显低于其主要竞争对手。20 世纪末,英国人均收入在"七国集团"中是最低的,劳动生产率也于低于许多工业发达国家。可以认为,英国经济仍未摆脱缺乏竞争力、发展缓慢的态势。

英国现在是世界上第六大经济体,2006 年国内生产总值为 23 800 亿美元,人均 39 600 美元。国内生产总值同比增长 2.8%。截至 2006 年底,英国经济已连续 59 个季度保持增长,增速超过"七国集团"其他的经济体。

四、国民经济主要部门

(一)主要工业部门

"二战"后英国工业发展不仅落后于其他资本主义工业国,而且工业部门发展不平衡。传统工业如纺织、采煤、冶金、纺织机械、造船、机床及无机化学工业等处于停滞或衰退状态。电机、电器、汽车、飞机等基本工业部门及石油加工、有机合成、原子、电子等新兴工业部门的发展较快,它们在工业中的比重不断提高,而且在出口贸易中所占比重也在日趋增加。当前,对国民经济发展影响较大的工业部门有:

1. 能源工业

英国能源工业资源丰富,能源产业居西欧首位,是世界上石油、天然气、煤炭的重要生产国之一。"二战"后英国的能源结构发生了很大变化,煤炭占能源消费总量的比重从 1950 年 90% 下降到 90 年代初的 31%,而石油则由 9% 上升到 35%。

(1)煤炭工业。英国煤炭资源丰富,煤炭储量达到 1 700 亿吨,其中可采量 450 亿吨。煤炭分布较广,煤层极浅,煤质佳,烟煤占 94%,具有较大的经济意义。煤炭工业是英国最古老的工业部门,是英国产业革命

的动力支柱。"二战"后,由于无力与石油竞争,煤炭产量逐年下降,1950
年为 2.2 亿吨,而到了 1998 年煤产量仅为 4 000 万吨。英国产煤技术
先进,采煤机械化程度在 90%以上。英国煤田集中于南部、北部和中部
三个地区。南部以威尔士煤田最大,占全国总储量的 1/4;中部煤田分
布在奔宁山脉两侧,东侧的东密德兰和约克夏地区的储量占全国的
40%,为英国最大煤田,西侧是兰开夏煤田,北部地区主要有英格兰东
北部煤田和苏格兰中部煤田。

(2)石油与天然气开采业。历史上英国曾被称为"贫油国",英国所
需石油几乎全靠进口。20 世纪 60 年代以来,在北海发现丰富的油气资
源。北海油田的原油是含硫低、含脂少的轻质油。北海自然条件恶劣,
致使开采成本高,但其经济意义重大,英国政府不惜投人巨资,并吸引
大量外资,采用世界最先进开采技术,使油田迅速投产。北海油田的大
规模开采开始于 1973 年,1984 年石油产量突破 1 亿吨大关,1998 年产
量为 1.19 亿吨。后来产量呈下降趋势,如 2006 年为 7 760 万吨,比上
个年度减少了 9.5%。目前英国是世界第六大石油生产国,不仅实现了
石油自给,并有部分出口。为使北海石油资源不过早枯竭,英国已控制
石油产量。

北海油田的开发与迅速发展对英国经济的发展起了很大作用。首
先,从原来的石油输入国变为石油输出国,为国家增加了财政收人;其
次,它带动了机械、化工、建筑、电力等有关工业和交通部门的发展;另
外,随着北海油田的开发,原来经济较为落后的苏格兰地区工业结构和
分布发生了很大变化。阿伯丁现在是英国最大的石油工业基地,塞隆沃
伊是英国、也是西欧最大的石油港。1967 年北海天然气田开始投产,此
后,天然气产量迅速增加。天然气估计总储量为 5 900 亿立方米,20 世
纪 90 年代以来年产量一直保持在 540 亿立方米左右,2006 年达到了
930 亿立方米,排在世界第九位。

2. 钢铁工业

英国钢铁工业发展历史悠久,是现代钢铁工业的发源地,很多炼铁
方法都起源于英国。历史上,英国曾是世界第一大钢铁生产国,如 19 世
纪 70 年代英国钢产量曾占世界钢铁产量的一半以上,1970 年钢产量

达到 2 770 万吨,创历史最高水平。后来,英国钢产量下降,1989 年产量为 1 880 万吨。进入 20 世纪 90 年代后,产量继续下降,1998 年仅为 1 730 万吨,2006 年钢产量只有 1 388 万吨,已退出世界前 10 位。钢产量下降的原因,一是国内市场的不断萎缩,二是国际钢铁市场供大于求,加之钢铁企业设备较为落后,劳动生产率较低,生产成本高,产品缺乏竞争力。

英国钢铁工业主要分布在便于进口铁矿石并靠近煤产地的沿海与河口,其中包括英格兰中部,以斯肯索普、谢菲尔德、罗瑟勒姆为中心;英格兰东北部,以蒂斯塞德、纽卡斯尔为中心;威尔士南部,以兰韦恩、塔尔伯特港为中心;苏格兰中部,以格拉斯哥为中心。

3. 机械工业

机械工业是英国主导的工业部门,约占工业总产值的 30%,产品一半以上供出口。英国机械制造业部门齐全,其传统部门是汽车业和造船业。"二战"后发展起来的新兴工业部门以航空航天和电子工业最为重要。

(1)汽车工业。在英国经济中占有重要地位,是主要出口商品之一。"二战"后,英国汽车工业发展很快,1972 年产量为 282.9 万辆,创历史最高水平。20 世纪 70 年代中期以后,由于国际市场竞争激烈,加之本国经济衰退,汽车产量逐年下降,1988 年产量为 155 万辆,相当于 1972 年的 66.5%。进入 90 年代后汽车生产又有所回升,1998 年产量为 175 万辆,2006 年汽车产量维持在 90 年代末水平。英国是一个汽车消费大国,每年汽车消费量在 240 万辆左右,汽车的进口量很大。

英国汽车工业主要分布在伦敦、西密德兰的伯明翰和沃尔索尔、利物浦及牛津等地。英国汽车工业由四大汽车公司控制全国小汽车产量的 96%、高级汽车的 95%,这四家公司是利兰、福特、克莱斯勒和沃克斯霍尔。

(2)造船工业。是英国最古老的工业部门之一。20 世纪初船舶产量曾占世界总产量 60%。"二战"后,特别是进入 20 世纪 60 年代以来,英国造船业一直不景气,在世界造船业的地位下降,如 80 年代中期年产量只占世界总产量的 2%。英国造船工业的主要产品是军舰、商船和采油设备。造船工业主要分布在格拉斯哥、加的夫、利物浦、贝尔法斯特和普利茅斯。

（3）航空航天工业。建于 20 世纪初，"二战"后发展迅速，其生产规模和产品种类在发达国家中仅次于美国和法国，居第三位，已建成了规模大和设备完善的航空航天工业体系。主要产品有民用与军用飞机、直升机、航空发动机、制导武器、气垫船、空间卫星等。目前飞机年产量在450 架左右，飞机发动机 2 000 余台。航空工业产品是英国重要的出口商品之一，其中带有自动着陆装置的"三叉戟"式客机、"鹞"式垂直起降喷气式战斗机、协和式超音速飞机等是世界著名的航空产品，世界著名的罗尔斯—罗伊斯公司制造的飞机发动机享有盛誉。英国航空航天工业主要分布在伦敦的东南区、伯明瀚和西米德兰区。

（4）电子工业。它是在第二次世界大战后发展起来的，目前已成为英国一个重要的新兴工业部门。该部门的产品有电子计算机、雷达和导航设备、通信设备、电子组件等。英国电子工业特点是重点发展以雷达、无线通信及工业控制为中心的投资类设备和专用电子设备。尤其是雷达设备已为许多国家民用机场和船舶所使用。英国电子工业主要分布在：一是泰晤士河上游河谷地带，自伦敦至布里斯托尔 200 公里公路两旁，被称为"泰晤士硅谷"；二是苏格兰的埃尔—格拉斯哥—爱丁堡，被称为"苏格兰硅谷"。

"泰晤士硅谷"是在英格兰南部迅速发展起来的"硅谷"：一个是被称为"伦敦西走廊"硅谷，它从伦敦城西的希思罗机场沿 4 号高速公路向西，经雷丁、斯温登、布里斯托尔到威尔士的首府加的夫。沿线狭长地带形成微电子工业的集中区。因地处英国南方，亦被称为"阳光带"。这里聚集着大量高科技公司和研究中心，主要生产电子计算机、软件、电信设备等。另一个是从伦敦向东北沿 11 号高速公路到剑桥的"伦敦北走廊"硅谷，这里以硅片生产为主。英格兰南部硅谷的形成，主要依托于首都伦敦及大学城剑桥的雄厚科研力量及技术实力；政府鼓励高级科研人才将研究成果在工业企业中推广使得大大小小以高科技人才为核心的高科技企业如雨后春笋般地出现，推动了南方硅谷的形成。另外，世界最繁忙的希思罗机场和四通八达的公路、铁路网为其发展成为英国高科技工业基地创造了必不可少的条件。

"苏格兰硅谷"是英国高科技工业最早集中发展地区,因其以生产微电子工业的硅片为主,所以被誉为"苏格兰硅谷"。"苏格兰硅谷"中有450多家电子公司在此设厂,其中1/2以上是美国公司,其次为日本、荷兰和德国的公司,而英国自己的公司则很少。美国前11位的电子公司都在苏格兰建有生产基地。大部分建在苏格兰的微电子工厂是在国外进行设计,在苏格兰进行生产或组装。每个公司都有自己的专业化部门,如爱丁堡有生产导弹防御系统的公司;格伦罗西斯有制造半导体和磁盘驱动器的公司;纽豪斯有仪器制造的公司等。爱丁堡、格伦罗西斯和利文斯顿是主要中心,其中利文斯顿集中了较多的日本公司。

"苏格兰硅谷"成功地吸引了大量的海外投资,其原因是:

(1)在这个地区有传统的电子制造业。

(2)这个地区具有迅速可利用的熟练劳动力,而且当地的劳动力缺勤率低,人际关系好,进而生产率较高。

(3)这里教育水平高,当地八所大学40%的优秀毕业生从事科学与技术学科,建有微电子公司的"苏格兰科学园"都建在大学校园内。

(4)这个地区具有东面向欧洲大陆,西面向北美的优越区位和四通八达的交通、通信设施,爱丁堡、格拉斯哥建有现代化的港口和国际机场,同时还建有现代化的高速公路和铁路网。

(5)这虽是个衰落的老工业区,政府在财政、金融政策上给予投资者优惠,并在一些新城镇有可利用的土地,设施齐全的现代化建筑、工厂和服务业。

(6)这里环境优美,绿草如茵,四季常绿,并有生产集成电路所需的纯净水。

5. 化学工业

化学工业在英国工业中占重要地位,约占制造业产值的10%。英国是世界五大化工产品出口国之一。化学工业是英国"二战"后发展最快的部门之一。早期英国化学工业是建立在本国煤和岩盐等原料基础之上的,以基本化工为主。20世纪60年代以后,主要以石油和天然气为主要原料,以有机合成和石油化工产品为发展重点。北海油田的开发,进一步促进了化学工业的发展。主要产品有无机化学产品以及塑料、合成橡胶、合成纤维、药品、合成树脂、染料、化肥等。石油化学工业主要分布在北海沿岸的石油加工中心,酸碱等基本化工分布在默齐河口,煤炭化工厂主要分布在米德兰地区,伯明翰是化肥生产中心。

6.纺织工业

纺织工业是英国传统的工业部门,包括棉纺、毛纺、化纤纺织三个生产部门。纺织工业在英国工业化进程中曾发挥过重要作用,并长期居于工业生产的主导地位。第二次世界大战后,棉纺织工业逐渐衰落,从居世界第二位降到第五位。曼彻斯特是英国棉纺织工业的中心。英国是世界毛纺织品的重要生产国之一,毛纺织品质量好,在国际市场上有相当的竞争力。毛纺织工业的中心是利兹。化学纤维纺织业"二战"后发展较快。

(二)农业发展现状

农业在英国经济中一直不占重要地位,农业人口仅占全国人口比例的 2.2%,农业产值仅占国内生产总值的 2%。英国农作物种植主要分布在英国的东部。这里气候条件较好,是全国重要的农作物种植区。主要农作物有小麦、大麦、马铃薯、甜菜等。英国西北部苏格兰、威尔士西南部的山地和沼泽地以畜牧业为主,主要从事牛和羊的饲养。

英国农业生产结构中,以畜牧业为主,其次是种植业。从产值看,畜牧业约占 2/3,种植业仅占 1/5。

1.种植业

英国种植业主要为谷类作物、园艺作物、块茎作物和饲料作物。主要农作物有大麦、小麦、马铃薯、油菜及甜菜;其余近 1/10 为园艺业,包括蔬菜、水果和花卉等。高产值园艺作物在英国的种植业中居于重要地位。园艺作物产值约占全部种植业产值 1/3。在园艺作物产值中,蔬菜产值约占 60%,其次是果树和花卉。英国有许多专门生产蔬菜的农场,规模为 12 公顷。大多数蔬菜农场有温室,温室由电子设备控制温度和通风。实行人工控制的温室,每公顷投资高达 6 万至 7 万英镑。英国的园艺作物投入很大,每公顷蔬菜仅生产投资一项就需约 180 英镑,果园在开始获益之前每公顷需投入近 1 000 英镑。

2.畜牧业

英国的畜牧业是从 16 世纪的"圈地运动"发展起来的,最初发展起来的养羊业是为国内纺织业提供原料,后来随着城市人口的增加,发展了肉、奶、蛋的生产。

畜牧业是英国农业的重要产业,重要性超过了种植业。英国的畜牧业的特点是经营规模大,机械化水平高,集约经营,专业化和社会化程度高。英国的牧场面积接近全国总面积的一半,为畜牧业服务的饲料种植面积又占了全国耕地面积的一半,大片耕地用来种植饲草、饲用甜菜等。英国的畜牧业以饲养牛、猪和家禽为主。在畜牧业结构中,牛、鲜奶、奶制品的产值占牲畜和畜产品全部产值的一半以上。

英国的畜牧业现正向着高度集约化和牧工商一体化、工厂化方向发展。自动挤乳机的普及率已达 90%。大型的畜禽加工厂不断涌现。畜禽加工厂集供料、供水、通风、清粪、产蛋、挤奶、屠宰、加工、包装于一体,全部实行机械化、自动化作业。英国畜牧业还具有饲料报酬高、畜禽个体产品率高、生产周期短等特点。

3.渔业

英国有漫长的海岸线,长达 10 509 公里,是世界上海岸线最长的国家之一,大陆架面积为 48.6 万平方公里。大不列颠群岛周围的海洋都是水深不到 200 米的大陆架,不仅适于鱼类繁衍生长,而且便于捕捞作业,北海的多格浅滩是世界著名渔场之一。不列颠群岛曲折的海岸线,使其有很多港湾可以作为渔船的抛锚地,为渔业发展提供了良好的条件。目前英国的海洋渔业技术获得了迅速发展,雷达、声纳等先进的导航系统进入了海洋渔业领域,带有电子计算机的综合探鱼系统技术使英国的海洋渔业捕捞全部实现了自动化。

4.林业

英国的森林覆盖率较低,仅 8%;木材 90%以上需要进口。英国 15 世纪以前曾是一个森林资源丰富、木材足以自给的国家。18 世纪中叶产业革命以后,由于滥垦滥伐、毁林放牧等使森林资源几乎丧失殆尽。第一、第二次世界大战后,英国通过立法、人工造林,制订了恢复森林资源的长远规划,才逐渐使森林覆盖率恢复到目前的水平。

5.英国农业的特点

(1)从轻视农业转为重视农业,实现农业的现代化

18世纪末,资本主义生产方式已在英国农业中占绝对统治地位,当时英国的农业在欧洲居领先地位。到19世纪初,英国仍然是一个农业比较发达,食品基本自给的国家。但是号称"世界工厂"的英国,继而改为实行"英国工业、其他国家农业"的国际分工。在轻视农业的政策的诱导下,农业逐步衰退,英国在食品供应方面严重依赖于世界市场。在19世纪70年代,国内生产的粮食能够供应当时全国人口的79%,但到第一次世界大战时,英国生产的粮食只能养活36%的人口。1913年谷物播种面积比1870年减少25%;1931年谷物播种面积减为196.3万公顷,比1918年下降41.7%、产量下降20.6%。

在第二次世界大战期间,由于德国潜艇击毁英国远洋商船,粮食进口运输受阻,使国内粮食供应发生困难。英国政府不得不实行食品配给制,转而加强对农业的干预,采取重视农业的许多措施,如:奖励垦荒、对开垦荒地的农户发给奖金;扩大耕地面积;提高农业机械化水平;大幅度提高农产品价格;各地区普遍建立农业生产管理委员会,对农业生产进行监督。"二战"后,英国花了近15年的时间,扭转了农业衰退的局面,逐步实现了农业现代化。目前英国的农业劳动生产率、单位面积产量都有了很高的水平。

(2)集约经营,提高农业的单产水平

英国的农业生产不同于美国,属于人多地少的类型;因此,英国较为重视农业土地生产率和单位面积产量的提高,小麦、大麦、燕麦和马铃薯的单产都有大幅度的增长,英国谷物平均单产水平一般高于欧洲和美国的单产水平。英国农业生产现代化水平高,农业基本实现了机械化、自动化和电气化。农业技术水平和劳动生产率在欧洲仅次于德国,明显高于法国和意大利。

(3)提高农业机械化水平,以提高农业劳动生产率

第二次世界大战后,英国的农业机械化发展迅速。1944年,英国只有农用拖拉机17.34万台,联合收割机2 500台。1993年,英国已拥有农用拖拉机50多万台,联合收割机4.7万台,平均每个农业劳动力拥

有 1 台拖拉机、0.5 台联合收割机。目前,英国种植蔬菜的农场和养猪养鸡的农场都实现了机械化。英国的农业机械配套,农业机具齐全,从耕作到收获、进仓,每个程序都有相应的机械。中耕机、播种机、割草机、捆草机、脱粒机等农业机械得到了广泛的应用。英国目前使用的拖拉机,多数是大马力和液压传动,并装有电子监测和空调设备。甜菜和马铃薯收获有单行分段作业和多行作业等多种机械,可以适应在多种条件下进行操作。

(三)对外贸易发展历程

英国是世界第六大贸易国,2006 年进出口贸易总额为 14 000 多亿美元。2006 年英国货物贸易增长较快,进出口总额为 10 062.9 亿美元,比 2005 年(下同)增长 12.3%,增速提高 3.6%。其中,出口额 4 428.5 亿美元,增长 12.4%;进口额 5 634.5 亿美元,增长 12.2%;贸易逆差由 2005 年的 1 080.5 亿美元扩大至 1 206 亿美元,上升 11.6%。由于英镑升值以及进口的强劲增长,2006 年下半年贸易逆差 792.3 亿美元,占全年贸易逆差的 65.7%。

在英国的经济发展中,对外贸易占重要地位。19 世纪中叶,英国曾是国际贸易中心。然而,"二战"后随着英联邦实际上的解体和工业生产的下降及产品竞争力的削弱,对外贸易发生了急剧变化。

首先是对外贸易地位下降。"二战"前,英国出口贸易占世界出口贸易比重为 11.3%,仅次于美国,但是到 20 世纪 70 年代,其地位已处于美国、德国、日本、法国之后,居世界第五位。

其次,贸易对象发生了变化。20 世纪 70 年代之前,主要贸易对象是英联邦国家,自英国加入欧共体后,贸易对象迅速转向西欧。

另外,英国的进出口商品结构也发生了较大变化,制成品出口比重下降,初级产品比重上升,这在发达国家中是非常特殊的。再有,"二战"后英国对外贸易中,货物贸易长期存在逆差,而无形贸易一般是顺差状态。

当前,英国主要出口商品为食品、饮料、矿物性燃料和原料、油脂、化工产品,机械设备和其他产品等。其中出口量最大的是机械及运输设备,如汽车、船舶、飞机和航空发动机、电机和电子设备等。主要进口商品是粮食、烟叶、合成纤维、各类轻工业产品、化工产品、有色金属、机械运输设备等。

英国的贸易伙伴仍以欧盟内部国家为主。英国对外贸易一直保持以欧盟内部贸易为主的格局,其最主要的贸易伙伴为法国、德国和荷兰,而美国是英国最主要的盟外贸易伙伴。2006 年,英国对盟内出口大增,增长速度均高于对其他主要区域性组织的出口。

英国对北美自由贸易区、南方共同市场、亚太经合组织等其他区域性组织的出口也有不同程度的增长。从具体国别看,美国仍是英国第一大出口目标国,2006 年英国对美国出口 583.4 亿美元,占英国出口总额的 13.2%,增长 3.1%。法国、德国位列第二和第三大出口目标国,英国对法国、德国分别出口 519.9 亿美元和 488.9 亿美元,占英国出口总额的 11.7% 和 11.0%。同期英国对欧盟内部的丹麦和荷兰出口实现高速增长,增幅分别达到 64.3% 和 28.8%。

现在英国从欧盟内部国家进口增长缓慢,同期从安第斯共同体、北美自由贸易区、南方共同市场和亚太经合组织等其他主要区域性组织的进口出现较大幅度增长。德国依旧为英国最大的进口来源地,从欧盟内部的比利时、荷兰和法国的进口增长缓慢,均不足 10%,但是从南非、加拿大、挪威、美国和中国的进口增长较快,从日本的进口则下降 6.2%。

近年来英国进出口商品构成变化不大。主要出口商品为电机与电气产品、机械设备、矿物燃料、汽车及其零件、药品、珠宝及贵金属、光学仪器、有机化学品、航空航天器及零件和塑料制品等。主要进口产品为机械设备、电机与电气产品、汽车及其零件、矿物燃料、珠宝及贵金属、药品、光学仪器、塑料制品、航空航天器及零件和有机化学品等。核反应堆、锅炉、机械器具及零件仍占据进口商品的第一位。

英中贸易。英国与我国已有 40 多年的经贸关系,英国是西方国家中同我国贸易关系建立最早的国家。1950 年两国进出口贸易总额为 351 万美元。1980 年双边贸易额突破了 10 亿美元,现在两国的贸易额已近 300 亿美元。

在英中两国之间的贸易往来中,英国向中国出口商品主要是航空运输设备、机械、汽车、仪器、钢材、电子设备、化肥、医疗用品等;英国自中国进口的商品主要有煤炭、土畜产品、粮油食品、纺织品、工艺品、矿产品、化工产品以及各类机械产品。

五、主要城市及海港

1. 伦敦。作为英国首都,它不仅是英国的政治中心,也是英国文化、交通中心,最大海港和最大工业城市。主要工业为机械制造、汽车制造、化工、金属加工、电子器材、石油提炼和印刷等。伦敦还是世界著名金融中心。

2. 利物浦。利物浦位于英格兰中部,是英国第二大海港和重要的造船、修船工业中心。港区建有现代化码头,货物输出量居全国首位。主要出口钢铁、化工、机械、汽车等产品。

3. 格拉斯哥。位于苏格兰中部的格拉斯哥,是苏格兰最大城市和港口,英国最大造船工业中心。主要工业部门还有制药、飞机制造、核电工程等。

4. 南安普敦。英格兰南部主要港口城市南安普敦,濒临英吉利海峡,为英国重要的远洋贸易港和最大客运港。

5. 伯明翰。英国著名的工业中心伯明翰,为英国第二大城市,工业发展历史悠久,有"世界车间"之称,工业产值占全国的 1/5,重要的工业部门有汽车、电气、化工、机器、飞机等。

6. 曼彻斯特。位于英格兰西北部的曼彻斯特是英国中部地区工商业、金融业和文化中心。纺织工业历史悠久,其他工业部门有机械、电子、化学、炼油和食品加工等。

意大利

意大利(The Republic of Italy)位于欧洲南部,领土包括阿尔卑斯山以南的欧洲大陆部分、亚平宁半岛以及地中海上的西西里岛、撒丁岛及附近的许多小岛,面积30.1万平方公里。

意大利地处地中海中央,正处于东西航线与欧非两洲交往的十字路口,战略意义十分重要,特别是穿过阿尔卑斯山的铁路修通后,成为

联系中南欧与非洲的大陆桥。正因为其有利的地理位置,使意大利成为世界上资本主义萌芽产生最早的国家。14世纪至15世纪的欧洲文艺复兴发源于此,并成为东西方商业贸易中心。如意大利的威尼斯、热那亚、佛罗伦萨、米兰等当时的经济都很繁荣。后来,随着地理大发现,世界经济贸易中心逐渐转移到大西洋两岸,加上意大利长期处于封建割据状态,资本主义经济发展迟缓,到"二战"结束时,意大利经济已达到崩溃边缘,经济发展水平落后于欧洲其他主要发达国家。20 世纪 50 年代以后,意大利经济出现了转折,发展速度加快,目前是经济发达国家之一。

一、自然条件

1.地形

意大利是个多山国家,山地与丘陵面积约占领土总面积的 77%,平原面积约占 23%。横亘北部的阿尔卑斯山长约 1 200 公里,平均海拔 1 000 米以上,该山地有一系列的海拔 4 000 米左右山峰,其中法国与意大利交界的勃朗峰高 4 810 米。这些高峰有终年不化的积雪和冰川,是许多河流的发源地,水力资源丰富。山脉为河流切割成谷地,成为南北交通的衢道。山地、森林、草场大面积分布。山麓及河谷地带适宜种植谷物、水果和蔬菜。纵贯半岛南北的亚平宁山脉是亚平宁半岛的脊柱,延伸到西西里岛。由于成山时代较晚,至今地壳活跃,多火山、地震,西西里岛上的埃特纳火山是西欧最大的活火山。

平原主要分布在阿尔卑斯山脉以南和亚平宁山脉以北广阔地带。其中波河平原面积 4.7 万多平方公里,地势平坦,土壤肥沃,河网密布,灌溉便利,加上北面山脉阻挡,冬季寒潮不易侵人,全年热量充足,是意大利最富饶的农业区,已发展成为全国工业发达、交通网稠密和城市密集的地区。

2.气候

意大利气候分三种类型,亚平宁半岛、西西里岛和撒丁岛属地中海式气候,夏季炎热干燥,冬季温和湿润;北部大陆部分和亚德里亚海沿岸地区属于温带大陆性气候,夏季炎热,冬季寒冷;阿尔卑斯山区属山地气候。

3.河流

意大利境内共有几十条河流,其中最大的是波河,全长 652 公里,其他主要河流还有阿迪杰、皮亚伟、阿尔诺及台伯河。意大利的河流由于流量有限,而且随季节的变化很大,很少用于航运。

4.资源

意大利资源贫乏,煤、铁、石油等严重不足。主要矿产有褐煤、黄铁矿、锑、锰、铅、锌、钾、铝矾土等,但储量较少。仅水力、地热、天然气、大理石、汞和硫磺等较丰富。矿产资源主要分布在波河流域、亚平宁半岛中段的东海岸以及南段的爱奥尼亚海沿岸地区。

二、人口、民族与宗教

意大利总人口 5 813 万(2006 年)。人口分布不平衡,全国人口密度为每平方公里 191 人,经济发达的北部地区人口密度达到每平方公里 350 人以上,而撒丁岛仅为每平方公里 50 人。全国 70%以上人口集中在城市。

意大利属于多民族国家,其中意大利民族由罗马人、伊特鲁利亚人、希腊人、日耳曼人、阿拉伯人结合而成,占意大利总人口的 95%左右,另有许多少数民族,其中加泰隆人是最大的少数民族,人口有 100多万,此外还有法兰西人和亚平宁半岛北部山区的弗留里人等。

意大利法定语言是意大利语,它与法语、罗马尼亚语、西班牙语属同属印欧语系中的拉丁语族,除此之外个别地区也讲法语和德语。

意大利是一个天主教国家,天主教一直是意大利的国教。居民中 90%以上的人信奉天主教,只有少数人信仰新教和犹太教。在意大利境内的阿尔巴尼亚人和希腊人信仰东正教,还有十万多人信仰伊斯兰教。

现今意大利居民中,尽管大多数居民名义上仍是天主教徒,但在他们中无神论者却在不断增加,他们对宗教观念十分淡薄,很少有人去教堂做弥撒,向神父去忏悔的更少。而去教堂的结婚的人也越来越少,甚至连教会的神职人员的来源也发生了危机。然而,教会的势力和影响在意大利却是很大的。在政治上,与梵蒂冈关系密切的天主教民主党在战后一直是主要执政党;在经济上,梵蒂冈在意大利有数百亿美元的投资和不动产,它在罗马的资产约占 1/4。教会还在许多地方开办学校和医院。梵蒂冈教区是世界天主教的中心。

三、国民经济主要部门

意大利是世界文明古国,又是世界七大工业国之一。历史上,意大利在世界经济和文化发展中曾起过重要作用。

(一)"二战"后经济发展概况

"二战"后,意大利经济发展较快,除少数年份外,经济增长率一直居西欧前列,尤其是 1951 年至 1963 年,被称为"经济奇迹"时期,此间经济增长速度仅次于当时的西德,居世界第二位。

20 世纪 70 年代中期,资本主义世界爆发经济危机,使得意大利经济出现了衰退,经过十几年后,经济发展又进入了快车道,成为西欧经济发展最快的国家。

进人 20 世纪 90 年代,意大利经济出现衰退,通货膨胀趋于严重,失业增长。90 年代中期有所好转,但是到了 90 年代末,经济发展又出现反复。意大利政府为摆脱经济低迷状态,实施了一系列旨在促进就业、刺激经济增长的措施,如降低各种税收,以降低生产成本,提高职工收入,政府专门拨款加强对青年劳动力的职业培训,以提高劳动者素质,等等。

进入 21 世纪,意大利的经济仍未摆脱困境。在经历了几年的徘徊之后,2006 年意大利经济在整个基本面出现了一些积极的复苏迹象,主要体现在各项重要经济指标都呈现良好的增长势头。如工业生产,在经过连续三年的下降之后,出现较快增长,成为拉动 GDP 增长的主要因素。2006 年国内生产总值为 1.784 万亿美元,排在世界第七位。人均达到 30 689 美元。

在意大利的经济发展过程中,国家垄断资本主义高度发达,它控制着国民经济主要部门。另外,国内中小企业特别繁荣,越来越成为意大利经济的活跃因素。除此之外,意大利南北经济发展不平衡尤其突出的。大体以罗马稍南为南北界限,分为落后的南方和先进的北方。意大利先进的工业都集中在北方,北方的波河流域是意大利主要农业区。近年来,意大利随着多元化经济的形成,经济部门结构发生了显著变化,工农业在国民经济活动中比重有所下降,第三产业比重日益提高。

(二)主要工业部门

意大利工业相当发达,工业在国民经济发展中起主导作用,是国民收入的主要来源。以制造业为主体的工业体系已经形成,制造业占工业总产值的 70% 左右。在意大利的主要工业部门中,除重工业中的钢铁、机械、造船、化学、石油、天然气等部门拥有少数现代化大型企业外,其他均为中小企业。在意大利的出口商品中,中小企业生产的产品占70%以上。由于意大利国内自然资源贫乏,原料与能源严重依赖进口,因此意大利工业具有明显的以出口加工工业为主的特点。

意大利工业分布不平衡。以米兰—都灵—热那亚工业三角出区和东北部新兴工业区为重心,北部地区集中了全国工业生产的80%以上。

主要工业部门有:

1. 能源工业

总的来说,意大利能源资源贫乏,煤与石油储量很少,天然气稍多,1989年探明储量3 309亿立方米,仅占世界的0.3%,水力和地热资源较丰富。意大利的能源自给率仅为15%,国内所需石油的99%和天然气的50%依靠进口。

意大利煤炭工业主要分布在撒丁岛,以褐煤为主,煤质差。天然气主要分布在波河平原。意大利水力开发程度较高,达到90%,水资源的3/4集中在阿尔卑斯山麓。20世纪80年代末,意大利开始发展核能工业,90年代初已建立了6座核电站。意大利是世界最早利用地热发电的国家,20世纪初就在佛罗伦萨西部建立了世界第一座地热发电站,其地热发电量仅次于美国,居世界第二位。

2. 钢铁工业

钢铁工业是意大利"二战"后发展较快、规模较大的工业部门,2006年钢产量是3 157万吨。意大利炼钢技术具有世界先进水平,优质钢在钢铁制品中占有重要地位。意大利钢铁工业部门所需的全部铁矿石和焦炭及75%的锰和30%的废钢铁均依赖进口。从20世纪50年代开始,意大利开始在沿海建立大型钢铁厂,通过海运从国外进口优质媒炭和铁矿砂,生产产品再出口,产品成本比原来降低,从而增强了产品在欧洲市场的竞争力。

意大利钢铁工业分布在南、北两区:北方区以米兰为中心,南方区是20世纪50年代后发展起来的新区,其中半岛南端的塔兰托是西欧地区规模最大的沿海钢厂,年生产能力可达1 000万吨。

3. 机械工业

机械工业是意大利最主要的工业部门,其产值占工业总产值的比重超过 1/3。意大利机械工业的主要部门有汽车制造、动力机械、车床制造、精密仪器、数控机床、运输设备、船舶制造、家用电器、五金机械等部门。

(1)汽车工业。这是意大利机械工业中最主要的工业部门,"二战"后发展十分迅速、长久不衰,在国际市场上有很强的竞争能力。1950 年小汽车的产量仅有 10 万辆,到了 20 世纪 80 年代末,已超过 180 万辆。意大利现为世界第六大汽车生产国,也是世界主要的汽车出口国之一。

近些年来,意大利汽车产量呈下降趋势,2007 年只生产了 128 万辆汽车,位居世界第 14 位。

意大利汽车工业原来主要由北部都灵市菲亚特公司独家经营。为了发展汽车工业,创造国内竞争条件,先后建立了阿尔法·罗米欧、法拉利、马赛拉蒂、兰博吉尼、伊索等汽车公司,它们除生产一般的小汽车外,还有所分工,有的生产赛车,有的生产高级豪华型小汽车,有的生产大客车和载重汽车,但这些公司生产规模不大,只有菲亚特公司首屈一指,其汽车产量占全国产量 85% 以上,它是世界十大汽车公司之一。

意大利汽车工业对世界市场的依赖性很强,生产的汽车 30%~40% 需销往外国,主要出口国为欧洲、非洲和地中海沿岸国家。

(2)电子电器工业。该工业十分发达,电子计算机、办公用机械、家用电器(如电视机、电冰箱、洗衣机)等工业在世界上都占有一定地位,有的产品居世界前列。如意大利生产打字机和缝纫机历史悠久,享有盛誉的奥利维蒂公司推出的电子打字机、新闻处理机以及大批软件销路较好。

意大利的家电工业发展很快,属"二战"后迅速发展起来的新兴机械部门,为世界最大的家电生产国之一,有些产品,如电冰箱在世界市场上享有盛誉。目前,意大利生产的彩色电视机、电冰箱、洗衣机、洗碗机和电烤炉五大家用电器超过 1 000 万件以上。意大利家用电器公司超过了 130 家,其中扎努西公司是全国最大的家用电器公司,同时也是欧洲最大家用电器公司之一。

"二战"后意大利机械工业分布的特点是高度集中在西北部以米兰为中心的伦巴第区和以都灵为中心的皮埃蒙特区。伦巴第区是全国最大的制造业带,米兰是最大的机械制造中心,生产电子电器设备、汽车、机床、飞机等许多产品。皮埃蒙特区是全国第二大制造亡带,都灵是第二大机械制造业中心,生产多种机械产品,其中汽车工业最突出,是世界四大汽车城之一;其他还有电子电器、飞机等。此外,热那亚、那不勒斯也是重要的机械工业中心。

4. 化学工业

化学工业是意大利工业部门中仅次于机械工业、食品工业及纺织工业而居第四位的工业部门。其生产规模仅次于美国、日本、德国、法国、英国,居世界第六位。过去,意大利主要是利用本国资源硫磺、钾盐、黄铁矿生产硫酸、化肥、染料等产品。20 世纪 60 年代后,利用从中东、北非进口的石油、天然气大力发展石油加工工业和石油化学工业,生产三大合成化工产品。北部的伦巴第和埃特蒙区是意大利传统的化工区,新建的石油化学工业主要分布在沿海城市,如热那亚、那不勒斯和威尼斯。意大利有四大化学工业公司,分别为蒙特爱迪生公司、阿尼克公司、西尔—卢米昂卡公司和利圭基米卡公司。

5. 纺织、服装、制鞋工业

纺织工业是意大利历史上最悠久的行业,至今在意大利工业中仍占重要地位。纺织业包括棉纺、毛纺、丝纺、麻纺、化纤纺织等部门,生产技术水平高,毛纺织品出口额居世界前列,棉纺织的 30% 供出口。意大利合成纤维工业"二战"后得到迅速发展,依赖从国外进口石油,在沿海石油化工城市建立了许多合成纤维生产企业。意大利北部的伦巴第区和皮埃蒙特区是意大利最大纺织工业基地,米兰是著名的纺织工业中心。

同纺织工业关系密切相关的意大利服装业、制鞋业、皮革业也十分发达,在世界上享有很高的声誉。

意大利制造的服装样式新颖、花色繁多、种类齐全,有高档货也有大路货,而且不断翻新,创造新潮服装。近年来意大利服装生产已超过法国,居世界首位。米兰为世界著名时装中心。

制鞋业也为传统产业,意大利有"制鞋王国"之称。制鞋业规模小,工艺精、品种繁多、设计新颖、色彩丰富。加之高超的鞣革技术及精密的制鞋机械,产品质量在世界居领先地位。在全国有 8 000 多家制鞋厂,1 300 多家制革厂,年生产皮鞋超过了 5 亿双,其中 3.5 亿双供出口。特别是意大利生产的滑雪鞋,驰名于世,大量出口,占世界总销量的60%。

6.大理石开采及加工业

意大利的大理石以品质优良扬名天下,大理石的开采加工应用现代技术和工艺,生产能力强,现在已成为世界最大的大理石材生产国。意大利还是世界石材制品的主要集散地和技术交易市场。卡腊腊市是石材的制造中心。石材制品的 70%供出口。

此外,意大利的食品饮料、啤酒、首饰、家具制造业也很有名气,都是意大利主要出口创汇行业。食品工业中的通心粉、葡萄酒和橄榄油的生产一直居世界领先地位。

(三)农业发展特点

意大利农业生产历史悠久。当代农业生产有了很大发展,在其国民经济发展中占有重要地位,农业产值占国民生产总值的比例约为 5%左右。意大利农业以种植业为主,畜牧业规模较小。

意大利农业机械化和现代化水平较高。20 世纪 50 年代,政府制定了 12 年农业发展规划,实行农业贷款、稳定家畜产品价格等措施,60年代初即初步实现农业现代化。农业就业人口 110 多万,占总就业人数的 5%左右,可耕地面积占全国总面积的 41%,牧场占 17%。

意大利农业生产以草本和木本作物为主,小麦是最重要农作物,蔬菜在生产和出口中占有重要地位,是欧洲最大园圃蔬菜生产国之一。橄榄和葡萄是著名水果,分占世界总产量的 1/4 和 1/5,另外还有柑橘、柠檬、苹果、桃及李子等。全国农场共有 300 余万个,多为中小型,大农场数量较少。种植区集中于土地肥沃、水源充足的北部波河平原。主要的粮食作物是小麦、玉米、稻米、甜菜等。主要经济作物是甜菜和烟草,油料作物有花生、油菜子和向日葵子。

蔬菜在意大利农业生产和农业产品中占有重要地位,是欧盟中主要的蔬菜生产国。蔬菜的品种有西红柿、菜花、百叶菜、菜豆等。尤其是西红柿的产量占欧盟产量的 3/4 左右。这些蔬菜在西欧市场上十分畅销，是意大利一项重要的外汇收入。蔬菜种植主要集中在南部地区。

意大利南部地中海沿岸地区特别有利于水果的生长，主要品种有葡萄、橄榄、柑橘、柠檬等。各类水果的年产量都在 2 500 万吨以上，水果的出口也为意大利带来了大量的外汇收入。在水果种植业中，葡萄种植业历史悠久，种植广泛，全国有近一半的农场种植葡萄。葡萄产量居世界首位，葡萄酒的产量与出口量亦居世界首位。意大利的柑橘与柠檬的品质优良闻名于世，主要产在半岛南端的卡拉布里亚地区和西西里岛，仅西西里岛就生产了全国的 1/3 的柑橘和 1/2 的柠檬。此外，桃、梨、无花果、枇杷果和樱桃的种植也很出名。橄榄是意大利主要的油料作物，是世界三大油橄榄生产国之一。主要种植在西西里岛和半岛南端。

畜牧业是意大利发展最快的农业部门，政府对畜牧业给予极大扶持，增加了专门用于饲料作物的土地。猪的存栏数不断提高，肉鸡和蛋鸡的饲养也有较大发展，成为农业生产方面的重要部门。

意大利森林覆盖率为 23%，森林占地约 900 万公顷。生产所需木材大量依赖进口，主要进口地是非洲国家。意大利木材加工机械较发达，在制材、胶合板、刨花板等方面都实现了机械化和连续化。

(四)发达的旅游业

意大利是世界著名的旅游大国。它有独特的城市风貌，有优美的自然风光，也有可资炫耀的历史和文化，一直以来就是全世界最热的旅游地之一。

罗马是世界上最古老的城市之一，这里有众多世界级的古迹、文物和遗址，例如斗兽场、废墟、万神殿、圣彼德大教堂、许愿泉、西班牙广场的三位一体教堂、梵蒂冈博物馆，甚至有近代的威尼斯广场的意大利统一纪念堂和街头巷尾数不清的喷泉、石雕。号称世界八大古迹之一的科洛塞奥竞技场、君士坦丁大帝凯旋门、比萨斜塔、庞贝古城、多曼达特地区的体现人类祖先活动的岩画——瓦尔卡莫尼岩画等，都是值得一去的观光胜地。奥莫大教堂、斯卡拉歌剧院、圣玛丽亚修道院、普雷拉画廊、科率湖、西尼里亚宫、佛罗伦萨教堂、乔托神楼、八角形的洗礼堂、比蒂宫、乌菲尔博物馆和"旧桥"，都会使旅游者留连忘返。

意大利的城市各有特色:罗马的文明与文化,佛罗伦萨的绘画,威尼斯商业旅游业,米兰的工商业及展览业,都灵的菲亚特汽车制造业等,都令世人向往和赞叹。

意大利每年的旅游收入是弥补国家收支逆差的重要来源。旅游业收入每年都超过 700 亿美元,约占国内生产总值的 6%左右。

四、对外贸易

随着"二战"后意大利经济的迅速发展,其对外贸易的规模和发展速度也是空前的。1948 年进出口总额为 28.2 亿美元,而到了 20 世纪90 年代初已达到 3 500 多亿美元,1998 年为 4 268 亿美元,2006 年进出口总额已超过了 7 500 亿美元,为世界贸易大国之一。意大利对外贸易的增长速度大大超过了该国国民生产总值的增长速度,也超过了工业生产的增长速度。对外贸易现已是意大利经济的主要支柱,外贸连年顺差,是继日本、德国之后世界第三大贸易顺差国。

意大利的进出口商品结构"二战"后发生了很大变化,1948 年制成品在出口中所占比重为 48%,到了 20 世纪 80 年代,已超过 90%。主要出口商品是机械产品、化工产品、纺织品、冶金制品及水果、蔬菜等食品。与此同时,意大利的进出口商品结构也发生了很大变化。农产品比重下降,制成品比重上升,如机械产品在进口总额中的比重由 50 年代的 10%上升到目前的 40%以上。

意大利对外贸易对象首先是欧盟地区,比重一直占 60%左右;其次是美国;另外是非洲、亚洲、拉丁美洲等发展中国家。其中法国与德国是意大利最重要的贸易伙伴。

意大利与中国两国贸易往来源源流长。早在公元 2 世纪末,通过著名的"丝绸之路"就开始了商品的交流。新中国成立初期,意中两国贸易额很小,1950 年仅为 1 000 多万美元。1970 年两国建交后,双方贸易有了很大发展。到 90 年代初,已上升到近 24 亿美元。进入 21 世纪意中贸易有了更迅速的发展,2001 年双边贸易额已达到 77.9 亿美元,2007年双边贸易额创历史新高,达到了 313.8 亿美元。在意大利与中国的双边贸易中,意大利从中国进口的商品主要是纺织原料、服装、土畜产品、食品和工艺品等。意大利向中国出口商品主要是机床、钢材、采矿设备、纺织机械、汽车、化学纤维、化工产品等。

五、城市与港口

意大利人口城市化水平较高。但与德国、英国、法国等西欧国家相比略低,高于希腊和葡萄牙。目前农村人口与农业劳动力仍占一定比重。意大利超过 100 万人口的城市有 4 个:首都罗马以及米兰、那不勒斯与都灵。

罗马位于半岛中部,亚平宁山脉的西侧,全国政治、文化中心,人口280 多万,现为全国交通枢纽和世界著名的旅游胜地。

米兰、都灵、热那亚位于西北部,三市构成的三角区为全国的经济中心区。

米兰为全国最大工业城市和金融贸易中心,人口超过了 150 万。工业产值占全国 1/4,出口商品占全国 2/5。

都灵为全国第二大工业城市,人口 120 万,有世界"汽车城"之称,是著名的"菲亚特"公司总部所在地。近年来,高新技术迅速发展,成为全国高科技园区的核心,被称为"工业技术的心脏"。

热那亚是意大利最大海港,是米兰、都灵进出口的外港,工业也较发达。

那不勒斯是意大利南部地区最大城市和港口,人口 120 多万,工业部门主要是钢铁、汽车、炼油、石化和机械制造等。

意大利的佛罗伦萨和威尼斯是世界著名的历史文化名城和旅游胜地,威尼斯还是意大利东北部的重要港口。

意大利北部的里窝那、的里雅斯特和东南部的塔兰托也为重要港口。

第三节 俄罗斯

俄罗斯全称为俄罗斯联邦(Russian Federation)。它地跨欧亚两洲,领土包括欧洲的东部和亚洲的北部,面积约 1 708 万平方公里,约占世界陆地面积的11.4%,是世界面积最大的国家。其领土东西长,南北窄,东西占经度约 170 度,最长距离约 1 万公里;南北跨纬度约 40 度,最宽距离约 4 000 公里。俄罗斯三面环海,东临太平洋、北临北冰洋、西部濒临大西洋的多个边缘海。海岸线全长约 4 万公里。

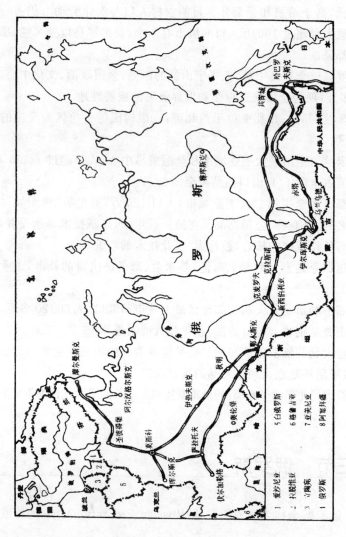

俄罗斯陆上疆界全长 1 万多公里,与 14 个国家为邻。主要邻国有朝鲜、中国、蒙古、哈萨克斯坦、阿塞拜疆、格鲁吉亚、乌克兰、白俄罗斯、波兰、爱沙尼亚、拉脱维亚、立陶宛、芬兰和挪威。俄罗斯与中国的黑龙江、吉林、内蒙、新疆等省区接壤,边界线长数千公里。前苏联解体后,中俄关系改善,尤其是中俄东段和西段边界正式划定之后,中俄边界已成为睦邻友好边界,促进了中俄之间经贸往来、科技和文化交流。

一、国家版图的变化

俄罗斯的领土与疆界是在长期历史过程中变化与形成的。

公元 9 世纪时,由东斯拉夫族以基辅为中心形成了"基辅—罗斯"大公国,当时仅是欧洲内陆的一个小国。13 世纪时,鞑靼蒙古族征服了古罗斯国,并统治该地区达 240 年。斯拉夫人在与蒙古人斗争中取胜,终于在 15 世纪末建立了以莫斯科为中心的统一的俄罗斯中央集权的国家。1574 年伊凡四世改称沙皇后,不断向外扩展领土,16 世纪至 17 世纪占据了伏尔加河下游、乌拉尔和西伯利亚广大地区,18 世纪至 19 世纪又扩展到波罗的海沿岸、外高加索、中亚、哈萨克等地区。1721 年宣布俄罗斯为帝国。到 1914 年其领土已扩张为 2 280 万平方公里。

1917 年俄国十月社会主义革命取得了胜利,在 1922 年改称苏维埃社会主义共和国联盟,列宁根据民族自决原则,放弃了沙皇俄国侵占的部分领土,波兰、芬兰和位于波罗的海沿岸的一些国家相继独立,领土面积缩减为 2 227 万平方公里。

1991 年发生的"8.19"事件,促使苏联解体。1991 年 12 月 21 日,俄罗斯、乌克兰、白俄罗斯、哈萨克斯坦等 11 个原苏联的加盟共和国宣布正式成立"独联体",前苏联正式解体。俄罗斯成为一个完全主权独立的国家,从而形成目前的领土和疆域。

二、人文地理环境

(一)行政区划

1917 年以前的沙皇俄国是个单一制的多民族封建帝国,全国划分为几十个省,由沙皇及各边疆区军事行政长官直接管辖。

　　1917 年"十月革命"以后,成立了以自治区为主体的俄罗斯苏维埃联邦社会主义共和国(简称苏俄)。根据 1918 年苏俄宪法,只有民族自治实体(以后发展成为三种形式的民族自治实体,包括民族自治共和国、民族自治州和自治区)能够作为联邦主体加入俄联邦,而其他以俄罗斯人为主要居民而划分的州或边疆区则仍按单一制的原则由中央对其实行自上而下的统一管理。1922 年苏联成立后,俄联邦作为苏联的一个加盟共和国加入联盟,但内部仍保留了这种国家管理体制。实际上这一时期的俄联邦实行的是两级行政区域的划分。

　　1991 年苏联解体后,俄罗斯联邦内的各行政区域、自治实体共同签定了《联邦条约》。条约明确规定:各民族自治实体,各边疆区和州同为联邦主体,各主体在与中央的关系中权利平等。1993 年 12 月 12 日,经全民投票通过了新的《俄罗斯联邦宪法》。宪法确定了新的俄罗斯联邦体制。俄罗斯联邦共有 89 个行政主体,其中有 21 个共和国,10 个自治区,1 个自治州,2 个联邦直辖市(莫斯科与圣彼得堡),6 个边疆区和49 个州。

(二)人口及人口问题

　　俄罗斯现有人口 1.414 亿(2006 年),少于中国、印度、美国、印度尼西亚、巴西,居世界第六位。但由于领土面积广大,地广人稀,人口密度每平方公里不足 9 人,仅相当于世界人口平均密度(每平方公里 36人)的 1/4。

　　俄罗斯人口还具有下列三个特征:第一,人口地区分布严重不平衡。欧洲部分人口稠密,居住在这里的人口约占全国人口的 1/2 以上,而亚洲部分人口相对稀少,平均每平方公里仅 3.5 人,其中西伯利亚每平方公里仅 1 人,北冰洋沿岸地带仅 0.1 人至 0.3 人。第二,城市人口比重大,城市人口约占 74%,农村人口仅占 26%。第三,自 20 世纪 90年代以来人口出现负增长。据统计,1990 年至 1998 年人口年均增长率为－0.1%。这是由于社会动荡、经济衰退、人民生活水平下降等原因造成的。人口增长率下降的后果必然使人口老龄化严重,劳动力减少,与经济的发展、资源和领土的开发产生矛盾。第四,人口素质高,为经济的发展提供了高素质的人才。

俄罗斯日益严重的人口问题就是人口持续下降。

对于俄罗斯来说,日益严重的人口问题已经不再是一个普通的社会问题,而是一个事关国家前途和民族命运的重大政治问题和经济问题。从1993年至今,俄罗斯人口总量已经连续14年持续下降,其境内常住人口从1992年的14 832.6万人下降到2007年的14 137.7万人,减少了694.9万人。专家预测,如果俄罗斯居民自然死亡率在近期不下降的话,到21世纪末,俄罗斯人口可能会锐减到6 000万至6 500万人。

人口的下降引起连锁反应,对于国土面积世界第一的俄罗斯来说,无疑是面临的一个严重问题。

由于人口减少,现在俄罗斯劳动力的缺口达1 000万,特别是远东和西伯利亚地区的石油、天然气和木材等资源开发领域,劳动力短缺近50%,这一定程度上拖累了俄罗斯的经济增长。苏联解体后,由于俄罗斯欧洲地区特别是莫斯科地区生活条件较好,居住在远东和西伯利亚的俄罗斯人开始向西流动。据统计,在最近10年里,北极地区人口下降了40%以上,西伯利亚地区已有1.1万个村庄和290座城市消失。

造成俄罗斯人口下降的主要原因是低出生率和高死亡率。自20世纪初以来,俄罗斯妇女的总的生育率不断下降,俄罗斯人口死亡率也居高不下,尤其是正当壮年的劳动者死亡率直线上升。俄罗斯人口死亡率的猛增原因也是多方面的,包括俄罗斯转轨时期的贫穷、酒精及毒品滥用、生活压力、疾病以及各种天灾人祸。据报道,过高的死亡率还降低了俄罗斯的人均预期寿命。俄罗斯男性与女性的平均预期寿命分别只有60.8岁和73.1岁,远低于世界平均水平,仅比非洲国家略好。

为解决人口下降问题,俄罗斯政府制定各种政策,鼓励育龄夫妇生育更多子女。政策的核心是改变现有价值观,回归传统,尊崇传统价值观,重视家庭,树立养育子女光荣的观念,强调个人对家庭、对子女、进而对国家和社会的责任感。其具体内容包括:

1.降低死亡率。在俄罗斯,每年有上百万人死于疾病,平均每天有100人死于车祸,每年有大约4万人死于酒精中毒。为此,实施国家"健康计划",重点放在发现、预防和治疗心血管疾病及其他高死亡率疾病上;抑制各类人身伤亡事故的发生率,制定交通安全计划;限制含酒精饮料的进口和销售,号召人们远离毒品,建立健康的生活方式。

2. 吸纳外来移民。在选择移民的标准上,坚持首先考虑引进境外的俄罗斯人,其次是吸纳"有专业技能的"、"受过良好教育和守法的"其他民族人口。

3. 提高出生率。解决人口问题的根本出路在于提高出生率,主张用经济补偿的方式来引导和鼓励青年人多生多育。经济补偿的具体内容包括提高对新生儿家庭的补贴,发放儿童学前教育补贴,对孕妇、产妇进行补贴,鼓励并资助收养孤儿,设立"母亲资本"等。

4. 提高养老待遇。优先安排社会养老资金,2007 年政府将养老金提高 20%,以后再根据经济发展状况不断提高退休者的福利待遇,让曾经为社会发展作出过贡献的老一代安享晚年,提高人均寿命。

(三)民族与民族矛盾

俄罗斯是一个多民族的国家,共有民族 130 多个。主要民族有俄罗斯族、乌克兰族、鞑靼族、白俄罗斯族、哈萨克族等。其中俄罗斯族约占总人口的 81%。

俄罗斯面临的民族问题是:

各民族之间由于经济发展水平的差异,风俗习惯和宗教信仰的不同,尤其在前苏联时期推行的大俄罗斯狭隘的民族政策对少数民族的伤害,造成俄罗斯民族矛盾严重,许多自治共和国先后发生了要求独立的倾向,如车臣、南奥塞梯、鞑靼等。民族矛盾,甚至动乱,不但使俄罗斯政局动荡,而且造成了大量物质损失和人员伤亡,以致制约了俄罗斯经济和社会改革的进程。

历史上,前苏联为了确保重工业尤其是军事工业的高速发展,对于广大的农业地区曾进行了过度的剥夺,而大多数的少数民族聚居区又都处在农牧业地区,因此导致其经济发展水平十分落后。所以当苏联解体后,俄罗斯在经济发展上从一开始就不得不面对这一沉重的历史包袱。

另一方面,由于俄罗斯在经济改革伊始奉行的是激进的私有化政策,在短短时间内就将数量庞大的国有企业私有化了,造成了国家对经济控制能力的下降,这就使过去一直靠行政干预手段平衡各地区经济发展的政府对于如何促进落后的少数民族地区的经济发展感到无所适从,以致激化了民族矛盾。

在俄罗斯,在其89个联邦主体中,在100多个民族中,俄罗斯族占总人口的82%左右,18%左右的少数民族主要生活在21个自治共和国、10个自治区和一个自治州中,各民族情况差异很大,民族分立主义现象严重,是影响其国内安定的一个重要因素。

自俄罗斯独立以来,其政治、经济体制还尚未定型,各民族之间也正处在磨合期,这就更增加了其民族问题的复杂程度。

随着俄罗斯市场经济体制的逐步完善,政府也开始通过政策性引导来促进对少数民族地区的经济开发。例如,为了加速西伯利亚地区的经济发展,俄罗斯政府已经制定了针对该地区的各种优惠政策,包括投资优惠、信贷优惠、税收优惠等,同时,政府还大幅度地提高了在西伯利亚地区工作的各种公务人员的工资与津贴标准。这对缓和民族矛盾是极为有利的。

(四)宗教信仰

俄罗斯人被认为是最具宗教品格的一个民族,在现实生活和文学作品中,东正教所宣传的爱与宽恕的思想处处可见。在果戈里、列夫·托尔斯泰等著名俄罗斯作家的作品中都充满了种种宗教的哲理。

在10世纪以前,俄罗斯人的主要宗教是本土的多神教,直到988年基辅大公弗拉基米尔才把基督教(其时基督教尚未彻底分裂为天主教和东正教)定为国教。俄罗斯的基督教化经历了数百年的时间,期间一度与多神教并存,而后相互融合,从此成为俄罗斯最主要的宗教(即东正教)。

东正教对俄罗斯文化影响深远,其宗教思想已经渗透进日常生活,成为传统思想的组成部分。以宗教为媒介传入俄罗斯的还有拜占庭的宗教艺术和希腊文化。在俄罗斯建有大批的拜占庭风格的教堂建筑,教堂内汇集了大量精美的宗教题材的圣像画、壁画、镶嵌画和雕塑等艺术作品。在语言文字方面,9世纪希腊传教士西里尔兄弟创制了一套字母,记录斯拉夫语,翻译和编撰宗教文献,现代俄语字母正是由此发展而来的,故又称为西里尔字母。

除东正教外,俄罗斯各民族信仰的宗教还有伊斯兰教、萨满教、佛教(喇嘛教)、犹太教等。信仰伊斯兰教的主要是分布在中亚和高加索地区的一些民族。萨满教是一种原始宗教,多神崇拜是其主要特征之一。信仰萨满教的主要是西伯利亚和北部的一些民族。信奉佛教(喇嘛教)的民族主要有卡尔梅克人、东布里亚特人等,而信仰犹太教的则是一些移居俄罗斯的犹太人。

三、自然地理环境

俄罗斯领土辽阔,自然条件多种多样,自然资源异常丰富,自然条件与自然资源的组合别具特点。这些对俄罗斯的产业构成及分布和经济地域系统的形成和发展均有着十分重要的影响。

(一)地形特点

俄罗斯地形以平原为主,地势东南高西北低。地形以叶尼塞河为界分为东西两部分。

叶尼塞河以西主要是平原,包括东欧平原、西西伯利亚平原等。东欧平原是世界最大平原之一,面积约 400 万平方公里,平均海拔高度约 170 米,间有丘陵和低地。这里土壤肥沃、资源丰富,是俄罗斯经济最发达,人口最稠密地区。西西伯利亚平原位于乌拉尔山以东中西伯利亚高原以西,面积约 260 万平方公里,平均海拔高度约 120 米,鄂毕河贯穿其上,多湖泊和沼泽。人口少,但石油、天然气资源丰富,俄罗斯著名的秋明油田位于这里。

叶尼塞河以东为中西伯利亚高原和东西伯利亚山地:中西伯利亚高原面积约 350 万平方公里,平均海拔高度为 500 米至 700 米,这里人口稀少,大部分为森林覆盖,煤、铁、金、金刚石等矿产和水力资源十分丰富。东西伯利亚山地主要包括堪察加山脉和锡霍特山脉等。

(二)气候类型

俄罗斯由于地域辽阔,气候类型多样,但由于大部分领土在北纬40 度以北,气候类型大部分为温带大陆性气候、亚寒带针叶林气候和极地苔原气候。冬季寒冷,夏季凉爽,降水量自西向东减少,无霜期短,积温不足,对农业生产不利。其欧洲部分由于能受到大西洋暖湿气流的调节,属温带大陆性气候,水分和热量条件较充足,是重要的农业区。黑海沿岸属亚热带地中海式气候,是亚热带作物区。

（三）水文环境

俄罗斯河流众多,境内的河流多达 10 万多条。主要河流有伏尔加河、伯朝拉、鄂毕河、叶尼塞河和勒拿河等。80%的径流流入北冰洋和太平洋,从而使人口稀少、经济不发达的西伯利亚和远东地区水资源丰富,而光热相对充足的西部和南部地区水资源却相对贫乏,对俄罗斯经济发展不利。

伏尔加河,发源于东欧平原上的瓦尔代丘陵,流入里海,全长3 530公里,是欧洲最长的河流,也是世界最长的内流河。伏尔加河流经的地区是俄罗斯人口最稠密、经济最发达的地区。它通过许多人工运河沟通了波罗的海、白海、黑海和亚速海,达到了五海通航。目前是俄罗斯境内运输最繁忙的河流,货运量占全俄内河航运量的一半。河上建有 8 座水电站。

鄂毕河、叶尼塞河和勒拿河,自南向北流入北冰洋,长度均在3 400公里以上。这些河流由于结冰期长,沿岸经济不发达,人口稀少,航运不发达,只在夏季时中下游河段用来流放木材。但这些河流水力资源丰富,现已在叶尼塞河上建有一系列大型水电站,为西伯利亚地区的有色金属冶炼等高耗能工业提供了廉价的电力,并可以向中国输送多余的电力。

俄罗斯湖泊面积广阔,大小湖泊 20 多万个,其中水面面积超过1 000平方公里的有 10 多个。里海为世界第一大湖,面积达 37 万平方公里,它是一咸水湖(该湖泊实际为俄罗斯、哈萨克斯坦、土库曼斯坦、阿塞拜疆和伊朗所共有)。贝加尔湖是俄罗斯第一大湖泊,它也是世界最深和水量最大的湖泊,其深度达到了 1 620 米,水量达到了 23 万亿立方米,占俄罗斯淡水储量的 4/5,地球表面淡水总量的 1/5。奥涅加湖、拉多加湖是分布在俄罗斯西北部的两大淡水湖。众多湖泊不但提供了舟楫之为,而且又丰富淡水和鱼类资源,许多湖泊还是著名的旅游区。

(四)矿产分布

俄罗斯矿产资源极为丰富。它的石油储量异常丰富,约占全世界的 1/4～1/5,天然气占 1/2 以上。拥有世界著名的秋明油田、第二巴库油田。煤炭储量约占世界的 30%,已探明的储量为 2 020 亿吨(占世界探明储量的 12%),仅次于美国(4 450 亿吨)和中国(2 720 亿吨)。库兹巴斯煤田、伯朝拉煤田、通古斯卡煤田、莫斯科煤田为世界著名的大型煤田。已探明的黄金储量为 5 000 吨,在世界上仅次于南非。俄罗斯的矿产资源不仅储量丰富,而且种类齐全,拥有各种金属矿藏如铁、铜、镍、铅、锌、锡、铝、霞石、金钢石、水银、镁、云母、钼、钨、金、银,还有锰矿石、铬矿石、钾盐、磷酸盐等。其中很多种矿产资源的储量,如煤、石油、天然气、泥炭、铁、锰、铜、铅、锌、镍、钴、钒、钛、铬等均名列世界前茅。在世界矿产开采总量中,俄罗斯一些矿产所占的比重很大,如磷灰石 55%,天然气 28%,金刚石 26%,镍 22%,钾盐 16%,铁矿 14%,贵金属和稀有金属 13%,石油 12%,煤炭 12%。俄罗斯只有锡、钨、汞等金属资源储量较少,不能自给。

藏量丰富、品种齐全的矿产资源为俄罗斯发展多部门的基础工业,以及形成完整的工业体系奠定了重要的物质基础。主要资源分布集中,有些大型能源资源、矿物原料的分布相互接近,这又为俄罗斯建立大型的工业基地和经济区提供了十分有利的条件。

但是,俄罗斯资源分布很不平衡,其中大部分集中在国土的北部和东部地区,而急需燃料、原料的西部(欧洲部分)地区却感到资源不足、品种欠缺。矿产资源丰富、品种也较齐全的乌拉尔地区,由于长期开采已造成资源不足,开采难度愈来愈大。

俄罗斯矿产资源的分布与工业生产的分布相互脱节,西伯利亚和远东地区不仅是俄罗斯的矿产最丰富的地区,而且是世界资源最丰富的地区之一。西伯利亚地区,约占全国煤炭储量的 1/2,石油储量的 20%～25%,天然气的 1/3,水力资源蕴藏量占原苏联的 61.8%。因此资源分布的这一特点,必然随着俄罗斯今后经济的发展,促使其工业布局东移,以使生产尽可能地接近原料地。

(五)森林状况

俄罗斯拥有前苏联 90％以上的森林面积,俄罗斯森林覆盖面积为了 7.06 亿公顷,森林覆盖面积占全俄土地面积的一半以上。木材储量 706 亿立方米,占世界总蓄积量的近 25％。平均年采伐量 1.2 亿立方米,占木材总储量的 0.17％。树种以针叶林和阔叶林为主,占森林覆盖面积总量的 90％。

(六)自然环境对俄罗斯经济的影响

俄罗斯的自然条件及其地区分布特点对其经济发展有着重要的影响。丰富的矿产资源,广阔的森林和土地资源,以及优越的水条件,为俄罗斯经济的发展提供了有利的客观环境。但是,俄罗斯的自然条件也有许多明显的不利因素。

其中最为突出的是水、热资源之间的矛盾突出,农业综合自然条件较差和东北部自然条件严酷。热量资源与水资源分布的不一致以及水、热资源之间矛盾尖锐,是俄罗斯自然条件地域组合中的突出问题。热量资源从北向南渐次增加,而地表径流则大致从北向南逐渐减少。同时,多数河流由南向北流,使 80％的径流量注入北方诸海。全俄罗斯每年大气降水量约有 7 万亿立方米,其中有一半被蒸发和渗漏,年径流量尚有 3 万亿多立方米,相当于世界年径流量的 6％,居世界前列,完全可以保障俄罗斯工农业生产和人民生活用水的需要,并且绰绰有余。然而,由于水、热资源分布的不平衡,致使南部的森林草原地区降水量少,且极不稳定,蒸发量又很大,呈半干旱甚至干旱状态,满足不了日益增长的工农业生产和城市用水的需要;而广阔的北部地区,气温低,降水较多,蒸发小,河流众多,水分过剩。总之,中南部缺水同北部的水分过剩形成了鲜明的对照。尤其是南方农业地区的周期性干旱,对农业生产威胁很大,是造成粮食生产不稳定的直接原因之一。

另外,俄罗斯广阔的东部地区,永久冻土带广布,自然条件恶劣,不仅严重影响农业发展,同时对工业和城市建设以及人口移入都是非常不利的。

俄罗斯虽然是世界上土地资源最丰富的国家,但是,就农业综合自然条件全面分析,俄罗斯远不如同纬度的北美洲的美国和加拿大,也不如西欧诸国。就热量、水分等气候条件看,俄罗斯联邦的农业土地的生物潜力可能性比美国低 60%,比法国低 55%,比德国和英国分别低40%和 35%。

四、经济发展概况

(一)前苏联解体后俄罗斯经济严重衰退

1991 年前苏联解体,俄罗斯独立后,其经济即进入了转型期。初期政府为了尽快和彻底地摧毁旧计划经济体制和旧所有制关系,尽快形成以私有制为主体的所有制结构和一个强大的有产阶层,以巩固其统治的社会经济基础,在西方国家支持和压力之下,进行了以"私有化"、"自由化"、"西方化"为目标,以"休克疗法"为主要手段的经济改革。结果在 20 世纪 90 年代期间,不仅前苏联旧体制的弊端没有消除,经济没有恢复和振兴,而且使俄罗斯经济处于崩溃的边缘。其主要表现是:

第一,国民生产总值与工业生产持续下降。据统计,俄罗斯国民生产总值 1991 年比 1990 年下降了 4.7%,1992 年下降了 13.8%,1993年下降 7.2%,1994 年下降了 13%,1995 年下降了 4%,1996 年下降了3.4%,工业生产累计下降了 50%,下降的幅度超过 1933 年世界资本主义大危机。

第二,综合国力大大下降。1990 年俄罗斯、美国和中国的国内生产总值,按当年汇率计算,俄罗斯为 10 390 亿美元,美国为 55 222 亿美元,中国为 3 697.5 亿美元;俄罗斯为美国的 18.8%,为中国的 2.8 倍。而 1997 年国内生产总值俄罗斯为 4 400 亿美元,美国为 80 000 亿美元,中国为 9 000 亿美元;俄罗斯为美国的 5.5%,中国的 50%左右。到了 1998 年金融危机之后,俄罗斯国内生产总值按当年汇率计算,只有1 800 亿美元,只为美国的 2.2%,为中国的 18%。

第三,人民生活水平下降,日益贫困化。俄罗斯长期的经济衰退和通货膨胀,使居民的实际货币收入和工资大幅度下降。经济转轨以来俄罗斯居民的实际货币收入总计下降了 60%,工资在国内生产总值的比重已从 50%下降到 30%。失业率大幅度攀升,1999 年 3 月失业率高达12.5%,生活在贫困线下的人口占 25%~30%。

第四,强行推行的国有企业私有化政策,非但没有提高企业经济效益,反而造成了大量国有资产的流失。从1992年至1996年,每年上缴国家预算的私有化收入仅占预算总额的0.15%,仅1996年国有企业私有化的损失,就比"二战"时希特勒侵苏对苏联造成的财产损失还大。国有企业私有化过程中,许多企业股票和企业资产均为外国投机者购买,然后他们再通过种种途径把投机利润转移到国外。据估计,私有化进程中俄罗斯流入到外国的资产高达3 000亿美元。

造成当时俄罗斯经济严重衰退的主要原因是:

第一,国家减少对经济的干预,造成宏观失控,经济秩序混乱。俄罗斯政府以西方古典主义和货币主义为信条,认定经济自由化才是人们积极性、创造性的源泉,国家"最大限度地"减少对经济生活的管理和干预,甚至提出"对经济干预最少的政府才是最好的政府"等错误口号。改革伊始,俄罗斯便取消了一切国家计划和计划机关,废除集中管理体制和物资统一调控制度,大量缩减管理机构和取消它的某些正当的管理权限。对企业实行物资和财政上的"断奶",将企业一步推上市场,让其自沉自浮。但政府在远离经济的同时,却没有采取任何措施建立健全任何市场基础设施.形成正常的市场运行机制和创造任何公平竞争的市场环境,结果导致了"既无计划又无市场",形成看得见的手(国家)和看不见的手(市场)两手都软的混乱状态。

第二,私有化不但导致国有资产的流失,而且已经私有化的企业绝大多数效率低下。西方国家推行的私有化,绝不单单改变产权的性质,而是通过产权的变更和重组改变经营思想和经营管理体制,以达到提高效率和效益的目的。而俄罗斯的私有化仅只是换了一块"招牌",而领导班子、管理体制、经营思想依旧。新的所有者既不追加投资,也无技术设备更新,因此私有化后的企业经营还不如从前。一些投资者与政府官员相互勾结,利用私有化的过程大肆攫取国家资产,成为垄断国家经济命脉的新贵族和影响国家政治决策的政客,从而使俄罗斯政治动荡,经济滑坡。

第三,一次性全面放开物价,导致恶性通货膨胀。改革开放短短的数个月内,俄罗斯便放开了95%的消费品和88%的生产资料。原想借以平稳供求,刺激生产,但在商品短缺、垄断严重的条件下,企业借此哄抬物价谋取暴利,结果导致恶性通货膨胀。1992年和1993年通胀率高达2 500%和840%,而生产则急剧滑坡,工业生产两年累计下降了31.3%,农业下降了11.7%。自此俄罗斯陷入了通胀与衰退并存的"滞胀"状态,无法摆脱。

第四,长期实行过度严厉的货币财政紧缩政策,大大恶化了企业再生产条件。俄罗斯政府为了改变通胀状态,就实行了货币紧缩政策,并使之长期化、固定化。政府为抽紧银根大量减少货币发行,并辅以高利率、高税率和高贴现率。货币发行量与GDP的比例仅为20%,远低于国际公认的70%～100%的水平,银行贷款利率多年高达100%～240%,企业税收占企业利润的70%～90%。货币供应不足,引发了支付危机,企业多角债达到惊人数字。其结果是企业之间的交易只能以易货方式进行,投资萎缩,最终导致生产持续下跌。国家在紧缩政策无法平衡预算的情况下,只得向外举债,仅外债总额就高达1 500亿美元,使国家陷入了严重的债务危机。

第五,结构改革政策不当,产业结构日益失衡。俄罗斯改革之初为减少军事开支,曾大力压缩军工生产,规定在两年内使70%的军工转产。为此国家对军事订货减少,而军工品出口又不足美国的1/4,致使大量军工生产能力闲置。而军转民,一缺资金,二缺技术和经验,三无市场,因此民用品也上不去,结果军工品及民用品双双下降,进一步加剧了经济的持续衰退。在此情况下政府只能采取"消极适应"政策,对出口前景好的能源和原材料工业给予扶持,实行倾斜政策,结果使采掘工业与加工工业之间,劳动密集型工业与技术密集型工业之间,农、轻、重三者之间比例进一步失衡。据统计,1990年至1997年能源和原材料在出口总额中所占比重上升到80%,而机械产品则从30%下降到17%,轻工业品从27%下降到13%,农业在GDP中的比重则从16.5%减到6%。

第六,不顾客观条件,过早、过度地实行外贸自由化和开放金融市场,沉重地打击了民族经济,并引发了多次金融危机。早在1991年底,俄罗斯便通过了外经贸活动自由化的法律,废除了外贸国家垄断制,规定境内所有注册企业均有权从事外经贸活动,取消了绝大多数商品进口许可证和配额管制,大幅度降低关税。但政府却没有任何措施保护本国市场,支持本国产品生产,导致外国商品大量涌入,消费品市场有一半被进口商品占领,对本国工业造成重大打击。为了筹措资金,在本国外汇储备有限,干预能力不强,法律法规不健全条件下,又贸然开放金融市场。在俄罗斯股票、债券面值低,兑现快,回报率高的情况下,外国金融投机者纷纷买入,到 1997 年外资已掌握了俄罗斯 60%～70% 的股市交易和 40% 的国债交易。这些短期外资一遇风吹草动,就纷纷抽逃资金,国内投资者也纷纷仿效,造成股市暴跌,国债停市,金融系统瘫痪,通胀再次走高,经济几近崩溃。

(二)21 世纪以来俄罗斯经济恢复发展,并取得令人瞩目的成绩

1.经济增长速度加快。过去八年俄罗斯国内生产总值总体上增长了 70%,工业增长了 75%,投资增长了 125%。得益于这些指标,俄罗斯重新回到了世界经济十强的行列。与此同时,2007 年俄罗斯国内生产总值相当于 1990 年的指标。这意味着,俄罗斯不仅摆脱,而且最终结束了 20 世纪 90 年代的经济危机。俄罗斯国内生产总值近几年这一指数平均保持在 6% 左右,超过了欧盟和美国。2007 年俄罗斯 GDP 的增长率达到 7.6%。与此同时,俄罗斯的对外贸易额进一步提高,2007 年俄罗斯外贸再次打破记录,创造新成绩。在 2007 年前九个月里,俄罗斯外贸额已经达到 3 796 亿美元,比上一年同期增长 20.3%。

经济改革机制初步奠定,宏观经济发展绩效显著,投资吸引力稳步提升等因素,应该被认为是俄罗斯经济高速发展的主要驱动力。实行市场经济改革以来,俄罗斯在实践中不断摸索和调整,采取了很多纠偏和创新的举措,同时经济领域的改革方向也愈益明晰。如今,俄罗斯政府将提高经济增长质量和实现经济现代化,以及向经济的创新发展过渡等问题提上了前所未有的高度,尤其强调政府应该在实现这一目标的过程中发挥重要作用,首先必须保障推动制度性改革。

2.成为世界能源超级大国。由于将石油天然气行业中的大部分资产和收益收归国有的政策,目前俄罗斯已成为能源超级大国。2006 年石油与天然气产量均居世界第一位。

3.工业生产迅速增长。1998 年金融危机使俄罗斯工业发展遭遇了巨大震荡。根据俄罗斯联邦统计局的数据,2000 年俄罗斯工业生产增长 11.9%。但很快,"危机效应"就消失了,接下来的两年工业生产增长降低到了 3.7%。工业生产新的高涨开始于 2003 年。2007 年全年,工业增展速度达到了 6.3%。特别突出的是加工业,其增长速度超过了国内生产总值增长率。2007 年,加工工业的增长率为 9.3%。

4.居民收入增长。进入 21 世纪以来,居民实际收入增长了一倍多,贫困人口减少了一半。2000 年俄罗斯有 30%的人口处于贫困线以下,目前这一指标已经降低到了 14%。这八年里,平均工资从 2000 年的 2 200 卢布增长到了 2007 年的 12 500 卢布,平均退休金从 823 卢布增长到了 3 500 卢布。

5.出口规模的扩张,外汇储备的迅速增加。在 2003 年以前,俄罗斯每年出口始终在 1 000 亿美元左右徘徊,几乎不如一个出口能力强的中等国家。2003 年是一个重要拐点,当年一跃至 1 300 亿美元,2006 年前 11 个月则已超过 2 700 亿美元,几乎每年都以 30%左右的速度递增,其速度已经和中国的出口增长差不多。2006 年,俄罗斯的外汇储备突破 3 000 亿美元大关,成为世界上外汇储备最多的几个少数国家。

(三)俄罗斯当前经济发展中存在的问题

1.高通货膨胀率。尽管进行了一切努力,俄罗斯政府仍然没有克服价格上涨:进入 21 世纪以来,只有两年的实际通货膨胀率符合或者接近制定的计划指标。2007 年政府完全丧失了对价格的控制。通货膨胀率高达 12%。随着居民收入增长和投资规模扩大,所面临的通胀问题压力有可能进一步增大。

2.经济发展过度依赖能源原料的生产与出口。俄罗斯是世界上唯一的自然资源几乎能够完全自给的国家,已经探明的资源储量约占世界资源总量的 21%,高居世界首位。据估计,俄罗斯的自然资源总量价值 300 万亿美元,以目前的经济发展水平计算,差不多是美国 25 年的国内生产总值,中国 120 年的国内生产总值。当前俄罗斯出口几乎完全依靠原料和矿物肥料,机器和设备出口大约只占出口总值的 5%。俄罗斯经济的迅速好转与其充分利用自然资源优势有紧密关系,尤其是近年来全球性能源价格的暴涨大大帮助了这个昔日大国。

3.农产品依赖进口。俄罗斯极大依赖粮食进口。食品进口的全国平均水平超过 40%,大城市的比例超过 70%,某些食品的进口超过 85%。目前俄罗斯是世界上最大的鸡肉和动物油进口国,是仅次于德国的世界第二大苹果进口国。进口份额最大的是肉类和乳制品。

4.贫富差距突出。在俄罗斯,2000 年最富有人的收入是最贫穷人收入的 14 倍,到 2007 年已近几乎是 17 倍;生活在贫困线以下的人口,即收入低于最低生活标准的人从 2000 年以来减少了一半,但最近两三年以来固定在 15% 的水平上。

5.经济增长有很大的局限性。俄罗斯经济增长的优势主要集中在资源开采、建筑、军工、商业等少数领域,另经济增长除了依靠资源的出口外,并没有处于完全开放状态,也没有完全融入到贸易全球化的进程中。该国近些年的工业增长率一直低于 GDP 的增长率,这进一步说明俄罗斯的强劲经济增长基本上是资源依赖型的。

俄罗斯正在重返世界大国行列,不仅是政治和外交大国,而且也正在以经济强国的形象展现于世界,俄罗斯现在被视为世界“金砖四国”之一。但它真正成为经济强国需正视下面的问题:

1991 年前苏联解体后,前苏联地区经济发展严重倒退,几年内跌至谷底。当时的独联体国内生产总值(GDP)连续 6 年呈负增长,其中 1992 年下降 26.7%,并连续几年负增长率在两位数以上。直到 1999 年,俄罗斯经济才出现转机,当年 GDP 增长 6.3%,紧接着 2000 年的经济增长率就达到了世界少有的 10%,其后一直保持较高的经济增长率。自 2003 年到 2006 年,俄罗斯的经济增长率始终保持在 7% 左右,这在大国中十分突出。当然,俄罗斯的强劲经济增长在很大程度上是恢复性的,因为在连续近十年的经济下降背景下,出现几年的快速增长也合乎情理。

俄罗斯近几年的政策是把发展本国的资源产业当作一个重大的国家战略。丰富的自然资源能不能构成一国经济强盛的充分条件?仅仅以自然资源为战略手段能否谋求到真正的大国地位以及在全球的竞争优势?纵观世界各国的经济发展史,答案恐怕是否定的。

一国的经济强盛地位是不能仅仅靠拥有丰富自然资源就能获得的,而要靠本国的具有世界竞争力的产业体系,尤其是靠本国的科技创新能力,以及这个国家是否参与国际贸易的过程,达到全面的开放程度,等等。这是近代经济大国之路所验证的。俄罗斯的科技实力很强,但主要集中在基础理论、军事工业和一些重化工业领域。除了军备和武器外,俄罗斯很少有世界知名的产品品牌,也很少有科技水平很高的民用企业参与世界竞争。

五、主要工业部门

俄罗斯已经形成了以九大工业部门(能源、黑色冶金、化学和石油化工、机器制造和金属加工、木材加工和造纸、建筑和材料、轻工、食品和微生物)为中心的完整的工业体系。无论从经济实力的基础情况来看,还是从工业、科技区域布局来考察,俄罗斯占有了前苏联工业的绝对优势。基础工业和重工业是工业体系的骨干,轻工业相对落后,只占工业产值 23%,大多数工业产品的产量均占前苏联的一半以上。机械制造业部门齐全,尤以重型机械见长,军工生产约占机械制造业的产值的 1/2 以上,前苏联的军工工业体系基本上都配置在俄罗斯境内。俄罗斯生产了前苏联绝大部分的飞机和轮船,80%的汽车,90%的谷物收割机,80%的石油开采和冶炼设备。基础化学工业主要以制酸、制碱为主,烧碱和苛性碱的产量占前苏联的 75%以上。

(一)燃料动力工业

俄罗斯的燃料动力工业主要包括石油、天然气、煤炭开采和电力工业。目前俄罗斯是世界上工业化国家中唯一燃料和动力能够完全自给并可保持一定出口的国家。

1.石油工业

石油工业是俄罗斯最重要的能源工业,自从第一口油井喷油至今,已有 130 多年的历史。1960 年至 1980 年,石油开采量年均增长 2 000 万吨左右,1989 年产量曾达 6.07 亿吨,居世界首位。进入 20 世纪 90 年代,石油产量持续下降,1998 年石油产量仅 3.03 亿吨,少于沙特阿拉伯和美国,居世界第三位,2003 年又上升到 4.2 亿吨。2006 年俄罗斯石油产量增长 2.1%,达到 4.8 亿吨。1993 年探明石油储量为 667 亿桶,少于沙特阿拉伯、科威特、伊拉克、伊朗、阿联酋、委内瑞拉、墨西哥,居世界第八位。

俄罗斯石油开采呈现由西向东转移趋势。最早开采的油田在巴库(现属于阿塞拜疆),20 世纪 50 年代转移到乌拉尔—伏尔加地区(第二巴库),60 年代中期转移到西西伯利亚的秋明地区。秋明油田位于秋明州、鄂木斯克州、托木斯克州和新西伯利亚州,是俄罗斯目前最大的油田,自 80 年代开始,产量就占前苏联的 1/2。油田主要集中在苏尔古特地区,其中萨莫特洛尔油田就占俄罗斯石油产量的 1/5。秋明油田储量丰富,但由于地处寒冷的西伯利亚,开采条件十分艰苦,再加上投资不足,技术落后,近年来产量也不断下降。俄罗斯曾想吸引日本投资共同开发,但由于"北方领土"问题,始终未能如愿。

2.天然气工业

俄罗斯天然气资源丰富,世界上有 15 个最大的天然气田,9 个在前苏联,而西伯利亚地区就有 5 个,其中最大的是乌连戈依气田,其次是位于南乌拉尔的奥伦堡气田。俄罗斯天然气蕴藏量占世界总储量的 35%,年产量占世界总产量的 30%。俄罗斯是世界最大的天然气生产国和出口国。2006 年天然气产量增长 2.4%,达到 6 560 亿立方米。

3.采煤工业

俄罗斯煤炭资源丰富,前苏联的大型煤田除顿巴斯、卡拉干达、埃基巴斯图兹分布在乌克兰和哈萨克斯坦外,其余的库兹马斯、伯朝拉、坎斯克—阿钦斯克、莫斯科郊区等煤田,几乎全部在俄罗斯境内,产量约占前苏联的 56%。其中库兹巴斯煤田是前苏联第二大煤田,主要在西伯利亚克麦罗沃洲境内。埋藏浅,有 1/4 可露天开采,多为炼焦煤,产量大。通古斯卡煤田,储量丰,质量好,与日本合作开发,产品返销日本。2006 年煤炭产量为 2.47 亿吨,居世界第五位(在中国、美国、澳大利亚和印度之后)。

4.电力工业

俄罗斯电力工业包括火力、水力和核电。2007 年俄罗斯的总发电量为 10 148.7 亿千瓦时,其中火电占 60% 以上,其次是水电与核电。俄罗斯发电设备的装机容量,火电约占 69%,水电站占 16%,核电约占10%,还有少量地热发电。俄罗斯电力资源大部分集中在东部地区,而欧洲部分由于燃料匮乏,俄罗斯决定在西部发展核电工业,现在,俄罗斯已有 10 座核电站投入运营。俄罗斯的水力发电主要分布在伏尔加河、叶尼塞河、勒拿河等大河上游。俄罗斯电力生产除满足本国需要外,还能出口,但经互会解散后,出口量急剧减少。

(二)钢铁工业

钢铁工业是俄罗斯国民经济的主要支柱产业,并在很大程度上影响其他相关行业的生产,仅开采、选矿和生产所需的燃料和电就消耗了全国 14%～15% 和 34%～35%,此外,近 1/3 的铁路货运都是用于满足钢铁工业的需要。

俄罗斯拥有发展钢铁工业的丰富资源。世界铁矿资源的一半在俄罗斯境内,锰矿石的储量占世界的 70%,煤炭、铬矿等资源也十分丰富。原苏联的五大钢铁生产基地,除顿巴斯、哈萨克外,其余均在俄罗斯境内。最大的是乌克拉尔钢铁基地,位于这里的马哥尼托哥尔斯克钢铁厂是前苏联最大的钢铁企业,产量占前苏联的 1/10。中央钢铁基地的最大钢铁厂是新利佩茨克钢铁厂,它是利用库尔斯克的铁矿和顿巴斯的煤发展起来的。西伯利亚钢铁基地的西西伯利亚钢铁厂是利用库兹巴斯的煤和乌拉尔铁矿资源发展起来的,是俄罗斯亚洲部分最大的钢铁厂。2006 年俄罗斯钢产量为 7 080 万吨,排在世界第四位。

(三)机械制造业

机械制造业是俄罗斯投资最多,实力最强的工业部门。"十月革命"前俄罗斯的机械工业只有三个主要部门:机车车辆、造船和农业机械。现在俄罗斯的机械工业已发展到 100 多个部门,产品种类达 13 万种以上。主要产品有汽车、飞机、机床、发电设备、运输机械和动力机械、矿山机械、农业机械、电子、电器等。仪表、机床、动力设备、电子、家用电器等主要分布在工业基础好,拥有大量技术力量和熟练工人,交通方便,市场需求量大,生产技术协作条件好的工业中心城市。以圣彼得堡为中心的西北地区,以莫斯科为中心的中央地区,以下诺夫哥罗德为中心的伏尔加河中上游地区和以新西伯利亚为中心的西西伯利亚南部区是集中分布区。

　　汽车工业在俄罗斯机械制造业中有较长的发展历史。20世纪初莫斯科的利哈乔夫工厂已开始生产整车,说明其起步几乎与西方汽车工业大国相当。汽车工业的迅速发展是在20世纪70年代,以轿车为主体汽车年产量由1970年的91.6万辆增到1975年的近200万辆。进入世界汽车生产大国的行列。在此期间汽车工业的生产重心已移至伏尔加河流域。80年代中期汽车产量达到高峰,年产逾200万辆,以后就开始下降,到1993年俄罗斯汽车总产量156.4万辆。2007年,俄罗斯共生产汽车166.7万辆,同比增长10.6%。从车型构成看,小轿车占75%以上,卡车占17%,客车占5%。

　　在俄罗斯的机械工业中,航空工业相当发达,拥有100余家大型企业,年产各种飞机在2万架左右。生产分布上,出于战略安全的考虑,既有在西部技术力量集中区的聚集,也有在中、东部的扩散。相应形成自成体系的三个基地区,即以莫斯科、下诺夫格罗德、萨马拉、喀山为中心的西部区,乌拉尔中部区和以伊尔库次克、共青城为中心的东部区。

　　俄罗斯的机械工业分布广泛,但大型工厂主要分布在圣彼得堡、莫斯科、喀山、高尔基城、新西伯利亚、叶卡捷琳堡等地。

(四)化学和石油化学工业

　　"十月革命"前,化学工业是俄罗斯工业中最薄弱的一个部门,"十月革命"后取得了迅速发展,其化肥、硫酸、烧碱、苏打的产量均居世界重要地位。20世纪80年代制药、基本化工、化学纤维工业发展最快,以石油为原料的有机合成化工成为发展最快的部门。俄罗斯能生产9万多种化工产品,但生产技术和质量均比西方发达国家落后。前苏联解体后,俄罗斯化学工业生产同样持续恶化,其矿肥、合成橡胶、氨、硫酸、焙烧苏打、苛性碱、化纤、合成树脂、塑料的产量不断下降。化学工业主要集中在以莫斯科为中心的中央工业区、伏尔加河流域和乌拉尔地区。

(五)林产品加工工业

　　俄罗斯具有丰富的木材资源,占世界林地的1/5,木材蓄积量占世界的1/4,总蓄积量约730亿立方米。其中松树类约580亿立方米,约占80%;软木类130亿立方米,占18%;硬木类20亿立方米,占2%。种植林地约 2 000 万亩,采伐量约 1.8 亿立方米。丰富的森林资源为俄罗斯发展森林采伐、木材加工、造纸工业提供了有利条件。俄罗斯现为世界木材市场最重要的供应国。在国际木材产品贸易中,俄罗斯占世界原木出口总额的 25% 以上。2005 年俄罗斯出口原木共达 4 900 万立方米,2006 年俄罗斯原木出口量仍持续增长,达到 5 100 万立方米。

(六)纺织、食品等轻工业

俄罗斯的纺织和食品工业,按产值计算,是仅次于机械制造业的第二、第三大工业部门。与发达国家相比,技术落后,产品质量差,档次低,而且供应匮乏。这是在前苏联时期片面发展重工业造成的。俄罗斯独立后,政府虽然力图加快轻工业的发展,但由于长期的结构失衡,再加上投资少,与轻工业关系密切的农业生产不稳定,因此纺织、食品等轻工业仍处于不稳定状态。食品工业主要分布在莫斯科、圣彼得堡、新西伯利亚等大中城市,其中摩尔曼斯科是最大的鱼产品加工中心。

六、农业地理

(一)农业发展概况

俄罗斯是世界上领土面积最大的国家。地势西低东高,东欧大平原一部分(又称俄罗斯平原)和西西伯利亚平原处于其西部和中部,平原面积约占全俄面积的 1/2。农业用地平坦、肥沃、规模大。辽阔的国土跨寒带、亚寒带和温带三个气候带。广袤的土地和多样的气候为俄罗斯农业发展提供了重要的自然物质基础。据统计,目前俄罗斯农业用地面积为 2.2 亿公顷,其中耕地面积约为 1.34 亿公顷,约占世界耕地面积的 8%。粮食作物主要有小麦、大麦、玉米、水稻等,经济作物以亚麻、向日葵和甜菜为主。粮食、小麦、葵花子、马铃薯的产量均居世界前五位。养殖业中,鸡蛋、牛奶、羊毛产量也位列世界前列。

俄罗斯虽然拥有丰富的土地资源,人均可耕地面积 0.86 公顷,仅次于澳大利和加拿大,但由于水分、热量和土地资源在地域分布上结合较差,加之受前苏联时期片面发展重工业战略方针的制约,农业投入少,经营粗放,因此农业相对落后。

"十月革命"前的俄国是一个落后的农业国。1913 年农业人口占全国人口的 82％,农业产值占国内总产值的 57％。"十月革命"后,前苏联虽然在农村进行了社会主义改造,解决了所有制问题,但在 20 世纪 50 年代以前由于片面强调发展重工业,加之国内战争、卫国战争的影响,农业生产发展缓慢。50 年代中期以后,前苏联开始重视农业生产,并采取了一些措施,以增加粮食产量。但由于违背科学规律,盲目开垦荒地,在全国范围内推广种植玉米也造成了土壤、植被的破坏和粮食减产等不良后果。60 年代中期以后,前苏联采取了一些刺激农民积极性,注意增加农业的投资,提倡发展农工综合体,大力改善非黑土地带的农业生产条件,农产品的产量有了一定程度的提高。20 世纪 70 年代全苏联粮食产量达 2 亿吨左右,但经营管理不善,生产效率低下仍然存在。后来实行扩大农庄农场自主权,采用承包制、租赁制等调整农村经济关系的措施,并改变农业投资取向,加强基础设施的改造,以调动农民的生产积极性,挖掘农业生产潜力,增加粮食产量。尽管农业没有得到根本改革,农业生产仍然在 1986 年至 1990 年期间以年均 2.2％的速度增长。

俄罗斯独立之后,其农业生产随着宏观经济的滑坡,呈逐年下降的态势。在 20 世纪 90 年代期间,由于在农业上采取了土地私有化,集体或国营农场改为家庭农场,过快放开农产品价格等激进改革措施,同样使俄罗斯农业陷入严重危机之中。主要表现在以下几个方面。

1. 农业生产持续下降,主要农产品产量大幅度减少

1999 年初,俄罗斯农业生产规模仅相当于 20 世纪五六十年代初的生产水平。粮食作物的产量急剧下降,1992 年至 1997 年粮食生产减少了 43％,1997 年谷物的总产量仅 8 680 万吨,1998 年更下降到 4 897.4 万吨。

2. 农业劳动生产率低

20 世纪 90 年代初,俄罗斯一个农业就业人口生产的净产值水平在世界上占第 37 位,折合 476 美元。这一指标比主要发达国家低许多,同一指标比荷兰为 41 338 美元,瑞士为 40 734 美元,芬兰为 37 803 美元。

3. 农业企业亏损严重

从 1991 年起,俄罗斯放开了包括农产品在内的全部商品价格,谷

物平均收购价格比 1991 年增长了 25 倍,油菜子增长了 24 倍,肉类增长 5.5 倍,奶类增长 619 倍。但由于严重的通货膨胀,加上农用工业品价格上涨的幅度超过农产品价格的 3 倍,农业生产者在价格放开后不但没有受益,反而在 1992 年至 1997 年亏损额高达 3 200 亿卢布,几乎 90% 的农业企业处于亏损状态,经营困难。

4. 技术水平低,农业生产成本高

当时俄罗斯在经济全面恶化的条件下,对农业的投入大大减少,例如 1998 年国家预算中对农业的投入为 120 亿卢布,仅为 1997 年计划的 74%,后又压缩到最少不低于 65 亿卢布,但头 10 个月实际仅投入了 23.5 亿卢布,仅为最低额的 32%。由于投资少,农业部门购买的农技设备和化肥数量大大减少,农机设备陈旧老化,超期服役和缺少零部件供应等原因,使农机的使用率大大降低。同样由于技术落后,导致俄罗斯农业生产成本高,同美国相比俄罗斯农业电力消耗是美国的 6 倍,金属消耗是美国的 4 倍。

5. 农业生产条件恶化

俄罗斯适宜耕作的土地不断减少,而且土地荒芜现象严重,目前荒废的土地约为 1 500 万公顷,相当于全部耕地面积的 6.8%。农业技术人才流失严重。20 世纪 80 年代,俄罗斯受过高等教育的农业专家约有 40 万人,受到中等教育的农业技师 200 万人,目前已减少了 1/3。

6. 食品进口量增加,已成为各种食品的净进口国

1999 年,俄罗斯粮食进口已占进口总额的 25%,牛奶进口占消费量的 14%,蔬菜占 16%,肉占 41%,鱼占 37%,植物油占 54%,糖占 91%。俄罗斯在食品保障方面,已从世界第 7 位降到了第 10 位,莫斯科、圣彼得堡等大城市有 80% 的食品为进口货。

进入 21 世纪,俄罗斯的农业生产形势好转。2001 年农业产值比 2000 年增长了 7%,其中粮食生产形势最为喜人,粮食产量比 2000 年增长了 29.7%,农业生产出现逐年增长的良好事态,但与国民经济中的其他领域的发展相比,增速明显落后。2007 年,俄罗斯农业生产总值与上年相比增长 3.3%,农业在国内总产值中的比重由 1991 年的 11.9% 降至 2007 年的 6.1%,其在国民经济中的地位和作用也大幅下

降。

从现阶段俄罗斯农产品的产量上讲,俄罗斯主要农产品的总产量均已居世界前列。但不论是从农业生产效率,还是农产品人均消费量来讲,与发达国家相比有着非常大的差距。因此,俄罗斯只能说是一个农业大国,并不是农业强国。但俄罗斯拥有丰富的农业资源,有着巨大的发展潜力。如果政府能够继续将发展农业作为政府未来的优先发展方向,并积极在政策和资金等方面予以扶持,俄罗斯成为农业强国并非没有可能。现阶段俄罗斯粮食生产基本可以满足国内需求,还可部分出口。但畜产品及蔬菜水果生产还不能满足国内需求,还需依赖进口。

(二)农业生产的地区分布

1.东西伯利亚和远东南部地区

该区是俄甜菜与亚麻的主要产区,粮食种植以春小麦、黑麦和燕麦为主。畜牧业以乳肉兼用养牛业为主。

2.南西伯利亚地区

该区包括伏尔加河流域区的东北部、乌拉尔区的南部、西西伯利亚的南部。土壤为肥力较高的黑钙土和栗钙土。是俄罗斯主要的商品粮基地之一,也是俄罗斯主要的畜牧基地之一。

3.黑海沿岸亚热带地区

该区位于外高加索西部黑海沿岸。湿润温暖的气候条件,使其成为俄罗斯茶树、柑橘类(柠檬、橘、甜橙)和油桐树等亚热带作物的主产区。

4.西北部地区

该区大部分属于非黑土地带,是俄罗斯谷物、奶牛、亚麻、马铃薯的重要产区。

5.西部地区

该区土壤以肥力较高的黑钙土为主,是俄罗斯主要黑土区。本地带是俄罗斯主要的甜菜、谷物及乳、肉用畜牧业生产基地。

(三)农业部门结构

1.种植业

种植业是俄罗斯农业中最主要的部门,粮食作物种植主要以小麦、大麦、燕麦和黑麦等为主。1991年至1995年平均年产量为3 820万吨,少于中国、美国、印度和法国,居世界第五位。大麦是仅次于小麦的第二种主要粮食作物,其余的粮食作物有养麦、稻谷、豆类等。2007 年俄罗斯谷物总产量为 8 180 万吨,比先前有了明显提高。其中小麦产量为 4 940 万吨。

经济作物种植的主要品种包括甜菜、葵花子、亚麻、大豆、蔬菜等。其中甜菜、葵花子和亚麻产量居世界前列。

2. 畜牧业

俄罗斯畜牧业主要是养牛业、养猪业、养羊业和家禽饲养业,除此之外还有养鹿业和养马业。畜牧业与种植业几乎处于同等重要地位。20 世纪 90 年代期间,随着俄罗斯经济的全面下滑,畜牧业处于停滞状态,畜产品产量大幅度下降。进入 21 世纪以来,随着政府制定的"加快畜牧业发展"的国家规划的实施,有力地促进了畜牧业的发展。2007 年俄罗斯畜禽肉类产量 870 万吨,与上年相比增长 10%。

七、交通运输业

俄罗斯由于疆域辽阔,交通运输业在社会生产和居民生活中都具有重要作用。旅客运输主要以航空运输为主,从首都莫斯科到各大中城市均有航班,航空客运量占旅客总运量的 60%~70%。短途客运主要是公路,俄罗斯现有公路总里程 88.4 万公里,其中高速公路约 2.9 万公里。铁路在货运中占有重要地位,铁路营运里程达 8.6 万公里,仅次于美国,居世界第二位。其中电气化铁路为 3.97 万公里。俄罗斯铁路以其欧洲部分最为稠密,以莫斯科为中心的铁路网纵横通向各地。亚洲的西伯利亚和远东地区铁路稀疏,但东起纳霍德卡、西至莫斯科的西伯利亚大铁路,20 世纪 80 年代建成的东起苏维埃港、西至泰谢特的第二条西伯利亚大铁路,却是沟通太平洋和大西洋运输的重要通道,成为著名的"西伯利亚大陆桥",在国际贸易货物运输中发挥着重要作用。

随着俄罗斯石油、天然气的开发,管道运输在俄罗斯运输中所占地位越来越重要,目前俄罗斯共拥有输油管道 6.3 万公里,输气管道约 12.4 万公里,其中著名的"友谊输气管道"从乌拉尔的奥伦堡通往其欧洲部分和东欧一些国家。

海运在俄罗斯对外贸易运输中发挥着重要作用,主要港口有圣彼得堡、纳霍德卡、东方港、摩尔曼斯克、海参崴等。

八、对外贸易

(一)对外贸易状况

独立前,俄罗斯的对外贸易主要分为与前苏联各加盟共和国和世界其他国家之间的贸易往来,其中从前者进口占 49%,后者占 51%;出口前者占 68.5%,后者占 31.5%。其中与前者为顺差,与后者为逆差。1990 年对外贸易总额为 1 529 亿美元。

前苏联解体、俄罗斯独立后,俄罗斯与前苏联各加盟共和国的经济关系遭到了严重的破坏,而面向西方国家的经济联系尚未建立和完善,因此在 1991 年至 1993 年间对外贸易下降,1991 年对外贸易总额仅为 945 亿美元,比 1990 年下降了 37.6%。自 1994 年至 1997 年,俄罗斯对外贸易连续 4 年出现了持续的增长,1997 年的贸易总额达到了 1 550 亿美元。而且贸易为顺差,但到 1998 年随着金融危机的发生,俄罗斯对外贸易又开始下降。

进入 21 世纪以来,俄罗斯经济的复苏与发展,推动了对外贸易的发展。2000 年与 1999 年相比,对外贸易总额增长了 29.7%,2000 年的对外贸易总额为 1 569.6 亿美元,2003 年已增加到 1 920 亿美元。2006 年以来,受国际市场能源和原料型商品价格持续攀升的影响,俄罗斯对外贸易继续保持快速增长,贸易顺差再创新高,外贸进出口总额为 3 546.7亿美元,较上年增长 28.3%,其中,出口 2 265.2 亿美元,增长 22.5%;进口 1 281.5 亿美元,增长 40.1%;实现贸易顺差 983.7 亿美元,占贸易额的 27.7%。到了 2007 年,俄罗斯对外贸易额已超过了 5 000亿美元。

(二)对外贸易伙伴

当前俄罗斯的十大贸易伙伴国分别是德国、荷兰、意大利、中国、土耳其、美国、波兰、英国、法国和瑞士。其中德国为俄罗斯在欧盟的最大贸易伙伴,中国为俄罗斯在亚洲的最大贸易伙伴,而美国是俄罗斯在美洲的最大贸易伙伴,乌克兰为俄罗斯在独联体中的最大贸易伙伴。2006

年俄日贸易及俄韩贸易出现大幅增长,尤其是俄罗斯自日本、韩国的进口急剧增长,日本与韩国已进入俄罗斯五大进口国之列。

(三)对外贸易商品结构

俄罗斯出口商品结构仍以能源和原料型商品为主。石油出口所占比重最大。欧洲国家是俄罗斯石油及其制品出口的传统区域,荷兰、意大利、德国是俄罗斯原油出口的三大对象国。2006年,俄罗斯对上述三国出口原油占其同期原油出口总额的44.2%。俄罗斯成品油出口集中在荷兰、英国、意大利、瑞士和法国等国,2006年,俄罗斯对上述五国的成品油出口占俄同类产品出口总额的49.0%。受国际市场有色金属制品需求增长的影响,俄罗斯有色金属及其制品出口大增。木材及木制品出口继续保持平稳增长。上述商品出口额占俄罗斯出口总额的80%以上。

在俄罗斯政府实施鼓励机电产品出口政策的推动下,俄罗斯机电产品的出口形势有所改观,增长速度加快,尽管如此,俄罗斯机电产品在出口总额中的比重仍只有4%。

俄罗斯经济的快速发展带动了俄罗斯国内市场需求的扩大,在本国企业生产能力不足的情况下,进口商品成为填补俄罗斯市场空缺的唯一来源。2006年,俄罗斯国内对投资型商品的需求急剧扩大,机电产品进口大幅度增加。全年机电产品进口总额为551.6亿美元,增长52.4%,占俄罗斯进口总额的43.1%。进口增幅最突出的是通信设备和汽车及其零附件,分别增长107.3%、68.2%和64.6%。

俄罗斯居民实际收入水平的提高,也扩大了对生活用品的需求。俄罗斯食品、纺织服装类商品、药品、塑料及其制品等进口也大幅增加。其中,冻肉进口增长近70%,达到29.2亿美元,鞋靴、护腿和类似品及其零件进口11.7亿美元,增长103.8%。此外,钢铁制品、化学产品、橡胶类商品和家具进口也有较大幅度增长。

(四)俄罗斯外贸体制改革

俄罗斯独立后,在对经济进行激进式"休克疗法"的改革的同时,在对外贸易上也实行全盘的自由化。"雪崩式"的对外开放,使国家经济遭受严重损失。1994年,俄罗斯又开始陆续加强国家对外贸的管理,进入了继续市场化改革与国家加强调控的新阶段。其改革的主要措施如下：

1. 取消国家对外贸的垄断经营,授予企业经营外贸的自主汉。国家规定在俄罗斯境内的一切企业或公司,不论其所有制形式如何,均可不经专门注册就可从事对外经贸活动;允许俄罗斯境内授权进行外汇业务的银行对一切法人和公民开立账户。所有企业不仅可以从事边境贸易,而且可以与任何西方国家直接进行任何形式的贸易。

2. 放松进出口的管制,向世界各国开放国内市场。在进口方面主要是降低关税;在出口方面俄罗斯政府不断放宽各种限制。

3. 改变对外贸易的市场结构。俄罗斯独立后,贸易对象曾试图急剧地转向西方国家,实施过程中遇到了巨大挫折后,又着手恢复与独联体国家与东欧国家贸易往来,并积极发展与亚太国家的经贸往来。目前俄罗斯有 1/3 的贸易是与欧盟往来的,其次为独联体、东欧和亚太各国,形成了多元化市场。

4. 进行外汇管理和汇率制度的改革。首先废除了国家对外汇实行的垄断,允许出口商按市场的现行汇率出售其出口收入的 50% 外汇,其中 30% 出售给俄罗斯中央银行,20% 在外汇市场出售,1998 年金融危机后又规定出售份额提高 70%。汇率由国家规定的固定汇率制改为自由浮动汇率制,后又改为设置上限和下限的有管理的浮动汇率制。

5. 制定吸引外资的政策。资金的短缺是制约俄罗斯经济改革的重要因素之一,因此如何吸引外资就成为改革的一项内容。如 1991 年政府首次以法律形式规定了外国向俄罗斯投资的范围、程序和应享受的优惠政策,并规定对优先吸引外资的产业项目,如对石油、煤炭、天然气、木材加工、交通和通信和建材等项目的投资,国家对获准项目可给予 20%～50% 的项目资金支持。自 1990 年 10 月开始,俄罗斯先后在纳霍德卡、萨哈林州和海参崴等沿海港口和边疆地区相继建立了许多自由经济区,以扩大贸易和吸引外资。

(五)俄中对外贸易

俄中两国十多年贸易呈现出总量起点低,早期年度波动大但趋势平缓,2000 年以后呈加速增长的两阶段特征。

俄中贸易总量起点很低。1992 年,俄罗斯自中国进口 23.36 亿美元,俄方向中方出口 35.26 亿美元。两国双边贸易加起来不超过 50 亿美元;两国向对方出口分别占各自当年出口的 2.8% 和 6.9%。在 20 世纪 90 年代初期年度波动大但趋势平缓,1993 年俄中双边贸易额 76.73 亿美元,增速为 41.26%;但 1994 年两国贸易从上年的高峰急剧下滑至 50.76 亿美元,下降幅度达 33.84%;并且在之后的 6 年间,除 1996 年贸易总额达到 68.44 亿美元外,其余年份都在 50 亿至 60 亿美元区间徘徊不前。自 1999 年以来,俄中贸易呈现较好的增长态势,大部分年份的增长率都高达 30% 以上,中俄贸易的平均增长速度快于中国和俄罗斯各自的对外贸易总额长。2005 年,俄中贸易达到了 37% 的高增长,2006 年俄中贸易额达 333.9 亿美元,较 2005 年增长 14.7%。

在俄中双边贸易中,俄方主要向中方出口石油、天然气、木材、纸浆、发电设备、飞机、军火等产品;俄方从中国进口食品、纺织品、鞋类、家用电器、粮食等产品。双边贸易的互补性很强。

俄罗斯为中国第八大贸易伙伴(继日本、美国、中国香港、中国台湾、韩国、德国、马来西亚之后)。

九、主要经济区

俄罗斯幅员广阔,东西最长距离达 1 万公里,南北最宽距离约 5 000公里,因此受自然、历史等诸因素的影响,地区差异十分明显,全国共分为 11 个经济区,即北方区、西北区、中央区、伏尔加—维亚特卡区、中央黑土区、伏尔加流域区、北高加索区、乌拉尔区、西西伯利亚区、东西伯利亚区和远东区。现将主要经济区的概况分述如下。

(一)西北区

西北区主要包括圣彼得堡市、列宁格勒州、诺夫戈罗德州和普斯科夫州,面积约 19.6 万平方公里。

西北区地理位置十分重要,是俄罗斯通往北欧的重要枢纽,铁路、海运十分方便,有俄罗斯最大的航空港圣彼得堡。

西北区森林面积占全区面积的 53%,木材蓄积量约 16 亿立方米,矿产主要有石油、油页岩、磷灰石等。

西北区工业发达,主要工业是机械制造、冶金、化学、木材加工和造纸等。农业主要以种植亚麻、蔬菜为主,粮食需要输入。

俄罗斯现已在列宁格勒州(维堡市)和诺夫戈罗德建立了自由经济区,但发展十分缓慢。

(二)中央区

中央区包括莫斯科市和莫斯科州、布良斯克州、弗拉基米尔州、伊凡诺沃州、特维尔州(原加里宁州)、卡卢加州、奥勒尔州、梁赞州、图拉州、斯摩棱斯克州、亚罗斯拉夫州,共 12 个州 1 个市,面积约 48.5 万平方公里。

中央区是俄罗斯最大的工业生产基地。主要工业部门有机械、金属加工和石油加工等。农业也较发达,农业产值也占俄罗斯联邦第一位,但由于人多地少,粮食等食品仍需调入。牛奶、蔬菜、马铃薯、亚麻产量占全俄罗斯第一位。主要工业中心除莫斯科外,还有图拉、梁赞、特维尔等。

(三)伏尔加—维亚特卡区

该区包括尼热戈罗德州(原高尔基州)、基洛夫州、马里共和国、莫尔多瓦共和国和楚瓦什共和国,总面积约 26 万平方公里。

伏尔加—维亚特卡经济区森林资源丰富,占该区面积的 51%,且多为可采伐林。水力资源丰富,伏尔加河、奥卡河等河流为工业发展提供了水源和动能。

该区为俄联邦机器制造、化学工业的基地,汽车制造业尤其发达,其他工业有造纸、电子、石油加工等。

该区地理位置优越,东接乌拉尔区,南邻伏尔加流域区,可为其工业提供原料和能源,西部的中央区为其提供市场。

(四)中央黑土区

该区位于中央区以南,包括别尔哥罗德州、沃罗涅日州、利佩兹克州、库尔斯克州和唐波夫州,面积约 16.7 万平方公里。

中央黑土区矿产丰富,主要有铁、铜、镍、铝、锌等,尤以铁矿最丰富。库尔斯克磁力异常区有丰富的铁矿,品位在 32%～36%之间,而且埋藏浅,易于开采。

中央黑土区铁路、公路网稠密,在所有经济区中居第一位。

该区土地肥沃、气候温暖,是传统的农业区,40%的人口从事农业,主要种植甜菜、玉米、大麦、燕麦等作物。

主要工业有食品、机械、钢铁、化学等。其中利佩茨克钢铁厂是俄联邦欧洲部分最大钢铁厂。

(五)伏尔加流域区

伏尔加流域区由阿斯特拉罕州、伏尔加格勒州、萨马尔州(原古比雪夫州)、奔萨州、萨拉托夫州和乌里杨诺夫斯克州、鞑靼自治共和国和加尔梅克自治共和国组成,面积约54万平方公里。

该区的重要矿产是石油和天然气,其次是油质岩、硫磺、盐、石英砂等。石油主要储藏在鞑靼共和国和萨马尔州,天然气主要在伏尔加格勒州和萨拉托夫州。

主要工业有采油、石油加工、机械制造、汽车、飞机、造船、化学、纺织等。小汽车产量居全俄第一位,石油产量居第二位。主要工业中心为萨马尔(原古比雪夫)、伏尔加格勒(原斯大林格勒)、萨拉托夫、喀山、阿斯特拉罕等。

伏尔加流域还是俄联邦最大的粮食基地,50%的小麦、22%的葵花子都产在该区。

(六)北高加索区

北高加索区主要包括克拉斯诺达尔边疆区、斯塔夫罗波尔边疆区、罗斯托夫州、达格斯坦共和国、卡巴尔达—巴什卡尔共和国、北奥塞梯共和国和车臣共和国。面积约35万平方公里。

该区主要矿产力石油、天然气和硬煤,其次有铜、铝、锌、钼、钨、汞等。主要工业有石油开采和加工、食品、采煤、电力和皮革等。

北高加索农业也较发达,主要生产小麦、水稻、葡萄等。该区是俄联邦唯一产茶叶、柑橘的地方。由于食品工业发达,有俄"食品车间"之称。

(七)乌拉尔区

乌拉尔区包括库尔干州、奥伦堡州、彼尔姆州、叶卡捷林堡州(原斯维尔德洛夫斯克州)、车里雅宾斯克州和巴什基尔、乌德摩尔梯亚两个自治共和国。面积约84万平方公里。

乌拉尔区自然资源丰富,已发现的矿藏有1 000多种,尤以黑色金属、有色金属、石油、天然气最为丰富,森林和水力资源也相当可观。其中铁矿石储量约150亿吨,83.8%为钛磁铁矿,铁矿主要在叶卡捷林堡州境内。

乌拉尔区工业产量和产品产量仅次于中央区,它生产了全俄罗斯22%的焦碳、30%的黑色金属、50%的钾肥和60%的铝土矿。主要工业有冶金、机械、化学、燃料动力等。

南乌拉尔也是俄罗斯商品粮基地之一,主要生产硬质小麦。

(八) 西西伯利亚区

西西伯利亚区主要包括新西伯利亚州、鄂木斯克州、托木斯克州、秋明州、克麦罗沃州和阿尔泰边疆区,面积为242.7万平方公里。

该区石油、天然气资源丰富,油、气田的总面积超过170万平方公里。生产了全俄罗斯90%的天然气,70%的石油。油气资源主要分布在秋明油田的苏尔古特地区、乌连戈依等地。煤炭和铁矿石也十分丰富,主要煤田有库兹巴斯煤田,生产炼焦煤。铁矿储量达4 000亿吨。

西西伯利亚森林茂密,森林面积约8 500万公顷,占该区总面积的37%,森林可采量达100亿立方米。森林主要分布在秋明州、托木斯克州和阿尔泰等地。

工业主要为石油、天然气、煤炭的开采,是仅次于乌拉尔的第二大冶金基地。其次,有木材加工、化学、食品等。另外,该区也是俄罗斯粮食和畜产品基地。

主要工业中心有新西伯利亚、鄂木斯克等。新西伯利亚有俄罗斯在亚洲最大的科学城。

(九) 东西伯利亚区

东西伯利亚区包括克拉斯诺雅尔斯克边疆区、伊尔库茨克州、赤塔州和布里亚特自治共和国,面积约410万平方公里。这里地广人稀。

东西伯利亚堪称俄罗斯资源宝库,水力、森林、矿产资源均极丰富。煤炭储量占全俄罗斯的一半,主要有坎斯克—阿钦斯克煤田,埋藏浅,可露天开采,年产煤约7 000万吨。铁矿石、铜、铝锌、镍、钴、铂等也极丰富。木材蓄积量占全俄罗斯的35%,居全俄罗斯第一位,主要集中在克拉斯诺达尔边疆区和伊尔库茨克地区。水力资源丰富,已在安加拉河、叶尼塞河土建有一系列大型水电站,如伊尔库茨宽水电站、克拉斯诺达尔斯克水电站等。但由于东西伯利亚大型工业少,电能不能充分利用。主要工业有有色和黑色金属冶炼和机械制造、化学工业。

布里亚特自治共和国和赤塔州已辟有自由贸易区。

(十)远东区

远东区包括阿穆尔州、堪察加州、马加丹州、萨哈林州和滨海边疆区和哈巴罗夫斯克边疆区,面积约 621.5 万平方公里。是俄罗斯 11 个经济区中面积最大,人口最少的经济区。

该区主要矿产有煤、磷灰石、钻石、金、锡、钨、锑等,煤炭储量占全俄 30%,主要为雅库特煤田。森林蓄积量占全俄罗斯的 26.5%。渔业资源丰富,捕鱼量占全俄罗斯第一位。主要产业有有色金属冶炼、木材加工和捕鱼业等。

该区正处于西伯利亚大陆架东端,交通地理位量重要,有著名港口海参崴、纳霍德卡和东方港。萨哈林、纳霍德卡已辟为自由经济区。

(十一)北方区

北方区包括阿尔汉格尔斯克州、沃洛格达州、摩尔曼斯克州、科米自治共和国和卡累利阿自治共和国。面积约 146 万平方公里。

该区主要资源有石油、天然气、煤、铁、铜、镍等。森林茂密,俄罗斯欧洲部分的 60%的森林分布在这里。渔业资源丰富,位于这里的白海和巴伦支海由于寒暖流交汇形成大渔场。

该区主要工业有造纸和纸浆业,生产了全俄罗斯 1/3 的纸张、1/5 的纸板。黑色和有色金属冶炼是第二大产业,化学工业是第三大产业。

本章思考题

1.指出德国工业的特点及主要的工业部门。

2.简述德国对外贸易的商品结构和地区分布。

3.结合法国地图,指出它的地理位置及主要河流、港口的分布。

4.法、德两国经济存在哪些异同点?

5.自 20 世纪 60 年代以来,英国能源工业发生了什么变化?它对英国经济发展起到了什么作用?

6."二战"后英国电子工业发生了哪些变化?

7.指出意大利的工业分布的特点及主要的工业中心。

8.当前俄罗斯所面临的人口问题是什么? 是什么原因导致此问题的出现?

9.分析俄罗斯的自然地理环境对其经济发展产生的影响。

10.俄罗斯在当前经济发展中面临哪些需要解决的问题?

第十四章 非洲

第一节　非洲概况

一、地理位置

非洲全称阿非利加洲（Africa），位于东半球的西南部，地跨赤道南北，西北部的部分地区伸入西半球。东濒印度洋，西临大西洋，北隔地中海和直布罗陀海峡与欧洲相望，东北隅以狭长的红海与苏伊士运河紧邻亚洲。非洲面积约 3 020 万平方公里（包括附近岛屿）。约占世界陆地总面积的 20.2%，次于亚洲，为世界第二大洲。

二、地理区域

非洲目前有 56 个国家和地区。在地理上，习惯将非洲分为北非、东非、西非、中非和南非五个地区。北非通常包括埃及、苏丹、利比亚、突尼斯、阿尔及利亚、摩洛哥、亚速尔群岛、马德拉群岛。东非通常包括埃塞俄比亚、厄立特里亚、索马里、吉布提、肯尼亚、坦桑尼亚、乌干达、卢旺达、布隆迪和塞舌尔。西非通常包括毛里塔尼亚、西撒哈拉、塞内加尔、冈比亚、马里、布基纳法索、几内亚、几内亚比绍、佛得角、塞拉利昂、利比里亚、科特迪瓦、加纳、多哥、贝宁、尼日尔、尼日利亚和加那利群岛。中非通常包括乍得、中非、喀麦隆、赤道几内亚、加蓬、刚果、刚果民主共和国、圣多美和普林西比。南非通常包括赞比亚、安哥拉、津巴布韦、马拉维、莫桑比克、博茨瓦纳、纳米比亚、南非、斯威士兰、莱索托、马达加斯加、科摩罗、毛里求斯、留尼汪、圣赫勒拿等。

三、人口、种族与宗教

1.人口

非洲人口9.2亿(2007年),人口总数仅次于亚洲,居世界第二位。非洲人口的出生率、死亡率和增长率均居世界各洲的前列。人口分布极不平衡,尼罗河沿岸及三角洲地区,每平方公里约1 000人。撒哈拉、纳米布、卡拉哈迪等沙漠和一些干旱草原、半沙漠地带每平方公里不到1人。还有大片的无人区。

当前非洲面临的人口问题为:

非洲人口自然增长率排在世界第一位。这种情况正在严重影响着非洲社会和经济的发展,使生态环境、粮食、教育、医疗卫生、就业、交通、社会治安等方面形势愈加严重。在1986年至1990年间,非洲人口年均自然增长率为3%(大大超过世界人口1.7%的年均增长率),平均每年净增人口为1 700万。1950年非洲人口仅有2.2亿,1980年即达4.3亿,在30年间大约翻了一番。到1990年底,非洲大陆人口已达到6亿,大约是1950年的2.8倍。而到了2007年底,非洲人口已达到了9.2亿。

非洲妇女的生育率是世界上最高的。非洲妇女的平均生育率为6.5个,而拉丁美洲妇女则生4个,亚洲3个,发达国家2个,肯尼亚妇女平均每人生8个孩子。与西方发达国家人口趋于老龄化形成鲜明对比,非洲国家的人口构成呈现低龄化趋势。15 岁以下的少年儿童占非洲总人数的 50%,有些国家甚至高达 70%,60 岁上的人仅占非洲总人口数的 5%。随着更多的妇女进入育龄期,非洲将始终呈生育高峰状态,人口自然增长率将会居高不下。

在非洲,除少数国家外,绝大多数非洲国家的人口增长率都高于经济增长率,致使人民的实际生活水平大幅度下降。目前,非洲大陆约有 1/3 人生活在联合国划定的贫困线以下,28 个国家被列为世界最贫穷国家。人口的迅速增长还导致非洲生态环境的严重破坏。非洲人均占有可耕地面积由 1965 年的 0.5 公顷下降到 1987 年的 0.3 公顷。人口不断增长,对木料及燃料的需求也越来越大,非洲每年约有 380 万公顷森林被毁,约占非洲大陆森林总面积的 1.8%。由于乱砍滥伐、过度种植和随意放牧等原因,水土流失严重,气候反常,旱涝灾害不断出现,失去植被保护的地面不断扩展,沙漠化现象日益严重。据估计,撒哈拉大沙漠每年以六七公里的速度向南扩展。联合国环境计划署估计从 1975 年到 2000 年,仅水土流失一项就将使非洲粮食产量下降 25%,越来越多的人将处于饥饿状态。另外将近 50% 的非洲人享受不到任何医疗服务,大约 55% 的人喝不到干净的饮用水,35% 的儿童营养不足。加之一些国家经常疾病蔓延,使得非洲人均寿命只有 53 岁,是世界最低的。

非洲现有的教育设施也远远不能满足人口猛增的需求。35% 的国家学龄儿童入学率不到 40%,整个非洲有 20% 的男孩和 38% 的女孩无法进入小学,中学的失学率更高。据统计,非洲大陆约有 3.6 亿文盲,约占全世界文盲总数的 40%。

由于耕地减少,大量农村人口不断涌入城市,带来一连串的社会问题。在过去的 20 几年中,内罗毕、阿比让、达累斯萨拉姆等一些非洲大城市的人口增长了 7 倍。尼日利亚首都拉各斯的人口比 1950 年增加了 16 倍。城市人口极度膨胀使失业状况日趋严重,住房紧张,交通拥挤,水电、卫生、教育、商业以及其他设施无法满足要求。20 世纪 80 年代以来,非洲失业率一直在 40% 左右,由于失业严重,抢劫、偷盗等犯罪活动猖獗,以至影响人们的正常生活。

20 世纪 60 年代以来,非洲国家相继独立。许多非洲国家对人口发展情况不明,任其盲目发展。绝大多数非洲国家没有计划生育政策,没有广泛宣传节育知识,利比亚、加蓬等国家甚至还鼓励提高生育率,这些都是造成今天非洲人口问题的重要因素。

总的说来,造成非洲人口爆炸性增长的原因是多方面的,但危害最大的是人们头脑中根深蒂固的种种旧观念:孩子越多,财富越多;男孩比女孩更宝贵。另外一夫多妻制、早婚、未婚先育等陋习的存在,更导致了人口的迅速增长。可见要解决非洲人口问题,一是政府高度重视,控制人口的急剧增长;二是要更新观念,树立正确的生育观。

2. 种族与宗教

非洲是世界上种族成分最复杂的地区。非洲大多数属于黑种人,其余属白种人和黄种人。非洲居民多信奉原始宗教和伊斯兰教,少数人信奉天主教和基督教。

四、自然地理环境

非洲大陆海岸线全长 30 500 公里。海岸比较平直,缺少海湾与半岛。非洲是世界各洲中岛屿数量最少的一个洲。除马达加斯加岛(世界第四大岛)外,其余多为小岛。岛屿总面积约 62 万平方公里,占全洲总面积不到 3%。

1. 地形特点

非洲大陆北宽南窄,呈不等边三角形状。南北最长约 8 000 公里,东西最宽约 7 500 公里。非洲为一高原大陆,地势比较平坦,明显的山脉仅限于南北两端。全洲平均海拔 750 米。海拔 500 米至 1000 米的高原占全洲面积 60% 以上。海拔 2 000 米以上的山地和高原约占全洲面积 5%。海拔 200 米以下的平原多分布在沿海地带。

非洲地势大致以刚果民主共和国境内的刚果河河口至埃塞俄比亚高原北部边缘一线为界,东南半部较高,西北半部较低。东南半部被称为高非洲,海拔多在 1 000 米以上,有埃塞俄比亚高原(海拔在 2 000 米以上,有"非洲屋脊"之称)、东非高原和南非高原,在南非高原上有卡拉哈迪盆地。西北半部被称为低非洲,海拔多在 500 米以下,大部分为低高原和盆地,有尼罗河上游盆地、刚果盆地和乍得盆地等。非洲较高大的山脉多矗立在高原的沿海地带,西北沿海有阿特拉斯山脉;东南沿海有德拉肯斯山脉;东部有肯尼亚山和乞力马扎罗山。乞力马扎罗山是座活火山,海拔 5 895 米,为非洲最高峰。非洲东部有世界上最大的裂谷带,裂谷带东支南起希雷河河口,经马拉维湖,向北纵贯东非高原中部和埃塞俄比亚高原中部,经红海至死海北部,长约 6 400 公里;裂谷带西支南起马拉维湖西北端,经坦噶尼喀湖、基伍湖、爱德华湖、艾伯特湖,至艾伯特尼罗河河谷,长约 1 700 公里,裂谷带一般深达 1 000 米至 2 000 米,宽几十公里到 300 公里,形成一系列狭长而深陷的谷地和湖泊,其中阿萨勒湖的湖面在海平面以下 156 米,为非洲陆地最低点。

非洲的沙漠面积约占全洲面积 1/3,为沙漠面积最大的一洲。撒哈拉沙漠是世界上最大的沙漠,面积 777 万平方公里;西南部还有纳米布沙漠和卡拉哈迪沙漠。

东非大裂谷带内及其附近,分布着一系列死火山和活火山,其中高大火山海拔达 5 000 米以上。非洲中、西部亦有不少高大火山。东非大裂谷带也是非洲地震最频繁、最强烈的地区。

2. 水文状况

非洲的外流区域约占全洲面积的 68.2%。大西洋外流水系多为源远流长的大河,有尼罗河、刚果河、尼日尔河、塞内加尔河、沃尔特河、奥兰治河等。尼罗河全长 6 671 公里,是世界最长的河流。刚果河的流域面积和流量仅次于亚马孙河,位居世界第二位。印度洋外流水系包括赞比西河、林波波河、朱巴河及非洲东海岸的短小河流、马达加斯加岛上的河流等。非洲的内流水系及无流区面积为 958 万平方公里,约占全洲总面积的 31.8%。其中河系健全的仅有乍得湖流域。奥卡万戈河流域和撒哈拉沙漠十分干旱,多间歇河,沙漠中多干谷。内流区还包括面积不大的东非大裂谷带湖区,河流从四周高地注入湖泊,湖区雨量充沛,河网稠密,不同于其他干旱内流区。

非洲湖泊集中分布于东非高原,少量散布在内陆盆地。高原湖泊多为断层湖,狭长水深,呈串珠状排列于东非大裂谷带,其中维多利亚湖是非洲最大湖泊和世界第二大淡水湖;坦噶尼喀湖是世界第二深湖。位于埃塞俄比亚高原上的塔纳湖是非洲最高的湖泊,海拔 1 830 米。乍得湖为内陆盆地的最大湖泊,面积时常变动。

3.气候特征

非洲有"热带大陆"之称,其气候特点是高温、少雨、干燥,气候带分布呈南北对称状。从赤道往南往北分别为热带雨林气候、热带草原气候、热带沙漠气候和地中海式气候。全洲年平均气温在 20℃以上的地带约占全洲面积 95%,其中一半以上的地区终年炎热,有将近一半的地区有着炎热的暖季和温暖的凉季。埃塞俄比亚东北部的达洛尔年平均气温为 34.5℃,是世界年平均气温最高的地方之一。利比亚首都的黎波里以南的阿齐济耶,1922 年 9 月 13 日气温高达 57.8℃,为非洲极端最高气温。乞力马扎罗山位于赤道附近,因海拔高,山顶终年积雪。非洲降水量从赤道向南北两侧减少,降水分布极不平衡,有的地区终年几乎无雨,有的地方年降水多达 10 000 毫米以上。全洲 1/3 的地区年平均降水量不足 200 毫米。东南部、几内亚湾沿岸及山地的向风坡降水较多。

4.资源类型

非洲自然资源极其丰富,已探明的矿物资源种类多,储量大。石油、天然气蕴藏丰富;铁、锰、铬、钴、镍、钒、铜、铅、锌、锡、磷酸盐等储量很大;黄金、金刚石久负盛名;铀矿脉的相继被发现,引起世人瞩目。许多矿物的储量位居世界的前列。

非洲的植物至少有 40 000 种以上。森林面积占非洲总面积的21%。盛产红木、黑檀木、花梨木、柯巴树、乌木、樟树、栲树、胡桃木、黄漆木、栓皮栎等经济林木。草原辽阔,面积占非洲总面积的 27%,居各洲首位。可开发的水力资源丰富。沿海盛产沙丁鱼、金枪鱼、鲐、鲸等。

五、经济发展概况

非洲是世界最古老的一块大陆,在资源和自然条件方面称得上是世界上最富饶的大陆,黄金、钻石、铜、铀等重要矿产资源储量均居世界首位,有着发展经济的良好条件。但由于各种原因,特别是长达几百年的殖民统治,使非洲的经济过于单一,成为世界上最贫困落后的大陆,世界上最不发达的 40 个国家中,有 31 个在非洲。非洲占世界总人口的

12%,但国民生产总值、外贸总额、吸引外资额等均只占世界的1%左右。非洲不仅明显落后于世界发达国家的水平,也落后于后来居上的亚洲、拉美等其他发展中地区。

20世纪六七十年代,非洲国家在反对殖民主义、争取民族独立的斗争中互相支持,政治上较为团结,并利用民众当家作主的热情大力发展民族经济,取得不小的成就。但从20世纪70年代末开始,非洲经济和社会发展相继步入困境,一些非洲国家的经济甚至出现了负增长。至90年代末,不少国家的人均收入甚至低于独立初的水平。例如,20世纪60年代中期,加纳的人均国民收入比韩国要高,现在仅为韩国的1/6。

自20世纪80年代中期以来,面对严峻的经济形势,非洲国家在总结了发展经济的经验教训之后,开始对经济结构进行调整,进行制度改革。它们开放市场,引进外资,采取了符合本国国情的经济措施,并重视区域经济合作,取得了一定的成果。80年代末期开始,西方国家在非洲推行多党民主制,并鼓吹在经济上实行私有制,将经济援助与是否按西方标准进行经济结构调整挂钩。这些都加剧了非洲原有的一些政治、经济、部族和宗教矛盾,使一些国家陷入了动荡之中,再加上不合理的国际政治经济旧秩序以及严重的自然灾害,非洲国家的经济更加困难。

进入20世纪90年代以后,非洲国家认识到政治局势对经济发展的影响,开始努力保持政局稳定和社会安宁。在非洲统一组织、非洲区域性国际组织和国际社会的主持帮助下,非洲的形势有所缓和,经济开始逐步回升,保持了连续的增长。2000年非洲经济平均增长率为3.2%,高于1990年至1994年间的增长速度,这已是非洲经济连续5年保持了较好增长势头。目前非洲的人均国民生产总值接近500美元。如塞舌尔已超过了6 500美元,毛里求斯、加蓬、博茨瓦纳和南非都超过了3 000美元。2007年非洲国家依旧保持2006年的经济增长态势,经济增长率接近6%。

就地区而言,北非、南部非洲和东非地区的经济形势好于中部非洲和西非。北非地区实现了近年来少有的经济高增长,阿尔及利亚、利比亚、苏丹等产油国经济形势较好,毛里塔尼亚开始了商业性的石油开采,经济增长率超过10%。2007年撒哈拉以南非洲虽然整体上比较落后,但经济增长表现突出。2007年增幅超过6％,高于整个非洲大陆的平均增长水平。

从国别看,安哥拉、莫桑比克、利比亚、赤道几内亚、刚果共和国、阿尔及利亚、尼日利亚、喀麦隆、毛里塔尼亚和苏丹等10个产油国继续保持较快的发展。博茨瓦纳、马拉维、莱索托、赞比亚、埃塞俄比亚、卢旺达、肯尼亚、塞内加尔和乌干达等10个非产油国的经济增长也表现强劲。

非洲经济继续保持较好势头取决于诸多因素,最主要是以下六方面因素发生了积极变化:

一是大多数非洲国家宏观经济管理水平不断提高。近年来,多数非洲国家宏观经济管理能力进一步加强,政府的财政状况得到改善,较好地控制了通货膨胀的压力,对私人投资的吸引力和抵御风险的能力也得到加强。非洲商业投资环境有了较大改善,尽管和其他大部分地区相比还有差距,但属于全球商贸环境改进最快的地区之一。有2/3的非洲国家至少进行了一项成功的改革。

二是积极实行对外开放,调整对外经济关系和经济政策。许多非洲国家为加快石油工业和促进矿业发展欢迎外国投资,采取了一系列对外商投资的改革措施:放宽外汇管制,允许利润自由汇出;允许外币自由兑换;允许外方建立外汇账户;对本国企业与外国企业一视同仁;承诺与矿业投资有关的法规在一定时间内保持不变;征收较低的土地使用费等。许多非洲国家还在财税制度上出台优惠政策予以鼓励。其中包括与矿产勘查、开发有关的机械设备免征进口关税,降低企业所得税;在矿山企业投产初期,免交企业营业税若干年;允许勘探成本记入矿山生产成本等。同时非洲各国也相继出台了一些优惠政策,改善投资环境,吸引外资进入石油领域。尼日利亚放弃了过去一直坚持的外国公司只能以合资方式进入石油领域的做法,开始引入产量分成合同方式进行对外合作。喀麦隆重新修订了与外国公司联合开采油气的有关条款,允许外国合作伙伴享有高达40％的产量用于在国外销售,并允许所得收益保留在国外。各种优惠政策吸引了众多外国石油公司的投资。

与此同时,许多非洲国家的非石油产业生产状况也不错。20世纪

90 年代,非洲每年平均吸引外国直接投资为 62 亿美元。而 2003 年至 2005 年吸引外国直接投资额分别为 138 亿美元、180 亿美元和 300 亿美元。2006 年更是达到了创纪录的 388 亿美元。

三是加快非洲经济一体化进程,也是振兴非洲经济和摆脱落后的不可忽视的因素。早在 1997 年,非洲经济共同体条约已经正式启动。1999 年 7 月召开的非洲统一组织第三十五届首脑会议和 2000 年 9 月召开的非统组织特别首脑会议又进一步研究和商讨了加速非洲经济共同体的方案,并为在 2025 年实现非洲经济一体化目标而努力。2001 年 3 月初,在第五届非洲统一组织特别首脑会议上,非统组织 53 个成员国共同签署了《非洲联盟章程草案》。截至 2001 年 4 月中旬,已有 2/3 的成员国正式批准了该草案,使之进入真正实施阶段。非洲联盟的成立,为非洲各国的经济持续发展创造了良好的环境,带来了新的机遇,并将成为 21 世纪非洲振兴的新起点。目前,非洲国家正在以区域性、地区性组织为基本框架,通过逐步缩小国家之间、地区之间的发展差距和加强各地区间的协调与合作来推动经济一体化,最终建立非洲经济共同体。经济一体化可以促进整个大陆优化其资源、人力、资金和技术的配置,加快经济发展,增强在国际市场上的竞争能力,并且能够更加有效地同西方国家就债务、贸易等问题进行谈判。与此同时,随着非洲经济一体化进程的推进,也可以为各国经济发展实现优势互补创造条件,充分发挥各国的资源和市场优势,为其经济发展增强自我实力。

四是非洲由乱到治的趋势强劲,走上社会稳定和经济发展的道路。这也是非洲当前经济进一步发展最主要的因素和动力。卢旺达、利比里亚、安哥拉、布隆迪、科特迪瓦、乌干达相继结束了武装冲突。目前,尽管仍有少部分非洲国家,如索马里、苏丹等存在内乱,但也开始走向缓和的道路,战乱的完全结束可能仅是一个时间问题。总之,非洲大陆已经出现了"摒弃暴力,寻求和平"的势头,许多非洲国家不断潜心进行改革,国民经济稳步发展。

五是国际市场对非洲初级产品需求较旺。国际市场对非洲产品特别是石油、矿产和农产品等初级产品的需求继续保持较高水平。特别是国际石油价格居高不下,进一步改善非洲国家的出口前景,为改变这一地区对外贸易额占世界贸易总额比重长期下降的局面提供机会。

六是非洲国家大多是农业国,当前非洲除个别局部地区有旱涝灾害外,其他广大地区基本风调雨顺,农业生产得到了较大的改善。

以上是非洲经济近几年得以持续发展的主要原因。但非洲经济仍面临一些挑战:

1. 内在因素

(1)经济发展不稳定。非洲经济长期依赖初级产品的出口,使经济增长仍存在不稳定因素,高油价对石油进口国的经济增长在一定程度上有制约作用。

(2)非洲国家的外债比重仍过高,私有部门投资不足。目前非洲的债务占整个非洲国内生产总值的比例超过了 70%,非洲每年获得的外国直接投资仅 100 亿美元左右,建设资金严重不足。

(3)教育落后。全非洲文盲率高达 60%,而且每年有大量高级人才流失,经济建设人才缺乏。

(4)疾病困扰。一年中非洲有 200 万以上人死于艾滋病,现有 2 600 多万人受到艾滋病病毒感染,艾滋病的蔓延也在侵蚀非洲经济发展的成果。

(5)其他因素。战乱和冲突依然直接或间接地影响一些非洲国家的稳定,目前全非洲有 50 以上%居民生活在贫困线以下,有 150 多万难民流离失所,以及旱涝等自然灾害。

2. 外在因素

不合理的国际经济旧秩序、国际市场上初级产品价格剧烈的波动等,是制约非洲经济发展的主要外部因素。

六、国民经济主要部门

(一)农业

农业在非洲国家国民经济中占有重要的地位,是大多数国家的经济支柱,农业人口占总人口的 70%,农业产值占 GDP 的 30%。2007 年非洲农业平均增长 5%。非洲的粮食作物种类繁多,有麦、稻、玉米、小米、高粱、马铃薯等,还有特产木薯、大蕉、椰枣、薯芋、食用芭蕉等。非洲的经济作物,特别是热带经济作物在世界上占有重要地位,棉花、剑麻、花生、油棕、腰果、芝麻、咖啡、可可、甘蔗、烟叶、天然橡胶、丁香等的产量都很高。乳香、没药、卡里特果、科拉、阿尔法草是非洲特有的作物。畜牧业发展较快,牲畜头数多,但畜产品商品率低,经营粗放落后。渔业资源丰富,但渔业生产仍停留在手工操作阶段。近年来淡水渔业发展较快。

(二)工业

采矿业和轻工业是非洲工业的主要部门。黄金、金刚石、铁、锰、磷灰石、铝土矿、铜、铀、锡、石油等的产量都在世界上占有重要地位。2006年非洲工业产值占其国内生产总产值的 41.5%,同比增长 5%。主要刺激因素是矿产品、石油和天然气国际售价一直在高位上运行。2006 年非洲日产原油 89.93 亿桶,同比增长 2.2%;非洲天然气产量达到 1 897亿立方米,同比增长 9.9%。

制造业不断萎缩,仅占 GDP 的 10.9%,同比下降 1.9%。近年来,非洲产业政策变化不大,传统工业仍占主导地位。以农畜产品加工、纺织为主。木材工业有一定的基础,重工业有冶金、机械、金属加工、化学和水泥、大理石采制、金刚石琢磨、橡胶制品等部门。

(三)对外贸易

对外贸易是非洲民族经济的一个重要组成部分,对外贸易额平均占其国内生产总值的 50%以上。因非洲不少国家依靠少数农矿产品出口,世界市场的变化都会直接或间接地影响其经济的发展。非洲对外贸易具有以下特点:

1.少数几种农产品和矿物原料占出口总值比重很大。许多国家少数几种商品占出口值的比重更高。如布隆迪、乌干达的咖啡,尼日利亚、利比亚、阿尔及利亚的石油,毛里塔尼亚的铁矿砂,卢旺达的咖啡、锡等,均占各国出口值的 90%以上;赞比亚的铜,扎伊尔的铜和钴等,均占该国出口值的 80%以上。

2.在进口贸易中,70%以上是机械设备等工业制成品。

3.出口市场和进口来源非常集中。大部分初级产品输往西欧、北美洲等西方发达国家,并从这些地区进口大部分机械设备及消费品。且出口国别极不平衡,其中 10 个国家出口额占全非洲的 81%。

4.在国际贸易中长期处于不利地位。因世界市场初级产品(除石油外)同工业制成品的交换比价不断恶化,非洲国家长期被置于不利地位。

2006 年非洲外贸出口总额 3 609 亿美元,同比增长 21%,连续 4 年保持 20%以上的增长速度。但其份额仅占同期全球出口总额的 2.99%。

第二节 埃及

埃及,全称阿拉伯埃及共和国(The Arab Republic of Egypt),属于北非国家。它地跨亚、非两大洲,大部分位于非洲东北部,只有苏伊士运河以东的西奈半岛位于亚洲西南。海岸线长约 2 700 公里,国土面积 100.2 万平方公里。首都是开罗。

一、历史发展概况

埃及是世界四大文明古国之一。

古埃及文明可以上溯到距今 6 000 年前左右。大约从公元前 3100 年开始,埃及出现了一些小的国家。公元前 3 000 年左右,埃及开始出现初步统一的国家,此后,一直到公元前 332 年亚历山大大帝征服埃及为止,古代埃及人创造了连续三千多年的辉煌历史。史学界把这一历史时期称为"法老时代"。法老是古代埃及君主的尊称,原是埃及语的希伯来语音译,意思是"大的房屋",后来又指宫殿,大概在公元前 2000 年左右,这一称呼成了国王的代称,并逐渐演化为埃及国王的正式头衔及尊称,它类似于中国古代封建王朝对皇帝"陛下"的称呼。19 世纪时,一位名叫莱普修斯的德国埃及学家把古代埃及历史总的分为古王国、中王国和新王国三个历史时期。后来,人们在前人研究的基础上,通常把古代埃及的历史划分为五个大的历史时期:

1. 早期王国时期,包括第一王朝和第二王朝,时间跨度是大约从公元前 3100 年到公元前 2688 年;这一时期,埃及历史上出现了国家形式,并开始了统一运动。

2. 古王国时期,包括第三王朝至第六王朝,时间跨度大约从公元前 2686 年到公元前 2181 年。这一时期,埃及历史进入了统一时代,王权得到加强并被神化,法老们开始建造其维持来世永恒统治的金字塔,这一时期又称为"金字塔时代"。这一时代持续了五百多年,它是埃及历史上第一个繁荣而伟大的时代,当时埃及的农业、手工业、艺术尤其是建筑业和商业等许多方面都取得了前所未有的进步。公元前 2181 年第六王朝崩溃,埃及各地的贵族纷纷割据称雄,进入战国纷争时代,这一时期法老对国家控制减弱,外族入侵频繁。

3. 中王国时期,包括时间跨度是公元前 2040 年到公元前 1768 年。这一时期,埃及历史重新进入大一统时期,首都由北方的孟斐斯转到南方的底比斯。中王国后期,由于西亚游牧部落的入侵,埃及历史进入第二次内乱时期。

4. 新王国时期,时间跨度大约从公元前 1567 年到公元前 1086 年。这一时期,埃及历史进入极盛时期,埃及国力强盛,对外进行了多次征战,建立了地跨亚非两洲的大帝国。

5. 后期王朝时期,时间跨度大约从公元前 1085 年到公元前 332 年。这期间埃及先后被波斯帝国、亚历山大帝国和罗马帝国所占领。

此后,埃及相继为拜占廷人、阿拉伯人和奥斯曼土耳其人统治,近代以后,英国、法国等殖民列强开始控制埃及,直到 1953 年,埃及才实现独立。

二、地理位置及自然环境

埃及西部与利比亚接壤,南部邻国是苏丹,东临红海,位于亚洲部分的西奈半岛与巴勒斯坦、以色列相邻,北部濒临地中海。

埃及地处欧亚非三洲交通要冲,地理位置十分重要。苏伊士运河沟通了地中海与红海,将大西洋与印度洋连接起来,是世界上最重要也是最繁忙的海上航线之一,每年通过的船只数量和货运量在世界所有通航运河中均居首位。

苏伊士运河于 1859 年破土动工,历时十年,于 1869 年正式通航。苏伊士运河的建成,大大缩短了欧洲、亚洲、北美洲之间的航程,从印度洋过苏伊士运河到大西洋比绕道非洲南端的好望角,可缩短 6 000 公里至 10 000 公里以上。苏伊士运河北起塞得港、南至陶菲克港、全长 172.5 公里,日最大通过能力为 80 艘船舶。运河开通后,曾长期被英、法殖民主义霸占。1953 年埃及独立,1956 年埃及政府将运河收归国有。1967 年中东战争爆发,以色列非法占领了西奈半岛,使运河区成了埃以对峙的前线,迫使埃及关闭运河达 8 年之久,直到 1976 年 6 月才重新开放。为了适应世界海洋运输业的发展和船舶大型化的需要,埃及在运河重新开放后对运河进行了扩建,运河宽度从 195 米拓宽至 365 米,水深由 8 米增加到 20 米,运河的通航能力得到很大提高,现已能通航吃水 16 米,满载 15 万吨或空载 35 万吨的巨轮。埃及还计划对运河进一步扩建,最终运河可满足吃水 20 米、满载 26 万吨或空载 70 万吨的超级巨轮的双线行驶。目前,苏伊士运河每天通过的船只约 50 艘左右,每年创汇近 20 亿美元,成为埃及外汇收人的重要来源之一。

埃及 96% 的国土为沙漠。气候终年炎热,干燥少雨,北部地中海沿岸属地中海型气候,年均降水为 50 毫米至 200 毫米,其他广大地区属热带沙漠气候,年均降水不足 30 毫米,最高气温可达 50℃。

尼罗河是埃及境内最长和最重要的河流,素有埃及"母亲河"和"生命线"之称,它养育了一代又一代的埃及人民。尼罗河在埃及境内长 1 530公里,河谷宽度一般不超过 20 公里,是沙漠中一条绿色长廊,首都开罗以下形成面积达 2.4 万平方公里的尼罗河三角洲,是埃及经济和人口的重心。尼罗河水量年际变化很大,自古埃及人民就掌握了尼罗河定期泛滥的规律,利用洪水及携带的淤泥进行灌溉和施肥。近代以来,为了调节水源,埃及在尼罗河上陆续兴建了一批大型水利工程,其中以耗时 10 年于 1970 年建成的阿斯旺高坝最为重要。高坝建成后,形成了库容达1 640亿立方米的纳赛尔水库,可容纳尼罗河两年的径流量,实现了对尼罗河水的多年调节。高坝建成后,显著扩大了农田灌溉面积,并具有发电、防洪、航运、渔业和旅游等综合效益,对埃及国民经济的发展发挥了十分重要的作用,产生了极大的社会经济效益。阿斯旺水坝是世界七大水坝之一,全年可发电 100 亿千瓦时。

埃及主要资源有石油、天然气、磷酸盐、铁等。已探明的储量为:石油 42 亿桶,天然气 21.5 万亿立方米,磷酸盐约 70 亿吨,铁矿 6 000 万吨。2003 年,埃及首次在地中海深海发现了石油,在西部沙漠发现迄今最大的天然气田,并开通了通往约旦的第一条天然气管道。绝大部分油气资源集中分布在苏伊土湾沿岸及其海底,石油埋藏浅,质量高,开采条件好。此外还有锰、煤、金、锌、铬、银、铝、铜和滑石等。

三、人口、民族和宗教

埃及人口为 7 482 万(2006 年),仅次于尼日利亚,居非洲第二位。埃及 90% 以上的人口为阿拉伯人,约占世界阿拉伯人总数的 1/3,是阿拉伯人最多的国家。

伊斯兰教为埃及国教,教徒主要属逊尼派,占人口总数的 84%,基督教徒和其他教徒占 16%。阿拉伯语为国语。在商务活动中及观光地区通行英语,受教育阶层大都懂英语和法语。

四、国民经济发展概况

埃及是非洲工业较发达国家之一,但工业基础较为薄弱,纺织和食品加工为传统工业,占工业总产值的一半以上。近十几年来,成衣及皮制品、建材、水泥、肥料、制药、陶瓷和家具等发展较快,化肥可自给。石油工业发展尤为迅速,占国内生产总值近 20%。经济以农业为主,农业在国民经济中占有重要地位,农业人口约占全国总人口的 56%,农业产值约占国民生产总值的 18%。

自 1953 年埃及建立共和国到 20 世纪 80 年代初的 30 年间埃及经济先后经历了"社会主义"国有化时期、开放经济时期和政策调整时期。

"社会主义"国有化时期,埃实行土地改革,对工业、商业、银行、保险业、运输业以及进出口贸易实行国有化,并依靠苏联搞"社会主义"和"计划经济",工农业有了一定发展。但由于政策过"左"和长期处于战争状态,埃及经济发展受到严重影响,到 60 年代后期,增长率降至 1.5%。

　　开放经济时期,埃及实行开放政策,大量吸收外资,在强调国营企业为支柱的同时发展私营企业。同时,开放封闭 8 年之久的苏伊士运河,大力开采石油,鼓励侨汇,发展旅游业。但私人资金集中于商业和其他容易获利的行业,致使埃及国民经济结构比例严重失调,财政入不敷出,靠借债度日。

　　政策调整时期,埃及奉行"和平、稳定、发展"的内、外政策,为经济发展提供了良好的内外环境。政府将经济工作置于重要地位,并逐步调整经济政策。首先强调生产性开放,努力改变国民经济比例严重失调的局面。注重引导外援和外资流向生产性项目,限制进口,努力实现商品"埃及化",同时鼓励出口,树立为出口而生产的意识,鼓励出口导向型产业的发展;第二,强调宏观调控,制定长远国家经济发展计划。针对埃及不同时期的经济发展状况,制定了四个五年计划,提出了各个时期首先要解决的问题和主要发展目标,使经济在国家指导下按计划发展。针对埃及人口增长较快,生存空间狭小的问题,又制定了 21 世纪经济发展长远规划。第三,实行慎重、循序渐进的经济改革,努力实现财政、金融平衡,降低失业率和通货膨胀率,增加外汇储备,保持经济稳定,通过私有化进程扩大结构改革,提高私营企业占国民经济比重,放开贸易并进行金融改革。同时顶住外来压力,坚持根据埃及国情循序渐进,考虑社会的承受能力,照顾低收入者的利益,使经改带来的负面影响降到最低限度。第四,加强外汇管理,努力增加外汇收入。第五,大搞经济外交,多方争取外援,就债务减免与重组同西方债权国进行多次谈判,在海湾战争及中东和平进程中与美国等西方国家积极配合,赢得大量外援和巨额债务减免。

　　经济改革以来,埃及经济情况逐年好转,财政状况不断改善,人民生活水平有所提高。另一方面,埃及整体经济实力还不够强,经济上面临诸多挑战。

　　埃及经济属开放型市场经济,属非洲较发达的国家。它的经济以农业为主,农村人口占全国总人口的 56%。工业以纺织、食品加工等轻工业为主。近年来,石油、化肥、水泥、机械、电力等重工业有较大发展。随着经济改革和私有化进程的深入,国民经济中的私有经济快速增长,产值已占总值的 75% 左右。

埃及的服务业约占国内生产总值的 50%。

2005 年以来，埃及经济加快增长。埃及政府加大经济改革步伐，继续推进经济自由化和私有化，私营部门产值已占总产值的 63%。政府加强基础设施和旅游配套设施建设，降低税收和关税，保持金融稳定，改善投资环境，吸引外资，扩大出口，努力创造就业机会，提高国民收入，建立和完善社会、医疗、养老保障体制。上述举措取得较为显著的成效，外汇收入不断增加，对外贸易继续增长，旅游业发展迅速，外资增长较快。2006 年国内生产总值为 1 084 亿美元，经济增长率达到 6.9%，是 15 年来最高的。

五、国民经济主要部门

(一)工业

埃及拥有初具规模的工业体系，其工业在非洲占有重要地位，制造业规模在非洲仅次于南非。近几年来埃及工业增迅速，2006 年工业增长率达到 10.5%，居世界第 8 位。但其工业基础薄弱，部门发展也不平衡，机电产品自给率较低，机械制造业主要以装配为主。纺织和食品加工业是埃及的传统工业部门，占工业总产值的一半以上。石油、电力、建材、钢铁、水泥、采矿冶金、汽车制造、制药、化工等行业也具备一定实力。近年来，成衣及皮革制品、水泥、化肥、制药、陶瓷和家具生产等发展较快。

石油工业是埃及重要的工业部门。20 世纪 90 年代以来，埃及进入了石油勘探开发的活跃期，平均每年钻井 52 口，平均成功率 40% 左右。目前在苏伊士盆地已有 54 个油田投入开发，西部沙漠有 50 个油田投入开发。埃及现为非洲第四大产油国，

埃及已探明石油储量为 36 亿桶，约 5 亿吨；待发现储量 31.18 亿桶，整个石油开发潜力为 67.18 亿桶，约 10 亿吨。在日产量方面，据统计，1996 年达到历史最高水平，为每天 92.2 万桶。2003 年埃及石油日产量为 75.2 万桶，按照现在这个开发水平，埃及目前的石油潜力可供开发近 30 年。埃及石油工业的另一个组成部分是炼油产业，其炼油能

力居非洲大陆首位。埃及炼油业主要集中在几个地区,包括:开罗地区、苏伊士地区、亚历山大地区、西奈地区和上埃及地区。目前共有 9 座石油提炼工厂,埃及石油部目前正计划兴建 5 座新的炼油和石化工厂。

埃及工业企业过去一直以国营为主体,其 375 家国营企业的产值约占工业产值的 60%~70%。从 20 世纪 90 年代初开始,埃及开始积极推行以私有化为主要目的的经济改革,在改进国营企业管理,努力减免国企债务,给企业更多自主权的同时逐步实行国营企业私有化。目前私营企业数量已占到埃及工业企业总数的 80%,并发挥着越来越大的作用。

由于设备老化,生产工艺落后和员工素质亟待提高,埃及工业生产成本加大,产品质量难以保证,造成产品竞争力较低。埃及工业面临的另一重大课题是工业企业的现代化改造。埃及已经从欧盟和日本分别争取到了 2.5 亿欧元和 1 亿美元的专门贷款,从 2002 年开始全面进行提升生产企业现代化水平的改造计划,重点是更新设备、生产线和生产工艺,以及劳动力素质培训。

(二)农业

埃及是农业国,农村人口占全国总人口的 56%,农业从业人员占全国劳动力总数的 28%。

近年来,随着埃及经济的发展,农业产值占国内生产总值比重有所下降。经过近几年的改革,农业生产实现了稳定增长,是经济开放首当其冲和见效最快的部门。随着私营经济在食品加工行业的发展,埃及政府一直积极推动和鼓励私营经济对农业的投入。农业的投入和农产品的价格完全市场化,私营经济拥有农产品进出口权。另外,国有土地的份额和国有农业服务的比重也显著减少,主要农作物的生产率和产量都大大提高。

尼罗河谷地和三角洲是埃及最富庶的地区,盛产棉花、小麦、水稻、花生、甘蔗、椰枣、水果和蔬菜等农产品,长纤维棉花和柑橘驰名世界。

埃及的主要冬季作物是小麦、大豆、大麦和洋葱。主要夏季作物是棉花、水稻、稷和甘蔗。近年来,小麦自给率超过了 60%,玉米超过了 55%,肉类 100%,食油在 60% 以上,食糖 80%。

经过近几年的改革,埃及的农业生产实现了稳定增长,是经济开放首当其冲和见效最快的部门。但随着人口增长,埃及仍需进口粮食,是世界上最大的食品进口国之一,其中主要以进口小麦为主。农产品主要出口棉花和大米。棉花是埃及最重要的出口农作物。埃及的长绒棉被广泛用作高级的纺织品原料,其超长绒棉几十年来也一直被世界所选用。

埃及的灌溉水资源来自尼罗河,气候条件适宜,全国各地可全年耕种。由于处在亚、非交界处,埃及的地理位置具有明显的区域合作优势,农业的发展有广阔的前景。

(三)旅游业

埃及历史悠久、是举世闻名的四大文明古国之一,素有"世界名胜古迹博物馆"之称。在尼罗河谷、地中海畔以及西部沙漠等地都发现了大量的埃及古代文明的遗迹。那神秘莫测的金字塔和狮身人面像司芬克斯之谜,那天外飞仙般的巨大壁画和扑朔迷离的象形文字,是古埃及文明的象征。位于开罗近郊吉萨高地上的胡夫、哈夫拉和门卡乌拉三座金字塔距今约有 4 500 年的历史,堪称人类建筑史上的奇迹。卢克索位于开罗以南 700 多公里处的尼罗河畔,是埃及文化古迹集中的旅游胜地。埃及历史名城亚历山大位于尼罗河三角洲西北部,享有"地中海明珠"的美誉。这些都是发展旅游业的良好条件。

主要旅游景点有:金字塔、狮身人面像、爱资哈尔清真寺、古城堡、希腊罗马博物馆、卡特巴城堡、蒙塔扎宫、卢克索神庙、卡纳克神庙、国王谷、阿斯旺水坝等。

旅游收入是埃及外汇收入主要来源之一。2007 年旅游业收入约为 95 亿美元,约占外汇总收入的 20%。

六、对外贸易

近年来年埃及外贸进出口总额保持在 200 亿美元左右。主要进口商品是:机械设备、谷物、电器设备、矿物燃料、塑料及其制品、钢铁及其制品、木及木制品、车辆、动物饲料等。主要出口产品是:矿物燃料(原油及其制品)、棉花、陶瓷、纺织服装、铝及其制品、钢铁、谷物和蔬菜等。

埃及的进出口贸易以进口为主,对国际市场有一定依赖。由于出口商品少,外贸连年逆差,但由于有经常性的外汇收入,整体国际收支保持平衡。

埃及同 120 多个国家和地区有贸易关系,主要贸易伙伴是美国、法国、德国、意大利、英国、日本等。为促进外贸的发展,埃及采取了进一步贸易自由化,减少关税、降低经营成本,增强外贸管理的透明度,采取激励措施,改善港口服务、海关手续、质量控制和产品标准等一系列措施。埃及还大幅度下调进口关税,降低国内企业的生产成本,支持民族工业的发展。

埃及与中国 1955 年建立外交关系,两国经贸往来不断发展。埃及输往我国的商品主要是棉花,此外有棉纱、磷酸盐、柑橘和部分工业品;埃及从中国进口的商品有机电产品、纺织品、化工产品、轻工产品、土畜产品和食品等。2005 年两国贸易额首次突破了 20 亿美元,达到了 21.05 亿美元,比建交初期增长了 200 倍。

主要港口:

1. 亚历山大

亚历山大是埃及最大海港,也是埃及第二大城市。位于地中海东南岸、尼罗河三角洲西端,人口 270 万。港口年吞吐量 2 700 万吨,是埃及进出口物资的主要集散地,也是世界海洋运输的重要枢纽。工业发达,纺织、机械、石化是其支柱部门。名胜古迹众多,其中"亚历山大灯塔"遗迹是世界七大奇观之一。

2. 塞得港

塞得港位于苏伊士运河北口,尼罗河三角洲东端。埃及第二大港。由于地处欧、亚、非三洲海洋运输航线的中间位置,这里成为世界主要的煤炭、石油贮存港和加油港,同时也是欧洲、南亚与东地中海各港货物的主要转口港。有完备的船舶修理设备。现被辟为自由贸易区。

3. 苏伊士

苏伊士位于红海北岸,苏伊士运河南部。由新城、旧城易卜拉希姆港和陶菲克港三部分组成,是随着苏伊士运河开通后发展起来的埃及第三大港。由于临近埃及主要产油区,故也是埃及石油加工业中心。

主要输出原油、石油制品、锰矿石和中转物资。

第三节　南非

　　南非全称南非共和国(The Republic of South Africa),位于非洲大陆最南端,东、南、西三面为印度洋和大西洋所环抱,海岸线长 2 954公里。南非地处两大洋间的航运要冲,交通位置十分重要。陆上自东北向西北依次与斯威士兰、莫桑比克、津巴布韦、博茨瓦纳和纳米比亚相毗连;莱索托国家地处其国境东部,四周为其领土所围。面积为 122.1万平方公里。首都比勒陀利亚(行政首都)、开普敦(立法首都)、布隆方丹(司法首都)。

一、历史概况:

　　南非最早的土著居民是桑人、科伊人及后来南迁的班图人。1652年荷兰人开始入侵,对当地黑人发动多次殖民战争。19 世纪初英国开始入侵,1806 年夺占"开普殖民地",荷裔布尔人被迫向内地迁徙,并于1852 年和 1854 年先后建立了"奥兰治自由邦"和"德兰士瓦共和国"。1868 年和 1886 年南非发现钻石和黄金后,大批欧洲移民蜂拥而至。英国人通过"英布战争"(1899～1902),吞并了"奥兰治自由邦"和"德兰士瓦共和国"。1910 年 5 月英国将开普省、德兰士瓦省、纳塔尔省和奥兰治自由邦合并成"南非联邦",成为英国的自治领地。1960 年 5 月 31日,南非退出英联邦,成立了南非共和国。

　　南非白人当局长期在国内以立法和行政手段推行种族歧视和种族隔离政策,先后颁布了几百种种族主义法律和法令。1948 年国民党执政后,全面推行种族隔离制度,镇压南非人民的反抗斗争,遭到国际社会的谴责和制裁。1989 年,德克勒克出任国民党领袖和总统后,推行政治改革,取消对黑人解放组织的禁令并释放曼德拉等人。1991 年,非国大、南非政府、国民党等 19 方就政治解决南非问题举行多党谈判,并于

1993 年就政治过渡安排达成协议。1994 年 4 月至 5 月,南非举行了首次由各种族参加的大选,南非举行首次不分种族大选,非国大与南非共产党、南非工会大会组成三方联盟以 62.65％的多数获胜,曼德拉出任南非首任黑人总统,非国大、国民党、因卡塔自由党组成民族团结政府。这标志着种族隔离制度的结束和民主、平等的新南非的诞生。1994 年 6 月 23 日,联合国大会通过决议恢复南非在联大的席位。1996 年 12 月,南非总统曼德拉签署新宪法,为今后建立种族平等的新型国家体制奠定了法律基础。

二、自然地理环境

南非东、南、西三面为印度洋和大西洋所环抱,地处两大洋间的航运要冲,地理位置十分重要。其西南端的好望角航线,历来是世界上最繁忙的海上通道之一,有"西方海上生命线"之称。

南非全境大部分为海拔 600 米以上高原。德拉肯斯山脉绵亘东南,卡斯金峰高达 3 660 米,为全国最高点;西北部为沙漠,是卡拉哈里盆地的一部分;北部、中部和西南部为高原;沿海是狭窄平原。奥兰治河和林波波河为两大主要河流。大部分地区属热带草原气候,东部沿海为热带季风气候,南部沿海为地中海式气候。全境气候分为春夏秋冬四季。12 月至来年 2 月为夏季,最高气温可达 32℃～38℃;6 月至 8 月是冬季,最低气温为 10℃～12℃。全年降水量由东部的 1 000 毫米逐渐减少到西部的 60 毫米,平均 450 毫米。

南非矿物资源素以种类多、储量大、产量高而闻名世界。目前已探明储量并开采的矿物有 70 多种,它几乎蕴藏着所有的工业用矿物。黄金、铂族金属、锰、铬、萤石、红柱石的储量占世界第一位,金刚石、钒、铀矿居世界第二位,石棉、钛、锑、磷酸盐、铅、锌、煤、铁、钍、锆、镍和稀土等蕴藏量也极丰富。黄金、铂族金属和金刚石是贵重矿产。铬、钒、铀、钛、锆为战略矿产,它们都具有很重要的开采价值。

三、人文地理环境

南非通常被称作"彩虹之国",这个称呼是由南非大主教图图发明的,后来南非总统纳尔逊·曼德拉也采用了这种叫法,用它来比喻南非在结束了种族隔离主义后所呈现出的文化多样性。过去人们习惯用的"黑白"两个字远不足以形容南非,南非不仅有各种肤色的人种,还有众多不同的部落、不同的宗教信仰、不同的语言使南非文化散发出绚丽多彩的光芒。而南非在经历了几百年的战争、仇恨、种族歧视、种族隔离之后仍然能和平走向民主道路、搭起和平之桥实在不能不说是奇迹。

南非 2006 年总人口约 4 700 万。人口在南非的分布也很不均匀,例如,豪登省是全国面积最小的省,但同时又是人口最密集的省,它的面积只有 1.7 万平方公里,只占全国面积的 1.4%,但人口比例却占 18%,将近 800 万人口中 97% 是城市居民。北开普省是南非面积最大的省份,但按人口来排名,它却是倒数第一。约占南非面积约 30% 的北开普省,人口在南非的比例勉强占到 2%。

南非有 20 多个民族,仅是官方语言就有 11 种,英语和阿非利卡语(南非荷兰语)为通用语言。主要民族有祖鲁族,它是南非第一大民族,人口约 920 万。科萨族为南非第二大民族,人口约 720 万。其次还有索托族、茨瓦纳族、聪加族和斯威士等主要的民族。

南非分黑人、白人、有色人和亚洲人四大种族,分别占总人口的 76.7%、10.9%、8.9% 和 2.6%。黑人主要有祖鲁、科萨、斯威士、茨瓦纳、北索托、南索托、聪加、文达、恩德贝莱等 9 个部族,主要使用班图语。白人主要是荷兰血统的阿非利卡人(约占 57%)和英国血统的白人(约占 39%)。有色人是殖民时期白人、土著人和奴隶的混血人后裔,亚洲人主要是印度人(约占 99%)和华人。

南非是个宗教自由的国家。白人、大多数有色人和 60% 的黑人信奉基督教新教或天主教;亚洲人约 60% 信奉印度教,20% 信奉伊斯兰教;部分黑人信奉原始宗教。

四、经济发展特点

南非是非洲大陆经济最为发达的国家,有"非洲经济巨人"之称。南非国民生产总值一般要占到全非大陆的 30% 多;但是其经济结构相当脆弱,经济建设资金严重依赖出口收入和外国资本。1993 年至 1996

年,南非经济连续四年实现低速增长,其中 1996 年经济增长率为
3.1%,人均收入比 1993 年增长 4.5%,通货膨胀率也降到了 1972 年
以来的最低点,为 7.4%。受 1998 年全球金融动荡的影响,南非的经济
也出现了动荡。国际市场上黄金和矿产品价格暴跌,使出口收入锐减。
加上不合理的外资结构为国际投机者提供了可趁之机,货币贬值达
25%。这些都影响到南非经济的发展。自 2003 年起,南非经济年均增
长速度一直保持在 5%。

　　南非基础设施良好,资源丰富,经济开放程度较高。矿业、制造业和
农业是经济三大支柱,国民经济各部门发展水平、地区分布不平衡,收
入分配不均。

　　南非经济的发展走的是一条以农牧业起步、采矿业发家、制造业后
来居上,采矿业、制造业成为其支柱产业的独特道路。南非原是一个农
牧业国家,随着工矿业的发展,农业在国内生产总值中的比重逐步下
降,从 1930 年的约 20% 降至 1960 年的 12.5%、1981 年的 7.1%,到
1992 年遭受严重干旱时仅占到 4.2%。目前,南非农业在国民经济中仅
占国内生产总值的 5% 左右。尽管如此,农业在南非经济中仍占重要
地位,并且对整个南部非洲地区的发展和稳定起着至关重要的作用。

　　南非是世界五大矿产国之一,深矿开采技术在世界处于领先地位。
矿产品出口约占出口收入的 50%,全国约有 12% 的劳动力从事矿业。
南非是世界最大的黄金生产国和出口国,还是世界主要钻石生产国。

　　南非制造业门类齐全,技术先进。南非旅游业资源丰富,设施完善,
是南非第三大外汇收入和就业部门,2007 年旅游业占国内生产总值的
10.9%。

五、国民经济主要部门

(一)制造业

　　南非工业生产自成体系,工业现代化程度在新兴工业化国家中名
列前茅,在非洲首屈一指。第二次世界大战结束以后,南非经济由农工
矿业为主导转为制造业为主导,制造业一直是南非最大的经济部门。制
造业是南非国民经济最重要的支柱产业,主要工业部门包括钢铁、有色

冶金、化工、机械制造、电子、军火、纺织、食品等。冶金和机械制造是南非制造业中最大的生产部门,产值为整个制造业的 1/3。

钢铁工业是南非制造业的支柱,拥有六大钢铁联合公司、130 多家钢铁企业。南非拥有现代化的钢铁厂。钢的产量约 900 万吨,产品销往欧、美、中东和亚洲等地的 50 多个国家和地区。在国际市场具有较强的竞争力。

化学工业是南非制造业中的重要部门,早期主要为矿山生产炸药,现已发展为包括工业用品、日用品和药品生产的庞大部门。

南非石油资源贫乏,20 世纪 70 年代,发展起煤炼油、气工业,目前生产规模和技术水平居世界领先地位,是世界上唯一能液化煤炭提取石油的国家。

机械工业包括矿山机械、农用机械、汽车、飞机、船舶等部门。电气电子工业是南非新兴的工业部门,生产能力不断增强,能生产大型发电设备、家用电器和计算机。军火工业发展迅速,产品从枪炮到导弹、军用飞机、舰艇等,应有尽有。南非已是世界南半球最大的军火生产国,也是世界重要的武器出口国。工业高度集中于约翰内斯堡、比勒陀利亚、开普敦、德班等地。

(二)采矿业

采矿业是南非的第二经济部门,在矿产资源丰富的基础上,南非发展起规模巨大的采矿业,在南非的经济中占有特殊地位,占国民生产总值的约 10%,是世界上最重要的矿物生产国和出口国之一。其矿产品的 75% 以上销往 90 多个国家,主要是西欧、美国和日本,从而被称为"非燃料矿物的波斯湾"。南非是世界最重要的矿业大国之一,许多矿产品的产量在世界上占有较大比重。

南非的金、钒、铬、铂族金属和蛭石产量居世界第一位,煤、铀、钛铁矿、金红石、锆石、锑、锰、铁矿石、镍、铅、金刚石、磷矿石、萤石的产量也居世界前列。

长期以来,黄金一直处于南非采矿业主导地位,金矿区原先主要在以约翰内斯堡为中心的兰德盆地,以后不断向东南、西南两翼伸展,形成一条总长约 5 公里的巨大"金弧",成为世界规模最大的金矿采炼区。

南非黄金产量自 1898 年起就一直高居世界第一位,是世界最大的产金国。在 20 世纪 70 年代,南非黄金产量一度占世界总产量的 70%,1998 年黄金产量473.7吨;2006 年的黄金产量为 275.119 吨,是过去 85 年来产量最低的一年,2006 年产量比 2005 年下跌了 7.5%,是 1992 年 (218.031 吨)以来产量最低的。

黄金减产的主要原因是生产成本不断上升。由于金矿资源的逐渐枯竭,南非黄金年产量 10 年后将会比目前减少 1/3,南非也将有可能因此而失去世界最大产金国的地位。南非的金矿资源在不断的开采中逐渐减少,许多金矿由于资源耗尽不得不被迫关闭。目前南非只有少量金矿可以持续开采到 2025 年以后。

铀是南非金矿的副产品,产量居世界前列。南非约有 10 处金矿在产金的同时提取铀,但目前在"金弧"西南翼已出现单独采铀的矿区,南非是世界、尤其是西方国家核电工业原料的重要供应地。

南非的金刚石主要产于金伯利和比勒陀利亚等地,因宝石比重大,质地优良,在国际市场上久享盛誉。它多数可加工首饰用钻石,近几年金刚石产量达 800 万克拉至 1 000 万克拉,居世界第五位,其中宝石级金刚石占 35%,是世界上最大的钻石生产国,也是世界上主要天然钻石生产国和出口国之一。

南非铂族金属储量占世界的近 80%,主要分布在德兰士瓦省的布什维尔德及金山地带,年产量高达 300 多万盎司,占世界总产量的近 1/2,大部分供出口。是世界最大的铂族金属生产国。

铬矿储量占全球的 35%,年产量约 500 万吨,占世界的 39%,主要分布在布什维尔德和博普塔茨瓦纳地区。钒的储量约 780 万吨,钒矿主要集中于布什维尔德地区,年产量 3 万吨左右,占世界的 45%。

南非是世界重要的铁矿石生产国之一,2005 年产量约为 4 000 万吨,约占世界总产量的 2.6%。铁矿石大量出口,中国是最大的出口目的国,其他主要出口目的国是日本、英国、德国等。

南非是世界上几大主要产煤国之一,是非洲最大煤炭生产国,探明可采储量 270 亿吨,占非洲的 80%,年产量 1.8 亿吨,占全非洲煤炭总量的 95% 以上,2005 年原煤产量 2.4 亿吨,99% 的产量为无烟煤。露天煤矿占 49％，井下开采的占 51％，主要矿区集中分布于德兰士瓦省东南部和纳塔尔省北部。南非的煤炭主要用作电力燃料和煤化工原料。每年煤出口约 5 000 万吨，成为仅次于黄金的第二大矿产品。

（三）农业

农业是南非重要经济部门。农林渔业占国内生产总值的 5％，在国民经济中作用不断减小。农业较发达。农业生产总值约占国内生产总值的 4.1％，并提供 13％的正式就业机会。非黄金出口收入中的 30％来自农产品或农产品加工。正常年份粮食除自给外还可出口。可耕地约占土地面积的 13％，但肥沃土地仅占可耕地的 22％。主要农业部门有：

1. 种植业

南非发展种植业的条件并不十分优越。可耕地面积占土地总面积的 13％，约 1 000 万公顷，水资源缺乏，雨量不稳，农业产量易受旱情影响。但南非物产丰富，大部分农产品可自给，基本上是农产品净出口国，仅小麦、油菜子、大米、茶和咖啡等需要进口。

在种植业中，主要粮食作物有玉米、小麦、大麦、高粱等。玉米是最主要的粮食作物，全国 36％的耕地种植玉米，玉米是南非人民的主食，也是南非最重要的农作物，年产量在 600 万吨至 1 300 万吨之间波动，总产量为非洲第一。1998 年播种面积 352 万公顷，产量为 757 万吨。国内消费量约 700 万吨至 800 万吨。2007 年南非玉米产量达到 780 万吨，其中包括 470 万吨白玉米和 310 万吨黄玉米。比上个年度增长了 24％，南非是南部非洲主要的玉米生产国。小麦的产值有一定的增加，并已居非洲前列。

南非是非洲最大的蔗糖产区及出口地区。播种面积常年在 30 万公顷以上，年产量达到 210 万吨至 240 万吨，是世界第第 12 大蔗糖生产国。

南非的主要经济作物有甘蔗、向日葵、烟草、棉花和花生。南非是世界第十大葵花子产地，主要分布在马普马兰加省高草原、西北省和自由州。花生集中于北方省、马普马兰加省、自由州北部和西北省。

南非园艺业分布比较集中，近些年来发展较快。水果常年产量在 420 万吨以上，蔬菜产量在 210 万吨左右。柑橘、苹果、梨、桃、杏主要集中在西开普省的西南部,东北部平原盛产柑橘、亚热带水果和蔬菜。葡萄 90％左右分布在西开普省的西南端。南非是世界著名的葡萄酒产地,是世界第七大葡萄酒生产国。南非水果的 80％主要出口到英、法等国的市场。

南非的商品性蔬菜生产主要在夸祖鲁—纳塔尔省沿海和西开普省西南部,蔬菜主要有西红柿、洋葱、土豆等。

南非的花卉品种繁多,有唐菖蒲、菊花、玫瑰以及南非独有的普罗蒂花(俗称霸王花)等,主要供出口,产品包括盆栽、插花和干花。

南非的农作物生产主要集中在东部,园艺业主要分布在东部和西部沿海的平原地区。

2. 畜牧业

南非畜牧业发达,主要集中在西部 2/3 的国土,牲畜种类主要包括牛、绵羊、山羊、猪等,绵羊养殖业在畜牧业中占有十分突出地位。

南非的畜牧业相当发达,商品性畜牧业规模较大,但是其畜牧业也深受气候和环境的影响。南非的畜牧业产值已经超过了种植业。

南非是非洲最大的养羊国,养羊业超过养牛业。养羊业以绵羊为主,南非是世界第四大绵羊毛出口国。

另外,南非还引进了卡拉库尔羊新品种,现在南非已成为世界主要的卡拉库尔羔羊皮的供应地之一。著名的美利奴细毛羊的主要饲养区在东开普省、北开普省内陆高原、自由州以及马普马兰加省。有"黑色宝石"之称的卡拉库尔羊主要分布在西北部干燥地区。

南非有牛 1 340 多万头,牛群主要分布在北开普、东开普、自由州和夸祖鲁—纳塔尔部分地区以及北方省。南非全国乳牛场分布很普遍,主要集中于自由州东部、北部,夸祖鲁—纳塔尔中草原,东开普省、西开普省、豪腾省大都市区以及马普马兰加的南部地区。

家禽主要有鸵鸟、肉鸡等。南非鸵鸟的皮革、羽毛、肉类制品占世界销售总量的 72％。

3. 渔业和林业

南非渔业也很发达,以海洋捕捞业为主,南非商业捕捞船队有各种船只 500 多艘,全国有近 3 万人从事海洋捕捞业。南非是非洲最大渔业国家,年捕鱼量约达 60 多万吨,以海洋渔业为主。鱼类及其制成品的出口值也居非洲前列。南非海产主要来自西部海域。开普鳕鱼为主要深水鱼产,占 65%;近海产鳁鱼;另有竹荚鱼。远洋渔业产量最大,主要出产缇鱼、沙丁鱼及圆鲹。产品加工成鱼肉、鱼油和罐装鱼。由于内需大、产量小,罐装产品没有出口。龙虾 75% 供出口。其他产品有:虾、红蟹、鲍鱼、鲻鱼、象鱼、牡蛎、贻贝等。

南非森林覆盖率较低,天然林主要分布在沿海地带的山坡上。近年来,为改善生态环境,大力发展人工林。现在,南非拥有世界最大的人造林,每年来自这些森林的林业产值达 20 亿兰特,再加上木材加工,每年林业总产值达 110 亿兰特,其中 30% 是出口收入。

4.农业发展的特点

(1)农业具有鲜明的二元结构

南非国内存在着两种截然不同的农业生产机制,其生产内容、水平、特点都存在着巨大的差异。一方面是少数白人农场主经营的发达的大农场,是高度商品化的农业,提供南非农业总产值的 90% 以上;另一方面,是非洲人仅能维持生计的传统农业。南非新政府继承下来的是一种极不平等的土地所有制结构。种族隔离统治时期的土地法令将 86% 的土地给了白人,广大的黑人被排挤到土地贫瘠的"保留地"。到种族隔离制结束时,先前白人地区由 6.7 万个农场主占有,规模大都超过 1 000 公顷,而 71% 的农村人口居住在剩余的 14% 的土地上。而黑人地区人均占有可耕地低至 0.1 公顷。南非农业中的这两种极端在短时期内不会有什么大的变化。

(2)农业商品率和生产率高居非洲前列

商品农业经济在南非发展的历史较为悠久,它从一开始就同宗主国的海外市场紧密相联。殖民统治时期,为过往南非船只提供蔬菜、肉类、淡水和其他生活必需品。钻石、黄金采矿业兴起后,大批移民纷至沓来,使得城市迅速发展,急剧增加的城市人口对粮食、蔬菜、肉类、水果的大量需求极大地促进了农业生产的商品化。1910 年南非联邦成立后,南非农业逐步向现代化农业过渡。"二战"后,农业机械化的推广,大大提高了农业生产率和商品率。南非农业虽受气候和地形影响较大,但除少数干旱年之外,它一直是一个粮食自给有余并且出口的国家。

(3)地区差异十分明显

南非农业因地理、资源条件不同而异,每个地区都有自己的鲜明特色,主要农作物各有自己的集中产区。例如,最重要的作物玉米集中在西北省,自由州的西北部、北部和东部,马普马兰加省高草原(海拔1 300米以上)以及夸祖鲁—纳塔尔地区。小麦是南非仅次于玉米的重要的粮食作物,产区主要在冬季降雨的西开普省、西北省、北部省和自由州(该州的产量最高,但因气候原因,年度产量变化幅度较大)。西开普省西南部地中海式气候区降雨可靠,冬季温和多雨,为小麦的生长提供了优越的条件,是小麦最为稳定的产区,素有"小麦谷仓"之称。其他粮食作物中,大麦、黑麦、燕麦等播种面积不大,集中于西南部地中海气候区。甘蔗主要集中于沿海无霜冻地区及夸祖鲁—纳塔尔省沿海湿润区,另外10%左右的甘蔗种植在马普马兰加省南部的灌溉农业地区。棉花分布在北方省。

(四)交通运输业

南非拥有发达的交通运输与通信网络。铁路全长约2.5万公里,居非洲首位。各大城市之间均有高速公路相连。有260多处飞机场,约翰内斯堡、德班和开普敦设有国际机场,国内航班直飞各大城市,国外航班通达世界各大洲近50个国家和地区。海运业发达,好望角航线是波斯湾驶往西欧和美洲的巨型油轮通道,被西方国家视为"海上生命线"。重要港口有德班(最大综合性港口)、开普敦(第二大港)、伊丽莎白港(第三大港)和东伦敦等。

(五)旅游业

南非自然风光绮丽多姿,人文景观丰富灿烂,素有"游览一国如同环游世界"的美誉。对大多数中国人来说,南非仍然是个遥远而神秘的地方。它位于非洲大陆的西南端,大西洋和印度洋的交汇处,三面临海。这里既有最现代化的基础设施,世界一流的酒店和豪华的花园别墅,又有最原始的部落风情。

南非的旅游景区主要集中在东北部和东南沿海地区,拥有各种不同风景可以满足不同游客的喜好。其中,生态旅游和民俗旅游是南非旅游业的两大最主要的增长点。在南非 9 省众多的旅游景点中,有 15 个景点最为吸引外国游客,如开普敦海岸的水上世界、桌山、好望角,西开普省的葡萄酒园、克鲁格国家公园、德班海滩等。除了这 15 个旅游景点外,南非还有一些举世闻名的城市和景观:例如南非早期的黄金开采地约翰内斯堡,南半球最大的娱乐中心太阳城,非洲大陆最西南端的"天涯海角"开普顿,号称世界上最大的黑人城镇,南非的革命圣地索韦托,曼德拉等非国大领袖都曾在这里生活过。除此以外,还有世界钻石之都金伯利,游客可以在这里或其他城市购买到质地上乘的钻石。

旅游业是南非第三大外汇收入来源。南非全国有 700 多家大饭店,2 800 多家大小宾馆。2006 年,南非首次折桂世界旅游大奖。

六、对外贸易

南非资源丰富、制造业发达,农业生产水平也较高。矿产品、制成品和农产品除满足国内需要外,相当一部分输往国际市场。同时,南非国内市场所需的产品包括生活消费品和生产所需要的原材料和资本货物,相当一部分从国外进口。因此长期以来,南非的进出口贸易额在其国内生产总之中占有很大的比例,约 30%以上。

由于前南非白人政府实行种族隔离政策,自 20 世纪 60 年代以来,联合国对南非实行了包括石油和武器在内的禁运,南非的对外贸易也因此受到很大影响。新南非建立后,随着贸易禁运和制裁的解除以及国际环境的变化,南非的对外贸易得到了较快的发展,为其今后经济的进一步发展,奠定了较好的基础。

南非虽然是经济大国,但其出口结构却非常单一,主要依赖金属制品和矿产品。仅宝石及半宝石、贵金属和矿产品三个类别的出口就占了南非出口总额的 50%以上。为改变出口结构的不合理状况,南非政府大力鼓励矿山机械、汽车及零配件、建材、纸浆、纸张、酒类及食品等出口,同时也鼓励高技术产品出口。非洲是南非制成品出口的主要市场,但对欧洲和东亚地区的制成品出口也在增加。

南非的进口结构长期以来变化不大,80%以上为工业制成品。主要有机械设备、矿产品、化工产品、运输车辆、贵金属、塑料和橡胶制品、光学及科学设备、纺织品、食品和烟草、纸浆和纸制品、蔬菜和水果、宝石及半宝石、五金制品、石材、水泥及玻璃制品、牲畜类等。

南非的贸易伙伴主要为欧洲国家,但近年来同亚洲和非洲其他国家的贸易发展也十分迅速。南非同亚洲国家的贸易发展速度远远超过了同非洲其他国家贸易发展的速度,自从对南非的贸易禁运解除后,亚洲国家企业加大了开发南非市场的力度,因而推动了南非同亚洲国家贸易的发展。随着南部非洲政治形势的缓和,南非同非洲其他国家的贸易也得到快速发展,南非在南部非洲的门户作用进一步加强。近年南非出口目标国主要包括:英国、美国、德国、日本、意大利、荷兰、比利时、莫桑比克、中国;进口来源国主要是:德国、美国、英国、沙特阿拉伯、日本、法国、中国、伊朗、意大利。

南非与中国的经贸合作正在迅速的发展,南非已成为中国在非洲最大的贸易伙伴。中国是南非的第五大贸易伙伴。

2006 年,南非与中国进出口贸易总额达到 98.56 亿美元,创下建交 9 年来的新高。据统计,2006 年南非从中国进口 58 亿美元,南非向中国出口 40.56 亿美元。2007 年中南双边贸易总额已达到 140 亿美元。同期,中南双向投资也不断增长。截至 2006 年底,中南双边协议投资额累计达 13.1 亿美元。其中,中国对南非协议投资 5.3 亿美元,南非对中国协议投资 7.8 亿美元。

南非与中国同属于发展中国家,但各处不同的发展阶段。南非是个多层次的消费市场,高中低档产品兼容并蓄,中国庞大的国内市场对南非出口商品具有强大的吸引力,中国国内供应不足的商品可从南非进口,所以两国贸易存在着较强的互补性。目前我国主要向南非出口粮油食品、轻纺产品、机电设备、家用电器、化工产品和土特产品,我国从南非进口矿砂(战略原料)、珠宝制品、纸浆、羊毛等。

本章思考题

1. 指出非洲自然地理环境的基本特征。

2. 近年来非洲经济保持良好增长势头与哪些因素有关?

3. 苏伊士运河具备哪些战略意义?

4. 简述埃及工业的基本特点。

5. 指出埃及三大港口的地理位置和各自所处的经济地位。

6. 简述南非的人文地理环境。

7. 南非采矿业中有哪些部门在世界上占有突出地位？

8. 南非对外贸易基本特点是什么？

第一节　大洋洲概况

大洋洲(Oceania)的范围指太平洋三大岛群,即波利尼西亚、密克罗尼西亚和美拉尼西亚三大岛群,以及澳大利亚、新西兰和新几内亚岛,共约1万多个岛屿。陆地总面积约897万平方公里,约占世界陆地总面积的6%,是世界上面积最小的一个洲。

一、人文地理环境

2006年大洋洲人口约3 400万,占世界总人口的0.5%,是除南极洲外,世界上人口最少的一个洲。城市人口占总人口的60%以上,是各洲中城市人口比重最大的一洲。

在种族构成上,大洋洲70%以上的居民是欧洲移民的后裔,属白种人。当地居民约占总人口的 20%，主要是美拉尼西亚人、密克罗尼西亚人、巴布亚人、波利尼西亚人；印度人约占总人口的 1%；此外还有混血种人、华裔、华侨以及日本人等。

大洋洲绝大部分居民信基督教，少数人信天主教，印度人多信印度教。绝大部分居民通用英语，太平洋三大岛群上的当地居民，分别用美拉尼西亚语、密克罗尼西亚语和波利尼西亚语。

大洋洲大部分人口居住于澳大利亚和一些较大的岛屿上，而且主要分布于它们的边缘地带。其内陆地区人口极少，甚至无人居住。太平洋有些小岛上至今无人居住。

由于大洋洲种族和民族构成十分复杂，其生活方式和风土人情也极为多样。尽管澳大利亚和新西兰已成为世界经济比较发达的现代化国家，但在澳大利亚内陆地区和大洋洲一些孤立岛屿上，土著居民的生活方式至今仍处于较为原始的状态，他们以用简陋的工具打渔、狩猎为生。大洋洲少数民族的风土人情具有鲜明的特点。他们的这些丰富多彩的民俗和民情是十分独特的重要人文旅游资源，对于旅游者有很大的吸引力。

二、自然地理环境

1. 地形

大洋洲地形总的特点是地势低缓，除了少数山地海拔在 2 000 米以上外，一般都在海拔 600 米以下。该洲的地形可以分为五个地形区，在澳大利亚大陆上有南北纵列的西部高原、中部低地和东部山地三个地形区，此外还有大陆型岛屿和海洋型岛屿两个地形区。

（1）澳大利亚西部高原，面积约占该大陆的 60%，以平均海拔 450 米至 600 米的低高原为主，中部和东部有大片沙漠。

（2）澳大利亚中部低地，地势在海拔 200 米以下。其中南部有著名的埃尔湖，湖面低于海平面 15 米，其周围相当大面积也在海面以下，形成澳大利亚的洼地中心。

（3）澳大利亚东部山地，亦称澳大利亚科迪勒拿山系，由北向南包括大分水岭、新英格兰山地、蓝山脉、澳大利亚（阿尔卑斯）山脉和塔斯马尼亚高原等。

（4）大陆岛是大洋洲的第四个地形区，包括新几内亚岛、新不列颠岛、所罗门群岛、新喀里多尼亚岛，以及新西兰的南岛和北岛。这类岛屿主要特点是面积较大，山地多而高峻，平原狭小，特别是地壳不稳定，有火山及与之有关的地热资源。由于冰川侵蚀的结果，形成许多美丽的峡湾。现在在新西兰的南岛西南端建立了占地300万英亩的"峡湾国家公园"。新西兰远离其他大陆，保存了许多古老的动物和特有动物，如斑点楔齿蜥、几维、啄羊鹦鹉、新西兰秧鸡等。

（5）第五个地形区是海洋型岛屿，它们包括新赫布里底群岛、汤加群岛，以及波利尼西亚和密克罗尼西亚岛群的全部岛屿。这些岛屿的主要特点是远离大陆，面积不大。有火山岛和珊瑚岛两个类型。火山岛地势险峻，河流短小，多急流和瀑布；常有火山活动，美丽的火山锥和火山湖，形成自然风光旅游资源。珊瑚岛多为环礁，面积小，地势低平，一些泻湖常成为水上体育和娱乐活动的理想场所。

2.河流与湖泊

在大洋洲，河流与湖泊分布较少，其中外流区域约占全洲总面积的48%。墨累河是外流区域中最长和流域面积最大的河流。内流区域（包括无流区）约占大洋洲总面积的52%，均分布在澳大利亚中部及西部地区，主要的内流河都注入北埃尔湖。大洋洲的瀑布和湖泊均较少，最大的湖泊埃尔湖，面积约8 200平方公里；最深的湖泊是新西兰南岛西南端的蒂阿瑙湖，深达276米。

3.气候

大洋洲大部分处在南、北回归线之间，绝大部分地区属热带和亚热带，除澳大利亚的内陆地区属大陆性气候外，其余地区属海洋性气候。

澳大利亚昆士兰州的克朗克里极端最高气温达53℃，为大洋洲最热的地点。澳大利亚中部和西部沙漠地区气候干旱，年平均降水量不足250毫米，是大洋洲降水最少的地区。夏威夷的考爱岛东北部年平均降水量高达12 000多毫米，是世界上降水量最多的地区之一。

新几内亚岛北部及美拉尼西亚、密克罗尼西亚、波利尼西亚三大岛群属全年多雨的热带降水区。澳大利亚北部和新几内亚岛东南沿海属暖季降水区,年平均降水量 750 毫米至 2 000 毫米,暖季降水量约占全年降水量的 50%～80%。澳大利亚东南部及新西兰属各月降水较均匀但以冬季稍多的温带降水区,年平均降水量大多在 500 毫米至 1 000毫米。澳大利亚南部和西南沿海属地中海式冬季降水区,冬季降水量约占全年降水量的 40%～60%。澳大利亚东部和新西兰 1 月至 4 月受台风影响,波利尼西亚的中部和密克罗尼西亚的加罗林群岛附近是台风的源地。

4.资源

大洋洲矿产资源丰富,主要矿产是镍、铝土矿、金、铬、磷酸盐、铁、银、铅、锌、煤、石油、天然气、铀、钛等,镍储量约 4 600 万吨,居各洲首位。各岛上的鸟粪也很丰富。大洋洲的森林面积约 7 600 万公顷,占其总面积的 9%。占世界森林面积的 2%。

三、经济发展特点

大洋洲各国经济发展水平差异显著,澳大利亚和新西兰两国经济发达,其他岛国多为农业国,经济比较落后。

在农业生产中,农作物有小麦、椰子、甘蔗、菠萝、天然橡胶等。小麦产量约占世界小麦总产量的 3%,当地居民主要粮食是薯类、玉米、大米等。畜牧业以养羊为主,绵羊头数占世界绵羊总头数的 20% 左右。羊毛产量占世界羊毛总产量的 40% 左右。

大洋洲的工业,主要集中在澳大利亚,其次是新西兰。主要有采矿、钢铁、有色金属冶炼、机械制造、化学、建筑材料、纺织等部门。大洋州岛国工业多分布在各自的首都或首府,一般比较落后,仅以采矿及农、林、畜产品加工为主,多为外资控制,产品多供出口。

近年来大洋州国家重视发展旅游业。汤加、瓦努阿图等国家旅游业收入可观,成为国民经济的重要组成部分。

大洋洲介于亚洲和南、北美洲之间,南遥对南极洲,是连系各大洲航线的必经之路。许多国际海底电缆均通过这里,海洋航运成为国与国、岛与岛相互交往的重要手段。陆上交通主要有铁路和公路。公路总长 100 万公里以上。铁路总长 46 000 多公里。内河航运里程约 1 000 公里。有航线通达洲内各国和重要地区的首都和首府,同洲外各重要港口城市也均有联系。

四、地理区域划分

大洋洲分为澳大利亚大陆、新西兰、新几内亚和太平洋三大群岛(美拉尼西亚、密克罗尼西亚和波利尼西亚群岛)几大区域。

第二节　澳大利亚

澳大利亚全称澳大利亚联邦(The Commonwealth of Australia),位于南半球,介于印度洋与西南太平洋之间。首都为堪培拉。澳大利亚领土由澳大利亚大陆和塔斯玛尼亚岛和附近一些岛屿组成,总面积约为768万平方公里,是世界第六大国。

澳大利亚一词源于拉丁语,意为未知的南方大陆。澳大利亚土著的祖先大约在4万年以前就居住在澳大利亚,过着狩猎、采集的平静生活。历史上第一个到澳大利亚本土的白人是葡萄牙人。1616年荷兰人才开始真正探索澳大利亚,发现了约1/3的澳大利亚土地。1770年4月29日英国航海家詹姆斯·库克船长率领"努力号"全体船员正式下锚于澳大利亚东岸的植物湾,接着沿东海岸一路北上,在约克角的控有岛升起英国国旗,并将整个澳大利亚大陆东部宣布为英王乔治三世所属。英国政府在1785年2月6日,依照库克船长发表的宣言,将澳大利亚东部定名为新南威尔士殖民地,开始了澳大利亚殖民的历史。1788年1月26日,首任总督亚瑟菲力浦率领第一舰队的11只小船来到杰克森港,这些船只载着780名的放逐犯人、海军及其家属约1 200人,浩浩荡荡地踏上澳大利亚的土地,这也是白人主宰澳大利亚的开始,而这一天也成为澳大利亚建国纪念日。以后英国在澳大利亚先后建立了分散的殖民地。澳大利亚这个名字被当时的殖民当局正式使用。1901年1月1日澳大利亚的六大殖民地的自治政府成立了澳大利亚联邦,成为英国的自治领地。1986 年英国终止了各种对澳大利亚的特权,英国的任何法律对澳大利亚不再有效。

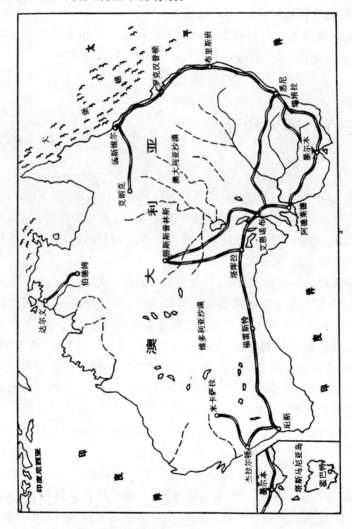

一、种族、民族与宗教

在澳大利亚成为英国殖民地的最初的 150 年里,大部分到此定居的人来自大不列颠,但是在后 50 年里到此定居的人来自 140 多个国家,再后来 40%以上的定居者来自亚洲。土著居民有 16 万余人。澳大利亚被称为移民国家,近些年来移民浪潮在不断高涨,现在澳大利亚的华侨和澳籍华人就超过了 20 万人,该国可称得上是一个由移民组成的"民族拼盘"。澳大利亚现人口 2 040 多万。

澳大利亚的官方语言是英语。澳大利亚政府鼓励不同种族或民族的澳大利亚人,包括土著人,在家里或公共场合像使用英语一样地使用他们的母语。

大部分澳大利亚人是基督教徒,同时有越来越多的人皈依佛教、印度教、伊斯兰教和犹太教。

二、自然地理环境

(一)地形条件

澳大利亚大陆地势较低平,平均海拔 350 米,是世界各大洲中最平坦的一块大陆。其东部为山地,平均海拔 1 000 米以下,山脉主体是大分水岭。中部是海拔 200 米以下的平原,以埃尔湖为中心的盆地称为大自流盆地,地下水资源十分丰富。西部是海拔 500 米以下的高原,这里有广阔的沙漠和半沙漠,包括大沙沙漠、吉布森沙漠和维多利亚大沙漠等。

(二)气候条件

南回归线横贯澳大利亚中部,全国有 2/3 的领土面积受到副热带高压带和东南信风带控制,故气候以炎热干燥为主要特征,但同时也具有多样性。

沿海分布着热带干湿季气候、热带海洋气候、亚热带湿润气候和亚热带夏干气候,向内陆演变为热带干湿季气候、热带干旱和半干旱气候。

澳大利亚除东部、北部、东南部和西南沿海地区年降水量在 1 000 毫米以上外,其余地区年降水量均在 500 毫米以下,尤其是中部的热带沙漠地区,年降水量不足 250 毫米。由于降水量较少,地表径流缺乏,成为农业发展的一个不利因素,但中部平原地区有丰富的地下水资源,而且 75％为承压水。该国拥有大自流井盆地、墨累河盆地、巴克利盆地、尤克拉盆地、荒漠盆地等自流泉盆地 20 多处,总共面积达 270 万平方公里。其中大部分位于干旱、半干旱地区。该地区的大自流井盆地面积达 173.5 万平方公里,拥有自流井 1.8 万眼。这为农业的发展提供了水源。

(三)资源条件

澳大利亚蕴藏着极其丰富的矿产资源,人们形象地把它称为"坐在矿车上的国家"。现有矿产 80 多种,其中储量丰富的有 20 多种。煤、铁、铝土、铀、金、镍、铅、锌、铜、锰、钨、锡及钒、钽、钛、锗等战略性矿藏的储量都居世界前列。如铝土矿总储量 62 亿吨,居世界首位,占世界总储量的 5％;铁矿探明储量为 350 亿吨,仅次于俄罗斯、巴西、加拿大,居世界第四位,其中大部分为富铁矿;铀矿储量占世界总储量的 18％。

澳大利亚幅员辽阔,四面临海,有长达 20 000 多公里的海岸线,渔业资源也较丰富。

澳大利亚这个世界上唯一独占一块大陆的国家,有许多闻名世界的珍稀独特动植物资源,如大袋鼠、树袋熊、袋鼹、鸭嘴兽、针鼹、黑天鹅等。而其他大陆上的狮、虎、豹等,在这里是见不到的。这主要是该大陆环境具有孤立性,长期位于太平洋和印度洋之间,距离其他大陆较远所形成的。由于同样的原因,该大陆的植物有许多特有种。该国植物共有 1.2 万种,其中有 9 000 多种为特有种,尤以桉树(有数百种之多)和金合欢最有代表性。

三、经济发展概况

澳大利亚是一个后起的工农业发达的资本主义国家。历史上澳大利亚长期遭受殖民统治,20 世纪初独立后,仍为英联邦成员,直至第二次世界大战前,经济上具有满足宗主国需要的、殖民地性质的、单一经济的特点,主要生产与出口初级产品,从宗主国进口工业品,本国制造业很落后。第二次世界大战期间,因战时的需要,澳大利亚经济发展速度加快,采矿、钢铁以及其他一些与军事有关的工业部门得到了发展。垄断资本急骤膨胀。"二战"后,工矿业得到了进一步的发展,逐步形成了包括采矿、冶金、机械、化学和食品工业等为主的较为强大的工业体系，成为当今发达的资本主义国家之一。20世纪90年代以来，澳大利亚经济保持了连续13年的高速增长，1998年国内生产总值为3 561亿美元。2003年国内生产总值达到4 987亿美元，比上一年提高了4.1%，这样的发展速度在发达国家局前列。2006年国内生产总值达到了6 543.06亿美元，居世界第14位，人均国内生产总值高达30 851美元。

澳大利亚经济保持了连续增长，其动因是：

1.进行以外向型经济和专业化为特征的产业结构调整

为提升本国经济的可持续发展，澳大利亚于20世纪70年代开始了全国性的经济结构调整。一方面，国民经济由内向型向外向型转变。澳大利亚政府逐渐意识到发展外向型经济可以突破国内市场狭小的限制，提高企业国际竞争力，而且出口增长还可以改善国际收支情况，因此开始注重发展外向型经济，以增加出口来带动国民经济的发展。另一方面，制造业由多元化向专业化转变。为摆脱殖民经济的后遗症，减少对进口产品的依赖。

"二战"后澳大利亚制造业发展主要以多元化为目标，建立了比较完整的国民经济体系。20世纪70年代初，澳大利亚政府逐步转变制造业发展模式，为更好地利用其生产要素禀赋优势，发展具有比较优势的制造业，政府大力支持企业在维持一定生产技术和能力基础上，逐步向专业化生产转变。为此，政府力求使产品结构合理化，并调整了工业地区分布和企业组织。在政府政策的指导下，一些电子元件、大型船舶业停产，而许多新产品（如食品、医疗器械和文化用品等）则陆续投产，一些工业如汽车和造船业也进行了整顿。

2.发展具有比较优势的进出口贸易

澳大利亚是个资源大国、人口小国，资源成本低、劳工成本高，制造业价格在国际上比较优势低。为此，澳大利亚政府扬长避短，通过国内产业结构和贸易结构调整，同时出台降低关税、减少贸易壁垒、扩大贸易伙伴等宽松的外贸政策，调整进出口贸易结构。澳大利亚充分发挥其自然资源丰富的优势，已成为世界上重要的初级产品出口国，其传统出口产品为矿产品、畜牧产品和农产品，包括煤炭、黄金、羊毛、牛肉、铁矿石、铝矾土、铝、原油和精炼油、天然气、棉花和糖。其中,燃料和矿产品出口约占澳大利亚出口总值的 1/3。

3. 积极引进竞争机制的国内市场发展战略

澳大利亚人口只有 2 000 多万,但私人消费已占其 GDP 的 60%,强劲的国内消费市场使得澳大利亚经受住了亚洲金融危机以及 2003年严重旱灾的双重考验。取得这样的成绩要归功于澳大利亚政府着力培育竞争的国内市场,并出台了一系列符合市场规律的行之有效的改革政策:一是积极推进国企私有化改革,增强企业的活力;二是取消市场准入壁垒,实施放松金融、劳动力等市场管制政策,提供富有竞争的市场环境;三是通过税收、福利等分配制度改革,提高市场资源配置能力;四是通过充分就业、完善社会保障体系和鼓励消费信贷等措施,提高个人即期消费能力。国内市场的培育既拉动了内需,又满足了人民日益增长的消费需求,维护了社会稳定。

4. 实施以放松管制为主要内容的金融自由化改革

20 世纪 40 年代至 70 年代,澳大利亚长期对金融业实行严格的管制,堪称当时全球金融管制最严的国家之一。对澳大利亚金融业来说,以放松管制为主要内容的金融自由化改革无疑是一场深刻的革命,在1980 年至 1985 年短短的 6 年时间内,澳大利亚取消或放松了几乎所有的金融管制措施,金融自由化一步到位,澳大利亚在发达国家中很快由金融管制最严的国家变为管制最松的国家。

近些年来,澳大利亚的经济部门结构进行了调整,制造业与建筑业在国内生产总值中的比重下降,服务业所占比重上升,服务业占国内生产总值中的比重就已超过了 60%。另外,农业在国民生产总值中的比重已呈下降趋势。20 世纪 80 年代末,农业占国民生产总值的比重就已经不足 4%。从部门结构看,澳大利亚的经济显示了发达国家的经济特征,但在某些方面仍具有发展中国家的一些特点。

在澳大利亚经济中,外国资本占有重要地位。澳大利亚是一个资本输入国。在国内资本构成中,外资约占 20%。外资主要来自美国、英国和日本,投资对象主要是采矿业、汽车制造业、化工业、金属冶炼业和金属加工业。澳大利亚对外贸易商品结构,具有发展中国家的特点:出口商品主要是初级产品和粗加工制成品,而进口商品以机械设备等深加工制成品为主。另外,澳大利亚主要工业部门在发展水平和地区分布上十分不平衡。受外资控制的汽车、化工等工业部门发展较快,其他工业部门发展相对缓慢。工业地区分布上,维多利亚州、新南威尔士州、首都直辖区和南澳东南部,面积是全国的 1/10,工业产值却占国内总产值的 3/4,而广大内陆地区,除采矿业外,其他工业均很落后。澳大利亚的工业、农业、交通运输业和大城市大部分集中在东南沿海一带。而广大的内陆,只有零星的采矿业和相当粗放的畜牧业,现仍有很多地方至今尚未开发利用。近年来,澳大利亚政府已注意了内陆经济的开发,并积极鼓励外国资本向内地投资,但是进展非常缓慢。

总之,澳大利亚经济发展的最大特点就是具有双重性:一是殖民地性(在长期的生产过程中,以输出农牧矿产品为主);二是后起的、高度发达的资本主义国家("二战"以来,澳大利亚各个经济部门均得到较快的发展)。

四、主要工农业部门

(一)农牧业

澳大利亚平均海拔只有 350 米,天然草场和可耕地面积广阔,其中草原面积 4.14 亿公顷,耕地面积 4 650 万公顷,分别占全国总土地面积的 54.2% 和 6.1%。由于南回归线横贯大陆中部,大部分地区处在副热带高气压控制之下,因此气候炎热、干燥少雨、大陆性强。在中西部的炎热沙漠气候区降水稀少,不足 250 毫米,对农业发展不利,而其余地区气候条件比较优越。澳大利亚中西部气候干旱,地表水十分缺乏,但地下水资源丰富,形成若干潜水区,面积广大,有 250 万平方公里,占全国总面积的 1/3。地下水主要分布在中部大自流盆地(约 150 多万平方公里,占全国总面积的 1/5,是世界上最大的自流盆地)、墨累河下游、纳拉伯平原以及西部和西北沿海一带。地下水一般距地表 100 米至 2 100 米,深浅不等,凿井后,潜水自动喷流,对于发展畜牧业极为有利,因其含盐分较高,不宜农业灌溉。

农牧业是澳大利亚传统的、重要的经济部门,它用地面积占全国的

3/5。主要的经营方式是资本主义的大农场。全国农牧场18万个,其中4万公顷以上的特大农场,只占农场总数的0.6%,却占全国耕地的63%。澳大利亚农业机械化水平很高,现在翻地、播种、施肥、收割、剪毛、挤奶、屠宰等已全部采用机械操作。农业生产专业化较强,农畜产品商品性很高。但在很大程度上受国际市场价格制约。为了适应国际市场条件的变化和需求,澳大利亚已注意发展多种经营。

1. 种植业

澳大利亚种植业产值占农业总产值的40%左右。种植业中,以粮食作物为主,其中主要是小麦,产值占种植业产值的40%左右。小麦种植大部分是和畜牧饲养相结合。由于耕作粗放,单产量只相当于世界平均水平的3/4左右。但每个农民平均负担数量却居世界首位。小麦的种植较集中,由悉尼沿海向内地推进,形成北从昆士兰州中南部至威尔士州中部至维多利亚州北部和西北部至西澳西南部的弧形小麦带内。所产小麦80%左右用于出口,是世界第四大小麦出口国。

除小麦外,澳大利亚的其他粮食作物有大麦、燕麦、高粱、水稻和玉米,其中水稻生产发展较快,出口量已居世界第四位,主要分布在马兰比季河灌溉区。

澳大利亚的经济作物有甘蔗、棉花和烟草。其中甘蔗种植业地位最突出,现已成为世界主要的蔗糖出口国之一。甘蔗种植主要集中在昆士兰北部到新南威尔士州北部。此外,园艺业也较发达,主要品种是苹果和葡萄,塔斯玛尼亚岛的苹果和墨累河下游的无核葡萄干是澳大利亚的出口商品。

2. 畜牧业

畜牧业是澳大利亚农业中最重要的部门,产值占农牧业总产值的60%左右。畜牧业经营实行分区放牧和专业经营,集约化程度高。

养羊业是畜牧业中最主要的部门。历史上人们称澳大利亚为"骑在羊背上的国家"。澳大利亚羊的存栏数超过1.5亿只,居世界首位。羊毛产量占世界总产量的1/4,其中90%以上供出口,羊毛产量与出口量都居世界第一位。澳大利亚国内饲养的绵羊约3/4为美利奴细毛羊,它是世界最优良的毛用羊之一。澳大利亚养羊业以放牧为主,经营粗放,只有局部自然条件适宜地区,实行集约经营。澳大利亚所产羊毛的20%采用拍卖方式出售。悉尼是世界最大的羊毛销售中心。澳大利亚的养羊业主要分布在东南沿海、西南沿海一带及广大内陆地区,沿海地区围栏存放,集约化程度高;内陆地区为天然放牧,经营粗放。

养牛业是澳大利亚第二大畜牧业部门。牛的饲养头数超过了2 300万头,其中以肉牛为主,约占总数近90%。养牛业的分布较广泛。北部的昆士兰州为主要的肉牛饲养区,奶牛主要分布在东部、东南部的沿海及大城市的郊区。1998年,澳大利亚牛肉出口量曾居世界第一位。

3.澳大利亚农牧业特点

(1)生产发展与产业结构在发生变化。近年来,主要农作物产量及牲畜的头数都有了很大增长和提高。同时农业部门内部结构变化也较大,种植业地位在不断提高,而畜牧业比重相对下降。

(2)农产品在世界上占重要地位,农产品的商品率与出口率高。

(3)集约化的家庭农场占主要地位。家庭农场比例约占60%。生产高度现代化。农业现代化主要表现为机械化、良种培育、牧草改良、施肥、灌溉、农业生产专业化和社会化等方面。

(4)农业生产不稳定。造成不稳定有两个方面的原因:一是自然灾害造成的生产与收人的不稳定,二是国际市场的供求与价格波动造成的生产不稳定性。

(5)国家对农业生产实施干预和农业生产的集中趋势。干预表现在制定相关政策,扶植企业生产,以及给予价格上的支持。农业生产集中表现为农业经营单位减少而农业产值在增加。

4.澳大利亚农牧业生产带

根据自然条件和经营特点,可分为以下四个带。

(1)半干燥粗放畜牧带:包括广大的内陆区,牧场面积辽阔,约占全国面积的一半以上。年降水量100毫米至350毫米,以放牧为主,流动性大,经营粗放,生产不稳定,载畜量低,每公顷仅有0.2只羊。羊只头数占全国的1/4弱,以毛用羊为主。

(2)湿润混合农牧带:位于澳大利亚东南部、西南部和塔斯马尼亚岛北部的沿海地带。年降水量750毫米以上。农牧场规模较小,以种植业为主,养羊业多为副业,但集约化水平高,生产稳定,每公顷载畜量 3 ~6 只,羊只头数占全国的 1/3,以肉用羊为主,尤其是羔肉生产突出。在各大城市的郊区乳肉畜牧业发达。此外,该带果树栽培甚盛。

(3)半湿润小麦畜牧带:介于上述两带之间,是一个过渡地带,主要包括墨累河流域及西南部沿海地区内侧,主要实行小麦、牧草轮作,养羊业由小麦农场兼营,农牧结合,每公顷载畜量 3~4 只,羊只头数占全国的 2/5 以上,主要是毛肉并重。

(4)热带粗放畜牧带:绝大部分位于南回归线以北,但中部的局部地区可延伸到南纬 27 度至 28 度。沿海降水较多,向内地递减。牧场较广,约占全国总面积的 1/5,以放牧为主,经营管理粗放。肉牛头数占全国的一半以上。在北部沿海地带有热带森林的分布,在东北沿海一带甘蔗种植业近年发展较快,是食糖工业原料的重要产地。

(二)采矿业

澳大利亚采矿业的发展可分两个阶段:

第一阶段是 20 世纪 60 年代末至 70 年代初。20 世纪 60 年代以后,澳大利亚许多重要矿床被发现,澳大利亚政府抓住这一时期世界市场对金属矿物原料需求增长的有利时机,大量引进外国资本和技术,开采本国的铁矿和铝土矿,使得澳大利亚成为世界上铁矿、铝土矿和氧化铝的最大生产国和出口国之一。1964 年铁矿石产量为 695 万吨,3 年后则增加到 2 000 万吨;1984 年至 1985 年度,铁矿石产量已达 8 772.6 万吨,出口量为 8 548.4 万吨;到 1998 年铁矿石产量为 1.611 亿吨,出口量 1.446 亿吨。铝土矿产量也随着世界市场需求而成倍增长,如 1964 年产量约 40 万吨,到 1979 年至 1980 年度,铝土矿年产量达到 2 804万吨,约占世界总产量的 23%,出口 699 万吨;1999 年铝土矿产量达到 4 841.6 万吨,占世界总产量的 37.94%。

第二阶段是 20 世纪 70 年代末至 80 年代初。针对西方国家在能源危机后开始重新重视煤炭和减少或转移高耗能工业的新情况,澳大利亚大力开发能源。煤是澳大利亚最早开发也是最为丰富的能源,石油危机之前,世界石油市场供应充足,油价低廉,加上澳大利亚远离世界消费市场,结果丰富的煤炭资源在很长时期内未能得到开发。20 世纪 70

年代的能源危机之后,澳大利亚的煤炭资源逐步受到重视,一个以能源开发和铝土矿的开采、冶炼为重点的矿产资源发展战略,成为第二次矿业景气的主要内容。

在澳大利亚丰富的能源储量中,石油、天然气和褐煤主要供国内消费,铀则完全供应国际市场。由于铀的特殊性及核电安全性方面的原因,目前铀的市场状况不佳,煤则成为能源开发的重点。澳大利亚煤产量的绝大部分出口到世界市场,1998 年煤炭产量 2.85 亿吨,出口1.667亿吨,约占世界煤炭出口总量的 31.84%。生产铀 4 885 吨,约占世界产量的 14.4%,全部投放国际市场。

澳大利亚矿业生产及矿产品出口的重要国际地位是基于该国丰富的资源和优惠的投资政策。长期以来,澳大利亚十分重视矿产勘查,最近 20 多年里,澳大利亚是世界各国勘查费用投入最多的国家,结果是不断发现新矿床,矿产储量不断增加。1987 年到 1996 年,澳大利亚对矿产勘查的投资约 100 亿澳元,而在这段时期内所发现的地下矿产资源(不包括煤)的价值却达 4 000 亿澳元之多。20 世纪 90 年代以来,澳大利亚矿产勘查费用稳步上升,10 年间翻了一番。尽管受亚洲金融危机的影响,1998 年国际市场大部分矿产品价格大幅下降,严重影响了澳大利亚矿业收益,但 1997 年至 1998 年度的勘查投资仍比上年度增长了 2.44%,达到 20.5 亿澳元(约 14.98 亿美元)的历史最高纪录。

采矿业是澳大利亚传统的经济部门。自第二次世界大战后,经过50 余年的发展,在国民经济中的地位日趋重要,其产值占国民生产总值的比例接近 10%。澳大利亚矿产资源丰富,品种多。矿产品 90%供出口,占出口总额的比例达 40%左右,是主要矿产品生产国与出口国之一。

采矿业的主要部门有:

1. 铝土开采业。澳大利亚是世界最大的铝土生产国和出口国,近几年的产量在 5 500 万吨上下。产量产量占世界总产值的 1/3 以上,生产的铝钒土一半以上供出口。其品种有精炼铝、氧化铝和铝锭。铝土生产在北部沿海,尤其是约克角半岛的韦帕最为集中,其次为西澳大利亚北部的金伯利地区。

2.铁矿开采业是澳大利亚采矿业中发展最快的一个部门。该国铁矿石品位高、埋藏浅、易于开采。铁矿石产量 2007 年超过了 3 亿吨,居世界第二位,出口量居世界第一位。澳大利亚铁矿石的 96% 产自西澳大利亚,其中 90% 产自西澳大利亚西北部的皮尔巴腊矿区;另外,哈默利斯、米德尔巴克、纽曼和塔斯马尼亚岛也有生产。澳大利亚铁矿砂大部分向日本出口。

3.煤炭开采业。澳大利亚煤炭资源丰富,产量居世界前列,2006 年产量达到了 4.06 亿吨。它是世界煤炭出口大国,日本与西欧是主要的买主。主要煤田分布在昆士兰州和新南威尔士州,大部分为露天矿,著名的煤田有悉尼煤田、鲍恩煤田等,主要生产硬煤。另外,在维多利亚州的东南部是澳大利亚褐煤的主要产区。

4.黄金开采业。开始于 19 世纪中期,是澳大利亚采矿业中的古老部门。20 世纪 80 年代末黄金产量超过了 170 吨,达到历史最高水平,到了 2006 年产量已达到 249 吨,成为继南非和中国之后的世界第三大黄金生产国。黄金矿主要分布在西澳大利亚的卡尔古利等地。

澳大利亚还有不少有色金属和稀有金属矿产,产量居世界前列。钛矿、锆矿的产量居世界之首,镍矿产量居加拿大和俄罗斯之后,成为世界第三大产镍国。20 世纪 80 年代在澳大利亚北部的杰比鲁卡发现了目前已探明的世界最大的铀矿区,现铀矿产量已跃居世界第四位。另外,澳大利亚现在已是金刚石生产大国,产量居世界前列。

(三)制造业

澳大利亚的制造业是其国民经济的支柱产业。"二战"后至今澳大利亚制造业的部门结构发生了较大变化,在发展较早的食品、轻工、冶金及战时建立起来的航空、无线电、化学等工业的基础上,又出现了汽车、机床、电子、石油化工等现代化工业部门。目前,澳大利亚制造业各个部门发展不平衡,其中钢铁与机械制造业发展较快,其产值约占制造业产值的 3/5,东南沿海地区是澳大利亚制造业的中心。

1.钢铁工业。它是澳大利亚"二战"后发展最快的工业部门之一。丰富的煤、铁资源为其发展提供了充足的动力与原料。钢铁工业为全国最大的布罗肯希尔财团所控制。钢铁工业集中分布在焦煤资源丰富的纽卡斯尔—悉尼—肯布拉港一带,产钢能力占全国的 3/4。南澳大利亚的怀阿拉和西澳大利亚的昆士兰地区也是主要的钢铁工业分布地区。

2. 机械制造业。"二战"前就有一定的基础,"二战"后得到了迅速发展。汽车工业是机械制造业中发展最为突出的一个部门,以生产小汽车为主,产品除满足国内市场需求外,还销往亚太地区。另外,"二战"后建立起来的飞机制造业有了一定规模,能生产各种军用飞机和民航飞机,墨尔本是汽车和飞机制造业的主要中心。澳大利亚其他机械工业产品还有电动机、内燃机、电子计算机、家用电器、电子仪器等,但大部分只供国内消费。

3. 化学工业。澳大利亚化学工业门类较多,近年来,石油化学工业发展较快。主要化工产品包括各种工业用化工产品、化肥、塑料、药品和化妆品。墨尔本和悉尼是主要的石油化学工业中心。

4. 纺织工业。它是制造业中历史最悠久的部门之一。澳大利亚的纺织工业中毛纺织工业规模最大。近年来,由于化纤工业的发展,致使毛纺织品的产量有所下降。目前,毛条、毛纱大量出口,而棉纺织品需要进口。悉尼和墨尔本是重要的纺织工业中心。

5. 食品工业。是澳大利亚最大的工业部门之一。"二战"后发展虽不显著,但其产品除满足国内市场需求外,还可大量出口。主要部门有肉类加工、罐头、面粉、制糖、卷烟和酿酒等,其中肉类加工是最主要的一个部门,年产各种肉类超过了 300 万吨。全国 3/4 的食品加工业集中在东南沿海,那里既有广阔的消费市场,同时也便于产品出口。

五、对外贸易概况

长期以采,澳大利亚的出口贸易一直以农、牧、矿等初级产品为主,其出口额约占总出口额的 3/4 以上。"二战"后出口贸易结构发生了较大变化,农畜产品出口占总出口的比重下降,矿产品比重显著上升,但以初级产品出口为主的对外贸易结构没有发生根本的变化。2006 年对外贸易额为 2 561 亿美元。

澳大利亚出口贸易占国民生产总值的比重大约为 15%,出口商品为农、牧、矿和工业品。农牧业出口的四大骨干商品是小麦、蔗糖、羊毛和肉类。澳大利亚是世界上最大的羊毛出口国,出口量约占世界出口总量的1/4。牛肉出口量近50万吨,居世界前列。澳大利亚每年所产小麦70%～80%用于出口,是世界第四大小麦出口国。蔗糖也是主要的出口商品之一,蔗糖出口量在20世纪80年代末期曾居世界第二位。此外,黄油、干酪等乳制品及苹果的出口量在世界上也占有很大比重。澳大利亚90%以上的矿产品供出口,其中铁、铝土的出口量居世界第一位。另外,煤、铅、锌的出口量也居世界前列。一些重要的有色金属和稀有金属,如铀、镁、黄金等,每年也有大量出口。

工业制成品出口比重比"二战"前有了明显提高,其出口额约占澳大利亚出口额的1/3,但仍低于发达国家的水平。出口的制成品主要是运输机械、钢铁制品和部分化工产品。

在澳大利亚出口的商品中,矿产品是澳大利亚第一大类出口商品。2006年,矿产品出口490.0亿美元,占出口总值的39.7%;金属及制品为第二大类出口商品,出口值为118.7亿美元,占出口总值的9.6%,增长42.9%;化工产品为第三大类出口商品,出口值为92.1亿美元,占出口总值的7.5%,增长16.0%;畜牧产品的出口值为86.9亿美元,占出口总值的7.0%,增长1.5%。

"二战"前,英国是澳大利亚主要的贸易伙伴,"二战"后,对外贸易地区分布发生了重大变化,日本现在是澳大利亚最大的贸易对象,是澳大利亚煤和铁的最大买主。美国是澳大利亚进口商品的主要供应者,是澳大利亚第二大贸易伙伴,其他贸易对象包括新西兰、东盟及欧盟各国。

澳大利亚与中国的经济互补性很强,两国之间的贸易有了迅速发展。1989年两国进出口总额仅为18.94亿美元,2006年两国的进出口总额已超过300亿美元。15年间两国贸易额增长超过了700%。近些年来,增长势头更为迅猛,中国现在是澳大利亚第三大贸易伙伴。从澳大利亚进口额现已超过美国,仅次于日本,居第二位。澳大利亚向中国出口的商品主要是小麦、羊毛、铁矿砂及铝制品,澳大利亚自中国进口的商品包括纺织品、服装、化工产品、工艺品和一些土特产品等。

六、重要的港口与城市

堪培拉,澳大利亚首都,位于东南部,全国政治文化中心,人口25万。

悉尼,全国最大城市和主要工业中心,也是全国最大港口,人口300万。

墨尔本,又称新金山,人口约290万,位于澳大利亚东南部,为重要交通枢纽及贸易、工业中心,全国重要的海港城市。

布里斯班,位于东部布里斯班河口地带,人口110万,为澳大利亚主要交通枢纽,也是澳大利亚重要的贸易港。

另外,阿德雷德、弗里曼特尔、佩斯、霍巴特等,也是澳大利亚港口城市。

本章思考题

1.简述大洋洲的自然地理环境。

2.近10年来澳大利亚经济保持连续增长的基本动因是什么?

3.澳大利亚农牧业有何特点?

4.说明澳大利亚采矿业的主要部门。它的矿产品的主要海外市场是哪些?

5.结合澳大利亚地图指出悉尼、布里斯班、阿德雷德、弗理曼特尔和佩斯的地理位置。

第十六章　北美洲

第一节　北美洲概况

北美洲是北亚美利加洲(North America)的简称,位于西半球的北部。东滨大西洋,西临太平洋,北濒北冰洋,南以巴拿马运河为界,同南美洲分开。北美洲的范围包括北美大陆、中美洲和西印度群岛。全洲面积为 2 422.8 万平方公里,约占世界陆地总面积的 16.2%。

一、居民

北美洲现有人口 4.62 亿,占世界人口的 8%。全洲人口分布很不平衡,绝大部分人口分布在东南部地区。这里居住着美国 4/5、加拿大 2/3 的人口,其中以美国的纽约附近和美国与加拿大之间的伊利湖周围人口密度最大。西印度群岛中的波多黎各、马提尼克岛等处,也是人口密度大的地区。面积广大的北部地区和美国西部内陆地区人口稀少，有的地方甚至无人居住。

居民主要为英国、法国等欧洲国家移民的后裔。其次是黑人、印第安人、混血种人，还有少数的格陵兰人、波多黎各人、犹太人、日本人和华侨。主要信基督教和天主教。通用英语和西班牙语。

二、自然条件

北美洲大陆北宽南窄，略呈倒置梯形。西部的北段和北部、东部海岸比较曲折，多岛屿和海湾。岛屿多分布在北部和南部，总面积大约为400万平方公里，为岛屿面积最大的洲。格陵兰岛面积217.56万平方公里，是世界第一大岛。

北美洲大陆部分地形可分为三个明显不同的南北纵列带：

一是东部山地和高原。圣劳伦斯河谷以北为拉布拉多高原，以南是阿巴拉契亚山脉。地势南高北低，北部一般海拔300米至600米，南部海拔一般在1 000米至1 500米之间。主峰米切尔山海拔2 037米。阿巴拉契亚山脉东侧沿大西洋有一条狭窄的海岸平原，西侧逐渐下降，与中部平原相接。

二是中部平原，位于拉布拉多高原、阿巴拉契亚山脉与落基山脉之间，北起哈得孙湾，南至墨西哥湾，纵贯大陆中部，平原北半部是多湖泊和急流的地区，南半部属密西西比河平原，平原西部为世界著名的大草原。

三是西部山地和高原，属科迪勒拉山系的北段，从阿拉斯加一直伸展到墨西哥以南。主要包括三条平行山地：东带为海拔2 000米至3 000米以上的落基山脉，南北延伸5 000公里，是北美洲气候上的重要分界线；西带南起美国的海岸山岭，向北入海，形成加拿大西部沿海岛屿，海拔一般为1 000米至1 500米；中带包括北部的阿拉斯加山脉、加拿大的海岸山脉、美国的内华达山脉和喀斯喀特岭等等。阿拉斯加的麦金利山海拔6 193米，为北美洲最高峰。东带和中带之间为高原和盆地。盆地底部海拔1 300米至1 800米。盆地南部的死谷低于海平面85米，为西半球陆地的最低点。

北美洲的大河,除圣劳伦斯河外,均发源于落基山脉。落基山脉以东的河流分别流入大西洋和北冰洋,以西的河流注入太平洋。按河流长度依次为密西西比河、马更些河、育空河、圣劳伦斯河、格兰德河、纳尔逊河等。北美洲是多湖的大陆,淡水湖面积之广居各洲的首位,中部高平原区的五大湖,是世界最大的淡水湖群,有"北美地中海"之称,其中以苏必利尔湖面积最大,其次为休伦湖、密歇根湖、伊利湖、安大略湖。

北美洲地跨热带、温带、寒带,气候复杂多样,北部在北极圈内,为冰雪世界,南部加勒比海受赤道暖流之益,但有热带飓风侵袭。大陆中部广大地区位于北温带,由于西部山地阻挡,来自太平洋的湿润西风不能深入内地,所以大部分地区的降水来自东南方的大西洋,空气湿润,降水量从东南向西北逐渐减少,东南部大部分地区年平均降水量在1 000毫米以上,平原的西北部和落基山脉以西在500毫米以下,太平洋沿岸迎西风的地区降水量剧增,有的地方年平均降水量约在2 000毫米以上。加拿大的北部和阿拉斯加北部边缘属寒带苔原气候,加拿大和阿拉斯加南部地区多属温带针叶林气候。美国的落基山脉以东地区属温带阔叶林气候和亚热带森林气候。西部内陆高原多属温带草原气候。太平洋沿岸的南部属亚热带地中海式气候。西印度群岛、中美洲东部沿海地区属热带雨林气候。

北美洲矿物资源丰富,主要有石油、天然气、煤、硫磺、铁、铜、镍、铀、铅、锌等。森林资源主要分布在西部山地,盛产黄杉、红杉、巨杉、铁杉等,南部出产红木等优质木材。加勒比海、纽芬兰附近海域是世界著名渔场。

三、经济概况

北美洲的美国和加拿大是发达国家,工业高度发达,部门齐全,体系完整。农业生产的专业化、商品化和机械化程度很高。采矿业规模大,主要开采煤、石油、天然气、铁、铜、铅、锌、硫磺等,而锡、锰、钴、铝、金刚石、钽、铌等重要战略原料几乎全部或大部靠进口。北美洲中部平原是世界著名的农业区之一,农作物以玉米、小麦、稻子、棉花、大豆、烟草为主,大豆、玉米、小麦产量在世界农业中占重要地位。

　　中美洲和西印度群岛诸国都属发展中国家,农业是大多数国家主要经济部门,以种植经济作物为主,如甘蔗、香蕉、咖啡、可可等热带作物。除墨西哥外,该地区的各国制造业都较为落后。有些国家采矿业在国民经济中占有突出地位。

四、地理区域范围

　　北美洲分为东部地区、中部地区、西部地区、阿拉斯加、加拿大北极群岛、格陵兰岛、墨西哥、中美洲和西印度群岛九区。

　　东部地区:东濒大西洋,海岸曲折,多港湾,北美洲大部分港口集中在这一地区,圣劳伦斯河谷以北为拉布拉多高原,多冰川湖,有湖泊高原之称;以南为阿巴拉契亚山脉,山脉西侧为阿巴拉契亚高原,山脉与大西洋问有狭窄的山麓高原和沿海平原。

　　中部地区:位于拉布拉多高原—阿巴拉契亚山脉与落基山脉之间,北起丘吉尔河上游,南达墨西哥湾。

　　西部地区:由高大的山脉和高原组成,属美洲科迪勒拉山系的北段,落基山脉是本区地形的骨架。

　　阿拉斯加:位于北美洲西北部。山脉分列南北,中部为育空高原,太平洋沿岸地区多火山,地震频繁。

　　加拿大北极群岛:是北美大陆以北、格陵兰岛以西众多岛屿的总称。面积约160万平方公里。人口稀少,主要居民是因纽特人。各岛之间有许多海峡,各岛坚岩裸露,多为山地,长期受冰川作用,多冰川地形和冰川作用形成的湖泊。沿海平原狭窄,海岸曲折多峡湾。气候严寒。

　　墨西哥:位于北美洲的南部。是北美洲最大的发展中国家。

　　中美洲:是中亚美利加洲的简称,指墨西哥以南、哥伦比亚以北的美洲大陆中部地区。东临加勒比海,西濒太平洋,是连接南、北美洲的桥梁。包括危地马拉、洪都拉斯、伯利兹、萨尔瓦多、尼加拉瓜、哥斯达黎加和巴拿马。面积约52万平方公里。人口约3 000万。全区以高原和山地为主。山地紧靠太平洋岸,属美洲科迪勒拉山系的中段,多火山,有活火山40余座,地震频繁。

　　西印度群岛:位于大西洋及其属海加勒比海、墨西哥湾之间。15世纪末,哥伦布到此,误认为这里是印度附近的岛屿因位于印度以西的西半球,便称为西印度群岛,沿用至今。包括巴哈马、古巴、牙买加、海地、多米尼加共和国、安提瓜和巴布达、多米尼克、圣卢西亚、圣文森特和格林纳丁斯、巴巴多斯、格林纳达、特立尼达和多巴哥、圣基茨和尼维斯等,此外还包括美国、英国、法国和荷兰的十多个属地。面积约 24 万平方公里。这些群岛分为三大组:一是巴哈马群岛,由 14 个较大的岛屿、700 个小岛和暗礁以及 240 个环礁组成。岛上主要居住黑种人。二是大安的列斯群岛,包括古巴、海地、牙买加、波多黎各诸岛及其附属岛屿。三是小安的列斯群岛,包括背风群岛、向风群岛和委内瑞拉北面海上许多岛屿。多为火山岛,地震频繁。

格陵兰(丹麦):位于北美洲东北,介于北冰洋与大西洋之间。面积约 217.56 万平方公里,是世界第一大岛。常被称为格陵兰次大陆。全岛约 4/5 的地区处于北极圈内。

第二节　北美自由贸易区(NAFTA)

美　国

美国,全称美利坚合众国(The United States of America),大部分领土位于北美的中部,东临大西洋,西临太平洋,北面的邻国是加拿大,南面与墨西哥接壤,东南濒临墨西哥湾。大部分领土位于西经 68 度至西经 125 度,北纬 25 度至北纬 49 度之间,位于西半球、北温带。这样的地理位置对美国经济和社会发展起了极大的促进作用。首先,东西由于有两大洋保护,使它远离了两次世界大战的主战场欧亚大陆,两次大战中美国不但没有遭到战争的破坏,反而为欧洲盟国生产军火,发了战争财。其次,南面的邻国墨西哥、北面的邻国加拿大,其综合国力均比美国弱小,美国无需防备它们对其领土的侵犯和经济上的扩张,反而成为美国就近取得原料、输出商品的理想场所。由于位于北温带中纬度,使

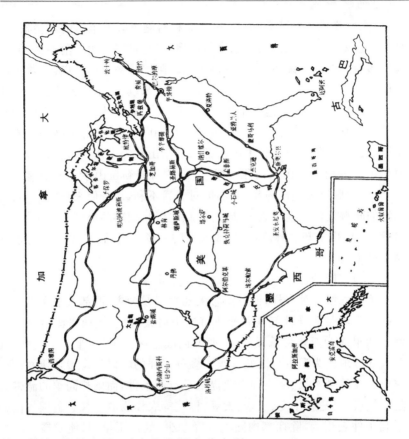

美国阳光、热量充足,对农业发展十分有利。

美国领土面积约 936.3 万平方公里,仅次于俄罗斯、加拿大和中国,居世界第 4 位。全国行政区划为 50 个州和一个哥伦比亚特区。本土部分有 48 个州,海外两州是阿拉斯加和夏威夷,此外还有关岛、美属萨摩亚、维尔京群岛和波多黎各自由邦等领地和管辖地。

一、自然地理环境

(一)地形条件

美国地形特征表现为三个南北向的纵列带。东部地区为阿巴拉契亚山脉和沿海平原。阿巴拉契亚山脉海拔在 1 000 米以下,山势低矮破碎,对东西交通不构成障碍,山的北部和西侧蕴藏着丰富的煤炭资源,是美国重要的产煤区。山的东侧与沿海平原接壤处,由于落差大,河流在此形成一系列小瀑布,水力资源丰富。阿巴拉契亚山脉以西,落基山脉以东是平原。平原的东部海拔一般在 200 米以下,是由密西西比河冲积而成的低平原,这里地势平坦、土壤肥沃、农业发达,是美国重要的农业区。落基山脉以东的平原,海拔一般在 500 米以上,称为高平原或大草原,农业、畜牧业发达。美国西部以落基山脉为主体,包括内华达山、海岸山脉和由许多山间高原、盆地组成的科迪勒拉山系。由于落基山脉、海岸山脉巨大的屏障作用,不但对交通不利,而且使来自太平洋、大西洋的暖湿气流不能进入内陆的高原和盆地,使内陆地区气候干燥,人口稀少。但山上却森林茂密,形成天然的林场和牧场。西部山区有色金属矿产丰富。

(二)气候条件

美国气候多种多样,但以温带大陆性气候为主。西部太平洋沿岸自北向南为温带海洋性气候和亚热带地中海式气候;墨西哥湾沿岸和佛罗里达半岛为亚热带季风气候,西部内陆地区为干旱、半干旱气候,其余大部分地区为温带大陆性气候。多种多样的气候为发展林业、牧业、农业和亚热带水果、蔬菜种植业提供了有利条件,而雨热同季的温带大陆性气候,更适宜小麦、玉米、大豆、棉花等农作物的生长。美国气候的不利条件表现为,除西部内陆地区降水少,气候干旱,只能发展灌溉农业和畜牧业外,中部平原冬季冷空气南下,易形成寒潮大雪天气,夏季热空气北上,易形成热浪干旱天气,对经济发展不利。

(三)水文条件

美国河流、湖泊众多,水资源丰富。主要河流有密西西比河、圣劳伦斯河、科罗拉多河、哥伦比亚河等。其中,密西西比河从其最长支流密苏里河算起,全长 6 000 多公里,是世界第四大河。它发源于落基山脉,贯穿整个中部平原,注入墨西哥湾,通过田纳西河、俄亥俄河等支流和人工运河与大西洋和五大湖相连。位于北部的苏必利尔湖、密执安湖(密歇根湖)、休伦湖、伊利湖和安大略湖,为世界上面积最大的淡水湖群,通过圣劳伦斯河与大西洋相连,不但利于航行,而且具有丰富的水力资源。世界著名的尼亚加拉大瀑布，就位于伊利湖与安大略湖连接处，这里已建有大型的水电站。

（四）资源条件

美国是一个资源丰富的国家。全国共有土地 9.2 亿公顷，其中 90％适宜耕作，人均耕地达 3.6 公顷。

美国的林业资源丰富，森林分布范围广阔，除中部平原、西北部和山区的草原及西南的荒漠外，基本上都有森林覆盖。美国拥有 18 亿公顷的森林面积，占全国土地总面积的 31.5％，在现有森林面积中，2/3 是商品林。美国的三大林区主要分布在南部北方和太平洋沿岸州。主要树种有美洲松、黄松、白松和橡树类。森林总面积约 7.37 亿英亩，最大林区在其西北部。

矿产资源主要有煤、铁、石油、铜、铝、锌、天然气等。矿产储量居世界第一位的有：煤、钼、天然碱、硼、溴、硫酸钠；第二位的有：铜、金、镉、银、钇、磷、硫；第三位的有：铅、锌、稀土、重晶石、碘；第四位的有：铂族金属、钨；第五位的有：铁矿石；第六位的有：天然气、锑、铋、钾盐；第八位的有：钛铁矿、铀；石油居第十一位。石油主要分布在墨西哥湾沿岸、阿拉斯加州、加利福尼亚州等地，铁矿主要在苏必利尔湖以西，煤矿主要分布在阿巴拉契亚山脉的北部和西侧，有色金属主要在西部山区。

二、人文地理环境

（一）人口特点

美国现有人口约 3.007 1 亿（2007 年），仅次于中国和印度，居世界第三位。

美国是一个典型的移民国家。真正的所谓美洲印第安人和阿拉斯加土著人及其后裔只有 410 万，仅占全国人口总数的 1.5％，绝大部分来自国外的其他种族移民及其后裔。从发现新大陆的 15 世纪末开始，西班牙、荷兰、法国、英国等国开始向北美移民，从此开启了美国移民的大门。到 1773 年，英国已建立了 13 个殖民地。据统计，从 1820 年到 2002 年的 183 年间，外国移住美国的居民共 6 822 万人，其中来自欧洲的 3 882 万，来自亚洲的 942 万，来自美洲的 1 895 万，来自非洲的 79

万,来自大洋洲的 24 万。在亚洲国家中,移民美国最多的国家是菲律宾(163 万),其次是中国(144 万),第三是印度(95 万)。

美国人口分布不均。基本特征是西疏东密,密西西比河以东人口密度为每平方公里 60 人,其中新英格兰地区和五大湖周围为每平方公里 200 人,密西西比河以西至落基山脉以东为每平方公里 16 人,落基山脉以西为每平方公里 10 人。人口绝大部分集中在太平洋沿岸地区。

美国城市人口比例高。早在 1910 年,美国城市人口占人口总数的比例就达到了 45%,比目前中国城市化水平还要高。美国城市人口比重在 20 世纪 50 年代初超过 50%,60 年代初超过 60%,60 年代后期超过 70%,21 世纪初已接近 80%。近几十年来,美国城市发展的基本走向是,市政规模由卫星城市向大都市群集中,城市人口由中心城区向周边山区分散,因而出现了"平民进城,富人上山"的奇特现象。

美国人口构成变化显著。(1)人口趋于老化。1990 年人口普查表明,美国的老人愈来愈多,青年人的比例急剧下降。(2)男性人口增长率首次高于女性。1980 年至 1990 年,美国男性增加了 1 055 万,女性增加了 1 044 万,这在 20 世纪尚属首次。(3)少数民族人口增长速度惊人,亚裔增长率最高。20 世纪 80 年代美国少数民族人口增长的速度几乎为 70 年代的 2 倍,其中亚裔人口的增长率为 107.8%,为人口增长速度最快的民族。其他少数民族人口增长速度也很快,西班牙语系的拉美移民人口过去 10 年间增加了 770 万人,预计到 2015 年,其人口总数将超过黑人,成为美国第一大少数民族。

(二)种族现状

美国人口中 80% 以上是白种人,多为英国、法国等国移民的后裔;其次是黑人,现有人口 3 700 万。另外还包括印第安人、华人、波多黎各人和墨西哥人等。

美国独立之前是英国的殖民地,是盎格鲁—萨克逊人最早开拓了这片辽阔的土地,但是英国人的后裔现在只占今天美国总人口的 15%。

黑人是美国除了白人之外最重要的族群,1790 年美国第一次人口普查时,黑人占总人口的 19%,其中 92% 的黑人是奴隶。由于后来白人移民的大量涌入,黑人在美国总人口中的比例在 1930 年降为 9.7%,1960 年恢复到 10.5%。由于白人移民数量的逐渐减少和黑人的高生育率,自 20 世纪 50 年代以来黑人的数量和在总人口中的比重一直在上升,预计到 2050 年会达到 5 200 万人,那时美国总人口预计为 3.09 亿人,黑人的比例为 17%。

亚洲裔(华裔、日裔、韩裔、越南裔、菲律宾裔、印度裔)约占 2%,拉美裔(墨西哥裔、波多黎各裔)约占 1%。美国的土著居民印第安人,仅有 140 万人。

另外,现在白人与各族群之间的通婚现象很普遍。白人和黑人的通婚很长时期内是被禁止的,直至 1963 年还有 21 个州禁止黑人与白人结婚,1964 年联邦法院制定的法律取消了各州法律中有关禁止种族通婚的法令。黑人与白人之间的通婚在 20 世纪 80 年代后有所增加。大量的族际通婚使得美国人的族属分类变得更为复杂,但是肤色和语言仍然使各族群得以相互区别和认同。在民族融合的同时,各族群之间仍然存在着种族和文化的界限。

(三)民族构成

美国的主要民族是指美利坚民族。美利坚民族的主体是由来自世界各地的分属不同种族、民族的移民所构成的。在世界民族之林中,美利坚民族无疑是一个有着非常重要地位且独具特色的大民族。自美国立国后的 200 余年来,数以千万计的移民从世界各地奔向这块巨大的充满机遇和挑战的新大陆,寻求他们"美国梦"的实现。正是在这一过程中,美利坚民族逐渐形成壮大起来。在民族情况之复杂和文化之多元等方面,美国堪称是整个世界的缩影。而这种异常复杂且持续变化着的种族、民族人口构成,出现在一个快速发展的现代化资本主义强国的背景之下,决定了民族问题在美国不仅大量存在,而且处于一种极为复杂与不断变化的状态之中。

依据移民们到达美国的时间顺序,历史上组成美利坚民族(美国国族)的人群是:

1. 土著美国人。大约 2 万年前,来自亚洲的一些游猎部落一路追逐兽群,越过今天的白令海峡来到了美洲大陆,成为历史上最早的美洲移民。后来将美洲土著称作印第安人。

2.欧洲移民。英国人是美国早期殖民者中的主流民族,英语也因而成为美国的主流语言。但是,紧随英国人之后,别的欧洲人也很快便蜂拥而来,其中有西班牙人、葡萄牙人、法国人、荷兰人、德国人和瑞典人。

3.非洲黑人移民。在涌入北美的移民洪流里,有一群人是被迫而来。那就是 1619 年至 1808 年间被贩卖来美国充当奴隶的 50 万非洲人。今天,非洲裔美国人构成了美国总人口的 13%,约有 3 500 万人。

4.拉丁美洲移民。20 世纪 50 年代大约 400 万讲西班牙语的拉丁美洲移民涌进美国。其中大约一半的拉美裔美国人来自墨西哥,另外一半来自波多黎各、萨尔瓦多、多米尼加和哥伦比亚等国。36%的拉美裔美国人居住在加利福尼亚州。其他拉美裔人口比较多的还有得克萨斯州、纽约州、伊利诺伊州和佛罗里达州。

5.亚洲移民。华人是移居美国最早的亚洲移民。早在美国建国初期的 1785 年,就有 3 位中国水手乘"智慧女神号"帆船来到了美国。继华人之后,日本、印度、巴基斯坦、菲律宾和朝鲜等地的亚洲移民也接踵而至,开始了移民美国的荆棘之路。美国现有亚裔人口 1 024 万多,占美国总人口的 4.2%。大多数亚裔都是近几十年来移居美国的新移民。

(四)宗教信仰

美国是一个没有国教的多宗教国家,宗教信仰极为普遍。其中信奉基督教者居多数;罗马天主教占总数的 24%,为第二大宗教;犹太教是美国第三大宗教,有教徒约 600 万。此外还有东正教、佛教、伊斯兰教和印度教等。另外,美国还有各种稀奇古怪的教派,如魔鬼派、耶稣颓废派和人民圣殿教等。美国是一个多民族、多宗教的国家。居民主要信奉基督教和天主教,犹太教、东正教、佛教、伊斯兰教、道教等宗教亦有一定信众,信仰宗教的公民在总人口中约占 91%。

1.基督教(新教)。该教在美国已有 300 多年历史。1776 年美国独立前,基督教(新教)的主要派别均已传入美国,其后迅速发展成为最有影响的宗教。在美国宗教中,基督教(新教)教徒最多,约有 1.56 亿人,占美国总人口的 57%。

2.天主教。天主教于 1526 年传入印第安人居住区,目前已有信众

5 800 万人,教会组织比较统一。由于教徒多集中在一些大城市,更具有政治、经济与文化上的潜在优势。美国天主教会发展趋势和西欧诸国有许多类似之处,趋向自由化、多元化和世俗化,其和教廷的矛盾也与西欧类似。

　　3.犹太教。犹太教是美国第三大宗教,信奉者多为犹太人。犹太人于 1654 年开始定居美国。目前,美国犹太人总数已超过了 600 万,约占全世界犹太人口总数的 50%。犹太教内有正统派、保守派和改革派三个派别。

　　4.东正教。美国的东正教徒有 300 万教徒,主要分布在东部、中西部和加利福尼亚。东正教在美国的历史可以追溯到 1767 年,这一年希腊正教会成立。

　　5.佛教。美国约有 300 多万佛教徒,多数是日本移民和他们的后裔。但在美国受佛教影响的人数远大于佛教徒数。佛教传入美国已有百余年的历史。19 世纪下半叶,日本向太平洋地区扩张,佛教随着日本移民进入夏威夷群岛。后又传入旧金山等地。同时中国佛教亦开始传入。

　　6.伊斯兰教。于 19 世纪下半叶传入美国。目前穆斯林约有 700 万。美国的穆斯林分别来自 80 多个国家。阿拉伯裔穆斯林、南亚次大陆的印度和巴基斯坦等国移民和非洲裔穆斯林(即美国黑人穆斯林)各占三分之一。白人穆斯林相对较少,约 7.5 万人。

　　7.道教。道教创立于中国。自唐代起逐步传入朝鲜、日本、越南和东南亚一带,后又传入欧洲、北美、澳大利亚等国家。除华裔教徒外,美国本土居民也有信奉道教者。

　　除以上这些主要宗教外,世界上所有的重要宗教几乎在美国都有信徒。

三、经济发展历程及当前经济特征
(一)"二战"前经济发展的三个阶段

　　美国从 1776 年建国时的农业国,经过短短的 200 多年,已成为当今世界上经济最发达的超级大国。其"二战"前经济发展大致经过了三个阶段。

1. 以农业为主时期

自 1620 年开始,英国大批清教徒移民北美洲,在美国南部种植棉花、烟草、兰靛等作物,直到 1860 年以前美国一直是以农业为主的国家。1776 年美国建国后,国会先后通过了"公有土地转让给农民"、"垦殖权条例"等相关法令,大大刺激了农民的积极性,促进了农业的发展。据统计,1800 年美国农业产值为 2.2 亿美元,而到 1860 年已增长到14.69 亿美元。

2. 实现工业化时期

1812 年由于英国的入侵和禁运,促进了美国工业的发展。尤其是南北战争的结束,清除了资本主义发展的障碍,使纺织、钢铁等现代化工业得到了迅速发展。1860 年,美国工业产值第一次超过农业产值,1890 年工业产值超过英国、法国、德国,跃居世界第一位。1900 年美国钢产量已达 1 035 万吨,煤产量达 2.45 亿吨,均居世界第一位。19 世纪末至 20 世纪初,美国已完全实现了工业现代化。

美国工业化进展如此迅速,是有其特定条件的:(1)农业发达,为工业发展提供了坚实的物质基础;(2)1880 年至 1890 年正是第二次科技革命发生的时期,而美国正是此次产业革命的发源地;(3)1850 年至1890 年美国大规模地修建铁路和公路,为工业发展提供了方便的运输条件;(4)工业化初期美国实行了严格的贸易保护政策,提高进口产品的关税,保护国内新兴产业;(5)美国资源丰富,为工业提供了充足的原料和燃料。

3. 两次世界大战期间的美国经济

19 世纪末至 20 世纪初,美国不但成为世界第一工业强国,而且从自由竞争的资本主义进入到垄断资本主义阶段。1922 年,全国 200 家非金融公司所拥有的资产已达 810 亿美元,占全国企业资产的 38%。

1914 年至 1918 年第一次世界大战期间,美国由于远离欧洲战场,经济发展不但没受到战争破坏,反而为协约国生产大量军火,促进了经济的增长。据统计,1914 年美国国内生产总值为 386 亿美元,而到 1918年已增长到 764 亿美元,几乎增长了一倍。一个大国的潜力得到了充分发挥。

　　20 世纪 20 年代是美国经济高度繁荣的时期,1929 年国民生产总值首次突破 1 000 亿美元。但经济发展并没有带来市场的繁荣,美国政府实行的高利润、低税率的政策使社会财富都流人到少数垄断资本家手中,而广大工人、农民的购买力反而日趋下降。生产的高效率和低下购买力之间的矛盾,使生产相对过剩,终于导致了 20 世纪 30 年代初最严重的经济危机。1933 年罗斯福担任总统后,为了摆脱经济危机,开始实行"新政",采取种种措施加强了政府对经济生活的干预,如动用财政、金融手段对宏观经济进行调控等。罗斯福的"新政"曾使美国经济危机得到一定程度的缓解,但并没有完全摆脱危机,而随后发生的第二次世界大战,不但使美国摆脱了危机,而且加快了经济的增长。"二战"中,美国军需品的生产以每年翻一番的速度增长,大大刺激了经济全面增长,1944 年国民生产总值比 1940 年增长了一倍,为战后美国成为唯一经济强国打下了坚实的基础。

(二)"二战"后经济的发展及当前美国经济的基本特征

1."二战"后经济发展阶段

(1)"二战"后至 20 世纪 70 年代初是美国经济发展的"黄金时期"

　　"二战"以前,美国已经是世界头号工业国,但它在资本主义世界中尚未取得绝对优势。第二次世界大战在削弱欧洲的同时,却使美国变得比以往任何时候都更富有、更强大。"二战"后初期,美国经济在世界上鹤立鸡群,远远领先于其他资本主义国家,成为世界上最强大的资本主义国家,具有经济霸主地位。

　　20 世纪 50 年代中期,全世界一半以上的商品是美国生产的。70 年代初,美国实际的国内生产总值比"二战"后初期增加一倍多。美国在资本主义世界工业产量中所占的比重达到 53.4%,出口贸易占 32.4%(1947 年数字),黄金储备占 74.5%。在此基础上,美国出现了经济繁荣。从 50 年代至 60 年代,美国经济进入了高速稳定发展期。因此,这 20 年被西方经济学家称为经济增长的"黄金时代"。

　　美国经济发展的原因主要是:第一,美国大力拓展世界市场。凭借巨大的经济优势,美国在第二次世界大战后期开始谋求世界经济霸权的地位。随着市场的扩大,生产的社会化和国际分工日益深入,生产和资本的国际化趋势不断加强,国际经济联系空前紧密,有力地推动了经济的发展。第二,美国政府通过各种手段对国民经济进行宏观管理。不断调整财政、税收、金融政策;在一些基础工业和公用事业中推行国有化政策;推行比较广泛的社会福利制度,以保障社会的安定。第三,美国利用第三次科技革命的先进成果,提高劳动生产率,发展新兴产业。

(2)20 世纪 70 年代初至 80 年代初是美国经济衰退时期

1973 年以美元为中心的资本主义世界货币体系解体。以美元为中心的资本主义世界货币体系建立于 1944 年,称为"布雷顿森林体系"。该体系是英美两国在资本主义国际金融领域争夺霸权的产物。因为,"二战"以前世界金融领域是以英镑为中心建立的国际货币体系。

20 世纪 70 年代以后,美国在世界国民生产总值中占的份额逐渐减少。70 年代,美国还出现贸易逆差,美国由世界上最大的债权国变为最大的债务国,日本和联邦德国上升为最大的债权国。随着美国的黄金储备日益减少,美元贬值加剧。1973 年初,黑市黄金价格已涨到每盎司 100 美元,美国再也无力按 1 盎司 35 美元的价格兑现黄金,不得不宣布美元贬值。自此,布雷顿森林体系崩溃,美元不再是资本主义货币体系的中心。

1973 年,由于中东石油国家提高石油价格,引发了"二战"后资本主义世界最严重的一次经济危机。在危机期间,整个资本主义世界工业生产平均下降超过 8%。

1975 年以后,经济危机结束。美国和其他主要资本主义国家一样,经济发展进入"滞胀"阶段。"滞胀"具体表现为生产停滞、通货膨胀、失业严重、物价上涨和外贸增长趋缓等方面。最显著的特征是生产停滞和通货膨胀同时并存,互相交织。在这种情况下,要刺激经济增长,就要冒通货膨胀的危险;要抑制通货膨胀,就要冒加剧经济衰退的危险。因此,刺激经济增长政策与抑制通货膨胀的政策是互相矛盾的,政府只能在这两种相反的政策中摇摆。

(3)20 世纪 80 年代初至 20 世纪末是经济复苏与繁荣时期

20 世纪 80 年代,美国政府调整政策,逐渐扭转经济颓势。1982 年,美国经济开始复苏。国家采取了降低税率、减少政府支出、减少政府对企业的干预措施。

当时的美国政府根据美国经济面临的主要问题,提出了复兴经济计划的四项措施:削减税收、减少政府开支、减少政府对经济的干预和紧缩通货。1983 年,各资本主义国家经济开始回升,美国回升的势头最快,经济出现了持续增长、通货膨胀率和失业率显著降低的局面。

20 世纪 90 年代克林顿总统任职时期,美国加大改革力度。美国经济持续增长,通货膨胀率下降,就业率上升,财政赤字逐年递减,甚至盈余。在此期间,美国充分吸纳世界尖端人才,并充分利用新技术成果,特别是以信息产业为代表的高科技产业成为经济的主导。美国经济呈现繁荣景象。直到 2000 年,美国经济出现了将近 10 年经济持续稳定增长的局面。

美国经济出现如此景气局面,首先与国家所执行的经济战略和美联储的宏观调控分不开。当时走了重要的"两步棋"。对内,适时调整产业结构,大力促进高新技术的开发和应用,给国家经济输入了新鲜血液;对外,充分利用并着力推进经济全球化,多方拓展海外市场为"美国造"产品创造了有利的环境。美联储采取谨慎的货币政策,为保证经济稳定增长起到了有效的"避震"作用。其次,作为美国"新经济"主力的电子信息产业创造了实实在在的成绩。1999 年,美国与电子信息产业有关的企业创造产值超过 5 070 亿美元,该产业首次成为美国第一大产业。

(4)进入 21 世纪美国经济处于动荡时期

2001 年初开始美国经济开始进入衰退,从而宣告持续 10 年的经济扩张结束和 21 世纪美国经济首次衰退的开始,但 2002 年初已出现经济复苏迹象,2002 年国内生产总值已达 10.4 万亿美元,人均 3.76 万美元。在 2003 年第三季度经济出现了强劲的恢复性增长,单季增长出现了自 1984 年第一季度以来的最高长幅,达到了 8.2%。2004 年经济增长强劲,就业市场稳步改善。实际 GDP 较 2003 年增长了 4.4%,高于历史平均水平。2005 年,美国经济仍处于扩张阶段,但受国际油价攀升和利率上升影响,经济增长速度较 2004 年有所回落,全年国内生产总值(GDP)增长 3.5%,低于上年 0.7 个百分点。2006 年至 2007 年美国经济这部世界经济增长的主要发动机的转速在显著放慢,美国经济增速明显减缓,仍未摆脱衰退。

美国经济减速的主要原因主要有:

一是房地产市场持续恶化以及由此引发的次级贷危机、信贷紧缩、通货膨胀,使得居民消费支出增长缓慢,住宅投资大幅度减少。2007 年美国 GDP 将增长 2.2%,比上年回落 0.7 个百分点。居民消费支出增长 2.8%,比上年回落 0.3 个百分点。

二是能源价格的上涨。每桶原油的价格在不断地出现历史新高,十年间每桶原油价格已从 10 美元飙升到 120 美元以上。油价的猛涨增加了企业的成本和消费者支出的负担,对经济增长产生了极大的影响。另外,是房地产市场泡沫被捅破,导致房地产市场的衰退,引起了一系列反应,加剧了经济的衰退。

2. 当前美国经济的基本特征

(1)世界上经济最强大的国家

作为世界上唯一的超级大国,美国仍然是世界上经济最强大的国家,虽然与"二战"后初期相比,其所处的地位却相对下降了,但其经济规模之大,部门结构之完整,生产水平之高,是其他任何国家都无法比拟的。据统计,多年来美国国内生产总值一直居世界第一位,人均国内生产总值也居世界前列。2007 年国内生产总值为 13.38 万亿美元,人均为 43 995 亿美元,均居世界第一。2007 年美国外贸进出口总额为 3.96 万亿美元,进出口贸易额均居世界首位。石油、钢铁、飞机、汽车、天然气、煤炭、通信及电子产品等重要工业产品的产量均居世界前列。

但是,"二战"后由于世界经济多极化的出现,日本、欧盟和新兴工业化国家和地区经济迅速地恢复和发展,美国在世界经济所占的地位却相对下降了。战后初期美国的国民生产总值曾占世界的 40%~45%,工业产值占 1/2 以上,黄金储备也占全世界的一半以上,出口贸易占世界的 1/4 左右,成为世界唯一的经济大国。而现在美国的国民生产总值只占全世界的 22%;出口贸易约占世界的 12%,而且长期出现外贸逆差;1985 年以前美国为债权国,1985 年后则为债务国。汽车、钢铁、家电、机器人等产品产量曾经或至今仍被日本所超过。

（2）资本和生产的垄断和集中不断加强

美国是世界上垄断组织出现最早的国家，早在 1879 年，第一个托拉斯——洛克菲勒家族的标准石油公司，就控制了全国石油生产的 90％，20 世纪初托拉斯已在全国经济中占有统治地位。两次世界大战中及战后，美国生产和资本的垄断与集中更得到了空前的发展。据统计，1980 年美国共有企业 1 700 多万家，其中资产额在 500 万美元以上大公司，约占企业总数的 1.9％，而它们的资产却占企业资产总额的 89％。以摩根、洛克菲勒、加利福尼亚、第一花旗银行、芝加哥、波士顿、梅隆、杜邦、得克萨斯、克利夫兰为代表的十大垄断财团，几乎控制了全国石油、钢铁、汽车、化学、金融等主要产业部门。通用、福特、克莱斯勒三大汽车公司控制了全国汽车生产的 95％以上。农业上，农场的数量不断减少，农场的规模不断扩大，土地面积超过 1 000 公顷的大农场只占全国农场数目的 8％，而拥有的土地面积却占全国的 62.4％。

（3）产业结构日趋高级化，高技术产业和服务业在国民经济中的比重不断上升，农业和传统的制造业不断下降

"二战"后，在第三次科技革命和新技术革命推动下，美国积极调整产业结构，逐步淘汰和改造劳动密集和资源密集的传统产业，大力发展知识技术密集型的产业和服务业，使产业结构不断升级，出口产品的竞争能力不断增强。1960 年至 1980 年期间，美国高技术工业在工业总产值中所占的份额已从 29％增长到 38％，而资本、资源和劳动密集型工业则从 71％下降到 62％，农业则从 1950 年占 7.3％下降到 1986 年的 2.2％。第三产业增长迅速，1986 年已占国内生产总值的 70.6％。

美国产业结构的调整，除了用电子信息技术改造传统产业外，主要是大力发展以信息产业为主导的新兴产业，如电脑软件开发、集成芯片、卫星通信器材等。当今信息产业已经成为超过汽车生产的第一大主导产业。制造业在美国经济中所占比例日益缩小，服务业所占比例越来越大。目前制造业在美国国内生产总值中所占的比例只有 16％左右。在最近这次经济衰退中，遭受打击最严重的是制造业，裁员最多的也是制造业，而服务业的就业情况则好得多。

（4）知识经济时代到来

所谓知识经济是指建立在知识和信息的生产、分配和使用基础上的经济，它是区别于以前传统工业为产业支柱，以稀缺自然资源为依托的新型经济。信息产业是知识经济的基础，掌握高科技手段处理信息的各类人才队伍是知识经济发展的关键。

20世纪90年代以后，美国经济开始步入知识经济时代，其主要表现为：

第一，以电子计算机、电脑软件、芯片和通信设备为主的信息产业，已经超过了汽车、钢铁等传统产业，跃升为第一大主导产业。如微软、英特尔等信息公司的影响力，大大超过了通用、克莱斯勒等传统工业企业。

第二，企业用于计算机和通信硬件的投资大大超过一般工业设备的投资，因此信息产业对国内生产总值的增长已占1/3。

第三，由于具有创新能力的高素质人才是实现知识经济的关键，因此无论美国政府或企业都大力吸纳劳动力在新技术产业就业，并加强对职工的培训。

第四，信息技术的发展和应用，不但提高了技术在经济增长上的贡献率，而且提高了生产效率。

第五，在经济增长的同时，出现了高就业率、低通胀率共存等与传统经济增长规律不同的经济特征。

（5）跨国公司的发展和海外投资的增加，支持了美国经济的增长，确保了它在世界经济中的地位

"二战"后，美国为了推动其全球化的经济战略，谋求建立按其自身利益设计的国际经济秩序，积极推动跨国公司的发展，跨国公司的数量已由1950年的7000多家发展到1980年的3.36万家。在1999年全球最大的500家跨国公司中，美国就占了179家；最大的10家中，美国就占了5家。美国正是利用跨国公司的资本输出，使其商品通过了东道国设置的种种关税和非关税壁垒，打开国外市场，保障自身能源和原材料的稳定供应，促进本国经济的增长。

（6）经济发展存在的隐忧，经济衰退加深

首先,次级债危机爆发使很多商业银行和投资银行遭受损失,市场上流动性短缺,威胁美国经济发展。次级债危机引起国际资本流动,危及美元霸权地位。再有,全球性的能源、粮食价格的猛涨,美国国内的通货膨胀日趋严重,加之伊拉克战争并没有完全达到美国政府预想的目的,中东局势动荡不安和恐怖活动猖獗等等,美国经济发展前景存在很多变数。

四、工业地理

(一)工业发展概况

美国工业以技术先进、门类齐全、资源丰富、生产实力雄厚、劳动生产率高而著称于世。第二次世界大战后,美国工业生长取得巨大进展,工业设备能力与生产规模都大大超过世界其他国家,成为世界上最大的工业国家。目前,美国的主要工业产品,如石油、天然气、电力、铜、铝、硫酸、乙烯、汽车、飞机等的产量,以及微电子工业、计算机技术、激光技术、宇航技术、生物工程技术、核能利用和新材料的研制与开发等方面,在世界上均居领先地位。然而,在小型轿车、家用电器、通信及办公自动化设备、电子计算机芯片等技术密集型产品方面,则在近年内落到了日本、德国等国后面。

美国工业布局的特点是发展地区集中,分布不平衡。如汽车工业集中在底特律及其周围五大湖区各州,这里集中有美国三大汽车公司:通用汽车公司、福特汽车公司和克莱斯勒汽车公司,其汽车产量和销售额均占全国总数的80%左右。造船业集中在四个地区,最主要的是以波士顿、纽约为中心的大西洋沿岸海湾地区;第二个是太平洋沿岸的洛杉矶、圣地亚哥地区;第三个是墨西哥湾各港口四周地区;第四个是五大湖沿岸地区。钢铁工业集中在匹兹堡。因此地临近煤矿和五大湖工业区,容易获得煤、铁矿石的供应,背后又紧靠大西洋沿岸的工业区,有利于钢铁业的发展。飞机制造及航天业则集中在西雅图、洛杉矶等西部地区。高技术工业,如电子计算机、光纤通信、激光技术、生物工程等则集中在加利福尼亚洲的硅谷周围地区。

20世纪80年代以来,美国工业发展呈现一种不平衡状态,一方面,传统工业面临国际上新兴工业国家的剧烈竞争,正呈衰落状态,被称之为"夕阳工业";另一方面,以高技术工业为核心的新兴工业部门则呈现出蓬勃向上的趋势,在一定程度上抵消了整个工业水平下降的趋势。20 世纪 80 年代中期到 90 年代初,美国企业大刀阔斧地进行了大规模的管理改革、技术改造和产品创新。到 1994 年时,美国成为了世界最具有竞争力的国家。美国获得了九个工业部门 50% 以上的全球利润。

(二)主要部门

1. 采矿业

美国的采矿业主要包括煤炭、石油、天然气、金属和非金属矿的开采。"二战"后,美国采矿业由于资源储量下降,需求减少,成本上升,是一个衰退的部门。采矿业中主要以能源开采为主,约占矿业产值的85%。

(1)采煤工业

美国煤炭资源丰富,已探明储量约 2 000 亿至 3 000 亿吨,全国 35个州有煤的储藏。战后初期煤炭的最高年产量曾达 6.24 亿吨,以后由于能源结构的改变,石油被广泛开采和利用,煤炭的产量不断下降,1960 年年产量只有 4 亿吨。70 年代以后,在"能源危机"的冲击下,煤炭的产量又有回升,2007 年达到 11.46 亿吨,产量仅次于中国,居世界第二位。主要煤田有:

阿巴拉契亚煤田,是美国最大的煤田,北起宾西法尼亚州,经俄亥俄州、西弗吉尼亚州、肯塔基州东部直至俄克拉荷马州东部。该煤田质量好,可露天开采,又靠近五大湖沿岸工业发达地区,因此产量高,约占全国总产量的 3/4。

中部煤田,位于密西西比河中游,包括伊利诺斯州、印第安纳州、肯塔基州西部。该煤田储量颇丰,但质量不如阿巴拉契亚煤田,主要为民用和一般工业用煤。

落基山煤田,主要位于北南达科他州、科罗拉多州等西部山区。由于交通不便,目前尚未大规模开采。

(2)石油与天然气开采业

美国石油天然气资源丰富,石油和天然气主要分布在墨西哥湾沿岸的得克萨斯州、俄克拉荷马州,西部的加利福尼亚州和海外的阿拉斯加州等地。其中,墨西哥湾沿岸的得克萨斯州是美国最大的油田,石油产量占全国的50%;其次是阿拉斯加州,产量约占全目的20%;加州占全国的13%。自20世纪90年代以来美国石油产量均在3亿吨以上,其中以1996年产量最多,达3.7亿吨,仅次于沙特阿拉伯,居世界第二位;2007年产量为3.11亿吨,居世界第三位,天然气产量为612亿立方米,居世界前列。美国油气资源虽然丰富,产量大,但由于国内消费量大,每年国内消费的1/3仍需要进口。美国海上采油发达,是仅次于英国和沙特阿拉伯的第三大海上采油国。

(3)金属矿开采业

美国金属矿开采业主要开采铁、铜、铝、锌、金、银等。其中铁矿的产量少于俄罗斯、中国、澳大利亚和巴西,居世界第五位。最大铁矿是位于苏必利尔湖以西的梅萨比铁矿,约占全国铁矿储量的93.7%,其次是伯明翰铁矿和新墨西哥州铁矿区。

金、铝、锌、铜等有色金属矿主要分布西部的爱达荷州、犹他州和北部的阿拉斯加州等地。有色金属由于围内消费量大,仍需大量进口。

2.制造业

制造业在美国经济、社会发展中依然占有重要地位。"二战"后的美国制造业曾一度在全球市场中拥有绝对优势,占到全球制造业份额的40%左右。

20世纪80年代以来,随着日本在汽车、半导体等产业领域的赶超,美国制造业的霸主地位受到了日本的严重挑战,后来政府重新调整对制造业的相关政策。在相关产业政策的支持下,美国制造业以信息技术的高速发展为契机重新获得了优势。至90年代后期,随着发展中国家工业化进程的加快,欧美等发达国家将不具有竞争优势的劳动密集型制造业大量向外转移;特别是2000年以后,受经济周期的影响,美国本土的传统制造业的比较优势进一步丧失并加速转移。

客观地看,目前美国制造业的产值产量仍然一枝独秀,在以信息、生物技术为代表的高技术制造领域具有明显优势,其高新技术产业出口约占世界高新技术产业出口总额的1/5。此外,通过将传统制造业向发展中国家转移,美国也充分利用了发展中国家的低成本优势,并通过对制造业价值链高端的控制,获取高额利润。

随着知识经济和服务业的发展,制造业虽然在美国经济社会发展中所占比重有所下降,但仍占据重要地位。主要表现在以下几个方面:一是制造业仍在 GDP 中占有较大比重。1987 年至 2005 年,制造业对实际 GDP 的贡献率为 15%,是所有行业中最高的。二是创造了大量的就业岗位,尤其是技术密集型的工作岗位。三是制造业仍是美国出口的中坚力量。2005 年,制造业的出口占全部出口的 61%。制造业的贸易总额占制造业经济总产值的 40%。

制造业的主要部门有:

(1)电子信息产业

美国是电子信息产业第一强国。它的发展经历了经历了从高峰到低谷,然后再逐渐恢复和发展的大起大落。经过多年的风雨洗礼,电子信息产业对美国的重要性不但没有降低,反而更加显示出对美国长期经济增长的重要性。电子信息产业是美国最具有竞争能力的工业,主要以生产计算机、电脑芯片、电脑软件、通信器材为主。进入 20 世纪 90 年代以来,以软件霸主微软公司和芯片制造商英特尔公司为代表的信息产业,也完全取代于三大汽车公司的地位,成为新型产业和新经济的增长点。信息产业的国内生产总值的增长,已占美国国内生产总值增长的 1/3 以上。在全球信息产业中,美国中央处理器的产量占 92%,系统软件产量占 86%,IT 产业的投资占全球总投资的 41.5%,美国微软"视窗"(Windows)操作系统占据全球操作平台应用量的 95%,因特网用户占全球一半以上,电子商务额占全球的 75%。美国电子信息产业主要生产商有 IBM、微软、AT&T、英特尔、亚马逊、摩托罗拉等。主要分布在旧金山的"硅谷"、纽约、新泽西州和马萨诸塞州等地。

(2)汽车工业

美国的汽车工业起步早,是 20 世纪 20 年代以后迅速发展起来的,汽车、钢铁、建筑历来被称为美国工业的三大支柱。"二战"后,随着经济的发展,居民生活水平的提高,汽车的产量和消费量急剧地增长,1978年产量曾高达 1 287 万辆,创历史最高记录,约占当年世界产量的 1/3。

1978 年以后在"能源危机"的冲击下,美国汽车由于车型大,耗油多,产量日趋下降,1980 年起曾有十多年被日本超过。在此形势下,通用、福特、克莱斯勒三大汽车公司被迫增加投资,更新设备,采用新的技术,开发新产品和淘汰效率低下的工厂,1994 年产量又达到 1 250 万辆,重新恢复了生机,跃居世界第一位。近些年美国几大汽车公司产量下降,利润减少,甚至有的出现亏损,导致汽车总产量失去了世界第一的位置。2006 年产量是 1 126 万辆,少于日本,居世界地二位。汽车生产主要分布在底特律、芝加哥、洛杉矶、亚特兰大、辛辛那提等地,其中底特律有美国"汽车城"之称。

(3)航空航天工业

航空航天工业是美国最具有竞争力的工业,主要生产飞机、导弹、人造卫星、航天飞机等。"二战"后,美国在原来生产军用飞机的基础上,积极发展民用飞机的生产,目前年产飞机约 1.7 万架。航空航天工业的中心是西雅图、洛杉矶、圣迭戈、纽约、巴尔的摩、达拉斯和休斯敦等地。西部地区以装配整机为主,东部地区主要生产飞机的仪器仪表,南部的休斯敦、达拉斯主要以宇航工业为主。休斯敦有美国"宇航城"之称。

(4)钢铁工业

钢铁工业是美国的传统工业,1890 年时钢铁产量已达 434.5 万吨。两次世界大战中美国由于扮演了"兵工厂"的角色,钢铁产量大增,1950 年产量已达 8 780 万吨,占世界总产量的 46.6%。产量的最高峰是 1973 年,为 1.37 亿吨,以后开始走下坡路,现在落后于中国和日本。美国钢产量一直保持在世界总产量的 11%左右。美国钢铁产量下降的原因为:一是设备陈旧,技术更新慢,生产效率低,例如平炉炼钢美国比日本淘汰得晚;二是随着科技的进步,各种机械趋向小型化,许多新材料取代了钢铁,使钢铁使用量锐减。

20 世纪 80 年代以后,美国一方面更新设备,进行技术改造,另一方面裁减员工,关闭效率低下的工厂,并调整产品结构,大量生产特殊钢材,使钢铁工业出现了转机。

美国钢铁工业主要分布在五大湖周围的芝加哥、匹兹堡、布法罗、克利夫兰等地,产量约占全国的 80%;其次有纽约、伯明翰、休斯敦等地。美国钢铁工业中铁矿石不能满足需求,需从加拿大、委内瑞拉等国进口。

(5)化学工业

美国化学工业发达,其产值约占世界化工产值的 1/4 左右。美国拥有丰富的石油、天然气、煤炭、磷、石灰石等化工原料,为化学工业发展提供了雄厚的物质基础。石油化工是美国发展最快、目前最大的化工部门。墨西哥湾沿岸是石油化工最集中的地区,其中休斯敦生产的合成橡胶约占全国的一半。五大湖周围和大西洋沿岸的东北部是在冶金、煤炭工业基础上发展起来的传统化学工业基地。纽约、费城和巴尔的摩等地以生产医药、香料、化妆品、试剂等高级化工产品为主,其中纽约是最大的医药、化妆品、染料等产品的生产中心。化学工业主要由杜邦、联合炭化物公司、孟山都等化学公司所控制。

(6)食品工业

食品工业是美国轻工业中最大的产业部门,主要从事肉类加工、谷物加工、水果加工、饮料、烟草等。食品工业分布广泛,但全国最大的肉类加工中心是芝加哥,西部食品工业中心是旧金山。

(7)纺织、制鞋、皮革等轻工业

这些工业是"二战"后逐渐衰退的部门,大量产业转移到东亚、东南亚等发展中国家,服装、鞋类需要进口。近年来,在技术革命的推动下,美国开始采用新技术、新设备改造传统的纺织工业,因此这些"夕阳工业"又重新焕发了生机。

五、农业地理

(一)农业生产概况

美国自然资源丰富,发展农业有着得天独厚的条件。本土为北温带和亚热带气候,佛罗里达南端属热带气候,阿拉斯加为亚寒带大陆性气候,夏威夷则是热带海洋性气候。全国大部分地区雨量充沛而且分布比较均匀,平均年降雨量为 760 毫米。土地、草原和森林资源的拥有量均位于世界前列。土质肥沃,海拔 500 米以下的平原占国土面积的 55 %,有利于农业的机械化耕作和规模经营。2000 年美国农业用地为 4.183

亿公顷,其中耕地面积约占国土总面积的 19 %,为 1.79 亿公顷,人均为 0.62 公顷。美国还有永久性草地 2.4 亿公顷,森林和林地 2.65 亿公顷。美国农业也有些不利的条件,如山脉多是南北走向,北方的寒流可以长驱直入,影响南部地区作物的生长。美国有丰富的淡水资源,与加拿大交界的五大湖驰名于世,其总面积有 24.5 万平方公里。

美国是一个农业十分发达的国家,早在建国前英国殖民者就利用这里辽阔而肥沃的土地种植水稻、棉花、烟草和兰靛,成为供应西欧的农产品基地。南北战争之后,美国工业化进程加快,更促进了农业的发展。20 世纪 40 年代,农业已基本实现了机械化,生产效率大大提高。1940 年农业人口占总人口的 23%,而每个农业劳动力所生产的产品却可供给 10.7 人。"二战"后美国农业更全面实现了机械化、电气化、良种化和化学化,进一步促进了农业生产效率卸提高。1999 年美国农场的总收入为 2 346 亿美元,虽然只占当年国内生产总值 2.5%,但却生产了占全世界 18.8%的谷物,其中小麦产量占世界的 11.8%,大米占16.2%,杂粮占 31.4%,玉米占 41.9%,大豆产占 48%,棉花占 17%。每年国内生产农产品有 1/3 可供出口。因此,美国是真正的农业"超级大国"。

美国农业很发达,占全国总人的 2%的农民不仅产出足够美国人消费的农产品,而且成为世界出口强国,其成功的经验概括起来有如下几方面:

(1)依法治农是根本。美国联邦政府依据法案对农业进行支持和保护。主要通过国家税收、补贴、价格干预、信贷管理以及产量定额分配等手段,对农产品市场与农业内部的资源配置,都保持有效的调节。美国的农业预算是仅次于国防的第二大政府预算。

(2)农业教育、科研和推广"三位一体"是保证。多年来,美国培养了一大批高素质的农业人才。农业大中专院校遍布各地,成人教育网络齐全,50%以上的农场主都受过高等教育,有相当多的人成为专家和高技术人才。美国农业研究项目大部分是由政府资助的。美国研究机构每年向市场推出的新的食品种类就有 1.2 万至 1.5 万种。以玉米深加工为例,美国玉米可深加工出 2 000 多种产品;而我国只能加工 100 多个品种。

（3）专业化生产、集约化经营、企业化管理是核心。美国农业生产不仅在地理上形成专业化的生产布局，而且单项品种也日趋专业性。农民按照批发市场内批发商的订购合同，组织农产品生产；加工商根据批发商对农产品的质量和规格要求，对生产者提供的产品进行加工，然后交由批发市场组织销售，从而实现了农产品的生产、加工、销售的有机联系。

（4）农业社会化服务是后盾。美国的农业社会化服务体系比较健全，体现了多形式、多层次、多类别、系列化、专业化、多元化的特点，从教育、科研、推广，到物质购买、产品销售、合作保险、金融信贷、法律咨询、电力、信息服务等无所不包，它在农业生产与市场之间建起了成龙配套的信息传递机制、生产组织机制、生产要素合理流动机制和自动化机制，推动着农业生产与经营不断向更高的层次上迈进。

（二）农业生产特点：

1. 农业部门结构齐全，种植业和畜牧业均衡发展

美国农业中无论种植业、畜牧业、林业、渔业均很发达，但种植业和畜牧业是两个最重要的部门，长期以来畜牧业产值略高于种植业，但两者相差不多，呈均衡发展状态。种植业主要种植谷物（小麦、水稻、黑麦）、饲料（玉米、高粱、大麦等）、油料、棉花、糖料、烟草等经济作物。其中，玉米、大豆产量均居世界第一位，小麦产量仅次于中国，居世界第二位。

美国是畜牧业生产的超级大国，各种畜产品的产量在世界上也都居前列。肉类总产量占世界肉类总产量的15%左右。肉牛存栏头数居世界首位，牛肉产量和人均占有量均居世界首位。美国是世界第二大禽肉生产国，禽肉产量超过整个欧洲产量，鸡蛋产量仅次于中国，列世界第二位。

2. 农业生产实现了机械化、电气化、化学化和良种化，并广泛采用电子和生物技术

美国农业生产早在20世纪40年代就已实现了机械化，"二战"后农业机械更向大型化、多功能化发展。现在农业生产的各个环节均用机

械操作。

　　农业生产中广泛使用化肥、除草剂和农药。全国化肥消费量占全世界化肥使用量的 14％左右，而且多为混合肥、长效肥和液体肥。为了减少污染，美国禁止使用毒效长、分解慢的农药，努力研究利用生物技术防治病虫害。

　　美国对农作物和牲畜良种的培育、推广十分重视。对良种的使用、繁衍建有严格的档案，防止近亲繁殖，以保证良种的不退化，从而有利于提高产量，减少病虫害。

　　随着科学技术的发展，美国在农业生产中正广泛使用电子计算机和生物技术。采用基因改性的农作物品种已经得到美国政府的批准，并准予在市场上销售。一些利用新基因技术把有特殊经济价值的基因引入植物体内，从而获得高产、优质、抗病虫害的农作物新品种，目前已获得重大突破，并已进入大田生产阶段。

　　3.农业生产高度社会化和专业化，农业生产率高

　　所谓农业生产社会化，是指过去由农场承担的各个耕作环节，现已由社会上各种专业公司承担。如育种、选种有专门的种子公司，喷洒农药有专门的灭虫公司，收割、烘干有专门的联合收割机公司。农场主完全成为一个经营者和管理者，从而有利于提高效率，降低成本。

　　所谓专业化，是指农场的经营专业化和农作物的地区分布专业化。农场经营专业化，如养肉牛的农场不饲养奶牛，养蛋鸡的不养肉鸡，繁殖小猪的猪场则不育肥猪。所谓农作物地区分布专业化，是指因地制宜，将全国分为几个农作物种植带。

　　正是由于美国农业高度的社会化和专业化，农业生产实行工厂式的经营管理，所以生产效率高。据统汁，1997 年美国每个农业劳动力平均负担的可耕地面积为 55.14 公顷，仅少于地广人稀的加拿大、澳大利亚两国；每个农业劳动力平均生产的谷物为 10.7 万公斤，是法国的1.4 倍，意大利的 8 倍；每个农业劳动力平均生产的内类是 1.09 万公斤，仅次于丹麦，是英国、法国的 1.4 倍，意大利的 4 倍。

　　4.农产品严重依靠出口

　　美国是世界上最大的农产品出口国，自 20 世纪 20 年代以来，农产

品生产过剩一直困扰着美国政府和农场主。每年生产的 1/5 小麦、1/3 的大米和 2/5 的大豆都要投入国际市场,因此国际市场需求和价格的变化及政治的动荡,都会给美国农产品出口和农业生产带来巨大影响。

5. 农业生产日益走向集中

随着农业危机的加深,美国大量中小农场破产或被兼并,农业生产日益集中在大农场主手中。据统计,1935 年美国共有农场 681.4 万个,平均每个农场占有耕地 155 英亩,而 1990 年已减至 208 万个,土地面积超过 1 000 公顷的大农场占全国农场总数的 8%,而拥有的土地面积却占全国的 62.4%。

(三)农业生产带

1. 乳畜带

乳畜带主要位于新英格兰地区和滨湖地区。这里纬度较高,生长期短,不利于玉米等谷物的生长;但这里城市众多,人口密集,工业发达,大量的城市人口对肉奶需求量大。因此,这里就大量种植牧草,发展养畜业。这里拥有全国 1/3 奶牛,生产了全国 1/2 的奶制品。

2. 玉米大豆带

玉米大豆带位于乳畜带以南,东起俄亥俄州西部,西至内布拉斯州东部,是以伊利诺斯州、艾奥瓦州为中心,南北宽约 300 公里的地区。这里土壤肥沃,无霜期长,夏季气温高雨量多,十分适宜玉米、大豆生长。玉米产量占全国 70%,大豆产量占全国 60%。畜牧业主要是养猪和肉牛,猪的存栏数量约占全国 1/2,肉牛数量占全国 1/3。

3. 小麦带

小麦带位于中部平原西部,包括南、北达科它州、堪萨斯州和俄克拉荷马州。这里冬寒夏热,秋季干燥,适宜小麦生长,北部主要种植春小麦,南部主要种植冬小麦。

4. 棉花带

棉花带位于北纬 35 度以南,老棉区包括南北卡罗莱纳州、佐治亚州向西至得克萨斯州东部。由于自美洲开发以后,这里就是传统植棉区,种植单一,土壤肥力下降,病虫害蔓延,现在这里大部分已改种花生。新棉区已向西移至得克萨斯州、新墨西哥州、亚利桑那州和加利福尼亚州,棉花产量占全国 70%以上。

5.亚热带作物带

亚热带作物带主要种植亚热带的水果、蔬菜、水稻等农作物,主要分布在佛罗里达州、墨西哥湾沿岸和西部的加利福尼亚州。

6.放牧和灌溉农业区

放牧和灌溉农业区主要分布在落基山脉以西的内陆高原和盆地各州。这里气候干燥、土壤贫瘠、荒地多,因此主要是放牧业和灌溉农业。

六、交通运输业

美国是世界上交通运输业最发达的国家,全国已建立起庞大的铁路、公路、航空、内河航运和管道运输网,铁路、公路、航空、管道运输均居世界首位。国内的客货运输无论铁路、公路、航空、内河和沿海海运均很发达。

20 世纪 20 年代以前铁路是美国最重要的运输方式,1920 年铁路里程曾达 42 万公里,约占世界铁路总长度的 35%,20 年代以后随着公路、航空运输的发展,铁路运输日渐衰落,到 1997 年铁路营运里程仅16.4 万公里,铁路货物周转量约 2 万亿吨公里,均居世界第一位。美国铁路网稠密,几乎各个地区和中心城市之间都有铁路相通,但以东西向铁路最为重要。最大铁路枢纽是芝加哥,有 30 多条铁路通往各地,其次是纽约、圣路易斯、堪萨斯、匹兹堡等。

美国具有世界上最发达的高速公路体系,全国公路总长度为 640万公里,为世界上公路最长的国家,其中高速公路 8.9 万公里,其长度的占世界高速公里总长的 1/2。有各种汽车 2.4 亿辆。汽车运不但在客运中占有统治地位,而且也垄断了短途货运和快速货运。公路网以北部地区最稠密,其长度占全国的 70%。

水上运输由内河航运和海运组成,美国大西洋和太平洋沿岸都建有世界一流的深水港口。内河水运主要是密西西比河和五大湖水系,总通航里程约 5 万公里。五大湖通过圣劳伦斯河和伊利运河可直通大西洋。密西西比河是连接南北的重要通道,占全国内河运量的 60%,以运送粮食、煤炭、石油等大宗货物为主。

海运以沿海海运为主,约占全国海运总量的 66%,远洋运输只占 34%。沿海航运主要是从南部的墨西哥湾沿岸向北部输送石油等化工原料,远洋运输承担了本国 96% 的进出口货物。年吞吐量超过了千万吨的港口有 16 个,如纽约、费城、诺福克、巴尔的摩、新奥尔良、休斯敦、洛杉矶等。其中最大港口是纽约,其次是新奥尔良和休斯敦。

美国航空运输业在客、货运总量、航空线路、机场设施和各种类型飞机的数量和质量等方面都遥遥领先于世界其他国家。美国拥有各种类型民用飞机达 28 万架。

管道运输以输送石油、天然气为主。管道最稠密的地区是墨西哥湾沿岸。全国 60%~70% 的原油和 100% 的天然气均由管道输送。

七、对外贸易及市场特征

美国拥有丰富的劳动力资源、自然资源、投资资源和发达的科学技术。高度发展的工业、农业和庞大的政府采购以及巨额的高消费,使美国具有其他资本主义国家所不能比拟的广阔的国内市场。

(一)美国对外贸易发展趋势

1. 对外外贸易地位起伏不定

1985 年以前,美国在世界贸易中的比重虽不断下降,但一直是世界上最大的贸易国家。1986 年,美国的贸易降到世界第二位,在前联邦德国之后。从 1991 年起,美国又重新成为世界最大的出口国。现在美国依然保持着世界第一贸易大国的地位。美国的对外贸易在 2006 年持续增长。货物和服务贸易总额、货物出口额、货物进口额、服务出口额、服务进口额都创下了历史记录。同时贸易赤字也再次创下了历史记录。

2006 年美国货物贸易和服务贸易的进出口总额比 2005 年的 32 808.11 亿美元增长了 11.26%,创下了 36 499.28 亿美元的历史记录。其中,货物贸易总额为 28 844.89 亿美元,比 2005 年的 25 764.11 亿美元增长 11.96%;服务贸易总额达 7 654.39 亿美元,比 2005 年的 7 041 亿美元增长 15.18%。

2. 出口商品竞争能力日益削弱

美国出口商品主要是工业制成品,每年约占其出口总值的 75% 左右。美国一些劳动密集型的产品相继退出世界市场。曾经在海外市场上居竞争优势的高技术产品,如飞机、汽车、电信器材、大规模集成电路、电子计算机等也面临着日本和西欧产品的激烈竞争。自 20 世纪 60 年代以来,除农产品、军火和技术贸易,美国其他民用工业品在国外市场竞争中处于守势。

3.进口商品结构发生很大变化

战后初期美国进口商品中初级产品所占比重大大超过制成品,而现在制成品的进口远远超过了初级产品。

4.美国服务贸易发展迅速

进入 20 世纪 90 年代以来,美国服务贸易的发展尤为突出。1990 年美国服务贸易出口额为 1 025 亿美元,占世界服务贸易出口总额的 15.7%,居世界第一位。1994 年美国服务贸易出口额增至 1 782 亿美元,比 1990 年增长 60%以上,占世界服务贸易出口总额的比重也增至 16.5%,继续保持世界首位。美国服务贸易进口额也增长很快,从 1990 年的 780 亿美元增加到 1994 年的 1 250 亿美元,占世界服务贸易进口总额的比重,从 1990 年的 11.7%升至 1994 年的 12%,在世界服务贸易进口总额中的位次,从第二位升至第一位。美国服务贸易经常保持顺差,1994 年顺差达 532 亿美元,对弥补美国商品贸易逆差起到了一定的作用。2006 年,美国服务贸易的进出口额达到了 7 654.39 亿美元,其中出口额为 4 255.94 亿美元,进口额为 3 248.25,顺差为 978 亿美元。

美国服务贸易内容广泛,包括旅游、运输、保险、银行、广告、工程设计、知识产权、数据处理及信息传递等项目。美国服务产业比较发达,具有良好的基础,并在高科技等新领域中占有优势。所以,美国服务贸易居世界领先地位。

5.贸易方向上不平衡

美国过去主要的贸易对象是西欧和北美。但自 20 世纪 80 年代中期以来,美国的贸易方向发生了深刻的变化。海外市场的重心从西欧向亚太地区转移。90 年代初,美国同亚洲的贸易超过同欧洲的贸易。美国同加拿大、墨西哥的贸易增长迅速。

加拿大和墨西哥是美国最主要的贸易伙伴。2006 年美国与两国的进出口总额达 8 664 亿美元,占美国进出总额的 29.95％,其中,美国向两国的出口总额为 3 648 亿美元,比上一年度上升 10.11％。美国从该两国的进口额为 5 017 亿美元,比去年同期增长 9.52％。2006 年美国与欧盟 25 国的进出口总额达 5 446 亿美元,占美国进出总额的18.83％,其中,美国向欧盟 25 国的出口总额为 2 140 亿美元,比上一年度上升 14.69％。美国从欧盟 25 国的进口额为 3 306 亿美元,比上年同期增长 7.06％。美国与欧盟 25 国贸易逆差为 1 166 亿美元。美国与亚洲地区的进出口总额 2006 年达 9 302 亿美元,占美国进出总额的32.16％。

6.外贸逆差急剧扩大

在"二战"后的 1946 年至 1970 年这 25 年间,美国的对外贸易一直是顺差。1971 年美国出现了自 1893 年以来的第一次贸易逆差。1974年至 1976 年美国的贸易逆差为 71 亿美元,1979 年至 1981 年增为 387亿美元,1984 年至 1985 年为 1 359 亿美元,1986 年达到 1 698 亿美元,1987 年高达 1 736 亿美元。自 1988 年起,美国的贸易逆差不断下降,1990 年降为 1 010 亿美元,1991 年进一步降至 662 亿美元,这是 1983年以来首次低于 1 000 亿美元。但 1993 年美国贸易逆差剧增 37％而达1 157.8 亿美元。1995 年美国的贸易逆差更增至 1 869 亿美元。10 年之后的 2006 年,美国的贸易逆差达到 7 585 亿美元。

(二)对外贸易对美国经济发展的作用

美国的对外贸易在国内生产总值中占比重不断增长,已由 20 世纪50 年代初的 4.5％上升到目前的 23％,因此对外贸易对经济的发展具有极其重要的意义。

1.出口贸易为美国产品和服务提供了广泛的市场

美国制造业每生产 5 美元的产品,就有 1 美元用于出口,每 8 个制造业工人中就有 1 人为出口生产而工作,农业中每 3 亩耕地中就有 1亩的产品为出口服务。因此,美国对外贸易的增长成为推动经济发展的重要动力。

2.美国对外贸易为美国制造业的发展提供了原料和燃料

美国是个自然资源丰富的国家,石油、煤炭、天然气、棉花等重要能源、原材料的产量虽然位于世界前列,但由于国内生产规模大、消费量大,或受自然条件的限制及国际分工深化的影响,许多原料、能源、零部件和日用消费品仍需大量进口。据统计,美国每年制造业所需的原材料约 1/5 需要进口,特别是具有战略意义的有色金属和稀有金属,绝大部分需要进口。能源中,煤炭可以出口,而国内每年消费的石油却有 1/3 依靠进口。热带经济作物如橡胶、咖啡、可可、热带水果等,几乎全部从国外输入。其他如汽车零部件、电子元器件、飞机发动机及其他构件也需要从其他合作生产国进口。

3. 对外贸易促进了产业结构的调整

"二战"后美国在科技革命的推动下大力发展电子信息、飞机宇航、生物工程等高科技产业,淘汰劳动密集和资源资金密集型产业。被淘汰的产业,就以技术和设备输出到一些发展中国家,在发展中国家设厂生产,然后再从发展中国家廉价进口这些产品。这样既促进了产业结构的调整,又保障了国内市场供应。如耐克运动鞋的生产几乎全部转移到亚洲发展中国家。

4. 通过对外增加出口,为国内提供了更多的就业机会,大大缓解了国内失业危机

20 世纪 70 年代到 80 年代,美国经济由于陷人"滞胀",财政赤字、外贸赤字和高失业率曾居高不下。自 90 年代初,尤其是克林顿入主白宫之后,把开拓国外市场,扩大出口作为其战略重点,因此促进了出口贸易的增长,出口贸易额 1990 年只有 3 935 亿美元,而 1999 年则增长到 6 843 亿美元。出口贸易的扩大不但带动了美国经济连续 118 个月持续、稳定的增加,而且也大大减少了失业率。1995 年美国失业率为 6%,而 1998 年则下降到 4.6%,而 1999 年则又下降到 4.2%。

5. 从发展中国家进口日用消费品

如服装、鞋类、玩具、食品等由于生产成本低,因此在美国国内市场上售价低,物美价廉的产品大大节约了美国公民消费的支出,在一定程度上提高了美国人民的生活水平。

6. 对外贸易是影响美国国际收支状况的重要因素

1946 年至 1970 年的 25 年间,美国靠对外贸易获得 966 亿美元巨

额盈余,对弥补国际收支逆差起了很大的作用。进入 20 世纪 70 年代后,对外贸易经常出现逆差,使美国国际收支状况更加恶化。

(三)战后美国对外贸易政策与措施

1.贸易自由化

从"二战"结束到 20 世纪 70 年代中期,美国外贸政策主要倾向是贸易自由化。1947 年美国同其他资本主义国家一起签订了《关税与贸易总协定》。美国同意平均降低关税 21%。在后来多次的多边贸易谈判中,关税不断降低。现在美国的平均关税率只有 5%左右。

2.新贸易保护主义从 70 年代中期起在美国出现

以后的经济复苏并未影响新贸易保护主义的加强。新贸易保护主义的主要表现是:限制进口的主要措施从关税壁垒转向非关税壁垒;扩大征收"反倾销税"和"反补贴税"的行动;加强财政、金融、外汇等鼓励出口措施。

3.加强外贸管理

在贸易自由化和新贸易保护主义的基础上,出现了管理贸易制度。一是以立法形式强调单边协调管理,使外贸管理制度法律化;二是从加强国际多边合作转为更多地使用双边协调管理的方式;三是突出对知识产权的管理。

(四)美国对外贸易的商品结构

一个国家的产业结构往往对进出口商品结构有决定性影响。因此美国对外贸易进出口商品结构的变化与美国产业结构的调整密切相关。

美国出口商品以工业制成品为主,约占出口额的 80%,在制成品中主要以机械设备,如飞机、汽车、电信器材、大规模集成电路、电子计算机为主,约占制成品出口额的一半左右。20 世纪 60 年代末,美国制成品出口居世界首位,1969 年被德国超过,1984 年又被日本超过,目前居世界第三位。制成品中一些劳动密集型产品,如服装、鞋类、玩具等先后退出市场。近年来,以计算机、电脑软件、电脑芯片、通信设备等为主的信息产品出口增长尤为迅速。农产品是美自重要的出口产品,在世界占有重要地位,主要以玉米、小麦、大豆、稻米、棉花等为主。但农产品在出口商品构成中所占的比重不断下降。矿产品主要是煤炭。

美国的进口商品在 20 世纪 70 年代以前主要以能源、原材料为主，机械设备、化工产品等制成品所占比重不大。1950 年美国初级产品的进口占进口总额的 70.2%，工业制成品占 28.5%，到 1995 年前者下降为17.7%，后者上升力 70.2%。各类商品在进口额中所占比重变化很大，机器和运输设备的进口到 1967 年则上升为第一位。进口的商品主要是汽车、机器零部件、电子产品及其零部件；进口原材料除石油外，还有有色金属、废旧金属、纸浆、木材、铁矿砂、橡胶；进口食品主要是咖啡、可可、水果；进口轻纺产品主要是服装、鞋类、玩具等。

（五）美国对外贸易的地区结构

美国过去主要的贸易对象是西欧和北美各国，但自 20 世纪 80 年代中期以后，其贸易方向发生了变化，海外市场的重心从西欧向亚太地区转移。20 世纪 90 年代初美国同亚洲的贸易超过西欧，而由于北美自由贸易区的形成，美国与加拿大、墨西哥的贸易增长迅速。2006 年美国前 10 位贸易伙伴依次分别为：加拿大、中国、墨西哥、日本、德国、英国、韩国、法国、中国台湾和马来西亚等国家和地区。美国与前 10 名贸易伙伴的货物贸易进出口总额达 18 963 亿美元，占美国货物贸易进出口贸易总额的65.55%，其中进口总额为 12 377 亿美元，占美国进口总额的66.71%，出口总额为 6 586 亿美元，占美国出口总额的 63.49%。2006年美国与该 10 个贸易伙伴的贸易逆差继续扩大，其逆差总额达 5 791亿美元，占美国货物贸易逆差总额的 76%。

（六）美中经贸关系

美国是世界上最大的发达国家，中国是世界上最大的发展中国家，两国的资源结构、产业结构和消费水平上的差异决定了两国经济具有很强的互补性，促进两国之间的经贸往来，无疑对美中两国经济的发展，乃至世界经济的增长会起极大的促进作用。自 1972 年美中关系正常化，尤其是 1979 年两国正式建交后，经贸往来取得了迅速发展。

美中经贸往来的成果是：

1.商品贸易额迅速增长

自 1972 年美中双方恢复高层接触，打开两国关系的大门以来，双边经贸关系发展迅速。1979 年双边贸易额仅为 24.5 亿美元,而 1998 年已增长到 550 亿美元,20 年中双边贸易额累计已达 3 645 亿美元。1998 年双边贸易额是 1979 年的 23 倍。20 世纪 80 年代,美中双边贸易以年平均 9.4%的速度增长,进入 90 年代增长速度更大大加快,年均增长速度达 22.6%。2006 年美国与中国的进出口贸易额为 3 430 亿美元,占美国进出口贸易总额的 11.86%。其中美国向中国的出口额为 552 亿美元,占美国出口总额的 5.32%,美国从中国的进口额为 2 878 亿美元,占美国进口总额的 15.51%。美国与中国的贸易逆差为 2 326 亿美元。

目前,中国是美国第三大贸易伙伴,第五大出口市场和第二大进口来源地。

2.经济互补,互惠互利

美中两国经济的互补性,为发展双边贸易往来和经济合作提供了优越的条件和广阔的前景。物美价廉的中国商品对美国广大消费者有着强烈的吸引力,许多美国产品也以其技术实力和适宜中国建设的需要,而广受欢迎。广阔的市场和丰富的劳动力资源使得许多美国企业将中国视为首选市场,而资金雄厚、技术先进、管理科学的美国公司也是中国理想的合作伙伴。目前中国是美国纺织品、服装、玩具、鞋类、家用电器、旅行箱包等产品的主要供应国之一,同时也是美国飞机、动力设备、机械设备、电子器件、通信设备、化肥等工业品及粮食、棉花的重要销售市场。美制飞机在中国民航机队中占 60%。中国还是美国第六大农产品出口市场。美中双边贸易的发展,为美国提供了 30 万个直接高薪就业机会和上百万个间接就业机会,也为中国沿海地区提供了数百万个就业机会。

3.投资和科技合作取得了长足的发展

美中贸易的迅猛发展,必然也带动了相互投资的增长。投资领域涉及机械、冶金、石油、电子、通信、化工、纺织轻工、食品、农业、医药、房地产,以及金融、保险、外贸、会计、货运代理等试点行业。IBM、GE、AT&T、P&G、杜邦、联合技术公司、摩托罗拉等世界著名的跨国公司几乎全都在中国建立了合资、合作或独资企业。到 1997 年底,中国在美国开办的贸易型与非贸易型企业也超过了 500 家,总投资金额约 5 亿美元,对促进当地经济发展也起了相应的促进作用。

4.双边经贸往来日益走向法制化,为减少或避免贸易摩擦提供了有利条件

自 1979 年美中双方正式建交后,两国先后签署了美中贸易关系协定、海运协定、工业技术合作协定、避免双重征税协定、中美和平利用核能协定等,尤其是 1992 年 10 月美中双方签订的《中美市场准人谅解备忘录》和 1995 年 2 月达成的有关《知识产权保护协议》,1999 年中美达成《关于中国加人 WTO 的协议》,均为美中双边经贸往来创造了有利条件。2001 年 11 月中国加人世贸组织,对外开放将日益走向市场化和法制化,美中双边贸易必将取得更大的发展。

(七)美国的市场特征

美国市场具有下列特点:

1.市场容量大,进口商品范围广

美国是世界上经济最发达的国家,国民生产总值已超过 10 万亿美元,人均国民产值约 3.4 万美元,再加上 2.9 亿人口,因此形成了世界上需求量最大的市场。美国国内产业部门齐全,居民消费层次多样,无论是科技含量高的工业设备、零部件,还是普通的日常消费品都有很大的需求,所以进口商品范围广。

2.市场变化快、销售时间性强,因此交货要及时

美国人喜欢追求时尚,新潮产品价格再高也愿购买,过时产品价格再低也无人问津。因此我们要不断开发新产品,抓住有利的销售时机和季节。

3.销售渠道复杂

美国与其他发达国家一样,有一套复杂而周密的销售渠道与网络,如各种代理商、批发商、零售商等。因此应根据不同商品、不同地区恰当地选择销售渠道,以利于尽快地打开市场和降低销售成本。如高质量的时尚消费品最好通过百货公司销售,既能扩大产品的知名度,又能卖上好价钱。

4. 价格波动大

美国由于受经济周期规律变动的影响,再加上厂商之间的激烈竞争和货币因素的波动,因此商品价格变化大。出口厂商应注意防范各种价格和汇率波动的风险。

5. 非关税壁垒日益增多,法律、法规严格

美国为了扭转多年逆差的不利局面,近年来以非关税壁垒为主的贸易保护措施日益增多。尤其是 1988 年通过的《综合贸易法案》,保护的范围已从一般商品扩大到知识产权、服务和投资领域。因此对各种非关税措施和法律制度我们必须仔细了解,以便采取恰当的应对措施。

八、经济区域与城市

(一)三大经济区

美国资本主义经济的发展首先是从大西洋沿岸的东北部的英格兰地区开始的,19 世纪初推进到中央北部区五大湖沿岸各州,19 世纪中叶到 20 世纪 70 年代,是向西部和南部扩展时期。至今形成了以传统工业为主导、人口高度密集、经济发达的北部区;以石油、化工、宇航、飞机、核能利用、电子、军事工业等新兴产业为主的西部区和南部区。

1. 北部区

是指位于美国东北部新英格兰地区、大西洋沿岸中北部和五大湖周围的缅因州、新罕布什尔州、佛蒙特州、马萨诸塞州、罗得艾兰州、康涅狄格州、纽约州、宾夕法尼亚州、俄亥俄州、密执安州、印第安纳州、威斯康星州和伊利诺斯州等 14 个州。这里是美国资本主义经济发展最早的地区,19 世纪末工业产值已占全国 80% 以上,第二次世界大战后的初期还占 3/4 左右。以后随着美国产业结构的调整,北部区以钢铁、机械、采矿、化工为主的传统产业,由于设备陈旧、技术落后、污染严重、加之交通拥挤、土地价格昂贵等弊端的出现,其经济发展的速度逐渐落后于西部和南部区,但北部区目前仍是美国最大的经济区。其工业产值仍占全国的 1/2 左右。主要产业部门有钢铁、采矿、机械、化工、汽车、乳肉加工和船舶等。通过长期发展形成了从波士顿—纽约—费城—华盛顿,芝加哥到圣路易斯两大城市群。它们既是工业中心,又是金融、文化、科

研中心和交通枢纽。其他著名城市还有底特律、匹兹堡、布法罗、辛辛那提、克利夫兰等。北部区还是美国著名的乳畜带和玉米、大豆带。

北部区所以能形成美国资本主义发展最早、工业最发达的地区，得益于下列有利条件：

（1）这里是欧洲移民最早到来的地区，他们带来了资金和较先进的技术。

（2）这里从一开始就没有封建生产关系的束缚，实行的是资本主义的生产方式。

（3）这里有五大湖、圣劳伦斯河和大西洋的水运，交通方便，有利于原料的输入，产品的输出。

（4）这里煤炭、铁矿、石油等矿产资源丰富，为现代工业发展提供了充足的能源和原材料。

（5）农业发达，既为轻工业的发展提供了原料，又为城市居民提供了充足的食品。

2. 西部区和南部区

西部区主要包括太平洋沿岸的华盛顿州、俄勒冈州、加里福尼亚州、内华达州、犹他州、科罗拉多州、亚利桑那州、新墨西哥州等 13 个州。南部区主要是指位于美国东南部和南部的马里兰、特拉华、弗吉尼亚、南北卡罗莱纳、佐治亚、佛罗里达、得克萨斯、俄克拉荷马等 16 个州。这些地区由于纬度低，阳光充足，气候温暖湿润，因此有美国"阳光地带"之称。"二战"前，这里经济相对落后，是北部区粮食、矿产品、木材的供应地。"二战"后，由于新技术革命的兴起和产业结构的调整，西部区和南部区已形成了以军事工业、电子、航空航天工业、石油、化工、微生物采矿、核能利用等高新技术为主的新兴工业区。其经济增长的速度、高素质人才聚集的数量远远超过北部区。一批新兴的工业城市如有"宇航城"和"石油城"之称的休斯敦、"飞机城"西雅图、科罗拉多州的丹佛、亚利桑那州的菲尼克斯等先后崛起。西部和南部经济迅速发展，主要是由下列条件造成的：

（1）"二战"期间和"二战"后"冷战"期间，美国政府为了作战的需要和美苏对抗的需要，有计划地把与军事有关的宇航、电子等科研项目，设置在西部和南部,并加大政府对西部和南部的拨款,从而带动了西部、南部制造业的发展。

(2)西部、南部的发展得益于 20 世纪 60 年代兴起的科技革命。西部和南部由于传统工业少,因此束缚小,易于采用新技术。新技术产品使用原料少、体积小、附加价值高,抵消了西部交通不便、水源缺乏等不利因素。而且这些高技术产业一般均与军事有关,产品一旦研制成功就有市场保证,企业便可获得高额利润,也促使了这些高新技术产业的发展。

(3)注重发展高等教育,并使大学与高新技术企业相结合。高等教育的发展吸引和培育了许多年轻的高素质人才,使人才结构发生了极大的变化。与高技术企业相结合不但有助于科研项目的开发和科研成果的转化,而且促进了经济的发展。例如,亚利桑那大学在 20 世纪 80 年代初曾拨专款创办一个"优胜项目",试图与企业合作把太阳谷(图森市的一个高技术集中区)创办为第二"硅谷",从而吸引到大量的人才。

(4)20 世纪六七十年代美国对外贸易战略重点西移,也是促使西部地区发展的一个重要原因。80 年代伊始,美国对外贸易的重心已由大西洋转向太平洋,到 1982 年美国与太平洋沿岸各国贸易总额已达 1 210 亿美元,超过与大西洋沿岸各国贸易额 1 116 亿美元的水平。外贸重点的西移中既促进了西部工业的发展,也加快了运输、保险、金融等服务业的发展。

(5)人口老龄化的加快也是促使西部和南部经济加快发展的一个重要因素。美国 20 世纪 60 年代到 70 年代,老龄人口也由 1 600 万增长到 2 500 万,这些退休人员多数迁往气候宜人,风景秀丽的南部。他们多年积累的财富在居住地或投资或消费,必然促进当地经济的发展。

(6)南部和西部土地辽阔、人口相对稀少、污染少、能源价格低廉、劳动成本低等因素,也促使北部区一些企业西迁和南移。

(二)主要城市概况

1.华盛顿,美国的首都,位于波托马克河口,面积 174 平方公里,人口 64 万,为纪念美国第一任总统华盛顿而得名,是单纯的政治中心,工业很少。

2.纽约,位于哈德逊河口,是美国最大的城市和港口,联合国总部所在地,人口约 1 700 万,是美国最大的金融中心和仅次于芝加哥的第二大工业中心。这里聚集着 3 000 多家金融机构和数千家公司,也是世界最大航空港之一。

3.芝加哥,位于密歇根河南端,是美国最大工业中心和铁路枢纽,人口约 700 万。这里的主要工业有谷物加工和肉类加工及冶金工业,其次石油加工、运输机械和印刷工业也很发达。芝加哥有美国最大的国际机场。

4.洛杉矶,美国太平洋沿岸最大城市和港口,位于加里福尼亚州的西南部,人口大约 800 万,已超过芝加哥。主要工业有飞机制造、汽车、石油加工、化工、果品罐头制造等。其北部的好莱坞有世界最大的影视城。港口由洛杉矶和长滩组成。

5.休斯敦,位于墨西哥湾沿岸,通过人工运河与墨西哥湾相连,是美国南方最大城市。自 20 世纪石油资源开发后,这里就成为美国最大的石油工业中心,有"石油城"之称。港口的吞吐量可达 1 亿吨,仅次于纽约和新奥尔良。近年来宇航工业得到了迅速发展。

加拿大

加拿大(Canada)位于西半球北美洲的北半部,东北隔巴芬湾与格陵兰岛相望,北濒北冰洋,西北部和南部与美国为邻,领土面积 997.1 万平方公里,居世界第二位。加拿大全国划分为十个省与两个地区,首都渥太华。

加拿大和美国一样,是由资本主义发达的英国移民和法国移民建立起来的一个移民国家。1867 年成为英联邦的一个自治领地。1926 年取得外交上的独立权,1931 年成为英联邦成员国之一,1982 年收回全部宪法权利,从而在法律上成为一个完全独立的国家。

一、自然地理条件

加拿大幅员广阔,南北相距 4 600 多公里,东西宽约 5 500 多公里,横跨六个时区。由于三面环海,海岸线长达 2.8 万多公里,但由于地

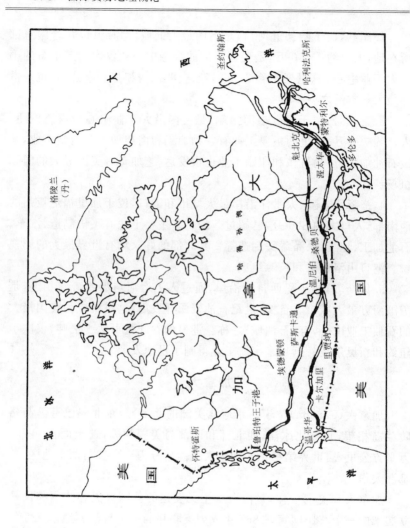

处高纬度地区,大部分海域结冰时间长达半年以上,因此不利于航行。

1. 地形

加拿大地形自西向东分为三部分:西部是以落基山脉为主体的科迪勒拉山系,中部是平原,东部是拉布拉多高原和阿巴拉契亚山脉。平原的西部由于牧草丰美,又称大草原,平原的东部由于受冰川作用,地表多湖泊。

2.气候

加拿大地处高纬度地区,因此大部分地区气候寒冷,仅极地苔原气候就覆盖了全国面积的 1/3,其次主要是亚寒带针叶林气候。中部平原的南部和圣劳伦斯河沿岸,夏季气温高,是重要的农业区。西部太平洋沿岸由于受到太平洋暖湿气流的调节,形成了东暖夏凉的温带海洋性气候。

3.河流与湖泊

加拿大湖泊众多,拥有或与美国分享世界上最大的七个湖泊。北美五大湖——苏必利尔湖、密执安湖、休伦湖、伊利湖、安大略湖,是世界上最大的淡水湖群,总面积达 25 万多平方公里,其中 36% 在加拿大境内,64% 在美国境内。这是因为密执安湖完全在美国境内,其他四湖为美加两国所共有,加拿大拥有 92 600 多平方公里湖面。五大湖的储水量为 22 800 多立方公里,相当于地球上淡水总量的 1/4。加拿大境内的其他大小湖泊不计其数,光湖面超过 1 000 平方公里的就有 39 个,其中最大的是大熊湖,其次是大奴湖、温尼伯湖等。

加拿大境内有很多江河,其中长达 1 000 公里以上的就有 16 条。世界上最长的 20 条江河中,加拿大就有 3 条。加拿大的河流按其流向,分为四大水系:即哈得逊湾水系、北冰洋水系、大西洋水系和太平洋水系。哈得逊湾水系中,最大的河流是纳尔逊河,长 2 600 公里。北冰洋水系中最主要的河流是马更些河,全长 4 240 里,是加拿大最长的河流。大西洋水系中,最主要的是圣劳伦斯河,圣劳伦斯河全长 3 000 公里,它把五大湖的湖水排入大西洋,其流量之大在北美仅次于美国的密西西比河。圣劳伦斯河历来是五大湖通向大西洋的咽喉。太平洋水系中最大的河流是育空河,全长 3 200 百公里。

众多的河流与湖泊为加拿大提供了丰富的水力资源。全国可开发的水力资源 9 000 多万千瓦,目前水力发电约占全国发电量的比重达 70%。

4.资源

加拿大地域辽阔,矿产资源丰富,在世界上占有重要地位。矿产储量潜在总值居世界第七位,约占世界的 3.8%。矿产有 60 余种,其中铟、钾盐储量居世界第一位,铀、铌、钨、硫居世界第二位,镉、硒居世界第三位,镍、钼、钽、重晶石居世界第四位,锌居世界第五位,金、银居世界第六位,金刚石、钴居世界第七位,铜和煤的储量则分别居世界的第十二位和十四位。已探明的原油储量为 80 亿桶。阿伯塔省富含油沙,石油储量估计为 170 亿桶至 250 亿桶,辛克卢德油田为世界最大的油沙矿。铁矿资源也很丰富,现铁矿石的储量和储量基础分别为 11 亿吨和 25 亿吨。加拿大金属矿产资源的分布极不均匀,东部地区的劳伦高地被称之为加拿大的矿藏宝库。

加拿大森林资源也非常丰富,林地利用率近 100%,森林覆盖 440 万平方公里、产材林面积 286 万平方公里,分别占国土面积的 44% 与 29%;森林蓄积 247 亿立方米,木材总蓄积量 172.3 亿立方米。加拿大大部分地区都是针叶树种。它包括松科的冷杉属、落叶松属、云杉属、松属、黄杉属和铁杉属等 6 个属,以及柏科的扁柏属和崖柏属。

加拿大东部纽芬兰岛附近的海域为寒暖流交汇处,是世界四大海洋渔场之一,这里有极为丰富的鱼类资源。

二、居民

现加拿大人口为 3 297.6 万(2006 年)。16 世纪前,当地居民为印第安人和因纽特人。目前多为欧洲移民后裔,其中英裔占总人口的 40%,法裔占 27%。当地的土著人占总人口的 3%。加拿大地广人稀,人口密度仅为每平方公里 3 人,而且分布不均匀。83% 的加拿大居民分布在安大略、魁北克、阿尔伯达、不列颠哥伦比亚等四个省。城市人口占总人口 75%。蒙特利尔、多伦多、渥太华三大城市人口最为集中。

加拿大的民族是指在加拿大拥有同一历史、同一文化人们的集合体。加拿大是一个多民族的以移民为主而构成的国家。不同的民族一直保留着其自己的语言与文化。加拿大一直被认为是一个文化多元化的国家,加拿大的民族各具特色。这一点与美国不同,美国推行的是"熔炉"文化政策,强势的美国主流文化吸收了其他民族文化,形成了美利坚族。而加拿大实施的是"多元文化主义"的政策,鼓励加拿大每一个民族保留并与其他加拿大人分享其各自的传统。加拿大的民族构成是这样的：

1.加拿大土著民族

加拿大的土著居民主要包括北美印第安人、梅笛斯以及因纽特。所有的土著居民加在一起约占加拿大人口总数的约 3％，约 60 万人。

2.建国民族

加拿大有两大"建国民族"，它们是英裔加拿大人与法裔加拿大人，英裔加拿大人在加拿大占有统治地位，但是法裔加拿大人在人口众多的魁北克省保留着他们自己的语言与文化。

3.其他民族

（1）其他欧洲裔加拿大人

欧洲血统但非法裔或英裔的加拿大人占人口总数的 13％。其中 280 万人是日耳曼人后裔；120 万人是意大利人后裔；100 万属乌克兰人后裔；90 万属荷兰人后裔；约 78 万人数波兰人后裔；其他还有犹太人后裔、挪威人后裔。他们大多住在大草原各省（曼尼托巴省、萨斯喀彻温省、亚伯达省）以及加拿大主要城市多伦多、安大略、蒙特利尔、魁北克、温哥华和英属哥伦比亚。

（2）亚裔加拿大人

亚裔加拿大人包括从亚洲来到加拿大的人，这些人有阿拉伯人以及西亚人（阿富汗人、伊朗人、以色列人、库尔德人以及土耳其人），南亚人（孟加拉人、巴基斯坦人、旁遮普人、锡兰人、斯里兰卡人、泰米尔人以及印度人）；东亚及东南亚人（中国人、菲律宾人、印度尼西亚人、日本人、韩国人、马来人以及其他亚洲人）。到加拿大的亚洲移民一般居住在多伦多、蒙特列尔、温哥华这些城市的市中心。

此外，加拿大还有少量来自非洲、东印度群岛、美国等地的非洲裔加拿大人，约占加拿大人口总数的 2％。

在加拿大，英语与法语有共同的地位，均为官方语言。

加拿大居民中绝大部分信仰天主教与基督教。全国主要宗教派别30 多个。加拿大人信奉天主教的人约占人口的 47％，信奉基督教新教的约占人口的 41%，其余的人有的信奉东正教、有的信奉犹太教等。

三、经济概述

加拿大是一个后起的资本主义国家，自 1867 年成立联邦以来，虽只有 130 多年的历史，但现在已成为西方七大国之一。2006 年国内生产总值约为 13 600 亿美元，人均约 41 470 美元。

加拿大在实行联邦制之前，经济以渔业、林业和狩猎业为主，成立联邦之后，横跨东西大铁路的修建，促进了钢铁、纺织、造纸等加工业的发展。同时，由于安大略省大量的金属矿藏的发现，从而使采矿业也随之发展起来。"二战"前，加拿大经济以采矿业、林业、渔业和狩猎业为主，是一个经济较为落后的国家。

"二战"后，加拿大与美国的经济联系日益加深，由于美国的侵朝和侵越战争的军事需求的刺激，大量外国资本的涌入加拿大。科学技术进步的影响，劳动生产率的提高及大量科技人才的引进，使加拿大经济进入了迅速发展时期。如 20 世纪 50 年代至 70 年代期间，加拿大国内生产总值年增长率高于美国与英国，仅居日本与德国之后。

进入 21 世纪以来，加拿大总体经济形势良好，取得 4% 以上的经济增长率，出现了多年来少有的好局面。其主要原因有以下两点：一是受美国经济近 10 年来持续增长的带动，加之与美国有世界最长的不设防的边界，对美国出口随美国经济的发展而增长；二是得益于以提高劳动生产率为前提的迅速崛起的新经济，以高科技产业为主的知识经济正成为加拿大经济发展的龙头。

加拿大经济发展表现为如下特点：(1)对外依赖性强，主要经济部分多由外资控制，特别是受美国资本控制。(2)对外贸易在国民经济中占有重要地位。加拿大以贸易立国，经济发展对外依赖性强，对外贸易额占国内生产总值比在 40% 以上。(3)经济发展不平衡。安大略、魁北克、不列颠哥伦比亚和阿尔伯达四个省经济发达，四省生产总值占全国生产总值的比例超过 80%，而西北及北部地区经济仍以采矿业、林业和渔业为主。

四、国民经济主要部门

(一)采矿业

加拿大采矿业很发达,可分为燃料、金属、非金属与建筑材料四大采矿部门,许多矿产品产量在世界占重要地位。其中石棉、镍、锌、银的产量居世界首位,铀、金、镉、铋、石膏居世界第二位。铜、铅、铂、钛精矿和铁的产量居世界第三位。加拿大已开采的矿产品有 60 多种,多种金属矿主要集中分布在东部的劳伦高地,安大略省是重要的金属矿产品产地。近些年来,加拿大的石油与天然气开采业有了很大发展,其发展速度超过了其他矿业部门,主要分布在中西部地区,阿尔伯达省的原油产量占全国总产量的 80%。

铝。加拿大是世界第三大铝矿生产国之一,加拿大原铝产量在 280 万吨上下。

铀。加拿大为世界上主要的产铀国之一,加拿大年产量 1 万吨左右。加拿大的四个铀矿都在萨斯喀彻温省内。

金。加拿大是世界主要黄金生产国之一。从地理分布上看,加拿大除新不伦瑞克、新斯科舍和爱德华王子岛外,其他省和地区均有黄金开采业。

铁矿。铁矿石是加拿大最重要的矿产之一,表现在产量大、价值高。加拿大是世界上第九大铁矿石生产国和第五大出口国,主要产自魁北克省。

另外,加拿大的镍、铜、钨等有色金属的产量均居世界前列。

加拿大还是世界上一些非金属的主要生产国。金刚石的年产量居世界第三位(在南非、澳大利亚之后),每年金刚石的产量超过了 1 120 万克拉。加拿大的两个金刚石矿都位于西北地区。

作为世界上最大的钾盐生产国,加拿大年生产钾盐在 920 万吨左右,占世界钾盐产量的 33%,是世界第一生产大国。钾盐主要产在萨斯喀彻温省。加拿大还是世界上最大的硫的生产国,石棉产量也居世界第四位。

(二)制造业

制造业是加拿大最大的经济部门。主要有钢铁、有色金属冶炼、汽车、化工、电子电器、航空航天、木材加工、造纸、纺织和食品等工业部门,其中大部分产品是重要的出口产品。

加拿大具有发展钢铁工业的资源条件,但由于受美国控制,钢铁工业发展很慢,产量仅维持在 1 500 万吨左右,钢铁企业主要分布在五大湖沿岸,其中汉密尔顿是最大的钢铁工业中心。

利用本国丰富的矿产资源及廉价的电力发展起来的有色金属冶炼业,企业数目虽少,但生产规模大,各种有色金属产品主要供出口。

另外利用本国资源开发较早的造纸工业,加拿大"二战"后依靠先进的技术取得了进一步发展,其产品产量在世界市场上占较大比重。新闻纸产量与出口量均居世界第一位,另外纸浆的产量与出口量也名列世界前茅。纸浆与造纸厂主要分布在魁北克、安大略和不列颠哥伦比亚三省。魁北克省集中全国纸浆生产的 38%,其产品出口量占全国的 44%,蒙特利尔是全国最大的造纸工业中心。

汽车工业是加拿大"二战"后新兴的工业部门,受美国垄断资本控制程度较大,产品出口额在各类产品中居首位。每年汽车产量维持在 200 万辆以上。美国汽车城对岸的温泽是加拿大最大的汽车工业中心。

加拿大的轻工业不够发达。主要有纺织工业和食品工业。国内所需的轻工业品许多需从目外进口,加拿大的纺织工业主要集中在魁北克省的蒙特利尔等地,食品工业主要分布在南部的一些城市。

(三)农业

加拿大幅员辽阔,但是耕地面积只有 4 600 万公顷左右,不足国土面积的 5%,这是因为它处于高纬度,很大一部分地区在北极圈里面,气候寒冷。另外,还有永久性的放牧地约 2 800 万公顷。主要农业部门是:

1.种植业

加拿大的种植业全部集中在南部,尤其是与美国毗邻的 400 多公里的狭长地带,位于北纬 49 度至 53 度之间,类似于我国黑龙江省的北部。加拿大最重要的农业区是通常所说的大草原地区,即阿尔伯塔、萨斯喀彻温和曼尼托巴三个省,那里的土壤以肥沃的棕壤和黑土为主,保肥性状良好。农田面积占全国的 3/4,是国家的粮仓。那里的年降雨量大致在 330 毫米至 510 毫米之间,通常只有曼尼托巴省的雨量较多。这里冬季严寒,无霜期只有 100 天左右。这种气候条件适宜于硬粒红春小麦和其他耐寒的谷类作物(大麦、燕麦等)的生长。这几个省的小麦产量占全国的 95%,大麦占全国的 90%。出口小麦和大麦几乎全部产自这几个草原省。

另外一个重要农业区是安大略和魁北克两省。魁北克和安大略两省属于中部地区,那里的土壤富庶,大部分是冰川冲积土,气候也较温和,降雨量在 760 毫米至 1 140 毫米之间,主要生产饲料作物,特别是玉米,此外还有大豆、燕麦和大麦。安大略省西南部(在五大湖地区,靠近美国的玉米带)是玉米的主产区,魁北克省也有生产。其他重要的农作物还有甜菜、烟叶和葡萄等。这两个省还以枫树糖浆著名于世。

大西洋沿岸各省的农业集中在沿岸地区,它的西部地区多山,农耕作业大部分局限于高其地及盆地,主要生产饲料作物、马铃薯、蔬菜等。

太平洋沿岸地区只有不列颠哥伦比亚省,这里耕地只占全省面积的 2%,农场集中在温哥华岛上。这个省是全国最大的苹果生产基地,此外,花卉、园艺等产品也较重要。

2. 畜牧业

主要部门为养牛业、养猪业及家禽饲养业。肉牛产值约占畜禽生产总值的一半。安大略省与魁北克省畜牧业最集中,安大略省集中了全加拿大肉牛和猪产量的近 30%,魁北克则主要是乳牛的饲养。加拿大乳肉产品大量出口,正成为世界乳肉品市场上的一个主要供应者。在加拿大大城市周围,集中饲养肉鸡与火鸡。

3. 林业

加拿大森林资源丰富;总面积 440 万平方公里,居世界第二位。森林覆盖率达 44%。加拿大人工林很少,大部分为原始森林。从纽芬兰和拉布拉多海岸向西北和西部分别到阿拉斯加和落基山脉分布着广阔的针叶林,为世界第二大针叶林带。木材蓄积量达 230 多亿立方米,为发展森林采伐和森林加工业提供了优良的资源条件。全国共分为北部、哥伦比亚、五大湖、圣劳伦斯河等几大著名的林区,其中魁北克、安大略和不列颠哥伦比亚三省木材产量占全国总产量的 1/2 以上,林产品出口约占出口总额的 20%。加拿大直接和间接从事林业人员占全国就业人数的 10%,林产品出口值占全国商品出口总值的 15% 左右,为重要的出口创汇产品。

4. 渔业

加拿大拥有漫长的海岸线,其中很大一部分地处北极圈附近。现有的渔场面积估计为 50 多万平方公里,约有 10 万多人从事渔业生产,2.6 万人从事渔业加工。水产产值为 29 亿加元,其中 90% 供出口,出口值为 25.7 亿加元。按价值计,加拿大已经是世界上第五大水产品的出口国,每年的商业性渔获量约为 150 万吨。加拿大在北极地区的主要种类是龙虾、鳕鱼、红鲑鱼、扇贝、虾和鲱鱼。太平洋海域主要产大马哈鱼和鲱鱼,东海岸以底栖类和甲壳类为主,其重要性不如太平洋渔业。淡水渔业集中在五大湖地区,水产养殖业主要有大马哈鱼、红鳟鱼、牡蛎、贻贝等。

加拿大农业发达,是世界上主要的农产品生产国和出口国之一。其农业有如下特点:

第一,农业劳动生产率高居于世界前列,是世界第七大粮食生产国。若按人口平均,其粮食产量名列世界第二。在加拿大农业生产总值中,种植业产值约占 62%,畜牧业占 38%。

第二,农业与食品工业相结合,大大增强了农业部门在国民经济中的重要性。根据世界银行的资料,在加拿大国民经济中,第一、第二、第三产业所占的份额分别为 4%、40% 和 56%。

第三,以大型家庭农场和高度发达的机械化相结合为特色。目前加拿大的农场总数约为 25.4 万个,绝大多数是家庭农场,平均规模在 300 公顷上下。100 公顷以下的小农场占农场总数的 45%,500 公顷以上的大型农场占总数的 10%,但是机械化程度高,其中大功率的农业机械占很大比重。各种大型和高功率的农机具互相配套,许多田间作业可以一次完成,以节省人力、降低成本。就全国平均来看,目前大致是每个农业劳动力配备有两台拖拉机,负担 120 公顷耕地。

第四,农业生产高度专业化,主要农产品的产地非常集中。加拿大的谷物生产主要在草原三省,其中仅萨斯喀彻温一个省的小麦就几乎占了全国总产量的 3/5,而阿尔伯塔的大麦又差不多占全国产量的一半。玉米的生产更加集中,安大略省的产量大致占全国总产的 3/4;另外,也只有安大略省生产大豆。

第五,农业生产受天气影响很大,作物单产低而不稳。由于加拿大的主产区气候比较寒冷,一些重要的谷类作物的产地又特别集中,一旦气候有些不正常,产量所受的影响就很大。

四、交通运输业

加拿大地域广阔,农业和工业中的初级产品所占比重较高,由于运输量大,从而促进了加拿大运输业的发展。交通运输业发达,水、陆、空运输均十分便利。

加拿大全国铁路总长近 5 万公里。目前全国高速公路和普通公路总长 140 万公里。横贯加拿大的高速公路长 7 725 公里,于 1971 年全线通车,从太平洋东岸的维多利亚直到大西洋西岸纽芬兰的圣约翰斯,是全世界最长的国家级高速公路。

在加拿大水上运输方面,圣劳伦斯河深水航道全长 3 769 公里,船舶通航可从大西洋抵达五大湖水系。全国共有 25 个大的深水港和 650 个小港口。最大的港口是温哥华港。

加拿大全国约有商业飞机 4 500 架,经核准的机场共 886 个,主要机场 68 个,包括多伦多、温哥华、卡尔加里和蒙特利尔等国际机场。

加拿大有世界第二长的管道系统,输送石油、天然气与水的管道总长 196 000 公里。

五、对外贸易概况

对外贸易在加拿大国民经济中占有十分重要的地位,是世界出口贸易大国之一。"二战"后,随着经济的发展,自 20 世纪 70 年代以来加拿大出口贸易以每年 10% 的速度增长,成为世界贸易大国之一。2006 年,加拿大进出口贸易总额达到 7 372.6 亿美元,较上年增长 9.4%。其中出口 3 875.4 亿美元,增长 7.6%,进口 3 497.2 亿美元,增长 11.5%,贸易顺差 378.2 亿美元。

1.进出口国别地区的构成

"二战"后加拿大经济不仅表现出受美国资本的控制,同时对外贸易也表现出对美国市场的极大依赖性。加拿大对美国的出口占其全部出口总额的比重超过了80%,从美国的进口占其全部进口总额的比重超过50%。现在加拿大贸易对美国的依赖呈现出逐年下降的趋势。英国、日本、中国和墨西哥分别为加拿大第二到第五大出口市场,2006年加拿大对英国出口超过对日本出口。加拿大从美国的进口占其进口总额的比例也呈现逐年下降的趋势,即使这样,加拿大从美国进口占其进口总额的比例在2006年仍达到56.6%。位居美国之后的进口来源地依次为中国、墨西哥、日本和德国。

2.进出口商品的构成

随着经济的发展和科学技术水平的不断提高,加拿大的对外贸易商品结构发生了较大变化,初级产品所占比重在不断下降,而制成品的比重在显着增加。在20世纪60年代出口商品中有2/3是初级产品,而目前已降至20%左右。主要出口商品是汽车、钢材、纸张、纸浆、有色金属、木材、金属矿产品以及小麦等农产品。2006年,上述产品出口均呈上升趋势。进口产品包括机械设备、汽车零配件、计算机、电子电器产品、通讯设备、纺织品和食品等。

3.加中贸易

中国是加拿大的主要贸易伙伴之一。自20世纪70年代初加中建交以来,双方贸易关系进入稳定、全面发展阶段。1991年双边贸易额为22亿美元,2006年已达417亿美元。从1997年至2006年的10年间,加拿大对中国的出口增加了两倍,进口增加了四倍,增长十分迅速。中国已超过了英国和日本,成为继美国之后的加拿大的第二大贸易伙伴。加拿大向中国出口商品是农产品、化肥和工业原料,加拿大主要从中国进口商品为纺织品、服装、食品和土特产品。近年来加拿大从中国进口机电产品的比重在不断增加。

六、主要城市与港口

渥太华,加拿大首都,人口约80万。渥太华原为木材之乡,造纸工业发达。近年来制造业发展很快,其城市西部的卡尔顿有"北硅谷"之称,电子、光纤、通信、激光等高科技产业发达,其次还有印刷、食品等轻工业部门。

蒙特利尔,加拿大第一大城市,位于圣劳伦斯河北岸,金融、商业、工业中心,世界著名的小麦输出港。人口约310万。主要工业部门有钢铁、电子、飞机制造、造船、石油加工等。

多伦多,位于安大略湖北岸,全国第二大城市,第一大工业城市,人口300多万。工业有机械、汽车、化工、电子器材、肉类加工、服装等行业,并为加拿大重要的金融、商品和文化中心。由于邻近尼亚加拉大瀑布,故旅游业发达。

温哥华,位于太平洋沿岸,全国第三大城市,是加拿大的最大港口,还是世界上重要的小麦输出港之一。人口110多万。该市有多种工业部门,是加拿大西部的金融、科技与文化中心。

哈利法克斯,为加拿大东部重要海港,位于东部新斯克舍半岛东南岸,为不冻良港。

墨西哥

墨西哥全称墨西哥合众国(The United States of Mexico),面积196.44万平方公里,为中美洲最大的国家。它位于北美洲南部,拉丁美洲西北端,是南、北美洲陆路交通的必经之地,素称"陆上桥梁"。北邻美国,南接危地马拉和伯利兹,东濒墨西哥湾和加勒比海,西临太平洋和加利福尼亚湾。海岸线长11 122公里。其中太平洋海岸7 828公里,墨西哥湾、加勒比海岸3 294公里。著名的特万特佩克地峡将北美洲和中美洲连成一片。该国首都是墨西哥城。

墨西哥是美洲大陆印第安人古老文明中心之一,闻名于世的玛雅文化、托尔特克文化和阿兹台克文化均为墨西哥古印第安人创造。公元前兴建于墨西哥城北的太阳金字塔和月亮金字塔是这一灿烂古老文化的代表。1988年,太阳金字塔和月亮金字塔所在的特奥蒂瓦坎古城被联合国教科文组织宣布为人类共同遗产。墨西哥古印第安人培育出了玉米,故墨西哥有"玉米的故乡"之称。墨西哥在不同历史时期还赢得了

"仙人掌的国度"、"白银王国"、"浮在油海上的国家"等美誉。1519年西班牙殖民者入侵墨西哥,1521年墨西哥沦为西班牙殖民地。1810年9月16日,米格尔·伊达尔戈一科斯蒂利亚神父在多洛雷斯城发动起义,开始了独立战争。1821年8月24日宣布独立。1846年美国发动侵墨战争。1848年2月墨、美签订和约,墨西哥被迫将北部230万平方公里的土地割让给美国。1910年资产阶级民主革命爆发,1917年颁布资产阶级民主宪法,宣布国名为墨西哥合众国。

一、自然地理特点

墨西哥全国面积5/6左右为高原和山地。墨西哥高原居中,两侧为东西马德雷山,以南是新火山山脉和南马德雷山脉,东南为地势平坦的尤卡坦半岛,沿海多狭长平原。全国最高峰奥里萨巴火山,海拔5 700米。

主要河流有布拉沃河、巴尔萨斯河和亚基河。湖泊多分布在中部高原的山间盆地中,最大的是查帕拉湖,面积1 109平方公里。

墨西哥气候复杂多样。沿海和东南部平原属热带气候,年平均气温为25℃～27.7℃;墨西哥高原终年气候温和,山间盆地为24℃,地势较高地区17℃左右;西北内陆为大陆性气候。大部分地区全年分旱、雨两季,雨季集中了全年75%的降水量。年平均降水量西北部不足250毫米,内地为750毫米至1000毫米,墨西哥湾沿岸中部与太平洋沿岸南部为1 000毫米至2 000毫米。因墨境内多为高原地形,冬无严寒,夏无酷暑,四季万木常青,故享有"高原明珠"的美称。

在墨西哥广阔的高原和山地上,蕴藏着极其丰富的矿产资源。

马德雷山区是墨西哥最重要的有色金属资源分布地区。墨西哥银矿蕴藏量为2.28万吨,居世界首位。西马德雷山区储藏着铅、铜、金、锰、锑、钨、锡、铋、汞等有色金属。墨西哥铅锌储量分别为320万吨和360万吨,居世界第五位。铜矿总储量为318万吨。墨西哥的铋和汞储量分别为1.13万吨和1.5万吨,居世界第二位。锑产量居世界第三位。墨西哥铁矿总储量约6亿吨。墨西哥高原上蕴藏着丰富的铀、镭、钍等稀有金属。

非金属矿产如石油、天然气、硫磺、煤炭、石墨、萤石、重晶石等也较丰富。墨西哥石油探明储量为 42.8 亿吨,居世界第五位,天然气探明量居拉美第一位,石墨储量居世界第一位,萤石、重晶石居世界第二位;碘居世界第四位;硫磺居世界第五位。

墨西哥森林面积约 4 400 万公顷,木材开采潜力很大。长期可采储量达 6 000 万至 7 000 万立方米。水力资源较富,约 1 000 万千瓦,水力发电占全国发电量的 40%。

二、人口、种族与民族

墨西哥总人口已突破 1 亿,达到 1.033 亿(2006 年),排在世界第 11 位。

在墨西哥的 1 亿多人口中,印欧混血人占近 90%,印第安人占近 10%,另外还有约 0.5% 白人。印第安人是墨西哥的土著人,是最古老的民族。他们后来与欧洲的移民长期生活在一起,形成了墨西哥族。墨西哥的官方语言为西班牙语,有少部分的人讲印第安语。居民中绝大多数信奉天主教,很少一部分人信奉基督教新教。

三、经济发展概况

墨西哥是北美洲最大的发展中国家,是北美自由贸易区内的唯一发展中国家。2006 年国内生产总值为 8 850 亿美元,居世界第 14 位,人均国民生产总值 8 140 美元。其综合国力和经济发展水平在北美发展中国家中是最高的。在拉丁美洲仅次于巴西,位居第二位。

墨西哥经济在 20 世纪 50 年代到 80 年代初的 30 多年中,年平均增长速度保持在 6%～7%。虽然其人口年增长率高达 3%,但其人均国内生产总值仍可保持 3%～3.8% 的增长率。在工业化和农业现代化的进程中,墨西哥以其政治稳定的特点有力地保证了经济的持续发展,从而促进了经济产业部门发生了深刻的结构变化。农业在国内生产总值中所占的比重由 1950 年的 20% 降至 1980 年的 9.3%,工业,特别是制造业的比重大幅上升。1980 年,制造业所占比重已由在 1950 年的 17.8% 上升到 24.1%,从而使墨西哥由"二战"后落后的农业和矿业原料生产国和出口国逐步变为经济结构多样、门类比较齐全的新兴工业国。

20世纪80年代的债务危机引发了墨西哥的经济衰退和艰巨的经济调整。1982年8月,墨西哥宣布无力偿付到期外债本息,全国经济陷于长期的停滞或下降的危机之中。1980年至1989年国内生产总值的年平均增长率仅为0.7%,人均国内生产总值低于人口增长率的水平。通货膨胀持续上升,1987年达到创纪录的159.2%的比率。后来政府进行一系列应急性和结构性经济调整及改革。通过紧缩财政、控制通货膨胀、调整进出口商品结构、刺激私人投资、扩大对外开放和提高经济效率的一系列政策措施以及各种经济和社会发展计划的实施,墨西哥的经济逐步趋于稳定,开始走出衰退和危机的困境,出现恢复和增长的良好势头。

进入21世纪以来,墨西哥经济进行一系列的调整和改革。扩大对外开放,调整外贸政策,实现贸易自由化,改善投资环境,调整经济结构,实施积极的外债政策,使得经济出现了明显改观。2006年墨西哥经济出现了较为快速增长,年实际GDP比上年增长4.8%。2007年墨西哥经济继续保持增长势头,但增速同2006年相比略有放缓。

四、主要产业部门

(一)采矿业

采矿业是墨西哥传统的工业部门,但近年来发展速度缓慢。墨西哥以采矿工业著称于世,特别是银矿的开采,多年来保持世界的首位,素有"白银王国"之称。产银区以帕楚卡储量最大。铋、镉、汞产量占世界第二位,重晶石、锑产量居世界第三位,碘、水银居第四位。铜矿分布在索诺拉州,铁矿分布更广。此外还有金矿、硫磺、萤石矿等。

石油开采也是采矿业的重要部门,已成为墨经济的主要支柱。已探明的石油储量为205亿桶(2004年),产量居拉美第二位,石油出口收入占国家外汇收入的一半。油田分为北、中、南三区。其中南区被称为新的石油"黄金带",分布在墨西哥港和佩梅克斯城之间。

(二)制造业

墨西哥制造业包括钢铁、汽车、食品、纺织、化学、橡胶、电力等多个部门。

墨西哥钢铁工业近年来有较大发展。产量在拉丁美洲国家中居前列。主要分布在北部的蒙特雷和蒙克洛瓦。墨西哥的钢铁工业主要被以墨西哥钢铁公司为首的五家大钢铁公司所垄断。

汽车工业是墨西哥制造业中的支柱产业。以首都东北部的萨阿贡和东南的普韦布拉为中心。汽车生产企业大都为外国在墨西哥的子公司，如大众、通用、福特、雷诺、日产等在墨西哥都建立了汽车厂。

墨西哥的纺织工业较发达，它是传统的工业部门。其产值占制造业的比重超过了10%，从业人数超过了100万。纺织业的一半属于棉、毛、化纤纺织企业。纺织工业主要分布在墨西哥城、瓜达拉哈拉等地。

电力工业是"二战"后墨西哥发展迅速的工业部门之一。现墨西哥能源构成中水电为20%，火电47.7%，核电6.3%，地热电4%。此外还有风力发电等。

墨西哥新兴的石油化学工业发展很快，产品有氨、乙烯、丙烯腈、二甲苯等。韦腊克鲁斯州的坎格雷赫拉是石油化学工业中心。

(三)农牧业

农牧业是墨西哥主要经济部门之一。门类齐全，产品多样。墨西哥全国有可耕地3 560万公顷，已耕地2 300万公顷。

种植业在墨西哥农牧业中占主导地位，占农牧业总产值近70%。种植业结构以粮食作物和经济作物为主，其次是水果，蔬菜和饲料。主要粮食作物有玉米、小麦、高粱、大豆，水稻；主要的经济作物有棉花、剑麻、咖啡、可可等。墨西哥古印第安人培育出了玉米，玉米是墨西哥人民世代相袭的主要食粮，年产量约为1 500万吨，主要产在中央高原南部地带。该国享有"玉米的故乡"的美誉。有"绿色金子"别称的剑麻也是墨西哥领世界风骚的农产品，其产量居世界前列，剑麻的主要产区在尤卡坦州。棉花的种植在墨西哥北部、西北部干旱地区，产量占拉美第二。小麦产在西北灌溉区。稻米分布在沿海低地。

墨西哥畜牧业比较发达，占农业产值的35%，主要饲养牛、猪、马、家禽等。牛奶自给不足,需每年进口奶粉。墨西哥市世界主要菜牛出口国之一,养马业在拉丁美洲居首要地位。近年来,墨西哥种植业减产较多,但畜牧业有大幅增长。

墨西哥拥有 300 万平方公里的海域,渔业资源丰富。年捕鱼量为300 多万吨,主要为金枪鱼、牡蛎、沙丁鱼等。

五、对外贸易

对外贸易在墨西哥经济中占重要地位。随着经济开放和迅速发展,墨西哥已逐渐成为一个有巨大潜力的市场。2006 年墨西哥进出口贸易总额达 5 066.7 亿美元,比上年(下同)增长 16.4%。其中,出口额2 504.6 亿美元,增长 17.0%;进口额 2 562.0 亿美元,增长 15.7%;贸易逆差57.4 亿美元,减少 22.6%。

墨西哥主要出口商品有原油、天然气、石油制品、咖啡、白银、金属制品、机器设备、汽车零件、化学制品等。主要进口商品为工业制成品,农林产品、工业制成品中包括机械设备、化工产品、金属制品、食品、纺织品、服装、纸张等。

美国是墨西哥最大的贸易伙伴。2006 年墨西哥对美国出口2 122.9 亿美元,占其出口总额的 84.8%,增长 15.7%。同期,墨西哥从美国进口 1 304.5 亿美元,占墨西哥进口总额的 50.9%,增长 10.2%。2006 年墨西哥对拉丁美洲各国的出口都出现较大幅度增长,对哥伦比亚、委内瑞拉、巴西和阿根廷等国家的出口额分别为 21.3 亿美元、17.8亿美元、11.5 亿美元和 9.5 亿美元,分别增长 38.1%、38.5%、29.1%和 42%。其他的贸易伙伴是德国、日本、法国、巴西、西班牙、以色列等。

墨中贸易:自从 1972 年墨中两国建交以来,双方经贸关系不断发展。墨已成为中国在拉美地区的主要贸易伙伴之一。1998 年中墨两国双边贸易额达 17.23 亿美元,同比猛增 31.7%。其中墨西哥从中国进口 16.17 亿美元,墨西哥对中国出口 1.06 亿美元。2006 年,墨中两国双边贸易额已达到 261.3 亿美元,比 2005 年增长了 39.3%,中国已成为墨西哥在亚洲的第二大贸易伙伴。

墨西哥从中国进口商品主要是:机械设备、家用电器、玩具、钟表、钢铁制品、化工产品等。中国自墨西哥进口的商品主要有：机械、电器设备、钢铁制品、化纤短丝、食品、化工产品等。

主要港口：

马萨特兰，位于墨西哥加利福尼亚湾入口东侧，太平洋沿岸主要商港。该港有 10 个码头，防波堤两条。

坦皮科，位于墨西哥中部东岸，重要石油工业中心。该港有 17 个码头，出口石油、矿石、农产品等。

韦腊克鲁斯，位于坎佩切湾沿岸，为墨西哥城的外港，也是全国最大港口，东海岸最大城市，以出口农矿产品为主。

本章思考题

1. 浅析美国地理位置对其经济和社会发展所起的作用。

2. 指出美国的人口特点。

3. 简述当前美国经济的基本特征。

4. 美国农业生产的高度社会化与专业化具体表现在哪些方面？

5. 加拿大农业有何特点？

6. 比较美国与加拿大经济发展的异同点。

第一节　南美洲概况

　　南美洲是南亚美利加洲（South America）的简称，位于西半球的南部。东临大西洋，西濒太平洋，北滨加勒比海，南隔德雷克海峡与南极洲相望，一般以巴拿马运河为界，同北美洲分开。面积约 1 797 万平方公里（包括附近岛屿），约占世界陆地总面积的 12％。

　　在政治地理上，也有把南美洲及其以北的墨西哥、中美洲和加勒比海地区（西印度群岛），亦即美国以南的美洲地区称为拉丁美洲。拉丁美洲的面积为 2 070 多万平方公里（包括附近岛屿），占世界陆地总面积的 13.8％

一、居民

人口。南美洲人口为 3.25 亿,约占世界总人口的 5.6%。人口分布不平衡,西北部和东部沿海一带人口稠密,广大的亚马孙平原是世界人口密度最小的地区之一,每平方公里不到 1 人。人口分布的另一特点是人口高度集中在少数大城市。

种族。南美洲种族成分比较复杂,有印第安人、白人、黑人及各种不同的混血型,以印欧混血型最多。在 3 亿多人口中,白人最多,其次是印欧混血型和印第安人,黑人最少。

语言。南美洲各国使用的语言多属拉丁语族,包括西班牙语、葡萄牙语和法语等。另外还有英语、荷兰语以及印第安语。

宗教。南美洲居民绝大多数信天主教,少数信基督教。

二、自然地理环境

1.地形条件

南美洲大陆地形分为三个南北向纵列带:西部为狭长的安第斯山,东部为波状起伏的高原,中部为广阔平坦的平原低地。安第斯山脉属于科迪勒拉山系的南半段,为一高峻的褶皱山,南北延伸,紧逼太平洋海岸,沿海平原甚窄。安第斯山脉由几条平行山岭组成,以绵亘于秘鲁、智利、玻利维亚境内的一段山体宽度最大,东西宽约 400 公里。安第斯山全长约 9 000 公里,是世界上最长的山脉,也是世界最高大的山系之一,大部分海拔 3 000 米以上,不少高峰海拔 6 000 米以上,其中阿根廷境内的阿空加瓜山海拔为 6 960 米,是南美洲最高峰。安第斯山一带是太平洋东岸火山地震带的一部分,中段的尤耶亚科火山海拔 6 723 米,是世界上最高的活火山。南美洲东部有宽广的巴西高原、圭亚那高原,其中巴西高原面积 500 多万平方公里,为世界上面积最大的高原。南美洲西部山地与东部高原之间的平原地带,自北而南有奥里诺科平原、亚马孙平原和拉普拉塔平原。其中亚马孙平原,面积约 560 万平方公里,是世界上面积最大的冲积平原,地形坦荡,海拔多在 200 米以下。

2.气候特征

全洲约 2/3 位于热带,除山地外,大部分地区最冷月平均气温在

0℃以上,最热月在 20℃～26℃之间。周围海洋广阔,大西洋水汽可以深入内陆,大部分地区年降水量在 1 000 毫米以上,呈现出以湿热为主的气候特征。

主要气候类型包括:热带雨林气候,主要分布于亚马孙平原以及分布于中美地峡、西印度群岛北部、圭亚那高原和巴西高原的南部的热带草原气候。以上两种气候类型在南美洲分布最广。受非地带性因素——地形起伏的影响,在安第斯山脉南端的东西两侧出现不同的气候类型,西侧受西风影响,山地迎风坡降水多,形成温带海洋气候;东侧背风坡降水少,形成温带大陆性气候。山区随高度升高,气候出现明显的垂直变化。

3.资源条件

南美洲矿藏十分丰富。巴西高原、圭亚那高原和安第斯山是矿藏的主要富集区,但受大陆发展过程和大地构造的制约,种类组合、储量和成因类型等方面存在显著差异。

巴西高原和圭亚那高原的主要矿藏是铁、锰、铝土、石英晶、云母及多种稀有金属。在巴西高原上,巴西的米纳斯吉拉斯州是最重要的矿藏富集区,拥有铁、锰、铅、锌、云母、石英晶等多种矿藏。该州中部以伊塔比拉为中心的铁四边形地区,蕴藏着世界上最大的优质铁矿。圭亚那高原上,苏里南和圭亚那两国的铝土矿甚为丰富,产于古老结晶岩风化而成的残积层中,属红土型铝土矿;其次是委内瑞拉东部的铁矿和巴西阿马帕地区的锰矿。

安第斯山区的主要矿藏是有色金属、石油、硝石、硫黄,还有大量鸟粪层堆积。最突出的是铜矿,矿区从秘鲁南部至智利中部,为世界最大的斑岩型铜矿床的一部分;其次是分布于玻利维亚境内东科迪勒拉的锡矿,储量仅次于东南亚;铅、锌、铋、钼、银、锑等也有丰富储藏,秘鲁的铋矿储量高居世界首位。石油主要分布在安第斯山北段的山间构造谷地或盆地中,如委内瑞拉的马拉开波盆地、哥伦比亚的马格达莱纳谷地等。

中部平原矿藏种类贫乏,以沉积型矿藏为主,较重要的是奥里诺科平原东部和亚马孙平原西部的石油。

4.水文状况

在地形结构和气候的影响下,河网分布突出表现为东西之间的差异。安第斯山脉是南美大陆最重要的分水岭。由于它逼近西岸,太平洋流域的河流一般短促陡急,独流入海,很少构成系统,流域面积较小。此外,西部沿海又有很大地段气候干旱,河流少而水量小。故此,太平洋流域的径流量为 1 330 立方公里,仅占全洲径流总量的 11.3%;流域面积为 124 万平方公里,仅占全洲 7%。安第斯山脉以东的大西洋流域,河流源远流长,水量丰富,流网稠密,拥有亚马孙、巴拉圭—巴拉那—拉普拉塔和奥里诺科三大水系。

亚马孙水系以亚马孙河为主干的庞大水系,流域面积和水量均居世界首位,长度仅次于非洲尼罗河。主流由发源于秘鲁境内安第斯山脉西科迪勒拉东坡的乌卡亚利河和马拉尼翁河汇合而成,自西向东流贯于亚马孙平原,注入大西洋,全长 6 400 公里。沿途接纳上千条大小支流,流域面积达 705 万平方公里,约占南美大陆总面积的 40%。主流水量极大,河口年平均流量达 21 万立方米/秒。

巴拉圭—巴拉那—拉普拉塔水系南美第二大水系。主流巴拉那河由发源于巴西高原东南边缘的格兰德河和帕腊奈巴河汇合而成,自北向南流贯。巴拉圭河为其重要支流,源于巴西境内的马托格罗索高原。拉普拉塔河为该水系的河口段,向东南注入大西洋,由于近代下沉作用,形成巨型喇叭状三角洲。

奥里诺科水系主流源于圭亚那高原南部的帕里马山,绕行于高原的西部和北部边缘,汇注大西洋,全长 2 060 公里,流域面积 88 万平方公里。河流水量以夏涨冬枯为特点,河口年平均流量为 1.4 万立方米/秒。

南美洲不仅没有大的湖群,单独的大湖也很少。面积在 8 000 平方公里以上的湖泊仅有玻利维亚高原上的的的喀喀湖、西北沿海的马拉开波湖和东南沿海的帕图斯泻湖。湖泊贫乏的主要原因是由于南美洲第四纪冰川规模较小,不具备产生大湖或大湖群的空间。

5.植被和动物资源

亚马孙平原的热带常绿雨林分布连续,在世界同类型区中面积最广，发育也最充分和典型。植被种类极其丰富，1/3 是南美特有种。乔木高大，占优势的树种为桃金娘科、芸香科、楝科、樟科、棕榈科、夹竹桃科等。巴西高原地区以禾本科、豆科、菊科占优势，其间散生矮小旱生的乔木和灌木，如具伞状树冠的合欢亚科、波巴布树等。

动物具有丰富多样性。在哺乳纲中，有袋目、翼手目、啮齿目、贫齿目、阔鼻亚目、食肉目等。爬行类、两栖类、淡水鱼类也非常丰富。最突出的是鸟类和昆虫的种类，在各大陆中具有绝无仅有的多样性。各科、各目的动物中，许多都是南美的特有的。按动物区系的原始性，仅次于澳大利亚大陆。

三、经济概况

南美洲各国经济发展水平和经济实力相差悬殊。巴西和阿根廷为经济最为发达的国家，加之委内瑞拉、哥伦比亚、智利和秘鲁，六国国内生产总值占全洲的 90％以上。各国现代经济都高度集中在少数大城市或沿海地区，山区和边远地区经济落后。

采矿业是南美洲的传统工业部门。金、银、铜、锡等贵重金属和有色金属开采历史悠久。不少矿物开采量在世界上占有重要地位。智利的铜和硝石、玻利维亚的锡和锑、巴西的铁和锰、委内瑞拉的石油产量，大多居世界前列或占重要地位。

制造业是南美经济中发展最快的部门，钢铁、汽车、化工、橡胶、电器、金属制品、机械设备等部门已具相当实力。巴西的钢产量和汽车生产量已进入世界产量大国的行列。轻工业是多数国家制造业的主体，以肉类加工、制糖、饮料、皮革、纺织、服装、制鞋较为发达。

南美洲土地辽阔，水热条件优裕，农业生产的潜力很大。盛产甘蔗、香蕉、咖啡、可可、橡胶、金鸡纳霜、剑麻、木薯等热带或亚热带农林特产，产量均居世界前列。其中，巴西的咖啡、香蕉和木薯产量均居世界第一位，巴西的可可产量居世界第三位，巴西剑麻的产量也占重要地位。秘鲁的捕鱼量、鱼粉、鱼油的产量，阿根廷的肉类产量均居世界前列。

第二节　南方共同市场

南方共同市场(South American Common Market,以下简称"南共市")是南美地区最大的经济一体化组织,也是世界上第一个完全由发展中国家组成的共同市场。该组织宗旨是通过有效利用资源、保护环境、协调宏观经济政策、加强经济互补,促进成员国科技进步,最终实现经济政治一体化。

1991年3月26日,阿根廷、巴西、巴拉圭和乌拉圭4国总统在巴拉圭首都亚松森举行第一届首脑会议,签署了关于建立南共市的《亚松森条约》。根据《亚松森条约》,有关筹备南共市的工作应于1994年底完成,4个成员国应努力协调工业、农业、外贸、货币和劳务等方面的宏观经济政策,建立共同对外关税,内部逐步减免关税,从而逐渐实现商品、资金和劳务的自由流通,形成自由贸易区,最终实现区域经济一体化。

1995年1月1日,南共市正式启动。根据南共市4个成员国达成的有关统一关税的协议,约9 000种产品中的85%在共同市场内部实行免税,其余15%产品关税应在1999年前逐步减免。

南共市的最高决策机构为理事会,由成员国外交部长和经济部长组成,负责首脑会议的筹备和组织工作。理事会主席由各缔约国外长轮流担任,任期半年。首脑会议每年至少举行一次,必要时可召开多次。南共市的执行机构为共同市场小组,负责实施条约和理事会作出的决议,其行政秘书处设在乌拉圭首都蒙得维的亚。

2006年7月,南共市成员国签署议定书,决定吸纳委内瑞拉为正式成员,但必须由4国议会批准议定书后,委内瑞拉才能享有成员的权利。截至2007年12月,该议定书在乌拉圭和阿根廷获得批准。南共市先后接纳智利(1996年10月)、玻利维亚(1997年)、秘鲁(2003年)、厄瓜多尔(2004年12月)和墨西哥等国为其联系国。2007年5月,南共市议会在蒙得维的亚成立并召开首次会议。南共市议会实行一院制,由成员国各自选出18名议员组成,总部设在蒙得维的亚。目前,南共市总面

积约为 1 180 万平方公里,约占南美洲总面积的 67%;其人口总数约为
2.357 亿,约占南美洲人口总数的 65%。5 国国内生产总值合计超过 1
万亿美元。2006 年 12 月,玻利维亚表示希望成为南共市的正式成员
国。

南共市自成立以来,通过了合理利用资源、保护环境、协调宏观经
济、加强文化科技合作等一系列协议,以加速该组织的一体化进程。但
进入 21 世纪以来,南共市成员国贸易保护主义抬头,争端不断,多项协
议未能得到落实,南共市一体化进程处于停滞不前状态。

在加强内部合作的同时,南共市还积极发展同本地区及世界主要
国家和集团的合作。南共市先后启动了与安第斯共同体(以下简称"安
共体")、欧盟、海湾合作委员会及亚非一些国家的自由贸易谈判,并取
得重要成果。2004 年 10 月,南共市同安共体签署了自由贸易协定。同
年 12 月,南共市 4 个成员国同 5 个安共体成员国及其他 3 个国家在秘
鲁成立了南美国家共同体。此外,南共市还同中美洲国家签署了旨在推
动两地区间经济合作的贸易投资框架协议。2000 年底,南共市就降低
对外关税问题达成协议,决定从 2001 年起对成员国之外的国家降低
0.5% 的进口税。目前,南共市同中国、欧盟、日本、俄罗斯和韩国等建立
了对话或合作关系。

2003 年 12 月 16 日,在蒙得维的亚举行的第 25 次首脑会议上决
定增设常设代表委员会,阿根廷前总统杜阿尔德任委员会主席。他的任
务是提出各项建议,协调成员国的经济政策,代表南共市参加国际谈
判。在这次首脑会议上,南共市和安共体签署了自由贸易协定,双方将
在 10 年内取消绝大部分产品的关税,从而为建立南美统一大市场迈出
重要一步。南共市和安共体几乎涵盖整个南美,总人口逾 3 亿,年国内
生产总值 1 万多亿美元。

2005 年 12 月 9 日,南共市在设于乌拉圭首都蒙得维的亚的总部
举行第 29 届首脑会议。会议通过了建立南共市议会和南共市结构转换
基金规定等协议。同时,在南美能源合作、投资、南共市内部结构改革等
一系列问题达成了广泛协议。除南共市成员国的总统外,应邀出席本届
南共市首脑会议的还有南共市"联系国"智利、玻利维亚、哥伦比亚、厄

瓜多尔和秘鲁领导人以及来自亚洲、北美、欧洲、非洲等地区组织和国际组织的代表。中国国家主席胡锦涛的特使、建设部部长汪光焘也应邀出席了会议。

2007 年 1 月,南共市首脑会议在巴西里约热内卢举行。与会领导人均主张消除分歧,加强团结,继续推进地区一体化进程,共同应对全球化带来的挑战。

2007 年 12 月,第 34 届南共市首脑会议在乌拉圭首都蒙得维的亚举行。与会七国领导人呼吁加强地区一体化进程。

2008 年 7 月,第 35 届南共市国家首脑会议在阿根廷北方城市图库曼举行。会议通过的声明强调将继续推动地区一体化进程,并强烈谴责欧盟的新移民法案。

巴 西

巴西全称为巴西联邦共和国(The Federative Republic of Brazil)。位于南美洲的中部和东部,面积为 854.7 平方公里,几乎占整个南美洲面积的 1/2,是南美面积最大的国家.除智利和厄瓜多尔外,几乎与南美的所有国家相邻。16 世纪初沦为葡萄牙殖民地,1822 年独立。目前是由 23 个州和三个地区组成的一个联邦制国家。

一、居民

巴西现有人口 1.872 亿(2006 年),少于中国、印度、美国、印度尼西亚,居世界第五位。巴西城市人口占比重大,约占 80%,但各地城乡人口比重差别较大,东南部各州城市人口占 83% 以上,而北部地区城市人口只占 49%。

巴西人口分布不平衡,东南部各州工业发达,人口稠密,人口密度为每平方公里 57 人以上;南部人口密度为每平方公里 33 人,而中北部地区人口密度为每平方公里 2~4 人。

"二战"后随着经济的发展和社会的进步,巴西人口出生率不断下降,20 世纪五六十年代人口出生率为 29.9‰,七八十年代为 24.8‰;而现在人口出生率不足 20‰。

巴西的种族构成中,白种人占 54.38％,黑白混血种人占 39.88％,黑种人占 5.21％,黄种人占 0.39％,印第安人约占 0.14％。在巴西,白人占据十分重要的地位,他们所处的状况也要比有色人种优越得多。

殖民统治初期,葡萄牙人是唯一可自由进入巴西的欧洲白人,只是在 1808 年葡萄牙王室迁往巴西后,其他欧洲国家的移民才陆续进入巴西。由于大批欧洲移民迁往巴西,使白人在巴西人口构成的比例不断上升。1890 年白人占巴西人口的 44％,到 1950 年已提高到 62％。此后,由于混血种人的增多,白人的比例有所下降,但仍占全国人口的约 56％。

黑人也是巴西人口的重要组成部分。历史上,黑人曾有过占巴西人口大多数的时期。自 1530 年葡萄牙殖民者马丁—阿丰索—德索把第一批非洲黑奴运进巴西,便开始了一场持续 300 多年的向巴西贩卖黑奴的交易。贩运到巴西的黑人主要属于西非几内亚湾的苏丹人和刚果河附近地区安哥拉和莫桑比克的班图人。到 1822 年巴西独立前,黑人已占巴西人口的 60％。此后,由于白人移民的增多和大批黑人被虐杀等原因,黑人在巴西人口中的比例不断下降,1950 年黑人还占全国人口总数的 11％,现在占不足 6％。

巴西的黄种人主要由日本人、中国人以及韩国人组成。巴西是日侨最多的国家之一,目前日本移民及其后裔共有 120 万人。在巴西生活的华人约有十来万,多数集中在圣保罗。中国人移居巴西比日本人早近百年。1810 年几百名中国劳工前往巴西里约热内卢试种茶树,从而成为移居巴西的第一批中国人。在巴西的黄种人除日本人和中国人外,目前还有大约 4 万韩国人以及东南亚人,他们也都住在圣保罗州及邻近各州。

印第安人是巴西土著民族,共有 35 万人,分属 227 个族,讲 175 种不同的语言,生活在国家设立的 561 个印第安人保护区内,亚马孙州集中了全国·25％的印第安人。

二、自然环境

1. 地形特点

巴西地势平缓,地形以平原、高原为主,缺少高大连续的山脉。平原主要是亚马孙平原,高原为巴西高原。亚马孙平原位于巴西的北部和西北部,面积约占全国面积的 1/3,海拔高度一般在 300 米以下,地势平坦。但沿亚马孙河两岸,泛滥平原的面积宽约数十公里,至今人口稀少。巴西高原面积为 500 万平方公里,是世界最大高原,海拔高度在 300 米至 1 000 米之间,地势起伏平缓。巴西的人口和城市都分布在这里。

2. 气候条件

巴西国土的 80% 位于热带地区,最南端属亚热带地区。北部亚马孙平原属热带雨林气候,年平均气温 27℃～29℃。中部高原属热带草原气候,分旱、雨季。南部地区属亚热带气候类型,年平均气温 16℃～19℃。

3. 水文状况

以亚马孙河、巴拉那河、圣弗兰西斯科河为主组成的庞大水系,不但提供了丰富的径流量,满足了城乡用水的需要,而且对航行、灌溉、发电十分有利。亚马孙河由于流程长、水量大、支流多,吃水深 4 米的轮船可从河口上溯到秘鲁的伊基托斯。巴拉那河由于水力资源丰富,现在已建成了目前世界最大的伊泰普水电站。圣弗兰西斯科河对解决巴西高原东北部内陆降水较少地区的灌溉非常有利。

4. 森林资源

亚马孙平原森林茂密,在面积约 280 万平方公里土地上分布着茂密的热带雨林,森林中仅乔木就有 4 000 多种。这些树木可供提取橡胶、油脂、药材、油漆、纤维等多种工业原料。是世界上森林资源最为丰富的国家之一。巴西森林面积约 5.5 亿公顷,森林覆盖率约 50%,森林蓄积量居世界第二位。

5. 矿产种类

铁矿。巴西矿产储量达 76 亿吨,多分布在米纳斯吉拉斯州和巴拉州。米纳斯吉拉斯州是世界著名的铁矿带,变质型铁矿经风化富集后形成富铁矿,储量约 100 亿吨,品位 60%。

锰矿。巴西锰矿储量为 1.52 亿吨,占世界锰储量的 8.2%,主要分布在阿马帕地区、米纳斯吉拉斯州和巴拉州。

铬矿。巴西铬矿储量为 1 400 万吨,主要分布在巴伊亚州,是近几年储量增长较多的国家之一。

铝土矿。巴西铝土矿储量位居世界第三,占世界铝土矿储量的7.8%,主要分布在亚马孙盆地、米纳斯吉拉斯州、波苏斯迪卡尔达斯等。

铜矿。巴西铜矿占世界铜储量的1.8%,分布在巴伊亚州和卡拉贾斯。

镍矿。巴西镍矿储量为600万吨,占世界镍储量的4%,主要分布在戈亚斯州和米纳斯吉拉斯州。

金矿。巴西金矿储量为200吨,占世界金储量2%。巴西的砂金矿几乎遍及全国,但最重要的产地都集中在亚马孙地区。

石油。巴西石油储量在南美地区位居第二,仅次于委内瑞拉。

煤炭。巴西煤炭储量丰富,是西半球第二大煤炭资源国,仅次于美国。巴西煤炭的特点是高硫分、高灰分、低热量。主要煤田分布在巴拉那盆地。

三、经济发展概况

自16世纪葡萄牙殖民统治到现在,巴西经济发展历经了400年,可分以下几个阶段:

1.“二战”前的单一经济时期

在第二次世界大战结束以前基本上属于单一经济,即在某种自然条件或自然资源优势的基础上,栽培或采掘某一种满足宗主国需要或出口需要的单一的农作物或矿产品。1500年至1550年主要采伐用于提炼红色染料的巴西木;1560年至1700年在东北部沿海大量种植甘蔗出口蔗糖;17世纪末在米纳斯吉拉斯州发现黄金和金刚石后,“采金热”延续了150年;1850年后进入了咖啡兴旺期,从而得到“咖啡王国”称号;1880年至1912年又大规模地种植橡胶,有“橡胶故乡”之称。1822年巴西获得独立后,虽也力图改变这种具有殖民地性质的单一经济状况,但在第二次世界大战前始终收效甚微。虽然趁第一次世界大战期间与欧洲贸易中断、20世纪30年代资本主义大危机时期输入工业品减少的有利时机,发展了纺织、食品等轻工业,但不足以扭转其经济落后的面貌。巴西经济的全面发展是第二次世界大战之后的事了。

2."二战"后经济快速发展阶段

从1948年至1979年是巴西经济快速增长时期,国内生产总值的增长率达7.2%,尤以1968年至1974年增长最快,平均增长率高达11.2%,被称为"巴西奇迹"。从1950年到全面爆发债务危机的1988年以前,国内生产总值由166.7亿美元增长到3 571.7亿美元,39年增长了20.4倍;人均国内生产总值也由321美元增长到2 469美元,成为世界经济总量的第九大国。此时期促使经济迅速增长的因素主要有:

(1)大力利用外资和引进先进的技术和设备。"二战"后巴西政府把积极利用外资作为促进经济增长的一项基本方针。仅1973年巴西举借外债和吸引外国直接投资就达174亿美元,约占当年国内生产总值的38%。

(2)实行外向型经济政策,大力开展国际贸易。随着对外贸易的扩展,即解决了国内某些短缺的能源、原材料和设备,又促进了本国长线产品的出口。

(3)重视农业的发展,农业增长速度超过了世界农业的平均增长,这既吸收了大量劳动力,缓解了国内失业的压力,又通过农产品的出口创汇,为工业积累了资金。

3.经济严重衰退期

20世纪80年代受高通货膨胀困扰,巴西经济出现停滞甚至严重衰退。进入80年代,在两次能源危机和发达国家普遍陷入经济危机的情况下,巴西经济增长缓慢,加上举借外债太多,每年出口创汇的80%用于还本付息,终于在1987年爆发了全面的债务危机。1987年巴西政府被迫宣布停止对外还本付息,引起了整个世界金融市场的动荡。后在美国、英国等债权国的国际金融机构的协调下,采取了"债务资本化"等措施,暂时缓解了债务危机,但巴西经济却全面下滑,1990年的国内生产总值比1989年下降了4.3%,1992年比1991年下降了0.5%。因此,80年代对巴西经济发展来说,是"失掉的10年"。

4.经济调整复苏时期

从20世纪90年代开始,巴西向外向型经济模式转轨,采取稳健的经济政策,金融形势趋于稳定,外资流入加大,生产恢复增长,就业岗位增加,经济实现强劲复苏。从 1990 年至 1994 年巴西经济进入了调整和改革时期。为了缓解债务危机和减轻通货膨胀的压力,巴西政府从 1990 年起开始进行经济的调整和改革,如改变原先的进口替代发展战略,实行经济的对外开放,取消对国内信息市场的保护,降低关税,放宽引进先进技术的限制,扩大私有化的范围,减少政府对经济的干预,减少政府公共开支,增加联邦税收等措施。到 1993 年,巴西经济开始扭转下滑,出现了增长。1993 年国内生产总值比 1992 年增长了 3.4%,联邦财政出现了盈余,外贸顺差达 130.7 亿美元。通货膨胀也由 1992 年的 1 151% 下降到 1997 年的 4.3%。

5. 新的调整时期

在亚洲金融危机冲击下,自 1997 年巴西经济又进入了新的调整时期。1997 年 10 月,亚洲发生的金融危机开始影响巴西,引起了巴西金融动荡,外汇大量流失,资金外逃,巴西货币急剧贬值。为了维持汇率,巴西动用了国际储备,导致国际储备下降,引起了国际金融机构的恐慌。1998 年国内生产总值仅比上年增长了 0.1%。为此巴西政府又进行了新的经济调整。由于巴西政府执行了严厉的财政调整措施,增收节支,巴经济迅速走上恢复之路。

6. 经济恢复与健康快速发展阶段

2000 年巴西经济增长达 4.46%,通货膨胀也基本得到了控制。2001 年,受全球经济不景气的影响,巴经济增幅下降 2%～2.5% 左右。2002 年巴西国内生产总值 4500 亿美元,比上年增长 1.52%,世界排名第 12 位。2004 年巴西经济增长速度创 10 年来最高纪录。2004 年国内生产总值和人均国内生产总值分别比 2003 年增长了 5.7% 和 3.7%。由于巴西彻底摆脱了金融危机的影响,经济发展平稳,出口增长迅速,通货膨胀率得到控制。2006 年,巴西国内生产总值约 1 万亿美元,成为世界第十大经济体。巴西经济发展健康稳定,正向其他三个“金砖”国家靠近。已经步入快车道的巴西经济,发展前景非常乐观。

巴西综合实力居拉美地区首位,经济结构接近发达国家水平,服务业产值和就业人口长期保持 50% 以上。

四、主要产业部门

(一)工业

1.工业发展概况

巴西现已建立了比较完整的工业体系,工业自身装备能力大大增强,彻底摆脱了单一经济的落后面貌。"二战"前,巴西经济主要以农业和纺织、食品等轻工业为主,产业结构单一,工业发展自身装备能力很差。战后在大量利用外资的基础上迅速发展了钢铁、机械、化工、汽车、电子、核能、飞机制品、采矿和有色金属冶炼等现代化的工业,现在已建成了部门齐全的工业体系,大大提高了自身装备能力。

巴西工业的发展起步于 20 世纪 30 年代,主要以轻纺、食品等轻工业为主,50 年代初形成了比较完整的轻工业体系。

"二战"后,巴西政府由于实行了"进口替代"的经济发展战略,走自主独立的工业化道路,采取一系列措施强化重化工业的发展,以提高自身装备能力和原材料自我供给能力。20 世纪 50 年代主要发展机械制造、石油、造船、汽车等工业。六七十年代重点发展石油化工、电子、核能、飞机制造和军事工业。到 80 年代初,巴西建立了以冶金、机械设备、运输设备、化学和石油化工、电子和电器、汽车、核能、纺织、食品等为主的轻重工业部门较完整的工业体系。工业装备的自给能力大大增强。巴西工业的产业部门构成中,重工业所占比重不断上升,轻工业所占比重日益下降。

"二战"后,巴西工业化的道路采取了引进这一发展模式,即从发达国家引进资金、技术和设备。这一模式使巴西工业化的进程明显地表现为"跨越式"发展趋势。其表现为起步晚,发展快;同时又呈现了发展不平衡和二元化的经济结构特征:

一是起步晚,发展快。巴西工业化起步比英国晚 150 年,一些新兴工业比发达国家晚半个世纪,例如汽车和飞机制造业,发达国家是 20 世纪初开始发展的,而巴西 50 年代才开始生产汽车,飞机制造则在 60 年代末,但巴西发展速度却大大快于英、美等发达国家。例如巴西钢铁产量由 500 万吨增长到 2 000 万吨仅用了 15 年(1970 年至 1985 年),而英国花了 52 年(1903 年至 1955 年)。

二是发展不平衡及二元化经济结构。从巴西工业规模上看,规模大、资本密集和技术先进的现代化工业与规模小、经营分散、技术落后、以劳动密集型为主的传统工业并存。比如从技术结构上看,现代化的技术设备与落后的生产工艺和古老的管理制度并存。例如在钢铁工业中,巴西既拥有氧气顶吹转炉炼钢和液压冷轧热轧设备,同时还拥有使用传统薪炭的冶炼炉。

2.主要工业部门

(1)钢铁工业

巴西的钢铁工业是在本国丰富的铁矿资源的基础上发展起来的。其铁矿石的总储量约 800 亿吨,仅少于俄罗斯,居世界第二位,而铁矿石的产量现在居世界第一位。巴西的铁矿石一半以上是富矿。2006 年钢铁产量为 3 800 多万吨,居世界第九位。其钢铁工业内部体系完整,配套齐全,炼钢与轧钢比例大致平衡,技术也较为先进。目前钢铁产量不仅能满足本国需求,而且可以出口。

钢铁生产主要集中在米纳斯吉拉斯州、圣保罗州和里约热内卢州,贝洛奥里藏特是最大的钢铁工业中心。巴西全国钢铁公司是全国最大的钢铁企业,其产量占全国钢铁产量的 50%以上。

(2)汽车工业

巴西 1958 年开始生产汽车,1965 年至 1974 年是巴西汽车工业发展的黄金时期,产量从 18.5 万辆猛增到 90.5 万辆。90 年代汽车生产发展尤为迅速,1998 年产量已达 157.3 万辆,2006 年汽车产量已超过了 300 万辆,巴西现在已是世界十大汽车生产国之一。巴西的汽车生产以轿车为主,约占总产量的 80%。

巴西的汽车生产主要由本田、德国大众、意大利的菲亚特等跨国公司控制。最大汽车工业中心是圣保罗。巴西汽车生产为适应石油短缺的形势,正在大力发展以酒精为燃料的节能车,目前已在圣保罗建立了目前世界上最大的汽车酒精厂。巴西的汽车出口量约占总产量的 30%。

(3)电子电器、飞机制造等新兴工业

巴西电子、飞机、核电等新兴工业都起步于 20 世纪六七十年代,但

发展十分迅速,目前已跻身较先进国家的行列。1969年巴西才开始建立第一家航空工业制造公司,到今天,自己设计、制造的轻型飞机的产量已居世界第五位。1985年巴西发射了第一颗人造卫星,同年生产了第一台机器人。电子工业中已能生产大中小各种类型的计算机、电信器材、家用电器和自动化设备。1975年巴西与联邦德国开始合作建设第一座核电站,目前巴西已成为世界第九个掌握浓缩铀技术的国家。新兴工业主要集中在圣保罗、里约热内卢、贝洛奥里藏特、玛瑙斯等大中城市。

(4)纺织、食品等轻工业

巴西农业资源丰富,以纺织、食品、木材加工、造纸、制糖为主的轻工业发达。轻纺工业中最大的部门是食品加工也,约占轻工业产值的13.9%,其次为纺织、服装和木材加工。巴西现在是第五大纺织品与服装生产国。轻纺工业布局分散,主要靠近原料产区。

(5)采矿业

巴西矿产种类多,储量丰富。其中尤以铁、铝、锰、锡、钠等为最丰富。铁的储量少于俄罗斯,居世界第二位,铝的储量居世界第三位,锰的储量居世界第五位,锡居世界第七位,铀居世界第六位。

巴西是世界最大的铁矿生产国,第六大铝矿生产国,第四大锡矿生产国,锰和金的产量也居世界前列。铁矿石主要分布在米纳斯吉拉斯州和巴拉那州。所产铁矿石除满足国内需求外,大部分出口到日本、美国、英国、法国、意大利等国。锰矿石主要产在阿马帕地区,半数供出口。

(二)农业

巴西具有发展农业的得天独厚的地理条件,因此"二战"前农业在国民经济中一直占据主导地位,农业为工业化进行了原始的资本积累,直到1949年农业还与工业处于同等地位。60年代以后,巴西由于大力推行工业化,农业在国内生产总值构成中所占比例不断下降。农业所占比重的下降并不意味着在国民经济发展中不重要,目前农业仍然是巴西吸引劳动力最多的部门和出口创汇的主要源泉。其产值仍然居拉美各国之首,咖啡、柑橘、甘蔗、大豆等农作物的产量,仍居世界第一位或第二位。

1. 战后巴西农业发展形势

(1)农业增长较为迅速,但经历了一个波动过程。从 1950 年至 1980 年,巴西农业生产年平均增长率为 4% 左右,高于同期的前苏联 (3.1%)、法国(2.4%)、印度(2.8%)、加拿大(2%)和美国(1.9%)等农业大国的增长。1945 年至 1977 年,主要粮食作物的总产量增长了 3.75 倍。但在 20 世纪六七十年代,由于全面强调工业化,忽视农业发展,农业生产率曾大幅下降。70 年代之后,巴西政府认识到农业的滞后同样会影响工业化的进程,重新把农业和能源、对外贸易列为优先发展的三大部门,并相应采取了一系列支持农业发展的政策,农业增长率不断提高。

(2)实施扩大耕地面积与实现农业生产集约化并重的方针,从外延和内涵两方面扩大农业生产。1960 年巴西仅有耕地 1 919 万公顷,由于政府鼓励开发中西部的未垦荒地,1980 年可耕地面积扩大到 4 910 万公顷,增加了 1.57 倍。与此同时政府还通过提供农业信贷,提高农产品收购价,引进和培育优良品种,增加化肥生产,兴修水利等多项措施,提高农业生产集约化水平。

(3)实施内销粮食生产与出口经济作物并重的方针,力争在不断提高国内粮食自给数量的同时,扩大农产品的出口。巴西由于过去是面向出口的单上经济,因此粮食短缺历来是农业生产的一大弊端。"二战"后政府采取了多项措施支持粮食生产,粮食作物的产值占种植业总产值的 53.85%,占种植面积的 71.14%。但粮食仍需进口,而经济作物却能大量出口。这主要原因是,面向出口的农作物可以得到国外进口商低息贷款和先进技术支持,因此成本低、效率高;而供应国内的粮食生产政府贷款数额小、利息高,从而加大了生产成本,再加上外国廉价农产品的涌入,使本国农产品失去竞争力,价格下跌,影响了农业生产者的积极性。

(4)农业生产部门结构完整,种植业仍占主要地位。1980 年农业产值中,种植业占 55.45%,畜牧业占 38.68%,林业占 4.17%,渔业占 1.7%。但畜牧业的比重处于不断上升的地位,20 世纪 70 年代以前畜牧业产值只占 25%,而 1980 年已上升到 38.68%。

(5)面向出口的大庄园主占有大量的耕地,而广大中小农户耕地数量少。占地 1 000 公顷以上的大农户仅占农户总数的 0.85%,却占有全国 43.8% 的耕地;而占地 100 公顷以下的中小农户,占农户总数的 89.9%,仅占耕地面积的 21.1%。大农场主由于耕地多,资金雄厚,生产现代化水平高,主要从事面向出口盈利多的农作物生产,而中小农户多从事盈利少的供国内需求的农作物生产,因此广大中小农户缺乏生产积极性。

2.农业主要部门

(1)种植业

种植业是巴西农业中最主要的农业生产部门,主要种植玉米、小麦、稻谷等粮食作物和大豆、咖啡、甘蔗、棉花、等经济作物。粮食作物占播种面积的 70% 左右,占种植业产值的 50% 以上,经济作物占播种面积的 20% 左右,占产值的 35% 以上。

巴西的粮食作物主要是玉米、稻谷和小麦。玉米是巴西种植最广泛的粮食作物,产量少于美国和中国,居世界第三位。玉米在巴西个州都有种植。

稻谷是巴西第二大粮食作物,但生产满足不了国内需要,其产地在南里奥格兰德州。

巴西的经济作物种类多,产量大,在农业生产中占有重要地位。巴西现在是世界第一大大豆生产国,占世界总产量的 1/5 以上。大豆及其加工品的出口成了巴西重要的外汇来源。

咖啡是巴西传统的经济作物,从 18 世纪以来其产量和出口量始终居世界第一位。"二战"后,随着农业生产多元化的发展,咖啡播种面积减少,在经济中的支配地位下降,但目前仍是吸引劳动力最多的部门。咖啡主要种植在圣保罗州、巴拉那州和米纳斯吉拉斯州,产量占全国的 90%。

历史上甘蔗是巴西占支配地位的经济作物,目前虽不占支配地位,但甘蔗的产量仍占世界第一位。甘蔗主要种植在圣保罗州,产量占全国的一半以上,其次为里约热内卢州和巴拉那州。

巴西是世界主要产棉国之一,产量居世界前十位。棉花主要种植在圣保罗州、巴拉那州和米纳斯吉拉斯州等地。

(2)畜牧业

巴西的牧场面积相当于耕地面积的 3 倍,广阔无垠的牧场是发展畜牧业的良好条件。畜牧业是巴西的第二大农业部门,其在农业总产值中所占比重不断上升。20 世纪 70 年代以前,畜牧业占农业的比重只有 25%,80 年代初已上升到 38.7%。共有 1.4 亿公顷的天然草场和 6 000 万公顷的人工牧场,具有发展畜牧业得天独厚的自然条件。进入 90 年代,畜牧业发展更为快速。

巴西畜牧业主要是养牛、养猪、养羊和养鸡业。牛的存栏头数已超过 2 亿头,居世界第一位。养牛业以放牧为主,集约化的奶牛场集中在大城市附近,奶产品仍需大量进口。在南美洲,巴西是奶制品最大的进口国,每年需耗费外汇 1 亿多美元。猪的存栏头数为 3 590 万头,少于中国,多于美国,居世界第二位。随着畜牧业的发展和肉类产量的增加,肉类产量的出口也不断增加。养牛业主要在圣保罗州和米纳斯昔拉斯州等地,养猪业主要在圣卡塔林纳州,养鸡业在圣保罗等大城市郊区分布十分普遍,养羊业主要在南里约格兰德州。

(3)林业

巴西森林覆盖率高达 60%,是林业资源最丰富的国家之一。巴西林业在国家经济发展中占有比较重要的地位。林业产值约占巴西国内生产总值的 3%~4%;原木产量、锯材产量、木炭产量均居世界前列。

五、对外贸易

1.发展概况

对外贸易在巴西经济中占有重要地位。"二战"前,巴西就是世界上重要的出口农产品等初级产品的国家。战后,随着巴西工业化进程的加快,需要大量引进先进的技术和设备,积极发展对外贸易更成为加快经济发展的重要手段。但在 20 世纪 60 年代以前,由于经济发展内向化,对外贸易处于停滞状态,1948 年至 1964 年间,外贸总额始终徘徊在 20 亿至 30 亿美元之间。60 年代中期以后,巴西经济由内向型转向外向型,并提出了"出口即出路"的战略口号,从而促进了对外贸易的发展。

1968 年至 1974 年间,外贸总额增长了 6.98 倍,年平均增长幅度达 32%,1975 年至 1980 年再翻一番,1980 年外贸进出口总额已达 435.8 亿美元。在此期间,巴西对外贸易的增长高于同期世界贸易的增长。巴西对外贸易在世界贸易中所占的比重由 60 年代初的 0.8% 上升到 80 年代初的 1.2%。2006 年,巴西外贸跨越 2 000 亿美元大关,外贸总额达到 2 288.7 亿美元,较上年增长 19.3%,其中出口 1 374.7 亿美元,增长 16.2%,进口 914 亿美元,增长 24.3%,贸易顺差 460.7 亿美元,增长 3.1%。

巴西对外贸易额的迅速增长,尤其是出口收入大幅增加主要得益于国际市场矿产品和农产品价格的上涨。同时工业品,如飞机制造、软件开发等的国际竞争力不断提高,也是巴西在世界贸易中日趋活跃的支撑因素。

2.进出口商品结构

巴西的进出口商品结构不断优化,1965 年以前初级产品占出口总额的 80% 以上;70 年代随着产业结构的多样化及本国工业化的加快,工业制成品出口成倍增长,1979 年工业品出口已占出口总额的 52.9%,首次超过初级产品;后来比重不断上升。主要出口商品是运输设备、冶金产品、化工产品、电子电器、机械设备和食品。进口商品结构也在不断变化,从 60 年代到 80 年代,消费品和制成品进口在下降,而燃料和原料性产品进口不断上升。

3.贸易伙伴

20 世尼 70 年代以前,美国是巴西最大的贸易伙伴,70 年代以后,巴西对外贸易的地区结构开始走向多元化,但美国仍是巴西最大的贸易伙伴,其次是欧盟、南方共同市场、东亚等国。

4.巴中贸易

1974 年 8 月,巴西与中国正式建立了外交关系,此后双边经贸关系有了迅速发展。1984 年双边贸易额为 8.18 亿美元,1994 年增至 14 亿美元,居拉美各国首位。1998 年双边贸易额已达 22.19 亿美元,为历史最高点。到了 2004 年巴中贸易继续大幅度增长,贸易总额达到 91.49 亿美元,比 2003 年的 66.8 亿美元增长 36.95%,2007 年巴西与中国进出口总额为 297.05 亿美元,比 2006 年的 203 亿美元增长46.4%,其中,中方出口 113.72 亿美元,比 2006 年的 73.8 亿美元增长 54.1%;进口 183.33 亿美元,比 2006 年 129 亿美元增长 42%;中方逆差 69.61 亿美元,比 2006 年的 56 亿美元增长 24%。

在巴西外贸中,中国继续保持第三大伙伴的地位,贸易总额仅次于美国和阿根廷。但进出口单独排序,则皆为巴西第四大伙伴,其中向中国出口低于美国、阿根廷、荷兰,从中国进口低于美国、阿根廷和德国。

巴西向中国出口的商品是:大豆、铁矿砂、毛豆油、木纸浆、石油原油、烟叶、钢铁半成品、木材、精练豆油等。巴西从中国进口的的主要商品有:焦炭、通信设备、化学纤维、视频信号录放设备、音响器材和设备等。

六、主要城市与港口

巴西利亚,巴西首都。

圣保罗,巴西也是南美最大城市,圣保罗州首府,位于该州东南部,市区人口 1 740 万。该市是巴西工商、金融中心。

桑托斯,圣保罗的外港,是巴西也是南美洲第一大港,同时还是世界最大的咖啡输出港。

里约热内卢,里约热内卢州首府,位于该州南部,坐落在瓜纳巴拉海湾内侧,海拔 2.3 米,面积 1 250 平方公里,人口约 550 万。是全国经济与文化中心,是巴西第二大城市和第二大港口。

玛瑙斯市,亚马孙州首府,地处黑河和索里芒斯河(亚马孙河支流)交汇处。该市拥有世界上最大的浮动码头,为巴西的最大河港。

阿根廷

阿根廷共和国(The Republic of Argentina)位于南美洲东南部,东濒大西洋,西与智利接壤,北邻玻利维亚、巴拉圭,东北部与巴西和乌拉圭为邻。国土形状如同一个倒放的三角形,北宽南窄。面积为 277.7 万平方公里,是拉丁美洲第二大国,居世界第八位。

在 16 世纪前,阿根廷这片土地上居住着印第安人。1535 年西班牙在拉普拉塔建立殖民据点。1776年西班牙设立以布宜诺斯艾利斯为首府的拉普拉塔总督区。1810年5月25日布宜诺斯艾利斯人民掀起反对西班牙统治的"五月革命",成立了第一个政府委员会。1812年起,阿根廷人民在民族英雄圣马丁的领导下,开展了反对西班牙殖民军的大规模武装斗争,终于在1816年7月9日宣告独立。

一、自然环境

阿根廷地势由西向东逐渐低平。西部是以绵延起伏、巍峨壮丽的安第斯山为主体的山地,约占全国面积的30%;东部和中部的潘帕斯草原是著名的农牧区;北部主要是格兰查科平原,多沼泽、森林;南部是巴塔哥尼亚高原。主要山脉有奥霍斯·德萨拉多山、梅希卡纳山和海拔6 964米的阿空加瓜山。

阿根廷河流湖泊众多,主要河流有巴拉那河、内格罗河、贝尔梅赫—特乌科河、比尔科马约河、科罗拉多河、丘布特河等。最重要的河流为巴拉那河,巴拉那河全长4 700公里,为南美第二大河。发源于巴西境内的巴西高原,流经巴西和巴拉圭进入阿根廷,先后与巴拉圭河、萨拉多河和乌拉圭河汇合后改称拉普拉塔河,流入大西洋。巴拉那河流域面积达425万平方公里.阿根廷有湖泊400多个,多分布在南部地区,主要有阿根廷湖、别德马湖、科尔韦瓦皮湖、纳胡埃尔华比湖等。

阿根廷全国的气候类型分为北部的热带气候,中部的亚热带气候和南部为温带气候南北温差较大,南部巴塔哥尼亚高原地带和安第斯山区的局部地区年平均气温为5.5℃。

阿根廷矿产资源丰富多样,主要有铅、锌、金、银、铍、铀、铜、石膏、硫磺等。铍矿仅次于巴西,居世界第二。铀矿居拉美首位,储量达2.94万吨。石油和天然气储量分别为3.96亿吨和6 540亿立方米。煤炭和铁矿储量较少。

阿根廷水力资源丰富,水电占总发电量的47%,森林占全国总面积的1/3,以常绿山毛榉和巴拉松为主。在长达2 600多公里的海岸线上,有丰富的渔业资源。

二、居民概况

阿根廷现有人口约 3 910 万(2006 年),居拉美第三。其中女性占人口总数的 51%,男性占 49%。城市人口占 85%,农村人口占 15%。

阿根廷主要居民是欧洲人后裔和印第安人,其中白种人占 97%,多属意大利和西班牙后裔。另外是混血种人,印第安人及其他人种。官方语言为西班牙语。居民 87%信奉天主教,其余的信奉基督教新教及其他宗教。

三、国民经济发展特点

阿根廷是南美洲工业较发达、技术水平较高的国家之一。工业在国民经济中占主导地位,工业产值占国内生产总值的 40%。阿根廷工业部门结构较完整,主要有石油、钢铁、水泥、汽车、机械、化工等重工业部门和纺织、皮革、食品加工等轻工业部门。

"二战"后,阿根廷经济曾一度获得迅速发展。但由于国内政局长期动荡,政府更迭频繁,经济政策缺乏连续性,发展速度趋于缓慢,甚至徘徊不前。1982 年爆发债务危机以后,阿根廷经济愈加恶化,多次处于衰退状态。到 1989 年中,阿根廷陷入历史上空前深刻的社会经济政治危机之中。

1991 年由于实施了有关积极经济政策,使得经济得以稳定。当年 GDP 增长名列拉丁美洲榜首,并在世界范围内跻身 GDP 增长最高国家之列。

受东南亚金融危机和巴西金融动荡的影响,阿根廷自 1998 年下半年开始滑坡。直至 2001 年经济连续四年衰退。

2002 政府对危机重重的阿根廷经济进行大胆变革,应国际货币基金组织的要求实行自由浮动汇率,为了避免银行系统因支付危机而彻底崩溃,阿根廷政府继续实行金融管制的政策。到了 2002 年下半年,经济止跌回升,第三四季度经济增长 2%。

2003 年经历了严重的金融和经济危机与动荡之后,阿根廷实现了政治基本稳定,经济明显复苏,社会矛盾有所缓和。2003 年阿根廷经济终于走出长达四年多的经济危机,实现了 8.7%的高速度恢复性增长。

经济的高速增长主要受以下因素的影响：

1.国际金融机构贷款。2003 年年初，经过长达 1 年多的艰苦磋商，阿根廷与国际货币基金组织(IMF)签订了贷款协议，得到了 66 亿美元贷款。

2.国内消费增长。阿根廷 GDP 的 90％用于国内消费，因此，国内消费直接影响着生产和经济增长。2002 年下半年，随着经济形势逐渐好转，国内消费尤其是个人消费稳步增长。

3.国内投资大幅度增长，生产能力使用率和产值增长率都有较大幅度提高。2003 年，阿根廷国内投资约增长 35％。

4.进出口大幅度增长。在出口方面，2003 年阿根廷全年出口增长率约为 6.3％。在进口方面，进口增长率约为 33％。

2005 年至 2007 年，阿根廷国内生产总值的平均增长速度在 8％左右，在拉美地区名列前茅。无论从经济运行指数显示的总体情况，还是各行业的表现来看，表明已经彻底走出了 2001 年底的经济危机。2006 年国内生产总值比 2005 年增加了 8％，国内生产总值达到了 2 103.60 亿美元，人均为 5 270 美元。

四、主要工业部门

阿根廷工业门类较齐全，主要有钢铁、电力、汽车、石油、化工、纺织、机械、食品等。工业产值占国内生产总值的 1/3 以上。

1.采矿业。阿根廷有着丰富的矿藏资源，但是 75％没有得到勘探开发。采矿业是其经济的薄弱环节，但发展潜力巨大。现阶段开发的主要矿产品有：铜、金、锂等金属矿以及碎石、石灰石、硼酸岩等非金属矿产品。大部分资源分布在西部安第斯山区，但勘探开采有一定难度。煤炭产量较少，主要开采石油、天然气，油气田分布在东南沿海的里瓦达维亚和西部的门多萨等地。所产石油和天然气基本可以自给。

2.钢铁工业。阿根廷的钢铁工业的规模仅次于巴西，在南美洲居第二位，2006 年钢产量是 535 万吨。钢铁工业集中分布在罗萨里奥到圣尼科拉斯一带。铁矿砂与焦煤需进口。

3.电力工业。阿根廷的电力工业发展较快，全国电站装机总容量为

1 200多万千瓦,火电、水电、核电的比例分别是41%、44.5%和13.2%。年发电总量近700亿千瓦。核工业发展水平居拉美前列,现在国内拥有3座核电站。

4. 汽车工业。阿根廷的汽车工业发展迅速,目前汽车工业已成为阿根廷工业的支柱产业之一,年总产值超过150亿美元。2007年阿根廷的汽车产量达到54.46万辆,比2006年增加了26%,创下历史最高纪录。现在是南美洲第二大汽车生产国。汽车工业主要分布在布宜诺斯艾利斯省。

5. 轻工业。食品加工业是阿根廷的传统工业部门,主要有肉类加工、乳制品、粮食加工、水果加工和酿酒等行业。阿根廷是世界葡萄酒主要生产国之一,大量产品远销欧洲。现食品工业已改变了以往家庭作坊式生产,向规模经济转化,其产值占工业总产值的18%左右。纺织工业历史悠久,但发展不快,原料大部分靠进口。

五、发达的农牧业

阿根廷农牧业发达,是世界粮食和肉类的重要生产国和出口国,素有"世界粮仓肉库"之称。

阿根廷幅员辽阔,土地肥沃,农牧业发展条件比较理想,生产及出口均居世界前列。阿根廷也是世界主要谷物生产国和出口国之一,不少产品在世界市场上占较大份额,如阿根廷的豆油与葵花油出口量居世界第一位,蜂蜜出口量占世界第二位,玉米占世界第三位,小麦和葡萄酒分别占世界第五位。

阿根廷全国有近1/3的人口从事农牧业生产,农牧业产值约占国内生产总值的13%,占全国出口总额的75%。

(一)农业主要部门

1. 种植业

种植业是阿根廷农牧业中的重要部门,其产值占农牧业总产值的50%以上。主要包括粮食作物和经济作物两大类。

粮食作物种植主要在潘帕斯草原,主要品种有小麦、玉米、高粱、稻谷、大麦。2006年粮食总产量为8 500万吨,其中小麦产量是1 380万吨,其中 1/3 供出口,阿根廷是世界小麦主要出口国之一。玉米是阿根廷的第二大粮食作物,2006 年的产量 2 100 万吨,其出口量仅次于美国居世界第二位。

经济作物中,大豆产量最大,2006 年达到了 4 750 万吨,居世界第三位。阿根廷是世界主要的亚麻籽生产国。葡萄产量也很大,是世界五大葡萄酒生产国之一。经济作物中还有棉花、向日葵、甘蔗、烟草、水果和蔬菜等。

2.畜牧业

阿根廷畜牧业比较发达,天然牧场和人工牧场约占全国总面积的 55%。畜牧业总值占农业总产值 40%。该产业业 80% 集中在潘泊斯大草原。畜牧业中以养牛业为主,同时还有养羊业、养禽业和养猪业等。目前,阿根廷牲畜存栏数:牛 5 550 万头,绵羊 1 400 万只,猪 425 万头,山羊 355 万只,禽类 1 150 万只。阿根廷牲畜(牛、羊、猪)的保有量均居南美首位。阿根廷历来是世界主要肉类生产国和出口国之一。

(二)农业发展特点

1.农业净出口额高。阿根廷是拉丁美洲唯一的谷物净出口国,同时阿根廷也是世界上主要羊毛出口国。

自 20 世纪初期以来,阿根廷一直是世界农畜产品出口的大国,特别是第一次世界大战爆发后,阿根廷一度成为世界头号农业出口国。1985 年,阿根廷的谷物出口在世界谷物总出口中的比重曾达到 9.1%,进入 21 世纪以来出口有所下降,但是农业仍是国家出口创汇的主要部门。90 年代的净出口额大致保持在 65 亿美元左右的水平上,是世界第六大农业净出口国。

2.“二战”后农业发展缓慢,波动较大。“二战”后,由于几届阿根廷政府的农业政策不当,加之不合理的农业生产关系的束缚,对国际市场的过分依赖,农业集约化水平较低,易受自然灾害的影响,农业发展很不稳定,增长速度也慢于巴西、墨西哥等国。

3.农业在国民经济中的地位下降。1945 年,阿根廷制造业产值占当年国内生产总值的 22.8%,首次超过农业产值(20.3%)。1971 年至 1979 年,农业产值下降到只占国内生产总值的 11.8%。20 世纪 90 年代以来,农业在国内生产总值中的比重更是逐年下降。

4. 农业劳动生产率居拉美国家之首。20世纪20年代至30年代,阿根廷已经开始大量使用农业机器和设备,但农业增产主要还是通过扩大种植面积来实现的。"二战"后,农业生产水平的提高则主要是依靠农业技术的进步。农业机械化的发展速度加快。目前,阿根廷正处于农业机械化的高峰期,农业机械化程度的提高使阿根廷的农业劳动生产率居南美国家前列。

5. 农业的地区专业化和生产专业化初见成效。随着经济作物种植面积的扩大和多样化生产的发展,阿根廷农业逐渐向潘帕斯草原以外的地区扩展,农业生产的地区专业化趋势越来越明显,逐步形成了按地形、气候、农作物分布等特点划分的5个综合农牧区:

第一,东北部高温高湿地区,主要从事水果、棉花和茶叶等作物的种植,还发展了林业和畜牧业。

第二,西北部干旱地区,是甘蔗、烟草和水果的主要产区。

第三,安第斯山区,在气候温和、日照充足的山间谷地和山麓地带发展了葡萄和其他水果的种植业。

第四,潘帕斯草原区,自然条件极为优越,是理想的农牧业生产基地,集中了全国90%以上的粮食和油料作物的生产,畜牧业发达。

第五,巴塔哥尼亚高原区,这里着重发展了养羊业,是全国羊毛的生产基地。另外,生产环节的专业化也有很大的发展。例如对牛的饲养,是按照不同的繁殖阶段由不同的农场在不同的地区分别进行的。

六、对外贸易

阿根廷的对外贸易在国民经济中占有重要地位。近年来,政府为刺激经济发展,调整了外贸政策,降低关税,开放进口,取消对进出口物资的数量及配额限制,外贸逆差明显增加。2007年阿根廷进出口贸易均实现较大幅度增长,进出口总额突破了1 000亿美元。出口额约580亿美元,比2006年增加约18%;进口额约440亿美元,比上年增加43%左右。

阿根廷的主要出口产品为谷物、牛肉、皮革、羊毛、油脂、植物油、钢材、化工产品和机械;主要进口商品为化肥、石油产品、铁矿砂、煤炭、精密仪器等。

巴西、中国和美国是阿根廷最主要的贸易伙伴。分别占阿根廷出口总额的 19%、9%和 8%;占阿根廷进口总额的 30%、11%和 10%。

其次还包括南美的智利、乌拉圭以及欧盟、日本等。

1972 年 2 月 19 日阿根廷和中国建交后,两国贸易关系有了很大发展。

1998 年阿中两国双边贸易额为 12.7 亿美元,2002 年双边贸易额为 14.25 亿美元。2003 年双边贸易额猛增到 31.76 亿美元。而到了 2007 年已高达 99 亿美元。阿根廷已成为中国在拉美的第二大贸易伙伴。

阿根廷自中国进口的商品主要有:机械、电子仪器、录音录像设备、玩具、有机化工产品、服装、鞋及箱包等轻工产品。

阿根廷向中国出口的商品主要有:饲料、粮油、钢材、铝、铜等金属及制品,以及羊毛、皮革、冻鱼等。

主要港口:

布宜诺斯文利斯,阿根廷首都,全国最大铁路枢纽,最大贸易港口和工业中心。港区长达 10 公里,有 7 个港区,可同时容纳 7 艘万吨级以上的货轮停泊和装卸。

罗萨里奥,全国第二大城市,位于巴拉圭河下游西岸,为北部和中部广大地区的货物进出港。

本章思考题

1. 南美洲的自然地理环境具有哪些特点?

2. 何谓南方共同市场? 它包括哪些国家? 该组织的宗旨是什么?

3. 简述巴西经济发展历史。

4. 指出巴西主要的工业部门和主要农作物品种。

5. 在阿根廷的五个综合农牧业区中,各包括哪些农业生产部门?